LES
LOIS ADMINISTRATIVES
ET
MUNICIPALES DE LA FRANCE.

TOME PREMIER.

AVIS.

On trouve cet ouvrage aux adresses suivantes :

Aix,	Terris.	La Rochelle,	Pavie.
Alençon,	Bonvoust.	Lille,	Malo.
Amiens,	Allô.	Limoges,	Ardant.
Angers,	Fourrier-Mame.	Lyon,	Maire.
	Pavie.		Targe.
Bar sur Seine,	Malvost.	Nantes,	Busseuil aîné.
Bar-le-Duc,	Choppin.	Orléans,	Huet-Perdoux.
Beauvais,	Desjardins.	Rennes,	Duchesne.
Bourges,	Debrie.	Rochefort,	Goulard.
Calais,	Leleux.	Rouen,	Renault.
Cambrai,	Giard.		Frère.
Chartres,	Hervé.	Saint-Brieux,	Prud'homme.
Chinon,	Soireau.	Saint-Omer,	Backé.
	Auger.	Strasbourg,	Lewrault.
Colmar,	Panctier.	Toulouse,	Senac.
Coutances,	Voisin.		Vicussox.
Fontenay,	Petitot.	Tours,	Mame.
Grenoble,	Durand.	Valenciennes,	Lemaître.
Fafère,	Tronquoy.	Valognes,	Bondesseiu.
Langres,	Léonard.	Verdun,	Benit.
	Summier.	Villeneuve,	Crosilhes.

Ouvrages nouveaux qui se trouvent chez les mêmes libraires :

Aventures les plus remarquables des marins, 1 vol., 5 fr.

Beautés de l'Histoire de Paris, 1 vol. in-12, gravures, 4 fr.

Beautés de l'Histoire des Quadrupèdes de Buffon, 2 vol., 6 fr.

Grammaire française, d'après l'Académie, par Lamaillardière, 1 vol. in-8°, 5 fr.

Muséum moral, ou l'École du Bonheur, 1 vol., 3 fr. 50 c.

Nouveau Manuel théorique et pratique des maires, par L. Rondonneau, deuxième édition, 1 vol. in-8°, 7 fr.

Nouveau Manuel des Gardes-champêtres, par le même, 1 vol. in-12, 1 fr. 80 c.

Nouveau Guide Épistolaire, ou Modèles de Lettres sur toutes sortes de sujets, 1 vol. in-12, 1 fr. 50 c.

Nouveau Guide du Commerçant, ou Traité élémentaire des Lettres-de-Change, par Rondonneau, 1 vol., 2 fr. 50 c.

DE L'IMPRIMERIE DE PLASSAN, RUE DE VAUGIRARD, N° 15,
DERRIÈRE L'ODÉON.

LES
LOIS ADMINISTRATIVES
ET
MUNICIPALES DE LA FRANCE,
OU
MANUEL THÉORIQUE ET PRATIQUE
DES PRÉFETS,
DES SOUS-PRÉFETS ET DES MAIRES;
DES CONSEILS DE PRÉFECTURE, DE DÉPARTEMENT,
D'ARRONDISSEMENT, ET MUNICIPAUX :

Contenant, par ordre alphabétique, les dispositions textuelles ou analytiques des lois, des décrets, des ordonnances du Roi, des circulaires, instructions et décisions
ministérielles actuellement en vigueur.

Depuis 1789 jusqu'à 1823,

Sur toutes les parties de l'administration et de la police qui
sont dans les attributions de ces différentes autorités;
ainsi que des arrêts du conseil-d'état et de la cour de cassation, qui établissent ou confirment les règles, maximes
et principes de la jurisprudence administrative;

AVEC LES MODÈLES ET FORMULES
De tous les actes qui sont de la compétence des autorités administratives
et municipales.

PAR L. RONDONNEAU,

Ancien propriétaire du Dépôt des lois, seul rédacteur, et un des éditeurs
de la Collection des lois, depuis 1789 jusqu'au 1er janvier 1819.

TOME PREMIER.
A—B

A PARIS,

Chez TOURNEUX, libraire, quai des Augustins, n° 13.

1823.

AVIS DE L'EDITEUR.

Il manquait à la France un ouvrage complet sur ses lois administratives et municipales actuellement en vigueur, et mises en harmonie avec le gouvernement royal, rétabli le 1er avril 1814.

C'est pour remplir cette lacune dans notre Bibliographie administrative, que j'ai entrepris le Manuel que je présente aujourd'hui aux préfets, aux sous-préfets, aux maires et adjoints du royaume, sous le titre de *Lois administratives et municipales de la France*.

J'ai fait tous mes efforts pour que, dans son ensemble, l'ouvrage justifiât l'engagement que j'ai pris, par le titre, de présenter les dispositions textuelles ou analytiques des lois, des décrets, des ordonnances du roi, des circulaires et instructions ministérielles actuellement en vigueur, depuis 1789 jusqu'à 1823; de coordonner avec ces différens actes législatifs et administratifs, les dispositions des arrêts des cours; et j'ai la confiance que mon ouvrage offrira à tous les fonctionnaires administratifs et municipaux les renseignemens qu'ils peuvent désirer sur toutes les parties de l'administration et de la police, qui sont dans leurs attributions et de leur compétence.

Je leur dois compte du plan que j'ai adopté pour parvenir au but que je me suis proposé, et je me fais un devoir de le leur rendre.

La législation royale, depuis le 1er avril 1814, n'a point changé l'ordre hiérarchique des autorités administratives et municipales, et des conseils qui sont placés près d'elles pour concourir à régulariser, à activer le service de l'administration; mais elle a créé de nouvelles institutions; elle a établi sur de nouvelles bases, et soumis à de nouvelles règles d'exécution, un grand nombre de branches importantes du régime administratif et municipal, telles que les *dépenses départementales et communales*, la *comptabilité* des communes et des établissemens publics, les *contributions* directes, les *boissons*, les *tabacs*, les *octrois*, les *voitures publiques*, l'*enregistrement*, le *timbre* et les *hypothèques*; le *commerce des grains*, l'*instruction publique*, les *cultes*, les *secours publics*, la *garde nationale*, la *gendarmerie*, le *recrutement de l'armée de ligne*, par l'appel des jeunes gens qui ont accompli leur

vingtième année avant le 1" janvier, et par les *engagemens
volontaires.*

C'est à cette législation royale, depuis le 1" avril 1814,
jusques et compris 1822, que je me suis attaché particulièrement, sans pourtant négliger la législation antérieure, toutes les fois qu'elle remplissait les lacunes que j'ai trouvées, en
matière d'administration et de police, dans celle qui a été
l'objet principal de mon travail.

Après la collection générale des lois, la source la plus
abondante et la plus sûre où j'ai puisé les élémens de mon
ouvrage, est le *Recueil des Lettres circulaires et autres actes
publics du ministère de l'intérieur,* imprimé à l'imprimerie
royale, et formant 20 volumes in-4°.

Chacun des articles d'administration et de police que je
traite dans mon **Manuel**, offre d'abord les dispositions législatives; ensuite le texte des circulaires, instructions et décisions ministérielles, lorsqu'il m'a paru nécessaire, ou simplement la notice analytique quand je l'ai crue suffisante;
mais sous chaque matière, j'ai toujours eu soin de citer les
actes publics du ministère de l'intérieur qui y sont applicables, avec l'indication de la date, de manière que l'on peut
regarder mon Manuel comme le répertoire alphabétique
complet de ce recueil si précieux pour les fonctionnaires administratifs et municipaux.

En me conformant, pour cette partie instructive de mon
ouvrage, aux conseils qui m'ont été donnés par un grand
nombre de magistrats et d'administrateurs, je me suis fait
également un devoir de remplir leurs vues en appliquant aux
dispositions législatives et réglémentaires, les principes et
les règles de la jurisprudence administrative établis par les
arrêts du conseil du roi et de la cour de cassation, que j'ai
extraits des sources officielles qui les contiennent, et des ex-
cellens recueils de MM. *de Cormenin, Macare, Sircy,* etc.

Je dois faire observer à MM. les préfets, sous-préfets, maires et adjoints, comme une marque de l'attention avec laquelle j'ai soigné tous les détails de mon ouvrage, 1° que
d'après la lettre et l'esprit de l'ordonnance du roi, relative
à la réimpression des cinq Codes, j'ai remplacé par des dé-
nominations et formules conformes au gouvernement royal,

toutes celles qui rappelaient les gouvernemens antérieurs, dans les lois, décrets et autres actes publics, depuis 1789 jusqu'à 1814, que j'ai rapportés textuellement ou par extraits, dans mon Manuel; 2° que je ne cite aucune date du calendrier républicain, sans mettre à côté la date concordante de l'ère grégorienne rétablie en France au 1er janvier 1806; 3° qu'après la citation d'une loi, d'un décret, d'une ordonnance du roi, j'indique le numéro du bulletin des lois où l'on peut les consulter ou les vérifier.

J'ai apporté le plus grand soin à recueillir, à classer sous un grand nombre de mots des principales matières, les règles, les principes, les maximes de la jurisprudence du conseil-d'état et de la cour de cassation sur toutes les matières du contentieux de l'administration soumises à la délibération de ces deux autorités, et devenues l'objet de décisions publiées officiellement jusques et compris 1822; et, sous ce rapport, non-seulement mon ouvrage ne laissera rien à désirer aux fonctionnaires administratifs et municipaux, mais encore il sera utile, et même nécessaire, aux membres des cours et des tribunaux, aux avocats, aux notaires, et généralement à tous les officiers publics dont les décisions, les réquisitoires, les consultations et plaidoiries, et les actes doivent être basés sur des règles consacrées, en interprétation et application des lois, par des ordonnances et par des arrêts dont j'ai l'attention de citer la date, avec l'indication des recueils où j'en ai puisé, soit le texte, soit l'esprit.

A la fin du dernier volume, sous le titre de *Notions élémentaires sur les fonctions, les attributions, les droits et les devoirs des préfets, des sous-préfets, des maires et des adjoints*, je présenterai, par chapitres et par sections, la récapitulation de toutes les dispositions législatives et réglementaires contenues dans l'ouvrage, afin de mettre à portée MM. les préfets, sous-préfets, maires et adjoints de bien connaître, d'après l'espèce et la nature de leurs actes d'administration et de police, leurs rapports avec le roi, les chambres et les ministres; avec les directions ministérielles et administrations publiques; avec les conseils de préfecture; avec les conseils-généraux de département; avec les conseils d'arrondissement; avec les conseils municipaux; avec les cours, les tri-

bunaux et les officiers publics; avec la garde nationale, la
gendarmerie, et les armées de terre et de mer; avec les fonctionnaires des differens cultes; enfin avec leurs administrés.

En tête de ce volume, j'ai placé la table alphabétique,
non-seulement des mots de matières dont il se compose,
mais encore de tous ceux qui entreront dans la composition
des trois volumes suivans qui compléteront le Manuel. Un
coup d'œil sur cette table mettra MM. les préfets, sous-préfets, maires et adjoints, à portée d'apprécier l'ensemble et le
complément de l'ouvrage

TABLE GÉNÉRALE

PAR ORDRE ALPHABÉTIQUE

DES MATIÈRES

Contenues dans les quatre volumes des Lois administratives et municipales de la France.

TOME PREMIER.

TOME TROISIÈME.

TOME QUATRIÈME.

FIN DE LA TABLE DES MATIÈRES

CONTENUES DANS LES 4 VOLUMES QUI COMPOSERONT L'OUVRAGE.

LES
LOIS ADMINISTRATIVES
ET
MUNICIPALES DE LA FRANCE,

DEPUIS 1789 JUSQU'A 1823.

~~~~~~

AVERTISSEMENT DE L'ÉDITEUR.

Les lois antérieures au 10 août 1792 avaient deux dates : celle du jour où le décret avait été rendu, et celle où la sanction du roi lui avait donné force de loi.

Je cite ces deux dates à tous les articles où j'indique des lois de 1789, 1790, 1791 et 1792.

La première date est celle du décret; la seconde, après le tiret —, est celle de la sanction.

J'ai cru devoir en prévenir le lecteur, et l'avertir en même temps que dans le cas où il voudrait consulter la loi que je rappelle, il doit chercher d'après la première date, s'il a la collection des décrets, édition in-8° de Baudouin, ou la collection générale des lois depuis 1789 jusqu'à 1819, édition in-8° recueillie et mise en ordre par mes soins, et imprimée à l'imprimerie royale avec l'autorisation de monseigneur le garde-des-sceaux.

Si, au contraire, il a la collection des lois, édition du Louvre, in-4°, il doit chercher la loi d'après la seconde date.

———

A

ABANDON PERPÉTUEL de *terrains, vains, et vagues, de marais*, etc. Il peut avoir lieu par les propriétaires pour se soustraire au paiement de la contribution foncière : voici les règles présentées à cet égard par la loi du 22 novembre — 1ᵉʳ décembre 1790, portant établissement de la contribution foncière, et par l'instruction sur l'exécution de cette loi.

Les particuliers ne pourront s'affranchir de la contribution à laquelle leurs marais, terres vaines et vagues devraient être

I.   1

soumis, qu'en renonçant à ces propriétés au profit de la communauté dans le territoire de laquelle ces terrains sont situés.

La déclaration détaillée de cet abandon perpétuel sera faite par écrit au secrétariat de la municipalité, par le propriétaire, ou par un fondé de pouvoir spécial.

La cotisation des objets ainsi abandonnés dans les rôles faits antérieurement à la cession, resteront à la charge du propriétaire. (*Art. 3 du titre 3 de la loi citée ci-dessus.*)

L'instruction annexée à la loi, et qui en règle l'exécution porte :

La déclaration détaillée de cet abandon perpétuel, étant une véritable aliénation, elle ne peut être faite que par le véritable propriétaire, ou par un fondé de pouvoir spécial. Ainsi, les mineurs, les tuteurs, curateurs, administrateurs, usufruitiers, n'ont droit de le faire qu'en remplissant les formalités exigées pour l'aliénation des biens en valeur.

ABANDON DE LA TUTELLE, par l'absence ou disparition du tuteur. Dans ce cas, il est du devoir des maires et adjoints d'en instruire les juges-de-paix, dans la même forme qui leur est prescrite pour instruire ces fonctionnaires publics des décès qui peuvent donner lieu à l'apposition des scellés lorsqu'il y a des mineurs.

ABANDONNÉS (animaux). Les maires doivent s'assurer si ces animaux ne compromettent pas la sûreté publique, et prévenir les accidens qui résulteraient de leur divagation. (*Loi du 19—22 juillet 1791.*)

ABANDONNÉS (enfans). Les maires doivent les faire transporter dans les hospices civils, et prendre toutes les mesures nécessaires pour connaître la cause et les auteurs de cet abandon. Voy. *Enfans trouvés.*

ABAT-JOUR, espèce de fenêtre en forme de soupirail. Une ordonnance de police du 22 septembre 1800, dont les autorités de police peuvent rappeler et maintenir l'exécution, défend aux marchands de faire établir, dans leurs boutiques et dans leurs magasins, des abat-jours, parce qu'ils peuvent donner un faux jour et tromper les acheteurs sur la qualité des marchandises.

Lorsque l'abat-jour est de nature à être toléré au dehors, il faut une permission de la petite voirie.

Les contraventions à cet égard sont passibles des peines portées par le Code pénal. (*Art.* 471, § 5.)

ABATTAGE *d'arbres*. On appelle ainsi en fait d'exploitation de bois, ce qu'il en coûte pour les frais, peines et soins de ceux qui abattent les bois étant sur pied. C'est une règle établie en matière de vente de bois, que les frais de l'abattage sont à la charge de ceux qui achètent les bois.

Les maires doivent surveiller l'exécution des mesures prescrites, avant, pendant et après cet abattage, surtout lorsqu'il s'agit d'arbres futaies épars ou en plein bois, appartenant à des particuliers, et destinés et marqués pour le service de la marine. (*Décret du 15 avril 1811, Bull.* 264, *et ordonn. du roi du 28 août 1816, Bull.* 115.)

ABATTOIRS, édifices publics consacrés à Paris, et dans plusieurs grandes villes du royaume, pour abattre les bœufs, les vaches, les veaux, les cochons, et prévenir les dangers qui résultent souvent des tueries particulières des bouches.

Les maires des villes dont les revenus permettraient de faire de pareils établissemens, mériteraient bien de leurs administrés, en proposant aux autorités supérieures la formation de pareils établissemens, qui, en concourant à la salubrité et à la sûreté d'une commune, peuvent devenir un moyen d'accroître les revenus communaux.

L'administration, la police et la comptabilité des abattoirs, sont dans les attributions des maires.

ABATTRE un animal. C'est le terme qu'on emploie pour exprimer l'action de tuer, par ordre du maire, un animal malade, ou qui offre des symptômes d'une maladie épizootique. (Voy. *Épizootie.*)

ABAT-VENT des boutiques, ou petit auvent fait de châssis de charpente, couvert d'ardoises ou de plomb, destiné au même usage qu'un auvent ordinaire. Une permission de la petite voirie est nécessaire pour l'établir.

ABEILLES (les), sont au rang des animaux farouches qui n'appartiennent à personne, pas même au proprié-

tures et des sous-préfectures. (*Même recueil, tome XVI, page 216.*)

La 3°, du 5 mars 1818, contenant la demande d'un état des dépenses faites en 1817, sur les fonds d'abonnement des préfectures. (*Même recueil, tome XVIII, page 56.*)

La 4°, du 26 novembre même année, contenant invitation aux préfets de présenter au conseil-général le compte de l'emploi de l'abonnement. (*Même recueil, tome XVIII, page 302.*)

La 5°, du 21 avril 1819, ayant pour objet une demande d'états relatifs aux dépenses d'administration pendant les six dernières années. (*Même recueil, tome XIX, page 95.*)

ABORDAGE des bacs et bateaux. Voy. *Bacs et bateaux.*

ABREUVOIRS, lieux où l'on mène boire les chevaux et les bestiaux. La police municipale doit veiller à ce qu'ils soient maintenus en bon état, présentent une pente douce, un abord facile, et tracer, s'il est besoin, la limite au-delà de laquelle les conducteurs ne doivent pas mener leurs chevaux ou bestiaux.

L'autorité municipale ne peut permettre l'établissement d'un abreuvoir qu'avec l'autorisation du préfet. (*Arrêté du 19 ventôse an VI—9 mars 1798.*)

Il est défendu d'abreuver les bestiaux dans les canaux où les abreuvoirs ne sont pas dus. (*Art. 52 du règlement pour la police des canaux d'Uliars et de Leroy, du 12 février 1813.*)

Les bestiaux infectés de maladies contagieuses ne doivent pas être conduits aux abreuvoirs publics. (*Arr. du 27 messidor an VI—15 juillet 1798.*)

Une ordonnance de police du 31 décembre 1757, non abrogée, défend de conduire à un abreuvoir plus de trois chevaux, y compris le porteur.

Une déclaration du roi, du 28 avril 1782, permet aux postillons de la poste d'en conduire jusqu'à quatre. Cette déclaration a été déclarée en vigueur par un arrêt de la cour de cassation en date du 8 septembre 1809.

Les officiers de police sont autorisés à dresser procès-verbal de toute contravention aux lois et règlemens rapportés ci-dessus, à traduire les contrevenans au tribunal de police municipale, et à mettre en fourrière les chevaux, dans le cas où le conducteur disparaîtrait.

ABRÉVIATIONS (les) et les dates mises en chiffres sont également prohibées par la loi; une abréviation n'est pas un mot; elle ne rend aucune idée, parce qu'elle n'est pas un signe de convention : son auteur seul la reconnaît. Dans un acte public il faut que tout soit clair et intelligible; il faut en écarter tout ce qui tend à donner lieu à une interprétation arbitraire, ou présenter un sens obscur, quelquefois même opposé à ce qu'on a voulu y insérer.

Le chiffre est inconvenant pour exprimer les dates dans les actes publics. Sa forme simple fournit un moyen facile d'altération.

Il faut donc que l'officier de l'état-civil regarde comme une obligation indispensable d'écrire ses dates en toutes lettres, et de ne point abréger ses mots. Il donne, à la vérité, un peu plus de temps à la rédaction de ses actes; mais l'article 42 du Code civil est impératif sur ce point.

Les livres des agens de change et des courtiers de commerce doivent être tenus sans abréviations ni chiffres. (*Code de commerce, art.* 84.)

Même injonction est faite aux notaires pour les actes de leur ministère, sous peine de cent francs d'amende. (*Loi du* 25 *ventôse an* xi—16 *mars* 1803, *art.* 13.)

ABROGATION. C'est l'acte par lequel une loi, une coutume, un usage sont abrogés, annulés, anéantis. Il n'y a que le souverain qui ait le pouvoir d'abroger une loi. C'est ainsi que les délais de grâce, de faveur, d'usage ou d'habitude locale pour le paiement des lettres de change, des billets à ordre, ont été abrogés par les articles 135 et 187 du Code de commerce.

ABSENCE *et absens:* L'absence des personnes qui ont disparu de leur domicile sans en donner avis, et celle dès militaires dont la loi protège les propriétés et les droits, enfin celle des fonctionnaires publics qui s'absentent avec autorisation des autorités supérieures, sont la matière de cet article.

§ I. *Personnes qui ont disparu de leur domicile.*

I. Tout officier public qui a connaissance de la disparition ou de la mort d'une personne qui laisse des héritiers mineurs ou absens, ou qui ne laisse point d'héritiers,
doit en informer le juge-de-paix du lieu, à peine de suspension de ses fonctions. (*Arrêté du 22 prairial an v—
10 juin 1797.*)

II. Le ministère public est spécialement chargé de
veiller aux intérêts des personnes présumées absentes.

S'il y a des parties intéressées, le tribunal de 1re instance, à la requête de la partie la plus diligente, commet un notaire pour représenter l'absent dans les inventaires, comptes, partages et liquidations. (*Code civil,
art. 113 et 114.*)

III. Lorsqu'une personne a cessé de paraître au lieu
de son domicile ou de sa résidence, et que depuis quatre
ans on n'a pas eu de ses nouvelles, ses héritiers font déclarer l'absence par le tribunal de première instance, et
peuvent, en vertu d'un jugement qui déclare l'absence, se
faire envoyer en possession provisoire des biens de l'absent, en donnant caution. (*Ibid., art. 115 et 120.*)

IV. Dès que les jugemens, tant préparatoires que définitifs, sont rendus, le procureur du roi les envoie au
ministre de la justice qui les rend publics. (*Ibid, art. 18.*)

V. Lorsqu'une personne a disparu de son domicile,
les parens, les amis ou même les voisins, doivent en faire
la déclaration à l'officier de police du lieu, contenant les
noms, qualité et signalement de l'individu absent, et les
circonstances de la disparition.

S'il n'y a pas présomption que la personne disparue
soit morte dans son habitation, l'officier de police reçoit
la déclaration, la transmet au procureur du roi (à Paris
au préfet de police), et en donne avis au juge-de-paix de
l'arrondissement pour l'apposition des scellés.

Si la présomption existe, le commissaire de police se
transporte sur les lieux, et fait ouvrir la porte de l'absent
en présence de deux témoins, avec lesquels il entre dans
les lieux et procède en leur présence. S'il trouve la personne morte dans le local, il procède, suivant les cas, à

constater s'il y a mort subite ou accidentelle, ou mort violente. Voyez *Mort*. Il avertit le juge-de-paix pour apposer les scellés, et dresse du tout procès-verbal.

Le signalement de toute personne disparue est envoyé au greffier du concierge de la Morgue ou basse-geole, qui le vérifie sur celui des cadavres apportés dans ce lieu public. S'il s'en trouve un conforme, il est tenu de faire avertir la personne qui a fait la déclaration de disparition, pour être de suite procédé à la reconnaissance. Voyez *Cadavres et disparition.*

VI. Le décret du 18 juin 1813, qui ordonne la formation d'une liste d'absens dans la 32ᵉ division militaire, et détermine les effets de cette absence; charge (*art.* 3) les *préfets* de nommer une commission dans chaque arrondissement et dans chaque ville, pour dresser des listes de tous les individus absens par départemens, par arrondissement, par canton, et par municipalité : lesquelles listes seront faites de nouveau tous les quinze jours, et dont il sera adressé une expédition au ministre de la police générale, et au directeur-général de la régie des domaines et de l'enregistrement. (*Bulletin, nº 506.*)

VII. Dans le cas d'absence des comptables et redevables du trésor public, les maires et les adjoints sont chargés de la constater, d'en rendre compte à l'autorité supérieure, et de prendre toutes les mesures qu'ils jugeront nécessaires ou qui leur seront prescrites pour assurer la conservation ou le recouvrement des deniers publics. (*Arrêté du 6 messidor an x—25 juin 1802, Bull.* 199.)

VIII. Les maires ou les adjoints doivent pourvoir à faire serrer la récolte d'un cultivateur absent, infirme ou accidentellement hors d'état de faire lui-même cette récolte, et qui réclamera ce secours. Ils ont soin que cet acte de fraternité et de protection de la loi soit exécuté aux moindres frais. Les ouvriers sont payés sur la récolte du cultivateur. (*Art.* 1, *section* v, *titre* 1ᵉʳ *de la loi du* 28 *septembre—6 octobre* 1791, *sur la police rurale.*)

§ II. *Militaires absens.*

Les maires, sous leur responsabilité personnelle, doivent dénoncer toute atteinte portée aux propriétés de ces militaires, même de toutes les personnes absentes pour un service public. (*Loi du 6 brumaire an v—27 octobre 1796, Bull. 85.*) Voy. *Récoltes.*

Nota. Une ordonnance du 13 janvier 1817, a prescrit les moyens de constater le sort des militaires absens, de ceux dont on n'a pu découvrir aucune trace d'existence par suite des campagnes d'Espagne et de Russie. (*Bulletin 131.*)

Cette ordonnance a été convertie en loi : en voici le texte :

Loi relative aux moyens de constater le sort des militaires absens (13 janvier 1817, Bull. n° 131).

Louis, par la grâce de Dieu, roi de France et de Navarre, à tous présens et à venir, salut.

Nous avons proposé, les chambres ont adopté, nous avons ordonné et ordonnons ce qui suit :

Art. 1er. Lorsqu'un militaire ou un marin en activité pendant les guerres qui ont eu lieu depuis le 21 avril 1792 jusqu'au traité de paix du 20 novembre 1815, aura cessé de paraître, avant cette dernière époque, à son corps et au lieu de son domicile ou de sa résidence, ses héritiers présomptifs ou son épouse pourront dès à présent se pourvoir au tribunal de son dernier domicile, soit pour faire déclarer son absence, soit pour faire constater son décès, soit pour l'une de ces fins au défaut de l'autre.

2. Leur requête et les pièces justificatives seront communiquées au procureur du roi, et par lui adressées au ministre de la justice, qui les transmettra au ministre de la guerre ou au ministre de la marine, selon que l'individu appartiendra au service de terre ou à celui de mer, et rendra publique la demande, ainsi qu'il est prescrit à l'égard des jugemens d'absence par l'article 118 du Code civil.

3. La requête, les extraits d'actes, pièces et renseignemens recueillis au ministère de la guerre ou de la marine, sur l'individu dénommé dans ladite requête, seront renvoyés, par l'intermédiaire du ministre de la justice, au procureur du roi.

Si l'acte de décès a été transmis au procureur du roi, il en sera immédiatement le renvoi à l'officier de l'état-civil, qui sera tenu de se conformer à l'article 98 du Code civil.

Le procureur du roi remettra le surplus des pièces au greffe, après en avoir prévenu l'avoué des parties requérantes, et, à défaut d'acte de décès, il donnera ses conclusions.

4. Sur le vu du tout, le tribunal prononcera.

S'il résulte des pièces et renseignemens fournis par le ministre que l'individu existe, la demande sera rejetée.

S'il y a lieu seulement de présumer son existence, l'instruction pourra être ajournée pendant un délai qui n'excédera pas une année.

Le tribunal pourra aussi ordonner les enquêtes prescrites par l'article 116 du Code civil, pour confirmer les présomptions d'absence résultant desdites pièces et renseignemens.

Enfin l'absence pourra être déclarée, ou sans autre instruction, ou après ajournement et enquêtes, s'il est prouvé que l'individu a disparu sans qu'on ait eu de ses nouvelles, savoir : depuis deux ans, quand le corps, le détachement ou l'équipage dont il faisait partie, servait en Europe; et depuis quatre ans, quand le corps, le détachement ou l'équipage se trouvait hors de l'Europe.

5. La preuve testimoniale du décès pourra être ordonnée, conformément à l'article 46 du Code civil, s'il est prouvé, soit par l'attestation du ministre de la guerre ou de la marine, soit par toute autre voie légale, qu'il n'y a pas eu de registres, ou qu'ils ont été perdus ou détruits en tout ou en partie, ou que leur tenue a éprouvé des interruptions.

Dans le cas du présent article, il sera procédé aux enquêtes contradictoirement avec le procureur du roi.

6. Dans aucun cas, le jugement définitif portant déclaration d'absence ou de décès ne pourra intervenir qu'après le délai d'un an, à compter de l'annonce officielle prescrite par l'article 2.

7. Lorsqu'il s'agira de déclarer l'absence ou de constater en justice le décès des personnes mentionnées en l'article 1er de la présente loi, les jugemens contiendront uniquement les conclusions, le sommaire des motifs et le dispositif, sans que la requête puisse y être insérée. Les parties pourront même se faire délivrer par simple extrait le dispositif des jugemens interlocutoires; et s'il y a lieu à enquêtes, elles seront mises en minute sous les yeux des juges.

8. Le procureur du roi et les parties requérantes pourront interjeter appel des jugemens, soit interlocutoires, soit définitifs.

L'appel du procureur du roi sera, dans le délai d'un mois, à dater du jugement, signifié à la partie au domicile de son avoué.

Les appels seront portés à l'audience sur simple acte et sans aucune procédure.

9. Dans le cas d'absence déclarée en vertu de la défense

loi, si le présumé absent a laissé une procuration, l'envoi en possession provisoire sous caution pourra être demandé, sans attendre le délai prescrit par les articles 121 et 122 du Code civil, mais à la charge de restituer en cas de retour, sous les déductions de droit, la totalité des fruits perçus pendant les dix premières années de l'absence.

Les parties requérantes qui posséderont des immeubles reconnus suffisans pour répondre de la valeur des objets susceptibles de restitution en cas de retour, pourront être admises par le tribunal à se cautionner sur leurs propres biens.

10. Feront preuve en justice, dans les cas prévus par la présente loi, les registres et actes de décès des militaires, tenus conformément aux articles 88 et suivans du Code civil, bien que lesdits militaires soient décédés sur le territoire français, s'ils faisaient partie des corps ou détachemens d'une armée active ou de la garnison d'une ville assiégée.

11. Si les héritiers présomptifs ou l'épouse négligent d'user du bénéfice de la présente loi, les créanciers ou autres personnes intéressées pourront, un mois après l'interpellation qu'ils seront tenus de leur faire signifier, se pourvoir eux-mêmes en déclaration d'absence ou de décès.

12. Les dispositions de la présente loi sont applicables à l'absence ou au décès de toutes les personnes inscrites aux bureaux des classes de la marine, à celles attachées par brevets ou commissions aux services de santé, aux services administratifs des armées de terre et de mer, ou portées sur les contrôles réguliers des administrations militaires.

Elles pourront être appliquées par nos tribunaux à l'absence et au décès des domestiques, vivandiers et autres personnes à la suite des armées, s'il résulte des rôles d'équipage, des pièces produites et des registres de police, permissions, passeports, feuilles de route et autres registres déposés aux ministères de la guerre et de la marine, ou dans les bureaux en dépendans, des preuves et des documens suffisans sur la profession desdites personnes et sur leur sort.

13. Les dispositions du Code civil relatives aux absens, auxquelles il n'est pas dérogé par la présente loi, continueront d'être exécutées.

La présente loi, discutée, délibérée et adoptée par la chambre des pairs et par celle des députés, et sanctionnée par nous cejourd'hui, sera exécutée comme loi de l'état; voulons, en conséquence, qu'elle soit gardée et observée dans tout notre royaume, terres et pays de notre obéissance.

Si donnons en mandement à nos cours et tribunaux, préfets, corps administratifs, et tous autres, que les présentes ils

gardent et maintiennent, fassent garder, observer et maintenir, et, pour les rendre plus notoires à tous nos sujets, ils les
fassent publier et enregistrer partout où besoin sera : car tel
est notre plaisir ; et afin que ce soit chose ferme et stable à
toujours, nous y avons fait mettre notre sceau.

Donné à Paris, le treizième jour du mois de janvier, l'an
de grâce mil huit cent dix-sept, et de notre règne le vingt-
unième.   *Signé* LOUIS.

Vu et scellé du grand sceau :   Par le roi.
Le chancelier de France,   *Le chancelier de France,*
   Signé DAMBRAY.   *Signé* DAMBRAY.

Nota. Nous avons cru devoir offrir dans cette première loi, le texte des formules exécutives.—Nous croyons
devoir nous dispenser de les citer dans les lois subsé-
quentes.

§ III. *Fonctionnaires publics absens avec autori-sation.*

I. Les sous-préfets et les maires ne peuvent s'absenter
qu'avec l'autorisation du préfet, lequel, à son tour, ne
peut s'absenter qu'avec l'autorisation du ministre de l'intérieur. (*Arrêté du* 19 *pluviôse an* IV—8 *février* 1796.
Bull. 25.)

II. L'insuffisance de la législation, relativement au
remplacement des préfets, des sous-préfets, des secrétaires-généraux et des conseillers de préfectures, en cas
d'absence, d'empêchement ou de décès, détermina M. le
ministre de l'intérieur à soumettre au roi, sur cette matière, quelques nouvelles dispositions réglementaires qui
pussent lever les incertitudes, et servir de règle invariable pour la délégation des fonctions administratives. Ces
dispositions sont la matière de l'ordonnance suivante, du
29 mars 1821. (*Bull.* 442.)

Louis, par la grâce de Dieu, roi de France et de Navarre,
à tous ceux qui ces présentes verront, salut.

Sur le rapport de notre ministre secrétaire-d'état au département de l'intérieur, vu les arrêtés des 17 ventôse an VIII (8
mars 1800), 17 nivôse an IX (7 janvier 1801), 19 fructidor
an IX (6 septembre 1801), 27 pluviôse an X (16 février 1802);

Vu le décret du 16 juin 1808; notre conseil-d'état entendu,
nous avons ordonné et ordonnons ce qui suit :

Art. 1er. Les préfets, autorisés à s'absenter de leurs départemens, délèguent leurs fonctions, sous l'approbation de notre ministre de l'intérieur, à un conseiller de préfecture, ou au secrétaire-général de la préfecture, à leur choix. La délégation n'a pas besoin d'être approuvée par notre ministre de l'intérieur, lorsque le préfet ne sort pas du département.

Art. 2. En cas d'absence ou d'empêchement d'un préfet sans qu'il ait délégué l'administration, ou en cas de vacance de la préfecture, le conseiller de préfecture, le premier dans l'ordre du tableau, prend de droit l'administration du département. Toutefois, si avant la vacance de la préfecture, l'administration a été déléguée, celui à qui elle aura été déléguée continuera d'exercer, jusqu'à ce qu'il en soit autrement ordonné par notre ministre de l'intérieur.

Art. 3. En cas d'absence ou d'empêchement d'un sous-préfet, le préfet pourvoit à son remplacement, en désignant un fonctionnaire de l'ordre administratif, pris dans l'arrondissement, ou à défaut, un conseiller de préfecture.

Art. 4. Le secrétaire-général absent, empêché ou chargé, par délégation des fonctions de préfet, est remplacé, dans ses fonctions de secrétaire-général, par le conseiller de préfecture, le dernier dans l'ordre du tableau.

Art. 5. En cas de partage ou d'insuffisance du nombre des membres du conseil de préfecture, ainsi que dans le cas où les membres de ce conseil seraient tous à la fois empêchés d'exercer leurs fonctions, il sera pourvu à leur remplacement conformément aux dispositions de l'arrêté du 19 fructidor an IX, et du décret du 16 juin 1808.

Art. 6. Notre ministre secrétaire-d'état de l'intérieur est chargé de l'exécution de la présente ordonnance.

Donné en notre château des Tuileries, le 29 mars de l'an de grâce 1821, et de notre règne le vingt-sixième.

Signé LOUIS.

Par le roi,
Le ministre secrétaire-d'état au ministère de l'intérieur,
Signé SIMÉON.

Nota. Une circulaire du directeur-général de l'administration départementale et de la police, en date du 13 avril 1821, expose en ces termes les motifs de l'ordonnance royale.

Suivant les anciens règlemens, le secrétaire-général ne pouvait remplacer le préfet, lorsque celui-ci sortait du département; on avait pensé que ses attributions ne lui donnaient pas le caractère public qui est nécessaire pour exercer l'autorité. Aujourd'hui les secrétaires-généraux, pouvant, en vertu de l'ordonnance qui les a rétablis, être chargés de l'administration de l'arrondissement du chef-lieu, ont acquis ce caractère public qui leur manquait; ils sont devenus aptes à remplir les fonctions de préfet; et, à cet égard, l'ordonnance du 29 mars les met sur la même ligne que les conseillers de préfecture.

Conformément à l'article 2 de cette ordonnance, lorsque vous serez autorisé à vous absenter de votre département, l'arrêté par lequel vous déléguerez vos fonctions devra être préalablement soumis à l'approbation du ministre de l'intérieur.

En cas de vacance d'une préfecture, l'arrêté du 27 pluviôse an X, autorisait le plus ancien des membres du conseil de préfecture à prendre de droit l'administration; mais, lorsque avant la vacance, le dernier titulaire avait délégué ses fonctions, il en résultait une espèce de conflit entre le conseiller qui se prévalait de la délégation, et le doyen du conseil, qui invoquait le règlement. L'article 2 de l'ordonnance lève cette difficulté : la délégation en ce cas continuera d'avoir son effet jusqu'à ce que le ministre de l'intérieur en ait autrement ordonné.

Il importait également de déterminer par qui devaient être remplacés les sous-préfets et les secrétaires-généraux, en cas d'absence. Les articles 3 et 4 suppléent, à cet égard, au silence qu'avaient gardé les anciens règlemens.

Enfin, Sa Majesté jugeant convenable de renfermer dans une seule et même ordonnance tout ce qui est relatif au remplacement provisoire des fonctionnaires administratifs, a statué, par l'article 5, que les dispositions prescrites par l'arrêté du 19 fructidor an IX, et le décret du 16 juin 1808, soit pour départager les membres du conseil de préfecture, soit pour compléter le nombre nécessaire pour délibérer, continueront d'être exécutées. *Signé* MOUNIER.

ABUS. — Tout mauvais usage d'une chose quelconque est un abus. Ainsi les officiers de police doivent, dans leur surveillance, prévenir, autant qu'il leur est possible, et réprimer tout abus qui trouble l'ordre public, en faire rapport à l'autorité supérieure, ou en dresser procès-verbal, s'il y a lieu, pour être transmis à l'autorité compétente. (*Lois des* 19—22 *juillet* 1791 *sur la police municipale,* 28 *septembre—*6 *octobre* 1791 *sur la police rurale, et code d'instruction criminelle, livre* 1er.)

Le droit d'usage se perd, ainsi que l'usufruit, par l'abus que l'usager fait de sa jouissance, soit en commettant des dégradations sur le fonds, soit en le laissant dépérir faute d'entretien. (*Code civil, art.* 618 *et* 625.)

Sont privilégiées les créances résultant d'abus et de prévarications commis par les fonctionnaires publics dans l'exercice de leurs fonctions, sur les fonds de leur cautionnement, et sur les intérêts qui peuvent en être dus. (*Code civil, art.* 2102, *n*° 7.)

Abus *d'autorité.* Le code pénal en distingue deux classes. La première classe comprend les abus d'autorité contre les particuliers; dans la seconde classe sont compris les abus d'autorité contre la chose publique.

I*re* CLASSE.—Tout fonctionnaire public qui se sera introduit dans le domicile d'un citoyen hors les cas prévus par la loi et sans les formalités qu'elle a prescrites, est passible d'une amende de 16 francs à 200 francs. (*Code pénal, art.* 184.)

Tout juge, tout administrateur qui, sous quelque prétexte que ce soit, même du silence ou de l'obscurité de la loi, aura dénié de rendre la justice qu'il doit aux parties, après en avoir été requis, et qui aura persévéré dans son déni après avertissement ou injonctions de ses supérieurs, est passible d'une amende de 200 francs à 500 francs, et de l'interdiction depuis 5 ans jusqu'à 20. (*Ibid., art.* 185.)

Lorsqu'un fonctionnaire ou officier public, civil ou militaire aura, sans motif légitime, usé ou fait user de violence envers les personnes dans l'exercice ou à l'occasion de l'exercice de ses fonctions, il sera puni selon la nature et la gravité de ces violences, en élevant la peine suivant les règles posées dans l'article 198 du Code pénal, qui comprend la réclusion, les travaux forcés à temps, et les travaux à perpétuité. (*Code pénal, art.* 286.)

Toute suppression, toute ouverture de lettres confiées à la poste, commise ou facilitée par un fonctionnaire ou un agent du gouvernement ou de l'administration des postes, sera punie d'une amende de 16 francs à 300 francs, le coupable sera de plus interdit de toute fonction ou emploi public, pendant cinq ans au moins et dix ans au plus. (*Ibid., art.* 187.)

II*e* CLASSE. Tout fonctionnaire public ou agent qui aura requis ou ordonné, fait requérir ou ordonner l'action ou l'emploi de la force publique contre l'exécution d'une loi, d'une ordonnance, mandat de justice, et ordre émané de l'autorité légitime, ou contre la perception d'une contribution légale; sera puni de la réclusion. (*Ibid., art.* 188.)

Si la réquisition ou l'ordre ont été suivis de leur effet, la peine sera la déportation. (*Ibid., art.* 189.)

Les peines énoncées ci dessus ne seront applicables aux fonctionnaires, ou préposés qui auront agi par ordre de leurs supérieurs, qu'autant que cet ordre aura été donné par ceux-ci pour des objets de leur ressort, et sur lesquels il leur était dû une obéissance hiérarchique. (*Code pénal, art.* 190.)

Si, par suite desdits ordres ou réquisitions, il survient d'autres crimes punissables de peines plus fortes, elles seront appliquées aux fonctionnaires et agens coupables d'avoir donné les ordres ou fait les réquisitions. (*Ibid., page* 191.)

Abus de confiance. Quiconque aura abusé des besoins, des faiblesses ou des passions d'un mineur, pour lui faire souscrire à son préjudice des obligations, quittances ou décharges, pour prêt d'argent ou de choses mobilières, ou d'effets de commerce ou de tous autres effets obligatoires, sous quelque forme que cette négociation ait été faite ou déguisée, sera puni d'un emprisonnement de deux mois au moins, de deux ans au plus, et d'une amende qui ne pourra excéder le quart des restitutions et des dommages intérêts qui seront dus aux parties lésées, ni être moindre de 25 francs. (*Code pénal, art.* 406.)

Nota. Les délits énoncés dans cet article peuvent devenir le sujet d'une plainte devant un officier de police judiciaire. Voici le modèle de la plainte, qui doit être sur papier timbré et enregistré.

L'an et le heure d' devant nous (*énoncer les noms, prénoms et titre de l'officier de police*), en notre (*énoncer le lieu*), s'est présenté le sieur (*noms, prénoms, âge, profession et domicile*), fils mineur du sieur (*noms, profession et demeure*), le comparant assisté pour la validité de la présente du sieur son demeurant

Lequel nous a dit, que s'étant trouvé dans des circonstances difficiles qui l'ont forcé de recourir à des emprunts, il s'est adressé au sieur (*nom, profession et demeure*); que celui-ci abusant du besoin pressant où se trouvait le déclarant, lui a prêté le (*date du prêt*), une somme de   , pour sûreté duquel prêt, il a fait souscrire au déclarant un engagement (*effet, reconnaissance ou obligation*) d'une somme bien supérieure, montant à   , en date du   , et payable le   .

Ou bien, s'est fait remettre par le déclarant en dépôt et nantissement dudit prêt, des objets d'une valeur bien plus considérable, savoir (*désigner les objets, et justifier autant que possible de leur valeur*).

Que le déclarant s'étant trouvé en état de rembourser ledit sieur, et   , il lui a offert la somme de   montant réel du prêt, mais que ce dernier a voulu exiger de lui le montant entier de l'engagement, que le déclarant avait eu la faiblesse de lui souscrire, et quoique le dit sieur   sache bien n'avoir réellement prêté au déclarant que la somme de   .

Ou bien   ; mais que ce dernier ne veut plus lui restituer les objets que le déclarant lui a confiés en dépôt et nantissement, prétendant faussement que le comparant les lui a vendus pour ladite somme de   , et qu'il a pu en disposer, comme de sa propriété.

Nous observant le déclarant, que les faits ci-dessus sont à la connaissance des sieurs (*noms, professions et demeures de deux ou trois témoins*).

Et attendu qu'il y a abus de confiance de la part dudit sieur   , le déclarant a cru devoir nous rendre, comme par le fait, il nous rend plainte des faits ci-dessus contre ledit sieur   , requérant pour la vindicte publique, qu'il y soit donné telles suites qu'il appartiendra, conformément à la loi; se réservant aussi, comme partie civile, ainsi qu'il se constitue par le présent, de se pourvoir en son propre et privé nom contre ledit sieur   par-devant tout tribunal compétent, et d'y prendre telles conclusions qu'il avisera.

Lecture faite de ce que dessus au sieur   , il a affirmé la vérité de sa déclaration, y a persisté, en a requis acte, et a signé avec nous, ainsi que le sieur   surnommé pour la validité de la présente.

Sur quoi, nous   officier de police susdit, attendu qu'il s'agit d'un délit de police correctionnelle prévu par l'art. 406 du Code pénal, disons qu'il y a lieu à suivre sur notre présent procès-verbal par voie de police correctionnelle; et avons signé.

Si le prévenu est présent, l'officier de police prend de suite sa déclaration et celle des témoins s'ils sont présens.

Si le prévenu n'est point domicilié, ou s'il ne présente point une solvabilité notoire, l'officier de police peut, suivant la gravité des faits, le faire conduire devant l'autorité chargée de la police; dans ce cas, il ajoute à l'ordonnance ci-dessus, après les derniers mots, police correctionnelle.

Et attendu la gravité des faits, et les fortes présomptions qui s'élèvent contre ledit sieur   , attendu aussi qu'il ne présente point une solvabilité notoire et justifiée, disons qu'il sera conduit sous bonne et sûre garde à (désigner l'autorité), pour y être déposé et retenu à la chambre de dépôt, sous la main de la justice en état de mandat d'amener, conformément à l'art. 45 du Code d'instruction criminelle; comme aussi que notre présent procès-verbal sera transmis en même temps à (désigner l'autorité), pour le tout être renvoyé à qui de droit; et avons signé.

Quiconque abusant d'un blanc-seing qui lui aurait été confié, aura frauduleusement écrit au-dessus une obligation ou décharge, ou tout autre acte pouvant compromettre la personne ou la fortune du signataire, sera puni d'un emprisonnement d'un an au moins, et de cinq ans au plus, et d'une amende de 50 francs à 3000 francs.

Le coupable pourra, en outre, du jour où il aura subi sa peine, être interdit pendant cinq ans au moins, et dix ans au plus; le tout sauf les peines plus graves s'il y a crime de faux. (Code pénal, art. 407.)

Dans le cas de plainte contre la violation de l'article ci-dessus, l'officier de police judiciaire qui la reçoit peut se conformer au modèle suivant.

L'an, etc.   , s'est présenté, etc.   , lequel nous a dit, que par suite (désigner les circonstances qui ont amené les faits), il avait confié tel jour, ou il y a environ tant de jours, au sieur (noms, profession et demeure) un papier (nature du papier) sur lequel le déclarant avait mis son blanc-seing (indiquer les motifs); que ledit sieur   a abusé de ce blanc-seing, en y écrivant frauduleusement au-dessus de ladite signature (désigner ce qui a été écrit, et ce qui en résulte); ce qui compromet les intérêts, ou la fortune, ou la personne, ou la réputation du déclarant.

Nous observant que les faits ci-dessus sont à la connaissance, etc. (La suite comme au premier cas, excepté qu'il faut citer l'art. 407.)

Quiconque aura détourné ou dissipé, au préjudice du

propriétaire, possesseur ou détenteur, des effets, deniers, marchandises, billets, quittances ou tous autres écrits, contenant ou opérant obligation ou décharge, qui ne lui auraient été remis qu'à titre de dépôt, ou pour un travail salarié, à la charge de les rendre ou représenter, ou d'en faire un usage ou un emploi déterminé, sera puni des peines portées dans l'article 406 ci-dessus. (*Code pénal, art.* 408.)

La plainte, à raison de la violation de cet article, peut se rédiger ainsi.

L'an, etc.   s'est présenté, etc.   , lequel nous a dit, qu'il y a environ   , il a confié au sieur (*noms, profession et demeure*), à titre de dépôt, ou pour (*détailler la nature, la quantité, la valeur, la date et autres circonstances des effets, deniers, marchandises, billets, quittances ou autres écrits, contenant ou opérant obligation ou décharge*) à la charge par ledit sieur   de les rendre, ou représenter au déclarant, ou d'en faire (*tel emploi*); mais que loin de remplir ces conditions, ledit sieur   a dissipé ou détourné à son profit lesdits   au préjudice du déclarant, qui en est propriétaire ou détenteur et possesseur en vertu de   , et que ledit sieur   a (*désigner ce que le prévenu a fait des objets ci-dessus, si on le sait*).

Nous observant le déclarant que les faits ci-dessus, etc. (*La suite comme au premier cas, excepté qu'il faut citer l'art.* 408.)

ABUS (appel comme d') en matière ecclésiastique. Les cas d'abus sont l'excès de pouvoir, la contravention aux lois et règlemens de l'état, l'infraction des règles consacrées par les canons reçus en France, l'attentat aux libertés, franchises et coutumes de l'église gallicane, et toute entreprise ou tout procédé qui, dans l'exercice du culte, peut compromettre la sûreté des citoyens, troubler arbitrairement leur conscience, dégénérer contre eux en opposition, ou en injure, ou en scandale public.

Les articles organiques du concordat du 26 messidor an ix (15 juillet 1801), sanctionnés par la loi du 18 germinal an x (8 avril 1802), attribuent au conseil-d'état la connaissance de tout appel comme d'abus, contre les supérieurs et autres personnes ecclésiastiques. (*Art.* 6 *de la loi*.)

L'article 7 de la même loi autorise le recours au conseil-d'état, s'il est porté atteinte à l'exercice public du culte, et à la liberté que les lois et les règlemens garantissent à ses ministres.

L'article 8 porte que le recours compétera à toute personne intéressée, et qu'à défaut de plainte particulière, il sera exercé d'office par les préfets.

Le fonctionnaire public, ou l'ecclésiastique, ou la personne qui voudra exercer ce recours, adressera un mémoire détaillé et signé au ministre de l'intérieur, lequel sera tenu de prendre, dans le plus court délai, tous les renseignemens convenables; et, sur son rapport, l'affaire sera suivie et définitivement terminée dans la forme administrative, ou renvoyée, selon l'exigence des cas, aux autorités compétentes.

A la suite d'un autre concordat entre le pape et le gouvernement français, signé le 25 janvier 1813 à Fontainebleau, publié le 13 février (*mais contre lequel le pape a protesté*), Napoléon rendit, le 25 mars 1813, un décret qui attribue aux cours impériales (*aujourd'hui* COURS ROYALES), la connaissance de toutes les affaires connues sous le nom d'*Appels comme d'abus*.

L'ordonnance royale du 29 juin 1814, qui, après la restauration, a organisé le conseil d'état, a déclaré, par l'article 8, que ce conseil vérifierait et enregistrerait les bulles et actes du Saint-Siége, ainsi que les actes des autres communions et cultes, et qu'il connaîtrait des *appels comme d'abus*.

Ainsi la jurisprudence établie à cet égard aujourd'hui, par un grand nombre d'ordonnances royales, met dans les attributions du conseil d'état, la connaissance des appels comme d'abus. (*Questions de droit administratif par M. le baron de Cormenin, tom. 1er, page 1 et suiv.*)

ACADÉMIES (*belles-lettres, sciences, et arts.*) Les académies et sociétés savantes dotées par l'état, supprimées par un décret du 8 août 1793, rétablies et organisées sous le nom d'*Institut national*, d'abord par une loi du 3 brumaire an IV (25 octobre 1795), ensuite par un règlement du 15 germinal an IV (4 avril 1796), enfin par un acte du gouvernement du 3 pluviôse an XI (25 janvier 1803), ont reçu une nouvelle organisation, une nouvelle composition par l'ordonnance du roi du 21 mars 1816 (*Bull.* 519), dont voici la teneur.

Louis, par la grâce de Dieu, roi de France et de Navarre, à tous ceux que ces présentes verront, salut.

La protection que les rois nos aïeux ont constamment accordée aux sciences et aux lettres, nous a toujours fait considérer avec un intérêt particulier les divers établissemens qu'ils ont fondés pour honorer ceux qui les cultivent : aussi n'avons-nous pu voir sans douleur la chute de ces académies qui avaient si puissamment contribué à la prospérité des lettres, et dont la fondation a été un titre de gloire pour nos augustes prédécesseurs. Depuis l'époque où elles ont été rétablies sous une dénomination nouvelle, nous avons vu avec une vive satisfaction la considération et la renommée que l'institut a méritées en Europe. Aussitôt que la divine Providence nous a rappelés sur le trône de nos pères, notre intention a été de maintenir et de protéger cette savante compagnie ; mais nous avons jugé convenable de rendre à chacune de ses classes son nom primitif, afin de rattacher leur gloire passée à celle qu'elles ont acquise, et afin de leur rappeler à la fois ce qu'elles ont pu faire dans des temps difficiles, et ce que nous devons en attendre dans des jours plus heureux.

Enfin, nous nous sommes proposé de donner aux académies une marque de notre royale bienveillance, en associant leur établissement à la restauration de la monarchie, et en mettant leur composition et leurs statuts en accord avec l'ordre actuel de notre gouvernement.

A ces causes, et sur le rapport de notre ministre secrétaire d'état au département de l'intérieur ;

Notre conseil-d'état entendu ;

Nous avons ordonné et ordonnons ce qui suit :

Art. 1er. L'institut sera composé de quatre académies, dénommées ainsi qu'il suit, et selon l'ordre de leur fondation, savoir :

L'académie française ;

L'académie royale des inscriptions et belles-lettres ;

L'académie royale des sciences ;

L'académie royale des beaux-arts.

2. Les académies sont sous la protection directe et spéciale du roi.

3. Chaque académie aura son régime indépendant, et la libre disposition des fonds qui lui sont ou lui seront spécialement affectés.

4. Toutefois l'agence, le secrétariat, la bibliothèque et les

autres collections de l'institut demeureront communs aux quatre académies.

5. Les propriétés communes aux quatre académies, et les fonds y affectés, seront régis et administrés, sous l'autorité de notre ministre secrétaire-d'état au département de l'intérieur, par une commission de huit membres, dont deux seront pris dans chaque académie.

Ces commissaires seront élus chacun pour un an, et seront toujours rééligibles.

6. Les propriétés et fonds particuliers de chaque académie seront régis en son nom par les bureaux ou commissions institués ou à instituer, et dans les formes établies par les règlemens.

7. Chaque académie disposera, selon ses convenances, du local affecté aux séances publiques.

8. Elles tiendront une séance publique commune le 24 avril, jour de notre rentrée dans notre royaume.

9. Les membres de chaque académie pourront être élus aux trois autres académies.

10. L'académie française reprendra ses anciens statuts, sauf les modifications que nous pourrions juger nécessaires, et qui nous seront présentées, s'il y a lieu, par notre ministre et secrétaire-d'état au département de l'intérieur.

11. L'académie française est et demeure composée ainsi qu'il suit :

MM. de Roquelaure, évêque de Senlis ; Suard, secrétaire perpétuel ; Ducis, le comte de Choiseul-Gouffier, Morellet, le comte d'Aguesseau, le comte Volney, Andrieux, l'abbé Sicard, le comte de Cessac, Villar, le comte de Fontanes, le comte François de Neufchâteau, le comte Bigot de Préameneu, le comte de Ségur, Lacretelle aîné, le comte Daru, Raynouard, Picard, le comte Destutt-Tracy, Lemercier, Parseval-Grandmaison, le vicomte de Châteaubriant, Lacretelle jeune, Alexandre Duval, Campenon, Michaud, Aignan, de Jouy, Baour-Lormian, de Beausset, évêque d'Alais ; de Bonald, le comte Ferrand, le comte de Lally-Tolendal, le duc de Lévis, le duc de Richelieu, l'abbé de Montesquiou, Lainé.

12. L'académie royale des inscriptions et belles-lettres conservera l'organisation et les règlemens actuels de la troisième classe de l'institut.

13. L'académie royale des inscriptions et belles-lettres est et demeure composée ainsi qu'il suit :

MM. Dacier, secrétaire perpétuel ; le comte de Choiseul-Gouffier, le comte Pastoret, le baron Silvestre de Sacy, Gos-

selin, Daunou, de Sales, Dupont de Nemours, le baron
Reinhard, Ginguené, le prince de Talleyrand, le comte Gar-
ran de Coulon, Langlès, Pougens, le duc de Plaisance,
Quatremère de Quincy, le chevalier Visconti, le comte Boissy
d'Anglas, Millin, le baron de Gérando, Dom Brial, Petit
Radel, Barbié du Bocage, le comte Lanjuinais, Caussin,
Gail, Clavier, Amaury-Duval, Bernardi, Boissonnade, le
comte de Laborde, Walkenaer, Vanderbourg, Quatremère
(Étienne), Raoul Rochette, Letronne, Mollevaut.

14. L'académie royale des sciences conservera l'organisation et la distribution en sections de la première classe de
l'institut.

15. L'académie royale des sciences est et demeure composée ainsi qu'il suit :

Section Ire. — *Géométrie*. MM. le comte Laplace, le chevalier Legendre, Lacroix, Biot, Poinsot, Ampère.

Section II. — *Mécanique*. MM. Périer, de Prony, le baron
Sané, Molard, Cauchy, Bréguet.

Section III. — *Astronomie*. MM. Messier, Cassini, Lefran-
çais-Lalande, Bouvard, Bruckhard, Arago.

Section IV. — *Géographie et Navigation*. MM. Buache,
Beautemps-Beaupré, Rossel.

Section V. — *Physique générale*. MM. Rochon, Charles,
Lefèvre-Gineau, Gay-Lussac, Poisson, Girard.

Section VI. — *Chimie*. MM. le comte Berthollet, Vauque-
lin, Deyeux, le comte Chaptal, Thenard, Proust.

Section VII. — *Minéralogie*. MM. Sage, Haüy, Duhamel,
Lelièvre, le baron Ramond, Brongniard.

Section VIII. — *Botanique*. MM. de Jussieu, de Lamarck,
Desfontaines, Labillardière, Palissot-Beauvois, Mirbel.

Section IX. — *Économie rurale*. MM. Tessier, Thouin,
Huzard, Silvestre, Bose, Ivart.

Section X. — *Anatomie et Zoologie*. MM. le comte Lacépède, Richard, Pinel, le chevalier Geoffroy-Saint-Hilaire,
Latreille, Duméril.

Section XI. — *Médecine et Chirurgie*. MM. le chevalier
Portal, le chevalier Hallé, le chevalier Pelletan, le baron
Percy, le baron Corvisart, Deschamps.

M. le chevalier Delambre, secrétaire perpétuel pour les
sciences mathématiques ;

M. le chevalier Cuvier, secrétaire perpétuel pour les sciences physiques.

16. L'académie royale des beaux-arts conservera l'organisation et la distribution en sections de la quatrième classe
de l'institut.

17. L'académie royale des beaux-arts est et demeure composée ainsi qu'il suit :

Section Ire. — *Peinture*. MM. Vanspaendonck, Vincent, Regnault, Taunay, Denon, Visconti, Menageot, Gérard, Guérin, Le Barbier aîné, Girodet, Gros, Meynier, Vernet (Carle).

Section II. — *Sculpture*. MM. Rolland, Houdon, Dejoux, Lemot, Cartellier, Lecomte, Bosio, Dupaty.

Section III. — *Architecture*. MM. Goudouin, Peyre, Dufourny, Heurtier, Percier, Fontaine, Rondelet, Bonnard.

Section IV. — *Gravure*. MM. Bervic, Jeuffroy, Duvivier, Desnoyers (Auguste).

Section V. — *Composition musicale*. MM. Méhul, Gossec, Monsigny, Grandménil, Chérubini, Lesueur, M. secrétaire perpétuel.

18. Il sera ajouté, tant à l'académie royale des inscriptions et belles-lettres, qu'à l'académie royale des sciences, une classe d'académiciens libres, au nombre de dix pour chacune de ces deux académies.

19. Les académiciens libres n'auront d'autre indemnité que celle du droit de présence.

Ils jouiront des mêmes droits que les autres académiciens, et seront élus selon les formes accoutumées.

20. Les anciens honoraires et académiciens, tant de l'académie royale des sciences, que de l'académie royale des inscriptions et belles-lettres, seront, de droit, académiciens libres de l'académie à laquelle ils ont appartenu.

Ces académiciens feront les élections nécessaires pour compléter le nombre de dix académiciens libres dans chacune d'elles.

21. L'académie royale des beaux-arts aura également une classe d'académiciens libres, dont le nombre sera déterminé par un règlement particulier, sur la proposition de l'académie elle-même.

22. Notre ministre et secrétaire-d'état au département de l'intérieur soumettra à notre approbation les modifications qui pourraient être jugées nécessaires dans les règlemens de la 1re, de la 3e et de la 4e classe de l'institut, pour adapter lesdits règlemens à l'académie royale des sciences, à l'académie royale des inscriptions et belles-lettres, et à l'académie royale des beaux-arts.

23. Il sera, chaque année, alloué au budget de notre ministre secrétaire-d'état de l'intérieur, un fonds général et suffisant pour payer les traitemens conservés et indemnités aux membres, secrétaires perpétuels et employés des quatre clas-

ses de l'institut, ainsi que pour les divers travaux littéraires, les expériences, impressions, prix et autres objets.

Le fonds sera réparti entre chacune des quatre académies qui composent l'institut, selon la nature de leurs travaux, et de manière à ce que chacune d'elles ait la libre jouissance de ce qui sera assigné pour son service.

24. Tous les membres qui ont appartenu jusqu'à ce jour à l'une des quatre classes de l'institut, conserveront la totalité de leur traitement.

25. Sont maintenus les décrets et règlemens qui ne contiennent aucune disposition contraire à celles de la présente ordonnance.

26. Notre ministre secrétaire-d'état au département de l'intérieur est chargé de l'exécution de la présente ordonnance.

ACADÉMIES. (*Instruction publique.*) Le décret du 17 mars 1808 (*Bull.* 185), relatif à l'organisation de l'université, porte, article 4, que l'université sera composée d'autant d'académies qu'il y a de cours d'appel.

Ce même décret, article 85 à 99, règle la composition et les attributions des conseils académiques, des inspecteurs et des recteurs des académies.

L'ordonnance du roi, du 17 février 1815 (*Bull.* 80), portant règlement sur l'instruction publique, contient les dispositions suivantes.

Art. 1er. Les arrondissemens formés sous le nom d'*académies*, par le décret du 17 mars 1808, sont réduits à 17, conformément au tableau annexé à la présente ordonnance.

Ils prendront le titre d'*universités*.

Les universités porteront le nom du chef-lieu assigné à chacune d'elles.

Les Lycées actuellement établis seront appelés *colléges royaux*.

Art. 2. Chaque université sera composée 1° d'un conseil présidé par un recteur; 2° de facultés; 3° de colléges royaux; 4° de colléges communaux.

L'ordonnance du roi du 29 février 1816 (*Bull.* 65), relative à la formation, dans chaque canton, d'un comité gratuit pour surveiller et encourager l'instruction primaire, confère des attributions spéciales aux académies, concernant la surveillance et l'encouragement. Voy. *Instruction publique* et *Université*.

ACCAPAREMENT.—On nomme accaparement, un achat considérable de denrées et autres marchandises fait dans l'intention de les rendre rares, pour ensuite les revendre à des prix exorbitans.

Le monopole, qui est la suite de l'accaparement, est la coalition de plusieurs commerçans détenteurs d'une même denrée, pour en opérer la hausse par des moyens frauduleux, et la vendre ensuite au-dessus du prix établi par une concurrence naturelle et libre.

La police doit connaître et surveiller ceux qui se livrent à ce genre de spéculation, qui peut occasioner une disette factice.

La convention a rendu des lois sévères contre les accapareurs, le 26 juillet et le 15 août 1793 et le 3 frimaire an 2 (28 novembre 1793). Ces lois sont abrogées; mais les dispositions de police qu'elles prescrivent peuvent servir de règle pour la répression de l'accaparement de certaines denrées et marchandises d'un usage habituel pour la classe ouvrière et indigente.

ACCEPTATION *des dons et legs* faits aux communes et aux établissemens publics. Voy. *Dons et Legs.*

ACCEPTATION *de l'engagé volontaire.* Voy. *Engagement.*

ACCIDENT, événement imprévu qui cause des dommages, soit aux personnes, soit aux choses. Prévenir les accidens, secourir ceux qui en ont été victimes, poursuivre ceux qui les ont occasionés, soit par méchanceté ou par maladresse, ou par imprudence : voilà les devoirs à remplir par les maires et les adjoints en cas d'*accidens.*

Les accidens soumis à la surveillance administrative et municipale sont de plusieurs espèces.

Les inondations, les débâcles, les incendies, les épidémies, les épizooties, désignés sous la dénomination de *fléaux calamiteux,* sont les plus redoutables, et doivent principalement provoquer le zèle des préfets, des sous-préfets et des maires. Voy. *tous ces mots en particulier,* et le mot *Secours.*

Il en arrive fréquemment sur la voie publique par la négligence des couvreurs, charpentiers et maçons, par l'imprudence et la maladresse des charretiers et conducteurs de chevaux et de voitures; par l'inadvertance do ceux qui jouent dans les rues à certains jeux que prohibent les anciens règlemens de police, l'arc, la fronde, le volant, les quilles, etc.

Les puits sur la voie publique qui restent ouverts la nuit, ainsi que les portes des maisons; la divagation des fous, des furieux, des chiens méchans, et de certains animaux malfaisans ou féroces; l'explosion des pétards, fusées et autres pièces d'artifice, voilà les causes les plus ordinaires des accidens qui appellent la surveillance des administrateurs. Voy. *Voie publique.*

Sont punis d'amende, depuis 6 francs jusqu'à 10 fr. inclusivement, ceux qui le pouvant auront refusé ou négligé de faire les travaux, le service, ou de prêter le secours dont ils auront été requis dans les circonstances d'*accidens*, tumulte, naufrage, inondation, incendie, ou autres calamités, ainsi que dans les cas de brigandages, pillages, flagrant délit, clameur publique ou d'exécution judiciaire. (*Art. 475, n° 12, du nouveau Code pénal.*)

La peine d'emprisonnement, pendant cinq jours au plus, sera toujours prononcée en cas de récidive. (*Art. 478, ibid.*)

L'article 479 du même Code prononce une amende de 11 à 15 francs contre ceux qui causent des accidens par la vétusté, la dégradation, le défaut de réparations ou d'entretien, de maisons ou édifices, etc. Et l'article 482, l'emprisonnement pendant cinq jours en cas de récidive; le tout sans préjudice des dommages intérêts, aux termes de l'article 10 du même Code.

Voici le modèle du procès verbal que les officiers de police judiciaire doivent rédiger à la nouvelle de chacun des accidens énoncés ci-dessus, après en avoir vérifié les circonstances, consigner sur le registre des délibérations municipales, et dont ils adressent copie au sous-préfet.

Cejourd'hui   , nous soussigné, maire (ou adjoint), sur l'avis qui nous a été donné que (énoncer tous les détails, toutes les circonstances de l'accident, des choses, animaux ou personnes qui l'ont occasioné; désigner également les personnes, les animaux, et les choses qui en ont souffert). En conséquence, après nous être assuré de la vérité des faits, nous avons rédigé le présent procès-verbal pour servir en temps et lieu, ce que de raison.

*Modèle d'un procès-verbal constatant le refus de prêter,
en cas d'accident, le secours légalement requis.*

Le mil   nous, (*noms et prénoms*), maire de la commune de   d'après l'avertissement qui nous a été donné qu'un incendie venait de se déclarer chez le sieur (*les nom, profession et demeure*), nous y sommes à l'instant transportés; ayant remarqué qu'il se manifestait d'une manière effrayante, et que les secours des maçons, couvreurs et charpentiers seraient particulièrement nécessaires pour faire quelques tranchées et arrêter ainsi les progrès des flammes, avons sommé verbalement le sieur   , maçon, de s'y rendre à l'instant avec nous, avec ses outils et instrumens nécessaires; le sieur   , charpentier, de s'y rendre également avec ses outils, haches et instrumens nécessaires, et le sieur   , couvreur, de même, et d'amener, l'un et l'autre, leurs ouvriers, compagnons et apprentis.

Les sieurs   , couvreur et maçon, s'y seraient transportés de suite, mais le sieur   , charpentier, aurait éludé en prétextant d'ouvrage qu'il avait à terminer, etc.; nous lui avons déclaré à l'instant que nous prenions son prétexte pour refus, et que nous allions, contre lui, dresser procès-verbal. Ledit sieur   n'ayant eu aucun égard à notre observation, ayant continué ses travaux chez lui, et n'ayant point obtempéré à notre nouvelle réquisition verbale, de se transporter avec nous, nous avons rédigé le présent pour servir et valoir ce que de raison, dans le cas où serait requise, contre lui, l'amende portée par les dispositions du Code pénal; et nous avons signé (*la signature du maire*).

Les maires et adjoints doivent prévenir les accidens par toutes les mesures d'administration et de surveillance qui sont dans l'ordre de leurs fonctions. Un des meilleurs moyens pour parvenir à ce but, est de faire exécuter les anciens règlemens : voici les principales défenses qu'ils contiennent, et qui s'appliquent davantage aux campagnes.

Il est enjoint aux couvreurs, maçons et autres ouvriers qui travaillent sur les maisons et autres bâtimens, d'y suspendre à une corde tombant sur la rue une ou plusieurs lattes pour servir d'avertissement aux passans, à peine d'amende et de dommages intérêts envers ceux qui seraient blessés par la chute de quelques matériaux.

Il est défendu, sous les mêmes peines, aux charretiers

de faire trotter et courir leurs chevaux, et de les conduire autrement qu'à pied;

Aux conducteurs de chevaux aux abreuvoirs d'en mener plus de deux à la fois, y compris celui sur lequel
chacun est monté;

A tous citoyens d'exercer des chevaux dans les rues,
chemins et autres passages publics, de laisser divaguer
dans les rues des porcs et autres bêtes naturellement dangereuses.

Il est défendu de tirer de l'arc, de jouer au mail, de
fronder, crosser, jouer aux quilles, et généralement de
faire dans les passages publics aucun exercice qui puisse
nuire aux passans.

Les puits qui sont dans les rues doivent toujours être
fermés; la nuit ils doivent l'être à la clef.

Les fous-furieux doivent être arrêtés et conduits à la
police. Les parens et voisins sont assignés devant le juge,
qui, après avoir constaté la démence par information, enjoint à son plus proche parent d'en faire bonne et sûre
garde, à peine de répondre des événemens.

Les contraventions à ces dispositions seront constatées
par des procès-verbaux. Le modèle ci-dessus, page 28,
peut aussi servir dans les cas d'incendies, d'inondations,
de grêle, d'accidens causés par des animaux furieux, par
des maladies contagieuses.

ACCOTEMENS. Terrains non pavés de chaque côté d'une
chaussée ou d'un chemin public.

Défenses de faire sur les accotemens aucun dépôt
de matériaux ou d'immondices, et de les dégrader, sous
les peines de simple police, comme embarrassant la voie
publique, de la réparation, du dégât, et de l'enlèvement
desdits dépôts aux frais de leurs auteurs, s'ils ne le font
eux-mêmes, sommation à eux préalablement faite. (Ordonnances du roi du 4 août 1751.) La contravention est
constatée par le commissaire de police du lieu; par son
procès-verbal il fait sommation au délinquant de faire enlever le dépôt dans les 24 heures; s'il n'y satisfait pas, le
commissaire de police fait enlever d'office, paie les frais
d'enlèvement, en porte le montant dans son procès-verbal qu'il transmet au tribunal de simple police, pour le

délinquant être condamné à l'amende et au remboursement des dépenses. Voy. *Chemins publics, Voirie.*

ACCOUCHEMENS. La naissance de l'enfant sera déclarée par le père, ou à défaut du père, par les docteurs en médecine ou en chirurgie, sages-femmes, officiers de santé ou autres personnes qui auront assisté à l'accouchement; et lorsque la mère sera accouchée hors de son domicile, par la personne chez qui elle sera accouchée.

L'acte de naissance sera rédigé de suite en présence de deux témoins. (*Code civil, art. 56.*)

L'art. 345 du Code pénal prononce, contre ceux qui ne déclareraient pas dans les trois jours l'accouchement auquel ils auraient assisté, la peine de la réclusion.

Les maires sont appelés à concourir aux progrès de la science pratique de l'accouchement, en présentant aux autorités supérieures, les femmes choisies par les administrations des hospices pour aller se former dans l'école établie à l'hospice de la Maternité de Paris. Voy. *Maternité, Médecine, Naissances* et *Sages-Femmes.*

ACCUSATION ET MISE EN JUGEMENT des *préfets*, des *sous-préfets*, des *maires*, des *adjoints de maires*, et généralement des *fonctionnaires publics* et *agens du gouvernement.*

Les art. 114 et 119 du Code pénal portent, que les fonctionnaires publics et agens du gouvernement, prévenus d'actes arbitraires et attentatoires à la liberté individuelle, seront passibles de la peine de la dégradation civique.

Les art. 127, 128 et 129 du même Code déclarent coupables de forfaiture et punissent d'amendes, de la dégradation civique: 1° les officiers de police qui se seront immiscés dans l'exercice du pouvoir législatif, soit par des règlemens contenant des dispositions législatives, soit en arrêtant ou suspendant l'exécution d'une ou de plusieurs lois, soit en délibérant sur le point de savoir si les lois seront publiées ou exécutées; 2° les mêmes officiers de police judiciaire qui auraient excédé leur pouvoir, en s'immisçant dans les matières attribuées aux autorités administratives, soit en faisant des règlemens sur ces matières, soit en défendant d'exécuter les ordres émanés de l'administration, ou qui, ayant permis de citer des administrateurs pour raison de l'exercice de leurs fonctions, auraient persisté dans l'exécution de leurs jugemens ou ordonnances, nonobstant l'annullation qui en aurait été prononcée ou le conflit qui leur aurait été notifié.

L'art. 130 prononce la dégradation civique contre les préfets, sous-préfets, maires et autres administrateurs qui se seront immiscés dans l'exercice du pouvoir législatif, ou qui se seront ingérés de suspendre des arrêtés généraux, tendant à intimer des ordres ou des défenses quelconques à des cours ou tribunaux.

L'art. 131 punit d'une amende de 16 francs au moins, et de 150 francs au plus, les administrateurs qui entreprennent sur les fonctions judiciaires, en s'ingérant de connaître de droits et intérêts privés du ressort des tribunaux, et qui, après la réclamation des parties ou de l'une d'elles, auront néanmoins décidé l'affaire avant que l'autorité supérieure ait prononcé.

Telles sont les bases principales de la législation criminelle, qui autorisent l'accusation et la mise en jugement des fonctionnaires administratifs; mais l'exécution de ces dispositions salutaires est subordonnée à l'exécution de l'art. 75 de l'acte constitutionnel du 22 frimaire an VIII. Les agens du gouvernement, autres que les ministres, ne peuvent être poursuivis pour des faits relatifs à leurs fonctions, qu'en vertu d'une décision du conseil-d'état; en ce cas, la poursuite a lieu devant les tribunaux ordinaires.

Le gouvernement royal a jusqu'à présent exercé la prérogative de la garantie accordée aux fonctionnaires publics et agens, par l'art. 75, cité ci-dessus.

Il s'est fondé pour retenir cette attribution:

1°. Sur la loi du 14 décembre 1789, qui porte, art. 61: que les officiers municipaux ne peuvent être mis en jugement pour les délits d'administration, sans une autorisation préalable du directoire du département.

2°. Sur la loi du 16—24 août 1790, qui défend, art. 13, aux juges, sous peine de forfaiture, de citer devant eux des administrateurs à raison de leurs fonctions.

3°. Sur l'acte constitutionnel du 22 frimaire an VIII (15 *décembre* 1799), qui assimile aux administrateurs,

tous les agens du gouvernement, et veut, art. 75, qu'ils
ne puissent être poursuivis pour des faits relatifs à leurs
fonctions, qu'en vertu d'une décision du conseil-d'état.

4°. Sur l'arrêté du gouvernement du 9 pluviôse an x
(29 janvier 1802), qui autorise le directeur-général de l'enregistrement et des domaines, comme l'ont été ultérieurement les autres directeurs-généraux, à traduire devant
les tribunaux, sans recourir au conseil d'état, les agens
inférieurs de leurs administrations respectives.

5°. Sur le décret du 9 août 1806, portant que l'autorisation préalable du gouvernement qui est nécessaire
pour traduire en justice ses agens, ne fait pas obstacle à
ce que les magistrats chargés de la poursuite des délits
informent et recueillent tous les renseignemens relatifs
aux délits commis par les agens du gouvernement; mais
qu'il ne peut être, dans ce cas, décerné aucun mandat, ni
subi aucun interrogatoire juridique sans autorisation
préalable du gouvernement.

6°. Sur le Code pénal (art. 127 et 129), lequel prononce une amende contre les juges qui auront, sans autorisation préalable du gouvernement, rendu des ordonnances ou décerné des mandats contre ses agens ou préposés, prévenus de crimes ou délits dans l'exercice de
leurs fonctions.

Enfin, sur la Charte constitutionnelle, dont l'art. 68
est ainsi conçu : « Le Code civil et les lois actuellement
existantes qui ne sont pas contraires à la présente charte,
restent en vigueur jusqu'à ce qu'il y soit légalement dérogé. »

D'après ces lois, sur lesquelles le conseil-d'état se fonde pour exercer une de ses plus importantes attributions, nous exposerons les règles introduites par la jurisprudence sur les accusations et mises en jugement des
fonctionnaires publics et agens du gouvernement depuis
le régime constitutionnel de la Charte : et nous suivrons
le plan que nous ont tracé les trois jurisconsultes qui ont
écrit sur cette matière; MM. Siroy, Macarel, et le baron
de Cormenin.

§ 1er. *État par ordre alphabétique des fonctionnaires publics et agens du gouvernement qui jouissent du privilége de garantie accordé par l'article 75 de l'acte constitutionnel du 22 frimaire an VIII — 13 décembre 1819, contre les accusations des crimes et délits énoncés dans les § 2, 3, 4, 5 et 6 suivans (1).*

Adjoints de maires; commissaires de police; conseillers-d'état; contributions directes (directeurs, inspecteurs, etc., des); contributions indirectes (directeurs, inspecteurs, etc., des); directeurs-généraux; douanes (employés des); ecclésiastiques; enregistrement et domaines (employés de l'); gardes-champêtres; gardes-forestiers; gardes-pêche; gardes-des-bois des particuliers; gendarmerie (officiers et sous-officiers de); intendans de la marine; intendans et sous-intendans militaires; maires; militaires en activité de service; octrois (employés des); percepteurs des contributions directes; postes (directeurs et inspecteurs des); poudres et salpêtres (préposés des); préfets; sous-préfets.

§ II. *Fonctionnaires publics que l'on peut traduire devant les tribunaux sans l'autorisation du conseil-d'état.*

1°. Les pairs de France, qui ne peuvent être arrêtés que de l'autorité de la chambre des pairs et jugés que par elle en matière criminelle. (*Art. 34 de la Charte.*)

2°. Les députés, qui ne peuvent, pendant la durée de la session, être poursuivis ni arrêtés en matière criminelle, sauf le cas de flagrant délit, qu'après que la chambre a permis leur poursuite. (*Art. 52 de la Charte.*)

---

(1) Cet article est extrait de l'excellent ouvrage intitulé : *Questions de droit administratif*, par M. le baron de Cormenin. Ce savant magistrat, rapporteur au conseil-d'état, des principales matières du contentieux de l'administration, est devenu, pour nous, un guide aussi éclairé que sûr, par sa méthode de classification, et pour l'authenticité de ses citations.

3°. Les agens du gouvernement pris en flagrant délit.

4°. Les ministres ou ex-ministres. (*Art. 72 et 73 de l'acte constitut. du 22 frimaire an VIII (13 décembre 1799); art. 55 et 56 de la Charte; ord. du roi du 15 juin 1817.*)

5°. Les maires et adjoints, gardes champêtres et gardes-forestiers, commissaires de police, et officiers de gendarmerie qui auraient commis des contraventions ou des délits en qualité d'officiers de l'état-civil ou de police judiciaire. (*Art. 50 du Code civil, an IX, du Code d'instruction criminelle, avis du conseil d'état du 4 pluviôse an XII (25 janvier 1804); ord. du roi des 8 juillet 1817, 2 juin 1819, 4 mai 1820, 22 février et 24 octobre 1821.*)

6°. Les préposés des domaines, des douanes et des poudres et salpêtres, lorsque les directeurs généraux de ces diverses administrations estiment qu'il y a lieu de les mettre en jugement (*Arrêté du 9 pluviôse an X (29 janvier 1802); du 29 thermidor an XI (17 août 1803, et 28 février 1806.*)

7°. Les percepteurs des contributions, lorsque les préfets veulent les poursuivre. (*Arrêté du 10 floréal an X, 29 janvier 1802.*)

8°. Les employés de contributions indirectes, même le directeur-général, que sa qualité de conseiller-d'état ne couvre point; (*Art. 144 de la loi du 8 octobre 1814, et ord. du roi du 20 janvier 1819.*)

9°. Les gardes des bois des particuliers. (*Ord. du roi du 22 juillet 1818.*)

Il en est de même dans les cas suivans :

10°. Lorsque les faits et délits ont été commis par les agens du gouvernement, hors de l'exercice de leurs fonctions, comme si la rixe à la suite de laquelle des violences ont été commises, des injures proférées, des blessures reçues, des vols tentés, n'a été l'effet que d'une rencontre fortuite, ou s'il a été tenu des propos séditieux, ou s'il s'agit de la restitution d'un dépôt, ou d'une soustraction frauduleuse, ou de l'exécution de conventions particulières. (*Art. 75 de l'acte constit. du 22 frimaire an VIII—13 décembre 1819.*)

11°. Lorsque les faits imputés sont postérieurs à la

cessation des fonctions de l'agent. (*Ord. du roi du 18 juillet 1821.*)

12°. Lorsque le plaignant demande que le ministère public soit contraint par le conseil-d'état d'exercer les poursuites contre l'agent incriminé. (*Ord. du 13 mai 1819.*)

§ III. *Dans quels cas il y a lieu de surseoir à pro-*
noncer sur la demande en autorisation formée
soit par la partie plaignante, soit par le minis-
tère public.

1°. Lorsque le procureur-général, en transmettant au conseil-d'état les pièces de la procédure n'a pas émis d'avis personnel.

2°. Lorsque le réclamant ne justifie d'aucune plainte qui ait saisi les tribunaux.

Ou lorsque le fait ou délit reproché ne peut être constaté que par une information juridique et préalable, aux termes et dans les limites du décret du 9 août 1806, (*Art. 3 du décret du 9 août 1706; ord. du roi des 4 mai, 9 juillet 1820, 2 février et 29 août 1821.*)

3°. Lorsque l'instruction préalable voulue par l'art. 8 de la loi du 18 germinal an x, contre un ecclésiastique, pour abus dans l'exercice de ses fonctions, n'a pu être faite. (*Ord. du roi du 19 mars 1817.*)

4°. Lorsqu'il s'agit d'examiner le recours de l'agent inculpé contre la commune ou le gouvernement, et d'établir, par exemple, une liquidation administrative nécessairement préalable au jugement du délit, ou de statuer d'abord sur toute autre question de la compétence administrative ou civile. (*Ord. du roi du 23 février 1820.*)

§ IV. *Dans quels cas il n'y a pas lieu à accorder*
l'autorisation.

1°. Lorsqu'il n'y a pas de partie civile ou plaignante, ou qu'elle s'est désistée, et que, ni le préfet, ni le procureur-général, ni les ministres ne sont d'avis de poursuivre l'agent inculpé. (*Ord. du roi du 13 mars et du 17 avril 1822.*)

2°. Lorsque ceux qui ont commis le délit dont on se plaint, ont agi sans l'ordre du maire, ce qui exclut son intervention. (*Ord. du roi des 8 septembre 1819—5 septembre, et 19 décembre 1821.*)

3°. Lorsque des maires et leurs adjoints, préfets et sous-préfets, portent préjudice, dans l'exercice et les bornes de leurs fonctions, à des particuliers ou à une commune, et que l'abus de ces actes peut être réparé, dans l'ordre de la hiérarchie, par l'autorité administrative. (*Ord. du roi du 9 juillet 1820, et des 22 février et 18 juillet 1821.*)

4°. Lorsque la demande d'autorisation est introduite incidemment à une instance contentieuse dont elle ne saurait faire partie. (*Ord. du roi des 22 février et 13 mars 1822.*)

5°. Lorsque la poursuite de l'agent remettrait en question ce qui a été contradictoirement décidé avec le plaignant, par un arrêt du conseil. (*Ordonn. du roi, du 13 mars 1822.*)

6°. Lorsque des maires et leurs adjoints, préfets et sous-préfets, généraux et autres agens du gouvernement, sont personnellement recherchés pour des actes de leur ressort, fidèlement exécutés par eux, en vertu des ordres de l'autorité supérieure à laquelle ils doivent obéissance hiérarchique, ou que lesdits actes ont été approuvés par le ministre ou les ministres auxquels ces agens sont subordonnés. (*Ord. du roi des 23 juin et 17 novembre 1819, 9 juillet 1820, et 22 février 1821.*)

7°. Lorsqu'il résulte de l'ensemble des plaintes ou dénonciations; des dépositions des témoins; du caractère des faits incriminés ou des actes produits; des avis favorables des procureurs généraux, des directeurs-généraux, des préfets et des ministres; des circonstances atténuantes de l'affaire; des témoignages rendus par les autorités locales, qu'il n'y a pas non-seulement de preuves, mais même de présomptions suffisantes; que les faits sont évidemment faux, ou qu'ils ne sont pas graves; que l'agent inculpé a été de bonne foi, et qu'il a réparé volontairement son erreur; qu'il n'y a pas de délit d'intention, mais seulement négligence, irrégularité, inadvertance, ignorance, erreur involontaire et désintéressée,

et qui ne peut donner lieu qu'à des mesures de discipline administrative, telles que blâme, censure, réprimande, suspension, changement de résidence, diminution
de grade et de traitement, et même destitution. (*Ord.
du roi des 16 janvier, 6 février, 13 mars, 17 avril et
29 mai 1822.*)

8°. Lorsque l'administration des forêts ou des douanes, ou autre administration publique, n'intervient pas
dans la poursuite des délits prétendus commis au préjudice de l'état, reconnaît la fausseté des imputations du
dénonciateur, et rend au contraire témoignage favorable
des inculpés. (*Ord. du roi des 18 janvier et 15 février
1815, et 14 janvier 1818.*)

9°. Lorsqu'il n'existe pas, quant à présent, de présomptions suffisantes à charge de l'inculpé. (*Ord. du
roi du 23 octobre 1816.*)

10°. Lorsque les mesures, même rigoureuses dont on
se plaint, n'ont été que l'exécution fidèle des lois d'exceptions. (*Ord. des 12 juillet 1818 et 8 septembre 1819.*)

11°. Lorsque les maires et adjoints, préfets et sous-
préfets ont été poursuivis à raison des faits et délits relatifs à la conscription, autres que ceux d'escroquerie et
de concussion. (*Ord. du roi du 23 août 1814.*)

12°. Lorsqu'il s'agit de faits couverts par une amnistie, et qui ne constituent pas des délits privés, mais des
abus de pouvoir commis dans l'exercice des fonctions
administratives. (*Loi du 12 janvier 1816, et ord. du roi
des 7. 21 et 27 août 1816.*)

13°. Lorsque, pendant l'envahissement du territoire,
par des armées étrangères, ou pendant une famine, ou
pendant les ravages d'une maladie épidémique, ou en
toute autre circonstance difficile et extraordinaire, les
autorités auraient commis des irrégularités et omissions
dans la constatation des *Décès des militaires*;

Ou pris des mesures contraires aux lois, lorsque la
commune était privée de toute police judiciaire;

Ou coupé et vendu des bois sans autorisation au milieu des événemens de la guerre, pour satisfaire aux réquisitions des troupes étrangères, ou pour subvenir aux
besoins des habitans et sans profit personnel. (*Ordonnance du roi des 1er novembre 1814, 30 janvier 1815,*

15 *janvier et* 16 *mars* 1816, 12 *décembre* 1818 *et* 6 *mars* 1820.)

14°. Lorsque le délit, en le supposant constant, serait prescrit et ne pourrait donner lieu à aucune poursuite. (*Ordonnance du roi des 4 mars* 1816 *et* 14 *janvier* 1818).

15°. Lorsqu'il y a déjà eu jugement et condamnation pour le même fait ou délit, contre le même agent. (*Ordonnance du* 27 *août* 1816.)

16°. Lorsque les faits et moyens contenus dans la plainte ont déjà fait partie de la défense du plaignant, accusé lui même de rébellion aux ordres légitimes de l'agent inculpé, et ont été jugés implicitement à son égard. (*Ordonnance du roi du* 23 *décembre* 1815.)

17°. Lorsque le flagrant délit de contrebande est établi par la saisie des objets introduits en fraude, que la circonstance de contrebande à main armée est également constatée par l'existence de bâtons ferrés ou autres armes trouvées sur le terrain;

Que les douaniers, ou gardes-forestiers, ou autres agens, n'ont pas été les agresseurs dans la rixe qui a produit le meurtre ou les blessures; qu'ils agissaient au nom de la loi, et qu'ils n'ont fait qu'user du droit d'une légitime défense. (*Ordonnance des* 30 *janvier et* 13 *février* 1815, 18 *avril,* 28 *mai et* 11 *septembre* 1816, 10 *et* 11 *décemb e* 1817, 17 *juin et* 12 *décembre* 1818, 3 *février et* 2 *juin* 1819, 20 *février et* 13 *mars* 1822,)

18°. Lorsque l'explosion du coup de fusil qui a frappé la partie lésée n'a été que l'effet d'un accident, et qu'elle a accepté l'indemnité de la légère blessure qu'elle a reçue.

19°. Lorsqu'en donnant l'ordre à la force armée de se saisir des individus qui les insultent dans l'exercice de leurs fonctions, et de les traduire devant le procureur du roi, les maires et les adjoints, préfets et sous-préfets, se sont conformés aux dispositions des lois;

Ou qu'ils n'ont fait procéder à l'arrestation du plaignant qu'en vertu d'un mandat d'arrêt décerné contre lui par l'autorité compétente; ou qu'après avoir fait arrêter, par mesure de police, un individu prévenu d'avoir tenu des propos séditieux, ou d'avoir dégradé la voie publique; ou de contravention aux règlemens de police municipale; ou de tout autre flagrant délit; ils l'ont livré immédiatement aux tribunaux; ou qu'ils n'ont eu pour but, en arrêtant momentanément les plaignans, que de rétablir dans la commune l'ordre troublé par leurs résistances, leurs provocations et leurs voies de fait; ou de soustraire les individus arrêtés et qui ne se plaignent point, aux mauvais traitemens dont ils étaient menacés. (*Ordonnance du roi des 1er mars 1815, 10 février et 28 septembre 1816, 10 septembre 1817, 17 juin et 24 septembre 1818, 31 janvier et 8 septembre 1819.*)

20°. Lorsque les douaniers chargés, d'après les lois, d'empêcher la circulation nocturne des marchandises prohibées, ont arrêté momentanément des individus qui refusaient d'exhiber les paquets dont ils étaient porteurs. (*Ordonnance du roi du 8 août 1821.*)

21°. Lorsque, afin de pourvoir à la sûreté des propriétés de l'état, un intendant militaire ou de la marine, ou tout autre agent chargé de cette surveillance et de cette conservation, requiert la force publique de descendre dans un bâtiment appartenant à l'état, et prêté au fournisseur ou manutentionnaire qui qualifie ce fait de violation de domicile. (*Ordonnance du roi du 18 juillet 1821.*)

22°. Lorsque les maires ont fait des bois requis, ou des sommes reçues, ou des revenus des communes un emploi approuvé par le conseil municipal après reddition de compte, examen et débat;

Ou que le produit de ventes de bois non autorisées, ou de transactions passées avec des délinquans, ou d'autres perceptions illégales, a été versé dans les caisses de la commune, et fidèlement employé sous l'approbation de l'autorité supérieure, au profit de ladite commune. (*Ordonnance du roi des 29 novembre 1816, 14 mai 1817, 25 février, 9 septembre et 29 octobre 1818, 4 mars et 12 mai 1819.*)

23°. Lorsqu'un percepteur, par l'erreur d'un commis, a reçu, en excédant des contributions, une somme qu'il a restituée. (*Ord. du roi du 31 janvier 1817.*)

24°. Lorsque les objets mal-à-propos saisis par les douaniers en plein jour, et revêtus de leurs uniformes, ont été immédiatement déposés au poste de la brigade et restitués aux propriétaires. (*Ord. du roi du 16 juillet 1817.*)

Lorsque les altérations d'actes qui sont l'objet de l'inculpation se réduisent à une surcharge matérielle dont on n'a fait aucun usage, et dont il n'est survenu, ni aucun bénéfice pour son auteur, ni aucun dommage pour des tiers. (*Ord. du roi du 8 septembre 1817.*)

26°. Lorsqu'il résulte de la pièce même arguée de faux, que ce n'était pas une quittance définitive, mais une simple note indicative de paiement. (*Ord. du roi du 25 février 1818.*)

27°. Lorsqu'il n'existe d'autre témoignage que celui des délinquans contre lesquels des gardes ont dressé des procès-verbaux, et qui ont été condamnés par les tribunaux; ou que les dénonciateurs ont agi évidemment par haine et récrimination; ou que les autres témoignages contredisent ou atténuent la déposition du dénonciateur, ou ne la confirment point; ou que les témoins se contredisent entre eux; ou que les plaignans ont été condamnés comme calomniateurs, par des tribunaux, à raison des faits pour lesquels ils réclament l'autorisation de poursuivre le fonctionnaire; ou qu'il n'y a pour témoin que le dénonciateur, qui s'accuse lui-même d'avoir corrompu l'agent qu'il inculpe. (*Ord. du roi des 20 novembre 1815, 13 janvier, 18 mars et 18 avril 1816, 9 avril 1817, 14 janvier et 25 février 1818, 4 mars 1819 et 2 février 1821.*)

28°. Lorsqu'il y a eu des torts respectifs entre un maire et des employés des douanes, pour violence, rébellion et voies de fait, sans préjudice des poursuites par les moyens ordinaires s'il y a eu contrebande;

Ou entre les particuliers et ces employés, ou entre un maire et des habitans à la suite de provocations mutuelles. (*Ordonnance du roi des 28 novembre 1816, 10 décembre 1817, et 25 février 1818.*)

§ V. Dans quels cas il n'y a lieu d'accorder que l'autorisation à fins civiles.

1°. Lorsque le fait imputé n'a pas le caractère d'un délit; que le ministère public n'est pas d'avis de poursuivre, que le plaignant ne conclut qu'à fins civiles; que la perte, dommage ou tort peut être, indépendamment de l'action publique, réparé, par voie d'indemnité, devant les tribunaux; comme si, par exemple, des particuliers poursuivent un maire en réparation de dégâts commis par lui sur leurs propriétés, ou en dédommagement d'une action injuste formée contre eux par le maire, et rejetée par les tribunaux; des percepteurs, en restitution des sommes payées par eux sur ses mandats, et non allouées dans leurs comptes; des entrepreneurs, en paiement du prix de travaux par lui ordonnés, sans la participation du conseil municipal; enfin, une commune, en répétition des dépens auxquels elle aurait été condamnée pour des procès intentés par eux au nom de ladite commune, sans y avoir été préalablement autorisés. (*Ordonnance du roi des 30 septembre 1814, 6 mars 1815, 6 et 18 mars 1816, 11 février, 23 avril, 13 mai, 12 août et 9 septembre 1818, 24 et 31 mars, 12 mai et 23 juin 1819, 9 juillet 1820 et 30 mai 1821.*)

2°. Lorsque le fait imputé n'a aucun caractère de criminalité, et que l'état d'insolvabilité du maire, le laps de temps écoulé et d'autres circonstances font présumer que l'action serait intentée par la commune sans résultat utile, le conseil-d'état n'accorde d'autorisation ni pour l'action criminelle, ni pour l'action civile. (*Ordonnance du roi du 9 septembre 1818.*)

§ VI. *Dans quels cas il y a lieu d'accorder l'autorisation pure et simple.*

Le conseil-d'état accorde l'autorisation pure et simple dans presque tous les cas où le procureur-général, qui transmet les pièces de la procédure, est d'avis de poursuivre.

Il considère moins le fait ou l'abus de pouvoir en lui-même, que la mauvaise foi ou l'intention coupable qui constitue le délit.

Ainsi il accorde l'autorisation lorsque, malgré les avis favorables des préfets, ou des directeurs-généraux, ou des ministres, il lui paraît ressortir des dépositions des témoins, du caractère du fait incriminé, des circonstances aggravantes, de la moralité du prévenu, en un mot, de l'ensemble des informations administratives et judiciaires, des présomptions suffisantes de crime ou délit.

Lorsque le fait ou l'acte ne tombe pas légalement sous

la juridiction de l'autorité administrative, et que la plainte, dénonciation ou poursuite d'office contre l'agent n'est
pas dirigée par récrimination, vengeance, jalousie ou des-
sein d'avilir ou de paralyser l'autorité.

Lorsque l'agent, quel qu'il soit, au lieu d'user du caractère,
des fonctions et de l'autorité qu'il tient du gouvernement,
ou des armes que la loi lui accorde pour sa propre défense,
ou pour l'exercice de la police, dans l'intérêt de l'état,
des communes ou des citoyens, en abuse au préjudice,
soit de l'état, soit des communes, soit des particuliers,
dans un intérêt personnel de haine ou de vengeance, ou
de cupidité ou d'ambition, ou par aveuglement de zèle,
ou par esprit de parti;

Qu'il agit sans ordre de ses supérieurs hiérarchiques,
lorsqu'il doit être préalablement autorisé d'après la loi, et
se rend ainsi coupable d'excès de pouvoir;

Qu'il use ou fait user sans motifs légitimes, de violences envers les personnes dans l'exercice ou à l'occasion
de l'exercice de ses fonctions, et se rend ainsi coupable
d'actes arbitraires;

Qu'il ordonne de percevoir, exige, ou reçoit ce qu'il
sait n'être pas dû, ou excéder ce qui était dû pour contributions, droits, taxes et revenus; le tout sciemment,
pour le détourner à son profit, et se rend ainsi coupable
du délit de concussion;

Qu'il commet, dans une intention criminelle, des faux
sur des registres publics dont il a la disposition, ou dans
des procès-verbaux ou certificats, par fausses signatures,
altération des actes, supposition de noms ou de personnes, intercallation d'écritures, substitution de dates, et se
rend ainsi coupable de faux;

Qu'il détourne, supprime, détruit, enlève, s'approprie
dans un acte de ses fonctions, des effets, des valeurs, des
registres, des pièces comptables, et se rend ainsi coupable
de soustraction frauduleuse;

Qu'il agrée des offres ou promesses, ou reçoit des dons
ou présens pour faire un acte de sa fonction ou de son
emploi, ou pour s'abstenir de faire un acte qui entrait
dans l'ordre de ses devoirs, et se rend ainsi coupable du
délit de corruption;

Qu'il s'introduit dans la maison d'un citoyen hors les

cas prévus par la loi, et se rend ainsi coupable de violation de domicile ;

Qu'il arrête, détient ou séquestre un ou plusieurs citoyens, lorsqu'il ne peut justifier qu'il a agi par ordre de
ses supérieurs, pour des objets du ressort de ceux-ci, et
sur lesquels il leur était dû obéissance hiérarchique, et se
rend ainsi coupable d'attentat à la liberté individuelle;

Qu'il ait sans nécessité de légitime défense, blessé ou
tué quelque citoyen, à l'occasion ou dans l'exercice de
ses fonctions, et se rend ainsi coupable de meurtre, etc.;

Qu'il touche et retient des fonds dont la commune ou
l'état n'eût pas profité, et se rend ainsi coupable de pré-
varication ;

Qu'il refuse de rendre les comptes d'administration prescrits par les lois, et se rend ainsi coupable d'abus d'autorité;

Qu'il arbore des signes de révolte, ou déchire les em-
blèmes de la royauté, ou tient publiquement des propos
outrageans contre la personne sacrée du roi, ou fomente
la rébellion, ou provoque la résistance à l'exécution des
ordres émanés du gouvernement, et se rend ainsi coupable de sédition, de rébellion, d'abus d'autorité contre
la chose publique, de désobéissance aux lois, etc.

C'est dans le sens de ces règles générales que le conseil-d'état a autorisé la mise en jugement d'agens du gouvernement prévenus dans l'exercice de leurs fonctions;

1°. D'avoir commis, directement ou de complicité, des
concussions, dilapidations, exactions, prévarications, ex-
torsions, et malversations de toute espèce ;

D'avoir touché et de s'être approprié des deniers, revenus et produits appartenans à des particuliers ou corporations, et notamment des recettes provenantes d'impositions extraordinaires ; des prix de fournitures faites
par des communes ; des fonds confiés à leur disposition
par des budgets ; des sommes remises pour un service
public ; des sommes remboursées pour des réquisitions
ou deniers ; des sommes touchées sur leurs mandats ; des
sommes payées à compte des indemnités de logement
dues pour l'occupation des armées étrangères ; des secours accordés aux indigens ; d'avoir détourné des magasins, des denrées de réquisition à leur profit ; d'avoir
refusé de rendre les comptes d'administration prescrits

par les lois; d'avoir vendu frauduleusement des terrains
communaux, et d'en avoir diverti le prix; d'avoir fait des
coupes de bois illicites et par anticipation; d'avoir compris dans la distribution de l'affouage des arbres réservés, et sans attendre la délivrance; d'avoir commis des
délits dans les forêts confiées à leur garde ou à leur surveillance; d'avoir, sans autorisation, coupé et vendu des
bois de particuliers; d'avoir soustrait frauduleusement
des effets, valeurs, titres, registres, etc.., etc..; d'avoir
déplacé les bornes des héritages; d'avoir violé le secret
des lettres; d'avoir provoqué les habitans d'une commune au pillage d'une propriété particulière; d'avoir mis
des taxes arbitraires sur les visa des passe-port; d'avoir
excité une émeute pour contraindre à réduire l prix des
blés ou autres denrées, ou pour s'opposer a exercices
des contributions indirectes; d'avoir commis des escro-
queries en matière de conscription. (*Ord. du roi des
1er et 6 mars 1815, 13 janvier, 10 février, 6 et 18
mars, 18 avril, 1er et 27 mai, 3 juillet, 21 août, 28
septembre, 23 octobre et 11 décembre 1816; 8 janvier,
26 février, 9 avril, 21 mai, 11 et 25 juin, 27 août, 19
septembre, 6 novembre et 3 décembre 1817; 14 janvier, 25 février, 18 mars, 10 et 23 avril, 13 mai, 3
et 17 juin, 12 août, 9 septembre, 21 octobre, 18 novembre et 12 décembre 1818; 24 et 31 mars, 12 mai,
2 juin, 7 juillet, 20 et 27 octobre, 1er et 29 décembre
1819; 25 janvier, 19 mars, 25 avril, 4 mai 1820; 2
et 22 février, 18 juillet, 15 et 29 août, 14 novembre et
19 décembre 1821; 16 janvier, 6 février, 13 mars, 17
avril, 8 et 29 mai 1822.*)

   2°. D'avoir commis des infidélités et même des faux,
par contrefaçon et inscription de signatures, altérations,
surcharges et substitution de noms et de dates sur des
états de recettes et dépenses, matrices du rôle des contributions, certificats, passe-ports, registres publics, etc.
(*Ord. du roi des 20 novembre 1815, 21 août et 11 décembre 1816; 9 avril, 14 mai et 11 juin 1817; 18
mars, 8 et 22 juillet, 12 août, 9 septembre et 21 octobre
1818; 3 février, 12 mai, 7 juillet et 1er septembre 1819;
25 janvier, 19 mars et 6 décembre 1820; 30 mai et 19
septembre 1821; 17 avril 1822.*)

3°. D'avoir transigé avec des délinquans, pour ne pas donner suite à des procès-verbaux, ou pour les supprimer, ou pour ne pas constater des contraventions et délits. (*Ord. du roi des* 26 *février* 1817; 12 *août et* 9 *septembre* 1818; 12 *mai* 1819; 23 *janvier et* 19 *mars* 1820; 16 *janvier,* 17 *avril et* 29 *mai* 182..)

4°. D'avoir, sans nécessité de légitime défense, tué ou blessé un ou plusieurs citoyens. (*Ord. du roi des* 6 *septembre* 1814; 25 *février et* 6 *mars* 1815; 10 *février,* 6 *et* 18 *mars,* 18 *avril,* 1er *mai,* 23 *octobre et* 20 *novembre* 1816; 26 *février,* 8, 16 *et* 22 *juillet et* 14 *octobre* 1818; 24 *mars,* 7 *juillet et* 17 *novembre* 1819; 23 *janvier* 1820; 22 *février,* 18 *juillet et* 19 *décembre* 1821.)

5°. D'avoir diffamé un particulier ou porté contre lui un faux témoignage en justice. (*Ord. du roi des* 6 *mars* 1815; 11 *décembre* 1816; 13 *mai* 1819; 17 *avril* 1822.)

6°. D'avoir commis des actes de violence, excès, voies de fait, outrages et actes arbitraires envers un particulier. (*Ord. du roi des* 7 *novembre et* 11 *décembre* 1814; 20 *novembre* 1815; 10 *février,* 18 *avril et* 20 *novembre* 1816; 6 *juillet et* 6 *novembre* 1817; 22 *avril,* 22 *juillet,* 12 *août et* 14 *octobre* 1818; 20 *janvier,* 12 *mai,* 2 *juin,* 20 *et* 27 *octobre,* 17 *novembre* 1819; 23 *janvier,* 11 *et* 23 *février,* 19 *mars* 1820; 18 *juillet,* 5 *septembre et* 19 *décembre* 1821; 16 *janvier et* 16 *février* 1822.)

7°. D'avoir commis des abus d'autorité, arrestations, incarcérations et détentions arbitraires et illégales. (*Ord. du roi des* 23 *décembre* 1815; 17 *juin* 1818 *et* 12 *juin* 1819.)

8°. D'avoir violé le domicile des citoyens, hors des cas prévus par les lois. (*Ord. du roi du* 24 *décembre* 1818.)

9°. D'avoir porté atteinte à la libre circulation des subsistances. (*Ord. du roi du* 23 *avril* 1818.)

10°. D'avoir enfreint les lois et règlemens sanitaires.

11°. D'avoir menacé publiquement des acquéreurs de biens nationaux de se voir dépouiller de leurs propriétés. (*Ord. du roi du* 3 *décembre* 1817.)

12°. D'avoir arboré publiquement des signes de rébellion, ou enlevé ceux de l'autorité légitime, ou tenu publiquement des propos outrageans contre l'autorité royale. (*Ord. du roi des 20 novembre 1815, 23 février 1816, et 13 janvier 1819.*)

Nous croyons, avec M. le baron Cormenin, que ce tableau de la législation, et de la jurisprudence du conseil-d'état, sur les accusations et les mises en jugement des fonctionnaires publics et des agens du gouvernement, est le plus complet, ou pour mieux dire, le seul qui ait été tracé jusqu'ici.

Accusés en matière criminelle. Le procureur-général de la cour royale donne avis de l'arrêt de renvoi à la cour d'assises ou à la cour spéciale, tant au maire du lieu du domicile de l'accusé, s'il est connu, qu'à celui du lieu où le délit a été commis. (*Art. 245 du Code d'instruction criminelle.*)

Les maires ou adjoints qui découvrent de nouvelles charges contre un prévenu à l'égard duquel la cour royale (chambre d'accusation) a décidé qu'il n'y avait pas lieu au renvoi à la cour d'assises ou à la cour royale, adressent, sans délai, au procureur-général de la cour royale, copie de ces nouvelles charges, c'est-à-dire des déclarations de témoins, pièces et procès-verbaux relatifs aux faits pour lesquels le prévenu était poursuivi. (*Art. 247 et 248 du même Code.*) Voy. *Transport des accusés.*

Accusés indigens, mis en liberté. Les maires veillent à ce que les personnes mises en liberté, qui se trouvaient sans aucune ressource, puissent obtenir du travail dans les ateliers de charité ou autres établissemens publics de leurs communes. (*Art. 13 de la loi des 16 et 26 mars 1790.*)

Accusés DE RÉCEPTION de lettres, de pièces, etc. Les préfets, les sous-préfets et les maires qui accusent la réception d'une lettre ou d'un acte quelconque, ne doivent pas se contenter d'énoncer la date de cette pièce: il est de leur devoir d'en relater l'objet; et comme chaque lettre ne doit traiter que d'un seul, chaque accusé de réception, ne doit être applicable qu'à une seule pièce. (*Instructions ministérielles.*)

Achats pour l'usage de la commune. Ils sont faits par les maires, mais en vertu d'une délibération du conseil municipal, dont voici le modèle.

Cejourd'hui   , etc., il nous a été exposé par M. le maire, qu'il serait utile pour la commune de faire achat de (*désigner l'objet*), dont le prix pouvait s'élever environ à la somme de .

Sur quoi le conseil, après avoir délibéré, a observé que cet achat n'était point d'une nécessité indispensable pour la commune; que d'ailleurs il aggraverait encore ses dettes, tant par le prix de cet achat que par celui de son entretien, et a écarté cette demande.

Ou sur quoi le conseil, après avoir reconnu l'utilité de cet achat, a consenti qu'il fût fait, et qu'il y fût employé jusqu'à la somme de .

Achats *d'objets volés.* L'acheteur d'un objet volé doit le remettre, lorsqu'il est réclamé, pourvu qu'il ne se soit pas écoulé entre l'achat et la réclamation un laps de temps assez considérable pour atténuer la réclamation. Voy. *Prescription.*

Le prix d'achat ne peut pas lui être rendu, s'il a acheté de personnes inconnues ou mal famées, ou à vil prix, ou si, faisant le commerce d'objets de hasard, il n'a pas un registre coté et paraphé par l'officier de police du lieu, sur lequel l'objet acheté soit enregistré, avec les noms, profession et demeure du vendeur, la date et le prix d'achat. Voy. *Prescription, Brocanteurs.*

S'il s'élève contestation, le propriétaire de l'objet volé doit faire une déclaration des faits au commissaire de police du lieu où se trouve l'objet; administrer, autant que possible, la preuve du vol, et indiquer les noms et demeure du détenteur actuel de l'objet. Le commissaire se fait représenter par ce dernier l'objet dont il s'agit, le reçoit en dépôt, ou le lui consigne par écrit, sous la soumission de le représenter en même nature à toute réquisition. Il est dressé du tout procès-verbal, signé des parties, lequel est envoyé au procureur du roi (à Paris au préfet de police).

Acides *nitrique, pyroligneux, sulfurique,* etc. Voy. *Manufactures à odeur insalubre ou incommode, Poudres et Salpêtres,* et *Vinaigre.*

Acier (fabriques d') et acieries. Voy. *Manufactures à odeur*, et *Usines*.

Acétate de plomb (fabriques d'). Voy. *Manufactures à odeur*.

Acquiescement à une ordonnance du conseil-d'état. Voy. *Conseil-d'état*.

Acquéreurs de domaines nationaux. Voy. *Domaines nationaux*.

Acquisitions, *aliénations, échanges et ventes* de biens immeubles par les autorités administratives et municipales.

La loi organique des municipalités, du 14—18 décembre 1789, a établi en principe que le conseil municipal est seul compétent pour délibérer sur les acquisitions, aliénations, échanges et ventes des immeubles par les communes. (*Art.* 54.)

Celle du 5—18 février 1791 a déclaré qu'aucun corps administratif ne peut faire aucune acquisition sans l'autorisation du pouvoir législatif.

Ces règles fondamentales de la jurisprudence municipale relative aux acquisitions des communes ont été invariablement suivies sous tous les gouvernemens de la France, et sont confirmées par les lois et actes du gouvernement ci-après.

1°. La loi du 5—18 août 1791 qui contient la disposition expresse que la loi sera rendue, vu l'opinion du directoire de district (aujourd'hui le sous-préfet), et l'avis du directoire du département, (aujourd'hui le préfet), et à la charge par les villes et communes à qui l'autorisation sera donnée, de fournir assignation de deniers pour le paiement des arrérages et le remboursement du capital, suivant la progression, et dans les délais fixés par la loi. (*Art.* 7 de ladite loi.)

2°. L'article 2 de la loi du 2 prairial an v—21 mai 1797, qui ôte aux communes la faculté d'aliéner ou d'échanger leurs biens. (*Bull.* 124.)

3°. Les lois du 21 nivôse et 25 ventôse an ix—11 janvier et 16 mars 1801 (*Bull.* 63 et 75), qui autorisent la commune de Dijon à faire différentes acquisitions dont elles règlent le mode d'estimation et de paiement.

1. 4

Nota. L'estimation doit être faite contradictoirement par deux experts nommés d'une part par le maire, et de l'autre, par le vendeur; un commissaire choisi par le sous-préfet fait ensuite une information *de commodo* et *incommodo*. Cette information et le rappel des experts sont mis sous les yeux du conseil municipal, qui prend une délibération motivée, transmise par l'intermédiaire du sous-préfet au préfet, qui l'adresse avec son avis au ministre de l'intérieur, lequel en fait son rapport au roi; et propose le projet de loi à présenter aux chambres.

4°. L'article 2 de l'arrêté du 7 germinal, an IX — 28 mars 1801, qui confirme le préalable nécessaire de l'information *de commodo* et *incommodo*, en vertu d'ordres du sous-préfet. (*Bull.* 77.)

5°. L'arrêté du 23 prairial an IX — 12 juin 1801, qui déclare illégale la déclaration prise par le conseil municipal de *Tain* sans la participation des autorités supérieures, et sans l'autorisation du gouvernement. (*Bull.* 84.)

6°. L'arrêté du 15 nivôse an X — 5 janvier 1802, qui annulle comme illégal un arrêté du conseil de préfecture du département de l'*Aude*, qui avait autorisé la délibération du conseil municipal de *Ferrals*, relative à une aliénation de propriétés communales; et rappelle les principes de la gradation administrative.

7°. La loi du 18 germinal an X — 8 avril 1802, relative aux cultes, dont l'article 74 soumet à la délibération des conseils municipaux le remplacement des presbytères et jardins y attenans qui ont été aliénés. (*Bull.* 172.)

8°. La loi du 25 janvier 1810, relative à des acquisitions et aliénations de biens de communes qui ordonne (Art. 162) que dans le cas où une somme que chaque commune aura à sa disposition, provenant du remboursement, aliénation ou soulte d'échange, n'a pas d'affectation spéciale, et peut suffire à acquérir 50 fr. de rente sur l'état, cette acquisition sera faite sous la surveillance du préfet, à moins qu'il n'y ait autorisation contraire et spéciale; si elle n'est pas suffisante pour acheter 50 fr. de rente, le préfet en règle l'emploi. (*Bull.* 291.)

9°. Un décret du 5 avril 1811, qui défend à toutes les autorités administratives de faire, sans autorisation spéciale du gouvernement, aucune acquisition, même quand les fonds en auraient été alloués au budget. (*Bull.* 566.)

10°. Les ordonnances du roi, des 4 et 31 mai 1815, 16, 25, 30 octobre et 29 novembre même année, des 21 janvier et 6 février 1818, qui ont autorisé des acquisitions, aliénations, ventes et échanges en faveur de diverses communes. Voy. *Aliénations.*

Une ordonnance du roi, du 30 avril 1816 (*Bull.* 85) basée sur l'article 10 de la charte constitutionnelle, ordonne que toutes les sommes restant dues, au jour de son ordonnance, à des propriétaires de terrains, maisons, usines, etc., dépossédés en faveur des communes pour cause d'intérêt et d'utilité publics, seront acquittées en numéraire, conformément aux clauses des contrats, quelles que soient les dispositions des lois sur l'arriéré.

Le développement des moyens d'exécution de cette ordonnance se trouve dans la circulaire du ministre de l'intérieur, en date du 16 mai 1816, tome XVI, page 290.

Les règles admises par les lois, les décrets et les ordonnances royales rappelés ci-dessus, en matière d'acquisition, aliénation et échanges, sont maintenues par l'article 2 de l'ordonnance du roi du 8 août 1821, contenant des modifications aux règles actuelles de l'administration des communes. (*Bull. des lois,* n° 471.)

Une circulaire du ministre de l'intérieur, du 10 novembre 1821 (n° 40), a développé l'application et l'exécution des règles prescrites par l'ordonnance du 8 août, rappelée ci-dessus. Voy. *Biens des communes.*

Nota. Un arrêté de M. le baron d'Haussez, préfet des Landes, rappelle aux maires que les communes qui acquièrent des biens immeubles étant assujetties aux mêmes formalités que les particuliers, les maires des communes qui ont été autorisées à acquérir des presbytères ou autres immeubles, doivent faire, dans le délai de quinze jours, transcrire au bureau des hypothèques de leurs arrondissemens, les contrats d'acquisition, et que les frais de cette transcription seront prélevés sur les fonds réservés dans les caisses communales pour dépenses imprévues. (*Journal des maires,* n° 223 de 1818.)

Modèle de la délibération d'un conseil municipal sur une acquisition.

Cejourd'hui   , il nous a été exposé par M. le maire de ladite commune que   *(énoncer l'objet de la demande.)*

Pourquoi il proposait au conseil de faire la demande d'autorisation d'acquérir le terrain ou le bâtiment dont il est question, et de joindre à ladite demande les moyens qu'il aura trouvés convenables pour solder le prix de cette acquisition, sans néanmoins priver l'administration de ladite commune des fonds nécessaires à son service annuel;

Sur quoi, nous membres dudit conseil, après avoir délibéré sur les motifs de cette acquisition, sur les moyens d'en payer le prix;

Avons reconnu que cette acquisition n'était pas d'une nécessité indispensable pour la commune, qu'elle pouvait y suppléer par   , ainsi qu'elle l'a fait jusqu'à ce jour; que d'ailleurs la commune étant déjà arriérée d'une somme de   , ce serait encore accroître ses dettes et apporter de nouvelles entraves au service de l'administration, qui est déjà en souffrance par le manque de fonds suffisans.

Ou avons reconnu que cette acquisition était indispensable pour la commune, que le prix pourrait en être payé par *(indiquer le mode de paiement)*, et avons consenti que la demande en autorisation d'acquisition en fût faite par M. le maire, à M. le préfet; et avons signé.

Acquisitions de rentes sur l'état, par les établissemens publics. Les préfets surveillent les acquisitions que peuvent faire les hospices de leur département, de rentes sur l'état; et lorsqu'il n'y a pas de fonds suffisans pour une acquisition, ils en règlent l'emploi de telle autre manière qu'ils jugent la plus avantageuse. (*Art.* 307 *d'une loi générale d'acquisitions, aliénations, etc., du* 5 *floréal an* XI (23 *avril* 1803), *Bull.* 287 *et lois des* 15 *et* 17 *floréal même année* (5 *et* 7 *mai* 1803). *Bull.* 288 *et* 290.

ACQUIT A CAUTION. Certificat d'un bureau de douane pour faire passer librement des marchandises à leur destination. Voy. *Douanes.*

Lorsqu'une force majeure s'oppose à ce que l'*acquit à caution* soit déchargé dans le délai prescrit, ou lorsque le propriétaire de marchandises veut se prévaloir du refus de la régie de lui délivrer un second acquit à caution, à l'effet d'exporter lesdites marchandises, en place du premier qui a été perdu, l'un et l'autre cas doivent être justifiés par procès-verbal dressé par le juge du lieu, ou par un officier municipal. (*Arrêts de la cour de cassation des 10 mai 1810 et 28 avril 1818.*)

ACQUITTEMENT *d'un accusé.* Un officier injustement détenu pour un crime ou délit, dont il a été honorablement acquitté, peut réclamer sa solde d'activité et les indemnités attachées à son grade, pour tout le temps qui s'est écoulé depuis le jour de son arrestation jusqu'au jour de son acquittement. (Ord. *du roi du 22 février 1821.*)

ACTES D'ADJUDICATION. Voy. *Adjudication, Domaines nationaux* et *Enregistrement.*

ACTES ADMINISTRATIFS (les), qui sont dans les attributions des préfets, des sous-préfets et des maires, sont très-variés, suivant la nature des pouvoirs qu'ils exercent comme administrateurs, comme officiers de police judiciaire, comme juges de police simple, comme officiers du ministère public, et comme officiers de l'état-civil.

C'est donc sous les mots de chaque partie d'administration confiée à leur action ou surveillance administrative, telles que l'*agriculture*, les *bois et forêts*, les *chemins*, le *commerce*, les *contributions*, les *cultes*, les *dessèchemens* et *défrichemens*, les *hôpitaux*, l'*instruction publique*, les *mines*, les *secours* et les *travaux publics*, etc. C'est aux titres *état-civil, police* et *ministère public* qu'on doit chercher tout ce qui concerne la forme et les effets des actes du pouvoir administratif et municipal.

Nous nous bornerons ici à retracer les règles principales, auxquelles sont soumis en général les actes administratifs.

1°. Les actes des autorités administratives et municipales, tels que les arrêtés, procès-verbaux, avis qu'elles donnent, déclarations qu'elles reçoivent, baux et délibérations, doivent être inscrits sur un registre timbré et paraphé à chaque page par le chef de l'administration. On désigne ce registre sous le nom de répertoire. Voyez *Répertoire.*

2°. Les administrés ont le droit de demander au secrétariat des préfectures, sous-préfectures et mairies, communication, sans frais, des actes qui les concernent; mais les extraits copie et expédition de ces actes sont soumis à un droit par rôle, et doivent être sur papier timbré, et enregistrés.

3°. Les secrétaires des maires ne peuvent faire ou rédiger un acte en vertu d'un acte sous signature privée, ni le recevoir en dépôt, ni en délivrer un extrait ou une copie s'il n'a été préalablement enregistré : ils sont passibles d'une amende de 5o fr., et responsables du droit.

4°. Les actes municipaux, dans leurs rapports avec les autorités administratives supérieures et avec le gouvernement, ne peuvent être insérés dans les journaux et feuilles périodiques, sans autorisation spéciale : excepté le cas où le gouvernement les a fait insérer dans le *Journal officiel*, qui est aujourd'hui le *Moniteur*.

5°. Une autorité administrative ne peut infirmer ou annuler un acte de l'administration qui l'a précédée en égal degré, sauf le recours au conseil-d'état. (*Arrêté du 8 pluviôse an XI—28 janvier 1803. Bull. 245.*)

Nota. Les actes purement administratifs, dans lesquels les préfets et les maires n'ont pas excédé leurs pouvoirs, ne peuvent être déférés directement au conseil-d'état; ils doivent être préalablement soumis les premiers au ministre de l'intérieur, les seconds aux différens ministres, chacun en ce qui le concerne. (*Ord. du roi des 2o novembre 1815 et 28 septembre 1816.*)

6°. Le droit de prononcer sur la validité ou l'invalidité d'un acte d'administration, quel qu'il soit, est de la seule compétence de l'administration. (*Loi du 16 fructidor an III—2 septembre 1795.*)

Mais lorsque la contestation sur l'acte administratif présente une question de propriété, la connaissance en appartient à l'autorité judiciaire. *Voy. Arrêtés des préfets, sous-préfets et maires.*

7°. La légalisation des actes administratifs se fait par les préfets, sous-préfets et maires, mais dans leur ressort seulement. (*Loi du 15—27 mars 1791.*) V. *Légalisation.*

8°. Les actes administratifs ne peuvent être intitulés ni *décret*, ni *règlement*, ni *proclamation* : ils portent le nom d'*arrêté.*

Actes sujets et non sujets à l'approbation préalable.

Les arrêtés des administrations de dépar ..ent (des préfets) sur tous les objets qui intéressent le régime de l'administration générale du royaume, ou sur les entreprises nouvelles et des travaux extraordinaires, ne doivent être exécutés qu'après avoir reçu l'autorisation du gouvernement. (*Art. 5, section III de la loi du 22 décembre 1789, et circulaire du 5 prairial an XII.*)

Par application de ce principe, les actes des sous-préfets doivent être soumis à l'approbation des préfets, et ceux des maires à l'approbation des sous-préfets.

L'autorisation du gouvernement n'est pas nécessaire pour l'expédition des affaires particulières, et de tout ce qui s'exécute en vertu d'arrêtés déjà approuvés.

Extraits de circulaires ministérielles relatives aux actes administratifs.

Circulaire du ministre de l'intérieur, contenant des règles sur le mode de publication et d'envoi des actes administratifs (du 21 septembre 1815, tom. XV, pag. 200).

Le mode de publication et de transmission des actes de préfecture qui sont d'un intérêt général, ou dont l'exécution exige le concours de tous les fonctionnaires administratifs du département, n'a pas encore été réglé partout d'une manière convenable. Quelques préfets se sont bornés à faire insérer leurs arrêtés et leurs circulaires dans une feuille périodique imprimée au chef-lieu du département; d'autres ont envoyé ces pièces séparément, comme faisant partie de la correspondance habituelle: d'autres enfin ont adopté la forme d'un recueil dont toutes les feuilles de même dimension, et ayant un ordre de pagination, pouvaient se réunir à la fin de l'année en un volume, suivi d'une table des matières.

La publication par la voie d'un journal a été expressément improuvée par mes prédécesseurs. Il est inconvenant de confondre les actes de l'administration avec les nouvelles et les productions littéraires: on n'a aucune garantie contre les erreurs et les omissions; au bout d'un certain temps les recherches deviennent impossibles. D'ailleurs une feuille périodique n'a aucun caractère d'authenticité, les ordres qu'elle contient n'obligent personne, et les communes ne peuvent être tenues d'en supporter les frais. Plusieurs lettres du ministère de l'intérieur ont interdit, comme abusifs, tous les abonnemens imposés aux communes.

En donnant aux instructions générales, aux lettres circulaires, aux réimpressions des lois, ordonnances et réglemens, une forme détachée et semblable à la correspondance particulière et manuscrite, il en résulte quelques inconvéniens. Les maires n'ont aucun moyen de vérifier s'il n'y a pas de lacunes dans la suite des actes qu'ils ont reçus, les instructions isolées s'égarent, et les fonctionnaires récemment institués ne peuvent ni s'assurer si les archives sont complètes, ni retrouver facilement les pièces dont ils ont besoin.

La formation d'un recueil annuel n'entraîne pas plus de dépenses que le mode précédent, et elle a plusieurs avantages. Les maires en recevant un numéro, voient sur-le-champ ce qui manque à leurs collections; les instructions d'une année, reliées en un volume, se conservent mieux; la table alphabétique rend les recherches faciles; les fonctionnaires nouveaux trouvent un moyen de connaître promptement leurs devoirs, et de les remplir sans hésitation.

Vous ferez donc bien de maintenir ce moyen de publication dans votre département, ou de l'y introduire s'il en existait un autre. Vous aurez égard aux indications suivantes:

1°. Les frais d'impression des arrêtés d'intérêt général et des circulaires de la préfecture, sont à la charge de votre abonnement; les exemplaires doivent être envoyés gratuitement aux sous-préfets et aux maires; et il est absolument défendu d'imposer un abonnement, soit à ces fonctionnaires, soit aux communes.

2°. La transmission de vos actes par le recueil, ne vous dispense pas de faire imprimer, quand il y a lieu, en placards, les actes qui doivent être portés à la connaissance des citoyens.

3°. Le recueil ne devra ni porter le titre d'un journal ou d'une gazette, ni en avoir la forme, ni contenir d'articles étrangers à l'administration. Je ne considère pas comme tels, ceux qui se rapportent à des objets d'économie publique, qui tendent à éclairer les habitans des campagnes, à les détourner de pratiques nuisibles, ou à leur indiquer des moyens d'amélioration. J'observe cependant qu'il conviendra généralement mieux de donner à ces instructions la forme de lettre circulaire.

4°. Hors les cas urgens, vous ne devez ni publier, ni faire exécuter d'arrêtés d'administration générale, sans les avoir préalablement soumis à l'approbation du ministre compétent.

J'excepte de cette disposition les actes qui n'ont d'autre objet, que de prescrire l'exécution des lois.

5°. Vous ne devez jamais transmettre aux particuliers, ni même aux fonctionnaires, les lettres ministérielles qui ne sont adressées qu'à vous: ces pièces ne contiennent pas tous les développemens et toutes les indications de détail, dont les maires peuvent avoir besoin. Le magistrat qui connaît les localités, ainsi que les dispositions et l'intelligence de ses collaborateurs, peut seul apprécier les difficultés qui s'opposent aux succès d'une opération, et choisir avec discernement les moyens de la faire réussir. En conséquence, vous rédigerez les instructions et les demandes, en saisissant l'esprit des actes de l'autorité supérieure.

6°. Vous éviterez de rendre publics les arrêtés qui censureront la conduite d'un fonctionnaire public. Si vous pensiez qu'il y eût lieu à lui appliquer une censure plus sévère, vous pourriez la provoquer près de l'autorité supérieure. Vous vous abstiendrez également de rien publier contre les dissentimens ou les conflits qui s'élèveraient entre diverses autorités. Il est toujours dangereux de livrer indiscrètement ces démêlés à la curiosité publique. Les animosités en deviennent plus vives, et les magistrats perdent en partie leur considération et leur influence.

7°. Pour que la série de vos actes ait un caractère officiel et authentique, il conviendra que chacun de ceux qui seront imprimés et envoyés soit signé pour expédition par le secrétaire-général de la préfecture.

Vous voudrez bien m'envoyer deux exemplaires de chacun des actes que vous publierez, ainsi que de la table annuelle, à mesure qu'ils paraîtront. J'y trouverai la preuve de l'activité et de la bonne direction de vos travaux, et je me plairai à vous en témoigner ma satisfaction.

Signé PASQUIER.

Circulaire du ministre de l'intérieur, portant invitation d'envoyer un relevé des produits des secondes expéditions d'actes (7 février 1816, tome XVI, page 75).

Par un décret du mois d'octobre 1809, il fut réglé, M. le préfet, que les frais de seconde expédition des actes des préfectures ou sous-préfectures, ainsi que le produit d'actes anciens déposés dans leurs archives, seraient mis en réserve, et qu'il ne pourrait en être disposé que pour les dépenses et de la manière que le gouvernement aurait déterminées.

Une circulaire ministérielle du 29 novembre de la même

année, demanda aux préfets un compte de ces divers produits par préfecture, sous-préfecture, et par année, à partir de 1808.

Beaucoup de ces relevés ont été envoyés exactement ; mais quelques préfets n'ont pas satisfait entièrement à l'invitation qui leur avait été faite, et, par leur négligence, ont retardé la confection du relevé général de tous les produits. D'un autre côté, les circonstances de la guerre depuis 1813 ont fait suspendre le travail, et j'ai lieu de croire d'ailleurs que, dans plusieurs départemens, les produits des secondes expéditions ont été absorbés ou diminués, sans autorisation, pour des dépenses auxquelles le dénûment de fonds ne permettait pas de pourvoir. Ainsi, les états qui sont déposés dans mes bureaux sont incomplets, ou ne présentent pas une recette réelle jusqu'au moment où ils ont cessé d'être envoyés.

Il est nécessaire de reprendre cette opération : je désire, monsieur le préfet, que vous remplissiez le tableau dont le modèle est ci-joint. Vous y indiquerez séparément les produits d'année en année, depuis 1808 et antérieurement, pour la préfecture et pour chacune des sous-préfectures de votre département. Si ces produits ont été dépensés sans autorisation, vous indiquerez, dans la colonne d'observations, la cause et la date de cette dépense, l'acte en vertu duquel elle a été ordonnée, et je prendrai les ordres du roi pour l'emploi des produits existans.

J'attends de votre zèle que vous m'adresserez promptement ce relevé.   *Signé* VAUBLANC.

Une circulaire du 16 avril 1816, tome XVI, page 246, explicative de la circulaire précédente, contient ce qui suit :

Le roi a décidé que les sommes provenant d'expédition en exécution de la loi du 9 messidor an II—27 juin 1794, seront désormais portées en recette sur les budgets départementaux, et que l'emploi de ce fonds y sera de même porté en dépense.

Je vous prie, monsieur le préfet, de le comprendre dans le tableau des recettes et dépenses que vous mettrez sous les yeux du conseil-général, lorsqu'il sera assemblé, et successivement chaque année.

Je désire que vous m'informiez des dispositions que vous m'aurez faites, en m'accusant la réception de cette lettre.

                              Signé VAUBLANC.

Circulaire du ministre de l'intérieur, pour ordonner la formation d'un recueil spécial des actes administratifs (17 juin 1820, tome XX, page 135).

Une lettre circulaire du ministre de l'intérieur, en date du 21 septembre 1815, a prescrit l'établissement dans chaque département d'un recueil imprimé des actes de l'administration, destiné à reproduire les lois, ordonnances et règlemens non insérés au Bulletin des lois, les instructions ministérielles, et les arrêtés et instructions particulières des préfets. On recommandait d'envoyer au ministère deux exemplaires des numéros successifs de ce recueil. J'ai remarqué que non-seulement ces envois ne sont pas réguliers, mais encore que dans plusieurs départemens on a négligé la publication même du recueil administratif. Je vous recommande de suivre exactement les dispositions de la circulaire que je viens de rappeler, et de joindre un troisième exemplaire aux deux qu'elle prescrit de transmettre au ministre de l'intérieur. (*Direction générale.*)

L'examen des divers recueils qui me parviennent, a donné lieu à des observations dont quelques-unes peuvent être applicables à votre département.

Lorsque les préfets publient des instructions pour rappeler à leurs agens inférieurs, les dispositions des lois sur les travaux de l'administration, ils doivent avoir soin d'en citer le texte sans altération et en le distinguant de la teneur de leurs instructions, afin que les administrateurs inférieurs sachent que ces dispositions sont impératives, tandis qu'ils pourraient négliger les formalités qu'elles prescrivent, s'ils ne les considéraient que comme un avertissement de l'autorité supérieure. Il doit en être de même lorsque les ministres transmettent des instructions ou des ordres généraux dont le but est d'appliquer les lois et les ordonnances : lors de leur publication dans le mémorial, en tout ou en partie, il faut éviter d'en altérer la substance, et ne point mêler ce qu'elles prescrivent aux développemens dont on croit devoir les accompagner.

Je remarque qu'en annonçant dans les bulletins des ouvrages de science ou d'utilité publique, ou des souscriptions ouvertes pour des monumens, MM. les préfets insistent quelquefois auprès des maires pour provoquer les dons ou les offres des communes et des particuliers. L'administration doit user avec circonspection d'un moyen qui a pour résultat d'imposer des charges aux communes, dont une grande partie est déjà fort obérée; elle doit réserver son intervention dans ce cas pour des ouvrages essentiellement utiles, soit aux départemens, soit aux communes, et se borner à en indiquer l'utilité, sans rien imposer, ni même déclarer une volonté expresse à cet égard.

Il serait à désirer que l'on donnât à ce recueil un titre uniforme pour tous les départemens : celui de Recueil des actes administratifs, assez généralement adopté, me paraît remplir le mieux l'objet auquel il est destiné. Je vous recommande aussi d'employer le format et la justification du Bulletin des lois.

Quelques préfets font insérer dans leur recueil les dates de l'arrivée du Bulletin des lois au chef-lieu de la préfecture. Cette mesure est *superflue*, puisqu'elle ne peut servir à fixer l'époque à laquelle les lois deviennent exécutoires dans le département.

Le directeur général, *signé* MOUNIER.

ACTES ARBITRAIRES. Voy. *Abus d'autorité, Arrestations* et *Liberté individuelle.*

ACTES DE DÉVOUEMENT (gratifications pour). Une circulaire du ministre de l'intérieur, en date du 28 juin 1816, charge les préfets de l'informer avec soin de tous les actes de courage et de dévouement qui auront lieu dans leur département, et les autorise à faire acquitter, sans recourir à son autorisation, sur les fonds des dépenses imprévues, les gratifications à accorder aux habitans qui ont exposé leur vie pour sauver des personnes en danger de périr. (*Recueil des circulaires, tome XVI, page 378.*)

ACTES de l'état-civil. Voy. *État-civil, Adoption, Décès, Divorce, Mariage, Naissances,* et *Officiers de l'état-civil.*

ACTES et *fonctions judiciaires* à exercer dans les maisons royales. Voy. *Maisons royales.*

ACTES de notoriété à délivrer à ceux qui ont voyagé ou séjourné chez l'étranger. Voy. *Passe-ports,* et l'article 16 de l'arrêté du 12 messidor an VIII—1er juillet 1800 (*Bull.* 33.) Voy. aussi *Notoriété* (actes de).

ACTES PUBLICS. Une loi du 2 thermidor an II—20 juillet 1794 (*Bull.* 25), avait ordonné que les actes publics, dans quelque partie que ce fût du territoire français, seraient écrits en langue française, à peine de destitution et d'emprisonnement ; mais une loi du 16 fructidor suivant—2 septembre 1794 (*Bull.* 51) en suspendit l'exécution.

Un arrêté du 24 prairial an XI—13 juin 1803 (*Bull.* 292), remit en vigueur la première loi dans tous les pays réunis à la France. Les articles 2 et 3 modifient en ces termes l'exécution.

Art. 2. Pourront, les officiers publics, écrire à mi-marge de la minute française la traduction en idiome du pays, lorsqu'ils en seront requis par les parties.

Art. 3. Les actes, sous seing privé, pourront être écrits dans l'idiome du pays ; à la charge par les parties qui présenteront des actes de cette espèce à la formalité de l'enregistrement, d'y joindre, à leurs frais, une traduction française desdits actes, certifiée par un traducteur juré.

ACTES SÉDITIEUX. Voy. *Attroupemens, Liberté de la presse* et *Police.*

ACTES TRANSLATIFS *de propriété.* Dans aucune partie du territoire français les maires n'ont le droit de recevoir les actes translatifs de propriété entre particuliers. (*Loi du 13 floréal an 11—2 mai 1794.*)

ACTEURS ET ACTRICES. Voy. *Théâtres.*

ACTION *civile et publique* en matière de police simple. Voy. *Police.*

ACTION *en complainte* pour contraventions de police. Voy. *Contravention de police.*

ACTIONS JUDICIAIRES DES COMMUNES et des établissemens publics, *tant en demandant qu'en défendant, et autorisation de plaider.* Long-temps avant la révolution, le gouvernement avait remarqué que les communes s'engageaient souvent dans des procès qui entraînaient des condamnations judiciaires accompagnées de dépens, d'intérêts et de restitution de fruits ruineux pour les communes, en ce que les frais de procédure absorbaient quelquefois, même lorsqu'elles obtenaient gain de cause, la valeur réelle des objets contestés.

Pour remédier à ce mal, un édit du mois d'août 1683, défendit aux *créanciers* des communes d'intenter contre elles, en la personne des maires, échevins, syndics, etc., *aucune action*, même pour emprunt légitime, qu'après qu'ils auraient obtenu *la permission par écrit* des intendans et commissaires départis, à peine de *nullité* de toutes les procédures et des jugemens rendus en conséquence.

I. Les deux lois organiques de l'autorité municipale en France, celle du 14—18 décembre 1789 (art. 54), et l'article 15 de celle du 28 pluviôse an VIII—17 février 1800 (*Bull.* 17), ont établi en principe que le conseil municipal doit être convoqué pour délibérer sur les procès à intenter et à soutenir par les communes pour l'exercice et la conservation des droits communaux.

II. La loi du 29 vendémiaire an V—20 octobre 1796 (*Bull.* 84), règle dans les termes suivans, la manière de suivre les actions dans lesquelles les communes sont intéressées.

Art. I. Le droit de suivre les actions qui intéressent les communes est confié aux agens desdites communes (*les maires*), et, à leur défaut, à leurs adjoints.

II. Dans les communes au-dessus de cinq mille âmes, le droit de suivre les actions qui les intéressent, est attribué à l'officier municipal (*le membre du conseil municipal*), qui sera choisi à cet effet par l'administration municipale (*le sous-préfet*).

III. Les agens (*les maires*) ou leurs adjoints, les officiers municipaux (*les membres du conseil municipal*), ne pourront suivre aucune action devant les autorités constituées sans y être préalablement autorisés par l'administration centrale du département (*le préfet*), après avoir pris l'avis de l'administration municipale (*du sous-préfet*).

Pour l'exécution de cette loi, toujours en vigueur, le maire adresse sa demande au sous-préfet, avec les pièces à l'appui; le sous-préfet les envoie, avec son avis, au préfet, qui autorise, s'il y a lieu, la convocation du conseil municipal, pour délibérer sur le procès à intenter ou à soutenir.

La délibération du conseil est adressée au sous-préfet, qui donne de nouveau son avis, en renvoyant les pièces au préfet, qui soumet le tout à la délibération du conseil de préfecture, déclaré compétent pour prononcer sur l'autorisation ou le refus d'intenter ou de soutenir le pro-

ées. (*Art. 4 de la loi du 28 pluviôse an VIII — 7 février 1800. Bull. 17.*)

IV. L'arrêté du 24 brumaire an V — 14 novembre 1791 (*Bull. 90*), porté que dans les communes composées de plusieurs administrations municipales, le droit de suivre les actions qui les intéressent collectivement est attribué au bureau central des communes, qui désignera à cet effet un de ses membres.

V. La loi du 7 messidor an IX — 26 juin 1801 (*Bull. 86*), ordonne que les actions juridiques intentées par les commissions administratives des hospices, pour se mettre en possession des rentes et domaines affectés aux hospices, seront préalablement soumises à l'examen d'un comité consultatif, formé dans chaque arrondissement communal, et composé de trois jurisconsultes choisis par le sous-préfet.

VI. L'arrêté du 17 vendémiaire an X — 7 octobre 1801 (*Bull. 110*), rappelant et confirmant les dispositions de l'édit du mois d'août 1785, ordonne que les créanciers des communes ne pourront intenter contre elles aucune action qu'après qu'ils en auront obtenu, par écrit, la permission du conseil de préfecture, à peine de nullité de toutes les procédures qui pourraient être faites au préjudice, et des jugemens obtenus en conséquence. Voyez *Créanciers des communes*.

VII. Dans le cas où les sections d'une même commune sont en contestation relativement à des intérêts particuliers, un arrêté du 24 germinal an XI — 14 avril 1803 (*Bull. 271*), a réglé dans les termes suivans le mode de statuer sur les contestations.

1°. Le sous-préfet de l'arrondissement dans lequel se trouve la commune doit désigner dix personnes parmi les plus imposés de chaque section, pour former une commission qui se rassemble chez le sous-préfet à l'effet d'y exposer les motifs de plainte et de contestation des sections qu'elles représentent, et de délibérer, s'il y a lieu, à intenter ou soutenir le procès. (*Art. 2.*)

2°. S'il n'y a pas conciliation, le procès-verbal de l'assemblée, tendant à obtenir l'autorisation de plaider, sera adressé au conseil de préfecture, qui prononcera. (*Art. 3.*)

3°. Si l'autorisation de plaider est accordée, les membres élus par le sous-préfet nomment, chacun pour les sections

qu'ils représentent, un d'entre eux qui sera chargé de suivre
l'action devant les tribunaux. Ce choix ne peut tomber ni sur
le maire, ni sur l'adjoint. (*Art. 4.*)

VIII. L'arrêté du 21 frimaire an XII — 13 décembre
1803 (*Bull.* 331), règle en ces termes les formalités des
transactions des communes.

Art. 1er. Dans tous les procès nés ou à naître entre des
communes et des particuliers, sur des droits de propriété,
les communes ne pourront transiger qu'après une délibération du conseil municipal, prise sur la consultation de trois
jurisconsultes désignés par le préfet, et sur l'autorisation de
ce même préfet, donnée d'après l'avis du conseil de préfecture.

2. Cette transaction, pour être définitivement valable, devra être homologuée par un arrêté du gouvernement, rendu
dans la forme prescrite pour les règlemens d'administration
publique.

Nota. L'application de ces règles a été faite par un décret
du 17 avril 1812, *Bull.* 432.

IX. Le décret du 22 juillet 1806 (*Bull.* 107), sur les
affaires contentieuses portées au conseil d'état, prescrit
aux communes de prendre, comme les particuliers, un
avocat aux conseils du roi, pour signer leur requête et
défendre leurs droits, dans les procès qui sont soumis au
conseil, même sur le rapport du ministre de l'intérieur.
(*Art. 8, 9 et 16, et ordonnance du roi du 8 septembre
1810.*)

X. Un avis du conseil d'état, du 28 juin 1808, approuvé le 3 juillet de la même année, non imprimé au
Bulletin des lois, mais dont nous garantissons l'authenticité, d'après les citations qu'en ont faites MM. *Merlin* et
Pigeau, a fait une distinction entre les actions pour les
créances, et celles relatives à des droits de propriété, et
a établi que l'autorisation du conseil de préfecture n'était
pas nécessaire pour les actions relatives à des droits de
propriété, ou à l'espèce particulière ci-après.

Le conseil-d'état, après avoir entendu le rapport des sections de l'intérieur et de législation sur celui du ministre de
l'intérieur et de législation, sur celui du ministre de l'intérieur, relatif au rétablissement des banalités conventionnelles, est d'avis : 1° que les demandeurs qui se proposent d'intenter contre les communes des actions pour créances chi-

rographaires ou hypothécaires, sont, aux termes de l'arrêté
du 17 vendémiaire an x, tenus à prendre l'autorisation du
conseil de préfecture; mais que, quand il s'agit de former,
soit au pétitoire, soit au possessoire, une action à raison
d'un droit de propriété, il n'y a pas lieu à demander ladite
autorisation; 2° que par l'avis du conseil-d'état, du 11 brumaire an xiv, il n'a point été entendu que les banalités conventionnelles déclarées rachetables par la loi du 28 août
1792, ne pussent être rétablies par transaction ou par jugement des tribunaux; mais seulement que les communes
ne peuvent à présent, par aucune stipulation, établir des
banalités nouvelles, ni convertir en banalités conventionnelles des banalités supprimées comme féodales. Voy. *Banalités*.

XI. Le décret du 17 mars 1811 (*Bull.* 360), met à la
charge du maire et de l'adjoint les frais d'un procès sou-
tenu et perdu par la commune : 1° lorsqu'ils n'ont pris
aucune mesure pour que la contestation qui était du ressort de l'autorité administrative ne fût pas portée devant
les tribunaux; 2° lorsqu'ils n'ont obtenu ni sollicité l'autorisation du conseil de préfecture et du préfet, voulue
par les lois, pour plaider au nom de la commune.

Si les formalités ont été remplies, la commune est autorisée à s'imposer extraordinairement pour payer les
frais du procès, dont l'état est préalablement présenté au
procureur général près la cour royale dans le ressort de
laquelle se trouve la commune, pour être, à sa diligence,
définitivement réglé ou vérifié par un commissaire spécialement nommé à cet effet. (*Décret du 28 novembre
1813, Bull.* 541, *et ordonnance du roi du 10 août 1820,
Bull.* 396.)

XII. L'arrêté du conseil du 27 novembre 1814 (*Bull.*
54), établit en principe que des particuliers sont sans
qualité pour réclamer, au nom de leur commune, une
propriété communale, et que l'action ne peut être légalement intentée que par le maire ou l'adjoint.

XIII. Les maires ou adjoints qui intenteraient une action judiciaire sans y être autorisés, et qui, ainsi, compromettraient les intérêts de leur administration, pourraient être condamnés aux dépens en leur nom, et en-
courraient la destitution, suivant la gravité des circonstances. (*Art.* 1031 *et* 1032 *du Code de procédure civile.*)

Le même code, art. 49, dispense de la conciliation des demandes qui intéressent les communes et les établissemens publics.

Règles, maximes et principes sur les actions judiciaires des communes, extraites de la jurisprudence du conseil-d'état et de la cour de cassation.

I. Le ministre de l'intérieur, dont les attributions sont purement administratives, et non point mixtes comme celles du conseil-d'état, doit s'abstenir de proposer directement au roi des ordonnances d'autorisation de plaider, et laisser les communes se retirer, à cet effet, devant les conseils de préfecture.

De même, lorsque, après avoir annulé un arrêté du conseil de préfecture, le conseil-d'état renvoie les communes devant les tribunaux pour y plaider sur une matière qui est de leur compétence, il doit avoir soin de ne pas les y délaisser purement et simplement, mais seulement à la charge par elles d'accomplir les formalités voulues par les lois, c'est-à-dire, d'obtenir l'autorisation préalable du conseil de préfecture. En effet, l'arrêté annulé au profit de la commune, peut avoir été incompétemment rendu, sans que le conseil-d'état ait examiné pour cela si la commune élevait au fond de justes prétentions. Le conseil-d'état ne pourrait entrer dans le mérite du fond sans excéder lui-même sa propre compétence. L'examen préalable du titre de la commune par le conseil de préfecture, n'est donc pas moins nécessaire après le renvoi du conseil-d'état qu'auparavant. (*Questions de droit administratif*, par M. le *baron de Cormenin*, tome Ier, page 85.)

II. Les communes n'ont besoin de l'autorisation préalable, ni des conseils de préfecture, ni de toute autre autorité, pour se pourvoir au conseil-d'état, soit contre des arrêtés du conseil de préfecture, soit contre des décisions ministérielles, soit contre des ordonnances royales qui leur porteraient préjudice. (*Édit d'avril* 1764, et *Questions de droit de M. Merlin, au mot* Communes, § VI, art. 14.)

III. Lorsque le conseil d'état, après avoir annulé un arrêté du conseil de préfecture pour cause d'incompétence, renvoie les parties devant les tribunaux, c'est toujours sous réserve et sans préjudice de leurs droits et qualités à établir ultérieurement; il laisse la question de propriété dans son intégrité, et ne la préjuge jamais, soit sous le rapport de l'interprétation des titres et contrats, soit sous le rapport de la qualité des personnes, soit sous le rapport des formes, fins de non recevoir et autres exceptions propres et applicables à chaque espèce.

Il n'autorise presque jamais une commune à plaider, à moins que cette autorisation ne lui ait été préalablement refusée par le conseil de préfecture.

Mais lorsqu'il ne prononce que sur l'exception d'incompétence, le renvoi des parties devant les tribunaux n'implique jamais l'obligation d'y plaider; *a fortiori*, lorsque les communes, loin de provoquer l'autorisation, déclarent formellement, par l'organe de leurs conseils municipaux, n'avoir aucun titre pour soutenir la contestation et ne vouloir pas s'engager dans un procès ruineux.

De deux choses l'une :

Ou quelques habitans veulent plaider et engager en leur propre et privé nom, et dans leur intérêt personnel, une action *réelle :* alors ils n'ont besoin, pour cela, d'être autorisés ni par le conseil de préfecture, ni par le conseil d'état, ni par qui que ce soit;

Ou ils veulent plaider au nom et dans l'intérêt de la commune, considérée comme corps moral ; dès-lors, ils agissent sans qualité et doivent être déclarés non recevables.

Cette distinction a été consacrée par une ordonnance royale du 27 novembre 1814, dans les termes suivans :

Considérant que lorsqu'un bien est communal, et qu'il ne s'élève aucune contestation sur la *propriété* de la commune, chaque habitant a un droit personnel à la jouissance de ce bien, et peut, par conséquent, ainsi que l'a décidé le décret du 9 brumaire an XIII—31 octobre 1804, intenter, en son nom privé, les actions relatives au maintien de ce droit; mais qu'il en est autrement pour les actions qui concernent la *propriété* de biens communaux; qu'il est constant, en effet, que cette propriété appartient, non à chaque habitant en particulier, mais à la commune en corps, à l'être moral, connu sous cette dénomination, d'où il suit :

1°. Que les actions qui tendent à la revendication d'un bien communal, sont du nombre de celles qui, aux termes de la loi du 29 vendémiaire an v—20 octobre 1796, intéressent uniquement les communes ;

2°. Que, d'après la même loi, ces actions ne peuvent être intentées que par les administrateurs chargés de veiller aux intérêts des communes. (*Loi du 14 décembre 1789 et du 29 vendémiaire an v—20 octobre 1796, et arrêt de la cour de cassation, du 20 octobre 1814.*)

IV. Il suffit, pour la conservation des intérêts des communes, qu'elles soient tenues d'obtenir en demandant ou en défendant l'autorisation des conseils de préfecture, et que le défaut d'autorisation vicie tous les actes de la procédure d'une nullité radicale. (*Arrêts de la cour de cassation, des 28 brumaire an VI—18 novembre 1797, 15 prairial an XII—4 juin 1804 et 2 juin 1817.*)

V. Les communes peuvent faire des actes conservatoires, sans attendre l'autorisation prescrite, pour ne pas s'exposer à se trouver hors du délai dans lequel la loi veut que l'acte soit fait. (*Arrêt du 24 brumaire an XIV—15 novembre 1805.*)

VI. Une commune valablement autorisée à plaider devant un tribunal de première instance, et qui a obtenu un jugement favorable, n'a pas besoin d'une nouvelle autorisation pour défendre ce jugement en cause d'appel ou en cassation. (*Arrêts du 1er floréal an IX et 4 fructidor an XI—21 avril 1801 et 22 août 1803.*)

VII. Les parties adverses ne peuvent se pourvoir au conseil-d'état, contre des arrêtés de conseils de préfecture qui accordent l'autorisation de plaider. En effet, ces arrêtés ne sont pas des jugemens, puisque le litige n'est pas encore ouvert, et que, dans tous les cas, la décision de ce litige ne serait pas du ressort des conseils de préfecture.

Les arrêtés de cette espèce ne préjugent nullement la légitimité de la demande ; ils garantissent seulement que le vœu de la commune pour plaider a été légalement émis, et qu'il a pour objet un intérêt réel. En un mot, on peut les considérer comme des actes de tutelle, contre lesquels les tiers n'ont pas plus qualité pour se pourvoir qu'ils n'en auraient pour attaquer les avis des conseils de famille, qui accordent aux tuteurs l'autorisation de former une action en justice ou d'y défendre dans l'intérêt seul de leurs pupilles. (*Décrets des 2 juillet 1807, 26 novembre 1808, 24 décembre 1810, 23 décembre 1813, et ordonnances du roi, des 6 novembre 1817 et 11 février 1820.*)

VIII. Le défaut d'autorisation d'une commune est un moyen de cassation même contre les jugemens ou arrêts rendus à son profit. (*Arrêt de la cour de cassation du 2 mai 1808.*)

IX. La question de savoir si des rentes sont dues par les communes, et à qui elles sont dues, est du ressort des tribunaux, sauf ensuite à l'administration à assigner les fonds nécessaires pour le paiement desdites rentes. (*Décr. du 19 août 1808.*)

X. Le conseil-d'état, quoiqu'il soit un tribunal administratif supérieur en matière contentieuse, s'abstient d'examiner la validité des titres sur lesquels on fonde la demande d'une autorisation de plaider; il ne décide presque toujours que d'après la consultation affirmative ou négative de trois jurisconsultes choisis et nommés par le ministre de la justice, dans le ressort de la cour royale où l'instance est engagée. (*Décrets des 7 février 1809, 15 mai et 15 juillet 1813; et ordonnance du roi du 8 mai 1822.*)

XI. Il n'est pas besoin d'autorisation pour contraindre en justice une commune à l'exécution des clauses d'un bail. (*Décret du 24 mars 1809, et ordonnance du roi du 23 janvier 1820.*)

XII. L'autorisation de plaider, donnée par le conseil de préfecture, doit être spéciale : ainsi une autorisation pour plaider sur une question de propriété serait insuffisante pour plaider sur des voies de fait ultérieures. (*Arrêt de la cour de cassation du 21 août 1809.*)

XIII. L'arrêté du 17 vendémiaire an x ne régit point les actions réelles, parce qu'il ne s'occupe que des créanciers. Ainsi le mot *aucune action* ne doit s'entendre que des actions chirographaires ou hypothécaires, et non des actions purement réelles, soit au possessoire, soit au pétitoire.

Cette distinction a été nettement établie dans l'avis du conseil-d'état, du 5 juillet 1808, porté ci-dessus, page 64, portant que « Les demandeurs qui se proposent d'intenter contre les communes des *actions* pour créances *chirographaires* ou *hypothécaires*, sont, aux termes de l'arrêté du 17 vendémiaire an x, tenus à prendre *l'autorisation* du conseil de préfecture ; mais que pour former, soit au pétitoire, soit au possessoire, une action à raison d'un droit de propriété, il n'y a pas lieu à demander ladite autorisation. »

En effet, l'intervention de l'autorité administrative est nécessaire lorsqu'il s'agit d'actions mobilières, parce qu'elles se résolvent en liquidation, et que cette liquidation appartient à l'autorité qui règle les budgets des communes, et fixe le mode, les termes et les valeurs du paiement ; mais cette autorité ne peut intervenir ni dans le jugement des actions immobilières, puisqu'il s'agit alors d'une question de propriété, ni dans l'exécution de ces jugemens, puisqu'on procède alors par voie de saisie réelle et de déguerpissement. (*Ordonnances du roi des 4 juin 1816, 6 novembre 1817, et 23 janvier 1820.*)

XIV. Si un préfet refuse d'assigner les fonds pour l'exécution des condamnations pécuniaires prononcées par les tribunaux, le créancier ne peut procéder contre les communes par voie de saisie-exécution, contrainte ni saisie-arrêt ; mais il doit demander au ministre de l'intérieur l'annullation de l'arrêté du préfet. (*Ordonn. du roi du 15 mars 1815.*)

XV. Une ordonnance du 20 juin 1816 a décidé que des habitans étaient sans qualité pour représenter légalement la commune, et sans action personnelle pour faire juger communale une propriété que la commune elle-même ne croyait pas devoir réclamer.

XVI. Les questions de propriété élevées par des tiers sur les biens des communes, appréhendés et vendus par l'état, même dans les formes voulues pour les biens nationaux, ne peuvent être décidées que par les juges ordinaires, et d'après les règles du droit commun. (*Ordonn.*

du roi des 25 juin 1817, 1er décembre 1819, et 8 mai 1842.)

XVII. L'arrêté du 17 vendémiaire an x n'est véritablement applicable aux créances à exercer sur les communes, que lorsque la créance est contestée, ce qui donne lieu à une action judiciaire de la part du créancier, et à un examen préalable du conseil de préfecture, examen requis dans le seul intérêt de la commune poursuivie.

Mais lorsque la créance n'est pas contestée, ou qu'elle est judiciairement reconnue, le créancier doit alors se pourvoir par-devant le préfet, pour qu'il porte au budget, s'il y a lieu, la somme réclamée contre la commune, afin que le paiement par le receveur municipal soit autorisé. *(Ordonn. du roi du 4 août 1819.)*

XVIII. Une ordonnance du roi, en date du 20 janvier 1820, porte : « L'obligation imposée aux particuliers qui veulent intenter une action contre une commune, de soumettre préalablement leur demande à l'administration, n'a pour objet que d'empêcher les communes de soutenir un procès injuste et onéreux, dans le cas où la demande formée contre elles serait fondée ; mais il n'en résulte pas que l'administration soit compétente pour statuer sur le fond du procès, en refusant au demandeur l'autorisation de plaider contre la commune ; et, si le conseil de préfecture trouve la demande du particulier mal fondée, il doit se borner à autoriser la commune à ester contre lui en jugement.

XIX. Les tiers sont non recevables à attaquer des ordonnances royales rendues sur la proposition du ministre de l'intérieur, qui accordent une autorisation de plaider. *(Ordonn. du roi de 1820, sous le n° 4920.)*

XX. La délibération prise par un conseil de préfecture, sur la question de savoir s'il est ou non de l'intérêt de l'état d'engager une action judiciaire relative à un droit de propriété ou d'usage, ne fait pas d'obstacle à ce que cette action soit portée devant les tribunaux, si cette délibération ne juge pas le fond du droit. *(Ordonn. du roi du 2 février 1821.)*

Il n'est pas besoin de l'autorisation du conseil de préfecture pour être admis à intenter contre une commune une action correctionnelle, à raison d'enlèvement de bois dans une forêt particulière. (*Ordonn. du roi du 22 février 1821.*)

XXI. Des tiers ne sont pas recevables à recourir au conseil-d'état, contre l'ordonnance par laquelle le roi a autorisé une commune à plaider devant les tribunaux civils, sur une question de propriété. (*Ordonn. du roi du 22 février 1821.*)

XXII. L'existence, le mode et l'exercice des servitudes réclamées contre une commune par des tiers ne peuvent être reconnus et établis que devant les tribunaux. (*Ord. du 22 février 1821.*)

XXIII. Le conseil-d'état autorise quelquefois en termes exprès, une commune à se retirer devant les tribunaux pour y défendre ou faire valoir ses droits, sans renvoyer en conseil de préfecture l'examen préalable de la question d'autorisation. (*Ord. du roi du 7 mars 1821.*)

XXIV. Les communes ont la faculté d'intenter directement leur recours au conseil-d'état; mais elles s'exposeraient, en se détournant vers le conseil de préfecture, à laisser expirer les délais utiles du pourvoi, lorsque la signification des arrêtés, décisions ou ordonnances, qu'elles se proposent d'attaquer, leur a été régulièrement faite. Car elles sont soumises aux même déchéances, fins de non recevoir et exceptions que les particuliers. (*Ord. du roi du 12 mars 1821.*)

XXV. Dans les procès au conseil, entre deux sections d'une commune, la signification de l'ordonnance de soit communiqué est régulière si elle est faite au maire de la commune, et non au fondé de pouvoirs de la section défenderesse. (*Ord. du roi du 21 mars 1821.*)

XXVI. Le seul cas où l'autorisation du conseil de préfecture soit nécessaire pour soutenir une action réelle, est celui où il s'agit d'une question de propriété entre deux sections de commune, parce que le demandeur et le défendeur sont également soumis à la tutelle de l'administration; mais si les conseils de préfecture sont compétens pour accorder ou refuser dans ce cas, comme tuteurs, l'autorisation de plaider, d'après l'art. 3 de l'arrêté du gouvernement du 24 germinal an 11, ils excéderaient leurs attributions s'ils statuaient au fond, comme juges. (*Ord. du roi du 21 mars 1821.*)

XXVII. La tierce-opposition peut être exercée, soit par des communes, soit par des particuliers, contre des ordonnances royales rendues sans qu'ils aient été appelés ni entendus. (*Ord. du roi du 21 mars 1821.*)

Les délais de l'opposition simple ne sont pas applicables à la tierce-opposition. (*Ordonn. du roi du 28 mars 1821.*)

XXVIII. Les conseils de préfecture ne peuvent pas, sur la demande en autorisation de plaider contre l'état, formée par des communes, décider que la consultation de trois avocats, à donner sur l'intérêt des communes demanderesses, sera obtenue à la diligence et par les soins du directeur-général des domaines leur partie adverse. (*Ord. du roi du 18 avril 1821.*)

XXIX. Une ordonnance du 18 avril 1821, a jugé qu'un habitant était sans qualité pour contester au nom de sa commune, des délibérations du conseil municipal qui concédaient à un tiers un droit communal, et qui avaient été homologuées par le conseil de préfecture.

XXX. Une ordonnance du 20 juin 1821, a décidé que des particuliers sont sans qualités pour soutenir communal un terrain revendiqué par un tiers; que le conseil de préfecture ne peut accorder à ces particuliers l'autorisation de plaider; que s'il statue sur la propriété, il est incompétent; que s'il accorde l'autorisation, il est irrégulièrement saisi; qu'en effet, la commune ne peut valablement procéder, soit devant le conseil de préfecture, soit devant les tribunaux, que d'après une délibération du conseil municipal et par l'organe du maire.

XXXI. Une ordonnance du 15 mars 1822, a décidé qu'un maire qui ne justifie d'aucune délibération du conseil municipal qui l'autorise à se pourvoir dans l'intérêt d'une section de commune, est sans qualité pour exercer, devant le conseil-d'état, les droits de ladite commune.

ACTIONS JUDICIAIRES *départementales*. L'instruction du 8 janvier 1790, annexée à la loi du 22 décembre 1789, organique des autorités administratives, contient le principe fondamental relatif à la compétence en matière de poursuite de ces actions.

Les procureurs-généraux et les procureurs syndics (aujourd'hui les *préfets* et les *sous-préfets*) veillent et agissent pour les intérêts du département et du district (aujourd'hui *arrondissement*); ils sont chargés de la suite des affaires, mais ils ne peuvent intervenir dans aucune qu'en vertu d'une délibération de l'administration (aujourd'hui le *conseil de préfecture*), ni agir que de concert avec le corps administratif de leur arrondissement (que conformément à la délibération du conseil de préfecture). Comme subrogés aux attributions des procureurs-généraux, syndics des administrations départementales, les préfets ont le droit de poursuivre, dans les tribunaux, les actions principales, incidentes ou en reprises relatives aux établissemens supprimés, et aux biens qui en dépendent, et c'est aussi contre eux que doivent être dirigées celles des particuliers qui prétendraient avoir des droits à exercer par rapport aux mêmes biens. En un mot, les actions relatives aux biens nationaux ne peuvent être intentées qu'avec l'autorisation des préfets. (*Art.* 13 *du titre* III *de la loi du* 5 *novembre* 1790, *art.* 13 *et* 14 *de la loi du* 27 *mars* 1791, *et loi du* 19 *nivôse an* XII—10 *janvier* 1804.)

Nota. Pour compléter la doctrine relative au mode d'intenter et de poursuivre les actions judiciaires, communales et départementales, nous aurions pu insérer le texte des articles du code de procédure civile, relatifs à la matière : mais pour ne pas sortir des bornes que nous nous sommes prescrites dans cet ouvrage, et comme le code de procédure est d'un usage général et journalier dans les administrations, nous nous bornerons à indiquer les articles qu'il faut consulter comme partie inséparable de cet article.

Ire PARTIE. *Livre* II, *titre* 1er. De la conciliation : art. 49 auquel il faut joindre l'art. 1032, portant que les communes et les établissemens publics sont tenus, pour faire une demande en justice, de se conformer aux lois administratives.

Même livre, *titre* II, sur les ajournemens, art. 69 et 72.

Même livre, *titre* III, concernant les institutions d'avoués et défenses, art. 75 à 82.

Même livre, *titre* IV, relatif à la communication au ministère public, article 83.

Même livre, *titre* VIII, sur les jugemens par défaut et oppositions, art. 155, 157, 158, 159.

Livre III, *titre* unique concernant l'appel, art. 443.

Livre IV, *titre* II, relatif à la requête civile, art. 480, 481, 482, 483, 494, 497.

Livre V, *titre* VIII, sur les saisies-exécutions, art. 587 et 591.

Même livre, *titre* XII, concernant la saisie immobilière, art. 676, 681, 685, 687 et 705.

IIme PARTIE. *Livre* II, *titre* VI, sur la vente des biens immeubles des mineurs, art. 961, 962 et 963.

Enfin les articles 1037 et 1039, relatifs aux significations d'actes.

ACTIONS *financières*. Voy. *Banque*, *Compagnie d'assurances* et *Emprunts*.

ADJOINTS *de maires*. Il n'y a pas de mairie en France à laquelle ne soient attachés un ou plusieurs *adjoints*, suivant la population de la commune. Il n'y en a qu'un, si la population n'excède pas 2,500 habitans. Il y en a deux, si la population se porte de 2,500 à 5,000. Dans les villes de 5,000 habitans à 10,000, les adjoints sont fortifiés par un commissaire de police; dans celles dont la population excède 10,000 habitans, outre les deux adjoints et un commissaire de police, il y a un adjoint pour 20,000 habitans d'excédant, et un commissaire de police par 10,000 d'excédant. (*Art. 12 de la loi du 28 pluviôse an VII—17 février 1800. Bull. 17.*)

I. Une loi du 18 floréal an X — 8 mai 1803 (*Bull.* 189), autorise les préfets à nommer un adjoint, en sus du nombre fixé par l'art. 12 de la loi du 28 pluviôse an VIII — 17 février 1800, dans les parties de communes dont les communications avec le chef-lieu seraient difficiles, dangereuses, ou même temporairement impossibles. Cet adjoint est chargé de la tenue des registres de l'état civil, et sa maison tient lieu de maison-commune, pour la publication et la célébration des mariages.

II. Le roi nomme les adjoints des maires, dans les villes de plus de 5,000 habitans. (*Ibid.*, art. 18.)

Sa Majesté les choisit dans les conseils municipaux. (*Art. 13 du sénatus-consulte du 16 thermidor an X—4 août 1802. Bull. 206. Avis du conseil d'état du 14 nivôse an XI—4 janvier 1803. Bull. 239.*)

La durée de leurs fonctions est de cinq ans, mais ils peuvent être renommés. (*Ibid. — Décret du* 15 *avril* 1806. *Bull.* 87.—Confirmé par ordonnance du roi, du 13 janvier 1816, qui a fixé le renouvellement quinquennal des adjoints et des maires à l'année 1821.)

Nota. Une circulaire du ministre de l'intérieur, en date du 20 décembre 1820, établit en principe que le renouvellement des adjoints étant une opération périodique et générale, doit embrasser tous les fonctionnaires de cet ordre, à quelque époque qu'ils aient été nommés, même ceux qui l'ont été récemment, et qui n'ont eu à achever que le temps qui restait à leurs prédécesseurs.

La même circulaire prescrit un nouveau mode pour la rédaction de la liste des trois candidats pour chaque place, et ajoute : La charte, qui confère au roi le droit de nommer à tous les emplois publics, n'ayant pas mis de restriction à ce droit, l'obligation imposée par les anciens règlemens de choisir les adjoints dans les conseils municipaux n'existe plus, et les préfets ne sont plus astreints à prendre les candidats dans ces conseils. Enfin c'est dans cette circulaire que le ministre annonce qu'il a remarqué que dans plusieurs départemens quelques individus étaient à la fois adjoints de maires ou membres du conseil municipal d'une ville, et maires d'une commune rurale. Son excellence fait observer que le même homme ne pouvant appartenir en même temps à l'administration municipale de deux communes, il faut profiter du renouvellement quinquennal pour faire cesser un abus qui existe dans divers départemens.

III. Les adjoints des villes dont la population est au dessus de 5,000 habitans, sont nommés, et peuvent être suspendus par les préfets. (*Art.* 20 *de la loi du* 28 *pluviôse an* VIII—17 *janvier* 1800. *Bull.* 17.)

IV. Les adjoints nommés par le roi, sont installés par les préfets et prêtent serment entre leurs mains.

Ceux nommés par les préfets, sont installés par les maires et prêtent serment entre leurs mains. (*Arrêté du* 19 *floréal an* VIII—9 *mai* 1800. *Bull.* 26.)

V. Les adjoints nommés par le roi portent le même costume que le maire, excepté qu'ils n'ont que deux bandes de liséré brodé.

Ceux nommés par le préfet portent le même costume, à l'exception de la ceinture, dont la frange, pour les
adjoints, est en soie. (*Arrêté des 17 floréal et 8 messidor an VIII — 7 mai et 28 juin 1800. Bull. 24 et 31.*)

VI. Les adjoints, en cas d'absence, maladie ou autre
empêchement du maire, le remplacent, en suivant, lorsqu'il y en a plusieurs, l'ordre de leur nomination. Hors
ce cas, les adjoints n'ont point entrée au conseil municipal. (*Art. 13 de l'arrêté du 2 pluviôse an IX — 22 janvier 1801. Bull. 64. Decret du 4 juin 1806. Bull. 99.*)

VII. Le maire étant chargé seul de l'administration, il
a seulement la faculté d'assembler ses adjoints et de les
consulter lorsqu'il le juge à propos, et de leur déléguer u-
ne partie de ses fonctions. (*Ibid., art. 7.*)

Aussi toutes les fois qu'un adjoint exerce l'autorité qui
lui est déléguée par un maire, doit-il avoir l'attention de
mettre avant sa signature ces mots : *en l'absence de M.
le maire....... pour cause de maladie ou d'empêchement de......*

VIII. Dans les communes où il n'y a point de commissaire de police, les adjoints de ces communes sont chargés de remplir les fonctions du ministère public, sans a-
voir besoin d'aucune autorisation ni délégation du maire,
mais par le seul droit inhérent à la qualité d'adjoint.
(*Art. 1er de la loi du 27 ventôse an VIII — 28 mars
1800. Bull. 15.*) Voy. *Tribunaux de police, Ministère
public, Police,* etc.

IX. Les adjoints font partie des sept commissaires ré-
partiteurs chargés du travail de la répartition du contingent des contributions directes de leur commune; ils président la commission en l'absence du maire. (*Art. 9 et
23 de la loi du 3 frimaire an VII — 23 novembre 1798.
Bull. 243.*)

X. Lorsqu'un adjoint remplit les fonctions de maire,
les injures, outrages et violences qu'il reçoit dans l'exercice ou à l'occasion de l'exercice de ses fonctions, sont
punis des même peines que celles prononcées contre les
offenseurs des maires. (*Art. 222 du Code pénal.*)

XI. Les adjoints auxquels les maires ont délégué des
fonctions administratives, se rendent coupables des mêmes crimes et délits que les maires, lorsqu'ils abusent de

l'autorité qui leur a été déléguée, et sont passibles des mêmes peines que les maires. Voy. *Crimes et délits.*

XII. La même incompatibilité qui a lieu pour les fonctions des maires avec d'autres fonctions, a pareillement lieu pour les fonctions des adjoints, c'est-à-dire qu'un adjoint ne peut être juge-de-paix, suppléant d'un juge-de-paix, membre du conseil de préfecture, huissier, curé, vicaire ou desservant, receveur des contributions ou droits d'enregistrement, employé dans les douanes, les postes et messageries, et autres places sujettes à la comptabilité.

XIII. Considérés comme agens du gouvernement, les adjoints de maires, agissant en cette qualité, ne peuvent être actionnés devant les tribunaux, par les particuliers qui ont à s'en plaindre, sans l'autorisation du conseil-d'état. (*Arrêt de la cour de cassation du 8 décembre 1817, qui leur a appliqué l'article 75 de l'acte constitutionnel du 22 frimaire an VIII—13 décembre 1799. Bull. 353.*) Voy. les *Notions élémentaires* en tête du volume.

ADJUDICATIONS *au rabais et marchés.* Une circulaire du ministre de l'intérieur, en date du 25 juin 1817 (*n° 47*), avait fait connaître aux préfets les mesures qui avaient été adoptées, de concert avec M. le ministre des finances, pour l'exécution du 3e paragraphe de l'article 51 de la loi des finances du 28 avril 1816, qui assujettissait au droit proportionnel d'un pour cent d'enregistrement, les adjudications au rabais et les marchés pour constructions, réparations, entretien, approvisionnemens et fournitures dont le prix était payé par le trésor royal, ou par les administrations locales des établissemens publics compris aux budgets des départemens.

Cet ordre de choses ayant été modifié par l'article 75 de la loi des finances du 15 mai 1818, une nouvelle circulaire, en date du 4 juin 1818, instruit les préfets que les adjudications et marchés pour travaux publics, fournitures, etc., qui auront lieu dans chaque département à partir de la promulgation de la dernière loi des finances, ainsi que les cautionnemens y relatifs, ne seront plus passibles que du droit fixé d'un franc d'enregistrement, lorsque la dépense sera imputable, soit sur les fonds généraux

du trésor ordonnancés sur le crédit du ministre de l'intérieur, soit sur les centimes additionnels des départemens,
ce qui comprend les allocations des budgets des dépenses
fixes ou communes, et des dépenses variables, ordinaires
ou facultatives. (*Tome XVIII, page 156.*)

ADJUDICATIONS *publiques*, tant aux enchères qu'au rabais. Il en est plusieurs qui sont dans les attributions des
préfets, des sous-préfets et des maires : telles sont celles
des bois, des contributions, des eaux minérales, des octrois, et des travaux publics. Voy. *tous ces mots en particulier* et *Bâtimens.*

ADMINISTRATION *départementale.* Trois circulaires du
ministre de l'intérieur, adressées aux préfets, tracent les
règles fondamentales de cette administration : la 1re, du
17 juillet 1815; la 2e, du 31 juillet 1819; la 3e, du 20
mars 1820.

Ire *circulaire.* La première pensée du roi, en rentrant
dans sa capitale, a été de rendre à ses états une administration
tout à la fois forte et paternelle. Les fonctions que Sa Majesté
vous a confiées sont la preuve d'une haute confiance : elles
exigent de vous un dévouement complet à vos devoirs, un
grand esprit de discernement, un soin réfléchi et assidu de
toutes les branches de vos attributions...

Votre administration doit porter un caractère de raison,
de calme et de fermeté. C'est en ne vous écartant jamais de
la ligne constitutionnelle que suit le gouvernement du roi,
en vous occupant sans relâche de tous les détails de vos fonctions, en portant vos soins sur la conduite et l'expédition des
affaires, et rendant à tous une justice exacte et bienfaisante,
que vous pourrez apaiser quelques esprits encore exaspérés
et inquiets. L'appui et les avantages individuels que chaque
citoyen recevra d'un régime de liberté et d'une administration régulière, sont le meilleur et même le seul moyen de
conciliation entre tous les partis.

Le roi attend de vous, monsieur, cette sorte de constance
et de force d'esprit qui consiste à ne point se décourager par
le spectacle du mal; à ne point s'effrayer des difficultés qu'on
peut avoir à le guérir; à se placer au-dessus des préventions
et des faux jugemens; à suivre sa route avec calme et gravité; à résister à l'action des opinions et des partis. (*Tom. XV,
page 123.*)

IIe *circulaire.* Monsieur, je désire que vous m'adressiez

une copie du rapport que vous allez, selon l'usage, présenter au conseil sur l'administration de votre département....

La communication de ce rapport ne vous dispense pas de m'adresser le compte annuel de situation et d'administration demandé par la circulaire du 7 mars 1818, et qui remplace les anciens comptes trimestriels.

Le rapport au conseil-général, et le compte annuel, quoiqu'ils se rapprochent sur plusieurs points, ne sont pas de même nature. Le premier concerne plus spécialement l'emploi des fonds départementaux; il comporte des détails et des calculs qu'il n'est pas besoin de faire entrer dans le rapport annuel. Celui-ci doit contenir sur la partie morale, et sur la marche de l'administration, des documens qui sont absolument étrangers aux attributions du conseil-général. Ainsi ce rapport au conseil peut fournir des élémens qui entreront dans le compte annuel; mais ce compte est distinct; et quoique moins chargé de détails, il doit, dans son ensemble, avoir plus d'étendue et présenter des résumés généraux plutôt que des développemens. (31 juillet 1819, tome XIX, page 585.)

III° circulaire. Les attributions du directeur-général de l'administration départementale et de la police embrassent:

Le personnel des fonctionnaires administratifs et des commissaires de police;

L'administration générale proprement dite;

La haute police et la police administrative;

L'exécution des lois et réglemens relatifs à l'imprimerie et à la librairie, les journaux, les théâtres;

Les affaires militaires ressortissant au ministère de l'intérieur;

L'administration et le contentieux des communes;

Enfin les bâtimens civils et établissemens publics. (29 mars 1820, tome XX, page 59.)

ADMINISTRATION municipale. On désigne sous cette dénomination la réunion des maires, des adjoints, et des conseils municipaux qui régissent et administrent les biens d'une commune, ses recettes et ses dépenses.

ADMINISTRATIONS EN GÉNÉRAL. I. Les administrations actuelles reçoivent, vérifient et règlent les comptes des administrateurs qui cessent leurs fonctions, soit par destitution, démission, remplacement ou toute autre cause. (Art. 1er de la loi du 8 germinal an III — 28 mars 1795.)

II. Les conseils de préfecture ne peuvent annuler les

arrêtés des administrations qui les ont précédés ; le gouvernement seul peut statuer sur le maintien et sur l'annulation de ces arrêtés. (*Arrêté du 8 pluviôse an XII —28 janvier 1805. Bull. 245.*)

III. Les réclamations contre les arrêtés ou décisions d'une administration, ne sont, en aucun cas, du ressort des tribunaux. (*Lois du 22 décembre 1789 et du 14 octobre 1790.*)

ADOPTION. Le principe de l'adoption a été établi en France par une loi du 16 frimaire an III — 6 décembre 1794. Sa forme et ses effets en ont été réglés par le Code civil, art. 343 et suivans, et tout ce qui tient au consentement des parties qui adoptent et qui sont adoptées est de la compétence des juges-de-paix.

Formule d'un acte d'adoption.

L'an mil huit cent vingt-un, le   février, par-devant moi (*nom et prénoms*), juge-de-paix du canton d   , département d   , assisté de M.   , greffier de la justice de paix, en ma demeure, sise à...

S'est présenté ou se sont présentés (*il faut énoncer les noms, prénoms, âge, domicile de l'adoptant ou des adoptans, s'ils sont mari et femme, et relater les pièces justificatives de toutes les énonciations.—L'âge des adoptans doit être de plus de cinquante ans : Art. 343 du Code civil.*)

Lequel ou lesquels a ou ont déclaré que, n'ayant ni enfans ni descendans légitimes, il ou ils adoptent pour son ou leur enfant, et pour jouir par lui des droits qui sont régis par le Code civil, la personne de   , âgée de vingt-un ans accomplis (*l'adopté doit être majeur : Art. 346 du Code civil*), fils ou fille de   , demeurant à   , département d   , et de   (*mettre ici le nom de la femme, en ajoutant son épouse, si l'enfant est légitime.—Si l'adopté est un enfant naturel et reconnu, on en fait mention, ainsi que au nom de son père ou de sa mère, et des pièces justificatives des faits.—Si l'adopté n'a pas de parens connus, on l'énonce*), ainsi qu'il est prouvé par *tels* actes que l'adopté a représentés.

Ledit adopté ou ladite adoptée présent ou présente, a déclaré accepter l'adoption avec reconnaissance, aux soumissions de se conformer aux obligations qui lui sont imposées par la loi. Et comme il ou elle n'a ni père ni mère, il ou elle nous a justifié de leurs actes de décès, qui ont été joints au présent acte. (*Si l'adopté a ses père et mère, que lui-même ne soit point âgé de 25 ans accomplis, il est tenu de rapporter leur consentement; ils le peuvent donner par l'acte même d'adoption, s'ils y sont présens; et si l'adopté est majeur de 25 ans, il est tenu, à défaut de représentation de leur consentement, de rapporter un acte respectueux ou de réquisition de leur conseil : Art. 346 du Code civil.*)

Desquelles déclaration et acceptation j'ai, au nom de la loi, donné acte à toutes les parties, qui ont signé avec moi et le greffier de la justice de paix. (*Si quelques-unes ne peuvent signer, il est fait mention de la cause.*)

Et à l'appui du présent acte, ont été déposées au greffe de la justice de paix toutes les pièces justificatives des énonciations y portées.   (*Les signatures.*)

Les maires, comme officiers de l'état-civil, ne concourent à l'adoption que sous le rapport de l'inscription de l'acte d'adoption sur les registres de l'état-civil.

Dans les trois mois qui suivront l'arrêt de la cour d'appel, qui admet une adoption, l'adoption sera inscrite, à la réquisition de l'une ou de l'autre des parties, sur les registres de l'état-civil du lieu où l'adoptant sera domicilié.

Cette inscription n'aura lieu que sur le vu d'une expédition en forme de l'arrêt de la cour royale, et l'adoption restera sans effet si elle n'a été inscrite dans ce délai. (*Art. 359 du Code civil.*)

Modèle de l'inscription d'un acte d'adoption.

Cejourd'hui   devant nous M.   , officier de l'état-civil, ou maire, ou adjoint remplissant les fonctions d'officier de l'état-civil de la commune de   se sont présentés C.   et H.   lesquels, en présence de T.   , D.   , N.   , et R.   , nous ont représenté l'arrêt de la cour royale de   en date du   , confirmatif d'un jugement du tribunal de première instance de   , en date du   , portant homologation de l'acte passé devant le juge-de-paix du canton de   , le   , par lequel ledit C.   déclare adopter H.   , et nous ont requis d'inscrire sur les registres de l'état-civil l'adoption faite par ledit C.   de la personne de H.

Sur quoi, après avoir pris lecture dudit arrêt de la cour royale de   , et nous être assuré qu'il ne s'est pas écoulé trois mois depuis le jour où il a été rendu, et nulle opposition ne nous étant survenue, nous avons déclaré, au nom de la loi, que C.   présent, a adopté et adopte H.   , aussi présent et acceptant.

De tout ce que dessus nous avons dressé le présent acte, qui a été transcrit sur les deux registres et signé par nous, les requérans et témoins, après lecture faite, lesdits jour et an.

ADRESSES. On désigne, sous cette dénomination, les discours faits au nom d'un corps de l'état, politique, administratif, judiciaire, savant ou littéraire. Un décret du 25 février 1809 (*Bull.* 226), prescrit, entre autres formalités, que les adresses ne peuvent être prononcées qu'après avoir été préalablement soumises à l'approbation respective de chaque corps, et inscrites sur le registre du secrétariat, ou sur le procès-verbal dressé à cet effet.

AFFAIRES ECCLÉSIASTIQUES (administration générale des). Une circulaire du ministre de l'intérieur, en date du 1er mai 1816, annonce aux préfets que le roi a rendu, le 13 février dernier, une ordonnance portant, article 1er, qu'à dater d'aujourd'hui 1er mai, l'administration générale des affaires dépendantes de l'ancien ministère des cultes sera, pour tout ce qui concerne la religion catholique, apostolique et romaine, réunie aux attributions déjà conférées au grand-aumônier de France, sous la dénomination d'administration générale des affaires ecclésiastiques, distincte et séparée de la grande-aumônerie.

La même circulaire annonce que l'administration des autres communautés chrétiennes et des israélites est réunie aux attributions du ministre de l'intérieur, avec lequel les préfets doivent correspondre pour tout ce qui pourra avoir, directement ou indirectement, rapport au personnel et au matériel des divers cultes non catholiques. (*Tome XVI, page* 264.)

AFFAIRES *en retard* (réclamations relatives aux). Une circulaire du ministre de l'intérieur, adressée aux préfets, le 7 mai 1816, contient une invitation de n'employer aucun intermédiaire entre eux et Son Excellence, pour les

réclamations relatives aux affaires en retard. Elle contient
ce qui suit :

« Plusieurs préfets ont adressé des réclamations à des
personnes qui sont à Paris, en les priant de me les communiquer. Cette méthode est mauvaise sous plus d'un
rapport. Ces personnes tardent souvent à me remettre les
réclamations dont elles sont chargées ; elles m'écrivent,
il faut répondre ; elles me demandent audience, il faut
en accorder ; tout cela apporte des lenteurs et prend
beaucoup de temps.

Je vous prie donc, monsieur, de ne jamais employer
aucun intermédiaire entre vous et moi, et de me rappeler
succinctement, en mettant sur l'enveloppe, à *vous seul*,
les affaires qui sont en retard. Vous ne devez pas craindre
de me les rappeler plusieurs fois, et sans attendre de
longs délais ; vous ne pouvez me faire un plus grand
plaisir. Il doit y avoir entre vous et moi une action mu-
tuelle. Vous devez m'exciter sans cesse à terminer les
affaires, comme je dois vous rappeler sans cesse l'activité
et la rapidité d'exécution qui est si nécessaire en administration. (*Tome XVI, page 266.*)

AFFICHES. L'apposition, la forme et le contenu des
affiches constituent, sous le rapport de l'administration
et de la police, une des attributions importantes des administrateurs, réglées et déterminées par les lois et les actes du gouvernement, qui suivent :

1°. La loi du 18—22 mai 1791 ordonne aux maires de
désigner des lieux exclusivement destinés à recevoir les
affiches des actes de l'autorité publique, et défend aux
particuliers d'y apposer leurs affiches, sous peine d'une
amende de 100 francs, prononcée par voie de police.
(*Art.* 11.)

2°. La loi du 22—28 juillet 1791, ordonne que les
affiches des actes de l'autorité publique seront seules im-
primées sur papier blanc, et que celles des particuliers
ne pourront l'être que sur du papier de couleur, sous
peine de l'amende ordinaire de police municipale.

3°. La loi du 27 germinal an IV—16 avril 1796 (*Bull.*
40), déclare coupables de crimes contre la sûreté intérieure, ceux qui, par des *affiches*, provoquent la dissolu-

tion du gouvernement établi par la constitution. (*Art.* 1er et 2.)

4°. L'art. 1er de la loi du 28 germinal an IV—17 avril 1796 (*Bull.* 40), et le *Code pénal*, art. 283 *et suivans*, défendent d'imprimer et placarder aucune affiche, qu'elle ne porte le nom et le domicile de l'imprimeur. La loi et le *Code* rendent les afficheurs responsables de l'omission de ces formalités, à moins qu'ils ne déclarent les auteurs et imprimeurs.

5°. La loi du 12 vendémiaire an IV—4 octobre 1795 (*Bull.* 192), défend aux maires de faire réimprimer et afficher les lois, excepté lorsque ces formalités sont ordonnées par un article de la loi.

Elle les autorise cependant à ordonner, par délibération spéciale, la réimpression et l'affiche des lois anciennes, des lois nouvelles, même des règlemens, lorsqu'ils le jugent convenable. (*Art.* 11.)

6°. Les lois des 9 vendémiaire et 3 brumaire an VI—30 septembre et 24 octobre 1797, 13 brumaire et 6 prairial an VII, 3 novembre 1798 et 25 mai 1799, ordonnent aux maires de veiller à ce que personne ne fasse distribuer des affiches à la main, sans être timbrées, à l'exception de celles qui ne contiennent que l'adresse de la personne, ou son changement de domicile; et, dans le cas de contravention, ils doivent saisir les affiches et dresser procès-verbal pour être envoyé au procureur du roi.

7°. Le décret du 18 juin 1811, sur les frais en matière criminelle, prescrit aux maires de faire apposer, dans les lieux accoutumés, les placards des jugemens et arrêts destinés à être affichés. (*Art.* 107.)

8°. Les lois du 17 et du 26 mai 1819 (*Bull.* 278 et 280), déterminent la forme de poursuite, et la punition de ceux qui, par des placards et affiches, provoquent à des actions qualifiées crimes ou délits.

9°. Le déchirement, l'enlèvement des affiches, mais particulièrement de celles contenant des actes de l'autorité publique, constituent un délit que les maires doivent constater par un procès-verbal. (*Code pénal*, art. 439.)

Les afficheurs publics qui exercent cette profession sans l'autorisation de l'autorité municipale, sont passibles des peines de police. (*Art.* 290 *du Code pénal*.)

Modèles divers de procès-verbaux d'affiches illégales, et contre les afficheurs et déchireurs d'affiches.

L'an... et le heure d . Nous, etc., passant dans la rue , avons remarqué une affiche particulière imprimée, placardée sur le mur de la maison numérotée ladite affiche.

1er cas, étant en papier blanc ;

2e cas, non timbrée ;

3e cas, ne portant point de nom d'auteur ou d'imprimeur ;

4e cas, contenant des provocations à (*crimes ou délits, les désigner*), ainsi qu'il résulte de la phrase ci-après y insérée (*rapporter la phrase*) ; l'affiche susdite commençant par ces mots : et finissant par ceux-ci : et portant les noms de...

Pourquoi avons enlevé ladite affiche de dessus le mur ; l'avons signée *ne varietur*, et datée de cejourd'hui pour être annexée au présent.

Dans le 1er cas, attendu qu'aux termes de la loi, du 28 juillet 1791, les affiches des particuliers doivent être sur papier de couleur, à peine, conformément à l'article 77 de la loi sur les finances du 25 mars 1817, d'une amende de 100 francs à la charge de l'imprimeur.

Attendu aussi que ladite affiche porte au bas le nom de imprimeur, rue , avons rédigé le présent procès-verbal contre ledit sieur, pour y être donné, par voie de police correctionnelle, attendu la qualité de l'amende, telles suites qu'il appartiendra, signé...

Dans le 2e cas, attendu qu'aux termes des lois sur le timbre, et de l'art. 65 de la loi sur les finances du 28 avril 1816, les affiches des particuliers sont assujetties à la formalité du timbre, à peine de lacération desdites affiches, restitution des droits, fraudes, et de 25 francs d'amende la première fois, 50 francs la deuxième fois, et 100 francs pour chacune des autres récidives ; avons rédigé le présent procès-verbal de contravention contre le sieur signataire de ladite affiche, dont la demeure y est indiquée rue , pour y être donné, etc. (*comme au 1er cas*).

Dans le 3e cas, attendu qu'il s'agit d'un délit prévu par les art. 283, 284 et 286 du Code pénal (*voir au tome II, Écrits, Images, Gravures*), avons rédigé contre qu'il appartiendra, n'ayant pu découvrir les auteurs du délit dont s'agit, le présent procès-verbal, pour y être donné par voie de police correctionnelle, telles suites qu'il appartiendra, et avons signé.

Dans le 4ᵉ cas, attendu qu'il s'agit d'un délit prévu par les art. 285 et 283 du Code pénal, et par la loi du 17 mai 1819 (*voir au tome II, le mot Imprimerie, § 2*), avons rédigé contre qui il appartiendra, etc. (*comme au 3ᵉ cas*).

Si un individu est trouvé placardant une des affiches ci-dessus désignées, il est arrêté de suite, interrogé avec soin sur la personne de qui il la tient, sur les motifs, etc., et sur son droit ou non d'exercer la profession d'afficheur. Il est envoyé à l'autorité chargée de la police, suivant la gravité du fait.

Si l'affiche illégale est apportée au commissaire de police par un particulier, le procès-verbal commence ainsi (*sur papier libre*):

Devant nous s'est présenté le sieur (*noms, prénoms, profession et demeure*), lequel nous a dit qu'il y a un instant, il a remarqué (*désigner l'endroit et les circonstances*) une affiche ou placard qui lui a paru contenir des choses contraires aux lois, qu'il a cru de son devoir de l'arracher de dessus le mur, et de l'apporter et déposer en notre bureau; et nous ayant représenté ladite affiche, nous avons reconnu (*détails de l'affiche*); de laquelle remise, le comparant nous a requis acte que nous lui avons octroyé, et a signé avec nous ladite affiche *ne varietur*, ainsi que le présent, après lecture faite.

Sur quoi, etc. (*comme ci-dessus suivant les circonstances*). *Nota.* Les modèles ci-dessus, notamment dans le 4ᵉ cas, peuvent s'appliquer aux placards manuscrits.

Modèle d'un procès-verbal pour affiche particulière portant arrêté, délibération, etc.

Nous   , etc., ayant remarqué sur le mur de face de la maison nº   dans la rue   une affiche (*désigner sa forme, sa couleur, si elle est timbrée ou non, son titre, la, ou les signatures, les mots par lesquels elle commence, ceux qui la terminent, les phrases remarquables, les noms d'auteur ou d'imprimeur, enfin tout ce qui caractérise le délit.*)

Sur quoi, nous commissaire de police susdit, vu les art. 13, 14 et 15 de la loi du 22 mai 1791, non abrogée; desquels il résulte : 1° qu'aucun citoyen, aucune réunion de citoyens ne peuvent rien afficher sous le titre d'arrêté, délibération ou toute autre forme obligatoire ou impérative; 2° qu'aucune affiche ne peut être sous un nom collectif; 3° que tous ceux qui ont coopéré à une affiche sont tenus de la signer, le tout à

peine de 100 francs d'amende : avons enlevé ladite affiche
de dessus le mur, comme étant placardée en contravention à
la loi précitée ; et avons rédigé de ce que dessus le présent
procès-verbal, pour y être donné telles suites que de droit,
par voie de police correctionnelle, vu la quotité de l'amende,
et avons signé.

Modèle d'un procès-verbal pour affiche de l'autorité arra-
chée ou couverte.

(Visé pour valoir timbre et enregistré par débet.)

Nous   , etc., passant dans la rue   , avons remarqué un individu qui arrachait, ou couvrait d'une affiche particulière, une affiche de l'autorité publique qui était placardée
sur le mur de la maison numérotée   et qui était relative
à   ; avons fait arrêter ledit individu, et l'avons fait conduire en notre bureau, avec l'affiche qu'il placardait et que nous
avons reconnue être

Ledit individu, sur nos interpellations, a dit et déclaré se
nommer (*noms, pays de naissance, âge, profession et demeu-*
re, s'il est afficheur, s'il a une permission, qui l'a mis en œu-
vre, les motifs de son action, etc.), et a signé, après lecture
faite (*mention s'il ne sait ou ne veut pas signer*).

Sur quoi, nous commissaire de police susdit, vu l'ordonnance de police non abrogée du 17 mai 1780, qui défend de
couvrir ou arracher aucune affiche émanée de l'autorité publique, à peine d'emprisonnement ; avons rédigé le présent
procès-verbal de contravention contre ledit sieur   qui
sera traduit au tribunal de police municipale de
pour, sur les conclusions du ministère public, être prononcé
par le tribunal telles condamnations qu'il appartiendra, et a-
vons signé.

Modèle d'un certificat du commissaire de police, pour obte-
nir une permission d'exercer la profession d'afficheur
(sur papier libre).

        Du

Nous , etc. , certifions sur l'attestation des sieurs (*noms,*
profession et demeures des trois témoins domiciliés et connus,
dont l'un des trois doit être imprimeur breveté),
Que le sieur   âgé de   ans ; natif de   département
de (*sa profession*), est à   , depuis   , qu'il réside depuis plus d'un an dans le département de   , qu'il est do-

micilié dans notre quartier, rue n° ; qu'il sait lire et écrire, et qu'il est connu pour un homme probe, de bonne moralité, et de bonne vie et mœurs.

En foi de quoi, nous avons délivré le présent audit sieur sur sa réquisition et conformément à l'arrêt du conseil du 13 septembre 1722, pour lui servir à obtenir de la permission d'exercer la profession d'afficheur.

Et ont, le requérant et les témoins susnommés, signé avec nous , excepté le sieur qui a déclaré ne savoir écrire son nom, ainsi qu'il l'a déclaré, de ce interpellé suivant la loi.

Modèle de la permission délivrée d'après le certificat ci-dessus.

Département de , arrondissement de , ville de

A le 18

Nous , etc.
Vu la demande du sieur , demeurant à ,
Vu aussi les certificats joints à sa demande,
Autorisons ledit sieur à exercer la profession d'afficheur dans la ville et arrondissement de , à la charge par lui de se conformer aux règlemens et ordonnances qui le concernent, et de faire viser sa permission à par le commissaire de police de son domicile, et dans les communes rurales par le maire ou adjoint de la commune.

Signé

Vu et enregistré au bureau de police du quartier de
à , ou bien à la mairie de , ce

Modèle d'un procès-verbal dressé contre un afficheur sans permission ou sans plaque. Procès-verbal du commissaire de police (*sur papier libre*).

L'an , etc. , et le , heure de
Nous, etc. , passant dans la rue de , avons remarqué un individu qui placardait une affiche; l'avons requis de nous représenter la permission et la plaque dont il doit être muni comme afficheur; ce à quoi n'ayant pu satisfaire, l'avons fait conduire en notre bureau, où, sur nos interpellations, il nous a dit et déclaré se nommer ; que , a affirmé la vérité de sa déclaration, après lecture faite, et a signé avec nous (*ou mention s'il ne sait signer*).

Sur quoi, nous commissaire de police susdit:
1°. (Si l'afficheur n'a ni permission ni plaque.)

Vu l'art. 290 du Code pénal, portant que tout individu qui, sans l'autorisation de la police, fait le métier de crieur ou d'afficheur d'écrits imprimés, dessins ou gravures, même munis des noms d'auteur, est puni d'un emprisonnement de six jours à deux mois;

Vu aussi l'arrêt du conseil du 13 septembre 1728, qui veut que tout afficheur porte ostensiblement une plaque de cuivre portant le mot *afficheur* et le numéro de sa permission, à peine de 50 francs d'amende et d'interdiction.

2°. (Si l'afficheur déclare avoir prêté sa permission ou sa plaque à un individu (*qu'il doit nommer*), ou que celle dont il est porteur lui a été prêtée ou cédée par   , il faut dire :)

Vu l'ordonnance de police du 16 avril 1740, portant défense aux afficheurs de prêter leurs plaques ou permissions, à peine de 50 francs d'amende, même de prison contre les cédans et les cessionnaires trouvés porteurs de plaques sans avoir de permission en leur nom,

Avons, contre ledit sieur   , rédigé le présent procès-verbal, comme prévenu d'un délit de police correctionnelle, et l'avons fait conduire à la préfecture de police, pour y être déposé et retenu à la chambre de dépot, sous la main de justice, en état de mandat d'amener, conformément à l'article 45 du Code d'instruction criminelle; et sera, notre procès-verbal, transmis en même temps à M. le préfet de police, pour le tout être renvoyé à qui de droit (*le juge d'instruction*), et avons signé.

Si le prévenu est domicilié, et présente une solvabilité suffisante, il peut être renvoyé libre.

Les tribunaux de police ne peuvent ordonner l'affiche de leurs jugemens, que comme réparation ou dommages-intérêts de la partie civile qui se plaint; ils commettent un excès de pouvoir, s'ils l'ordonnent, à la seule requête du ministère public et à titre de peine. (*Arrêt de la cour de cassation du 1er thermidor an XII — 20 juillet 1804.*)

Sous le rapport de l'administration, les fonctionnaires administratifs et municipaux ont des attributions spéciales pour ordonner, autoriser certaines affiches où ils mettent leur *visa*, telles que les affiches de mise en vente des bois (voy. *Bois*); de mise en recouvrement des rôles des contributions directes (voy. *Contributions directes*); concernant les mesures de police contre les fléaux des épizooties, des inondations, etc. (voy. *Épizooties* et *Inondations;* de publication de mariage (voy.

Etat-civil et *Mariage*); de vente des biens des mineurs (voy. *Biens des mineurs*); d'adjudications de travaux publics (voy. *Travaux publics*); d'appel des jeunes gens pour le recrutement (voy. *Recrutement*.)

AFFICHES pour concessions de mines. Voy. *Mines*.

AFFINAGE. Quiconque veut départir et affiner l'or et l'argent, pour le commerce, est tenu d'en faire sa déclaration tant à la municipalité, qu'à la préfecture et à l'administration des monnaies. Il est tenu registre de cette déclaration et délivré copie au besoin. (*Art.* 113 *de la loi du* 19 *brumaire an* VI — 9 *novembre* 1797. *Bull.* 156.) Voy. *Marque d'or et d'argent*.

AFFIRMATION *des procès-verbaux* des gardes-champêtres et forestiers. Elle doit avoir lieu dans les vingt-quatre heures. (*Art.* 1er *de la loi du* 23 *thermidor an* IV — 10 *août* 1796. *Bull.* 66.)

L'art. 4 du titre 9 de la loi du mois d'août 1669, qui s'exécute encore dans plusieurs de ses parties, attribuait aux maires l'affirmation des procès-verbaux des gardes-forestiers; mais *l'art.* 11 *de la loi du* 28 *floréal an* X (191 —1596) ne leur conserve cette attribution (et il en est de même des procès-verbaux des gardes-champêtres), qu'en absence du juge-de-paix et de ses suppléans. Plusieurs arrêts de la cour de cassation ont fixé la jurisprudence sur ce point.

L'affirmation d'un rapport constatant un délit champêtre, ne peut être reçue par le maire d'une commune autre que celle dans le territoire de laquelle le délit a été commis. (*Arrêt de la cour de cassation du 5 brumaire an* XII — 28 *octobre* 1803, *et du* 2 *octobre* 1806.)

Les membres du conseil municipal ne sont pas des agens du pouvoir: leur attribution se borne à la surveillance des intérêts des communes; c'est pourquoi ils ne peuvent, en cas d'absence du maire et de son adjoint, recevoir l'affirmation des procès-verbaux des gardes-forestiers. (*Arrêt de la cour de cassation du* 18 *avril* 1809.)

L'art. 11 de la loi du 28 floréal an X — 18 mai 1802, n'impose point à un maire recevant l'affirmation d'un procès-verbal sur délit forestier, l'obligation d'énoncer le lieu dans lequel cette affirmation est reçue; il suffit que cette affirmation ait été reçue dans les vingt-quatre heures, par le maire de la commune où le délit a été commis. (*Arrêt de la cour de cassation du 11 janvier 1817.*)

Modèle d'acte d'affirmation des procès-verbaux.

Le présent procès-verbal a été affirmé sincère et véritable devant nous (*il faut mettre ici la demeure et la qualité du fonctionnaire public qui reçoit l'affirmation*), par I.   , garde-champêtre (*ou forestier*) y dénommé, et soussigné, après serment de   pris au cas requis, et lecture faite dudit procès-verbal.

Fait à   , ce
Le maire ou l'adjoint et les gardes signent.

Voy. *Gardes-champêtres et forestiers.* Voy. aussi *Procès-verbaux*, pour les autres espèces de procès-verbaux à dresser relativement aux diverses contraventions en matière de boissons; de douanes, de voitures de roulage, etc.

AFFOUAGE. On entend par ce mot, le droit de couper du bois dans une forêt, pour chauffage et construction.

Le partage des affouages, pâtures, récoltes et fruits communaux se règle par le conseil municipal. (*Art. 14 de la loi du 28 pluviôse an VIII—17 février 1800. Bull. 17.*)

Modèle de la délibération pour ce règlement.

Cejourd'hui   , etc., nous membre du conseil municipal de la commune de
Après avoir entendu la demande que nous a faite M. le maire, de procéder à l'affouage ou partage des bois appartenant à la commune, ou des pâturages, ou récoltes des fruits communs (*désigner les lieux*),
Avons ainsi réglé l'affouage. (*Désigner de quelle manière se fera le partage.*)
Avons ainsi réglé le partage du pâturage.
Avons ainsi réglé le partage des fruits.
Lesquels règlemens nous avons remis à M. le maire, pour être soumis à l'approbation de M. le préfet, et ensuite être fait exécuter.
Et avons signé.

I. Un décret du 17 janvier 1813, qui statue sur le pourvoi des habitans de la commune de Tourmont, contre un arrêté du *préfet* du Jura, par lequel il était enjoint à ladite commune de comprendre dans la distribution de son affouage les habitans du hameau des Soupois, qui lui avaient été réunis, déclare en principe :

1°. Que la réunion des deux *communes* ne doit porter aucune atteinte à leurs droits respectifs de propriété; et que s'il se présente quelque cas d'exception, il doit être consacré par un décret spécial.

2°. Que les habitans du hameau des Soupois ne présentant, indépendamment de l'acte de leur réunion à la *commune* de Tourmont, aucun titre qui les constitue copropriétaires des bois appartenant à cette commune, leur prétention à la distribution de l'affouage n'est point fondée.

3°. Que, par suite et en vertu du même principe, les habitans des Soupois ne doivent être assujettis à aucune portion des charges inhérentes aux bois appartenant à la *commune* de Tourmont. (*Bull.* 472.)

II. La jurisprudence du conseil-d'état n'a point varié sur ce principe, que deux communes ou deux sections de communes que l'on réunit, doivent jouir séparément de leurs droits d'affouage. Et la plupart des décrets et des ordonnances du roi qui prononcent la réunion de communes ou de sections de communes, portent : *Sauf les droits de propriété et d'usage qui resteront indivis;* ou sans préjudice des droits d'affouage, de parcours, etc..., dont chaque commune continuera à jouir séparément. (*Décret ci-dessus du* 17 *janvier* 1815, *et ordonn. du* 27 *mai* 1816.)

III. Un conseil de préfecture ne peut ordonner l'exécution d'un nouveau mode d'affouage, si ce nouveau mode n'a pas été soumis à la sanction du conseil-d'état par le ministre de l'intérieur, dans les formes prescrites par la loi du 9 brumaire an 13 (31 *octobre* 1804), et par l'avis du conseil-d'état du 29 mai 1808 (*Décret du* 7 *octobre* 1812).

IV. L'administration est chargée de dresser les rôles de répartition entre les habitans des communes, pour leurs droits d'affouage dans les bois communaux; par conséquent elle doit juger toutes les réclamations auxquelles ces rôles peuvent donner lieu. (*Décret du* 9 *brumaire an XIII—1ᵉ octobre 1804, avis du 29 mai 1808, et décret du 7 octobre 1812.)*

V. Lorsqu'un expert nommé par le conseil de préfecture a procédé au règlement de l'affouage, en présence du maire et des habitans de chaque commune auxquels peut appartenir ce droit, d'après les renseignemens à eux fournis, et à raison des feux ou maisons d'habitation (ainsi qu'il est prescrit par l'avis du conseil-d'état du 25 avril 1807), il n'y a plus lieu de revenir sur une opération qui se trouve ainsi régulièrement faite; qui a été approuvée, après un mûr examen, par le conseil de préfecture; surtout, lorsqu'elle n'est point critiquée par le plus grand nombre des parties intéressées, et que, depuis plusieurs années, elle a reçu une exécution pleine et entière. (*Ord. du roi du 22 novembre 1815.*)

VI. Le mode de partage en matière d'affouage se règle en raison du nombre des feux de chaque commune, et sans avoir égard à l'étendue de leur territoire respectif. (*Avis du conseil-d'état du 20 juillet 1807; arrêt de la cour de cassation du 12 septembre 1809.*)

VII. Le droit d'affouage étant attaché à la qualité d'habitant, il est juste que ceux qui supportent les charges d'une commune participent à tous les avantages dont jouissent les autres habitans; ainsi un maire n'est point recevable à prétendre que ce droit doit être restreint en faveur de tels et tels habitans. (*Décret du 21 décembre 1808.*)

VIII. Un décret du 29 mars 1811, a décidé qu'il n'y a pas lieu d'accepter l'offre qui serait faite par un particulier, d'appliquer à une fabrique un affouage stipulé dans le principe au profit d'une congrégation religieuse supprimée, parce qu'il ne dépend pas du redevable d'une prestation de transporter à un tiers qui n'y a aucun droit, ni par les titres primitifs, ni par la possession, ni par une concession expresse du gouvernement, une prestation devenue portion de la propriété de l'état.

IX. Les droits d'affouage et autres droits exercés par les émigrés dans les forêts nationales ont été considérés comme de véritables créances qui se sont éteintes par confusion dans les mains du gouvernement, et qui ne peu-

vent revivre après l'amnistie ou la radiation des émigrés
à leur profit. (*Décret du 11 juillet 1812.*)

La question de savoir si le propriétaire d'un fonds situé
dans une commune, a droit à sa portion dans l'affouage
qui appartient à la commune, n'est pas de la compétence
de l'autorité administrative; les tribunaux seuls peuvent
la décider, quand bien même le fonds à raison duquel le
réclamant prétend exercer son droit, serait un domaine
national. (*Décret du 20 septembre 1809.*)

XI. Le droit d'affouage (ou d'usage dans un bois) est
incessible de particulier à particulier. Nul ne peut
vendre sa portion de bois façonnée ou non façonnée.
(*Arrêt de la cour de cassation du 13 octobre 1809.*)

Age requis pour exercer les fonctions d'administrateur.
Il est fixé à vingt-cinq ans au moins, par l'article 175 de
l'acte constitutionnel du 5 fructidor an III—22 août 1795.
Idem pour les gardes-champêtres, par l'article 5 de la
section VII du titre 1er de la loi du 28 septembre—6 octobre 1791. Il est fixé à vingt quatre ans accomplis pour
les secrétaires-greffiers des administrations municipales, par la loi du 25 floréal an V—14 mai 1797. (*Bull.*
122.)

L'âge exigé par la loi pour les fonctions publiques, doit
être atteint non seulement du jour où le fonctionnaire
entre en exercice, mais encore du jour où il a été nommé. (*Sénatus-consulte du 27 avril 1811.*)

L'âge requis pour le mariage, est dix-huit ans révolus
pour les hommes, et quinze ans révolus pour les filles.
(*Art. 144 du Code civil.*)

Voyez les articles *Engagement* et *Recrutement*, pour
les dispositions relatives à l'âge exigé de ceux qui s'engagent volontairement, qui sont appelés pour le recrutement, et de ceux qui sont admis pour le remplacement
ou la substitution.

AGENS D'AFFAIRES *soi-disant accrédités dans les bureaux
des différens ministères.* Une circulaire du ministre de
l'intérieur, en date du 29 octobre 1811, invite les préfets
à éclairer leurs administrés sur le danger de se laisser sé-
duire par les circulaires de ces agens d'affaires qui, par
esprit de cupidité, offrent de suivre, auprès des adminis-

trations, pour en accélérer la conclusion, les affaires qui peuvent intéresser les communes et les particuliers.

Ces avis des préfets leur rappellent, au nom des ministres de l'intérieur, des finances et de la guerre, que l'intervention de tout agent étranger à l'administration est inutile, et que toutes les affaires en instances sur les liquidations, les pensions, les certificats d'existence ou de non existence des militaires, seront terminées avec toute la célérité possible sur le simple rappel de l'autorité administrative.

AGENS DE CHANGE (les) ont été rétablis dans leurs fonctions et attributions par la loi du 28 ventôse an IX—19 mars 1801 (*Bull.* 76). Leur organisation, le mode de leur nomination et réception, qui sont dans les attributions des préfets et des tribunaux de commerce, ont été réglés par l'arrêté du 29 germinal an IX—19 avril 1801. Voy. *Bourses de commerce.*

AGENS *comptables.* Voy. *Comptables.*

AGENS *du gouvernement.* L'article 75 de l'acte constitutionnel du 22 frimaire an VIII—13 décembre 1799 (*Bull.* 333), encore en vigueur, et applicable aux maires et adjoints, contient ces dispositions :

Les agens du gouvernement, autres que les ministres, ne peuvent être poursuivis pour des faits relatifs à leurs fonctions qu'en vertu d'une décision du conseil-d'état : en ce cas, la poursuite a lieu devant les tribunaux ordinaires.

Les agens du gouvernement peuvent être poursuivis, sans autorisation préalable du conseil-d'état, pour les délits qu'ils commettent hors l'exercice de leurs fonctions. (*Arrêt de la cour de cassation du 11 septembre 1807.*)

Le fait de la spoliation commise par un agent du gouvernement ne regarde l'autorité administrative que pour autoriser des poursuites; il n'appartient qu'à l'autorité judiciaire de prononcer une condamnation. (*Décret du 10 septembre 1808.*) Voy. *Accusation et mise en jugement.*

AGENS ET MANDATAIRES. Aucune administration ne peut avoir d'agent auprès du gouvernement ni auprès du corps-législatif. (*Loi du 5 janvier 1791.*)

AGENS DE POLICE (les inspecteurs et) ne sont point des

fonctionnaires publics institués par la loi ; ils ne sont que des surveillans établis dans diverses administrations municipales, selon leur besoin, sans qualité, n'ayant ni le droit de faire des arrestations, des visites et perquisitions domiciliaires, de notifier et délivrer copie des actes ou ordres en vertu desquels elles se font, ni le droit de constater, par des procès-verbaux crus jusqu'à l'inscription de faux, les crimes, les délits, les contraventions ; ni le droit de requérir la force armée en leur nom ; mais seulement pour veiller à l'exécution des lois et règlemens de police, chacun dans les différentes parties qui leur sont assignées ; faire sur les crimes, délits et contraventions qu'ils ont découverts, des rapports ; ou prêter aux fonctionnaires publics, dans l'exercice de leurs fonctions, assistance et main-forte.

Tout inspecteur et agent de police qui s'immisce dans les fonctions que la loi ne lui a pas accordées ; qui, sans être accompagné d'un fonctionnaire public, s'introduit dans les maisons pour y faire des perquisitions et visites domiciliaires ; qui donne l'ordre d'arrêter ou arrête lui-même en son nom, hors le cas de flagrant délit ou de clameur publique, se rend coupable d'un acte illégal et arbitraire, et encourt une peine proportionnée à la gravité de son délit, qui lui est appliquée sur la plainte de la personne opprimée. (*Code pénal, art.* 186.)

Agio, *agiotage, agioteur.* L'agio est le commerce des espèces monnayées, et des papiers négociables. Voyez *Bourses de commerce.*

L'*agiotage* est le trafic de ceux qui achètent des effets de commerce au-dessous de leur valeur, pour les revendre lorsque le prix en est haussé. Voy. *Hausse et baisse des effets publics.*

L'*agioteur* est celui qui fait l'agio ou l'agiotage. Les autorités de police doivent surveiller principalement ceux qui ont pour objet le discrédit des papiers publics, ou le renchérissement des marchandises et denrées de première nécessité. Voy. *Accaparement.*

Agneaux (*vente des*). Voy. *Bestiaux* et *Marchés.*

Aggravation de peines contre les fonctionnaires administratifs coupables dans l'exercice de leurs fonctions. Voy. *Crimes et délits.*

AGRÉGATIONS *religieuses.* Voy. *Associations* et *Communautés religieuses.*

AGRICULTURE. L'assemblée constituante a établi, par la loi du 28 septembre—6 octobre 1791, les bases principales de la protection et de l'encouragement de l'agriculture par les dispositions suivantes :

1°. Le territoire de la France, dans toute son étendue, est libre comme les personnes qui l'habitent. (*Art.* 1er.)

2°. Les propriétaires sont libres de varier à leur gré la culture et l'exploitation de leurs terres ; de conserver à leur gré leurs récoltes, et de disposer de toutes les productions de leur propriété dans l'intérieur du royaume et au dehors, sans préjudicier au droit d'autrui en se conformant aux lois. (*Art.* 2.)

3°. Aucuns engrais ni ustensiles, ni autre meuble utile à l'exploitation des terres, et aucuns bestiaux servant au labourage, ne pourront être saisis ni vendus pour contributions publiques. (*Art.* 2, *sect.* III *du tit.* 1er.)

4°. Tout propriétaire est libre d'avoir chez lui telle quantité ou telle espèce de troupeaux qu'il croit utiles à la culture et à l'exploitation de ses terres. (*Art.* 1er *de la section* IV.)

5°. La municipalité pourvoira à faire serrer la récolte de tout cultivateur absent, infirme, ou hors d'état de la faire lui-même. (*Art.* 1er *de la section* V.)

6°. Nulle autorité ne peut suspendre ou intervertir les travaux de la campagne dans les opérations de la semence et des récoltes. (*Art.* 2, *ibid.*) Voy. *Bans de moissons, Conseil et Sociétés d'agriculture, Engrais, Prairies artificielles.*

AIGREFINS. On désigne sous ce nom les individus qui vivent d'industrie, n'ayant ni fortune, ni emploi, ni aucuns moyens connus d'existence.

Ils doivent être surveillés par la police locale, et même renvoyés, s'il y a lieu, par mesure de police administrative.

AIR (salubrité de l'). Toutes les autorités administratives doivent concourir de tous leurs moyens pour faire exécuter les lois, les règlemens de police, les instructions des ministres et des gens de l'art sur les moyens de conserver cette salubrité, qui exerce une si grande influence sur la santé et sur la vie des hommes et des animaux, ou de la rétablir quand elle a reçu de l'altération.

Les cadavres des bêtes mortes, l'entretien dans les maisons d'habitation de certains animaux immondes, tels que les porcs, les boucs, les chèvres, les lapins, les canards, etc.; la saleté habituelle des rues, les eaux stagnantes dans les ruisseaux, ou dans les caves après des inondations, contribuent à vicier l'air. Les maires doivent, dans ces circonstances, propager la connaissance des moyens d'opérer la désinfection de l'air, d'après les procédés indiqués par M. Guyton-Morveau.

Acide muriatique désinfectant dont on peut faire usage pour les lieux actuellement inhabités.

Dans les chambres d'infirmeries, salles d'hôpitaux, de dépôts de meubles infectés, de lieux fermés, quelle qu'en soit l'étendue, où l'on aura laissé putréfier des matières animales, où quelques individus seront morts atteints de maladies épidémiques, contagieuses ou autres, mais inhabités, on placera au milieu un réchaud garni de feu, sur lequel on établira une chaudière de fer, remplie à moitié de sable siliceux (c'est-à-dire caillouteux) ou de cendres; on mettra sur ce bain une grande capsule de verre, ou à défaut une cloche de jardin, une terrine de grès, ou toute autre poterie dure, contenant du muriate de soude (sel marin ou sel de cuisine). Lorsque le bain commencera à s'échauffer, on versera sur le sel l'acide sulfurique (huile de vitriol du commerce), que l'on aura mis d'avance dans un vase de verre à large ouverture, pour être versé d'un seul jet : après cela, on se retirera, et on tiendra les fenêtres et les portes de l'endroit soumis à l'opération, aussi exactement fermées qu'il sera possible, pendant sept à huit heures.

Pour le versement de l'huile de vitriol, il faut bien prendre ses précautions, afin de l'opérer d'un seul jet; autrement on courrait risque d'être incommodé de vapeurs qui ne manqueraient pas de s'élever pendant la durée du versement, s'il était plus long, et de former un nuage épais, à raison de la grande quantité des matières employées et de leur réaction subite.

Doses relatives de sel et d'huile de vitriol à employer aux lieux qu'on voudra purifier.

Pour une salle d'environ 500 mètres, ou 14,500 pieds cubes, il faudra 30 décagrammes (environ 9 onces 7 gros) de sel, et 24 décagrammes (environ 7 onces 7 gros) d'acide sulfurique. Une chambre de grandeur moyenne, de 25 à 30 mètres carrés de surface, dont le cube sera d'à peu près 100 mètres, ou 2,900 pieds, n'exigera pas plus de 5 décagrammes (1 once 7 gros) de sel, et 4 décagrammes (1 once 2 gros et demi) d'acide.

Voilà pour les fumigations dont l'intensité et la durée ne sont restreintes par aucune considération, et qui sont destinées à opérer en une seule fois la purification des lieux où elle était nécessaire.

Celle que l'on aura à pratiquer dans des *lieux habités*, souvent auprès des lits des malades, qu'il faudra répéter à certains intervalles, suivant la reproduction plus ou moins rapide des émanations contagieuses, doit être conduite différemment.

On pourra alors employer avec un égal avantage, ou les vapeurs d'acide nitrique, ou le gaz muriatique, sans qu'il en résulte la plus légère incommodité pour les malades ni pour les assistans, en suivant les procédés qui vont être décrits.

Fumigations d'acide nitrique dans les lieux habités.

Ces fumigations s'opèrent à froid. Après avoir fermé les portes et les fenêtres de la chambre dont on veut purifier l'air, on versera dans un verre à pied ordinaire, ou tout autre vase de verre, de porcelaine ou de poterie cuite, en grès, une ou deux cuillerées à café d'acide sulfurique concentré (huile de vitriol du commerce); on y jettera ensuite peu à peu une égale quantité de nitre pur (salpêtre raffiné) réduit en poudre, en remuant le mélange avec une baguette de verre. Les vapeurs continueront à s'élever et à se répandre dans la chambre en forme de nuage ou de brouillard pendant environ une heure. Lorsqu'elles auront cessé, on ouvrira les portes et fenêtres pour renouveler l'air. Si une fumigation ne suffit pas pour détruire l'odeur, on la réitérera le soir ou le lendemain. S'il était question de détruire les levains contagieux qui se reproduisent chaque jour, la fumigation se fera régulièrement matin et soir, jusqu'à entière désinfection.

Pour une chambre de 35 mètres cubes, ou 100 pieds cubes de capacité, c'est-à-dire de 525 centimètres, ou 10 pieds sur chaque dimension, il suffit d'employer 15 grammes (environ une demi-once) d'acide sulfurique, et pareille quantité de nitre pulvérisé.

Pour se dispenser de peser chaque fois l'acide sulfurique concentré, qui brûle tout ce qu'il touche, et ne doit être manié qu'avec précaution, on peut en déterminer la quantité par le volume, en se servant d'une petite bouteille ou petit flacon, d'à peu près un demi-pouce cube.

Si la chambre est plus grande, il faudra augmenter en proportion les fumigations, c'est-à-dire multiplier les vases ou appareils fumigatoires; mais en se gardant d'excéder dans chacune les doses indiquées.

On doit éloigner, autant que possible, toute substance métallique qui, étant attaquée par l'acide condensé à sa surface, en transformerait une partie en gaz nitreux.

Fumigations d'acide muriatique dans les lieux habités.

Le gaz acide muriatique peut s'obtenir à chaud et à froid; il n'y a ici d'autre différence que dans la quantité du sel utilement employée, la décomposition n'étant pas aussi complète lorsqu'elle n'est pas entretenue par la chaleur.

Pour une chambre des mêmes dimensions que celles indiquées pour les fumigations d'acide nitrique, c'est-à-dire de 35 mètres, ou 10 pieds cubes, il suffira d'employer 15 grammes (environ une demi-once) d'acide sulfurique, et 19 grammes (environ 5 gros) de sel.

On versera, comme on l'a dit, l'acide sulfurique, dosé d'avance par le volume, dans un vase de verre ou de poterie dure; on y jettera peu à peu le sel; lorsque les vapeurs commenceront à se ralentir, on les ranimera en remuant le mélange avec une baguette de verre. La seule attention qu'exige cette opération, est de ne point toucher l'acide, de n'en point répandre sur des matières végétales et animales, même sur des métaux, parce qu'il a la propriété d'attaquer toutes ces substances avec violence.

Les quantités indiquées seront ainsi portées au double, au triple, etc., suivant la grandeur des pièces. Elles peuvent être augmentées dans le même vaisseau, sans qu'il y ait à craindre ici que cette circonstance change la nature des vapeurs; et l'on ne sera dans le cas de multiplier les vaisseaux fumigatoires que quand il paraîtra convenable de les distribuer sur plusieurs points pour accélérer l'effet, en remplissant en même temps une salle d'une étendue considérable. On

y trouvera encore cet avantage, qu'en diminuant les foyers d'émanation du gaz acide, on ne sera pas exposé à le respirer en masse trop considérable ; accident qui peut provoquer momentanément la toux, et qu'il est bon d'éviter, quoiqu'il n'ait jamais eu de suites fâcheuses.

Une méthode très-avantageuse pour répandre également le gaz salutaire et sans la moindre incommodité pour les assistans, consiste à promener le vase d'où partent les vapeurs, à ne verser que successivement l'acide sulfurique sur le sel ; ce qui donne la facilité de rendre à volonté les vapeurs plus ou moins abondantes, suivant qu'on le juge nécessaire. On a pour cela un petit réchaud portatif, sur lequel on place à feu nu une capsule de terre cuite, en grès, ou ce qu'on appelle dans le commerce *creuset de hesse* ; on y met une quantité de sel marin proportionnée à l'espace qu'on a à parcourir : lorsqu'il commence à être échauffé, on verse dessus quelques gouttes d'acide, et on n'en ajoute de nouveau que lorsque les vapeurs cessent de s'élever.

Si les localités font appréhender les accidens auxquels l'usage du réchaud pourrait donner lieu, on peut y suppléer, en remplissant des capsules de fer de sable que l'on aurait fait chauffer auparavant dans un vase de fer, et sur lequel on placerait le vase contenant le sel : au surplus, les fumigations à froid suffisent.

Comme on peut se trouver à tous momens dans le cas d'en avoir besoin, même dans la nécessité de les pratiquer soi-même sans aide ou secours de l'art, c'est-à-dire de médecins, chirurgiens ou autres, voici une recette à la portée de tout le monde ; la seule provision qu'elle exige, est celle d'un flacon rempli d'acide sulfurique concentré (huile de vitriol du commerce).

Avec ce flacon, un grand gobelet de verre et du sel commun, on peut purifier l'air de tous miasmes contagieux.

Il ne s'agit que de placer le gobelet à terre ou sur une table dans le milieu de l'appartement, de mettre au fond une bonne cuillerée de sel commun, et de verser dessus, à trois ou quatre reprises, ou par intervalles, la valeur en tout d'un petit verre à liqueur d'acide sulfurique. A chaque versement, il se dégagera une quantité de vapeurs qui finiront par remplir l'espace, et atteindre tous les miasmes fétides ou malfaisans, sans causer aucune incommodité aux assistans.

S'il s'agissait de purifier une chambre dans laquelle quelqu'un serait mort de maladie soupçonnée contagieuse, ou qui aurait été infectée par le séjour d'un corps dans un état de putréfaction avancée, il faudrait doubler ou même tripler les

doses, suivant la grandeur de la pièce, verser pour lors l'acide en une seule fois, et se retirer pour n'y rentrer qu'après
quelques heures.

Voyez les articles *Asphyxies*, *Épidémies*, *Épizooties*,
Fosses d'aisance, *Mines* et *Puits*.

AJOURNEMENT (exploits d') remis aux maires. Voy. *Assignations*.

ALARME. Les officiers de police doivent surveiller ceux
qui répandent l'alarme parmi le peuple par de faux bruits
ou de fausses nouvelles, tels que la crainte d'une disette,
de maladies épidémiques, etc., l'enlèvement d'enfans et
autres nouvelles qui peuvent l'effrayer, même l'inquiéter;
et même en annonçant publiquement des faits vrais, mais
dont les magistrats de police doivent être seuls instruits.

La condamnation à l'amende ou à l'emprisonnement,
même à de plus fortes peines, peut être fondée sur d'anciens jugemens et sentences de police, dont les principaux sont : 1° une sentence de police du 22 juillet 1740,
qui a prononcé une amende de 200 fr.; 2° un jugement
du présidial de Lyon du 30 janvier 1782, qui, dans l'espèce, a prononcé la peine du carcan et de 3 mois de détention.

D'après notre nouveau Code pénal, ceux qui répandent
de fausses alarmes peuvent être assimilés aux pronosti-
queurs, et condamnés aux peines portées par l'article 479
§ 6 du Code pénal.

ALCHIMISTES (les) sont ceux qui, par des combinaisons
métalliques, cherchent à faire de l'or, ce qu'on nomme
vulgairement, *chercher la pierre philosophale*. Les individus qui pratiquent cette science doivent être surveillés
par la police locale, pour prévenir les accidens qui peuvent résulter des poisons subtils, des sels et acides cor-
rosifs, qu'ils emploient, et qui peuvent compromettre la
sûreté des habitations, et la vie des personnes qui les avoi-
sinent; pour empêcher qu'il ne sorte de leurs laboratoires
des métaux falsifiés, ou des liqueurs nuisibles qu'ils distribuent sous le titre de remèdes secrets.

ALLÉGORIE (toute) écrite, gravée ou peinte, qui porte
un caractère de satire, d'accusation injurieuse du gouvernement ou des autorités publiques, est un des objets

confiés à la surveillance des officiers et magistrats de police, et à la poursuite judiciaire. (*Loi du 17 mai 1819.*)

ALIBI (la preuve de l'), admise en matière de délits de police, résulte de la déposition des témoins. Voy. *Défenses* et *Tribunal de police.*

ALIÉNATION par les communes. Elle ne peut se faire que par une loi. Voy. *Acquisitions.*

Les recettes extraordinaires provenant d'aliénation d'immeubles sont versées à la caisse d'amortissement, portent intérêt de 3 pour cent par an, et sont mises à la disposition des communes, sur une décision du ministre de l'intérieur. *Art. 7 de l'arrêté du 19 ventôse an x—10 mars 1802. Bull. 170.*)

ALIGNEMENS (les) doivent être considérés comme une des parties importantes de la voirie urbaine, qui est la police des rues, places et lieux publics des villes, bourgs et villages.

Depuis le règlement du 17 juillet 1781, qui est comme la base de la législation actuellement en vigueur sur les alignemens, l'article 50 de la loi du 14 décembre 1789, sur la constitution des municipalités; le titre xi de la loi du 24 août 1790, sur l'organisation judiciaire; enfin, l'article 13 de la loi du 28 pluviôse an viii—17 février 1800, ont déterminé les attributions des autorités administratives et municipales relativement à la voirie urbaine. Mais la loi du 16 septembre 1807, relative aux desséchemens, et l'ordonnance du roi du 31 juillet 1817, contiennent des dispositions précises sur les attributions en matière d'alignemens.

Art. 52. Dans les villes, les alignemens pour l'ouverture des rues, pour l'élargissement des anciennes qui ne font point partie d'une grande route, ou pour tout autre objet d'utilité publique, seront donnés par les maires, conformément au plan dont les projets auront été adressés aux préfets, transmis avec leur avis au ministre de l'intérieur, et arrêtés en conseil d'état.

En cas de réclamation de tiers intéressés, il sera de même statué en conseil-d'état sur le rapport du ministre de l'intérieur. (*Loi du 16 septembre 1807.*)

Art. 53. Au cas où, par les alignemens arrêtés, un propriétaire pourrait recevoir la faculté de s'avancer sur la voie publique, il sera tenu de payer la valeur du terrain qui lui aura été cédé. Dans la fixation de cette valeur, les experts auront égard à ce que le plus ou moins de profondeur du terrain cédé, la nature de la propriété, le reculement du reste du terrain bâti ou non bâti loin de la nouvelle voie, peuvent ajouter ou diminuer de valeur relative pour le propriétaire, etc. (*Loi du 16 septembre 1807.*)

II. Voici le texte de l'ordonnance du roi du 31 juillet 1817, non imprimée au Bulletin des lois, mais publiée dans la collection générale des lois, in-8°, par *L. Rondonneau*, imprimée à l'imprimerie royale, tome XVI, page 65.

Aux termes des règlemens sur la voie urbaine, dit cette ordonnance, c'est aux maires qu'il appartient de donner et faire exécuter les alignemens dans les rues des villes, bourgs et villages qui ne sont pas routes royales départementales; en conséquence, ils sont compétens pour dresser procès-verbal des entreprises qui se font sur la voie publique, le faire signifier au contrevenant, et prendre un arrêté pour enjoindre audit contrevenant de rendre à la voie publique, dans un délai déterminé, le terrain sur lequel il a anticipé, et ordonner que, faute par lui de retirer les constructions formant anticipation, il sera procédé d'office et à ses frais à leur démolition, sauf le recours devant le préfet.

Les fixations et reconnaissances des alignemens sont des actes qui ne sont pas dans les attributions des conseils de préfecture : en conséquence, ils ne sont compétens ni pour commettre un expert pour reconnaître les contraventions aux alignemens donnés par les maires, ni pour déterminer, d'après le procès-verbal de visite de l'expert, le nouvel alignement à suivre, ni pour prononcer sur l'amende encourue par les contrevenans.

— Les préfets sont seuls compétens pour statuer sur les contestations entre les maires et les particuliers, relatives aux alignemens dans les rues qui ne sont pas routes royales ou départementales, et sur l'exécution des arrêtés des maires, ordonnant la démolition des constructions formant anticipation sur la voie publique.

I. Le propriétaire qui contrevient à un règlement de police, par lequel il lui est enjoint de supprimer un édifice bordant une rue, ou de lui donner un certain alignement, fait autre chose que dégrader ou détériorer la voie publique, dans le sens de l'article 605 du Code du 3 brumaire an IV, il commet un délit de désobéissance aux règlemens de voirie. Les tribunaux de police correctionnelle sont seuls compétens pour y statuer. (*Arrêt de la cour de cassation du 13 vendémiaire an XIII—5 octobre 1804.*)

II. Aux termes de l'art. 1er du décret du 11 janvier 1808 (*Bull. 390*), nul ne peut faire des constructions autour de la ville de Paris, et hors de l'enceinte de sa clôture, sans en avoir demandé et obtenu la permission, et reçu un alignement comme il est réglé pour les cas de grande voirie, c'est-à-dire du préfet de département, à peine de voir ses constructions démolies sans délai.

III. Un décret du 29 septembre 1810 (*Bull. 318*), relatif à un embatoir construit en contravention aux règlemens, par un particulier du département de Seine-et-Marne, établit en principe que, conformément à l'ordonnance du 17 juillet 1781, non-seulement il n'est pas permis de construire en saillie sur les routes, mais qu'il est défendu expressément de construire soit embatoir ou autres établissemens le long des routes, sans en avoir obtenu les alignemens ou permissions.

IV. Les propriétaires ne sont tenus de ranger leurs constructions sur l'alignement projeté, qu'autant qu'ils touchent aux fondations ou au rez-de-chaussée. (*Décret du 22 juin 1811.*)

V. Un avis du conseil-d'état du 3 septembre 1811 (*Bull. 390*), décide que les demandes d'acquisitions de maisons ou de terrains nécessaires à l'embellissement ou à l'utilité des communes, doivent être précédées d'un plan des alignemens déjà légalement arrêtés, ou d'un projet du plan d'alignement, pour être arrêtés en conseil-d'état, en exécution de l'article 52 de la loi du 16 septembre 1807.

VI. Les tribunaux ordinaires sont seuls compétens pour statuer sur les amendes encourues pour contraventions aux alignemens donnés par les maires, et sur les frais de démolition ordonnés d'office dans le même cas. (*Décret des 21 janvier et 3 février 1813.*)

VII. La fixation et la reconnaissance des alignemens sont des actes d'administration qui ne sont pas dans les attributions des conseils de préfecture. Le maire donne l'alignement; le conseil de préfecture qui prononce sur l'arrêté du maire, excède ses pouvoirs; c'est au préfet seul à réformer cet arrêté, s'il y a lieu. (*Décret du 29 janvier* 1814.)

VIII. Une circulaire du ministre de l'intérieur, en date du 2 octobre 1815 (tome XV, page 215), contient l'envoi d'une nouvelle instruction pour la mise au net des plans des villes susceptibles de l'application de l'article 52 de la loi du 16 septembre 1807, rappelé ci-dessus page 104.

Cette instruction règle les dimensions, la forme, l'ensemble et l'espèce des détails du plan, proposé dans le format d'un atlas.

Les plans des villes doivent être à deux échelles différentes; savoir, les plans généraux, à un demi-millimètre pour mètre, et les plans de divisions à deux millimètres pour mètre.

IX. Une nouvelle circulaire, en date du 4 mars 1816, tome XVI, page 104, annonce aux préfets une décision du roi du 29 février précédent, qui accorde un délai de deux ans, pour donner des alignemens partiels pour les constructions à faire dans les rues qui ne dépendent point de la grande voirie des ponts et chaussées, après avoir pris l'avis des architectes voyers, et sous l'approbation des préfets.

En cas de réclamation contre ces alignemens particuliers, il sera statué en conseil-d'état, sur le rapport du ministre de l'intérieur.

La faculté de donner des alignemens partiels doit se borner aux cas d'urgence seulement, et ne peut servir de prétexte pour ralentir le travail des plans généraux demandés par la circulaire du 2 octobre 1815.

X. Lorsqu'un particulier a fait, sans avoir obtenu les alignemens, construire, reconstruire ou réparer des édifices, maisons ou bâtimens étant le long des grandes routes ou les joignant, soit dans les traverses des villes, bourgs et villages, soit en pleine campagne, le conseil de préfecture doit ordonner la démolition des ouvrages, et condamner le contrevenant à l'amende. (*Ord. du roi des* 20 *novembre* 1815 *et* 6 *mars* 1816.)

Nota. Les propriétaires ne sont pas seuls passibles des condamnations; les ouvriers et maçons chargés de la construction le sont également, aux termes d'une déclaration du roi du 16 juin 1693, et d'un arrêt du conseil du 26 mai 1705.

La défense de reconstruire ou réparer avec confortation sur un emplacement destiné, par le plan d'alignement, à l'élargissement de la voie publique, ne se borne point à la face de la propriété; elle s'étend aussi aux bâtimens intérieurs dans tout l'espace du retranchement à opérer, et jusqu'à la ligne à laquelle il doit s'arrêter.

XI. Lorsqu'un particulier, par une construction, anticipe sur la voie publique en contrevenant à l'alignement qu'il a reçu, le maire ne doit pas se borner à dresser procès-verbal de la contravention, et à le faire signifier au contrevenant, il est autorisé à prendre un arrêté pour lui enjoindre de rendre à la voie publique le terrain sur lequel il a anticipé, et pour ordonner que, faute par ce particulier de supprimer lui-même les constructions formant anticipation, il sera procédé, d'office et à ses frais, à leur démolition, sauf le recours devant le préfet. (*Ord. du roi du 30 juillet* 1817.)

XII. Une circulaire du ministre de l'intérieur en date du 7 avril 1817, tome XVIII, page 63, adresse aux préfets une nouvelle décision de sa majesté, du 18 mars précédent, qui accorde jusqu'au 1er mai 1819 pour donner des alignemens partiels.

XIII. Aux termes des règlemens sur la voirie urbaine, il appartient aux maires de faire exécuter les alignemens dans les rues des villes, bourgs et villages qui ne sont pas routes royales ou départementales.

Le particulier qui se permet une construction sans avoir obtenu et exécuté cet alignement, peut être obligé à la démolition, s'il paraît qu'il a usurpé sur un chemin vicinal. (*Ord. du roi du 3 juin* 1818.)

XIV. Le particulier qui réédifie sa maison sur le bord d'une route royale, sans avoir obtenu de l'autorité l'alignement nécessaire, peut être rigoureusement condamné à la démolir. Cependant il y a lieu à modération de la peine, s'il est prouvé que le propriétaire avait demandé l'alignement, et qu'il a construit sur un alignement qui ne porte aucun préjudice à la voie publique. (Ord. du roi du 17 juin 1818.)

XV. Lorsqu'un particulier a fait une construction selon l'alignement à lui donné par le maire, et confirmé par le préfet; s'il arrive que l'administration revienne contre son arrêté et change l'alignement, le propriétaire peut exciper du premier alignement et des dépenses qu'il a faites de bonne foi, non pour conserver sa construction première, mais pour être indemnisé des frais qu'il a faits en se conformant aux premières décisions. (Ord. du roi du 12 décembre 1818.)

XVI. Des propriétaires de Rouen avaient fait des réparations à des maisons sur le quai, sans en avoir obtenu la permission ou l'alignement. Une décision du conseil-d'état, approuvée par le roi, en date du 8 septembre 1819, les a déclarés en contravention à l'ordonnance du 8 octobre 1815, portant que les façades des maisons du quai de Rouen sont assujetties à l'alignement, et à un plan uniforme de décoration, sur une partie de la longueur dudit quai.

Modèle d'un procès-verbal constatant l'alignement.

Cejourd'hui   , nous   , maire de (*ou adjoint de* en *l'absence du maire*), sur la demande que nous a faite M.   (*les prénoms, nom, qualité et domicile du demandeur*); lequel nous a exposé qu'il était dans l'intention de (*détailler l'objet de la demande*), nous sommes transporté, accompagné de (*les prénoms, noms, qualités et domiciles des personnes dont le maire a requis l'assistance*), aux lieux indiqués, où étant, et après avoir pris l'avis desdits (*les noms des assistans*), nous avons fixé l'alignement à accorder, ainsi qu'il suit (*déterminer l'alignement d'une manière précise et certaine, avec les tenans et aboutissans*); avons de plus enjoint au susnommé de se conformer aux dispositions du présent alignement, sauf l'approbation des autorités supérieures, auxquelles il en sera référé.

De ce que dessus nous avons dressé le présent procès-verbal pour servir et valoir ce que de raison; nous avons signé, et ont pareillement signé avec nous lesdits sieurs   .

Ce procès-verbal doit être inséré sur le registre municipal, et une expédition en est envoyée au sous-préfet.

Modèle du procès-verbal de contravention à l'alignement.

Cejourd'hui   , nous   , maire (*ou adjoint*) de la commune de.   , sur le rapport qui nous a été fait, *ou* instruit que le sieur   , à qui nous avions donné l'alignement dans lequel il devait se renfermer pour la construction de tel bâtiment, l'avait avancé sur la rue de *tant* de décimètres *ou* de mètres, nous sommes transporté à l'endroit de l'édification, et examen fait de la ligne que nous lui avions tracée et de celle sur laquelle il a bâti, nous avons reconnu qu'en effet il s'était avancé sur la rue de *tant* de décimètres au-delà du point par nous indiqué; l'ayant mandé, et lui en ayant fait l'observation, il nous a dit (*consigner sa réponse*); nous lui avons déclaré que, attendu sa contravention, nous allions rédiger contre lui procès-verbal; et avons de suite dressé le présent, sur la place et sous ses yeux. L'ayant sommé de le signer avec nous, *ou* il l'a fait, *ou* il s'y est refusé.

Fait à   , les jour, mois et an que dessus.

(*La signature du maire* ou *de l'adjoint, et celle du contrevenant s'il a signé.*)

La copie de ce procès-verbal est adressée au sous-préfet, qui la transmet, avec son avis, au préfet, pour être mise sous les yeux du conseil de préfecture, qui autorise la poursuite du contrevenant devant les tribunaux compétens.

ALIMENS. Voy. *Comestibles.*

ALLIÉES (puissances) de la France. La peine est encourue pour crimes de trahison envers ces puissances lorsqu'elles agissent contre l'ennemi commun. (*Code pénal, art.* 79.)

ALLUVION (minières de fer d'). Voy. *Mines* et *Minières.*

ALLUVIONS. On entend par alluvion l'accroissement lent et imperceptible d'un héritage limitrophe d'un fleuve ou d'une rivière, de telle manière que l'esprit ne puisse pas discerner le moment de la réunion. C'est cette lenteur dans l'accroissement de l'héritage rural qui distingue l'alluvion de l'attérissement.

L'alluvion a lieu de deux manières : l'une, quand un fleuve ou une rivière apporte peu à peu au fonds voisin des amas de terre, de sable et de gravier qui s'y consolident; l'autre, quand, en détournant peu à peu ses eaux, il laisse le sol de son lit à découvert et réuni au fonds voisin.

I. Les préfets sont compétens pour déclarer que les alluvions sont utiles à la navigation, et pour aviser à leur consolidation et à leur extension par des plantations et autres moyens en usage; mais ils ne peuvent en opérer le partage entre propriétaires riverains, parce que cette opération ne peut légitimement résulter que de l'examen de leurs titres de propriété, examen qui est dans les attributions spéciales des tribunaux. (*Décrets des 28 mars et 23 avril* 1807, *et* 14 *février* 1813.)

II. Les conseils de préfecture excèdent leur compétence en prononçant sur la propriété de terrains revendiqués, à titre d'alluvions, par le domaine, en ordonnant la résiliation d'un bail de ces terrains passé par l'administration. Les contestations à ce sujet sont du ressort de l'autorité judiciaire. (*Ordonn. du roi du* 13 *juin* 1821.)

ALTÉRATION d'actes ou de signatures (toute) est réputée un faux. Voy. *Faux.*

ALTÉRATION *des boissons.* Voy. *Boissons.* Des registres de l'état-civil. Voy. *État-civil.*

ALUN, substance minérale qui devient un poison en séjournant dans des vases d'étain allié avec du plomb.

Les officiers de police doivent veiller à ce que les marchands de vin ne l'emploient pas abusivement pour clarifier leurs vins, et à ce que les boulangers n'en fassent point usage pour rendre leur pain plus blanc. Voyez *Boissons* et *Boulangers.*

AMBASSADEURS *et agens diplomatiques* (les) sont, en vertu du droit des gens, indépendans de la juridiction des tribunaux des puissances près desquelles ils sont envoyés : nulle autorité constituée ne peut attenter à leur personne. (*Loi du* 13 *ventôse an* 11—3 *mars* 1794.)

Cette indépendance s'étend à leurs épouses et aux personnes de leur suite. Nul officier de police ne peut s'introduire, ni ordonner de s'introduire dans leur hôtel, y arrêter ni faire arrêter aucun de ses gens, à moins qu'il ne soit requis par l'ambassadeur; mais il doit rendre compte à l'autorité supérieure de l'exercice de son ministère, et du résultat de ses recherches.

Les consuls et commissaires des relations commerciales sont soumis à la juridiction des juges du lieu où ils
exercent leurs fonctions.

La diffamation envers les ambassadeurs et autres agens
diplomatiques est passible d'un emprisonnement de huit
jours à dix-huit mois, et d'une amende de 5o francs à
5ooo francs. (*Art.* 17 *de la loi du* 17 *mai* 1819.)

Ils peuvent être cités comme témoins devant les tribunaux, mais leur déposition est assujettie à des formes
particulières, prescrites par les articles 514 et suivans du
Code d'instruction criminelle, et par l'article 6 du décret du 4 mai 1812.

AMENDE, peine pécuniaire prononcée par les lois et règlemens pour délits et contraventions en matière d'administration fiscale et de police, et appliquée, d'après le
montant que la loi a fixé, soit par les tribunaux de police, soit par les tribunaux civils de première instance, soit
enfin par les cours royales.

Nous nous bornerons dans cet ouvrage à traiter des a-
mendes auxquelles sont condamnés les contrevenans justiciables du tribunal de police, et celles que les administrateurs encourent eux-mêmes dans l'exercice de leurs
fonctions.

La première espèce d'amende sera traitée aux articles
Contraventions de police, Peines de police et *Tribunal
de police simple.*

La deuxième espèce sera développée dans l'article *Crimes et délits* des fonctionnaires administratifs dans l'exercice de leurs fonctions.

Mais nous croyons devoir présenter ici un exposé sommaire de la législation sur le recouvrement et l'emploi des
amendes qui entrent dans les attributions des préfets et
des maires, et les principes généraux sur cette matière.

1°. La loi du 10—22 juillet 1791, sur la police municipale et correctionnelle, détermine en ces termes l'application des confiscations et amendes.

Art. LXX. Les produits des confiscations et amendes prononcées en police correctionnelle seront perçus par les receveurs du droit d'enregistrement, et, après la déduction de
la remise accordée aux percepteurs, appliqués, savoir :

Un tiers aux menus frais de la municipalité et du tribunal

de première instance, un tiers à ceux des bureaux de paix et jurisprudence charitable, et un tiers au soulagement des pauvres de la commune.

La justification de cet emploi sera faite au corps municipal (*au sous-préfet*), et surveillée par le directoire des assemblées administratives (*le préfet*).

Nota. Aucuns corps administratifs, aucuns tribunaux ne peuvent accorder des remises ou modérations de droits et amendes, à peine de nullité des actes et des jugemens. (*Art. 51 de la loi du 27 mai 1791.*)

2°. L'article 9 de la loi du 11 frimaire an VII—1er décembre 1798, n° 247, porte que la moitié des amendes de police recouvrées dans l'arrondissement du canton, fait partie des recettes municipales.

3°. Une instruction du ministre des finances, en date du 5 pluviôse an XI—27 janvier 1803, règle l'attribution des administrations municipales dans les amendes de police municipale et de police correctionnelle, depuis le 1er vendémiaire an VII—22 septembre 1798, en vertu de la loi ci-dessus, et la fixe, tant pour l'arriéré que pour le courant, à la moitié du produit net de ces amendes.

La même instruction, confirmée depuis par une instruction du ministre de l'intérieur, en date du 20 juin 1807, décide que les amendes de police rurale appartiennent en totalité aux communes. (*Code administratif de Fleurigeon, tome Ier, page 227.*)

4°. Un arrêté du 25 floréal an VIII—15 mai 1800 (*Bull.* 25), affecte au paiement des mois de nourrice des enfans abandonnés, les portions d'amendes et de confiscations destinées au soulagement des pauvres et des hôpitaux, d'après les états des enfans, dressés par les commissions administratives des hospices, et remis aux préfets.

5°. Un arrêté du 26 brumaire an X—17 novembre 1801 (*Bull.* 130), «rétablit les communes dans la jouissance des amendes de police qui leur ont été attribuées par la loi du 2 octobre 1791, pour être affectées au paiement de leurs charges communales, au désir de ladite loi.»

6°. Une circulaire du ministre de l'intérieur, du 15 messidor an X—4 juillet 1802, applique la règle générale de distribution d'amendes déterminées par l'art. 70 ci-

1.   8

dessus de la loi du 19—22 juillet 1791, à toutes les a-
mendes que prononcent les lois sur les bois et forêts, la
loterie, les octrois, les boissons, la police rurale, les patentes, les poids et mesures, les douanes, les voitures de
roulage, etc., sans contenir aucune disposition sur l'application de ces amendes.

La même circulaire expose que, pour assurer aux receveurs des hospices des chefs-lieux de département la
connaissance des jugemens qui prononcent des confiscations et amendes, les greffiers des tribunaux doivent les
en instruire : elle recommande de plus aux préfets de toujours comprendre dans les projets d'établissement d'octrois de bienfaisance, une disposition pour l'application
des amendes et confiscations à la dépense des enfans
trouvés.

7°. Une loi du 2 ventôse an XII (22 février 1804), porte
qu'à compter du 1ᵉʳ vendémiaire an XIII (23 septembre
1804), le produit des amendes forestières, déduction faite de tous les frais de poursuite et de recouvrement, pourra être réparti annuellement entre les agens forestiers à
titre d'indemnité. Il est dérogé, à cet égard, à l'art. 15
du titre XV de la loi du 15—29 septembre 1791, sur
l'administration forestière.

Nota. Contrairement à une circulaire du ministre des
finances, en date du 18 thermidor an XI (6 août 1803),
le ministre de l'intérieur a décidé que les conservateurs
forestiers pouvaient vérifier les sommes dues aux agens
forestiers, et en former un état certifié ; mais que les
préfets ordonnateurs ne devaient délivrer les ordonnances demandées que sur le vu de toutes les pièces, et que
ces pièces devaient rester entre leurs mains pour couvrir
leur responsabilité. (*Cod. adm. de Fleurigeon, tom. III,
page 54.*)

8°. Un décret du 17 mai 1809 (non imprimé au *Bulletin des lois*) a ordonné que l'administration de l'enregistrement et des domaines cesserait de faire verser, par
ses préposés, dans les caisses municipales, les amendes
de police municipale, correctionnelle et rurale, et qu'à
compter du 1ᵉʳ janvier de la même année, les attributions des communes dans ces amendes seraient les deux

tiers du produit net, l'autre tiers étant attribué aux hospices du chef-lieu du département.

L'article 4 du décret affecte un tiers du principal des amendes à la nourriture des enfans abandonnés, et ordonne qu'il sera versé par les receveurs de l'enregistrement dans la caisse du receveur de l'hospice. L'article 5 porte que les deux autres tiers versés, avec le décime par franc, à la caisse du receveur général, forment un fonds commun qui sera réparti, par le préfet, sur ses mandats, proportionnellement aux besoins de chaque commune.

9°. Un arrêt de la cour de cassation, du 22 avril 1813, en annulant un jugement du tribunal de police de la ville de Saintes, qui avait condamné solidairement treize particuliers à l'amende de 3 francs pour défaut de balayage devant leurs maisons, quoique le ministère public eût conclu contre chacun à l'amende de 2 francs, a établi en principe que plusieurs individus traduits au tribunal de police comme coupables d'une contravention pareille, sont passibles individuellement de l'amende prononcée par la loi, et ne peuvent pas être condamnés solidairement comme s'il n'y avait qu'une contravention.

10°. «Les amendes pour contravention pourront être prononcées depuis 1 franc jusqu'à 15 francs, inclusivement, selon les distinctions établies de 1re, 2e et 3e classes de contraventions et peines, et seront appliquées au profit de la commune où la contravention aura été commise. (*Art. 466 du Code pén.*)

11°. «La contrainte par corps a lieu pour le paiement de l'amende; néanmoins le condamné ne pourra être pour cet objet détenu plus de quinze jours, s'il justifie de son insolvabilité.» (*Ibid., art. 467.*)

12°. En cas d'insuffisance des biens du condamné pour contravention, les restitutions et les indemnités dues à la partie lésée sont préférées à l'amende. (*Code pénal, art. 468.*)

13°. Les restitutions, indemnités et frais, entraînent la contrainte par corps; le condamné garde prison jusqu'à parfait paiement: néanmoins, si ces condamnations sont prononcées au profit de l'état, le condamné peut jouir de la faculté accordée par l'art. 467 (qu'on vient de lire), dans le cas d'insolvabilité prévu par cet article. (*Art. 469.*)

Extraits de diverses circulaires adressées aux préfets par le ministre de l'intérieur, relativement aux amendes.

I. Les greffiers des tribunaux doivent envoyer périodiquement aux préfets un relevé des jugemens qui prononcent des amendes, soit en matière de police correctionnelle, soit en matière de police simple.

Ces relevés les mettent en état de connaître le produit de ces amendes, dont il est fait un fonds commun pour être distribué en partie ou en totalité aux communes, en exécution du décret du 17 mai 1809, et du Code pénal. Ils servent de contrôle aux états que les directeurs du domaine remettent à la fin de l'année, ou tous les trois mois, et d'après lesquels les préfets font la répartition du produit des amendes entre les communes du département.

Mais les greffiers n'étant pas tenus de délivrer gratuitement ces relevés, le ministre décide que les droits qui leur sont attribués par l'article 49 du décret du 18 juin 1811, pour les expéditions de chaque article de leur registre qui doivent être envoyées au ministre de la justice, conformément à l'article 600 du Code d'instruction criminelle, leur seront payés sur le produit des portions d'amendes à distribuer aux communes. (*11 janvier 1814, tom. XIV, page 17.*)

II. Le produit des amendes en police correctionnelle, doit être appliqué au profit des communes; et le produit de ces amendes, ainsi que celui des amendes pour contravention, doit être appliqué au profit de la commune dans laquelle le délit ou la contravention aura été commis, ainsi qu'il a été statué par l'article 466 du Code pénal.

Il y a lieu d'inscrire, pour cet objet, une recette présumée au titre des recettes ordinaires des budgets communaux. (*31 janvier 1815, tom. XV, page 33.*)

III. Le produit des amendes et confiscations attribué,

par divers arrêtés du gouvernement, à la dépense des enfans abandonnés, doit être versé par les préposés de l'enregistrement dans les caisses des receveurs-généraux des départemens, qui ont ordre d'acquitter sur ce point avec exactitude tous les mandats qui seront délivrés par les préfets, au profit des hospices. A l'expiration de chaque trimestre et aussitôt que les comptes des directeurs des domaines auront été donnés, le ministre des finances donne avis aux préfets du produit des amendes et confiscations dont ils peuvent disposer; et, sans attendre cette formalité, ils ont toujours la faculté d'employer ces produits à mesure qu'ils sont recouvrés, sauf régularisation ultérieure. (22 *mai* 1816, *tome XVI, page* 310.)

IV. Le montant de toutes les portions d'amendes, pour contraventions en matière de grande voirie, recouvré par les receveurs particuliers pendant le cours de chaque trimestre, doit être réuni, soit à la recette générale de chaque département, soit au bureau d'enregistrement du chef-lieu de la préfecture, ou dans toute autre caisse que le ministre des finances juge convenable pour cette centralisation, en sorte que MM. les ingénieurs, à portée de connaître les procès-verbaux qui ont emporté condamnation à une amende, ainsi que les états des amendes recouvrées par les receveurs de l'enregistrement, soient en mesure de proposer, tous les trois mois, à MM. les préfets, la délivrance des mandats de paiement et la distribution entre les agens des ponts-et-chaussées, des portions d'amendes qui leur sont dues en raison des délits par eux constatés.

Les dispositions nécessaires pour assurer l'exécution de cette mesure doivent être concertées avec l'ingénieur en chef et le directeur de l'enregistrement. (11 *août* 1818, *tome XVIII, page* 235.)

Nota. Une circulaire du 7 juin 1820 (tome XX, page 127), annonce que le ministre des finances, de concert avec le directeur-général de l'administration de l'enregistrement et des domaines, a décidé que les receveurs de l'enregistrement les plus rapprochés du domicile des agens des ponts-et-chaussées qui ont constaté les contraventions en matière de grande voirie, sont chargés de leur payer la portion des amendes qui leur est attribuée.

V. Depuis longtemps on avait mis en question si le produit des amendes attribuées aux communes pour délits de la compétence des tribunaux correctionnels, et pour contraventions aux lois et règlemens de simple police rurale et municipale, devait, aux termes du décret du 17 mai 1809, continuer de former un fonds commun, applicable pour un tiers aux dépenses des enfans trouvés, et pour les deux autres tiers, aux communes qui éprouvent le plus de besoins.

Conformément à l'avis du conseil-d'état, approuvé par le roi le 9 novembre 1814, le décret du 17 mai 1809 avait continué de recevoir son exécution pour les amendes prononcées par les tribunaux de police correctionnelle, parce qu'il n'a été dérogé aux dispositions qu'il contient par aucun article du Code pénal.

Quant aux amendes de simple police rurale et municipale, le conseil-d'état avait pensé que l'article 466 du Code pénal était trop positif pour ne pas en faire jouir exclusivement les communes où les contraventions ont eu lieu, et que d'après cet article, le décret du 17 mai 1809 ne pouvait plus servir de règle pour l'application des amendes de cette nature.

Néanmoins la régie chargée de faire procéder au recouvrement des amendes, ayant toujours objecté que l'exécution rigoureuse de cette disposition obligerait ses agens à tenir, par commune, une comptabilité beaucoup trop minutieuse et compliquée, et que les frais de registres et d'écritures qui en résulteraient, absorberaient en plusieurs lieux les produits, l'article 466 du Code pénal, et l'avis du conseil d'état qui le rappelle, n'avaient pu recevoir leur exécution.

Une correspondance s'était ouverte avec le ministre des finances sur les moyens d'y parvenir. Mais en attendant qu'une mesure définitive fût adoptée, il était urgent de statuer, dans l'intérêt des communes, sur l'emploi des amendes prononcées par des jugemens définitifs, et antérieurs au premier janvier 1820.

Tel est l'objet de l'ordonnance royale du 19 février 1820, qui suit :

Art. 1er. Les amendes prononcées par jugemens définitifs, antérieurs au 1er janvier 1820, des tribunaux correctionnels et de simple police rurale et municipale, continuent d'être perçues par les receveurs des domaines, à la charge par eux d'en faire, avec celles dont ils ont opéré le recouvrement, le versement dans la caisse de service, pour être ensuite employées, avec les intérêts qui en proviendront, savoir : un tiers aux dépenses des enfans trouvés, et les deux autres tiers aux dépenses communales indiquées dans les états de répartition qui en seront soumis, par les préfets, à l'approbation du ministre de l'intérieur.

En exécution de cette ordonnance, les propositions que les préfets ont à faire pour l'application des produits disponibles, doivent être appuyées de l'état de ces produits, et des budgets des communes qui ont droit à la répartition. Les états de proposition doivent indiquer l'objet principal de la dépense à laquelle les fonds doivent être appliqués.

Le ministre ne prescrit rien sur la nature des dépenses auxquelles on pourrait de préférence appliquer les produits ; toutefois Son Exc. fait remarquer qu'il est des dépenses communes à plusieurs municipalités, telles que celles qui concernent les justices de paix, les dépôts de sûreté, et les prisons communes de police municipale, auxquelles on pourrait en faire une juste et convenable application. (29 *mars* 1820, *tome XX, page* 68.)

VI. Les amendes prononcées par voie de police correctionnelle n'ayant point été attribuées par le Code pénal, les dispositions établies par le décret du 17 mai 1809, et relatives à leur application, peuvent continuer de recevoir leur exécution, conformément à l'art. 484 du Code.

Les préfets peuvent, en conséquence, en faire la répartition entre les communes qui éprouvent le plus de besoins, ou les appliquer, ainsi que le leur indique la circulaire du 29 mars 1820, aux dépenses communes de plusieurs municipalités, telles que celles qui concernent les justices de paix, les dépôts de sûreté et les prisons de police municipale.

Quant aux amendes de police municipale, la correspondance de MM. les préfets sur l'exécution de l'ordonnance du 19 février dernier, avait donné lieu au ministre de remarquer que, dans plusieurs départemens, l'application de ces amendes aux communes où les contraventions ont été commises, n'avait jamais éprouvé de difficultés, et qu'ainsi l'avis du conseil-d'état approuvé par le roi le 9 novembre 1814, avait reçu son exécution dans ces départemens.

Son excellence invite tous les préfets à suivre la même marche, avec d'autant plus de raison qu'elle est prescrite par l'art. 466 du Code pénal. Dans le cas contraire, les préfets sont invités à faire connaître au ministre les mesures qui pourraient être prises pour y assurer l'exécution de cette disposition.

En attendant, et s'il y a impossibilité d'appliquer, quant à présent, les amendes de cette espèce aux communes où la contravention a eu lieu, les préfets peuvent suivre, pour leur répartition, la marche qui leur est indiquée pour les amendes de police correctionnelle.

Ils doivent veiller, au surplus, à ce que les portions attribuées aux communes dans les produits des amendes, soient exactement portées dans leurs budgets.

La même circulaire invite les préfets à transmettre à Son Exc. un état indicatif du produit des amendes prononcées par voie de police correctionnelle, qu'ils doivent diviser par arrondissemens de perception. Ils doivent y joindre un état semblable pour les amendes prononcées par voie de police municipale, en faisant connaître la répartition des produits des amendes de l'une et de l'autre catégorie. (*Circulaire du 14 avril 1821, n° 15.*)

AMENDES *en matière de voirie.*

La loi du 29 floréal an x —19 mai 1802, sur la grande voirie, donne le pouvoir de prononcer l'amende, et ne dit pas quelle elle doit être.

L'article 101 du décret du 16 décembre 1811, fixe l'amende contre tout propriétaire qui sera reconnu avoir coupé sans autorisation, avoir arraché ou fait périr les arbres plantés sur son terrain, bordant la route, à la triple valeur des arbres. Il est muet à l'égard de celui qui commet le même délit sur les arbres dont il n'est point le propriétaire. M. le président Henrion, dans son *Traité des justices de paix,* chap. 28, pense, avec raison, que ce cas est réglé par les articles 445 et 448 du Code pénal

de 1810 (1), qui prononcent pour ce cas l'emprisonnement, ce qui sort cette espèce de délit de la juridiction
administrative, pour en rendre la connaissance aux tribunaux correctionnels.

L'amende, pour avoir encombré une grande route par
des dépôts de fumiers ou d'autres matériaux, est réglée
par l'article 471 du même Code, depuis 1 franc jusqu'à
5 francs (2).

A défaut de nouvelles dispositions, les anciens règlemens s'observent à l'égard de ceux qui construisent sans
permission et sans avoir obtenu alignement. Ces règlemens prononcent, pour la ville de Paris, l'amende de 20
francs. (*Déclaration du roi du 16 juin 1693.*)

Les amendes pour contraventions aux règlemens sur le
poids des voitures et la police du roulage, sont réglées
par le titre VII du décret du 23 juin 1806.

Art. 27. Les contraventions relatives au poids des voitures, pour excès de chargement au-delà des quantités
réglées par le présent décret, seront punies des amendes
prononcées par la loi du 29 floréal an X (*art.* 4), ainsi
qu'il suit :

Pour excès de chargement :

De   20 à 60 myriagrammes. . . . . . .   25 fr.
De   60 à 120.   50
De 120 à 180.   75
De 180 à 240. 100
De 240 à 300. 150
Et au-dessus de 300. 300

---

(1) Art. 445. Quiconque aura abattu un ou plusieurs arbres qu'il savait
appartenir à autrui, sera puni d'un emprisonnement qui ne sera pas au-
dessous de six jours ni au-dessus de six mois, à raison de chaque arbre,
sans que la totalité puisse excéder cinq ans.

Art. 448. Le minimum de la peine sera de vingt jours dans le cas
prévu par l'article 445, si les arbres étaient plantés sur les places, routes, chemins, rues ou voies publiques, ou vicinales, ou de traverse.

(2) Art. 471, n° 4. Seront punis d'une amende depuis 1 franc jusqu'à
5 francs inclusivement, ceux qui auront embarrassé la voie publique en
y déposant ou y laissant, sans nécessité, des matériaux, ou des choses
quelconques qui empêchent ou qui diminuent la liberté ou la sûreté du
passage.

Art. 28. Les contraventions à la longueur des essieux seront punies de l'amende de 15 francs, conformément à ce qui est ordonné par le règlement du 4 mai 1624.

Art. 29. Les contraventions sur le fait des clous des bandes, seront punies de l'amende de 15 francs, conformément à l'article 7 de l'arrêt du conseil-d'état du 28 décembre 1783.

Art. 30. L'époque fixée par la loi pour le paiement du double droit de taxe des routes, est prorogée jusqu'au 22 septembre prochain.

Art. 31. Attendu que la loi du 24 avril dernier a supprimé les barrières et la perception de la taxe d'entretien des routes, à compter du 22 septembre prochain, la peine de la double taxe mentionnée en l'article précédent, sera, à partir dudit jour 22 septembre, remplacée par une amende de 30 francs pour chaque contravention constatée par des procès-verbaux rédigés, soit au passage sur le pont à bascule, soit sur tout autre point des grandes routes parcourues par les rouliers en fraude.

L'amende sera encourue et répétée toutes les fois que la contravention aura été constatée, pourvu qu'il se soit écoulé quatre jours entre le précédent procès-verbal et le suivant.

Enfin, l'article 34 au titre VIII, intitulé *Police*, prononce la peine de 25 francs d'amende contre tout propriétaire dont la voiture ne portera pas la plaque de métal prescrite par ce même article; et ordonne de doubler l'amende, si la plaque porte, soit un nom, soit un domicile faux ou supposé.

Le Code pénal de 1791 prononçait des amendes d'une quotité de la contribution mobilière, notamment par l'article 18, titre 1er. Il punissait d'une amende de la moitié de la contribution mobilière (qui ne pouvait être au-dessous de 6 francs), le refus ou la négligence d'exécuter les règlemens de voirie, et de réparer ou démolir les édifices menaçant ruine sur la voie publique. La contribution mobilière ayant été supprimée dans plusieurs grandes villes, et remplacée par des octrois, la base de ces sortes d'amendes a été suppléée par un décret du 31 juillet 1806, ainsi qu'il suit:

Art. 2. Lorsque les lois prononcent une amende du

quart, du tiers, de la moitié, ou de la totalité de la contribution mobilière des délinquans, les juges les condamneront à une amende depuis 3 francs jusqu'à 200 francs.

Art. 3. Lorsque les lois prononcent une amende plus forte que la contribution mobilière des délinquans, les juges les condamneront à une amende depuis 50 francs jusqu'à 500 francs.

L'art. 4 ajoute : « Dans la prononciation de ces amendes, les juges se conformeront, autant que les circonstances le leur permettront, aux proportions indiquées par les lois qui ont réglé les amendes d'après la contribution mobilière. »

AMENER (mandats d'). Voy. *Mandats d'amener.*

AMERS, *phares, tonnnes et balises.* Voy. *Balises.*

AMEUTER, exciter le peuple à la désobéissance aux lois et aux autorités publiques, et à la révolte, est un crime de la compétence des cours d'assises. Voy. *Attroupemens.*

AMIDON, *amidonniers.* Les arrêts du conseil du 20 mars 1772, et du 10 décembre 1778, défendent aux amidonniers d'employer à la fabrique de l'amidon des blés de bonne qualité propres à faire du pain ; ils ne peuvent y employer que les sons, griots, recoupes et recoupettes de bon blé, et les blés défectueux, germés ou gâtés, le tout à peine de confiscation et de 500 francs d'amende.

L'édit de février 1771 (*art.* 6), défend, sous les mêmes peines, aux amidonniers de vendre aux boulangers aucune farine provenant des blés germés ou gâtés dont les amidonniers emploient la première farine à la fabrique de l'amidon.

Les amidonniers ne doivent pas laisser couler dans les rues l'eau corrompue qui a servi à la fermentation des grains, sous les peines de police prescrites par le Code pénal. Voy. *Police.*

Il leur est défendu de vendre le marc d'amidon aux nourrisseurs de bestiaux. (*Art.* 2 *de l'ordonnance du* 20 *mars* 1742.)

AMNISTIE. Le décret du 25 mars 1810 (*Bull.* 277), qui accorde une amnistie aux déserteurs, prescrit (*art.* 12), à tous ceux condamnés ou non condamnés, mais non dé-

enus, pour jouir du bienfait de l'amnistie, de se présenter dans le délai de deux mois, soit à l'inspecteur ou sous-
inspecteurs aux revues, soit au commissaire des guerres,
soit au *préfet* ou au *sous-préfet* de l'arrondissement,
pour faire sa déclaration de repentir et de demande de
service.

Le décret du 30 juin 1810 (*Bull.* 297), qui admet les
marins déserteurs prisonniers en Angleterre, et ceux qui
ont été ou se trouvent employés sur des bâtimens enne-
mis, à profiter de l'amnistie prononcée par le décret du
25 mars 1810, porte (*art.* 2) que les pères de famille, et,
à leur défaut, le plus proche parent ou allié d'un déserteur, dans le cas exprimé ci-dessus, sont autorisés à faire, devant le sous-préfet de l'arrondissement, la déclaration du repentir présumé dudit déserteur.

Une déclaration du roi, en date du 11 juillet 1814, a-
vait accordé une amnistie pour tous les délits commis
dans les bois et forêts de l'état, des communes et des
établissemens publics.

Une circulaire du ministre de l'intérieur, du 10 septembre de la même année, prescrit en ces termes les
mesures d'exécution :

Son Exc. Mgr. le chancelier de France a jugé utile d'a-
dresser aux procureurs-généraux et ordinaires de Sa Majesté
près des cours et tribunaux, des instructions sur la manière
dont cet acte de clémence devait être entendu, afin de prévenir toute difficulté dans son application.

L'autorité administrative ayant à concourir à la recherche
et à la poursuite des délits de l'espèce dont il s'agit, j'ai reconnu, de mon côté, qu'il était convenable de vous faire part
des instructions données par Mgr. le chancelier; en voici la
teneur :

L'amnistie ne doit pas être restreinte aux seuls délits de pâturage et d'enlèvement de bois sec, d'herbes ou de feuillages,
comme on pourrait inférer du texte pris isolément de l'article 1er de la déclaration. L'ensemble de ses dispositions dé-
montre évidemment que tous les délits forestiers, autres que
ceux qui sont spécifiés par l'art. 3, sont susceptibles d'amnistie, à moins qu'ils n'aient été commis par des délinquans
d'habitude, et qui auraient déjà subi des condamnations pour
des délits du même genre.

La remise des peines encourues s'étend à toutes les condamnations pécuniaires prononcées ou à prononcer au profit de l'état, à titre d'amendes, de restitutions et de dépens, sans toutefois que les sommes payées, ni les confiscations adju ées au domaine, puissent être restituées; mais il n'est point fait remise des restitutions, dommages, intérêts et dépens qui ont été prononcés, ou qu'il peut y avoir lieu de prononcer au profit des communes et établissemens publics ou autres parties civiles, pour les délits commis dans leurs bois antérieurement à la publication de l'amnistie. Ainsi, d'après l'art. 2, les affaires non jugées qui intéressent les communes et les établissemens publics, devront être poursuivies; mais seulement pour les restitutions et dépens, auxquels ces parties civiles ont droit.

Quant aux objets saisis et susceptibles de confiscation au profit du domaine, mais dont la confiscation n'aurait pas encore été prononcée, s'il s'agit de bois, de délit, et que la saisie soit reconnue valide, elle devra être maintenue. Tous autres objets, tels que bestiaux, charrues, etc., appartenant aux délinquans, et non vendus, devront être restitués, conformément au dernier paragraphe de l'art. 3, à la charge toutefois par les propriétaires de payer les frais de garde et de fourrière.

Je vous invite, M. le préfet, à vouloir bien donner communication aux sous-préfets de votre département, pour que ceux-ci aient, à leur tour, à les faire connaître aux maires des communes de leurs arrondissemens respectifs.

Une ordonnance du roi, en date du 20 octobre 1820 (*Bull.* 412), portant amnistie pour les délits forestiers commis antérieurement au 29 septembre 1819, en excepte les *maires* et les communautés d'habitans pour exploitations illégales. L'article 3 ordonne que ceux auxquels l'amnistie est accordée ne pourront s'en prévaloir vis-à-vis des communes et établissemens publics, pour être dispensés d'acquitter les dommages intérêts auxquels ils auraient été condamnés.

Le même article ajoute qu'ils seront tenus de rembourser les frais avancés par le domaine, sauf son recours, en cas d'insolvabilité constatée, contre la commune ou l'établissement dans l'intérêt desquels les poursuites auraient été dirigées.

L'ordonnance du roi du 11 octobre 1820, qui accorde amnistie aux militaires qui se trouvent en état de désertion, et qui n'ont pas été condamnés pour ce délit, prescrit différentes mesures à l'exécution desquelles les maires doivent concourir avec les préfets et les sous-préfets. 1° Les déclarations à faire par les militaires autorisés à rester dans leurs foyers; 2° la délivrance des certificats de libération du service militaire; 3° la remise des armes et effets, autres que ceux de petit équipement, emportés par les déserteurs, ou leur remboursement; 4° la délivrance des feuilles de route à ceux qui doivent reprendre le service; 5° la recherche et poursuite des déserteurs qui ne se rendent pas à leur destination.

Par une circulaire ministérielle du 23 octobre suivant, le directeur-général (M. Mounier), indique aux préfets les moyens d'exécution qui sont de leur compétence.

Vous recevrez de M. le ministre de la guerre des instructions sur l'exécution de cette ordonnance, qui rentre plus particulièrement dans ses attributions; et, persuadé de votre empressement à répandre la connaissance d'une nouvelle aussi importante pour vos administrés, je ne croirais pas nécessaire de vous écrire dans le seul objet de vous engager à donner au bienfait de Sa Majesté toute la publicité possible, si je ne désirais être informé des résultats de cette amnistie.

Je vous prie d'avoir soin de recueillir les renseignemens les plus exacts sur le nombre des anciens militaires et des jeunes soldats qui profiteront du délai accordé pour se représenter, de manière à me faire connaître, 1° combien des anciens soldats auront repris du service en contractant un nouvel enrôlement, d'après l'art. 2 de l'ordonnance, et ceux qui auront préféré de rentrer dans leurs foyers; 2° parmi les jeunes gens devenus soldats, depuis la loi du 10 mars 1818, et en retard, le nombre de ceux qui auront résolu de rejoindre le corps auquel ils appartiennent, et le nombre des jeunes soldats des années 1816, 1817, 1818 et 1819 qui, en définitif, n'auraient pas rejoint les drapeaux.

Comme l'art. 3 prescrit à ceux qui veulent profiter de l'amnistie de se présenter, soit à l'autorité administrative, soit à l'autorité militaire, vous aurez sans doute besoin de demander à M. l'intendant ou sous-intendant militaire les indications nécessaires pour compléter les renseignemens que je vous prie de m'envoyer. Le délai accordé expirant au 1er janvier 1821, vous m'adresserez ces renseignemens en deux parties, la 1re au 1er décembre, et la 2e au 1er février prochains.

AMNISTIE des émigrés, accordée par le sénatus-consulte

du 6 floréal an x (26 avril 1802). Ses effets sous le rapport de leurs biens. Voy. *Émigrés*.

ANGERS (écoles d'arts et métiers d'). Voy. *Écoles d'arts
et métiers*.

ANIMAUX *attachés* à la culture. Ils sont immeubles par
destination, quand ils ont été placés par le propriétaire
pour le service et l'exploitation du fonds. (*Code civ.,
art. 524.*)

ANIMAUX *domestiques* (les) ont été de tout temps, et
chez tous les peuples, regardés comme un des plus précieux instrumens de l'agriculture. C'est sous ce rapport
que la loi du 29 septembre 6-octobre 1791, tit. II, art. 3,
et le Code pénal, art. 452, prononcent des peines sévères contre ceux qui blessent, tuent ou empoisonnent les
chevaux, et autres bêtes de voiture, de monture et de
charge, ainsi que les chiens de ferme, de basse-cour et
de bergers.

ANIMAUX *féroces*. Parmi ces animaux, il est une espèce
que des conducteurs promènent habituellement dans les
diverses parties de la France, les ours. Une circulaire du
ministre de l'intérieur, en date du 24 février 1822, contient, sur les mesures de police à prendre contre les conducteurs, des principes et des règles qui peuvent s'appliquer en général à tous ceux qui conduisent, et montrent,
pour de l'argent, des animaux féroces. En voici le texte :

M. le préfet, plusieurs de vos collègues ont signalé, à diverses époques, les conducteurs d'ours, comme des hommes
dangereux, sur lesquels il convient d'exercer une active surveillance. Ces individus ont souvent commis des vols, et même des délits plus graves encore sur des routes peu fréquentées, ou dans des campagnes isolées. Des faits récens me paraissent imposer à l'autorité l'obligation de prescrire dans
toute l'étendue du royaume des mesures propres à contenir,
autant que possible, ceux d'entre eux qui auraient des intentions malveillantes. Je désire, en conséquence, que vous pre-
niez et que vous fassiez publier dans toutes les communes de
votre département, un arrêté portant injonction aux conducteurs d'ours, ou de tous autres animaux malfaisans, de suivre
les grands chemins sans jamais s'en écarter, avec défense d'aller dans les bourgs et hameaux, d'entrer dans les bois et de

se trouver sur les routes avant le lever et après le coucher du soleil.

Vous rappellerez dans le préambule de cet arrêté les art. 3 et 5, titre XI de la loi du 16—24 août 1790, sur l'organisation judiciaire;

L'art. 46, tit. 1er de la loi du 22 juillet 1791, sur l'organisation de la police municipale et correctionnelle.

L'art. 125 de la loi du 17 avril 1798 (28 germinal an VI);

L'art. 179 de l'ord. royale du 29 octobre 1820, sur l'organisation et le service de la gendarmerie;

Les art. 278, 475, 478, 479 et 482 du Code pénal.

Vous mentionnerez aussi la présente circulaire. Vous prescrirez aux maires, aux commissaires de police, aux gardes-champêtres et forestiers et à la gendarmerie, de tenir la main à l'exécution dudit arrêté, de constater les contraventions par des procès-verbaux réguliers, et d'arrêter les contrevenans, qui devront être immédiatement traduits devant le tribunal de simple police.

Enfin vous ordonnerez qu'en cas de vols, violences, mendicité avec menaces, ou autres circonstances aggravantes, les conducteurs de bêtes féroces soient mis à la disposition du procureur du roi de l'arrondissement, pour être poursuivis correctionnellement ou criminellement, suivant la nature du délit dont ils seront prévenus. (*Circulaire n° 6.*)

ANIMAUX *malades* (les) ou soupçonnés de maladies contagieuses, sont l'objet d'une surveillance particulière des maires et des adjoints, et d'un procès-verbal à dresser contre le propriétaire en cas de non déclaration.

Modèle du procès-verbal.

Cejourd'hui   , nous   maire ou adjoint de la commune de   instruit par la notoriété publique, que L. cultivateur en cette commune, avait des chevaux, ou des vaches, ou des moutons attaqués de maladies contagieuses, nous nous sommes transportés au domicile dudit L.   , accompagné de B   maréchal expert, ou artiste vétérinaire, où étant arrivé nous nous sommes fait représenter les chevaux ou les bestiaux dudit L.   , et ayant reconnu que   étaient effectivement attaqués de la maladie de   qui pouvait être communiquée aux autres   , et que la maladie était incurable, nous avons ordonné que   seraient tués de suite et enfouis   , à huit pieds de profondeur, et que l'écurie ou l'étable ou la bergerie où avaient séjourné lesdits   , seraient purifiés, et que les murs, l'auge et le râtelier seraient lavés à l'eau de chaux dans les vingt-quatre heures : sinon qu'il y serait pourvu par nous aux frais dudit L.   , ce que ledit L.   serait tenu de séparer lesdits   des autres   , et ne pourrait les mener paître ailleurs que   , ni les conduire pour être abreuvés ailleurs que   , jusqu'à ce que lesdits   fussent entièrement guéris ; ce que ledit L. a consenti faire exécuter de suite. De tout ce que dessus nous avons dressé notre procès-verbal pour servir et valoir au besoin. A   lesdits jour et an.

ANIMAUX *malfaisans et nuisibles.* I. Sont réputés animaux malfaisans : 1° les porcs, les pigeons, les lapins, les oies, les canes, les poules et autres volailles, sous le rapport de l'infection des excrémens des uns, et des dégradations que les autres occasionent dans les maisons; 2° les chiens qui vaguent dans les rues sans maître, sous le rapport des accidens qu'ils peuvent occasioner. Il est défendu de laisser vaguer sur la voie publique ces différens animaux, sous peine de l'amende de police de 6 à 10 francs, ou de 11 à 15 francs, suivant les circonstances (*Code pénal, art.* 475, § 7, et *art.* 479, § 2), sans préjudice des indemnités et réparations dues aux parties lésées.

II. Une ordonnance de police du 22 juin 1764, fait défense d'avoir et d'élever dans Paris, des porcs, pigeons, lapins, lièvres, poules et autres volailles, à peine de 300 francs d'amende. Les officiers de police sont tenus de faire des visites, de recevoir les dénonciations, de les vérifier et de traduire les contrevenans aux tribunaux de police correctionnelle.

Sont exceptés de la disposition ci-dessus, les nourrisseurs de bestiaux, à la charge d'avoir ces animaux éloignés du centre de la ville, et d'en faire la déclaration au commissaire de police de leur domicile. (*Arrêté de police du 7 brumaire an IV, 28 octobre 1796.*)

III. La chasse aux animaux malfaisans et nuisibles est permise. Voy. *Chasse.*

IV. Les conducteurs d'ours spécialement sont soumis à une surveillance sévère des officiers de police. Voy. ci-dessus *Animaux féroces.*

ANIMAUX *morts* sur les chemins, dans les champs. La

I.   9

maire, d'après l'avis qu'il en reçoit, ou sur la réquisition de la gendarmerie, ordonnera que « les corps seront enfouis dans la journée, à quatre pieds de profondeur, par le propriétaire, et dans son terrain, ou voiturés à l'endroit qu'il désigne, pour y être également enfouis, sous peine, par le délinquant, de payer une amende de la valeur d'une journée de travail, et les frais de transport et d'enfouissement. » (*Art. 13 du tit. 11 de la loi du 28 septembre—6 octobre 1791.*)

Si l'animal est mort à la suite d'une maladie contagieuse, la fosse doit être de huit pieds de profondeur, à 50 toises au moins des habitations. (*Art. 5 du 27 messidor an v—15 juillet 1797. Bull. 133.*)

Année théâtrale. Voy. *Théâtres.*

Annexes. On désigne par ce nom des chapelles ou églises accordées à des communes, que de grandes distances, ou des chemins devenus souvent impraticables ou dangereux, séparent des chefs-lieux de paroisses ou des succursales.

Si le prêtre est à demeure, les habitans ne concourent point aux frais du culte de l'église paroissiale ou de la succursale; mais ils doivent y concourir, si le service de l'annexe se fait par un prêtre qui vient seulement une fois dire la messe pour la commodité de quelques habitans, qui ont pourvu à son paiement par une souscription. (*Avis du conseil-d'état du 14 décembre 1810. Bull. 357.*)

Annonces *publiques* (les) qui se font dans les rues par des crieurs, des colporteurs, soit verbalement, soit au son du tambour, soit par des affiches, sont soumises à l'inspection de la police locale. Voy. *Affiches, Avis,* et *Colporteurs.*

Annuaire ou *calendrier* grégorien et républicain. Voy. *Ere.*

Annuités. I. Le mode de paiement par annuités du prix des ventes de domaines nationaux, établi par la loi du 9—25 juillet 1790, a été rapporté par la loi du 28 septembre—16 octobre 1791, qui a fixé un nouveau mode de libération, dont les anciens acquéreurs ont été autorisés à profiter.

Lors donc que, par suite de cette autorisation, un acquéreur a déclaré postérieurement à cette dernière loi, et en temps utile, devant les administrateurs du district de sa résidence, qu'il voulait convertir en obligations les annuités du prix du bien dont il était acquéreur, et qu'il offrait de se conformer, pour le paiement de ces obligations, à ce qui était prescrit par la loi, le décompte de cet acquéreur doit être dressé d'après les bases établies par la loi du 16 octobre 1791. (*Décret du 29 mai 1813.*)

II. Mais il y a lieu de régler un décompte d'après le système d'annuités existant lors de l'adjudication, et rappelé dans les conditions de la vente, si, depuis la loi du 16 octobre 1791, l'acquéreur a manifesté son option par plusieurs paiemens successifs au taux déterminé pour les annuités. Cet acquéreur ne peut opposer, en pareil cas, qu'il n'avait point souscrit d'annuités, et que l'art. 6 de la loi précitée lui interdisait la faculté d'en souscrire, après l'expiration d'un mois accordé pour l'option. (*Ord. du roi du 17 juillet 1816.*)

III. Par suite de ce qui vient d'être établi, on ne peut mettre en doute que les annuités aient été souscrites par un acquéreur, lorsque le registre de recette constate ce fait par leur énonciation, et la quotité des paiemens; mais le décompte doit être rédigé par douzièmes et non par annuités, quoique l'acquéreur ait fait des versemens suivant ce dernier mode, après la loi du 16 octobre 1791, s'il a obtenu ensuite un arrêté du directoire-exécutif, par lequel il a été autorisé à retirer les annuités non encore échues, et si cet arrêté a été exécuté par le receveur sans réclamation. (*Ord. du roi du 13 janvier 1816.*).

IV. Quoique les annuités souscrites avant la loi du 16 octobre 1791, et non retirées depuis, soient composées en partie du capital, et en partie des intérêts, elles constituent des titres qui, à partir de leur échéance respective, sont susceptibles de produire un intérêt simple. (*Décret du 3 janvier 1813.*)

V. Après avoir acquis, pour un seul et même prix, des propriétés de diverses natures, payé le premier acompte au taux le plus fort de ceux déterminés par l'article 5 du titre III de la loi du 14 — 17 mai 1790, et souscrit des annuités pour le surplus, l'acquéreur n'est plus admis à réclamer une ventilation qui n'était autorisée par cette loi, qu'afin de fixer la quotité du premier paiement avant qu'il ne fût réalisé.

Le décompte doit être réglé par annuités, si l'acqué-reur n'a pas usé de la faculté accordée par la loi du 16 octobre 1791, art. 5, et s'il a continué ses paiemens d'a-près ce mode de libération.

VI. Lorsqu'un acquéreur devait plusieurs annuités pour le paiement des propriétés qu'il avait acquises de la na-tion, et que, pour profiter de la loi du 24 février 1791, qui l'autorisait à acquitter par anticipation telle annuité qu'il voudrait désigner, cet acquéreur a versé une som-me, mais sans qu'une imputation spéciale ait été faite sur aucune desdites annuités, cette imputation doit être fai-te de la manière la plus favorable au débiteur, conformé-ment à son intention et à la loi sous l'empire de laquelle le paiement a été fait.

Tout décompte doit donc être rectifié en ce qu'il con-tiendrait de contraire à cette règle. (*Ordonnance du roi du 15 mai 1815.*)

VII. L'escompte, en cas de rachat d'annuités par anti-cipation, doit être calculé, non au même taux que les in-térêts, mais d'après le second tableau annexé aux lois des 5 juin et 25 juillet 1790. (*Idem.*)

VIII. Il résulte des art. 2 et 4 du décret du 22 octo-bre 1808, que l'acquéreur doit les intérêts des sommes restant dues sur le prix, depuis chaque échéance d'an-nuité non soldée, jusqu'à la notification du décompte; et que le cours des intérêts recommence un mois après cet-te notification. (*Même ord. du roi.*) Voy. *Décomptes.*

ANONYMES. *Lettres ou écrits sans signature.* Toute per-sonne qui a reçu une lettre anonyme injurieuse ou diffa-mante, peut en porter plainte devant l'officier de police, en rechercher l'auteur et le poursuivre civilement en ré-paration. (*Arrêt du parlement du 11 août 1763.*) Voy. *Calomnie, Imprimerie* et *Menace d'attentat.*

ANTICIPATIONS *sur la voie publique.* V. *Voie publique.*

ANTIQUITÉS DE FRANCE. Au mois de juin 1810, le minis-tre de l'intérieur avait adressé aux préfets une circulaire, pour leur demander des renseignemens sur les vieux châ-

teaux, les abbayes, les inscriptions, et en général sur les
monumens du moyen âge.

Un appel fut fait aux hommes instruits des départemens par les administrateurs; et de différentes parties de
la France vinrent alors successivement des mémoires inté-
ressans pour la plupart, sur les arts, l'histoire, les antiquités. Mais le recueil paraissant incomplet, l'académie
royale des inscriptions et belles-lettres, à laquelle le commencement du travail fut soumis, le jugea éminemment
utile, et témoigna le désir de le voir étendre et achever.

Dans une série de questions qu'elle rédigea, elle ne se
borna plus aux seuls objets dont il avait été fait mention
dans le principe; elle y comprit aussi les mo..mens grecs,
romains, gaulois, les tombeaux, les épitaphes, les titres,
les chartes, les chroniques, et enfin tout ce qui peut fournir des éclaircissemens sur les traits principaux de nos
annales, l'illustration des familles, les institutions de la
patrie.

Le comte Decazes, ministre de l'intérieur, fit imprimer
le rapport de l'académie et les questions qui le terminaient,
et en fit l'envoi aux préfets, pour leur servir de guides
pour les recherches à faire dans les lieux où l'on n'avait
point répondu à la circulaire de 1810, et pour la nouvelle direction à donner aux investigations dans les villes qui
avaient satisfait à la première demande.

Vous choisirez, dit le ministre dans sa circulaire du 8 avril
1819, dans votre département une personne habile et zélée,
qui puisse et veuille bien se charger de cet ouvrage; l'objet
est important et ne doit plus être abandonné. Les mémoires et
matériaux que vous me communiquerez ne resteront point
ensevelis dans des dépôts ignorés; ils seront au contraire, aussitôt après leur arrivée, transmis à l'académie, et de suite livrés à l'examen de la commission formée dans son sein pour
le dépouillement et le classement des notices et documens.
Cette commission se mettra en relation avec les auteurs des
mémoires, et chacun jouira de la part de gloire et de reconnaissance due à sa coopération.

On formera par ce moyen des archives précieuses de nos
antiquités nationales; et plus riche en ce genre que l'Espagne
et l'Angleterre, la France ne demeurera pas en arrière pour
la connaissance et la description de ses monumens. Il y aura
quelques frais à faire pour les déplacemens, les copies, les

plans à dessiner. Ces dépenses seront aisément prélevées sur les fonds ordinaires de votre budget : ces paiemens se diviseront sur plusieurs exercices, et ne demanderont jamais que de modiques sommes chaque année. Dans un assez grand nombre de départemens, les conseils-généraux allant au-devant des demandes de l'administration, ont voté, l'an dernier, des crédits pour des objets de cette nature. Je ne doute pas que vous ne les trouviez disposés à vous procurer les ressources dont vous aurez besoin pour l'accomplissement du projet que je viens de développer conformément aux vues de l'académie.

Je vous recommande cette affaire, et je vous prie de me tenir informé du résultat des mesures que vous aurez prises pour exécuter les dispositions que je vous ai indiquées.

Signé LE COMTE DECAZES.

II. M. Becquey, directeur général des ponts-et-chaussées et des mines, dans une circulaire adressée à MM. les ingénieurs, les invite à concourir aux succès des découvertes relatives aux antiquités de la France : il s'exprime ainsi :

La société royale des antiquaires de France s'occupe à recueillir dans les monumens, les médailles, les objets d'arts, les manuscrits, les dialectes, les usages, les traditions, tout ce qui peut guider et éclairer l'historien et le savant sur les temps anciens, et particulièrement sur ceux de la Gaule, et sur les premiers siècles de notre monarchie.

Plusieurs de ses membres ont remarqué que MM. les ingénieurs des ponts-et-chaussées et des mines faisaient quelquefois, dans le cours des travaux ou dans leurs tournées, des découvertes archéologiques qui pourraient jeter un grand jour sur des points ignorés ou contestés. Ces découvertes n'étant point rapprochées, réunies et comparées à des documens de même nature, deviennent presque toujours inutiles pour les progrès de la science.

La société royale des antiquaires verrait avec un vif intérêt, que MM. les ingénieurs des ponts-et-chaussées et des mines voulussent bien constater les découvertes de ce genre, qu'ils pourraient faire dans l'exercice de leurs fonctions; elle désirerait qu'ils en rendissent compte dans un rapport, qu'ils adresseraient, soit à la société des antiquaires, soit au musée du département dans lequel les découvertes auraient été faites. (*Circulaire du ministère de l'intérieur, tome XIX, page* 1545.)

III. M. le comte Siméon, ministre de l'intérieur, par

une circulaire du 15 janvier 1821, transmet aux préfets une instruction de M. Teissier, sous-préfet à Thionville, relativement à la recherche des antiquités dans l'arrondissement de sa sous-préfecture. Cette instruction, d'après le rapport approbatif de l'académie royale des inscriptions et belles-lettres, en date du 26 juillet 1820, suppose une érudition peu commune sur la géographie ancienne, et les antiquités historiques de cette contrée ; et l'auteur lui parut avoir donné le premier l'idée d'une mesure qui, si elle était généralement adoptée, pouvait avoir la plus heureuse influence sur le résultat des recherches commandées par le gouvernement.

L'instruction de M. Teissier, dit le ministre, peut servir de modèle dans les lieux où il n'aurait pas encore été adopté de plan pour l'exécution des mesures prescrites par les circulaires du ministère de l'intérieur sur cette partie intéressante.

Chaque jour, ces recherches sur les anciens monumens acquièrent plus d'importance, et produisent de plus utiles résultats. Pour récompenser les savans qui s'y livrent avec plus d'ardeur et de succès, je viens de décider que des médailles d'or seraient distribuées aux auteurs des meilleurs et principaux mémoires envoyés à l'institut. Ces mémoires doivent arriver à Paris par votre intermédiaire : vous y joignez les observations dont ils vous semblent susceptibles, et j'appelle à ce sujet votre spéciale attention.

J'espère que, par ces dispositions, par vos soins, et par le zèle de l'académie, nous ne tarderons pas à avoir réunis tous les matériaux nécessaires pour la composition d'une bonne histoire de nos antiquités nationales.

Signé SIMÉON.

Nota. Les objets de recherches indiqués dans l'instruction de M. Teissier, sont les buttes de terres rapportées qui ont servi de tombeaux ; les cimetières anciens ; les routes militaires romaines ; toutes les routes anciennes qui ont pu faire embranchement sur les voies romaines ; les villages, les édifices, ponts et autres constructions qui se trouvent sur ces routes ; les bornes milliaires antiques ; les restes de constructions romaines ; l'étendue et la configuration des terrains qu'occupent les constructions antiques ou du moyen âge ; les tuiles, briques et carreaux anciens ; les médailles ; les inscriptions et fragmens d'inscriptions ; les abbayes ; les grandes seigneu-

ries; les châteaux; les maisons fortes; les biens et châteaux qui avaient appartenu aux templiers, aux cheva-
liers de Rhodes ou de Malte; les commanderies, épitaphes,
vitraux des églises, reliefs dans les cimetières, anciens
sceaux des villes, villages, seigneuries, abbayes, bail-
liages, prévôtés et communautés; l'étymologie des noms
de lieux; les causes de destruction des villages qui ont
disparu; les lignes de camps stationnaires ou postes d'observation; les lignes séparatives et les noms des villes et
villages; les monnaies anciennes; les usines; les fêtes
patronales et les usages locaux.

IV. La commission formée dans le sein de l'académie
des inscriptions et belles-lettres, pour s'occuper spécialement des travaux relatifs à la recherche de nos antiquités nationales, lui soumit, le 20 juillet 1821, un rapport
qui fit connaître l'importance des mémoires déjà réunis,
le zèle des hommes instruits de nos départemens, les
résultats obtenus sur divers points, et ceux que ces premiers succès peuvent faire présager par la suite.

Des médailles avaient été promises pour les auteurs des
plus intéressantes notices sur ces sujets qui se lient à
l'histoire des arts et du gouvernement. Ces médailles, au
nombre de trois, ont été décernées par l'académie, dans
sa séance publique du 27 juillet.

Elles seront, dit le ministre de l'intérieur, dans sa circulaire du 12 août 1821, une récompense pour les écrivains qui
les ont obtenues, et un encouragement pour ceux qui ont
droit d'y prétendre. Tous les ans, des distributions pareilles
auront lieu; et il faut penser, avec M. Dacier, secrétaire perpétuel, et organe de l'Académie elle-même, que bientôt, par
les soins avec lesquels ces affaires seront conduites, on se trouvera à même de connaître avec certitude ce qu'a été la France
dans les différens siècles, à partir des temps les plus reculés.

D'après le vœu qui m'en a été exprimé, j'ai fait imprimer
le compte rendu, approuvé par l'institut, et je vous en envoie
des exemplaires pour la préfecture, les sous-préfectures et la
commission des antiquités de votre département.

Signé SIMÉON.

Nota. Le compte rendu présente une liste alphabétique de tous les antiquaires qui ont soumis leurs recherches à l'académie, avec une notice de ces recherches,

Les trois antiquaires, auxquels il a été décerné une médaille d'or, sont MM. *Schweighaeuser* fils, du département du Bas-Rhin; *Delpon de Figeac*, département du Lot; et *Alexandre du Mège*, du département de la Haute-Garonne.

Apothicaires (les) sont soumis à l'inspection des maires pour la vérification des drogues, médicamens et minéraux, reconnus comme poisons qui entrent dans leurs compositions pharmaceutiques. (*Art.* 29 *du tit.* 1er *de la loi du* 19—22 *juillet* 1791.)

Nota. Cet article confirme les anciens réglemens qui soumettent à l'inspection de la police locale le débit des substances vénéneuses employées comme remèdes par les pharmaciens : un édit de 1682 est la principale base de la législation sur cette matière, qui a reçu de nouveaux développemens par l'ordonnance du roi du 20 septembre 1820, contenant un tableau des substances qui doivent être considérées comme drogues médicinales. (*Bull.* 402.)

Les droits de visite sont confirmés par la loi des finances, du 15 mai 1818. (*Bull.* 211.)

Appariteur. On donne ce nom à des agens ou sergens de police dont plusieurs préfets ont autorisé l'institution dans des communes rurales. Les fonctions *d'appariteur* peuvent, dans certains cas, être remplies par le garde-champêtre.

Appel *des jeunes gens âgés de vingt ans révolus, pour le recrutement de l'armée de ligne.* Voy. *Recrutement.*

Appel *des jugemens de police.* Voy. *Jugemens de police.* La voie d'appel ne peut avoir lieu pour un jugement de police prononçant absolution d'un contrevenant: il ne peut être attaqué que par la voie de cassation. (Voy. *Ibid.*) Tout appelant qui succombe, encourt une amende de 5 francs pour l'appel d'un jugement de justice de paix, et de 10 francs pour l'appel d'un jugement de première instance ou de commerce. (*Code de procédure civile,* art. 471.) Voy. *Pourvoi.*

Appointemens *et traitemens* payés des deniers publics. Voy. *Traitemens.*

APPRENTIS. Les contrats d'apprentissage entre majeurs,
ou consentis par des mineurs avec le concours de leurs
père et mère ou tuteur, ne peuvent être résolus sauf l'indemnité en faveur de l'une ou de l'autre des parties, que
dans les cas ci-après :

1°. Inexécution des engagemens de part et d'autre;

2°. Mauvais traitemens de la part du maître;

3°. Inconduite de l'apprenti;

4°. Si l'apprenti s'est obligé à donner, pour tenir lieu
de rétribution pécuniaire, un temps de travail dont la
valeur excéderait le prix ordinaire des apprentissages.
(*Loi du 22 germinal an 11—22 avril 1803, art. 9.*)

Les engagemens peuvent être résolus par l'apprenti,
ou par les parens ou tuteur, sauf indemnité, lorsque le
maître :

1°. Use de mauvais traitemens envers l'apprenti ;

2°. Lui refuse la nourriture nécessaire;

3°. Lui donne des exemples dangereux par sa mauvaise
conduite;

4°. Exige de lui un travail au-dessus de ses forces ;

5°. Lui commande des choses contre la probité et les
mœurs ;

6°. L'occupe à un travail étranger à la profession qu'il
doit apprendre;

7°. Enfin, lorsque l'apprenti s'enrôle pour le service
militaire.

Ainsi jugé par arrêt du parlement de Paris, du 19 février 1746.

L'apprenti qui manque de respect envers son maître,
par des paroles injurieuses et grossières, est condamné à
un emprisonnement d'un à trois jours. (*Décret du 30
août 1810, art. 4.*)

L'apprenti coupable de vol de marchandises, matières,
outils, et autres objets appartenant à son maître, encourt
la peine de réclusion, conformément au § 3 de l'article
386 du Code pénal.

Le maître est responsable des dommages causés à autrui par son apprenti, à moins qu'il ne prouve qu'il n'a
pu empêcher le fait. (*Code civil, art. 1384.*)

Le maître ne peut retenir l'apprenti au-delà de son
temps, ni lui refuser un congé d'acquit, quand il a rem-

pli ses engagemens, à peine de dommages-intérêts, au moins du triple du prix des journées depuis la fin de l'apprentissage. (*Loi précitée du 22 germinal an 11, art. 10.*)

Un maître ne peut recevoir pour ouvrier un apprenti qui n'a pas son congé d'acquit, à peine de dommages envers son maître. (*Ibid., art. 11.*)

A Paris, les maîtres font inscrire leurs apprentis au bureau général de l'inscription des ouvriers, en justifiant de l'engagement, ce dont il est fait mention sur l'inscription. (*Ordonnance de police du 20 pluviôse an XII—10 février 1804.*)

Il n'est point délivré de livrets aux apprentis; ils sont inscrits sur le registre avec le mot *apprenti* à la marge, et il en est fait mention sur le contrat d'apprentissage. (*Instruction du préfet de police, du 26 pluviôse an XII—16 février 1804.*)

En sortant d'apprentissage, l'ouvrier est tenu de se pourvoir d'un livret sur lequel il est fait mention de son congé d'acquit. (*Ordonnance précitée, art. 8.*) Voy. *Livret des ouvriers.*

Les affaires de simple police entre les ouvriers et les apprentis, sont portées devant les maires, dans les villes où il n'y a point de commissaires-généraux de police. Ils prononcent sans appel les peines applicables aux divers cas, selon les lois de police municipale. (*Art. 10 de la loi du 22 germinal an XI—12 avril 1803. Bull. 269.*)

APPROVISIONNEMENS *nécessaires à la consommation des villes*. Les fonctionnaires administratifs et municipaux doivent prendre toutes les mesures pour qu'ils ne manquent pas. Ils doivent surtout veiller à ce que des spéculateurs avides n'arrêtent pas la circulation des denrées, et à ce que les lois et règlemens de police relatifs à chaque espèce de denrée soient exécutés. Voy. *Accaparement* et *Grains.*

Le magistrat de police doit aussi se faire rendre compte des approvisionnemens, afin que s'ils diminuaient de manière à être insuffisans, il puisse prendre les mesures nécessaires suivant les circonstances.

Le préfet de police de Paris, par suite de l'inspection qui lui est attribuée sur les halles et marchés, rend compte au ministre de l'intérieur de l'état des approvisionnemens de la ville de Paris. (*Arrêté du gouvernement du 12 messidor an VIII—1ᵉʳ juillet 1800, art. 33.*)

Il peut prendre d'urgence, et sous l'autorité du ministre de l'intérieur, les mesures nécessaires pour assurer l'approvisionnement par eau des comestibles destinés à la ville de Paris. (*Idem, du 1ᵉʳ messidor an II—20 juin 1803, art. 6*).

Nota. Ces règles administratives, particulières à Paris, tracent les devoirs à remplir, dans les départemens, par les préfets, les sous-préfets et les maires des grandes villes.

Appuis *de boutiques et croisées.* On nomme ainsi une construction en pierre, maçonnerie, ou menuiserie, pratiquée entre les deux tableaux et pieds droits d'une croisée pour s'y appuyer. Ils sont fixes ou permanens.

La saillie des appuis de boutique ou de croisée ne peut excéder 22 centimètres (8 pouces) pour ceux qui se retirent le soir, et 54 millimètres (2 pouces) pour ceux fixes et permanens, à peine de l'amende de police de 1 franc à 5 francs, et de démolition. (*Ordonnance des trésoriers de France, du 14 décembre 1725. Code pénal, art. 471, § 5.*)

Il faut une permission de la petite-voirie pour établir un appui. Voy. *Voirie, Tarif des droits de petite-voirie.*

Aquéducs. La police veille à la pureté des eaux des aquéducs, et à leur distribution aux fontaines publiques. Elle en provoque les réparations.

Les aquéducs sont dans la classe des monumens publics, dont la dégradation est punie d'un mois à 2 ans d'emprisonnement, et de 10 à 200 fr. d'amende. (*Code pénal, art. 257.*)

Lorsque l'on conduit un aqueduc le long d'un mur mitoyen, on doit y établir un contre-mur d'épaisseur suffisante pour que les eaux ne puissent atteindre le mur mitoyen. (*Coutume de Paris, art. 188. Code civil, art. 674.*)

Arbitrage, *arbitres.* Toutes personnes peuvent compromettre par le ministère d'arbitres, sur les droits dont elles ont la libre disposition; néanmoins on ne peut compromettre sur dons et legs d'alimens, logement et vêtement, sur les séparations d'entre mari et femme, sur les questions d'état, ou sur toute autre contestation sujette à communication au ministère public. (*Code de procédure civile, art.* 1003—1004.)

Les jugemens arbitraux sont rendus exécutoires par ordonnance du président du tribunal civil. (*Ibid.*, art. 21.)

ARATOIRES (instrumens). Voy. *Instrumens aratoires.*

ARBITRAIRE (détention). Voy. *Arrestation, Détention* et *Liberté individuelle.*

ARBRES (les) dont se composent les forêts, les arbres épars, ceux dont les routes sont plantées, doivent être, sous beaucoup de rapports, l'objet de la surveillance des préfets, des sous-préfets et des maires, pour les protéger, dans l'intérêt de l'état et des particuliers, contre les hommes, les animaux, et les insectes. Voici l'exposé des principales lois dont l'exécution leur est confiée.

Extrait de la loi du 26 juillet—15 août 1790.

1. Le régime féodal et la justice seigneuriale étant abolis, nul ne pourra dorénavant, à l'un ou l'autre de ces deux titres, prétendre aucun droit de propriété, ni de voirie, sur les chemins publics, rues et places de villages, bourgs ou villes.

2. En conséquence, le droit de planter des arbres, ou de s'approprier les arbres crus sur les chemins publics, rues et places de villages, bourgs ou villes, dans les lieux où il était attribué aux ci-devant seigneurs, par les coutumes, statuts ou usages, est aboli.

Extrait de la loi sur la police rurale du 28 septembre—6 octobre 1791.

Ceux qui détruiront les greffes des arbres fruitiers ou autres, et ceux qui écorceront ou couperont, en tout ou en partie, des arbres sur pied, qui ne leur appartiendront pas, seront condamnés à une amende double du dédommagement dû au propriétaire, et à une détention de police correctionnelle qui ne pourra excéder 6 mois. (*Art.* 14 *du tit.* II.)

Quiconque aura coupé ou détérioré des arbres plantés sur les routes, sera condamné à une amende du triple de la valeur des arbres, et à une détention qui ne pourra excéder 6 mois. (*Art.* 43 *du même titre.*)

Nota. Ces dispositions pénales ont été modifiées par les articles 445, 446, 447 et 448 du Code pénal.

Extrait de la loi du 28 août 1792.

Art. 14. Tous les arbres existant actuellement sur les chemins publics, autres que les grandes routes nationales, et sur les rues des villes, bourgs et villages, sont censés appartenir aux propriétaires riverains, à moins que les communes ne justifient en avoir acquis la propriété par titres ou possession.

15. Tous les arbres actuellement existant sur les places des villes, bourgs et villages, ou dans les marais, prés et autres biens dont les communautés ont ou recouvreront la propriété, sont censés appartenir aux communautés, sans préjudice des droits que des particuliers non seigneurs pourraient y avoir acquis par titre ou par possession.

17. Dans le cas même où les arbres mentionnés dans les deux articles précédens, ainsi que ceux qui existent sur le fonds même des riverains, auraient été plantés par les ci-devant seigneurs, les communautés et les riverains ne seront tenus à aucune indemnité ni à aucun remboursement pour frais de plantation ou autres.

17. Dans les lieux où les communes pourraient être dans l'usage de s'approprier les arbres épars sur les fonds des propriétaires particuliers, ces derniers auront la libre disposition desdits arbres.

Extrait de la loi du 26 ventôse an IV— 16 mars 1796. (*Bull.* 53.)

Tous propriétaires, fermiers, locataires ou autres, faisant valoir leurs propres héritages ou ceux d'autrui, sont tenus, chacun en droit sol, d'écheniller, ou faire écheniller les arbres étant sur lesdits héritages, à peine d'amende. (*Art.* 1er.) Voy. *Echenillage.*

Extrait de la loi du 9 ventôse an XIII—28 février 1805. (*Bull.* 35.)

Les grandes routes non plantées, et susceptibles d'être plantées, le seront en arbres forestiers ou fruitiers, suivant les localités, par les propriétaires riverains (*Art.* 1er). Les propriétaires riverains auront la propriété des arbres et de leur produit. Ils ne pourront cependant les couper, abattre ou arracher, que sur une autorisation donnée par l'administration préposée à la conservation des routes, et à la charge du remplacement. (*Art.* 3.)

Dans les parties de routes où les propriétaires n'auront point usé, dans le délai de deux années, de la faculté qui leur est donnée par l'article précédent, la plantation sera exécutée à leurs frais, et la propriété des arbres plantés leur appartiendra aux mêmes conditions imposées par l'article précédent. (*Art.* 4.)

Dans les grandes routes dont la largeur ne permet pas de planter sur le terrain appartenant à l'état, lorsque le propriétaire riverain voudra planter des arbres sur son propre terrain, à moins de six mètres de distance de la route, il sera tenu de demander et d'obtenir l'alignement à suivre, de la préfecture du département. Dans ce cas, le propriétaire n'a besoin d'aucune autorisation pour disposer de ses arbres. (*Art.* 5.) Voy. *Chemins publics* et *Plantations.*

Extrait du décret du 16 décembre 1811.

Tous les arbres plantés avant la publication du présent décret sur les routes de 1re classe, en dedans des fossés et sur le terrain de la route, sont reconnus appartenir à l'état, excepté ceux qui auront été plantés en vertu de la loi du 9 ventôse an XIII. (*Art.* 86.)

Tous les arbres plantés jusqu'à la publication du présent décret, le long desdites routes, et sur le terrain des propriétés communales et particulières, seront reconnus appartenir aux communes ou particuliers propriétaires du terrain. (*Art.* 87.)

Toutes les routes de 1re classe non plantées, et qui sont susceptibles de l'être sans inconvénient, seront plantées par les particuliers ou communes, propriétaires riverains de ces routes, dans la traversée de leurs propriétés respectives. (*Art.* 88.)

Ces propriétaires ou ces communes demeureront propriétaires des arbres qu'ils auront plantés. (*Art.* 89.)

Les plantations seront faites au moins à la distance d'un mètre du bord extérieur des fossés, et suivant l'essence des arbres. (*Art.* 90.)

Dans chaque département, l'ingénieur en chef remettra au préfet, avant le 1er juillet 1812, un rapport tendant à fixer celles des routes de 1re classe du département non plantées, et susceptibles de l'être sans inconvénient, l'alignement des plantations à faire, route par route, commune par commune; le délai nécessaire pour l'effectuer. Il y joindra son avis sur l'essence des arbres qu'il conviendrait de choisir par chaque localité; pour le tout devenir l'objet d'un arrêté du préfet, qui sera soumis à l'approbation de notre ministre de l'intérieur, par l'intermédiaire de notre directeur-général. (*Art.* 91.)

Les arbres seront reçus par les ingénieurs des ponts-et-chaussées, qui surveilleront toutes les opérations, et s'assureront que les propriétaires se sont conformés en tout aux dispositions de l'arrêté du préfet. (*Art.* 92.)

Tous les arbres morts ou manquans seront remplacés dans les trois derniers mois de chaque année, par le planteur, sur la simple réquisition de l'ingénieur en chef. (*Art.* 93.)

Lorsque les plantations s'effectueront au compte et par les soins des communes propriétaires, les maires surveilleront, de concert avec les ingénieurs, toutes les opérations.

L'entreprise en sera donnée au rabais et à la chaleur des enchères, par voie d'adjudication publique, à moins d'une autorisation formelle du préfet de déroger à cette disposition.

L'adjudicataire garantira pendant trois ans la plantation, et restera chargé, tant de son entretien que du remplacement des arbres morts ou manquans pendant ce temps. La garantie de trois années sera prolongée d'autant pour les arbres remplacés. (*Art.* 94.)

A l'expiration du délai fixé en exécution de l'art. 91, pour l'achèvement de la plantation dans chaque département, les préfets feront constater par les ingénieurs, si des particuliers ou communes propriétaires n'ont pas effectué les plantations auxquelles le présent décret les oblige, ou ne se sont pas conformés aux dispositions prescrites pour les alignemens et pour l'essence, la qualité, l'âge des arbres à fournir.

Le préfet ordonnera, au vu dudit rapport de l'ingénieur en chef, l'adjudication des plantations non effectuées ou mal exécutées par les particuliers ou les communes propriétaires. Le prix de l'adjudication sera avancé sur les fonds des travaux des routes. (*Art.* 95.)

Les dispositions de l'article précédent sont applicables à tous particuliers ou communes propriétaires qui n'auraient pas remplacé leurs arbres morts ou manquans, aux termes de l'art. 93 du présent décret. (*Art.* 96.)

Tous particuliers ou communes au lieu et place desquels il aura été effectué des plantations, en vertu des deux articles précédens, seront condamnés à l'amende de 1 franc par pied d'arbre que l'administration aura planté à leur défaut, et ce indépendamment du remboursement de tous les frais de plantation. (*Art.* 97.)

Le produit desdits frais et amendes sera versé comme fonds spécial au trésor public, et affecté au service des ponts-et-chaussées. (*Art.* 98.)

SECTION III.—*Dispositions générales.*

Les arbres plantés sur le terrain de la route, et appartenant à l'état, ceux plantés sur les terres riveraines, soit par les communes, soit par les particuliers en exécution du présent décret ou antérieurement, ne pourront être coupés et arrachés qu'avec l'autorisation du directeur-général des ponts-et-chaussées, accordée sur la demande du préfet, laquelle sera formée seulement, lorsque le dépérissement des arbres aura été constaté par les ingénieurs, et toujours à la charge du remplacement immédiat. (*Art.* 99.)

La vente des arbres appartenans à l'état et de ceux appartenans aux communes sera faite par voie d'adjudication publique. Le prix de ceux appartenans à l'état sera versé comme fonds spécial au trésor public, et affecté au service des ponts-et-chaussées ; le prix des arbres appartenans aux communes sera versé dans leurs caisses respectives. (*Art.* 100.)

Tout propriétaire qui sera reconnu avoir coupé sans autorisation, arraché ou fait périr les arbres plantés sur son terrain, sera condamné à une amende égale à la triple valeur de l'arbre détruit. (*Art.* 101.)

L'élagage de tous les arbres plantés sur les routes, conformément aux dispositions du présent titre, sera exécuté toutes les fois qu'il en sera besoin, sous la direction des ingénieurs des ponts-et-chaussées, en vertu d'un arrêté du préfet, qui sera pris sur le rapport des ingénieurs en chef, et qui contiendra les instructions nécessaires sur la manière dont l'élagage devra être fait.

Les ingénieurs et conducteurs des ponts-et-chaussées sont chargés de surveiller et d'assurer l'exécution desdites instructions. (*Art.* 102.)

Les travaux de l'élagage des arbres appartenans à l'état ou aux communes seront faits au rabais et par adjudication publique. (*Art.* 103.)

La vente des branches élaguées des arbres chablis, et de ceux qui seraient en partie déracinés, sera faite par voie d'adjudication publique ; le prix des bois appartenans à l'état sera versé au trésor public, et affecté au service des ponts-et-chaussées ; le prix des bois appartenans aux communes, sera versé dans leurs caisses respectives. (*Art.* 104.)

Les particuliers ne pourront procéder à l'élagage des arbres qui leur appartiendraient sur les grandes routes qu'aux époques, et suivant les indications contenues dans l'arrêté du préfet, et toujours sous la surveillance des agens des ponts-et-

I. 10

chaussées, sous peines de poursuites comme coupables de dommages causés aux plantations des routes. (*Art.* 105.)

L'ordonnance du roi du 28 août 1816, règle et détermine les obligations des propriétaires des bois et forêts où des arbres ont été marqués pour le service de la marine. Voy. *Abattage, Bois et forêts.*

Nota. I. On ne peut planter des arbres à haute tige, qu'à la distance de deux mètres (6 pieds) de la ligne séparative de la propriété voisine, et à la distance d'un demi-mètre (1 pied et demi) pour les autres arbres et haies vives. Le voisin peut exiger que les arbres en haies vives plantés à une moindre distance soient arrachés. (*Code civil, art.* 671.)

Celui sur la propriété duquel avancent les branches des arbres du voisin, peut contraindre celui-ci à couper ces branches; si ce sont des racines qui avancent sur son héritage, il a le droit de les couper lui-même. (*Ibid., art.* 672.)

II. Les arbres et haies vives riverains des grands chemins, doivent être à 2 mètres de distance des fossés et berges qui séparent le chemin et les héritages, et à 10 mètres du pavé, là où il n'y a pas de fossés; à peine d'amende, et de 500 fr. de dommages-intérêts applicables, un tiers à l'hôpital le plus voisin, un tiers au dénonciateur, et un tiers à l'entrepreneur de l'entretien de la route. (*Arrêt du conseil du 17 juin 1721. Ord. du roi du 4 août 1731.*)

III. Il est défendu d'attacher aux arbres plantés le long des chemins, aucun cordage pour sécher du linge et d'autres objets, et d'étendre lesdits objets sur les haies vives; à peine de 50 fr. d'amende et de confiscation desdits objets. (*Ord. des trésoriers de France du 2 août 1774.*)

ARBRES *fruitiers.* Une circulaire du ministre de l'intérieur, en date du 19 octobre 1819, contient sur le système d'amélioration de la culture des arbres fruitiers, ce qui suit :

La culture des arbres fruitiers est une des branches les plus importantes du jardinage. Cependant, à l'exception des environs de Paris, où elle est pratiquée avec beaucoup d'intelligence, cette culture est généralement négligée ou peu soignée en France. La cause doit en être attribuée, en grande partie, au défaut d'instruction des jardiniers auxquels elle est confiée.

Dans la vue d'y remédier et de propager insensiblement la connaissance des bonnes méthodes de ce genre, il avait été institué, en 1809, un cours presque gratuit de la culture des arbres fruitiers, à la pépinière du Luxembourg, à Paris, dans laquelle sont réunies toutes les espèces et variétés de ces arbres, susceptibles d'être cultivées en France avec avantage. Ce cours a eu lieu pendant quelques années, et il a été suivi par plusieurs élèves venus de différentes parties de la France. Malheureusement des circonstances qu'il est inutile de rappeler, l'avaient fait interrompre depuis cinq ou six ans. Sa Majesté, à qui rien de ce qui peut contribuer au perfectionnement de notre économie rurale ne saurait être indifférent, vient d'ordonner qu'il fût rétabli.

Pour remplir les intentions bienfaisantes de Sa Majesté, je me suis empressé de prendre l'arrêté ci-après :

Teneur de l'arrêté du 29 octobre 1819.

Art. 1er. Le cours pratique gratuit pour la culture des arbres fruitiers, précédemment institué à la pépinière royale du Luxembourg et interrompu depuis plusieurs années, sera rétabli à compter de l'année 1820.

Art. 2. Il commencera, chaque année, au 15 février, et se terminera au 1er octobre.

Art. 3. L'enseignement se fait par le directeur de la pépinière, sous la surveillance de l'inspecteur des pépinières royales.

Art. 4. Il embrassera la préparation des terrains, les semis, les plantations, l'art de lever les boutures et les marcottes, la taille, les différentes sortes de greffes, l'ébourgeonnement, le palissage, la conservation des arbres, la connaissance des espèces et variétés d'après les caractères fournis par la végétation, la floraison, la fructification.

Art. 5. Le cours sera divisé en trois parties, chacune de la durée de deux mois.

La première du 15 février au 15 avril, aura pour objet la préparation des terrains, les plantations, les moyens de conservations des graines, les semis, la taille, les greffes en fente et en couronne, les maladies des arbres fruitiers, les insectes qui leur sont nuisibles, les caractères tirés des bourgeons, des boutons et de l'écorce pour la distinction des espèces et variétés.

La seconde, qui commencera le 15 mai et finira le 15 juillet, aura pour objet l'ébourgeonnement, le palissage, l'étude de la floraison et de la feuillaison.

La troisième, qui aura lieu depuis le 1er août jusqu'au 1er octobre, aura pour objet les greffes à écusson, l'étude des fruits, les soins à donner aux arbres qui doivent être vendus dans le cours de l'automne et de l'hiver suivant, et à ceux qui sont réservés pour former des tiges.

Art. 6. Les élèves qui désireront obtenir des certificats de capacité, devront être inscrits avant le 1er février de chaque année.

Art. 7. Ces certificats leur seront délivrés, d'après un examen qui sera subi par-devant l'inspecteur et le directeur de la pépinière réunis.

Art. 8. Il pourra être accordé deux prix d'encouragement, sur le rapport de l'inspecteur et du directeur, aux élèves qui se seront particulièrement distingués.

Art. 9. Le cours pourra être suivi par les amateurs qui en auront témoigné le désir, pourvu qu'ils se conforment aux heures des leçons, et qu'ainsi l'enseignement ne soit point interrompu.

Art. 10. Le présent arrêté sera adressé à MM. les préfets des départemens.

J'ai l'honneur de vous inviter à donner à cet arrêté toute la publicité nécessaire, pour qu'il puisse arriver à la connaissance de ceux de vos administrés qui sont plus particulièrement appelés à en profiter. Il est à désirer que quelques-uns d'entre eux se déterminent à venir suivre ce cours; vous ne manquerez pas, sans doute, de les y engager dans l'intérêt de votre département.   *Signé* le comte DECAZES.

ARCHITECTES-EXPERTS. I. Les architectes-experts prononcent entre les particuliers et les ouvriers pour vérifier les ouvrages, et régler les mémoires.

II. Lorsqu'ils sont commis par un tribunal pour faire une vérification, ils sont assistés, dans leurs opérations, d'un commissaire de police qui rédige le procès-verbal, les parties présentes ou dûment appelées.

III. Lors des réceptions d'ouvrages ou travaux, prescrites par l'article 12 de la loi du 11 brumaire an VII—1er novembre 1798, sur le régime hypothécaire, l'architecte-expert, nommé par le juge-de-paix, rédige son procès-verbal en présence d'un commissaire de police, qui, dans ce cas, fait fonctions de ministère public,

aux termes de l'article 1er de la loi du 27 ventôse an VIII
—18 mars 1800, et de la décision du ministre de la justice du 8 thermidor suivant—27 de juillet 1800. A défaut de commissaire de police, un adjoint de maire assis-
te à l'opération.

Les commissaires de police doivent assister les ingénieurs des ponts-et-chaussées, et les architectes de la
grande voirie, lorsqu'ils requièrent l'intervention du commissaire de police pour assurer l'exécution des arrêtés et
décisions du préfet du département. (*Décision du directeur-général de la police, à Paris, du 11 août 1814.*)

ARCHIVES *des départemens et des préfectures.* Des circulaires ministérielles du 22 septembre 1812 et du 17
octobre 1817, avaient demandé aux préfets divers renseignemens sur les dépôts d'archives qui existaient dans
leurs départemens respectifs.

Celle du 22 septembre 1812, particulièrement, renfer-
mait des instructions détaillées sur la nature du travail
qui leur était demandé, et une série de questions que le
ministre rappelle, ainsi qu'il suit :

1°. Combien existe-t-il de dépôts d'archives dans le chef-
lieu de votre département?—Combien en chaque chef-lieu
d'arrondissement?

2°. Quel local occupe chacun de ces dépôts?

3°. Quel est le nombre approximatif de liasses, cartons,
portefeuilles, registres ou volumes que chaque dépôt renferme?

4°. De quel genre de papiers chaque dépôt est-il principalement composé?

5°. Quelle est la date des plus anciennes chartes ou autres
pièces que l'on y conserve?

6°. Quels papiers se trouvent aujourd'hui dans les greffes
des cours ou des tribunaux?

7°. Existe-t-il des archives notariales dans votre département?
Les notaires ont-ils autrefois déposé leurs actes dans des
archives communes?

8°. Existe-t-il des inventaires, sommaires ou détaillés, de
tous ces dépôts ou de quelques-uns, et desquels?

9°. Quelles sont les divisions et subdivisions établies dans
ces inventaires?

10°. Depuis 1793, a-t-il été fait quelque triage ou quelque

examen des papiers contenus en chaque dépôt? quels ont été
les résultats des travaux entrepris ou achevés sur cet objet?

11°. A-t-on réuni, trié, inventorié les papiers provenus
des établissemens monastiques, ecclésiastiques ou civils supprimés?

12°. A-t-on connaissance que certaines archives soient
restées entre les mains d'anciens fonctionnaires publics, et
qu'elles aient été conservées dans les familles de ces fonctionnaires?

13°. Quel est aujourd'hui le nombre des personnes employées à la conservation de chaque dépôt d'archives dans
votre département? quels sont les noms des principaux conservateurs ou archivistes?

14°. A quelle dépense annuelle chacun de ces dépôts don-
ne-t-il lieu?

15°. Enfin, quelle recette annuelle produisent les expéditions qui s'y délivrent?

Dans une circulaire du 11 décembre 1820, Son Exc.
le ministre de l'intérieur rappelle en ces termes aux préfets, leurs devoirs et obligations relatifs à la tenue des archives des préfectures.

La garde des archives de la préfecture est une des attributions des secrétaires-généraux, qui ont été récemment rétablis.

L'ordonnance du 9 avril 1817, qui avait supprimé ces
fonctionnaires, avait chargé spécialement de cette garde le
doyen du conseil de préfecture ; et, dans le même temps, le
ministre de l'intérieur reconnaissant la nécessité de veiller a-
vec soin à la conservation et à la bonne tenue de ces précieux dépôts, qui doivent renfermer tous les titres, registres
et papiers des anciennes assemblées provinciales, des inten-
dances et subdélégations, des administrations de département
et de district, enfin, des préfectures, adressa à MM. les préfets, dans une circulaire du 28 avril 1817, des instructions
détaillées sur cet objet. Si ces instructions ont été exactement
suivies dans votre département, comme je me plais à le croire, les archives doivent être dans un état satisfaisant, et le
secrétaire-général n'aura qu'à entretenir l'ordre que le doyen
du conseil de préfecture a dû y établir. Dans tous les cas, le
secrétaire-général doit se faire rendre compte de la situation
actuelle de cet établissement, dont il est devenu responsable,
reprendre les inventaires, les vérifier, mettre l'ordre dans
les papiers, s'il n'y existe pas, le conserver s'il existe ; enfin,
faire toutes les dispositions nécessaires pour faciliter la re-

cherche des pièces qui y sont déposées, et pour procurer, tant à l'administration qu'aux particuliers, tous les avantages qui peuvent résulter d'un dépôt de ce genre. A cet effet, M. le secrétaire-général devra prendre connaissance de la circulaire du 28 avril 1817, dont un exemplaire a dû être déposé aux archives. Il aura soin de vérifier si les dispositions recommandées par le ministre ont été exactement suivies, et il fera exécuter, sous votre direction, celles qui ne l'auraient pas été. Vous n'oublierez pas que vous avez été spécialement chargé d'affecter du service des archives, sur le prix de votre abonnement, le traitement d'un commis principal et d'un ou deux autres employés, suivant l'importance de cet établissement.

Le secrétaire-général doit aussi, en cette qualité, être chargé de la garde et de la conservation de tous livres, soit d'administration, soit de sciences, etc., qui appartiennent à la préfecture; vous lui prescrirez de s'en faire donner l'inventaire, et vous le rendrez garant de tous les livres qui y seront inscrits, après toutefois qu'il se sera assuré qu'ils existent réellement dans le dépôt.

ARCHIVES *nationales.* Une loi du 7—24 août 1790, réunit en un seul dépôt les différens dépôts existant à Paris des actes du gouvernement.

Une autre du 20 février 1793, fut rendue sur le même objet.

Et une du 12 brumaire an III—2 novembre 1794, divisa le dépôt en deux sections, l'une composée des titres, minutes et registres concernant la partie domaniale et administrative, et les biens des religionnaires fugitifs.

L'autre renfermant tout ce qui intéresse les monumens historiques, la partie judiciaire et contentieuse.

Une loi du 7—12 septembre 1790, organisa les archives nationales du corps-législatif.

Le décret du 27 décembre 1791, régla la police de ces archives nationales.

La loi du 7 messidor an II—25 juin 1794 (*Bull.* 12), organisa de nouveau les archives établies près de la représentation nationale.

Elle règle quels sont les titres, renseignemens, actes et objets qui doivent y être déposés.

Elle maintient les lois ci-dessus des 7 septembre 1790,

27 décembre 1791, et même celle du 10—12 octobre 1792, relative à la forme des expéditions des décrets.

Elle déclare que tous dépôts publics de titres ressortissent aux archives nationales, comme à leur centre commun, et qu'un état sommaire des titres et pièces existant dans ces dépôts séparés, sera fourni aux archives nationales.

Elle porte encore que tous les titres domaniaux appartiennent au dépôt de la section domaniale des archives qui sera établi à Paris.

Elle règle que sont anéantis,

1°. Les titres purement féodaux;

2°. Ceux qui sont rejetés par un jugement contradictoire, dans la forme prescrite par les décrets;

3°. Ceux qui n'étant relatifs qu'à des domaines déjà recouvrés et *aliénés*, sont reconnus n'être plus d'aucune utilité;

4°. Et ceux qui contiennent des domaines définitivement adjugés depuis 1790.

Elle ordonne le triage dans les greffes de tous les tribunaux supprimés, de toutes les pièces jugées nécessaires au maintien des propriétés nationales et particulières.

Elle règle que sont réputés nécessaires ou maintien de la propriété, tous jugemens contradictoires et transactions judiciaires ou homologuées en justice, contenant adjudication, cession, reconnaissance, échange et mise en possession d'héritages fonciers, immeubles réels, droits incorporels non féodaux, et conditions de jouissance, improprement appelées *servitudes*.

Elle veut aussi que l'on fasse le triage dans tous les dépôts de titres, soit domaniaux, soit judiciaires, soit d'administration, comme aussi dans les collections et cabinets de tous ceux dont les biens ont été ou seront confisqués, des chartres et manuscrits qui appartiennent à l'histoire, aux sciences et aux arts, ou qui peuvent servir à l'instruction.

Les plans et cartes géographiques, astronomiques ou marines doivent être réunis dans un dépôt à Paris.

La même loi divise les archives en deux sections, l'une domaniale, l'autre judiciaire et administrative.

Alors les préposés au triage, soit à Paris, soit dans les départemens, furent nommés par la convention.

Les titres domaniaux durent rester provisoirement dans leurs dépôts respectifs, au moyen des inventaires qui en furent faits et envoyés au comité des archives nationales.

Ce triage ne devait durer que quatre mois dans les départemens, et six mois à Paris.

Cette loi veut (art. 37), que tout citoyen puisse demander dans tous les dépôts, aux jours et heures fixés, communication des pièces qu'ils renferment, sans frais et sans déplacement. Seulement il doit être payé pour expédition ou extrait, 75 centimes par rôle.

Elle annulle expressément toute nomination d'agens préposés au triage et inventaire, ou à la garde des titres et pièces, faite jusqu'à ce jour. Néanmoins les gardiens actuels des greffes et autres dépôts ont dû continuer provisoirement d'en être chargés, jusqu'à ce qu'il y ait été pourvu, et il leur a été tenu compte de leur salaire.

Enfin, elle rapporte les décrets des 12 brumaire an II—2 novembre 1793, sur les archives nationales, et 10 frimaire an II—30 décembre 1793, concernant les domaines aliénés, en ce qui est contraire à ses dispositions.

Déjà cette loi du 10 frimaire an II, relative aux domaines nationaux engagés ou aliénés, avait (art. 30), supprimé tous les agens salariés par l'état pour la garde particulière des titres mentionnés en cette loi, et ordonné la remise des dépôts, états et renseignemens à la régie nationale des domaines nationaux.

Le 28 pluviôse an III—16 février 1795, la convention décréta que les arrérages de traitemens des citoyens employés dans les districts aux archives nationales, et qui étaient restés en souffrance à l'époque de la loi du 7 messidor an II—25 juin 1794, seraient réglés par la commission des administrations civiles, police et tribunaux, et arrêtés définitivement par les comités des finances et des décrets, procès-verbaux et archives, pour être payés à la trésorerie nationale sur les fonds de cette commission.

Une loi du 28 fructidor an III—14 septembre 1795, chargea le directoire-exécutif de faire terminer les triages commencés en vertu de la loi du 7 messidor an II, dans l'espace d'une année, à compter du jour de son installation.

Une loi du 11 frimaire an IV—2 décembre 1795 (*Bull.* 8), porte : « Les opérations relatives au classement et au triage des titres, dans toute l'étendue de la France, sont placées dans les attributions du ministre de la justice. »

Mais une autre du 21 prairial de la même année — 9 juin 1796 (*Bull.* 53), a rapporté cette première du 11 frimaire, et porte :

Art. 2. Cette surveillance est donnée au ministre des finances, sauf les dispositions des lois du 12 brumaire et du 7 messidor an 11, en ce qui concerne les archives nationales et l'archiviste de la France.

ARE. Nom d'une nouvelle mesure agraire qui désigne une superficie de terrain dont l'étendue équivaut à 25 toises carrées. (*Art. 5 de la loi du 18 germinal an III—7 avril 1795. Bull. 135.*)

ARGENT (l'intérêt légal de l') est fixé, par la loi du 3 septembre 1807 (*Bull.* 158), à cinq pour cent en matière civile, et à six pour cent en matière de commerce.

ARGENT EN FEUILLES dont se servent les pharmaciens pour couvrir et envelopper les pilules et les bols.

La police doit veiller avec soin à ce qu'aucun pharmacien, aucun empyrique ou charlatan, n'emploie, au lieu du véritable argent en feuilles, des feuilles d'étain battu, par cupidité ou par ignorance, d'où il peut résulter des germes de maladies ou de mort. Voy. *Pharmaciens.*

ARGENT-FULMINANT. Espèce de composition chimique, qui masquée sous différentes formes, produit une détonation semblable à celle de la poudre à canon.

Des imprudens ou des malintentionnés pouvant s'en servir pour troubler l'ordre public dans les promenades et autres lieux de réunion, et l'effet de cette composition pouvant occasioner des accidens, les officiers de police doivent rechercher et saisir tout l'argent fulminant qui peut se trouver dans le commerce, dans leurs arrondissemens respectifs, et faire expresses défenses aux individus chez qui il en est trouvé d'en vendre ou faire usage à peine d'être poursuivis suivant toute la rigueur des lois de police. (*Circulaire du préfet de police de Paris, du 6 mars 1807.*)

ARGILES. Voy. *Carrières.*

ARGUE. Voy. *Matière d'or et d'argent.*

ARMÉE DE LIGNE. Les préfets, les sous-préfets, les maires et adjoints, ainsi que les conseils placés près d'eux, exercent plusieurs fonctions importantes qui les établissent dans des rapports fréquens avec l'armée de ligne.

Les principales sont relatives à l'engagement volontaire, et au recrutement par la voie d'un appel annuel, des jeunes gens qui ont vingt ans révolus avant le 1er janvier. Leurs attributions, sous ce double rapport, sont réglées par la loi du 10 mars 1818, et par les ordonnances du roi et instructions ministérielles du 12 août et du 21 octobre de la même année. Voy. *Engagement* et *Recrutement.*

Mais il est beaucoup d'autres attributions qui les concernent : les *congés,* les *feuilles de route* des militaires isolés, l'arrestation des *déserteurs,* le *logement des troupes en marche,* leur *casernement,* les *réquisitions* pour le service militaire, la protection des *propriétés* des militaires absens, leur *état-civil,* les *certificats* des militaires retraités, etc. Voy. *tous ces mots en particulier,* et les *Notions préliminaires* en tête du volume.

Nota. Nous placerons ici quelques règles et principes relatifs aux rapports entre les autorités civiles et militaires.

I. Les sous-préfets ne peuvent, sous prétexte de tranquillité publique, mander ou faire arrêter les chefs ou officiers des troupes réglées, pour des faits relatifs au service. (*Loi du 29 mai 1790.*)

II. Les sous-préfets reçoivent les déclarations de tous détenteurs de biens-meubles et immeubles dépendant du domaine public, ainsi que tous débiteurs de la nation, à quelque titre que ce soit, même celles des agens ou employés civils et militaires dans les arsenaux, magasins, ateliers, fonderies, places et hôpitaux militaires. (*Lois du 23 août 1792; du 26 frimaire an 11—16 décembre 1793; et 11 messidor an VII—29 juin 1799. Bull. 290.*)

III. Toutes les fois qu'un conseil d'administration croit

devoir refuser tout ou partie des objets qui lui sont adressés en vertu de ses propres demandes ou d'une commande du directoire de l'habillement, il en rend compte au
commissaire des guerres dans l'arrondissement duquel il
se trouve. Le commissaire des guerres dresse de suite,
en présence d'un délégué du conseil d'administration et
du fondé de pouvoirs du manufacturier, fabricant ou
commerçant qui a fait l'envoi, et à son défaut, en présence du maire ou d'un des adjoints de la municipalité, un
procès-verbal dans lequel il constate les motifs du refus
du conseil d'administration, ainsi que l'état, la nature et
la quantité des marchandises refusées. Ce procès-verbal
est de suite remis ou adressé au conseil de préfecture du
département, qui, après avoir fait vérifier les faits par des
experts, après avoir entendu le manufacturier, fabricant
ou commerçant, dans ses réponses, prononce définitivement entre le corps et le fabricant. Le conseil de préfecture juge de même, sauf l'appel au conseil-d'état, toutes
les discussions qui s'élèvent entre les conseils d'administrations ou le directoire et les fabricans, commerçans et
fournisseurs, relativement à l'exécution des clauses des
marchés relatifs à l'habillement et à l'équipement des
troupes. (*Art. 21 de l'arrêté du 9 thermidor an VIII.
Bull. 56, n° 236.*)

Des difficultés élevées entre le commandant de la 10ᵐᵉ
division militaire et les autorités civiles du département
des Pyrénées-Orientales, mirent le ministre de la guerre dans le cas de répondre à ce commandant, le 5ᵐᵉ jour
complémentaire an x—22 septembre 1802, ce qui suit :

1°. Il a paru au gouvernement que le commandant
d'armes de Collioure avait obéi à une réquisition légale,
en fournissant un détachement pour l'empêchement de
de la pêche au bœuf, d'après les ordres du tribunal des
prud'hommes.

2°. Les règlemens ont accordé aux autorités civiles le
droit de requérir la troupe de ligne, lorsqu'il y a lieu, en
laissant aux commandans militaires, *non pas le droit de
discuter le motif de la réquisition,* mais seulement le choix
des troupes et des armes, dans lequel l'autorité civile ne
doit nullement s'immiscer.

3°. Le gouvernement a décidé, en outre, qu'on commandant d'armes ne doit point changer, en temps de paix, un ordre établi de longue main dans le service de la place, sans se concerter avec l'autorité civile.

4°. Enfin, il a jugé que l'autorité civile n'avait, dans aucun cas, le droit de faire battre la générale par les tambours militaires; qu'elle pouvait cependant la faire battre par ses propres tambours, en prévenant toutefois l'autorité militaire, *excepté* dans le cas d'incendie.

Ces dispositions sont conformes à la loi du 10 juillet 1791.

Le décret du 22 avril 1812 (*Bull.* 431), qui déclare les majors responsables de l'inexécution des formalités prescrites pour la réception des étoffes et effets d'habillement, d'équipement et de harnachement, ordonne (*art.* 2), que, lors même qu'un conseil d'administration aurait déclaré recevables des étoffes ou effets d'habillement, si le major ne les juge pas ainsi, il pourra en ordonner le rejet en tout ou en partie, sauf le recours au conseil de préfecture.

ARMES. La fabrication, la vente et l'usage de toute espèce d'armes, mais particulièrement des armes à feu de chasse et de guerre, sont l'objet de lois et de règlemens d'administration et de police dont l'exécution entre dans les attributions des préfets, des sous-préfets et des maires.

1°. La déclaration du roi du 23 mars 1728, remise en vigueur par le décret du 2 nivôse an XIV—23 décembre 1805 (*Bull.* 67), et par l'article 314 du Code pénal, prescrit aux autorités locales de veiller à ce qu'aucuns armuriers, fourbisseurs, couteliers, marchands de cannes, ne fabriquent ou vendent des poignards, des couteaux en forme de poignard, des cannes à épée, des bâtons ferrés, des stylets, des tromblons et autres armes prohibées : dans le cas de contravention, les autorités doivent saisir ces armes, dresser procès-verbal, et envoyer le tout au procureur du roi, pour faire prononcer contre les contrevenans les peines prononcées par les lois.

2°. Le décret du 8 vendémiaire an XIV—30 septembre 1805 (*Bull.* 60), porte qu'aucune arme ou pièce d'arme, de calibre de guerre, ne peut, quelles que soient sa nature et sa destination, être fabriquée hors des manufactures royales d'armes, ou sans l'autorisation préalable du ministre de la guerre; et enjoint aux préfets, aux sous-préfets et aux maires d'exercer une surveillance active sur les fabriques et ateliers d'armes qui existent dans leurs communes, et les autorise à saisir et confisquer les armes, et à arrêter et traduire les contrevenans devant les tribunaux de police correctionnelle.

3°. Un arrêté du ministre de la police du 25 avril 1807, enjoint aux maires de s'assurer si les armuriers inscrivent exactement le nom des personnes à qui ils vendent des armes à feu, et pour qui ils les raccommodent, sur un registre à ce destiné, dont le relevé doit être remis tous les trois mois au maire, pour être envoyé au sous-préfet; et dans le cas contraire, ils doivent les dénoncer au procureur du roi, pour les faire condamner à la peine portée par la loi.

4°. Le décret du 14 décembre 1810 (*Bull.* 335), contenant règlement sur les armes à feu fabriquées en France, et destinées pour le commerce, prescrit des fonctions importantes aux préfets, aux sous-préfets et aux maires.

Art. 1er. Toutes les armes à feu des manufactures de la France, et destinées pour le commerce, de quelque calibre et dimension qu'elles soient, seront assujetties, si elles ne le sont déjà, ou continueront à être assujetties à des épreuves proportionnées à leur calibre.

2. Les armes du commerce n'auront jamais le calibre de guerre, et pourront être regardées comme appartenant au gouvernement, et être saisissables par lui, si leur calibre n'est pas au moins à deux millimètres au-dessous ou au-dessus de ce calibre, qui est 0 mèt. 0177 (7 lignes 9 points), excepté les armes de traite, qui ne doivent jamais circuler en France, mais dont les dépôts doivent être faits dans les ports de mer.

3. Il sera nommé un éprouveur dans chacune des villes où l'on fabrique des armes de commerce : le maire présentera pour occuper cette place, trois sujets qui lui auront été désignés par les principaux fabricans d'armes à feu; le préfet choisira celui des trois qu'il jugera le plus capable de faire les épreuves, et lui délivrera, à cet effet, une commission qui sera enregistrée à la mairie.

4. L'éprouveur sera obligé de tenir la mesure de la poudre, et de la verser lui-même dans les canons, comme aussi d'y placer les balles. La poudre et les balles seront bourrées séparément avec une baguette de fer de onze millimètres de diamètre dans toute la longueur; les bourres seront faites avec

un carré de fort papier gris, de huit centimètres pour les grands calibres, et de cinq centimètres pour les autres calibres. L'éprouveur veillera soigneusement à ce que, pendant la charge, le trou de la lumière soit bien bouché avec une cheville de bois.

5. Les canons seront éprouvés horizontalement sur un banc, dans lequel ils se trouveront assujettis, de manière que le talon de la culasse soit appuyé contre une forte bande de fer, capable de résister au recul.

6. Les canons qui auront supporté l'épreuve, seront examinés par l'éprouveur. Ceux qu'il jugera bons seront marqués du poinçon d'acceptation : ceux qu'il reconnaîtra défectueux seront rendus au fabricant pour être raccommodés et pour subir une nouvelle épreuve, après laquelle la marque du poinçon sera apposée à ceux qui seront jugés bons; et ceux qui n'auront pas résisté à cette seconde épreuve seront brisés avant d'être rendus au fabricant.

7. Le poinçon d'acceptation portera une empreinte particulière pour chaque ville de fabrication : cette empreinte sera déterminée par le préfet, sur la proposition du maire et du conseil municipal. Quand la ville aura des armes, et que le conseil municipal y consentira, le poinçon pourra porter l'empreinte des armes de la ville.

Il sera gravé trois poinçons pour chaque calibre : le premier sera déposé à la préfecture du département, le second à l'hôtel de la mairie, où l'un et l'autre serviront de matrice au besoin; le troisième restera entre les mains de l'éprouveur qui ne pourra le faire rectifier, si l'empreinte s'altère ou se déforme, qu'après vérification de l'esquisse sur une des deux matrices originales.

L'empreinte sera appliquée sur le tonnerre des canons, de manière à être facilement reconnue lorsque le fusil sera monté.

8. Les fabricans, marchands et ouvriers canonniers ne pourront vendre aucun canon, sans qu'il ait été éprouvé et marqué du poinçon d'acceptation, à peine de 300 francs d'amende pour la première fois, d'une amende double en cas de récidive, et de confiscation des canons mis en vente.

9. La charge des fusils de chasse, du calibre de trente-deux balles au kilogramme, sera de vingt grammes, et d'une balle de calibre;

La charge des canons de trente-six sera de dix-huit grammes;

La charge du calibre de quarante sera de dix-sept grammes;

La charge du calibre de quarante-quatre sera de seize grammes;

Celle du calibre de quarante-huit sera de quinze grammes;

Celle du calibre de cinquante-deux sera de quatorze grammes;

Celle du calibre de cinquante-six sera de treize grammes;

Celles de chaque paire de pistolets d'arçon ou demi-arçon seront conformes aux charges ci-dessus, suivant les différens calibres, en telle sorte que la paire de canons de pistolets au calibre de cinquante-six, supportera la charge de poudre de treize grammes, ou six grammes et demi pour chaque pistolet, et ainsi des autres calibres;

Et quant à la charge de chaque pistolet de poche, elle sera de quatre grammes.

Toutes ces charges devront être faites avec de la poudre de chasse ordinaire, délivrée et attestée telle par la régie des poudres.

10. Dans le cas où il serait demandé par des fabricans d'armes ou autres une plus forte épreuve que celles ci-dessus prescrites, l'éprouveur sera tenu de charger les canons du calibre de trente-deux, à une quantité de poudre de la pesanteur de la balle de quarante-quatre; ceux du calibre de trente-six, à la pesanteur de la balle du calibre de quarante-huit, et ainsi des autres. Les canons qui auront subi cette épreuve extraordinaire, seront marqués deux fois du poinçon désigné par l'art. 7.

11. L'éprouveur se pourvoira, à ses frais, d'un local commode; le choix en sera approuvé par le maire : ce local sera uniquement destiné aux épreuves. L'éprouveur devra se pourvoir, également à ses frais, de mesures vérifiées et poinçonnées, analogues à chacun des calibres, et fournir les poudres et les balles.

Les jours d'épreuves demeurent fixés aux mercredi et samedi de chaque semaine, depuis une heure après midi jusqu'à la nuit, sauf à devancer les épreuves d'un jour, si le mercredi ou le samedi était un jour férié.

Aux jours et heures qui viennent d'être désignés, l'éprouveur se trouvera assidûment au lieu des épreuves, pour y recevoir les canons et les éprouver de suite, dans l'ordre et le rang où on les lui présentera.

12. Il sera payé à l'éprouveur,

Pour chaque charge d'un canon de calibre de trente-deux et de trente-six grammes. . . . . 34 c.

Idem du calibre de quarante et de quarante-quatre grammes. 26

Idem du calibre de quarante-huit, cinquante-deux et cinquante-six grammes. 23

Pour chaque paire de pistolets d'arçon, le même prix que ci-dessus, suivant les calibres.

Pour chaque paire de pistolets, depuis quatre-vingt-un jusqu'à cent vingt-trois millimètres de longueur. . . 23

Pour chaque canon double de fusil ou de pistolet, le double du prix fixé pour chaque calibre.

13. Le maire présentera chaque année au préfet, dans les premiers jours de décembre, six marchands armuriers ou maîtres arquebusiers, que le préfet nommera, savoir, les trois premiers sous le titre de *syndics*, et les trois autres sous celui d'*adjoints*, pour assister aux épreuves. Leurs nominations seront faites dans les formes prescrites par l'art. 3 pour celle de l'éprouveur. Ils entreront en exercice au premier janvier, et ne pourront exercer de suite que pendant un an.

L'un des syndics et l'un des adjoints devront toujours être présens aux épreuves; les syndics et les adjoints y assisteront à tour de rôle. En cas d'absence ou d'empêchement, l'absent sera remplacé par celui dont le tour vient immédiatement après le sien.

14. Les fonctions des syndics et adjoints consisteront à veiller à ce que l'éprouveur se conforme aux dispositions du présent règlement qui déterminent ses obligations et ses devoirs, et, en cas de contravention, à en informer le préfet du département, lequel prononcera, suivant les circonstances, une amende qui ne pourra excéder 500 francs ni être au-dessous de 50 francs, et en outre la destitution s'il y a lieu.

Elles consisteront aussi à veiller à ce qu'il ne soit admis à l'épreuve que des canons dégrossis aux trois quarts, et à ce que le poinçon d'acceptation désigne exactement le calibre sous lequel chaque canon aura été éprouvé.

15. Tout canon vendu, ou livré sous un calibre différent de celui désigné par le poinçon dont il porterait l'empreinte, sera saisi, et celui qui l'aura vendu ou livré, sera condamné à une amende qui ne pourra être au-dessous de 50 francs, ni excéder 100 francs.

Ordonnance du roi relative aux armes de guerre, du 24 juillet 1816. (Bull. 104.)

Art. 1er. Il est enjoint à tous individus, autres que ceux qui seront ci-après indiqués, détenteurs d'armes de guerre, de les déposer à la mairie de leur domicile dans le délai d'un mois après la promulgation de la présente ordonnance.

Les maires en tiendront un registre particulier, où seront inscrits les noms des détenteurs. Il sera ensuite pris des mesures pour les faire verser dans les arsenaux. Sont comprises sous la dénomination d'*armes de guerre*, toutes les armes à feu ou blanches à l'usage des troupes françaises, telles que fusils, mousquetons, carabines, pistolets de calibre, sabres ou baïonnettes.

Cette mesure est applicable aux armes de guerre étrangères et aux armes de commerce dont la fabrication a été défendue par l'article 2 du décret du 14 décembre 1810, lequel est ainsi conçu :

« Les armes du commerce n'auront jamais le calibre de guerre, et pourront être regardées comme appartenant au gouvernement, et être saisissables par lui, si leur calibre n'est pas au moins de 10 points et demi (2 millimètres) au-dessus ou au-dessous de ce calibre, qui est 7 lignes 9 points (0 m. 0177). »

2. Sont exceptés des dispositions de l'article 1er les citoyens faisant partie de la garde nationale, lesquels néanmoins ne pourront conserver, savoir :

Les gardes nationaux à pied, qu'un fusil et un sabre-briquet ;

Les gardes nationaux à cheval, un mousqueton, une paire de pistolets et un sabre de cavalerie.

Sont compris aussi dans cette exception les gardes-forestiers et gardes-champêtres, auxquels il sera permis d'avoir un fusil de guerre lorsqu'ils y seront autorisés par les sous-préfets.

Il n'est rien innové à ce qui est en usage pour l'armement des douaniers.

3. Il est défendu à tout particulier, même aux armuriers et arquebusiers, de vendre ou acheter des armes des modèles de guerre françaises ou étrangères, ou des calibres proscrits par l'article 1er.

4. Les gardes nationaux, gardes-champêtres et forestiers, ne pourront, sous aucun prétexte, vendre, échanger ni mutiler leurs armes. Lorsqu'elles seront hors de service, elles devront être versées dans les arsenaux, et remplacées, selon qu'il y aura lieu, aux frais de l'état ou aux frais des gardes.

Les armes des gardes nationaux morts ou exemptés de la garde nationale seront retirées par les soins des chefs de cette garde, et déposées aux mairies, jusqu'à ce qu'il en soit disposé en faveur d'autres gardes nationaux.

5. Les individus qui ne se conformeront pas à ce qui est prescrit à l'article 1er, ou qui contreviendront aux dispositions

des articles 2, 3 et 4, seront poursuivis correctionnellement, et punis, selon la gravité des cas, outre la confiscation des armes, d'une amende de 300 francs au plus, et d'un emprisonnement qui ne pourra excéder trois mois.

En cas de récidive, la peine sera double.

6. Dans chaque commune, le maire inscrira sur un registre les noms des habitans faisant partie de la garde nationale, et qui auraient des armes de guerre entre les mains, et chaque garde national sera tenu de représenter lesdites armes quand il en sera requis.

7. Tout individu qui achetera ou prendra en gage les armes d'un soldat, sera traduit devant les tribunaux de police correctionnelle, et puni d'une amende qui sera de 600 francs au plus, et d'un emprisonnement qui ne pourra être de plus de six mois; les dispositions du Code pénal militaire restant applicables aux soldats qui vendraient leurs armes et les mettraient en gage.

8. Toutes les fois que des armes abandonnées par des militaires déserteurs ou morts tomberont entre les mains d'un particulier, celui-ci sera tenu de les porter de suite dans les magasins de l'état, s'il s'en trouve à sa portée, ou de les remettre, sur récépissé, au maire de sa commune, qui sera chargé d'en faire la restitution au gouvernement.

9. La fabrication des armes des calibres et des modèles de guerre hors des manufactures royales est expressément défendue, à moins d'une autorisation spéciale, délivrée par notre ministre secrétaire-d'état de la guerre.

10. Les fabriques d'armes de commerce, dans les villes où il y aura une manufacture royale, seront surveillées par l'inspecteur de ladite manufacture. Quand il croira devoir faire une visite chez les fabricans ou ouvriers armuriers, il requerra le maire, qui pourra déléguer un commissaire de police pour assister à la visite.

11. Les armes dites *de traite* rentrent dans la classe des armes de commerce, et ne pourront, hors des manufactures royales, être fabriquées qu'au calibre fixé pour ces dernières par le décret du 14 décembre 1810, c'est-à-dire, au calibre de 10 points et demi (2 millimètres) au-dessus ou au-dessous de celui de guerre, qui est de 7 lignes 9 points.

12. Tout armurier ou fabricant d'armes devra être muni d'un registre paraphé par le maire, sur lequel seront inscrites l'espèce et la quantité d'armes qu'il fabriquera ou achetera, ainsi que l'espèce et la quantité de celles qu'il vendra, avec les noms et domiciles des vendeurs et acquéreurs.

Les maires, par eux ou par les commissaires de police, devront arrêter, tous les mois, ces registres.

Il sera en outre donné connaissance des dépôts d'armes dites *de traite* et qui sont du calibre de guerre français, par les propriétaires, aux commissaires de police des villes où sont situés ces dépôts. Un registre tenu par ces commissaires indiquera l'entrée, la sortie et la destination de ces armes. Les maires et sous-préfets seront informés de ces mouvemens.

13. L'exportation des armes des modèles et des calibres de guerre est interdite aux particuliers. Nous nous réservons d'en autoriser la fourniture par nos manufactures royales aux puissances étrangères qui en feraient la demande.

14. L'importation des armes de guerre étrangères ou de modèles français est expressément défendue, à moins qu'elle ne soit ordonnée par notre ministre de la guerre.

15. Les contrevenans aux dispositions des articles 8, 9, 11, 12, 13 et 14, seront passibles des peines énoncées à l'art. 5.

16. Les dispositions qui viennent d'être rappelées concernant les armes de guerre, s'appliquent aussi aux pièces d'armes de guerre. Les mêmes peines sont prononcées contre les possesseurs, marchands et fabricans desdites pièces d'armes, et contre ceux qui en feraient ou l'importation ou l'exportation.

17. Il est néanmoins permis aux armuriers qui sont désignés par les maires, de faire les réparations qu'exigeront les armes des gardes nationales.

Les maires veilleront à ce que ces permissions ne puissent dégénérer en abus.

18. Le décret du 14 décembre 1810, contenant règlement sur la fabrication et les épreuves des armes à feu destinées pour le commerce, continuera à être exécuté, à l'exception de ce qui a rapport aux armes dites *de traite*, qui seront considérées à l'avenir comme armes de commerce, ainsi qu'il est dit à l'article 12 de la présente ordonnance.

19. Nos ministres secrétaires-d'état aux départemens de la guerre et de l'intérieur, de la justice et de la police générale, sont chargés, chacun en ce qui le concerne, de l'exécution de la présente ordonnance.

Donné à Paris, le vingt-quatrième jour du mois de juillet de l'an de grâce 1816, et de notre règne le vingt-deuxième.

Signé LOUIS.

Par le roi :

Le ministre secrétaire-d'état de la guerre,

Signé le maréchal DUC DE FELTRE.

Certifié conforme par nous

Chancelier de France, chargé par interim du portefeuille du ministère de la justice,

DAMBRAY.

Armes *des officiers décédés.* Le conseil-d'état, consulté sur la question de savoir si, conformément à l'ordonnance de 1768, l'épée d'un officier décédé doit être donnée à l'officier chargé de ses obsèques, et quel usage on doit faire des armes d'honneur des militaires décédés:

Considérant que les armes d'honneur toujours méritées par des actions éclatantes, et l'épée des officiers décédés après avoir bien servi leur pays, sont une propriété sacrée, et la portion la plus précieuse de leur héritage; que l'aspect de ces armes peut inspirer aux descendans de ceux qui les ont obtenues ou portées, le désir de suivre leurs glorieux exemples, est d'avis:

1°. Que dans aucun cas les officiers de service pour des obsèques n'ont, à ce titre, aucune prétention à former sur l'épée, ni moins encore sur les armes d'honneur des militaires décédés; 2° que les militaires qui ont obtenu des armes d'honneur, ont incontestablement le droit d'en disposer par testament; que lorsqu'ils n'en auront pas disposé ainsi, ces armes doivent être envoyées par le commandant de la place ou du lieu, ou maire de la commune du domicile du décédé, pour être, par le magistrat, remises avec solennité et en présence du conseil municipal, à ses héritiers; qu'il doit en être de même de l'épée de tout officier mort sur le champ de bataille ou des suites de ses blessures; et que celle des autres officiers doit aussi être remise à leurs héritiers avec les autres parties de leur héritage. (*Avis du conseil-d'état du 5 brumaire an XIII—27 octobre 1804; Moniteur n° 53.*)

Armes (port d'). Voy. *Port d'armes.*

Armoiries. Leur suppression fut la suite des lois du 4 août 1789, et du 19—23 juin 1790, qui avaient aboli la noblesse et tous les titres honorifiques.

Elles devinrent, sous le gouvernement impérial, les marques distinctives des nouveaux nobles institués par le décret du 1er mars 1808. L'ancienne noblesse les recouvra en exécution de l'article 71 de la charte constitutionnelle.

Une ordonnance du roi du 26 septembre 1814 (*Bull.* 46), autorise toutes les villes et communes du royaume «à reprendre les armoiries qui leur avoient été attribuées par les rois ses prédécesseurs, et à en appliquer le sceau sur les actes de leur administration, à la charge par elles de se pourvoir par-devant la commission du sceau pour les faire vérifier et obtenir le titre à ce nécessaire. »

S. M. se réserve d'en accorder, d'après l'avis de ses ministres, à celles des villes, communes et corporations qui n'en auraient pas obtenu des rois ses prédécesseurs.

Nota. L'ordonnance du 26 décembre suivant (*Bull.* 67) fixe le tarif des droits de sceau à payer pour ces armoiries.

Pour faire exécuter les dispositions de ces deux ordonnances d'une manière plus uniforme et plus régulière, le ministre de l'intérieur jugea convenable de réunir au ministère toutes les demandes relatives aux armoiries des communes, et de provoquer directement, à la commission du sceau, la vérification qui doit être faite, et la délivrance du titre de confirmation.

S. Exc. invita les préfets, par une circulaire en date du 10 janvier 1815, à se faire remettre, par toutes les villes et communes de leurs départemens auxquelles l'ordonnance du 26 septembre dernier était applicable, 1° les délibérations prises par les conseils municipaux pour demander ces titres; 2° un dessin des armoiries; 3° des copies certifiées des chartes ou lettres-patentes en vertu desquelles a eu lieu la concession primitive.

La justification du paiement des droits se fait en présentant la demande. Il est donc indispensable, dit le ministre, que vous me fassiez remettre et que vous adressiez, avec les pièces, les sommes nécessaires pour acquitter les droits de sceau et ceux des référendaires. Le tarif porté et l'ordonnance ayant déterminé à quelle classe appartient telle ou telle commune, il ne peut y avoir d'incertitude sur la quotité des droits. Il faudra ajouter à ces droits 2 francs par chaque demande pour les déboursés de timbre des requêtes.

Signé l'abbé DE MONTESQUIOU.

M. de Vaublanc, ministre de l'intérieur, rappela aux préfets, par une circulaire en date du 1er avril 1816, les dispositions prescrites par la circulaire précédente, et ajouta que les maires des villes et communes qui auraient obtenu des concessions d'armoiries de l'ancien gouvernement, devaient en faire le renvoi ; sans quoi elles ne pourraient en obtenir de nouvelles.

ARMURIERS. Les maires sont chargés de parapher le registre de chaque armurier ou fabricant d'armes. Ils doivent par eux, ou par les commissaires de police, arrêter tous les mois ces registres. (*Art. 12 de l'ordonnance du 24 juillet 1816, Bull. 104, n° 956.*)

Ils peuvent autoriser les armuriers à faire les réparations qu'exigent les armes des gardes nationales, et veillent à ce que ces permissions ne puissent dégénérer en abus. (*Art. 17 de l'ordonnance du 24 juillet 1816, Bull. 104, n° 956.*) Voy. ci-dessus, *Armes.*

ARPENT. Ancienne mesure agraire. Voy. *Poids et Mesures.*

ARPENTAGE (opérations de l'), considérées sous le rapport du cadastre, et attributions respectives des préfets, des sous-préfets et des maires en cette matière. Voyez *Cadastre.*

ARRÉRAGES *des pensions* et des rentes sur l'État. Certificats à délivrer et à légaliser par les fonctionnaires administratifs et municipaux pour en toucher le montant. Voy. *Certificats de vie, Pensions et Rentes.*

ARRÉRAGES *et frais.* Les arrérages des droits supprimés sans indemnité, même ceux qui pourraient être dus en vertu de jugemens, accords ou conventions, ne sont pas exigibles. (*Art. 10 de la loi du 25 août 1792.*)

Les procès civils et criminels intentés, soit sur les fonds, soit sur les arrérages des droits supprimés par l'article 1er de la loi du 17 juillet 1793, sont éteints sans répétition de frais de la part d'aucune des parties. (*Art. 3 de la dite loi du 17 juillet 1793.*)

ARRESTATION *en cas de contravention, de délit, ou de crime.* Les préfets, les maires, et le préfet de police à Paris, institués officiers de police judiciaire par les articles 9 et 10 du Code d'instruction criminelle, sont investis du droit d'ordonner l'arrestation de tous les individus qui troublent l'ordre public.

Ils exercent ce droit, soit sur la clameur publique, soit

lorsque l'individu est pris en flagrant délit, ou soupçonné de vagabondage, ou en vertu d'ordre d'autorités supérieures, administratives et judiciaires. Mais la loi leur prescrit des formalités à remplir pour l'exécution de leurs ordres, et ils ne peuvent franchir les limites du pouvoir qu'elle leur confère sans s'exposer à des poursuites judiciaires, et sans encourir des peines sévères.

I. Un acte d'arrestation ne peut être exécuté,

1°. S'il n'exprime formellement le motif de l'arrestation, et la loi en vertu de laquelle elle est ordonnée ;

2°. S'il n'émane d'un fonctionnaire à qui la loi a donné formellement ce pouvoir ;

3°. S'il n'est notifié et copie laissée à la personne y dénommée. (*Loi du 22 frimaire an VIII—13 décembre 1799, art. 77.*)

II. Les juges, les procureurs royaux et leurs substituts, les juges d'instruction, ont, par la loi, le droit de décerner tous mandats de comparution, de dépôt, d'amener, de perquisition et d'arrêt. (*Art. 91 du Code d'instruction criminelle.*)

Les préfets et les commissaires-généraux de police ont le droit de décerner le mandat d'amener. (*Art. 10 du Code d'instruction criminelle.*)

Les juges-de-paix, les commissaires de police, les maires et adjoints, les officiers de gendarmerie, les gardes-forestiers et les gardes-champêtres, peuvent également décerner le mandat d'amener, mais seulement dans le cas de flagrant délit, et en leur qualité d'officiers de police auxiliaires du procureur du roi. (*Art. 16 du Code d'instruction criminelle.*)

III. Tout individu arrêté en flagrant délit, ou sur la clameur publique, ou sur la réclamation de l'intérieur d'une maison, doit être conduit de suite devant l'officier de police le plus voisin qui constate les faits, et envoie le prévenu avec le procès-verbal devant le procureur du roi; à Paris, devant le préfet de police. (*Ibid.*)

IV. Un gardien ou geôlier ne peut recevoir ou détenir aucune personne, qu'après avoir transcrit sur son registre l'acte qui ordonne l'arrestation, lequel doit être un mandat donné dans les formes ci-dessus indiquées, ou une ordonnance de prise de corps, ou un décret d'accusation, ou un jugement. (*Art. 78 de la loi du 22 frimaire an viii—13 décembre 1799.*)

Tout gardien ou geôlier est tenu, sans qu'aucun ordre puisse l'en dispenser, de représenter le détenu à l'officier de police chargé de la police de la prison, à toute réquisition de cet officier. (*Art. 79 de la même loi.*)

Il ne peut refuser la représentation du détenu à ses parens et amis porteurs de l'ordre de l'officier civil, lequel est tenu toujours de l'accorder, à moins que le geôlier ou gardien ne représente une ordonnance du juge pour tenir le détenu au secret. (*Art. 80 de la même loi.*)

Celui qui n'ayant point reçu de la loi le pouvoir de faire arrêter, donne, signe, exécute l'arrestation d'une personne quelconque; celui qui même, dans le cas de l'arrestation autorisée par la loi, reçoit ou retient la personne arrêtée dans un lieu de détention non publiquement et légalement désigné comme tel; tout gardien ou geôlier qui contrevient aux dispositions du présent article et des deux précédens, sont coupables du crime de détention arbitraire. (*Art. 81 de la même loi, et loi du 28 germinal an vi—16 décembre 1797, article 165.*)

Toutes rigueurs autres que celles autorisées par les lois, employées dans les arrestations, détentions ou exécutions, sont des crimes. (*Art. 82 de la loi du 22 frimaire an viii—13 décembre 1799; et art. 170 de la loi du 28 germinal an vi—16 décembre 1797.*)

V. Quiconque a connaissance qu'un individu est détenu dans un lieu non destiné à servir de maison d'arrêt ou de justice, ou de prison, est tenu d'en donner avis à l'officier de police, au procureur du roi, ou à son substitut, ou au juge d'instruction, ou au procureur-général près la cour royale. (*Code d'instruction criminelle, art. 615.*)

VI. Tout juge-de-paix, tout commissaire de police, tout officier chargé du ministère public, tout juge d'instruction, est tenu, d'office, ou sur l'avis qu'il en a reçu, sous peine d'être poursuivi comme complice de détention arbitraire, de s'y transporter aussitôt, de faire mettre en liberté la personne détenue, ou, s'il est allégué quelque cause légale de détention, de la faire conduire sur-le-champ devant le magistrat compétent. Il dresse du tout procès-verbal. (*Ibid., art. 616.*)

Il rend au besoin une ordonnance dans la forme prescrite par l'article 96 du Code d'instruction criminelle; en cas de résistance, il se fait assister par la force armée, et toute personne requise est tenue de prêter main forte. (*Art. 617 du Code d'instruction criminelle.*)

VII. Tout gardien qui a refusé, ou de montrer au porteur de l'ordre de l'officier civil ayant la police de la maison d'arrêt, ou de justice, ou de la prison, la personne du détenu, sur la réquisition qui lui en est faite, ou de montrer l'ordre qui le lui défend, ou d'exhiber ses registres au juge-de-paix, ou au commissaire de police, ou de lui laisser prendre telle copie, que celui-ci croit nécessaire, de ses registres, est poursuivi comme coupable ou complice de détention arbitraire. (*Art. 618 du Code d'instruction criminelle.*)

VIII. Les fonctionnaires publics chargés de la police administrative ou judiciaire, qui refusent ou négligent de déférer à une réclamation légale pour constater les détentions illégales ou arbitraires, soit dans les maisons destinées à la garde des détenus, soit partout ailleurs, et qui ne justifient pas les avoir dénoncées à l'autorité supérieure, sont punis de la dégradation civique, et tenus de dommages-intérêts réglés comme il est dit par l'article 117 du Code pénal. (*Code pénal, a. . 119.*)

IX. Les gardiens, geôliers, et concierges de prisons qui ont reçu un prisonnier sans mandat ou jugement, ou sans ordre provisoire du gouvernement; ceux qui l'ont retenu ou refusé de le représenter à l'officier de police ou porteur de ses ordres, sans justifier de la défense du procureur du roi, ou du juge; ceux qui refusent d'exhiber leurs registres à l'officier de police, sont, comme coupables de détention arbitraire, punis de 6 mois à 2 ans d'emprisonnement, et d'une amende de 16 à 200 francs. (*Art. 120 du Code pénal.*)

X. Sont, comme coupables de forfaiture, punis de la dégradation civique, tout officier de police judiciaire, tous procureurs-généraux, tous substituts, tous juges, qui ont provoqué ou signé un jugement, une ordonnance ou mandat, tendant à la poursuite personnelle ou ac-

cusation d'un ministre ou d'un membre du conseil-d'é-
tat ou des chambres, sans les autorisations prescrites par
la loi, ou qui hors le cas de flagrant délit, ou de clameur
publique, ont, sans les mêmes autorisations, donné ou signé l'ordre ou mandat de saisir, arrêter un ministre, un
membre du conseil-d'état, ou des chambres. (*Art.* 121
du Code pénal.)

XI. Sont aussi punis de la dégradation civique, les procureurs-généraux, leurs substituts, les juges et officiers
publics, qui ont retenu ou fait retenir un individu, hors
les lieux déterminés par le gouvernement ou l'administration publique, ou qui ont traduit un citoyen devant
une cour d'assises ou une cour royale, sans la mise préalable et légale en accusation. (*Art.* 121 *du Code pénal.*)

XII. Tous ceux qui, sans ordres des autorités constituées, et hors les cas où la loi ordonne de saisir les prévenus, ont arrêté, détenu, ou séquestré des personnes
quelconques; ceux qui ont prêté un lieu pour ladite détention ou séquestration, sont punis de la peine des travaux forcés à temps. (*Art.* 341, *Ibid.*)

Si la détention ou séquestration a duré plus d'un mois,
la peine est celle des travaux forcés à perpétuité. (*Art.*
342, *Ibid.*)

La peine est réduite à un emprisonnement de 2 à 5
ans, si les coupables du délit mentionné en l'article 15
ci-dessus, non encore poursuivis de fait, ont rendu la
liberté à la personne avant le dixième jour de son arrestation, détention ou séquestration. Ils peuvent néanmoins
être renvoyés sous la surveillance de la haute police, pendant 5 à 10 ans. (*Art.* 343, *Ibid.*)

Les coupables des délits exprimés en l'article 15 ci-
dessus, sont punis de mort dans les trois cas suivans:

1°. Si l'arrestation a été exécutée avec le faux costume,
sous un faux nom, ou sur un faux ordre de l'autorité publique.

2°. Si l'individu arrêté, détenu ou séquestré a été menacé de la mort.

3°. S'il a été soumis à des tortures corporelles. (*Idem,*
art. 344.) Voy. *Contrainte par corps*, *Liberté individuelle*, *Mandats* et *Prisons*.

Arrêt (maison d'). Voy. *Prisons*.

Arrêt (mandats d'). Voy. *Mandats d'arrêts*.

Arrêtés administratifs. Nous comprenons sous cette dénomination générique les actes d'administration des préfets, des sous-préfets, des maires et des conseils placés près d'eux pour les seconder dans toutes les opérations qui sont de leur compétence.

Les principes sur cette matière sont : 1° que les fonctionnaires administratifs et municipaux ne peuvent prendre des arrêtés que sur des objets de localité confiés à leur vigilance, inspection, surveillance et autorité, par les lois, par les règlemens et par les décisions des autorités supérieures.

2°. Qu'en matière de police locale, leurs arrêtés ou règlemens approuvés par l'autorité supérieure, sont obligatoires jusqu'à leur réformation légale, même pour les tribunaux saisis de la connaissance d'une contravention à ces arrêtés. Voy. *Règlement de police*.

3°. Que les arrêtés qui porteraient quelque atteinte à la propriété d'un particulier, par l'effet d'ordres donnés pour des travaux publics, doivent être déférés au préfet et au ministre de l'intérieur, par le propriétaire lésé, pour exercer le droit de se pourvoir devant les tribunaux en dommages-intérêts.

4°. Que nulle autorité administrative ou municipale ne peut annuler un arrêté de l'autorité qui l'a précédée, ni en suspendre ou éluder l'exécution, qu'après l'avoir déféré à l'autorité administrative supérieure. (*Lois du 14 décembre 1789, du 16—24 août 1790, du 19—22 juillet 1791, et du 28 pluviôse an VIII— 17 février 1800; et Arrêts de la cour de cassation, des 16 mai 1811, 14 octobre 1813, 17 février 1814, 24 août 1815, 25 avril et 22 juillet 1819.*)

Nous allons présenter par ordre alphabétique les règles les plus importantes sur les effets des arrêtés administratifs, avec la citation des ordonnances royales qui les ont tracées.

Annullation.—Lorsqu'un arrêté de conseil de préfecture rejette une demande en rappel à l'égalité proportionnelle de contribution, sur le double motif que la même demande a déjà été écartée par des décisions antérieures, et que, depuis ces décisions, il n'a été apporté aucun changement aux évaluations portées en la matrice du rôle, cet arrêté doit être annulé, s'il résulte des pièces authentiques, qu'il existe une différence notable entre le revenu actuel de la commune, et celui qui avait servi de base aux premières décisions.

C'est alors le cas de renvoyer le réclamant devant le conseil de préfecture, à l'effet de faire statuer tant sur le fond que sur l'exception. (*Ord. du roi du 28 novembre 1821.*)

Compétence. — I. Un préfet excède ses pouvoirs lorsqu'il ordonne l'exécution, même provisoire, d'un arrêté de conseil de préfecture incompétemment rendu. (*Ord. du roi du 30 mars 1821.*)

II. Lorsque le règlement des eaux d'une rivière non navigable ni flottable a été fait par un arrêté d'un préfet, contradictoirement avec les propriétaires riverains, le ministre de l'intérieur n'est pas compétent pour y faire des changemens, dans un intérêt purement privé.

Les contestations qui peuvent s'élever dans ce dernier intérêt sur l'appplication des règlemens existans et sur l'usage des eaux, sont du ressort des tribunaux. (*Ord. du roi du 30 mars 1821.*)

III. C'est devant le ministre que la matière concerne, que doivent être déférés les arrêtés pris par les préfets, dans les limites de leur compétence.

Les arrêtés des préfets qui règlent la hauteur des eaux, même lorsqu'il s'agit de propriétés particulières situées sur les rivières non navigables ni flottables, doivent être déférés préalablement au ministre de l'intérieur. (*Ord. du roi du 30 mai 1821.*)

IV. Les conseils de préfecture sont seuls compétens pour fixer les indemnités réclamées pour cession de terrain ordonnée avant la loi du 8 mars 1810. (*Ord. du roi du 16 janvier 1822.*)

Motifs. — On doit considérer comme suffisamment motivé, un arrêté du conseil de préfecture qui déclare seulement s'en référer à l'avis d'un sous-préfet, lequel a cité, à l'appui de son opinion, la législation existante. (*Ordonnance du roi du 16 janvier 1822.*)

Notification et signification. Une circulaire du ministre de l'intérieur, adressée aux préfets en septembre 1816, contient ce qui suit :

M. le préfet, un avis du conseil-d'état, du 16 thermidor an XII, approuvé le 25 (*Bulletin des lois*, 1er trimestre 1812, n° 429), et un décret du 21 juin 1813 (*Bulletin n° 509*), consacrent en principe que les conseils de préfecture sont, dans les affaires de leur compétence, de véritables juges dont les actes doivent produire les mêmes effets et obtenir la même exécution que ceux des tribunaux ordinaires; qu'ils n'ont, pas plus que les tribunaux, le droit de réformer leurs décisions, et que ce droit n'appartient qu'à l'autorité supérieure.

Ainsi, lorsque des pourvois sont formés contre des arrêtés de ces conseils, il n'appartient qu'au roi de les maintenir ou de les annuler. Le décret du 22 juillet 1806, détermine la manière de procéder dans les affaires contentieuses portées au conseil-d'état. L'article 11 de ce décret porte que le recours au conseil contre la décision d'une autorité qui y ressortit, ne sera plus recevable après trois mois du jour où cette décision aura été notifiée : passé ce terme, les pourvois peuvent être rejetés par une fin de non-recevoir; mais, ainsi que l'indique le décret du 17 avril 1812 (*inséré au Bulletin des Lois, n° 452*) « la prescription ou la force de chose jugée ne peut être utilement opposée, qu'autant que la partie qui oppose cette exception a régulièrement signifié les arrêtés contre lesquels on réclame. » Ce même décret ajoute que de tels arrêtés sont des jugemens, et que si l'envoi par les autorités supérieures aux autorités inférieures, suffit pour rendre exécutoires les actes purement administratifs, il n'en est pas de même quand il s'agit d'arrêtés du conseil de préfecture statuant sur la propriété.

J'ai eu occasion de remarquer que, dans quelques départemens, MM. les préfets notifiaient les arrêtés des conseils de préfecture comme les leurs propres; que souvent même ils les faisaient notifier par MM. les ingénieurs. Les notifications de ce genre n'ont point, en cas de pourvoi, un caractère légal; et l'on ne peut dès-lors opposer, aux réclamans, la fin de non-recevoir indiquée par l'article 11 du décret du 22 juillet 1806.

Les arrêtés des conseils de préfecture devant, d'après le principe consacré par l'avis du conseil-d'état du 16 thermidor an XII, et le décret du 21 juin 1813, produire les mêmes effets et obtenir la même exécution que les jugemens des tribunaux ordinaires, il est manifeste que, pour être signifiés régulièrement, il faut qu'ils le soient par huissier.

Je vous invite, en conséquence, Monsieur le préfet, à faire signifier, à l'avenir, les décisions du conseil de préfecture de votre département, relatives à la grande voirie ou à tout ce qui ressortit à l'administration des ponts-et-chaussées, aux parties intéressées, par le ministère d'huissier. Les frais de signification resteront à la charge de qui de droit, selon que l'aura établi la décision du conseil de préfecture.

Quant aux décisions ministérielles, elles doivent être notifiées au domicile de la partie, par le maire, qui doit s'en faire délivrer un reçu.

Signé COMTE MOLÉ.

II. Pour faire courir le délai de l'appel, la notification d'un arrêté de conseil de préfecture doit être faite par huissier et à la requête de la partie qui l'a obtenu. (*Ord. du roi du 31 mars 1821.*)

Une notification d'un arrêté administratif faite par le maire et constatée par un récépissé ne suffit pas. (*Ord. du roi du 30 mars 1821.*)

III. La notification des arrêtés de conseil de préfecture faite par un adjoint de maire, ne fait pas courir les délais du pourvoi au conseil-d'état.

Il faut nécessairement une signification par huissier. (*Ordon. du roi du 13 juin 1821.*)

IV. On n'est pas recevable à se pourvoir, devant le conseil-d'état, contre un arrêté de conseil de préfecture, sous le prétexte que cet arrêté n'a pas été notifié, lorsque d'ailleurs il a été rendu contradictoirement avec les auteurs du requérant, et qu'il a été par eux exécuté. (*Ord. du roi du 28 novembre 1821.*)

Opposition.—I. Les arrêtés non contradictoires des conseils de préfecture, sont susceptibles d'opposition devant le conseil même qui a rendu l'arrêté. (*Ord. du 23 décembre 1815, Bull. 59, n° 357.*)

II. La partie qui n'a pas été entendue lors de la reddition d'un arrêté du conseil de préfecture, est recevable à y former tierce opposition.

Ce n'est pas devant le conseil-d'état qu'elle doit se pourvoir d'abord pour faire réformer cet arrêté. En renvoyant la partie devant le conseil de préfecture dont émane l'ar-

1été, le conseil-d'état peut surseoir à son exécution. (*Ord. du roi du 22 février 1821.*)

III. Lorsqu'un arrêté de conseil de préfecture a été rendu par défaut, qu'il a été légalement signifié à la partie condamnée, et qu'il a reçu son exécution, cette partie n'est pas recevable à y former opposition devant le conseil de préfecture.

Elle est recevable à prendre la voie du recours au conseil-d'état contre cet arrêté.

Elle ne l'est pas, si elle a laissé passer plus de trois mois depuis son exécution. (*Ord. du roi du 16 janvier 1822.*)

Pourvoi.—I. Le délai du pourvoi, soit contre les arrêtés de préfets, soit contre ceux de conseils de préfecture, court seulement du jour de la notification judiciaire. (*Ord. du roi du 30 mai 1821.*)

II. Le pourvoi dirigé contre un arrêté administratif doit être rejeté, lorsqu'il résulte des aveux des parties que cet arrêté, qui leur a été notifié par un maire, a été par elles exécuté, et lorsqu'il est constant qu'elles se sont pourvues plus de trois mois après cette exécution. (*Ord. du roi du 20 juin 1821.*)

III. On est recevable à se pourvoir directement devant le conseil-d'état, contre un arrêté de conseil de préfecture qui n'a été ni contradictoire, ni exécuté.

L'opposition aux arrêtés par défaut de conseils de préfecture, est recevable jusqu'à leur exécution. (*Ord. du roi du 29 août 1821.*)

IV. C'est devant le ministre, et non devant le conseil-d'état, qu'on doit se pourvoir contre les arrêtés des préfets rendus compétemment. (*Ord. du roi du 14 novembre 1821.*)

V. Le recours au conseil-d'état contre un arrêté administratif ne peut pas être exercé plus de trois mois après la date de ladite signification qui en a été faite. (*Ord. du roi du 20 février 1822.*)

VII. Le recours, par voie de requête civile, contre un arrêté administratif, n'est pas recevable, lorsque la partie ne produit pas la pièce qu'elle prétend avoir été retenue par son adversaire, et lorsque d'ailleurs cette pièce n'est point décisive. (*Ord. du roi du 20 février 1822.*)

Rapport.—Les conseils de préfecture excèdent leurs

pouvoirs, lorsqu'ils rapportent un arrêté pris sur la demande de l'une des parties, acquiescée par l'autre, devant les tribunaux, et qui a servi de base à un jugement rendu contradictoirement entre les parties intéressées. (*Ord. du roi du 18 juillet 1821.*)

Signature.—Un arrêté signé par deux membres d'un conseil de préfecture n'est point valable. (*Ord. du roi du 22 février 1821 et du 16 janvier 1822.*)

Sursis à l'exécution.—I. Il y a lieu de surseoir, sur la demande des parties, à l'exécution des arrêtés administratifs qu'elles attaquent, lorsque, s'ils n'étaient pas confirmés, il y aurait des dommages à réparer, et lorsqu'il n'y a pas de motifs suffisans pour exécuter d'urgence lesdites décisions. (*Ord. du roi du 28 novembre 1821.*)

II. Il y a lieu de surseoir à l'exécution d'un arrêté de conseil de préfecture, lorsque cet arrêté est attaqué, et que dans la supposition où il serait annulé, cette exécution pourrait devenir préjudiciable à la commune qui l'aurait obtenu. (*Ord. du roi du 6 février 1822.*)

ARRÊTS *de propre mouvement* (les) émanés de l'ancien conseil ont été annulés de plein droit par la loi du 20 septembre 1793, et ils peuvent encore être opposés aux parties. (*Ord. du roi du 21 mars 1821*).

ARRHEMENT, *Arrher*. Il est défendu d'aller au-devant des marchandises destinées à l'approvisionnement des villes pour les arrher. (*Ord. de décembre 1672.*)

ARRONDISSEMENT *communal*. On appelle ainsi la division territoriale d'un département, qui a remplacé celle par districts et par cantons, qui avait lieu avant la loi du 28 pluviôse an VIII—17 février 1800, aujourd'hui en vigueur pour la composition des autorités administratives et municipales, et la division du territoire.

ARRONDISSEMENT (conseils d'). Voy. *Conseils d'arrondissement.*

ARRONDISSEMENS *électoraux*. En exécution de l'art. 2 de la loi sur les élections du 29 juin 1820, les ordonnances du roi des 30 août, 4 et 13 septembre de la même année, ont réglé provisoirement ces arrondissemens, ainsi qu'ils avaient été proposés par les conseils-généraux.

Le gouvernement n'ayant pu recevoir tous les renseignemens dont il aurait eu besoin pour juger diverses réclamations qui lui étaient parvenues, renseignemens auxquels le simple aspect des cartes ne pouvait suppléer, puisque les circonscriptions à former ne doivent pas moins dépendre de l'intérêt des populations, de leurs convenances et de leurs habitudes, qu'elles ne doivent dépendre des divisions naturelles, et se trouvant pressé par le temps, par la nécessité de ne point retarder les élections, afin que les chambres pussent se réunir avant la fin de la présente année, il jugea que le parti le plus sage, ou plutôt le seul qu'il eût à prendre, était de confirmer provisoirement les distributions faites par les conseils-généraux que la loi avait chargés de ce travail, comme étant les véritables organes des localités et les plus intéressés à les satisfaire.

Il fut aussi déterminé à ce parti par la considération qu'il n'avait qu'à fixer provisoirement les circonscriptions, qu'elles devaient l'être définitivement par le pouvoir législatif, et que, d'ici à la session prochaine, il pourrait consulter les autorités locales sur les réclamations élevées sur ses propres doutes, les examiner avec une suffisante attention, les juger avec maturité, et porter dans ses propositions pour la fixation définitive, les lumières et le temps qu'exige un travail aussi important, alors surtout qu'il doit devenir irrévocable.

C'est d'après ces motifs que le ministre de l'intérieur, par une circulaire du 31 août, invita les préfets à écouter toutes les réclamations, et à rechercher les informations qui devront être discutées dans les avis qu'ils auront à donner pour la confection d'une loi qui réglera définitivement les arrondissemens électoraux.

Par une 2ᵉ circulaire du 4 décembre 1820, le ministre renouvela aux préfets l'invitation de lui adresser sans retard, et les réclamations qui se sont élevées, et les notions qu'ils ont recueillies, et les vérifications qu'ils en auront faites. Il importe, dit le ministre, « qu'elles me parviennent avant la fin de ce mois; vous sentirez que l'avis que vous avez à me donner, doit entrer dans toutes les explications que vous jugerez de nature à éclairer la proposition définitive du gouvernement et la discussion des chambres, et qu'il doit être accompagné des pièces et exprimer les faits que vous croirez devoir mériter quelque attention.»

C'est d'après toutes les notions élémentaires fournies par les conseils-généraux et par les préfets, que les chambres ont adopté le projet de loi qui règle la circonscription des arrondissemens électoraux, sanctionné par le roi le 16 mai 1821 (*Bull.* 452) et dont voici la teneur.

AIN.—Art. 1er. Le département de l'Ain est divisé en trois arrondissemens électoraux, composés, le premier, de l'arrondissement de Bourg, moins les cantons de Bagé-le-Châtel et Pont-de-Veyle; le deuxième, de l'arrondissement de Trévoux, et des cantons de Bagé-le-Châtel et Pont-de-Veyle (arrondissement de Bourg); le troisième, des arrondissemens de Belley, Nantua et Gex.

AISNE.—2. Le département de l'Aisne est divisé en quatre arrondissemens électoraux, composés, le premier, de l'arrondissement de Laon, moins les cantons de Chauny, Coucy, Rosoy-sur-Serre, et la portion du canton de la Fère située sur la droite des rivières de Serre et d'Oise; le deuxième, de l'arrondissement de Saint-Quentin, des communes d'Achery, Anguilcourt et le Sart, Beautor, Farguiers, la Fère, Liez, Mayot, Menessis, Quessy, Terguier, Travecy et Vouel (canton de la Fère, arrondissement de Laon), et du canton de Chauny (même arrondissement); le troisième, de l'arrondissement de Vervins, et du canton de Rosoy-sur-Serre (arrondissement de Laon); le quatrième, des arrondissemens de Soissons et Château-Thierry, et du canton de Coucy-le-Château (arrondissement de Laon).

ALLIER.—3. Le département de l'Allier est divisé en deux arrondissemens électoraux, composés, le premier, des arrondissemens de Moulins et la Palisse; le deuxième, des arrondissemens de Gannat et Montluçon.

ARDÈCHE.—4. Le département de l'Ardèche est divisé en deux arrondissemens électoraux, composés, le premier, de l'arrondissement de l'Argentière, et de celui de Privas, moins les cantons de la Voulte et de Saint-Pierreville; le deuxième, de l'arrondissement de Tournon, et des cantons de la Voulte et de Saint-Pierreville, distrait de Privas.

ARDENNES.—5. Le département des Ardennes est divisé en deux arrondissemens électoraux, composés, le premier, des arrondissemens de Mézières, Rocroy et Sedan; le deuxième, des arrondissemens de Rethel et Vouziers.

ARRIÉGE.—6. Le département de l'Arriége est divisé en deux arrondissemens électoraux, composés, le premier, des arrondissemens de Foix et Saint-Girons, et du canton de

Varilhes (arrondissement de Pamiers); le deuxième, de l'arrondissement de Pamiers, moins le canton de Varilhes.

AUBE.—7. Le département de l'Aube est divisé en deux arrondissemens électoraux, composés, le premier, des arrondissemens de Troyes et Nogent; le deuxième, des arrondissemens d'Arcis-sur-Aube, de Bar-sur-Aube et de Bar-sur-Seine.

AUDE.—8. Le département de l'Aude est divisé en deux arrondissemens électoraux, composés, le premier, des arrondissemens de Castelnaudary et Limoux, et des cantons d'Alzonne, Conques, Mas-Cabardès, Montréal et Saissac (arrondissement de Carcassonne); le deuxième, de l'arrondissement de Carcassonne, moins les cantons d'Alzonne, Conques, Mas-Cabardès, Montréal et Saissac, et de l'arrondissement de Narbonne.

AVEYRON.—9. Le département de l'Aveyron est divisé en trois arrondissemens électoraux, composés, le premier, des cantons de Rodès, Bozouls, Cassagne, Marcillac et Pont de Salars (arrondissement de Rodès), de l'arrondissement d'Espalion, et des cantons de Campagnac et Laissac (arrondissement de Milhau); le deuxième, de l'arrondissement de Villefranche, et des cantons de Conques, Naucelle, Requista, Rignac, la Salvetat et Sauveterre (arrondissement de Rodès); le troisième, de l'arrondissement de Milhau, moins les cantons de Campagnac et Laissac; et de l'arrondissement de Saint-Afrique.

BOUCHES-DU-RHÔNE.—10. Le département des Bouches-du-Rhône est divisé en trois arrondissemens électoraux, composés, le premier, de l'arrondissement de Marseille; le deuxième, de l'arrondissement d'Aix; le troisième, de l'arrondissement d'Arles.

CALVADOS.—11. Le département du Calvados est divisé en quatre arrondissemens électoraux, composés, le premier, de l'arrondissement de Caen, et du canton de Dives (arrondissement de Pont-l'Évêque); le deuxième, de l'arrondissement de Bayeux, et de l'arrondissement de Vire, moins les cantons de Vassy et de Condé; le troisième, de l'arrondissement de Falaise, des cantons de Vassy et Condé (arrondissement de Vire), et des cantons de Mézidon et Saint-Pierre-sur-Dives (arrondissement de Lisieux); le quatrième, de l'arrondissement de Lisieux, moins les cantons de Mézidon et Saint-Pierre-sur-Dives; et de l'arrondissement de Pont-l'Évêque, moins le canton de Dives.

CANTAL.—12. Le département du Cantal est divisé en deux arrondissemens électoraux, composés, le premier, des ar-

rondissemens d'Aurillac et Mauriac; le deuxième, des arrondissemens de Murat et Saint-Flour.

CHARENTE.—13. Le département de la Charente est divisé
en trois arrondissemens électoraux, composés, le premier,
de l'arrondissement d'Angoulême, moins le canton de Rouillac; des cantons d'Aubeterre, Chalais, Montmoreau (arrondissement de Barbezieux), et du canton de Mansle (arrondissement de Ruffec); le deuxième, de l'arrondissement de Con-
folens, et des cantons de Ruffec et Ville-Fagnan (arrondissement de Ruffec); le troisième, de l'arrondissement de Cognac,
du canton de Rouillac (arrondissement d'Angoulême), des
cantons de Baignes, Barbezieux, Brossac (arrondissement
de Barbezieux), et du canton d'Aigre (arrondissement de
Ruffec).

CHARENTE-INFÉRIEURE.—14. Le département de la Charente-Inférieure est divisé en quatre arrondissemens électoraux, composés, le premier, de l'arrondissement de la Ro-
chelle, des deux cantons de l'île d'Oleron (arrondissement
de Marennes), et du canton d'Aigrefeuille (arrondissement de
Rochefort); le deuxième, de l'arrondissement de Marennes,
moins les deux cantons de l'île d'Oleron; des cantons de Loulay et Tonnay-Boutonne (arrondissement de Saint-Jean-d'Angely), du canton de Saujon (arrondissement de Saintes), et
de l'arrondissement de Rochefort, moins le canton d'Aigrefeuille; le troisième, de l'arrondissement de Saintes, moins
les cantons de Saujon, de Cozes et de Pons; et de l'arrondissement de Saint-Jean-d'Angely, moins les cantons de Loulay
et de Tonnay-Boutonne; le quatrième, de l'arrondissement
de Jonzac, et des cantons de Cozes et de Pons (arrondissement de Saintes).

CHER.—15. Le département du Cher est divisé en deux
arrondissemens électoraux, composés, le premier, de l'arrondissement de Bourges, moins les cantons de Baugy, Charost et Levet; et de l'arrondissement de Sancerre, moins le
canton de Sancergues; le deuxième, de l'arrondissement de
Saint-Amand, des cantons de Baugy, Charost et Levet (arrondissement de Bourges), et du canton de Sancergues (arrondissement de Sancerre).

CORRÈZE.—16. Le département de la Corrèze est divisé en
deux arrondissemens électoraux, composés, le premier, de
l'arrondissement de Brives, et des cantons d'Argental, Mer-
cœur, Seillac, Uzerches, Tulle-nord, et de la portion de la
ville de Tulle-sud (arrondissement de Tulle); le deuxième,
de l'arrondissement d'Ussel, et des cantons de Treignac,
Égletons, Corrèze, Laplean, Laroche, Servières et Tulle-

sud, moins la portion de la ville de Tulle-sud (arrondissement de Tulle).

Côte-d'Or.—17. Le département de la Côte-d'Or est divisé en trois arrondissemens électoraux, composés, le premier, de l'arrondissement de Dijon; le deuxième, de l'arrondissement de Beaune; le troisième, des arrondissemens de Châtillon et Sémur.

Côtes-du-Nord.—18. Le département des Côtes-du-Nord est divisé en quatre arrondissemens électoraux, composés, le premier, de l'arrondissement de Saint-Brieuc; le deuxième, de l'arrondissement de Dinan; le troisième, des arrondissement de Guingamp et Loudéac; le quatrième, de l'arrondissement de Launion.

Creuse.—19. Le département de la Creuse est divisé en deux arrondissemens électoraux, composés, le premier, de l'arrondissement de Guéret, du canton de Bénévent (arrondissement de Bourganeuf), et de l'arrondissement de Boussac, moins le canton de Chambon; le deuxième, de l'arrondissement d'Aubusson; de l'arrondissement de Bourganeuf, moins le canton de Bénévent; et du canton de Chambon (arrondissement de Boussac).

Dordogne.—20. Le département de la Dordogne est divisé en quatre arrondissemens électoraux, composés, le premier, de l'arrondissement de Périgueux, et des cantons de Jumilhac, Lanouaille, Saint-Pardoux-la-Rivière et Thiviers (arrondissement de Nontron); le deuxième, de l'arrondissement de Riberac, et des cantons de Bussière-Badil, Champagnac de Belair, Mareuil et Nontron (arrondissement de Nontron); le troisième, de l'arrondissement de Bergerac; le quatrième, de l'arrondissement de Sarlat.

Doubs.—21. Le département du Doubs est divisé en deux arrondissemens électoraux, composés, le premier, des arrondissemens de Baume, Montbéliard et Pontarlier; le deuxième, de l'arrondissement de Besançon.

Drôme.—22. Le département de la Drôme est divisé en deux arrondissemens électoraux, composés, le premier, de l'arrondissement de Valence, moins le canton de Loriol; le deuxième, des arrondissemens de Die, Montélimart et Nyons, et du canton de Loriol (arrondissement de Valence).

Eure.—23. Le département de l'Eure est divisé en quatre arrondissemens électoraux, composés, le premier, de l'arrondissement d'Évreux; le deuxième, de l'arrondissement de Pont-Audemer, et des cantons de Louviers, Neubourg et Tourville (arrondissement de Louviers); le troisième, de l'arrondissement de Bernay; le quatrième, de l'arrondisse-

ment des Andelys, et des cantons de Gaillon et Pont-de-
l'Arche (arrondissement de Louviers).

EURE-ET-LOIR.—24. Le département d'Eure-et-Loir est
divisé en deux arrondissemens électoraux, composés, le
premier, de l'arrondissement de Chartres, moins les cantons
de Courville et d'Illiers ; et de l'arrondissement de Châteaudun, moins le canton de Brou ; le deuxième, des arrondissemens de Dreux et Nogent-le-Rotrou, des cantons de
Courville et d'Illiers (arrondissement de Chartres), et du
canton de Brou (arrondissement de Châteaudun).

FINISTÈRE.—25. Le département du Finistère est divisé
en quatre arrondissemens électoraux, composés, le premier,
de l'arrondissement de Brest, moins les cantons de Daoulas
et Ploudiry ; le deuxième, de l'arrondissement de Morlaix ;
le troisième, de l'arrondissement de Châteaulin, des cantons
de Daoulas et Ploudiry (arrondissement de Brest), et des
cantons de Douarnenez et Pont-Croix (arrondissement de
Quimper) ; le quatrième, de l'arrondissement de Quimper,
moins les cantons de Douarnenez et Pont-Croix, et de l'arrondissement de Quimperlé.

GARD.—26. Le département du Gard est divisé en trois
arrondissemens électoraux, composés, le premier, de l'arrondissement de Nîmes, moins les cantons d'Aramon, Saint-
Mamert et Sommières ; le deuxième, des arrondissemens
d'Alais et du Vigan, et des cantons de Saint-Mamert et Sommières (arrondissement de Nîmes) ; le troisième, de l'arrondissement d'Uzès, et du canton d'Aramon (arrondissement de
Nîmes).

GARONNE (HAUTE-).—27. Le département de la Haute-
Garonne est divisé en quatre arrondissemens électoraux,
composés, le premier, des cantons de Toulouse (nord,
ouest et sud), Cadours, Fronton et Verfeil (arrondissement de Toulouse) ; le deuxième, des cantons de Toulouse
(centre), Castanet, Grenade, Leguevin, Montastruc et Ville-
mur (arrondissement de Toulouse) ; le troisième, de l'arrondissement de Villefranche ; le quatrième, des arrondissemens
de Muret et Saint-Gaudens.

GERS.—28. Le département du Gers est divisé en trois
arrondissemens électoraux, composés, le premier, des arrondissemens d'Auch et Mirande ; le deuxième, de l'arrondissement de Condom ; le troisième, des arrondissemens de
Lectoure et Lombez.

GIRONDE.—29. Le département de la Gironde est divisé
en cinq arrondissemens électoraux, composés, le premier,
de la ville de Bordeaux ; le deuxième, de l'arrondissement

de Bordeaux, moins la ville de Bordeaux et le canton de
Cubzac; le troisième, des arrondissemens de Blaye et Lespar-
re, et du canton de Cubzac (arrondissement de Bordeaux);
le quatrième, de l'arrondissement de Libourne; le cinquième, des arrondissemens de Bazas et la Réole.

HÉRAULT.—30. Le département de l'Hérault est divisé en
trois arrondissemens électoraux, composés, le premier, de
l'arrondissement de Montpellier; le deuxième, de l'arrondissement de Béziers, moins les cantons de Bédarieux, Montagnac, Roujan et Saint-Gervais; et de l'arrondissement de
Saint-Pons; le troisième, de l'arrondissement de Lodève, et
des cantons de Bédarieux, Montagnac, Roujan et Saint-Gervais (arrondissement de Béziers).

ILLE-ET-VILAINE.—31. Le département d'Ille-et-Vilaine
est divisé en quatre arrondissemens électoraux, composés,
le premier, de l'arrondissement de Saint-Malo, des cantons
d'Antrain (arrondissement de Fougères) et Bécherel (arrondissement de Montfort); le deuxième, de l'arrondissement
de Rennes, moins le canton de Liffré, et du canton de Montauban (arrondissement de Montfort); le troisième, de l'arrondissement de Fougères, moins le canton d'Antrain; de
l'arrondissement de Vitré, et du canton de Liffré (arrondissement de Rennes); le quatrième, de l'arrondissement de
Montfort, moins les cantons de Bécherel et Montauban, et
de l'arrondissement de Redon.

INDRE.—32. Le département de l'Indre est divisé en deux
arrondissemens électoraux, composés, le premier, de l'arrondissement de Chateauroux, moins les cantons d'Argenton
et Buzançais, et de l'arrondissement d'Issoudun; le deuxième,
des arrondissemens de la Châtre et du Blanc, et des cantons
d'Argenton et Buzançais (arrondissement de Châteauroux).

INDRE-ET-LOIRE.—33. Le département d'Indre-et-Loire
est divisé en deux arrondissemens électoraux, composés, le
premier, de l'arrondissement de Tours; le deuxième, des arrondissemens de Chinon et Loches.

ISÈRE.—34. Le département de l'Isère est divisé en quatre
arrondissemens électoraux, composés, le premier de l'arrondissement de Grenoble, moins les cantons de Saint-Laurent-
du-Pont et Voiron; le deuxième, de l'arrondissement de St.-
Marcellin, des cantons de Saint-Laurent-du-Pont et Voiron
(arrondissement de Grenoble), et du canton du Grand-Lemps
(arrondissement de la Tour-du-Pin); le troisième, de l'arrondissement de la Tour-du-Pin, moins le canton du Grand-
Lemps, et des cantons de Mézieux et la Verpillière (arron-

dissement de Vienne); le quatrième, de l'arrondissement de Vienne, moins les cantons de Mézieux et la Verpillière.

JURA. — 35. Le département du Jura est divisé en deux arrondissemens électoraux, composés, le premier, des arrondissemens de Lons-le-Saulnier et Saint-Claude; le deuxième, des arrondissemens de Dôle et Poligny.

LANDES. — 36. Le département des Landes est divisé en deux arrondissemens électoraux, composés, le premier, de l'arrondissement de Mont-de-Marsan et de celui de Saint-Sever, moins les cantons d'Amou et de Mugron; le deuxième, de l'arrondissement de Dax, et des cantons d'Amou et de Mugron (arrondissement de Saint-Sever).

LOIR-ET-CHER. — 37. Le département de Loir-et-Cher est divisé en deux arrondissemens électoraux, composés, le premier, de l'arrondissement de Blois, moins les cantons de Marchenoir et Ouzouer-le-Marché, et de l'arrondissement de Romorantin; le deuxième, de l'arrondissement de Vendôme, et des cantons de Marchenoir et Ouzouer-le-Marché (arrondissement de Blois).

LOIRE. — 38. Le département de la Loire est divisé en trois arrondissemens électoraux, composés, le premier, de l'arrondissement de Montbrison; le deuxième, de l'arrondissement de Roanne; le troisième, de l'arrondissement de Saint-Etienne.

LOIRE (HAUTE-). — 39. Le département de la Haute-Loire est divisé en deux arrondissemens électoraux, composés, le premier, de l'arrondissement de Brioude, des deux cantons du Puy, de ceux de Cayres, Loudes, Alègre, Saint-Paulien et Saugues (arrondissement du Puy); le deuxième, de l'arrondissement d'Issingeaux, et des cantons de Pradelles, Craponne, Fay-le-Froid, Monastier, Saint-Julien-Chapteuil, Solignac et Vorey (arrondissement du Puy).

LOIRE-INFÉRIEURE. — 40. Le département de la Loire-Inférieure est divisé en quatre arrondissemens électoraux, composés, le premier, de la ville et des cantons de Nantes; le deuxième, de l'arrondissement de Nantes, moins les six cantons du chef-lieu et ceux de Carquefou et de la Chapelle-sur-Erdre, et de l'arrondissement de Paimbœuf; le troisième, des arrondissemens d'Ancenis et Châteaubriant, et des cantons de Carquefou et de la Chapelle-sur-Erdre (arrondissement de Nantes); le quatrième, de l'arrondissement de Savenay.

LOIRET. — 41. Le département du Loiret est divisé en trois arrondissemens électoraux, composés, le premier, de l'arrondissement d'Orléans, moins les cantons d'Arthenay, Châteauneuf et Neuville; le deuxième, de l'arrondissement de

Montargis, moins le canton de Bellegarde, et de l'arrondissement de Gien; le troisième, de l'arrondissement de Pithiviers, du canton de Bellegarde (arrondissement de Montargis), et des cantons d'Arthenay, Châteauneuf et Neuville (arrondissement d'Orléans).

Lot.—42. Le département du Lot est divisé en quatre arrondissemens électoraux, composés, le premier, des cantons de Cahors (nord et sud), Lauzès, Lalbenque, Limogne et Saint-Géry (arrondissement de Cahors); le deuxième, des cantons de Castelnau, Catus, Cazals, Luzech, Moncucq et Puy-l'Évêque (arrondissement de Cahors); le troisième, de l'arrondissement de Figeac; le quatrième, de l'arrondissement de Gourdon.

Lot-et-Garonne.—43. Le département de Lot-et-Garonne est divisé en trois arrondissemens électoraux, composés, le premier, de l'arrondissement d'Agen, moins les communes de Prayssas, Saint-Amand, Cours, Granges, Lacépède, Laugnac, Lexterne, Lusignan-Petit, Saint-Médard, Montpezat, Quissac, Rides, Saint-Sardos (canton de Prayssas); des cantons de Francescas, Mezin et Nérac (arrondissement de Nérac); et des communes de Barbaste, Bruch, Feuquarolles, Lavardac, Limon, Montesquieu, Saint-Laurent et Vianne (canton de Lavardac, même arrondissement); le deuxième, de l'arrondissement de Marmande, moins le canton de Castelmoron; des cantons de Castel-Jaloux, Damazan et Houillès (arrondissement de Nérac), et des communes d'Estussan, Montgaillard, Pompiey, Thouars, Xaintrailles (canton de Lavardac, même arrondissement); le troisième, de l'arrondissement de Villeneuve, du canton de Castelmoron (arrondissement de Marmande), et des communes de Cours, Granges, Lacépède, Laugnac, Lexterne, Lusignan-Petit, Prayssas, Saint-Amand, Saint-Médard, Montpezat, Quissac, Rides, Saint-Sardos (canton de Prayssas, arrondissement d'Agen).

Maine-et-Loire.—44. Le département de Maine-et-Loire est divisé en quatre arrondissemens électoraux, composés, le premier, de l'arrondissement d'Angers, moins les cantons de Briollay et le Louroux-Beconnais, et des cantons de Baugé, Durtal et Seiches (arrondissement de Baugé); le deuxième, de l'arrondissement de Saumur, moins les communes de Beaulieu, Chanzeaux, Étiau, Faveraye, Faye, Gonnord, Rabelai, Saint-Lambert-du-Lattai et Thouarcé (canton de Thouarcé); et des cantons de Beaufort, Longué et Noyant (arrondissement de Baugé); le troisième, de l'arrondissement de Beaupréau, et des communes de Beaulieu, Chanzeaux,

Etiau, Faveraye, Faye, Gonnord, Rabelai, Saint-Lambert-du-Lattai et Thouarcé (canton de Thouarcé, arrondissement de Saumur); le quatrième, de l'arrondissement de Segré, et des cantons de Briollay et du Louroux-Béconnais (arrondissement d'Angers).

Manche.— 45. Le département de la Manche est divisé en quatre arrondissemens électoraux, composés, le premier, de l'arrondissement de Saint-Lô; le deuxième, des arrondissemens d'Avranches et Mortain; le troisième, de l'arrondissement de Coutances, et du canton de Sainte-Mère-Église (arrondissement de Valognes); le quatrième, de l'arrondissement de Valognes, moins le canton de Sainte-Mère-Église, et de l'arrondissement de Cherbourg.

Marne.— 46. Le département de la Marne est divisé en trois arrondissemens électoraux, composés, le premier, des arrondissemens de Châlons et Epernay; le deuxième, des arrondissemens de Sainte-Menehould et Vitry; le troisième, de l'arrondissement de Reims.

Marne (Haute-).—47. Le département de la Haute-Marne est divisé en deux arrondissemens électoraux, composés, le premier, de l'arrondissement de Vassy, et des cantons d'Andelot, Chaumont, Juzennecourt, Saint-Blain et Vignory (arrondissement de Chaumont); le deuxième, de l'arrondissement de Langres, et des cantons d'Arc, Bourmont, Château-villain, Clermont et Nogent-le-Roi (arrondissement de Chaumont).

Mayenne.— 48. Le département de la Mayenne est divisé en trois arrondissemens électoraux, composés, le premier, de l'arrondissement de Laval; le deuxième, de l'arrondissement de Château-Gontier; le troisième, de l'arrondissement de Mayenne.

Meurthe.— 49. Le département de la Meurthe est divisé en trois arrondissemens électoraux, composés, le premier, de l'arrondissement de Nancy, moins les cantons de Nomeny, Haroué, Saint-Nicolas, Vézelise, et de l'arrondissement de Toul; le deuxième, de l'arrondissement de Lunéville, des cantons d'Haroué, Saint-Nicolas, Vézelise (arrondissement de Nancy), et du canton de Lorquin (arrondissement de Sarrebourg); le troisième, de l'arrondissement de Château-Salins, de l'arrondissement de Sarrebourg, moins le canton de Lorquin, et du canton de Nomeny (arrondissement de Nancy).

Meuse.— 50. Le département de la Meuse est divisé en deux arrondissemens électoraux, composés, le premier, des arrondissemens de Bar-le-Duc et Commercy; le deuxième, des arrondissemens de Montmédy et Verdun.

MORBIHAN.—51. Le département du Morbihan est divisé
en quatre arrondissemens électoraux, composés, le premier,
de l'arrondissement de Vannes, des cantons d'Auray et Pluvigner (arrondissement de Lorient), et du canton de Locminé
(arrondissement de Pontivy); le deuxième, de l'arrondissement de Lorient, moins les cantons d'Auray et Pluvigner; le
troisième, de l'arrondissement de Pontivy, moins le canton de
Locminé; le quatrième, de l'arrondissement de Ploërmel.

MOSELLE.—52. Le département de la Moselle est divisé
en quatre arrondissemens électoraux, composés, le premier,
de l'arrondissement de Briey; le deuxième, de l'arrondissement de Thionville; le troisième, de l'arrondissement de
Metz, moins les cantons de Boulay, Faulquemont et Pange;
le quatrième, de l'arrondissement de Sarreguemines, et des
cantons de Boulay, Faulquemont et Pange (arrondissement
de Metz).

NIÈVRE.—53. Le département de la Nièvre est divisé en
deux arrondissemens électoraux, composés, le premier, de
l'arrondissement de Nevers, moins le canton de Saint-Saul-
ge; et de l'arrondissement de Château-Chinon, moins le
canton de Montsauche; le deuxième, des arrondissemens de
Clamecy et Cosne, et des cantons de Saint-Sauige (arrondissement de Nevers) et Montsauche (arrondissement de Château-Chinon).

NORD.—54. Le département du Nord est divisé en huit
arrondissemens électoraux, composés, le premier, de l'arrondissement de Dunkerque; le deuxième, de l'arrondissement de Hazebrouck; le troisième, des cantons de Lille
(centre), de Lille (ouest), et des cantons du Quesnoy-sur-
Deule, Lannoy, Roubaix, Tourcoing (nord) et Tourcoing
(sud); le quatrième, des cantons de Lille (nord-est), Lille
(sud-est), Lille (sud-ouest) et des cantons d'Armentières, la
Bassée, Cysoing, Haubourdin, Seclin et Pont à-Marq; le
cinquième, de l'arrondissement d'Avesnes; le sixième, de
l'arrondissement de Cambrai; le septième, des trois cantons
de Douai et des cantons d'Arleux, Marchiennes et Orchies
(arrondissement de Douai); le huitième, des trois cantons de
Valenciennes, des deux cantons de Saint-Amand, et de ceux
de Bouchain et Condé (arrondissement de Douai).

OISE.—55. Le département de l'Oise est divisé en trois
arrondissemens électoraux, composés, le premier, de l'arrondissement de Beauvais; le deuxième, de l'arrondissement de Compiègne, et des cantons de Betz, Crespy, Nan-
teuil-le-Haudoin et Pont-Sainte-Maxence (arrondissement de
Senlis); le troisième, de l'arrondissement de Clermont, et

des cantons de Creil, Neuilly-en-Thel et Senlis (arrondissement de Senlis).

ORNE.—56. Le département de l'Orne est divisé en quatre arrondissemens électoraux, composés, le premier, de l'arrondissement d'Alençon ; le deuxième, de l'arrondissement d'Argentan ; le troisième, de l'arrondissement de Domfront ; le quatrième, de l'arrondissement de Mortagne.

PAS-DE-CALAIS.—57. Le département du Pas-de-Calais est divisé en quatre arrondissemens électoraux, composés, le premier, de l'arrondissement d'Arras, et des cantons de Carvins et Lens (arrondissement de Béthune) ; le deuxième, de l'arrondissement de Boulogne, des cantons d'Étaples et Hucqueliers (arrondissement de Montreuil), et des cantons d'Ardres et Audruick (arrondissement de Saint-Omer) ; le troisième, de l'arrondissement de Saint-Omer, moins les cantons d'Ardres et Audruick ; et de l'arrondissement de Béthune, moins les cantons de Carvin et Lens ; le quatrième, de l'arrondissement de Saint-Pol, et de celui de Montreuil, moins les cantons d'Étaples et Hucqueliers.

PUY-DE-DÔME.—58. Le département du Puy-de-Dôme est divisé en quatre arrondissemens électoraux, composés, le premier, de l'arrondissement de Clermont; le deuxième, de l'arrondissement de Riom ; le troisième, de l'arrondissement d'Issoire; le quatrième, des arrondissemens d'Ambert et Thiers.

PYRÉNÉES (BASSES-).—59. Le département des Basses-Pyrénées est divisé en trois arrondissemens électoraux, composés, le premier, des arrondissemens de Pau et Oleron; le deuxième, des arrondissemens de Mauléon et Orthez; le troisième, de l'arrondissement de Baïonne.

RHIN (BAS-).—60. Le département du Bas-Rhin est divisé en quatre arrondissemens électoraux, composés, le premier, de l'arrondissement de Saverne, et des cantons de Truchtersheim et Wasselonne (arrondissement de Strasbourg) ; le deuxième, de l'arrondissement de Schelestatt, et des cantons de Geispolsheim et Molsheim (arrondissement de Strasbourg); le troisième, de l'arrondissement de Wissembourg, et des cantons de Bischwiller, Brumath, Haguenau et Oberhausbergen (arrondissement de Strasbourg) ; le quatrième, de la ville et des cantons de Strasbourg.

RHIN (HAUT-).—61. Le département du Haut-Rhin est divisé en trois arrondissemens électoraux, composés, le premier, de l'arrondissement d'Altkirch ; le deuxième, de l'arrondissement de Colmar; le troisième, de l'arrondissement de Belfort.

Rhône.—62. Le département du Rhône est divisé en trois arrondissemens électoraux, composés, le premier, des cantons de Lyon (nord), Lyon (ouest), Vaisse, la Croix-Rousse, l'Arbresle, Limonest, Neuville et Vaugneray (arrondissement de Lyon); le deuxième, des cantons de Lyon (midi), la Guillotière, Saint-Laurent, Saint-Symphorien, Saint-Genis-Laval, Givors, Mornant et Sainte-Colombe (arrondissement de Lyon); le troisième, de l'arrondissement de Villefranche.

Saône (Haute-).—63. Le département de la Haute-Saône est divisé en deux arrondissemens électoraux, composés, le premier, de l'arrondissement de Gray, et des cantons de Combeau-Fontaine, Montbozon, Rioz, Scey-sur-Saône et Vitrey (arrondissement de Vesoul); le deuxième, de l'arrondissement de Lure, et des cantons d'Amance, Jussey, Noroy, Port-sur-Saône et Vesoul (arrondissement de Vesoul).

Saône-et-Loire.—64. Le département de Saône-et-Loire est divisé en quatre arrondissemens électoraux, composés, le premier, de l'arrondissement de Mâcon, et des cantons de Cuiseaux, Cuisery, Louhans et Montpont (arrondissement de Louhans); le deuxième, de l'arrondissement de Châlons-sur-Saône, et des cantons de Beaurepaire, Montret, Pierre et Saint-Germain-du-Bois (arrondissement de Louhans); le troisième, de l'arrondissement d'Autun; le quatrième, de l'arrondissement de Charolles.

Sarthe.—65. Le département de la Sarthe est divisé en quatre arrondissemens électoraux, composés, le premier, de l'arrondissement du Mans, moins les cantons de la Suze, Loué et Montfort; le deuxième, de l'arrondissement de Mamers, moins les cantons de Montmirail et Tuffé; le troisième, de l'arrondissement de la Flèche, et des cantons de la Suze et Loué (arrondissement du Mans); le quatrième, de l'arrondissement de Saint-Calais, et des cantons de Montfort (arrondissement du Mans), Montmirail et Tuffé (arrondissement de Mamers).

Seine.—66. Le département de la Seine est divisé en huit arrondissemens électoraux, composés, le premier, du premier arrondissement municipal de Paris, et du quatrième; le deuxième, du deuxième arrondissement municipal de Paris; le troisième, du troisième arrondissement municipal de Paris, et du cinquième; le quatrième, du sixième arrondissement municipal de Paris, et du huitième; le cinquième, du septième arrondissement municipal de Paris, et du neuvième; le sixième, du dixième arrondissement municipal de Paris; le septième, du onzième arrondissement municipal de Paris, et du douzième; le huitième, des arrondissemens de sous-préfecture de Sceaux et de Saint-Denis.

SEINE-INFÉRIEURE.—67. Le département de la Seine-Inférieure est divisé en six arrondissemens électoraux, composés, le premier, de la ville de Rouen et de ses faubourgs; le deuxième, de l'arrondissement de Rouen, moins la ville de Rouen et ses faubourgs; le troisième, de l'arrondissement du Havre; le quatrième, de l'arrondissement d'Yvetot; le cinquième, de l'arrondissement de Dieppe; le sixième, de l'arrondissement de Neufchâtel.

SEINE-ET-MARNE.—68. Le département de Seine-et-Marne est divisé en trois arrondissemens électoraux, composés, le premier, de l'arrondissement de Meaux; le deuxième, des arrondissemens de Coulommiers et Provins; le troisième, des arrondissemens de Melun et Fontainebleau.

SEINE-ET-OISE.—69. Le département de Seine-et-Oise est divisé en quatre arrondissemens électoraux, composés, le premier, de l'arrondissement de Pontoise; le deuxième, des arrondissemens de Corbeil et Etampes; le troisième, des arrondissemens de Mantes et Rambouillet; le quatrième, de l'arrondissement de Versailles.

SEVRES(DEUX-).—70. Le département des Deux-Sèvres est divisé en deux arrondissemens électoraux, composés, le premier, des arrondissemens de Bressuire et Parthenay, du canton de Champdeniers et des deux cantons de Saint-Maixent (arrondissement de Niort); le deuxième, de l'arrondissement de Niort, moins le canton de Champdeniers et les deux cantons de Saint-Maixent, et de l'arrondissement de Melle.

SOMME.—71. Le département de la Somme est divisé en quatre arrondissemens électoraux, composés, le premier, de l'arrondissement d'Abbeville, et des cantons de Bernaville et Domart (arrondissement de Doullens); le deuxième, de la ville et des cantons d'Amiens; le troisième, de l'arrondissement d'Amiens, moins les cantons du chef-lieu; et des cantons d'Acheux et Doullens (arrondissement de Doullens), d'Albert et Bray (arrondissement de Péronne); le quatrième, de l'arrondissement de Montdidier, et de l'arrondissement de Péronne, moins les cantons d'Albert et Bray.

TARN.—72. Le département du Tarn est divisé en deux arrondissemens électoraux, composés, le premier, des arrondissemens d'Alby et Gaillac, du canton de Montredon (arrondissement de Castres), et du canton de Graulhet (arrondissement de Lavaur); le deuxième, de l'arrondissement de Castres, moins le canton de Montredon; et de l'arrondissement de Lavaur, moins le canton de Graulhet.

TARN-ET-GARONNE.—73. Le département de Tarn-et-Garonne est divisé en deux arrondissemens électoraux, composés, le premier, de l'arrondissement de Montauban, et des cantons de Grisolles et Montech (arrondissement de Castel-Sarrasin); le deuxième, de l'arrondissement de Moissac, et de l'arrondissement de Castel-Sarrasin, moins les cantons de Grisolles et Montech.

VAR.—74. Le département du Var est divisé en trois arrondissemens électoraux, composés, le premier, de l'arrondissement de Brignolles, et de celui de Draguignan, moins les cantons de Callas, Comps, Fayence et la ville de Draguignan; le deuxième, de l'arrondissement de Grasse, des cantons de Callas, Comps et Fayence, et de la ville de Draguignan (arrondissement de Draguignan); le troisième, de l'arrondissement de Toulon.

VAUCLUSE.—75. Le département de Vaucluse est divisé en deux arrondissemens électoraux, composés, le premier, des arrondissemens d'Avignon et Apt; le deuxième, des arrondissemens de Carpentras et Orange.

VENDÉE.—76. Le département de la Vendée est divisé en trois arrondissemens électoraux, composés, le premier, de l'arrondissement de Bourbon-Vendée, des cantons de Mareuil, Chantonnay et Pouzauges (arrondissement de Fontenay); des communes de Bournezeau, Saint-Vincent-du-Fort-du-Lay, Puy-Maufrais (canton de Sainte-Hermine, arrondissement de Fontenay), des communes de Chaillé, Château-Guibert, Nesmy, Saint-Florent et le Tablier (canton de Moutier-les-Mauxfaits, arrondissement des Sables), et de la commune d'Aubigny (canton de la Motte-Achard, même arrondissement); le deuxième, de l'arrondissement de Fontenay, moins les cantons de Mareuil, Chantonnay et Pouzauges, et les communes de Bournezeau, Saint-Vincent-du-fort-du-Lay et Puy-Maufrais (canton de Sainte-Hermine); le troisième, de l'arrondissement des Sables, moins les communes de Chaillé, Château-Guibert, Nesmy, Saint-Florent, le Tablier (canton de Moutier-les-Mauxfaits), et la commune d'Aubigny (canton de la Motte-Achard).

VIENNE.—77. Le département de la Vienne est divisé en deux arrondissemens électoraux, composés, le premier, de l'arrondissement de Poitiers, moins les cantons de Mirebeau et Saint-George, et de l'arrondissement de Civray; le deuxième, des arrondissemens de Châtellerault, Loudun et Montmorillon, et des cantons de Mirebeau et Saint-George (arrondissement de Poitiers).

VIENNE (HAUTE-).—78. Le département de la Haute-Vienne est divisé en deux arrondissemens électoraux, composés, le premier, de l'arrondissement de Bellac, moins le canton de

Laurière; de l'arrondissement de Rochechouart, et du canton de Chalus (arrondissement de Saint-Yrieix); le deuxième, de l'arrondissement de Limoges, de l'arrondissement de Saint-Yrieix, moins le canton de Chalus, et du canton de Laurière (arrondissement de Bellac).

YONNE.—79. Le département de l'Yonne est divisé en trois arrondissemens électoraux, composés, le premier, des arrondissemens de Joigny et Sens; le deuxième, de l'arrondissement d'Auxerre; le troisième, des arrondissemens d'Avallon et Tonnerre.

ARROSEMENT *des rues, places et promenades publiques* (l'), est dans les attributions des maires. Leurs arrêtés à cet égard sont obligatoires pour tous les habitans; et la non exécution rend passible de l'amende qui est prononcée par le tribunal de police municipale. Voy. *Voie publique.*

ARSENAUX. Les sous-préfets reçoivent les déclarations des agens ou employés civils et militaires dans les arsenaux sur les objets appartenant à l'état. (*Loi du 23 août* 1792.)

ARTIFICES et *artificiers.* Il est fait défense à tous artificiers et autres de fabriquer et vendre de l'artifice dans Paris, sans une permission du préfet de police. (*Ord. du préfet de police du* 17 *messidor an* VIII—6 *juillet* 1800.)

Nul ne peut, sous quelque prétexte que ce soit, même les entrepreneurs des fêtes publiques, tirer dans les lieux destinés auxdites fêtes, ni dans l'intérieur des maisons, cours, jardins, aucun feu ni pièce d'artifice, sans une permission du préfet de police. (*Ord. du préfet de police de Paris des* 23 *thermidor an* XI—11 *août* 1803, 26 *juillet* 1813, *et* 28 *octobre* 1815, *art.* 11.)

Les permissions ci-dessus ne sont accordées que pour des endroits isolés, au désir de l'ordonnance de police du 15 novembre 1781, art. 12.

Il est défendu de tirer, le jour et la nuit, aucuns pétards, fusées, boîtes, bombes, coups de fusil, ni d'autres armes à feu, sur la voie publique, dans les promenades, ni dans l'intérieur des maisons. (*Ord. ci-dessus du préfet de police de Paris.*)

Les contrevenans aux dispositions des articles 1, 2 et 4 ci-dessus, encourent une amende dont les pères et mères

I.   13

et maîtres sont responsables, et un emprisonnement; les marchandises sont en outre saisies et confisquées; le tout sans préjudice des dommages-intérêts s'il y a lieu.

L'amende est de 400 fr. aux termes de l'article 15 de l'ordonnance du 15 novembre 1781; mais elle n'est que de 1 à 5 fr., aux termes de l'article 471 n° 2 du Code pénal, avec confiscation des pièces d'artifice suivant l'article 472, et 3 jours d'emprisonnement suivant l'article 473.

Défenses sont faites aux propriétaires et principaux locataires de louer leurs maisons, boutiques et échoppes dans l'intérieur de Paris, même dans les endroits les plus isolés, à des marchands faisant commerce d'artifice, qui ne justifieraient pas d'une permission du préfet de police, à peine de 400 fr. d'amende. (*Ord. du 15 novembre 1781, art. 12.*)

Ceux qui par l'emploi ou usage d'armes à feu, ou de pièces d'artifice, ont occasioné la mort ou la blessure d'animaux ou bestiaux appartenant à autrui, encourent une amende de 11 à 15 francs. (*Code pénal, art. 479, § 3.*)

Ceux qui par l'emploi ou usage d'armes à feu, ou de pièces d'artifice, blesseraient quelqu'un par défaut d'adresse ou de précaution, encourent un emprisonnement de 6 jours à 2 mois, et une amende de 16 à 200 francs. (*Code pénal, art. 320.*)

Ceux qui, par ledit emploi ou usage d'armes à feu ou de pièces d'artifice, ont commis involontairement un homicide par maladresse, imprudence, inattention, négligence ou inobservation des règlemens, ou en ont été involontairement la cause, sont punis d'un emprisonnement de 3 mois à 2 ans et d'une amende de 50 à 600 fr. (*Code pénal, art. 319.*)

Toutes les fois qu'il arrive un accident par l'effet d'une pièce d'artifice, il est fait un procès-verbal d'information, pour constater si l'accident provient du fait de l'artificier, soit par négligence soit par impéritie. Le procès-verbal est transmis au préfet de police. (*Ord. du préfet de police du 12 juin 1811, approuvée par le ministre de l'intérieur.*)

Il est défendu aux artificiers d'employer dans la composition des fusées volantes, aucune baguette de bois, ni aucune espèce de corps dur. (*Ord. du 19 juin 1811, art. 2.*)

Ils sont tenus de substituer à ces baguettes tel autre moyen qu'ils jugent convenable, pourvu toutefois qu'il ne puisse en résulter aucun danger. (*Idem, art. 3.*)

Il est défendu de vendre et acheter des fusées volantes, fabriquées avec des baguettes en bois ou autres corps durs, et d'en tirer dans un lieu quelconque, public ou particulier; les artificiers ou marchands de pièces d'artifice, sont personnellement responsables de l'exécution du présent article, en ce qui les concerne. (*Idem, art 4.*)

Il est fait de fréquentes visites chez les artificiers et les marchands de pièces d'artifice, à l'effet de saisir toutes les fusées volantes qui seraient trouvées dans leurs boutiques et magasins, fabriquées avec des baguettes prohibées par l'art. 2 ci-dessus. (*Idem, art. 5.*)

ARTILLERIE (chevaux d') placés chez les fermiers, sous la surveillance des maires. Voy. *Chevaux d'artillerie.*

ARTILLERIE (effets d') et *armes portatives.*

Les négocians et armateurs dans les ports de guerre et de commerce, qui sont propriétaires ou dépositaires de bouches à feu en bronze et en fer, comme canons, obusiers, mortiers, caronades, pierriers, etc., d'affûts et de projectiles pour le service de ces bouches à feu, et aussi d'armes portatives autres que celles qu'il leur est permis de conserver d'après les lois, pour leur usage personnel, sont tenus de les mettre en dépôt dans les arsenaux du gouvernement, de terre et de mer. (*Décrets des 16 juin 1813, art. 1er, et 16 novembre suivant, art. 2.*)

Ils ne peuvent disposer des objets ci-dessus, qu'en justifiant de leur emploi au commandant de la marine dans le port où lesdits objets sont déposés. (*Même décret, art. 2.*)

Ceux qui ne feraient pas ladite remise ou dépôt, encourent, outre la confiscation, une amende de 500 fr., conformément à l'article 28 de la loi du 13 fructidor an 5, sur les poudres et salpêtres. (*Même décret, art. 4.*)

Le ministre de l'intérieur, par une circulaire du 16 janvier 1816, instruisit les préfets, que des particuliers avaient acheté des effets d'artillerie.

On a lieu de penser, dit le ministre, que la plupart de ceux qui ont fait ces acquisitions y ont été portés, non par les motifs d'une coupable avidité, mais par le désir de conserver à leurs pays des objets utiles qui eussent pu être détruits ou conduits hors de la France.

Il est de l'intérêt du gouvernement de retirer, des mains des détenteurs, les effets qui peuvent être utiles, tels que bois de construction, armes, projectiles, machines et instrumens à l'usage de l'artillerie, et tous les autres objets de même nature. En conséquence, M. le ministre de la guerre a invité, le 4 de ce mois, MM. les directeurs et commandans d'artillerie, à faire, de concert avec MM. les préfets, sous-préfets et maires, des recherches à l'effet de connaître les détenteurs de ces objets; ces officiers sont autorisés à assurer aux acquéreurs de bonne foi le remboursement de leurs débourses, et 10 pour 100 en sus, à titre d'indemnité, payables sur les fonds qui seront faits par le ministre de la guerre.

ARTISANS et *ouvriers* (coalition des). Voyez *Coalition*.

ARTISTES VÉTÉRINAIRES. Les encouragemens qui leur sont accordés font partie des dépenses variables des départemens, payables par les receveurs-généraux sur les mandats des préfets. (*Art. 53 de la loi du 25 mars 1817. Bull. 145.*) Voy. *Écoles vétérinaires*.

ARTS (monumens des), tels que bas-reliefs, colonnes, statues, tableaux. Leur conservation est dans les attributions des maires, dont l'action contre ceux qui les dégradent, les mutilent ou les détruisent, est prescrite par les lois du 6 juin 1793, 14 fructidor an II — 31 août 1794 (*Bull.* 50), 8 brumaire an III — 29 octobre 1794 (*Bull.* 78), et l'art. 257 du Code pénal.

Le directeur des travaux publics de Paris reste chargé de la partie financière des arts et monumens publics. (*Art. 5 de l'ord. du roi du 28 janvier 1815. Bull. 76.*)

ARTS et *manufactures*. La société d'encouragement pour l'industrie nationale, formée à Paris, il y a 22 ans, a beaucoup contribué à rouvrir toutes les sources, et à féconder tous les germes de la prospérité publique.

L'intéressant bulletin qu'elle publie chaque mois, et dont le recueil renferme tant de découvertes utiles, tant de procédés de perfectionnement, tant d'améliorations qui sont d'heureux résultats d'efforts constamment dirigés vers la prospérité de notre industrie agricole, manufacturière et commerciale.

Dans les séances publiques qu'elle tient annuellement, elle propose des sujets de prix. Elle ne se borne pas à les indiquer dans des programmes remplis de faits utiles, de profondes recherches, d'instructions détaillées, elle a facilité aux concurrens les moyens de succès, en donnant aux problèmes à résoudre le développement et la clarté désirables.

Ces programmes sont adressés aux préfets par des circulaires du ministre de l'intérieur, avec recommandation de leur procurer la plus grande publicité possible, en faisant participer à la distribution les principaux fabricans ou mécaniciens; les chambres consultatives de commerce, les conseils de prud'hommes, les sociétés d'arts et sciences, en un mot, tous les établissemens plus particulièrement à même de coopérer à cette publicité; enfin, leur réimpression textuelle dans le journal du chef-lieu du département.

Les circulaires ministérielles des 31 janvier et 8 décembre 1817, et du 25 janvier 1819 offrent, sous tous ces rapports, des témoignages satisfaisans de la protection que le ministère de l'intérieur accorde aux arts et aux sciences, à l'agriculture et au commerce.

A la circulaire du 26 janvier 1819, se trouvait joint un certain nombre de la notice historique, nouvellement publiée par M. *Guillard-Senainville*, et qui a pour objet non-seulement de faire connaître l'origine de la société d'encouragement et le but de son institution, mais encore les nombreux travaux dont elle s'est occupée jusqu'à ce jour avec tant de succès.

ARTS ET MÉTIERS (écoles royales d'), établies à Angers et à Châlons-sur-Marne, et maintenues par une ordonnance du roi du 26 février 1817. (*Bull.* 141.)

Art. 2. Elles ont pour objet de former des chefs d'ateliers, et des ouvriers exercés dans la pratique éclairée des arts industriels.

Art. 3. A cet effet, des ateliers de divers genres d'industrie continueront d'y être tenus en activité.

Le dessin et les élémens des connaissances théoriques applicables aux arts, continueront d'y être enseignés.

4. Un inspecteur-général est chargé, sous l'autorisation de notre ministre secrétaire-d'état de l'intérieur, de la surveillance des deux écoles royales de Châlons-sur-Marne et d'Angers.

Il y a, à la tête de chacune des deux écoles, un directeur. L'inspecteur-général et les directeurs sont nommés par nous, sur la présentation du ministre.

5. Les autres employés sont, pour chaque école,

Un directeur de l'instruction,

Un agent spécial des ateliers,

Un administrateur comptable,

Et les professeurs et chefs d'atelier nécessaires pour l'enseignement théorique et pratique, eu égard à son développement dans chacun des deux établissemens.

Ces employés sont à la nomination du ministre.

6. Les dépenses de toute espèce de chaque école sont ordonnées et réglées, d'après les instructions du ministre de l'intérieur et sous la réserve de son approbation, par un conseil dit *des dépenses*, dont les membres sont pris parmi les professeurs et les principaux employés de chaque établissement.

7. Les comptes de l'administrateur sont vérifiés et arrêtés par ce conseil et par l'inspecteur-général, avant d'être soumis à l'approbation définitive du ministre.

8. Le nombre des élèves qui devront être entretenus, en tout ou en partie, aux frais du trésor royal, dans les deux écoles, est fixé à cinq cents.

9. Les trois cinquièmes de ces élèves seront à pension entièrement gratuite; un autre cinquième jouira des trois quarts de la pension gratuite; et pour l'autre cinquième, la moitié de la pension sera à la charge des parens.

10. Les places d'élèves seront à notre nomination : elles ne pourront être remplies que par des sujets âgés de treize ans au moins, de seize ans au plus, et annonçant des dispositions et de l'aptitude à l'exercice des arts mécaniques.

11. Une place d'élève dans chacune des trois classes spécifiées en l'article 9, est affectée spécialement à chacun des départemens de notre royaume. La présentation à ces places aura lieu suivant les formes que déterminera notre ministre secrétaire-d'état de l'intérieur.

12. La présentation à six places gratuites dans les mêmes établissemens, et à deux places à trois quarts de pension gratuite, est accordée à la société d'encouragement pour l'industrie nationale.

13. Le ministre présente directement à toutes les autres

places. Il règle toutes les dispositions de détail relatives aux écoles.

Pour l'exécution de cette ordonnance, le ministre de l'intérieur, par une circulaire du 23 juin 1818, a adressé aux préfets le prospectus ci-après, avec invitation d'en déposer deux au secrétariat de la préfecture, et d'en remettre un à chaque sous-préfet, et un au maire du chef-lieu de département.

Prospectus.

Par son ordonnance du 26 février 1817, le roi a confirmé l'existence des écoles d'arts et métiers établies à Châlons-sur-Marne et à Angers; il a aussi étendu à tous les départemens les bienfaits de l'instruction qu'elles répandent.

Les écoles royales d'arts et métiers sont destinées, en général, à propager et multiplier les connaissances qui s'appliquent à l'exercice des arts industriels : leur but spécial est de former des ouvriers instruits et habiles, et des chefs d'ateliers capables de conduire et diriger les travaux de nos fabriques.

C'est pour atteindre ce but que l'instruction y est tout à la fois théorique et pratique. Les études théoriques comprennent la grammaire française, les mathématiques, les divers genres de dessin, et les principes généraux de la physique et de la chimie. Des ateliers où l'on travaille principalement le bois et les métaux, servent à l'instruction pratique ; chaque élève, suivant les dispositions particulières qu'il manifeste, y apprend le *charrônnage*, l'*ébénisterie*, la *menuiserie*, le *tour*, la *forge*, l'*ajustage*, la *ciselure*, etc.

Le nombre des élèves qui, dans les écoles de Châlons et d'Angers, doivent être entretenus en tout ou en partie aux frais de l'état, est fixé à *cinq cents*, savoir : cent à demi-pension, cent à trois quarts de pension gratuite, et trois cents à pension gratuite entièrement.

Une place dans chacune de ces trois classes est spécialement affectée à chaque département du royaume, indépendamment de huit places attribuées à la société d'encouragement pour l'industrie nationale. Les présentations à ces diverses places sont adressées au ministre secrétaire-d'état au département de l'intérieur, qui les soumet au roi, et qui lui propose directement toutes les nominations restant à faire pour porter les élèves au complet.

Le nombre des élèves que les écoles d'arts et métiers reçoivent comme *pensionnaires*, et entièrement à la charge de

leurs parens, n'est pas limité; c'est le directeur de chaque
école qui prononce leur réception avec l'agrément de l'inspecteur-général.

§ 1er. *Conditions d'admission aux places d'élèves des
trois classes, et à celles de pensionnaires.*

1°. L'âge des candidats aux places d'élèves des trois classes
doit être de treize ans au moins, et de seize ans au plus.

2°. Ils doivent avoir été élevés dans des principes religieux, être connus par leur bonne conduite, et appartenir à
des familles honnêtes et bien famées;

3°. Ils doivent être d'une bonne constitution, et avoir eu
la petite vérole ou avoir été vaccinés;

4°. Ils doivent savoir lire et écrire, posséder les quatre
règles de l'arithmétique, en opérant seulement sur des nombres entiers; connaître les premiers élémens de la langue
française et orthographier passablement.

L'admission des pensionnaires est assujettie à ces quatre
conditions.

5°. Les parens ou tuteurs des candidats aux places d'élèves
des trois classes, sont tenus de prendre l'engagement de
payer pour le sujet qu'ils présentent au moment même de
son entrée à l'école, une somme de 200 francs, représentative de la valeur du trousseau qui lui sera fourni.

6°. Ils doivent également s'engager à ne pas retirer leur
enfant ou pupille avant l'époque où ses études et son apprentissage auront été terminés complétement.

Les formalités prescrites par les n°s 5 et 6 qui précèdent,
ne sont pas exigées des parens ou tuteurs des jeunes gens présentés et admis comme pensionnaires. Elles sont remplacées
pour eux par le paiement immédiat, 1° de 240 francs, montant du prix du trousseau; 2° du premier quartier de la pension, lequel à raison de 500 francs par année, est de 125 francs;
enfin par une soumission qu'ils remettent au directeur de l'é-
cole, et qui contient la promesse de continuer le paiement de
la pension par quartier, et toujours d'avance.

7°. Les parens ou tuteurs des candidats aux places d'élèves à demi-pension et à trois quarts de pension gratuite, a-
joutent à l'engagement mentionné au n° 5 du présent paragraphe, et relatif au paiement du prix du trousseau, l'obligation de payer de trois en trois mois et d'avance, 62 francs 50
centimes ou 31 francs 25 centimes, suivant que la pension
doit être à leur charge pour moitié ou pour un quart.

Les engagemens spécifiés aux n°s 5 et 7 ci-dessus, et celui

imposé à la fin du n° 6 aux parens ou tuteurs des pensionnaires, sont cautionnés, si une caution est jugée nécessaire pour
en garantir l'exécution.

Il est d'autant plus indispensable de les remplir exactement,
que tout élève en retard de payer, aux époques prescrites, soit
le prix du trousseau, soit celui de la pension ou de la quote-
part de pension qui a été mise à sa charge, est renvoyé à ses
parens.

§ II. *Pièces à fournir par les candidats.*

D'après ce qui est dit dans le paragraphe qui précède, les
pièces à fournir par tous les candidats, sont :

1°. L'extrait de leur acte de naissance ;

2°. Un certificat des autorités du lieu de leur domicile, attestant leurs principes religieux, leur bonne conduite et celle
de leurs parens ;

3°. Un certificat délivré par un officier de santé, constatant
qu'ils ont été vaccinés ou qu'ils ont eu la petite vérole, et que
leur constitution est saine et robuste ;

4°. Une attestation portant qu'ils possèdent la lecture, l'é-
criture, les quatre règles de l'arithmétique, jusqu'aux fractions exclusivement, les premiers élémens de la langue française, et les principes de l'orthographe.

Outre ces pièces qui doivent être légalisées, il y en a d'autres à produire pour les candidats aux places d'élèves à demi-pension, à celles d'élèves à trois quarts de pension gratuite,
et aux places gratuites entièrement, savoir : des pièces qui
constatent que leurs parens ont rendu ou rendent des services,
soit dans le civil, soit dans le militaire, ou qu'ils ont d'autres
droits à la bienveillance de Sa Majesté ;

Une déclaration de fortune mentionnant tous les moyens
d'existence, le nombre des enfans et les charges, reçue par
l'autorité locale qui la certifie, et atteste en outre l'impossibilité de la part des déclarans, soit de payer aucune pension, soit
d'en payer plus de la moitié ou du quart ;

L'engagement prescrit par le n° 6 du paragraphe précédent ;

Enfin l'engagement exigé par les art. 5 et 7 du même paragraphe.

Il est nécessaire que ces pièces soient aussi légalisées.

§ III. *Classification des places d'élèves qui sont affectées aux départemens, et de celles dont la présentation est attribuée à la société d'encouragement pour l'industrie nationale.*

L'école d'arts et métiers de Châlons reçoit les huit élèves pour lesquels l'art. 12 de l'ordonnance du roi, du 26 février 1817, a accordé à la société d'encouragement le droit de présentation.

Elle reçoit en outre 156 élèves, à fournir suivant le mode indiqué ci-après au paragraphe 5, par 62 départemens, qui sont : Ain, Aisne, Allier, Basses-Alpes, Hautes-Alpes, Ardèche, Ardennes, Aube, Aveyron, Bouches-du-Rhône, Calvados, Cantal, Corse, Côte-d'Or, Creuse, Doubs, Drôme, Eure, Eure-et-Loir, Gard, Hérault, Indre, Isère, Jura, Loire, Haute-Loire, Loiret, Lozère, Marne, Haute-Marne, Meurthe, Meuse, Moselle, Nièvre, Nord, Oise, Pas-de-Calais, Puy-de-Dôme, Bas-Rhin, Haut-Rhin, Rhône, Haute-Saône, Saône-et-Loire, Seine, Seine-et-Marne, Seine-et-Oise, Seine-Inférieure, Somme, Var, Vaucluse, Vosges et Yonne.

Les 34 autres départemens, savoir : Arriège, Aude, Charente, Charente-Inférieure, Cher, Corrèze, Côtes-du-Nord, Dordogne, Finistère, Haute-Garonne, Gers, Gironde, Ille-et-Vilaine, Indre-et-Loire, Landes, Loir-et-Cher, Loire-Inférieure, Lot, Lot-et-Garonne, Maine-et-Loire, Manche, Mayenne, Morbihan, Orne, Pyrénées-Basses, Pyrénées-Hautes, Pyrénées-Orientales, Sarthe, Deux-Sèvres, Tarn, Tarn-et-Garonne, Vendée, Vienne et Haute-Vienne, envoient leurs élèves à l'école d'Angers, en suivant le même mode de présentation qui est réglé au paragraphe 5.

Pour assurer un ordre invariable dans les présentations à faire par la société d'encouragement et par les départemens du royaume, à mesure que les places qui leur sont réservées deviennent vacantes, un numéro particulier est assigné à chacune de ces places dans chaque école.

Ainsi à l'école de Châlons, 8 numéros restent dévolus à la société d'encouragement; trois quarts y demeurent affectés à chacun des 52 départemens dont elle admet les élèves.

Des trois numéros dévolus à chacun des 52 départemens qui fournissent des élèves à la même école, le premier est affecté à une place à demi-pension, le second à une place à trois quarts de pension gratuite, et le troisième à une place gratuite. De cette manière, les 52 départemens continuent la série que la société d'encouragement a commencée, et embrassent, en suivant leur distribution alphabétique, les n°· 9, 10, 11, 12, 13, etc., jusqu'au n° 164 inclusivement. Le n° 9 est affecté au département de l'Ain pour une demi-pension, le n° 10 pour une place à trois quarts de pension gratuite, et le n° 11 pour une place gratuite. Le département de l'Aisne suit immédiatement par le n° 12 pour une demi-pension, par le n° 13 pour une place à trois quarts, etc.....

Par une suite de la même classification, les 34 départemens dont les élèves sont destinés à l'école d'Angers, forment une autre série dans leur rang alphabétique, laquelle s'étend du n° 1 à 102 inclusivement. Le département de l'Arriège la commence par le n° 1 pour une demi-pension, par le n° 2 pour une place à trois quarts de pension gratuite, par le n° 3 pour une place entièrement gratuite. Le département de l'Aude la continue par le n° 4 pour une demi-pension, par le n° 5 pour une place à trois quarts de pension gratuite, etc., et ainsi de suite, jusques et compris le département et le n° 102.

§ IV. *Distribution provisoire de la presque totalité des mêmes places entre les élèves actuels des deux écoles.*

L'art. 8 de l'ordonnance du roi du 26 février 1817, ayant réduit à 500 les sujets à entretenir en totalité ou en partie, aux frais du trésor royal, dans les deux écoles d'arts et métiers, les places qui, d'après les résultats de la classification des élèves actuels, doivent y être remplies à l'avenir sur la présentation directe du ministre, n'ont pu suffire à ces élèves. Leur nombre, à peu de chose près, atteint la limite fixée par l'ordonnance. Il a donc fallu assigner provisoirement à la plupart d'entre eux les places qui sont classées pour être accordées par la suite aux départemens. Elles sont affectées en général, dans les contrôles, aux sujets le plus anciennement admis, et qui, étant plus avancés que les autres dans leurs études et leur apprentissage, seront des premiers à sortir et à laisser des vacances. Par ce moyen, les départemens jouiront plutôt de leur droit de présentation.

Il va être donné connaissance à MM. les préfets, chacun en ce qui le concerne, de la classification, qui n'étant que provisoire relativement à un grand nombre des élèves actuels, reste néanmoins définitive pour les places que ce nombre occupe, pour les numéros qu'elles portent, pour les classes dans lesquelles elles sont rangées, et pour les départemens qui y présenteront, lorsqu'elles deviendront vacantes. Quelques-uns de MM. les préfets recevront en même temps l'invitation de proposer des sujets aptes à obtenir celles des places affectées à leurs départemens qui se trouvent libres.

§ V. *Mode des présentations à faire au ministre par les départemens et par la société d'encouragement pour l'industrie nationale.*

MM. les préfets informés par le ministre de la vacance d'une ou de plusieurs places réservées aux départemens dont l'administration leur est confiée, en donnent avis par la voie du journal du département, ou de toute autre manière qui leur paraît convenable. Cet avis fait connaître le nombre des places vacantes, si elles sont à titre gratuit, ou à la charge de payer, soit le quart, soit la moitié de la pension; les conditions et les connaissances exigées de ceux qui doivent les obtenir, les pièces à produire, ainsi que le jour où un jury nommé par le préfet, et composé au moins de cinq personnes et au plus de sept, intéressées au progrès des arts, s'assemblera au chef-lieu du département, pour arrêter la liste ou les listes des candidats.

Au jour indiqué, la réunion du jury a lieu sous la présidence du préfet; deux de ses membres sont chargés d'examiner les candidats: ils rendent compte des résultats de l'examen au jury, qui discute les titres et le mérite des aspirans. Une liste simple, ou ne contenant qu'un seul nom, est arrêtée pour chaque place vacante; et après qu'elle a été signée par les membres du jury, le préfet l'adresse au ministre avec toutes les pièces qui doivent l'appuyer.

C'est sur ces listes que le ministre prend les sujets, que le roi nomme pour les départemens qui les ont présentés.

Dans le cas où, depuis l'avis donné au préfet, il se passerait plus de six mois sans que la présentation soit faite, le ministère y supplée, en proposant directement à Sa Majesté de remplir la place vacante.

Les présentations de la société d'encouragement suivent une marche analogue à celle indiquée pour les départemens. Son conseil d'administration est informé, par le ministre, de la vacance des places qui la concernent: il en fait aussitôt insérer l'annonce dans le bulletin de la société; lorsque ensuite deux de ses membres ont examiné les candidats, et que le conseil a apprécié les droits et la capacité de chacun d'eux, il forme pour chaque place vacante une liste simple qui est signée du président et du secrétaire, et qu'il soumet au ministre avec les pièces à l'appui.

§ VI. Formes à observer dans les demandes des places qui sont accordées par le roi sur la présentation directe du ministre.

Les demandes de places d'élèves auxquelles il est nommé par le roi sur la présentation directe du ministre, contiennent, autant qu'il est possible, l'offre de payer, soit le quart, soit la moitié de la pension, qu'elles soient faites avec ou sans cette offre. Elles doivent toutes parvenir au ministre par l'entremise des préfets des départemens où résident les personnes qui les présentent.

Elles doivent aussi être appuyées, suivant la nature de la place qu'on sollicite, ou des pièces que le paragraphe II de ce prospectus indique pour les places à quote-part de pension, ou de celles qu'il prescrit pour les places entièrement gratuites.

Le préfet qui a reçu les demandes et les pièces, les transmet au ministre en y joignant ses observations et son avis.

A égalité de droits et de mérite entre les candidats, ceux qui offrent de payer une demi-pension obtiennent la préférence sur ceux qui ne font offre que du quart; et ceux qui offrent de payer un quart, sont préférés à ceux qui désirent des places entièrement gratuites.

§ VII. Examen à subir par les élèves, lorsqu'ils sont présentés aux écoles d'arts et métiers, et suites de l'examen relativement à l'admission.

Tous les élèves, soit qu'ils aient été nommés sur la présentation directe du ministre, soit qu'ils aient été proposés par les départemens et par la société d'encouragement pour l'industrie nationale, sont examinés au moment de leur arrivée à l'école destinée à les recevoir. S'il est reconnu qu'ils possèdent l'instruction préparatoire, et les connaissances préliminaires prescrites et indiquées au paragraphe II du présent prospectus, leur admission n'éprouve ni difficulté ni retard. Dans le cas contraire, il en est rendu compte au ministre, qui prononce leur renvoi.

§ VIII. Emploi de la somme destinée aux frais de premier équipement des élèves.

Les écoles d'arts et métiers équipent les élèves à moins de frais que ne pourraient le faire les familles. C'est par cette considération qu'on n'exige pas de trousseau en nature; il est suppléé par une somme de 240 francs que versent les pensionnaires, et par une somme de 200 francs que paient les autres élèves aussitôt qu'ils sont admis, comme il a été dit au paragraphe Ier, et pour laquelle chacun d'eux reçoit,

Six chemises,

Six mouchoirs de poche,

Quatre serviettes,

Quatre serre-têtes ou bonnets de coton,

Quatre paires de chaussettes,

Deux cols en drap noir;

Un habit de drap gris foncé, coupé à la française; collet écarlate, boutons jaunes aux armes du roi, portant l'inscription, *École royale d'arts et métiers de...*

Un pantalon, un gilet, des guêtres de drap, même couleur que l'habit;

Un couvre-chef en cuir, forme de schakos, cocarde blanche;

Une veste ronde pour le travail, un gilet, un pantalon, des guêtres, un bonnet aussi de drap gris foncé, boutons de la même étoffe;

Un pantalon et des guêtres de toile,

Deux paires de souliers,

Deux peignes,

Brosses d'habits et de souliers.

Ces effets sont entretenus et renouvelés aux frais de l'école qui les a fournis; ils sont remis à l'élève à sa sortie dans l'état où ils se trouvent.

Arrêté par le sous-secrétaire d'état au département de l'intérieur. Paris, le 18 mai 1818.

Signé le comte de CHABROL.

M. Becquey, conseiller d'état, directeur-général des ponts-et-chaussées et des mines, instruisit MM. les préfets, par une circulaire du 2 janvier 1819, que Son Exc. le ministre de l'intérieur, d'après la demande qui lui en avait été faite, et en considération de l'admission autorisée de plusieurs élèves des écoles d'arts et métiers de Châlons et d'Angers, parmi les conducteurs des ponts-et-chaussées, s'est montré disposé à accorder en échange, chaque année, quelques places gratuites d'élèves aux fils des conducteurs des ponts-et-chaussées qui seraient hors d'état de pourvoir aux frais de l'éducation de leurs enfans, et qui se seraient rendus dignes de cette faveur par leurs bons services.

Les candidats doivent être âgés de treize ans au moins et de seize ans au plus; ils doivent produire à l'appui de leurs demandes,

1°. L'extrait de leur acte de naissance;

2°. Un certificat des autorités du lieu de leur domicile, attestant leurs principes religieux, leur bonne conduite et celle de leurs parens;

3°. Un certificat délivré par un officier de santé, constatant qu'ils ont été vaccinés, ou qu'ils ont eu la petite vérole, et que leur constitution est saine et robuste;

4°. Une attestation portant qu'ils possèdent la lecture, l'écriture, les quatre règles de l'arithmétique jusqu'aux fractions exclusivement, les premiers élémens de la langue française et les principes de l'orthographe;

5°. Les pièces constatant que leurs parens ont rendu ou rendent des services, soit dans le civil, soit dans le militaire, ou qu'ils ont d'autres droits à la bienveillance du roi;

6°. Une déclaration de fortune, mentionnant tous les moyens d'existence, le nombre des enfans et les charges, reçue par l'autorité locale qui la certifie, et atteste en outre l'impossibilité de la part des déclarans, soit de payer aucune pension, soit d'en payer plus de la moitié ou du quart.

A égalité de droits et de mérite entre les candidats, ceux qui offrent de payer une demi-pension, obtiennent la préférence sur ceux qui ne font offre que du quart; et ceux qui offrent un quart, sont préférés à ceux qui désirent des places entièrement gratuites.

7°. Les parens ou tuteurs des candidats aux places d'élèves à demi-pension et à trois quarts de pension gratuite, sont tenus de s'engager à payer, de trois en trois mois et d'avance, 62 francs 50 centimes, ou 31 francs 25 centimes, suivant que la pension est à leur charge pour moitié ou pour un quart.

Les engagemens imposés aux parens ou tuteurs des pensionnaires sont cautionnés, si une caution est jugée nécessaire pour en garantir l'exécution.

Il est d'autant plus indispensable de les remplir exactement, que tout élève en retard de payer, aux époques prescrites, soit le prix du trousseau, soit celui de la pension ou de la quote-part de pension qui a été mise à sa charge, est renvoyé à ses parens.

Les parens ou tuteurs des candidats aux places d'élèves sont tenus de prendre l'engagement de payer pour le sujet qu'ils présentent, au moment même de son entrée à l'école, une somme de 200 francs représentative de la valeur du trousseau qui lui sera fourni.

Ils doivent également s'engager à ne point retirer leur enfant ou pupille avant l'époque où son apprentisage et ses études auront été terminés complétement.

Toutes les pièces mentionnées ci-dessus doivent être légalisées par les autorités locales.

Comme le nombre des places accordées sur la proposition directe du ministre de l'intérieur est très-restreint, et que Son Exc. n'en peut réserver que très-peu pour les ponts-et-chaussées, la faveur de l'admission ne doit être proposée que pour les enfans des conducteurs embrigadés qui se seront le plus distingués par leur zèle, leur bonne conduite, et leurs anciens services.

Les demandes, qui devront être accompagnées de l'avis motivé de M. l'ingénieur en chef, doivent être adressées au directeur-général des ponts-et-chaussées et des mines, avant la fin de chaque année, ou dans le premier mois de l'année courante.

ASILE *inviolable* (toute maison d'habitation est un). Exception. Voy. *Maison d'habitation*.

ASPHYXIÉS. Lorsqu'un individu est asphyxié, il en est donné avis sur-le-champ à l'officier de police le plus voisin, qui s'y transporte, accompagné d'un médecin, chirurgien ou officier de santé. L'homme de l'art prend la direction des secours: l'officier de police veille à ce qu'ils soient administrés sans retard et avec ordre; il ordonne toutes les mesures que les circonstances exigent.

Si les secours sont infructueux et que l'individu meure, ou soit mort, il en est dressé procès-verbal. Voy. *Cadavres*.

S'il est rappelé à la vie et qu'il ait besoin de secours

ultérieurs, il est transporté à son domicile, ou, s'il est dans l'indigence, à l'hôpital le plus voisin.

L'officier de police rédige procès-verbal de toute l'opération, comme dans le cas de mort accidentelle, ou de suicide, ou de noyé, suivant les circonstances.

Secours à donner aux asphyxiés.

L'asphyxie est produite par le gaz méphitique, par le froid et par le chaud. Les ouvriers employés aux vidanges des fosses, aux curages des puits et des égouts, à l'exploitation des mines et des carrières, se trouvent assez fréquemment réduits dans cet état, qui présente tous les signes extérieurs de la mort. Les maires ont reçu du gouvernement des instructions pour le traitement des asphyxiés, et les moyens de secours à employer. C'est à eux à présider à l'emploi de ces moyens aussitôt qu'ils sont avertis. Nous croyons remplir les vues paternelles qui doivent les diriger dans cette circonstance, en plaçant ici le texte de l'instruction publiée par ordre du ministre de l'intérieur.

Asphyxiés par le gaz méphitique.

1°. Il faut promptement sortir les asphyxiés du lieu méphitisé, et les exposer au grand air.

2°. Les déshabiller et faire sur leur corps des aspersions d'eau froide.

3°. Essayer de leur faire avaler de l'eau froide, rendue légèrement acide avec du vinaigre.

4°. Leur donner des lavemens avec deux tiers d'eau froide et un tiers de vinaigre. On pourrait ensuite en prescrire d'autres avec une forte dissolution de sel marin (sel ordinaire) dans de l'eau commune, ou avec le séné et le sel d'epsom.

5°. On tâchera d'irriter la membrane pituitaire avec la barbe d'une plume, qu'on remuera doucement dans les narines de l'asphyxié.

6°. On poussera de l'air dans les poumons, en soufflant avec un tuyau, soit dans la bouche, soit dans l'une des narines, et comprimant l'autre avec les doigts. On se servira à cet effet d'une canule fumigatoire, semblable à celle qu'on emploie pour les noyés. Voy. *Noyés*.

Il faut mettre la plus grande célérité dans l'administration des secours indiqués. Plus on tarde à y recourir, plus on doit craindre qu'ils ne soient infructueux; et, comme la mort peut être apparente pendant long-temps, il ne faut en abandonner l'usage que lorsqu'elle est bien confirmée.

Asphyxiés par le froid.

1°. On enveloppera le corps dans une couverture de laine, et on le posera le plus tôt possible dans un lieu commode; on le déshabillera, et on le mettra dans un lit sans le bassiner.

2°. On préparera promptement un bain, en observant que l'eau soit à la même température que celle qu'on viendrait de tirer d'un puits, dont on pourrait se servir s'il y en avait près de là. Deux ou trois minutes après y avoir mis l'asphyxié, on y versera un peu d'eau chaude, et l'on continuera à même intervalle, pour ôter à l'eau successivement et lentement de sa froideur, jusqu'à ce qu'elle soit à la chaleur du dixième, douzième, quinzième, dix-huitième, et enfin du vingtième degré du thermomètre de Réaumur. Cette augmentation de chaleur doit prendre environ trois quarts d'heure. On pourra porter l'eau au vingt-cinquième degré, quand on sentira le pouls se ranimer. A défaut de thermomètre, il faut s'en rapporter à sa propre sensation, en mettant la main dans l'eau pour en connaître la chaleur.

3°. Pendant que l'individu sera dans le bain, on lui fera sur le visage de légères aspersions d'eau froide, après l'avoir légèrement frotté avec un linge sec, ce qu'on réitérera à plusieurs reprises.

4°. On lui chatouillera l'intérieur des narines avec la barbe d'une plume ou des rouleaux de papier tortillés en forme de mèche, le tout trempé dans un flacon d'alcali-fluor; et on lui poussera de l'air avec un tuyau par les narines, afin de gonfler le poumon affaissé.

5°. On mettra, s'il est possible, dans la bouche de l'asphyxié, quelques grains de sel marin, et on lui fera avaler, le plus tôt qu'on pourra, des cuillerées d'eau froide avec quelques gouttes d'eau de mélisse spiritueuse ou d'eau de Cologne; ensuite, quand la déglutition (1) sera plus libre, on lui donnera un petit bouillon ou un verre de verre de vin mêlé avec un peu d'eau; on doit éviter, en pareil cas, les liqueurs spiritueuses pures, l'expérience ayant appris qu'elles étaient funestes.

6°. Si le malade continuait à avoir de la propension à l'engourdissement, on lui fera boire un peu de vinaigre dans de l'eau; et si cet assoupissement était léthargique, on emploiera les lavemens irritans, tels qu'on les donne aux noyés.

7°. On ne donnera des alimens solides aux asphyxiés rappelés à la vie, que lorsqu'ils auront repris un peu de force.

Asphyxiés par le chaud.

Ces asphyxiés doivent être promptement transportés dans un lieu moins chaud, mais pas trop froid.

Il faut les saigner, et surtout à la jugulaire (veine qui est à la gorge); s'ils peuvent avaler, il faut leur faire boire de l'eau froide, acidulée avec un peu de vinaigre, leur donner des lavemens de la même nature, mais un peu chargés de vinaigre. Les bains de pieds, dans de l'eau médiocrement chaude, sont utiles. Quelquefois après ces remèdes, on est obligé de recourir à l'application des sangsues aux tempes.

Jamais, dans ce cas, on ne doit prescrire de boissons échauffantes. Voy. *Vins.*

Assassinat. Les maires, les adjoints de maires, les commissaires de police instruits qu'il a été commis un assassinat, doivent, en leur qualité d'officiers de police judiciaire, se transporter dans la maison ou sur le lieu où se trouve le cadavre, assistés de la force publique, et d'un docteur en médecine ou en chirurgie, en exécution des articles 43 et 44 du Code d'instruction criminelle.

---

(1) Action par laquelle on avale les alimens.

Modèle du procès-verbal à dresser.

Cejourd'hui, (*dates des jours, mois et année*) heure de nous (*noms et prénoms de l'officier de police judiciaire*) de la commune de   , canton de   , département de   , averti par   qu'il venait de se commettre un assassinat à (*désigner l'endroit*) par un *ou* plusieurs individus, qui avaient été arrêtés sur-le-champ, désarmés et retenus par les citoyens, sur *telle* personne, nous y sommes transporté à l'instant, accompagné de   , employé de la mairie, de *tant* de gendarmes en station à   ; *ou* de *tant* de soldats pris à la caserne *ou* au poste de   , pour assurer l'ordre et la tranquillité de nos opérations, assisté aussi du sieur   , docteur en médecine *ou* en chirurgie, demeurant à   , que nous avons mandé exprès. Arrivés à *telle* maison, numérotée   , dans *telle* rue, montés à *tel* étage, *ou* entrés dans *telle* pièce au rez-de-chaussée, nous avons vu un cadavre gisant *ou* à terre *ou* sur son lit, qu'on nous a dit être celui du sieur   . Nous avons d'abord fait poser des gardes aux portes, et défendu que personne sortît de la maison jusqu'après la clôture de notre procès-verbal.

Nous avons appelé deux voisins pour être présens à nos opérations. Le sieur (*nom, prénoms, profession et demeure*), et le sieur (*de même*) ont consenti à se rendre à notre demande.

Nous avons examiné l'état du cadavre et vu les coups dont il avait été frappé; ils sont au nombre de   , portés à *tel* et *tel* endroit du corps. Le sieur   , docteur en médecine *ou* en chirurgie, après avoir prêté en nos mains le serment de faire son rapport et de donner son avis en son honneur et sa conscience, nous a déclaré que les coups avaient été frappés avec *telle* arme, et qu'étant dans *telle* direction, ils ne pouvaient l'avoir été que par une main étrangère; que conséquemment il y avait meurtre *ou* assassinat.

Nous avons fait remettre entre les mains des gendarmes *ou* des soldats le *ou* les individus prévenus de l'assassinat. Nous lui *ou* leur avons déclaré que nous les mettions en arrestation. Nous lui *ou* leur avons demandé ses *ou* leurs noms, prénoms, âge, profession et demeure. Il *ou* ils nous ont dit se nommer (*écrire leur réponse*). A eux demandé comment ils s'étaient introduits dans la demeure du sieur   , qui les avait portés à commettre le crime qui paraissait être leur ouvrage. (*Écrire la réponse.*) Demandé s'il a *ou* s'ils ont des complices, quels ils sont, s'il a *ou* s'ils ont déjà été arrêtés. (*Écrire la réponse.*)

De suite le sieur   , fils du défunt, nous a dit et déclaré qu'outre le meurtre commis sur son père, les coupables ont ajouté à ce crime celui de vol avec effraction des coffres, commodes, armoires, etc., et il nous a requis de le constater. D'après cette réquisition, nous avons examiné les différens coffres, armoires, commodes, etc.; et avons vu qu'à *telle armoire*, située à *tel* endroit, les portes en avaient été forcées, que *telle* partie en était brisée, que l'effraction paraissait avoir été faite avec *tel* instrument. (*Décrire tout ce qui peut faire connaître les diverses circonstances du crime.*)

Nous avons reçu après cela les déclarations des différentes personnes qui ont arrêté les prévenus, ou ont pu avoir connaissance des diverses circonstances du crime. Le sieur (*nom, prénoms, profession et demeure*), nous a dit et déclaré La dame   , (*de même*). Tous les témoins nous ayant fait leurs déclarations telles qu'elles viennent d'être consignées, l'assassinat du sieur   ayant été constaté ainsi que la loi l'exige, et rien ne s'opposant à ce que le cadavre fût inhumé, nous avons autorisé son inhumation par un acte particulier, que nous avons remis au sieur   , fils du défunt, avec l'observation néanmoins qu'il fallait qu'il fût placé dans un endroit distinct et séparé dans le cimetière, de manière à être retrouvé facilement, si, par quelque circonstance, l'exhumation était ordonnée par la justice.

Notre opération étant terminée, nous avons levé la défense que nous avions intimée aux gardes de laisser sortir qui que ce fût jusqu'après la clôture de notre procès-verbal; nous avons ordonné que les prévenus seraient conduits par *tant de* gendarmes, avec toutes les précautions nécessaires, à M. le procureur du roi près *tel* tribunal, à qui notre procès-verbal serait porté par lesdits gendarmes.

De tout ce que dessus nous avons fait et rédigé le présent, que le sieur   , fils du défunt, le sieur   , employé de la mairie, et les sieurs   voisins par nous appelés, ont signé avec nous, après lecture à eux faite, les jour, mois, et an susdits.

(*Si quelques-uns ne savaient ou ne pouvaient signer, il en serait fait mention.*)

(*Les signatures.*)

Nota. Le maire, l'adjoint ou le commissaire de police adresse, pendant leur opération, un avis au procureur du roi, afin que ce magistrat vienne continuer la procédure s'il le juge nécessaire.

ASSEMBLÉES, *réunions, publiques et particulières;* l'une et l'autre espèce d'assemblées doivent être l'objet de la surveillance des maires et des adjoints. Les mesures d'ordre et de police, la réquisition de la force publique pour maintenir la tranquillité dans les assemblées ou réunions publiques pour des élections, des fêtes, des foires, des courses de chevaux, etc., sont prescrites par les lois générales sur la police, du 16—24 août 1790, 19—22 juillet 1791, 28 germinal an VI—17 avril 1798 (*Bull.* 197), et par l'ordonnance du roi sur la gendarmerie, du 29 octobre 1820. (*Bull.* 419.)

Quant aux assemblées et réunions particulières, c'est dans les articles 291, 292 et suiv. du Code pénal que les maires doivent chercher la règle de leur conduite.

Nulle association de plus de 20 personnes, ayant pour but de se réunir tous les jours ou à certains jours marqués pour s'occuper d'objets religieux, littéraires, politiques ou autres, ne peut se former sans l'agrément du gouvernement, et sous les conditions qu'il plaît à l'autorité publique d'imposer; dans le nombre de 20 personnes ne sont pas comprises celles domiciliées dans la maison où l'association se réunit. (*Code pénal, art.* 291.)

Toute association de la nature ci-dessus exprimée, formée sans ladite autorisation, ou qui enfreint les conditions à elle imposées, est dissoute; les chefs, directeurs ou administrateurs, sont punis d'une amende de 16 à 200 francs. (*Idem, art.* 292.)

Si par discours, exhortations, invocations ou prières, en quelque langue que ce soit, ou par lecture, affiche, publication ou distribution d'écrits quelconques, il est fait dans ces assemblées quelques provocations à des crimes ou délits, la peine est de 100 à 300 francs d'amende, et de 3 mois à 2 ans d'emprisonnement, contre les chefs, directeurs ou administrateurs de l'association: sans préjudice des peines plus fortes prononcées contre les individus personnellement coupables de la provocation, lesquels, en aucun cas, ne peuvent être punis d'une peine moindre que celle infligée auxdits chefs, directeurs ou administrateurs. (*Code pénal, art.* 293.)

Tout individu qui, sans la permission de l'autorité municipale, accorde ou consent l'usage de sa maison ou de son appartement en tout ou en partie, pour la réunion des membres d'une association même autorisée, ou pour l'exercice d'un culte, est puni d'une amende de 16 à 200 francs. (*Idem, art. 294.*)

Les associations d'artisans et ouvriers, dites de secours mutuels ayant pour but de s'entr'aider dans les cas de maladies, d'infirmités, ou de vieillesse, sont secondées et favorisées par la police, qui, toutefois, ne les permet que pour des ouvriers d'une même profession, ou au moins de celles qui ont quelque analogie entre elles. Aucune de ces associations ne peut être organisée sans une permission du préfet de police, et elles sont soumises aux dispositions des 3 articles ci-dessus. (*Circulaire du préfet de police de Paris, du 15 mai 1819.*)

En cas d'associations non autorisées, l'officier de police qui constate la contravention, doit relater dans son procès-verbal le nombre des individus réunis, les noms des chefs, directeurs ou administrateurs de l'association, les noms et demeure des personnes qui auraient consenti ou accordé l'usage du local.

Assemblées *agricoles.* Une notice sur ces assemblées qui se tiennent en Angleterre, a été adressée aux préfets par une circulaire du ministre de l'intérieur, en date du 27 décembre 1819 : elle contient les détails suivans, extrèmement importans pour l'agriculture.

Dans ces sortes de comices formés volontairement par des souscripteurs de tout rang, et principalement par des propriétaires et des cultivateurs, tenus avec ordre, mais sans appareil, et souvent en plein air ou dans des champs de foire, s'établissent les vrais intérêts de l'agriculture, les meilleures méthodes à suivre pour obtenir des récoltes abondantes et de bonne qualité, le choix des grains et des plantes les plus utiles, la composition et l'emploi des amendemens, les bons procédés, soit pour l'amélioration, soit pour l'engrais des bestiaux. Les concurrens y sont jugés par leurs pairs, en présence de tous, et les décisions des juges ne sont que l'expression de l'opinion générale. Le 9 décembre dernier une assemblée de ce genre a eu lieu dans l'emplacement servant de grand marché pour l'approvisionnement de Londres en bestiaux. Il y a été distribué en prix environ 4.000 francs, et des médailles pour la valeur de plus de 600 francs, aux particuliers qui ont présenté les bœufs, les moutons ou les cochons les plus gras, engraissés de la manière la plus économique. Personne ne dédaigne de se présenter à ces concours, et un pair d'Angleterre s'est honoré d'avoir obtenu à celui dont je parle une prime de 150 francs pour un bœuf de 4 ans nourri dans ses étables.

Il m'a semblé que si de pareilles institutions pouvaient s'acclimater dans un état aussi avantageusement situé que la France, notre agriculture en retirerait des fruits précieux; nos cultivateurs, mettant ainsi en commun leurs connaissances pratiques et leur expérience, seraient mieux appréciés et s'attacheraient davantage à leur état. L'émulation s'augmenterait chez les propriétaires; ils sauraient mieux tout le parti qu'ils peuvent tirer de leurs domaines, en y donnant eux-mêmes les soins qu'exige leur amélioration.

Tout ce qui sert à la nourriture de l'homme se perfectionnerait en qualité et s'accroîtrait en quantité. Nos marchés s'approvisionneraient mieux et plus abondamment, et un surcroît d'aisance générale serait un des résultats heureux des associations agricoles que nous aurions eu l'esprit d'emprunter à nos voisins.

Ces considérations me font désirer, Monsieur le préfet, que vous examiniez attentivement jusqu'à quel point et par quels moyens les institutions qui font l'objet de cette lettre pourraient s'introduire parmi vos administrés. Il sera à propos de répandre, autant que possible, la notice que je vous adresse, en la faisant insérer dans les journaux de votre département, et en distribuant les exemplaires ci-joints de la manière la plus convenable.

Signé LE COMTE DECAZES.

ASSEMBLÉES *politiques.* Voy. *Colléges électoraux* et *Élections.*

ASSIGNATIONS et *citations judiciaires.* Sont assignés :

1°. L'*état,* lorsqu'il s'agit de domaines et droits domaniaux, en la personne ou au domicile du préfet du département où siège le tribunal devant lequel doit être portée la demande en première instance;

2°. Le *trésor royal,* en la personne ou au bureau de l'agent;

3°. Les *administrations* ou *établissemens publics,* en leurs bureaux, dans le lieu où réside le siège de l'administration; dans les autres lieux, en la personne et au bureau de leurs préposés.

4°. Le *roi*, pour ses domaines, en la personne du procureur du roi de l'arrondissement;

5°. Les *communes*, en la personne ou au domicile du maire, et à Paris en la personne ou au domicile du préfet.

Dans les cas ci-dessus, l'original sera visé de celui à qui copie de l'exploit sera laissée; en cas d'absence ou de refus, le visa sera donné, soit par le juge-de-paix, soit par le procureur impérial près le tribunal de première instance, auquel, en ce cas, la copie sera laissée. (*Art.* 69 *du Code de procédure civile.*)

Le délai ordinaire des ajournemens, pour les personnes qui sont domiciliées en France, sera de huitaine.

Dans les cas qui requerront célérité, le président pourra, par ordonnance rendue sur la requête, permettre d'assigner à bref délai. (*Art.* 72, *ibid.*)

Lorsque l'on veut réclamer le paiement d'une *créance* due par une commune, on ne peut assigner cette commune sans l'autorisation du conseil de préfecture, et cette autorisation ne doit être donnée que lorsque la légitimité ou la quotité de la créance est contestée par le conseil municipal, parce que, dans le cas où elle est avouée, le préfet doit prendre ou proposer au gouvernement des mesures pour la faire payer.

S'il s'agit de former, soit au possessoire, soit au pétitoire, une action en raison d'un droit de propriété, on peut assigner les communes sans y être autorisé par l'autorité administrative supérieure, sauf à la commune assignée à obtenir de cette autorité la permission qui lui est nécessaire pour se défendre.

Mais le Code de procédure n'a pas prévu que le maire ne pouvait, dans ce délai de huit jours, 1° rechercher les titres de la commune; 2° obtenir du préfet l'autorisation de faire délibérer le conseil municipal sur la demande; 3° assembler et faire délibérer le conseil; obtenir la décision motivée du conseil de préfecture portant autorisation de plaider, et sans laquelle, cependant, le maire ne peut constituer l'avoué dont le choix est prescrit par l'article qui suit :

Le défendeur sera tenu, dans les délais de l'ajournement, de constituer un avoué. On doit constituer un nouvel avoué en même temps que l'on révoque celui qui occupe.

Les procédures faites et les jugemens obtenus contre l'avoué révoqué et non remplacé, seront valables. (*Art. 75 du Code de procédure.*)

Si la demande a été formée à bref délai, le défendeur pourra, au jour de l'échéance, faire présenter à l'audience un avoué, auquel il sera donné acte de sa constitution; ce jugement ne sera point levé : l'avoué sera tenu de réitérer, dans le jour, sa constitution par acte; faute par lui de le faire, le jugement sera levé à ses frais. (*Art. 76, ibid.*)

Dans la quinzaine du jour de la constitution, le défendeur fera signifier ses défenses signées de son avoué; elles contiendront offre de communiquer les pièces à l'appui ou à l'amiable, d'avoué à avoué ou par la voie du greffe. (*Art. 77, ibid.*)

Dans la huitaine suivante, le demandeur fera signifier sa réponse aux défenses. (*Art. 78, ibid.*)

Si le défendeur n'a point fourni ses défenses dans le délai de quinzaine, le demandeur poursuivra l'audience sur un simple acte d'avoué à avoué. (*Art. 79, ibid.*)

Après l'expiration du délai accordé au demandeur pour faire signifier sa réponse, la partie la plus diligente pourra poursuivre l'audience sur un simple acte d'avoué à avoué; pourra même le demandeur poursuivre l'audience, après la signification des défenses et sans y répondre. (*Art. 80, ibid.*)

Aucunes autres écritures ni significations n'entreront en taxe. (*Art. 81, ibid.*)

Dans tous les cas où l'audience peut être poursuivie sur un acte d'avoué à avoué, il n'en sera admis en taxe qu'un seul pour chaque partie. (*Art. 82, ibid.*) Voy. *Jugemens, Ministère public, Requête civile* et *Saisies.*

Nota. Un arrêt de la cour de cassation, du 10 juin 1812, a décidé que les adjoints ne peuvent donner leur *visa*, attendu que le Code de procédure civile ne parle point d'eux.

ASSISTANCE *du maire ou de l'adjoint;* ils ne peuvent la refuser lorsqu'elle est requise, en vertu de la loi; par les agens du gouvernement qui en ont besoin pour autoriser ou légitimer leurs opérations. Tels sont les gardes-forestiers faisant la recherche des bois coupés en délit; les préposés des douanes faisant la recherche et saisie des marchandises prohibées; les employés des bureaux de garantie faisant la recherche de faux poinçons; les préposés de l'enregistrement faisant la vérification des répertoires des notaires, huissiers, greffiers et secrétaires; les préposés des droits-réunis procédant à l'ouverture de caves, celliers et appartemens pour constater la fraude des débitans de boissons, des fabricans de bière. Voyez *Bois*, *Boissons*, *Douanes*, *Enregistrement*, et *Marque d'or et d'argent*.

ASSOCIATIONS *financières*. V. *Compagnies financières*.

ASSOCIATIONS *illicites* (réunion d'). Voy. *Assemblées*.

ASSOCIATIONS *de malfaiteurs*. Toute association de malfaiteurs envers les personnes ou les propriétés, est un crime contre la paix publique. (*Code pénal, art 265.*)

Ce crime existe par le seul fait d'organisation de bandes ou de correspondance entre elles et leurs chefs ou commandans, ou de conventions tendantes à rendre compte ou à faire distribution ou partage du produit des méfaits. (*Idem, art 266.*)

Lors même que le crime n'est accompagné ni suivi d'aucun autre, les auteurs, directeurs de l'association, et les commandans en chef ou en sous-ordre de ces bandes, sont punis des travaux forcés à temps. (*Idem, art 267.*)

Sont punis de la réclusion, tous autres individus chargés d'un service quelconque dans ces bandes, et ceux qui sciemment ont fourni, aux bandes ou à leurs divisions, des armes, munitions, instrumens de crimes, logement, retraite ou lieu de réunion. (*Idem, art. 268.*)

ASSOCIATIONS *et congrégations religieuses*.

I. Les registres que tiennent les religieuses rétablies en communauté doivent être cotés et paraphés par le préfet, ou par délégation, par le sous-préfet de l'arrondissement. (*Art. 2 et 4 du décret du 10 mars 1807. Bull. 145.*)

II. Les préfets, les maires et adjoints et les officiers

de police, ont la surveillance des maisons religieuses, des congrégations hospitalières, comme de toutes les autres maisons de l'état. (*Art.* 19 *du décret du* 18 *février* 1809, *Bull.* 227.)

III. L'avis du conseil-d'état du 25 mars 1811, relatif au pensionnat établi chez les sœurs du Verbe-incarné de Dun et d'Azemble, porte que le préfet fera ses diligences pour faire cesser ce pensionnat. (*Bull.* 360.)

IV. Le règlement du 25 juillet 1811, relatif à la société de la Charité maternelle porte, art. 23, que chaque conseil d'administration, tant à Paris que dans les autres villes, aura un trésorier qu'il nommera, et que cette nomination doit être approuvée par le préfet.

V. Le décret du 17 mars 1812, relatif à l'organisation et à la discipline de la congrégation des chanoines hospitaliers du Grand-Saint-Bernard, ordonne, art. 4, que le conseil chargé de la surveillance de l'établissement remettra chaque année au préfet, le compte des recettes et dépenses des maisons de la congrégation.

VI. L'article 4 des statuts des sœurs de Saint-Joseph, du diocèse de Lyon, annexés au décret du 10 avril 1812, porte que lorsque la maison se trouve composée de moins de 6 sœurs, la supérieure est proposée à l'évêque par le maire dans les communes au-dessus de 5000 âmes, et dans les autres communes par le sous-préfet.

VII. Les règles à suivre pour les dons et les legs qui sont faits aux associations religieuses, sont tracées par la loi du 2 janvier 1817, et par diverses ordonnances du roi. Voy. *Dons et legs.*

ASSURANCES *contre les incendies* (compagnies d'). Une circulaire ministérielle, en date du 14 juillet 1820, établit en principe d'administration, que les bâtimens affectés à un service public ne doivent pas être assurés : en voici le texte.

« M. le préfet, il s'est formé, avec l'autorisation du roi, plusieurs compagnies et sociétés d'assurance contre l'incendie. Les unes se composent d'un certain nombre de propriétaires qui sont en même temps assureurs et assurés : on les désigne sous le nom d'*Assurances mutuelles.* Les autres sont des entreprises commerciales : on les nomme *Assurances à prime.* De ce que ces établissemens ont été jugés utiles pour les particuliers, quelques fonctionnaires publics ont inféré qu'ils pourraient offrir les mêmes avantages aux départemens, et qu'il y avait lieu de faire assurer, suivant l'un ou l'autre mode, les bâtimens affectés au service public. Je crois que cette opinion n'est pas fondée.

Assurances mutuelles.

Dans les assurances mutuelles, les associés s'obligent à supporter en commun, et au marc le franc des valeurs assurées, les dommages causés par le feu. Avant de se soumettre à cette réciprocité de garantie, il faut examiner s'il y a parité d'intérêt et égalité de risques.

Le particulier qui fait assurer sa maison, a principalement en vue de conserver une propriété dont la destruction entraînerait sa ruine ou ébranlerait sa fortune. Un département n'est pas exposé au même danger; il a toujours les moyens de rétablir un bâtiment qui aurait été endommagé par l'incendie. Si l'édifice était assuré, la perte se répartirait sur les propriétaires des maisons comprises dans l'association; s'il n'y a pas d'assurance, elle est réparée au moyen d'une imposition de centimes facultatifs qui atteint, outre les moissons assurées et non assurées, toutes les propriétés foncières du département; ce qui donne une base de répartition infiniment plus large, et rend presque insensible le contingent de chaque contribuable. L'intérêt qui porte à entrer dans l'association n'est donc pas, pour les départemens, aussi pressant que pour les particuliers.

Les bâtimens publics sont en général solidement construits; leur isolement les préserve de la communication du feu; ils sont moins exposés à l'incendie, à raison de l'usage auquel ils sont affectés, ou de la surveillance qui s'y exerce. Les risques ne sont donc pas les mêmes.

Mais ce qui s'oppose surtout à ce que les départemens participent aux assurances mutuelles, c'est que les cotisations sont éventuelles et indéterminées. Les édifices publics ayant une grande valeur, la somme à payer pourrait, si les incendies étaient fréquens, devenir très-considérable; et comme il serait impossible de la connaître d'avance et de la porter dans les budgets, l'administration se trouverait dans l'alternative ou de différer le paiement, ce qui serait contraire aux conventions et aux intérêts de l'association, ou de disposer de fonds qui auraient une autre destination, ce qui serait souvent nuisible au service et toujours irrégulier.

Assurances à prime.

Dans les assurances à prime, une compagnie de capitalistes se charge d'indemniser les propriétaires, à condition qu'ils paieront annuellement une somme proportionnée aux risques et à la valeur des bâtimens assurés; mais elle ne répond de la totalité du dommage que dans le cas où la prime est payée pour la valeur entière de l'immeuble. Si l'estimation qui sert de base au contrat d'assurance est au-dessous de la valeur réelle, la compagnie ne concourt à la réparation des pertes que pour une part proportionnelle. Ainsi l'on n'a la certitude d'être complétement indemnisé qu'en payant la prime pour les gros murs et les pierres qui ne périssent presque jamais, et qui forment toujours une partie importante de la valeur d'un bâtiment public. Cette circonstance, et l'inégalité des risques dont j'ai parlé plus haut, rendent la position de l'administration moins favorable que celle des particuliers.

Une compagnie établit la prime de manière qu'elle couvre les dommages et les frais de la régie, et qu'elle rende un profit aux actionnaires. Comme les frais et les bénéfices absorberont une forte partie des recettes, il est certain que, après une période assez longue pour compenser toutes les chances, les départemens auront payé une somme bien supérieure à celle qu'ils auront reçue en indemnités. En effet, les dommages résultant de l'incendie ne s'élèvent pas, année commune, à la moitié de ce que les primes coûteraient aux départemens.

Le motif le plus spécieux que l'on puisse alléguer en faveur du système des assurances, est que, moyennant une dépense fixe et modique, les départemens ne seront pas obligés, en cas d'incendie, à fournir, dans une seule année, une somme considérable qui excéderait quelquefois leurs ressources. Mais il arrive bien rarement qu'un édifice public soit consumé tout entier. Si la dégradation est partielle, les recettes ordinaires suffiront pour y remédier : si elle est générale, la restauration ne peut s'effectuer promptement; elle est d'ailleurs subordonnée à des formalités qui exigent des délais, pendant lesquels on a le temps ou de créer des fonds, ou de traiter avec des entrepreneurs pour qu'ils fassent des avances. Enfin, si un secours était reconnu indispensable, le ministre pourrait l'accorder sur le fonds commun de 5 centimes dont il règle la répartition.

J'ai jugé nécessaire de vous adresser ces observations, afin que vous les communiquiez au conseil-général de votre dé-

partement à sa prochaine session. Si, après en avoir pris
connaissance, ce conseil pensait qu'il convînt de faire assurer
les bâtimens départementaux, les motifs de sa délibération
seraient examinés avec soin, et il serait statué ensuite; mais
quelles que soient votre opinion et celle du conseil-général,
je vous prie de ne prendre aucun engagement, même provisoire ou conditionnel, avec une compagnie d'assurances, a-
vant de connaître la décision du ministère.

    Signé le directeur-général , MOUNIER.

ATELIERS *en général.* I. Les maires et adjoints doivent
y exercer une surveillance continuelle, pour y prévenir ou
réprimer au besoin les désordres qui résultent de l'insu-
bordination, de la coalition fréquente des ouvriers. (*Lois
du* 19—22 *juillet* 1791, *et du* 22 *germinal an* XI—12 *a-
vril* 1803.) Voy. *Manufactures* et *Ouvriers.*

 II. Aucune vente ou cession, par expertise, ne peut ê-
tre consentie d'ateliers, usines et immeubles dépendant
d'établissemens de manufacture ou de commerce, qu'en
vertu d'arrêté du préfet. (*Art. 5 de la loi du 6 ventôse
an* III—24 *février* 1795.)

 III. Les sous-préfets reçoivent les déclarations des a-
gens ou employés civils et militaires dans les ateliers publics, sur les objets appartenant à l'état. (*Lois du* 23
août 1792, *du* 26 *frimaire an* II—16 *décembre* 1793, *et*
11 *messidor an* VII—29 *juin* 1799.)

 ATELIERS *et fabriques d'armes.* Voyez *Armes.*

 ATELIERS *de charité.* I. Les préfets sont chargés de l'inspection et de l'amélioration du régime de ces ateliers.
(*Loi du* 22 *décembre* 1789, *organique, des corps administratifs.*)

 II. La loi du 16 — 9 décembre 1790, qui autorise les
autorités administratives à ouvrir ces ateliers pour y entreprendre des travaux appropriés aux besoins des classes
indigentes et laborieuses, et présentant un objet d'utilité
publique et d'intérêt général pour l'état, pour le département, ou pour une commune, porte, art. 7, que « les
maires, sous l'autorité et la surveillance immédiate des
préfets, dirigent les travaux des ateliers de charité établis dans leurs communes; et que si la même entreprise
s'étend sur le territoire de plus d'une mairie, la direction

des travaux appartient aux sous-préfets, sous la même autorité. »

III. Les maires veillent à ce que les personnes mises en liberté, qui se trouveraient sans aucune ressource, puissent obtenir du travail dans les ateliers de charité ou autres établissemens publics de leur commune. (*Art.* 15 *de la loi du* 28 *mars* 1790.)

Deux circulaires du ministre de l'intérieur, la première du 23 juillet 1817, et la deuxième du 6 octobre de la même année, attestent la vigilance bienveillante de l'administration supérieure pour subvenir au secours de la classe indigente, par des travaux dans les ateliers publics ouverts à cet effet.

I. *Circulaire du* 23 *juillet* 1817.

M. le préfet, d'après les intentions du roi, rien n'a été négligé pour subvenir aux besoins de la classe indigente, depuis l'automne de 1816, jusqu'à l'époque des récoltes de cette année.

Diverses sommes ont été mises successivement à votre disposition, pour atteindre un but aussi important, soit sur les fonds spéciaux accordés au ministre de l'intérieur, soit sur les fonds de non-valeurs, et la plupart des préfets y ont ajouté des ressources assez considérables, soit au moyen des fonds départementaux qui se trouvaient libres, soit au moyen des dons de la charité publique et des prestations volontaires.

Je désire, monsieur le préfet, pouvoir faire connaître au roi comment ses paternelles intentions ont été remplies, en lui rendant compte de la totalité des fonds qui ont été affectés au soulagement des indigens, et de l'emploi qu'ils ont reçu.

Je vous prie donc de m'adresser un rapport sur ce qui a été fait à ce sujet pour votre département, depuis le mois d'octobre 1816, jusques et compris le mois de juillet courant.

Vous me ferez d'abord connaître dans ce rapport, en désignant chaque nature de fonds, les sommes qui ont été destinées au soulagement de la classe indigente; les sommes qui ont été employées et celles qui restent libres : vous exposerez ensuite, quant aux fonds qui ont été employés, quel emploi ils ont reçu; vous aurez soin de séparer les sommes qui ont servi à entretenir des ateliers de charité, de celles qui ont été distribuées directement en secours, soit en denrées, soit en argent; vous indiquerez, pour les premières, les principaux travaux qui ont été exécutés, et pour les secondes, le genre de secours qui ont été distribués.

Vous voudrez bien ajouter à ce compte quelques détails sur les dispositions que vous avez prises pour rendre plus efficaces les fonds que vous avez pu appliquer au soulagement de vos administrés, et sur les effets qu'ont produits ces dispositions et les secours qui ont été procurés aux habitans de votre département.

Il est indispensable, M. le préfet, que je reçoive avant la fin du mois prochain, le rapport que je vous demande, et je vous recommande expressément de faire en sorte de me l'adresser dans ce délai.

Signé BECQUEY.

II. *Circulaire du 6 octobre 1817.*

M. le préfet, le département que vous administrez a été compris pour une somme de   dans la répartition qui a été arrêtée par l'ordonnance du roi du 10 septembre dernier, sur le fonds de non-valeurs de 1817, à la disposition du gouvernement.

La somme attribuée à votre département est destinée tant à accorder des dégrèvemens sur la contribution foncière, personnelle et mobilière, qu'à venir, par des secours effectifs, au soulagement de la classe indigente.

Je désire, M. le préfet, que vous me fassiez connaître quelle portion des   dont il s'agit, vous présumez pouvoir employer à des secours effectifs.

Je vous prie aussi de m'informer sur quelles autres ressources vous pouvez compter pour le soulagement de la classe indigente pendant l'hiver prochain.

Je dois vous recommander de réserver tous les fonds dont vous pouvez disposer, pour l'époque où les rigueurs de la saison rendront les besoins du pauvre plus pressans, et ses moyens d'existence plus difficiles.

Vous voudrez bien continuer à me rendre compte des mesures que vous aurez adoptées pour venir au secours des pauvres de votre département; et les efforts que vous avez faits l'hiver dernier, me sont garans du zèle que vous apporterez à assurer le soulagement des indigens dans des circonstances que l'abondance des récoltes doit rendre moins pénibles.

Signé LE COMTE CHABROL.

ATELIERS, FABRIQUES ET MANUFACTURES *à odeur insalubre ou incommode.* Avant le décret du 15 octobre 1810, contenant un règlement général de police sur les mesures à prendre pour l'établissement de ces ateliers, fabriques et manufactures, dont l'exploitation donne lieu à des ex-halaisons insalubres ou incommodes pour le voisinage, il n'existait que des règlemens locaux, et quelques disposi-tions partielles dans des ordonnances de police sur le ré-gime sanitaire des villes, bourgs et villages, sous le rap-port de ces établissemens utiles, sans doute, nécessaires même à la société, mais dont le gouvernement doit di-riger la formation et l'exploitation.

La section de chimie de la classe des sciences physi-ques et mathématiques de l'institut fut consultée, et sur son rapport, fut rendu le décret qui suit :

Art. 1er. A compter de la publication du présent décret, les manufactures et ateliers qui répandent une odeur insalu-bre ou incommode, ne pourront être formés sans une per-mission de l'autorité administrative : ces établissemens seront divisés en trois classes.

La première classe comprendra ceux qui doivent être éloi-gnés des habitations particulières ;

La seconde, les manufactures et ateliers dont l'éloigne-ment des habitations n'est pas rigoureusement nécessaire, mais dont il importe néanmoins de ne permettre la formation qu'après avoir acquis la certitude que les opérations qu'on y pratique sont exécutées de manière à ne pas incommoder les propriétaires du voisinage, ni à leur causer des dommages.

Dans la troisième classe, seront placés les établissemens qui peuvent rester sans inconvénient auprès des habitations, mais doivent rester soumis à la surveillance de la police.

2. La permission nécessaire pour la formation des manu-factures et ateliers compris dans la première classe, sera ac-cordée avec les formalités ci-après, par un décret rendu en notre conseil-d'état ;

Celle qu'exigera la mise en activité des établissemens com-pris dans la seconde classe, le sera par les préfets, sur l'avis des sous-préfets.

Les permissions pour l'exploitation des établissemens pla-cés dans la dernière classe, seront délivrées par les sous-pré-fets, qui prendront préalablement l'avis des maires.

3. La permission pour les manufactures et fabriques de première classe ne sera accordée qu'avec les formalités sui-vantes.

La demande en autorisation sera présentée au préfet, et af-fichée par son ordre dans toutes les communes, à 5 kilomè-tres de rayon.

Dans ce délai, tout particulier sera admis à présenter ses moyens d'opposition.

Les maires des communes auront la même faculté.

4. S'il y a des oppositions, le conseil de préfecture donnera son avis, sauf la décision au conseil-d'état.

5. S'il n'y a pas d'opposition, la permission sera accordée, s'il y a lieu, sur l'avis du préfet et le rapport de notre ministre de l'intérieur.

6. S'il s'agit de fabriques de soude, ou si la fabrique doit être établie dans la ligne des douanes, notre directeur-général des douanes sera consulté.

7. L'autorisation de former des manufactures et ateliers compris dans la seconde classe, ne sera accordée qu'après que les formalités suivantes auront été remplies.

L'entrepreneur adressera d'abord sa demande au sous-préfet de son arrondissement, qui la transmettra au maire de la commune dans laquelle on projette de former l'établissement, en le chargeant de procéder à des informations *de commodo et incommodo*. Ces informations terminées, le sous-préfet prendra sur le tout un arrêté qu'il transmettra au préfet. Celui-ci statuera, sauf le recours à notre conseil-d'état par toutes parties intéressées.

S'il y a opposition, il y sera statué par le conseil de préfecture, sauf le recours au conseil-d'état.

8. Les manufactures et ateliers ou établissemens portés dans la troisième classe ne pourront se former que sur la permission du préfet de police à Paris, et sur celle du maire dans les autres villes.

S'il s'élève des réclamations contre la décision prise par le préfet de police ou les maires, sur une demande en formation de manufactures ou d'ateliers compris dans la troisième classe, elles seront jugées au conseil de préfecture.

9. L'autorité locale indiquera le lieu où les manufactures et ateliers compris dans la première classe pourront s'établir, et exprimera sa distance des habitations particulières. Tout individu qui ferait des constructions dans le voisinage de ces manufactures et ateliers après que la formation en aura été permise, ne sera plus admis à en solliciter l'éloignement.

10. La division en trois classes des établissemens qui répandent une odeur insalubre ou incommode, aura lieu conformément au tableau annexé au présent décret. Elle servira de règle toutes les fois qu'il sera question de prononcer sur des demandes en formation de ces établissemens.

11. Les dispositions du présent décret n'auront point d'effet rétroactif; en conséquence, tous les établissemens qui sont

aujourd'hui en activité, continueront à être exploités librement, sauf les dommages dont pourront être passibles les entrepreneurs de ceux qui préjudicient aux propriétés de leurs voisins ; les dommages seront arbitrés par les tribunaux.

12. Toutefois, en cas de graves inconvéniens pour la salubrité publique, la culture ou l'intérêt général, les fabriques et ateliers de première classe qui les causent, pourront être supprimés, en vertu d'un décret rendu en notre conseil-d'état, après avoir entendu la police locale, pris l'avis des préfets, reçu la défense des manufacturiers ou fabricans.

13. Les établissemens maintenus par l'article 11 cesseront de jouir de cet avantage, dès qu'ils seront transférés dans un autre emplacement, ou qu'il y aura une interruption de six mois dans leurs travaux. Dans l'un et l'autre cas, ils rentreront dans la catégorie des établissemens à former, et ils ne pourront être remis en activité qu'après avoir obtenu, s'il y a lieu, une nouvelle permission.

14. Nos ministres de l'intérieur et de la police générale sont chargés, chacun en ce qui le concerne, de l'exécution du présent décret, qui sera inséré au Bulletin des lois.

Ordonnance du roi contenant règlement sur les Manufactures, établissemens et ateliers qui répandent une odeur insalubre ou incommode, du 14 janvier 1815. (Bull. 76.)

Louis, par la grâce de Dieu, roi de France et de Navarre, à tous ceux qui ces présentes verront, salut.

Sur le rapport de notre ministre secrétaire-d'état de l'intérieur ;

Vu le décret du 15 octobre 1810, qui divise en trois classes les établissemens insalubres ou incommodes dont la formation ne peut avoir lieu qu'en vertu d'une permission de l'autorité administrative,

Le tableau de ces établissemens qui y est annexé,

L'état supplémentaire arrêté par le ministre de l'intérieur le 22 novembre 1811,

Les demandes adressées par plusieurs préfets, à l'effet de savoir si les permissions nécessaires pour la formation des établissemens compris dans la troisième classe, seront délivrées par les sous-préfets ou par les maires ;

Notre conseil-d'état entendu,

Nous avons ordonné et ordonnons ce qui suit :

Art. 1er. A compter de ce jour, la nomenclature jointe à la présente ordonnance servira seule de règle pour la formation des établissemens répandant une odeur insalubre ou incommode.

2. Le procès-verbal d'information *de commodo et incommodo*, exigé par l'article 7 du décret du 15 octobre 1810, pour la formation des établissemens compris dans la seconde classe de la nomenclature, sera pareillement exigible, en outre de l'affiche de demande, pour la formation de ceux compris dans la première classe.

Il n'est rien innové aux autres dispositions de ce décret.

3. Les permissions nécessaires pour la formation des établissemens compris dans la troisième classe seront délivrées dans les départemens, conformément aux articles 2 et 8 du décret du 15 octobre 1810, par les sous-préfets, après avoir pris préalablement l'avis des maires et de la police locale.

4. Les attributions données aux préfets et aux sous-préfets par le décret du 15 octobre 1810, relativement à la formation des établissemens répandant une odeur insalubre ou incommode, seront exercées par notre directeur-général de la police dans toute l'étendue du département de la Seine, et dans les communes de Saint-Cloud, de Meudon et de Sèvres du département de Seine-et-Oise.

5. Les préfets sont autorisés à faire suspendre la formation ou l'exercice des établissemens nouveaux qui, n'ayant pu être compris dans la nomenclature précitée, seraient cependant de nature à y être placés. Ils pourront accorder l'autorisation d'établissement pour tous ceux qu'ils jugeront devoir appartenir aux deux dernières classes de la nomenclature, en remplissant les formalités prescrites par le décret du 15 octobre 1810; sauf, dans les deux cas, à en rendre compte à notre directeur-général des manufactures et du commerce.

6. Notre ministre secrétaire-d'état de l'intérieur est chargé de l'exécution de la présente ordonnance, qui sera insérée au Bulletin des lois.

Donné en notre château des Tuileries, le 14 janvier de l'an de grâce 1815, et de notre règne le vingtième.

Signé LOUIS.

Par le roi :

Le ministre secrétaire-d'état de l'intérieur,
Signé l'abbé de MONTESQUIOU.

Nomenclature des manufactures, établissemens et Ateliers répandant une odeur insalubre ou incommode, dont la formation ne pourra avoir lieu sans une permission de l'autorité administrative.

PREMIÈRE CLASSE.

Établissemens et ateliers qui ne pourront plus être formés dans le voisinage des habitations particulières, et pour la création desquels il sera nécessaire de se pourvoir d'une autorisation de Sa Majesté accordée en conseil-d'état.

Acide nitrique (eau-forte) (fabrication de l').

Acide pyroligneux (fabriques d'), lorsque les gaz se répandent dans l'air sans être brûlés.

Acide sulfurique (fabrication de l').

Affinage de métaux au fourneau à manche, au fourneau à coupelle, ou au fourneau à réverbère.

Amidonniers.

Artificiers.

Bleu de Prusse (fabrique de), lorsqu'on n'y brûlera pas la fumée et le gaz hydrogène sulfuré.

Boyaudiers.

Cendre gravelée (fabriques de), lorsqu'on laisse répandre la fumée au-dehors.

Cendres d'orfèvre (traitement des) par le plomb.

Chanvre (rouissage du) en grand par son séjour dans l'eau.

Charbon de terre (épurage du) à vases ouverts.

Chaux (fours à) permanens.

Nota. Par ordonnance du roi du 29 juillet 1818, les fours à plâtre et les fours à chaux font partie des établissemens de seconde classe.

Indépendamment des formalités prescrites par le décret du 15 octobre 1810, la formation des établissemens de ce genre ne pourra avoir lieu qu'après que les agens forestiers en résidence sur les lieux auront donné leur avis sur la question de savoir si la reproduction des bois dans le canton, et les besoins des communes environnantes, permettent d'accorder la permission.

Colle-forte (fabriques de).

Cordes à instrumens (fabriques de).

Cretonniers.

Cuirs vernis (fabriques de).

Équarrissage.

Échaudoirs.

Encre d'imprimerie (fabriques d').

Fourneaux (hauts).

Les établissemens de ce genre ne seront autorisés qu'autant que les entrepreneurs auront rempli les formalités prescrites par la loi du 21 avril 1810, et par les instructions du ministre de l'intérieur.

Glaces (fabriques de).

Indépendamment des formalités prescrites par le décret du 15 octobre 1810, la formation des fabriques de ce genre ne pourra avoir lieu qu'après que les agens forestiers en résidence sur les lieux auront donné leur avis sur la question de savoir si la reproduction des bois dans le canton, et les besoins des communes environnantes, permettent d'accorder la permission.

Goudron (fabrication du).

Huile de pieds de bœuf (fabriques d').

Huile de poisson (fabriques d').

Huile de térébenthine et huile d'aspic (distilleries en grand d').

Huile rousse (fabriques d').

Litharge (fabrication de la).

Massicot (fabriques de).

Ménageries.

Minium (fabrication du).

Noir d'ivoire et noir d'os (fabriques de), lorsqu'on n'y brûle pas la fumée.

Orseille (fabrication de l').

Plâtre (fours à) permanens.

Indépendamment des formalités prescrites par le décret du 15 octobre 1810, la formation des fabriques de ce genre ne pourra avoir lieu qu'après que les agens forestiers en résidence sur les lieux auront donné leur avis sur la question de savoir si la reproduction des bois dans le canton, et les besoins des communes environnantes, permettent d'accorder la permission.

Pompes à feu ne brûlant pas la fumée.

Porcheries.

Poudrettes.

Rouge de Prusse (fabriques de) à vases ouverts.

Sel ammoniac (ou muriate d'ammoniac) (fabrication du) par le moyen de la distillation des matières animales.

Soufre (distillation du).

Suif brun (fabrication du).

Suif en branche (fonderie du) à feu nu.

Suif d'os (fabrication du).

Sulfate d'ammoniac (fabrication du) par le moyen de la distillation des matières animales.

Sulfate de cuivre (fabrication du)

au moyen du soufre et du grillage.

Sulfate de soude (fabrication du) à vases ouverts.

Sulfures métalliques (grillage des) en plein air.

Tabac (combustion des côtes du) en plein air.

Taffetas cirés (fabriques de).

Taffetas et toiles vernis (fabrication des).

Tourbe (carbonisation de la) à vases ouverts.

Tripiers.

Tueries, dans les villes dont la population excède 10,000 âmes.

Vernis (fabriques de).

Verre, cristaux et émaux (fabriques de).

Indépendamment des formalités prescrites par le décret du 15 octobre 1810, la formation des fabriques de ce genre ne pourra avoir lieu qu'après que les agens forestiers en résidence sur les lieux auront donné leur avis sur la question de savoir si la reproduction des bois dans le canton, et les besoins des communes environnantes, permettent d'accorder la permission.

DEUXIÈME CLASSE.

Établissemens et ateliers dont l'éloignement des habitations n'est pas rigoureusement nécessaire, mais dont il importe néanmoins de ne permettre la formation qu'après avoir acquis la certitude que les opérations qu'on y pratique seront exécutées de manière à ne pas incommoder les propriétaires du voisinage, ni à leur causer des dommages.

Pour former ces établissemens, l'autorisation du préfet sera nécessaire, sauf, en cas de difficulté, ou en cas d'opposition de la part des voisins, le recours à notre conseil-d'état.

Acier (fabriques d').

Acide muriatique (fabrication de l') à vases clos.

Acide muriatique oxigéné (fabrication de l').

Acide pyroligneux (fabriques d'), lorsque les gaz sont brûlés.

Ateliers à enfumer les lards.

Blanc de plomb ou de céruse (fabriques de).

Bleu de Prusse (fabriques de), lorsqu'elles brûlent leur fumée et le gaz hydrogène sulfuré, etc.

Cartonniers.

Cendres d'orfèvre (traitement des) par le mercure et la distillation des amalgames.

Cendres gravelées (fabrication des), lorsqu'on brûle la fumée, etc.

Chamoiseurs.

Chandeliers.

Chapeaux (fabriques de).

Charbon de bois fait à vases clos.

Charbon de terre épuré, lorsqu'on travaille à vases clos.

Châtaignes (dessiccation et conservation des).

Chiffonniers.

Cires à cacheter (fabriques de).

Corroyeurs.

Couverturiers.

Cuirs verts (dépôts de).

Cuivre (fonte et laminage de).

Eau-de-vie (distilleries d').

Faïence (fabriques de).

Fondeurs en grand au fourneau à réverbère.

Galons, et tissus d'or et d'argent (brûleries en grand des).

Genièvre (distilleries de).

Goudron (fabriques de) à vases clos.

Hareng (saurage du).

Hongroyeurs.

Huiles (épuration des) au moyen de l'acide sulfurique.

Indigoteries.

Liqueurs (fabrication des).

Maroquiniers.

Mégissiers.

Noir de fumée (fabrication du).

Noir d'ivoire et noir d'os (fabrication des), lorsqu'on brûle la fumée.

Or et argent (affinage de l'), au moyen du départ et du fourneau à vent.

Os (blanchiment des) pour les éventaillistes et boutonniers.

Papiers (fabriques de).

Parcheminiers.

Pipes à fumer (fabrication des).

Plomb (fonte du), et laminage de ce métal.

Poêliers-fourualistes.

Porcelaine (fabrication de la).

Potiers de terre.

Rouge de Prusse (fabriques de) à vases clos.

Salaisons (dépôts de).

Sel ou muriate d'étain (fabrication du).

Sucre (raffineries de).

Suif (fonderies de) au bain-marie ou à la vapeur.

Sulfate de soude (fabrication du) à vases clos.

Sulfates de fer et de zinc (fabrication des), lorsqu'on forme ces sels de toutes pièces avec l'acide sulfurique et les substances métalliques.

Sulfures métalliques (grillage des) dans les appareils propres à retirer le soufre ou à utiliser l'acide sulfureux qui se dégage.

Tabac (fabriques de).

Tabatières en carton (fabrication des).

Tanneries.

Toiles (blanchiment des) par l'acide muriatique oxigéné.

Tourbe (carbonisation de la) à vases clos.

Tuileries et briqueteries.

TROISIÈME CLASSE.

Etablissemens et ateliers qui peuvent rester sans inconvénient auprès des habitations particulières, et pour la formation desquels il sera néanmoins nécessaire de se munir d'une permission, aux termes des articles 2 et 8 du décret du 15 octobre 1810 et de l'article 3 de la présente ordonnance.

Acétate de plomb (sel de saturne) (fabrication de l').

Batteurs d'or et d'argent.

Blanc d'Espagne (fabriques de).

Bois dorés (brûleries des).

Boutons métalliques (fabrication des).

Borax (raffinage du).

Brasseries.

Briqueteries, ne faisant qu'une seule fournée en plein air, comme on le fait en Flandre.

Buanderies.

Camphre (préparation et raffinage du).

Caractères d'imprimerie (fonderies de).

Cendres (laveurs de).

Cendres bleues et autres précipitées du cuivre (fabrication des).

Chaux (fours à) ne travaillant pas plus d'un mois par année.

Ciriers.

Colle de parchemin et d'amidon (fabriques de).

Corne (travail de la) pour la réduire en feuilles.

Cristaux de soude (fabriques de) [sous-carbonate de soude cristallisé].

Doreurs sur métaux.

Eau seconde (fabrication de l') des peintres en bâtimens, alcalis caustiques et dissolution.

Encre à écrire (fabriques d').

Essayeurs.

Fer-blanc (fabriques de).

Feuilles d'étain (fabrication des).

Fondeurs au creuset.

Fromages (dépôt de).

Glaces (étamage des).

Laques (fabrication des).

Moulins à huile.

Ocre jaune (calcination de l') pour la convertir en ocre rouge.

Papiers peints et papiers marbrés (fabriques de).

Plâtre (fours à) ne travaillant pas plus d'un mois par année.

Plombiers et Fontainiers.

Plomb de chasse (fabrication du).

Pompes à feu brûlant leur fumée.

Potasse (fabriques de).

Potiers d'étain.

Sabots (ateliers à enfumer les).

Salpêtre (fabrication et raffinage du).

Savonneries.

Sel de soude sec (fabrication du) [sous-carbonate de soude sec].

Sel (raffineries de).

Soude (fabrication de la), ou décomposition du sulfate de soude.

Sulfate de cuivre (fabrication du) au moyen de l'acide sulfurique et de l'oxide de cuivre, ou du carbonate de cuivre.

Sulfate de potasse (raffinage du).

Sulfates de fer et d'alumine. Extraction de ces sels, des matériaux qui les contiennent tout formés, et transformation du sulfate d'alumine en alun.

Tartre (raffinage du).

Teinturiers.

Teinturiers-dégraisseurs.

Tueries, dans les communes dont la population est au-dessous de 10,000 habitans.

Vacheries, dans les villes dont la population excède 5,000 habitans.

Vert-de-gris et verdet (fabrication du).

Viandes (salaison et préparation des).

Vinaigre (fabrication du).

L'accomplissement des formalités établies par le décret du 15 octobre 1810, et par notre présente ordonnance, ne dispense pas de celles qui sont prescrites pour la formation des établissemens qui seront placés dans le rayon des douanes, ou sur une rivière, qu'elle soit navigable ou non : les règlemens à ce sujet continueront à être en vigueur.

Nota. La principale loi sur la matière est celle du 21 ventôse an XI—12 mars 1803 (*Bull.* 260), qui porte que le déplacement des fabriques et manufactures qui se trouveront dans la ligne des douanes pourra être ordonné, lorsqu'elles auront favorisé la contrebande, et que le fait sera constaté par un jugement rendu par les tribunaux compétens. L'article 2 de cette loi accorde, pour effectuer le déplacement, un délai qui ne peut être moins d'un an.

Règles et principes de la jurisprudence du conseil-d'état, sur les ateliers à odeur insalubre et incommode.

I, Un fabricant qui veut établir un atelier destiné à opérer le déchamage et le débourrement des peaux pour la préparation des cuirs, ne peut pas espérer que l'administration lui accordera la permission de former cet établissement dans le voisinage des habitations. (*Ord. du roi du 10 janvier 1821.*)

II. Il n'y a pas lieu de révoquer l'autorisation accordée à un fabricant de noir d'ivoire à vases clos, lorsqu'il est constaté que toutes les formalités prescrites par la loi ont été observées; que cet établissement ne présentera aucun inconvénient, et qu'il est, à cet effet, assujetti à de certaines conditions qui conservent aux voisins toute action à l'effet d'en assurer l'exécution. (*Ord. du roi du 18 avril 1821.*)

III. La révocation de l'autorisation dans ce cas n'empêche pas le fabricant d'en solliciter une nouvelle, s'il parvient à remplir les conditions imposées. (*Ord. du roi du 30 mai 1821.*)

IV. Lorsque l'autorisation pour un établissement de 3e classe a été donnée par un maire ou par le préfet de police à Paris, et qu'il s'élève postérieurement des réclamations, le conseil de préfecture est compétent pour les apprécier ou pour infirmer l'autorisation accordée. (*Ord. du roi du 30 mai 1821.*)

V. Il appartient aux conseils de préfecture de donner leur avis sur les oppositions formées aux établissemens de 1re classe. (*Ord. du roi du 30 mai 1821.*)

VI. Lorsqu'une autorisation n'a été donnée pour un établissement de 3e classe, que sous la condition de condenser entièrement les gaz qui peuvent être produits par les opérations de la fabrique, il y a lieu de révoquer l'autorisation, s'il est prouvé que les gaz ne sont pas entièrement condensés. (*Ord. du roi du 30 mai 1821.*)

VII. Cette preuve peut être tirée de ce que le comité consultatif des arts et manufactures et le conseil de salubrité déclarent que le fabricant pourra parvenir à condenser entièrement ses gaz, en suivant les instructions consignées dans leurs avis, et de ce que le fabricant avoue lui-même qu'il a exécuté ces améliorations postérieurement à l'autorisation donnée. (*Ord. du roi du 30 mai 1821.*)

VIII. Le conseil-d'état peut refuser l'autorisation d'élever un établissement à odeur insalubre ou incommode, s'il pense que malgré les précautions indiquées par le comité consultatif des arts et manufactures, les causes d'incommodité dudit établissement ne seront pas suffisamment détruites.

En général, une bonne police doit éloigner autant que possible, des habitations, les établissemens à odeur insalubre et incommode. (*Ord. du roi du 8 août 1821.*)

IX Lorsqu'il résulte des faits de l'enquête *de commodo et incommodo*, qu'un établissement de 3e classe (une tuilerie) n'est pas nuisible aux habitans, il n'y a pas lieu, pour le conseil de préfecture, d'en ordonner la destruction s'il a été construit sans autorisation, mais après l'enquête favorable. (*Ord. du roi du 15 août 1821.*)

X. Les permissions nécessaires pour les établissemens de 3e classe, doivent être délivrées par les sous-préfets, après avoir pris l'avis du maire et de la police locale.

S'il s'élève des réclamations à ce sujet, elles doivent être jugées en conseil de préfecture, soit qu'elles viennent de la part du requérant, soient qu'elles aient été formées par les opposans.

XI. Lorsqu'une instruction n'a été ni assez détaillée, ni assez éclaircie, pour que le conseil-d'état puisse, dans le moment, statuer, en connaissance de cause, sur le mérite des oppositions à l'établissement projeté, il y a lieu d'ordonner une nouvelle instruction préparatoire.

Dans ce cas, il doit être sursis à statuer sur l'appel. (*Ord. du roi du 29 août 1821.*)

XII. Par ordonnance du 16 janvier 1822, le roi, en son conseil-d'état, réforme un arrêté du conseil de préfecture du département de la Seine, qui avait refusé d'accorder à un fabricant l'autorisation d'établir, sur un emplacement isolé et entouré de jardins, une fabrique de noir d'ivoire et d'os, dans l'enceinte d'une habitation sise à la Villette, près Paris, et dans laquelle le même fabricant avait déjà été autorisé à former une fabrique de suif d'os. (*Ord. du 16 janvier 1822.*)

Les préfets sont compétens pour accorder ou refuser l'autorisation de former les établissemens de 2ᵉ classe, à odeur insalubre et incommode, sauf le recours au conseil-d'état.

Lorsqu'un préfet a refusé d'autoriser un pareil établissement, le conseil de préfecture ne peut pas, sans excès de pouvoir, statuer sur la réclamation que forme la partie contre ce refus.

Le ministre de l'intérieur a qualité pour demander au conseil-d'état l'annullation des arrêtés des conseils de préfecture rendus en cette matière. (*Ord. du roi du 14 novembre 1821.*)

ARBES de chemiques. Voy. *Cheminées.*

ATTAQUE des personnes, des propriétés et de la force publique. Voy. *Attroupemens et Rébellion.*

ATTENTATS à la sûreté de l'état (voy. *Sûreté de l'état*); à la liberté individuelle (voy. *Arrestations et Détention*); à la vie ou à la propriété des individus (voy. *Menaces d'attentat*).

ATTÉRISSEMENT (l'), est une augmentation subite de terrain abandonné par les eaux, et qui laisse aisément apercevoir à l'œil la date de son origine; à la différence de l'alluvion, qui procède d'un accroissement insensible et progressif.

C'était une question controversée autrefois, de savoir si le propriétaire riverain, vers lequel le nouveau cours de la rivière s'était précipité, avait le droit de reprendre en échange une égale portion du lit abandonné du côté de l'autre rive, ou bien si cet ancien lit accroissait aux fonds limitrophes à titre d'alluvion. Il y avait des autorités imposantes pour l'une et l'autre opinion; mais le Code civil a décidé la question.

Si un fleuve ou une rivière navigable, flottable ou non, se forme un nouveau cours en abandonnant son ancien lit, les propriétaires des fonds nouvellement occupés prennent, à titre d'indemnité, l'ancien lit abandonné, chacun dans la proportion du terrain qui lui a été enlevé. (*Code civ., article 563.*)

Dans le cas où l'*attérissement* est produit par la retraite des eaux d'une rivière navigable et flottable, la portion du lit *désertée* rentre dans le domaine public à l'exclusion des propriétaires riverains, à moins que ces propriétaires riverains ne soient en état de prouver, *par titres authentiques*, que le *lit déserté* n'est qu'une *restitution* d'un terrain qui leur avait été enlevé par le fleuve.

« Les îles et attérissemens qui se forment dans le lit des fleuves ou rivières *navigables* ou *flottables* appartiennent à la nation, s'il n'y a *titre* ou *prescription contraire.* » (*Code civil, art. 560.*)

Cette présomption est de droit, quand les eaux ne couvrent pas le sol usurpé *depuis dix ans.* (*Arrêt du conseil en forme de règlement, du 10 février 1728, contre les chartreux de Villeneuve près Avignon.*)

Il en est autrement dans le cas d'un *attérissement* formé par les eaux d'une *rivière patrimoniale.* Le lit déserté accroît aux héritages adjacens, comme faisant partie de ces mêmes héritages aux dépens desquels le lit de la rivière s'est formé, et comme un retour à l'ancien état.

Les îles et attérissemens qui se forment dans les rivières

non navigables et non flottables, appartiennent aux *propriétaires riverains* du côté où l'île s'est formée; si l'île n'est pas
formée de ce côté, elle appartient aux propriétaires des deux
côtés, à partir de la ligne qu'on suppose tracée au milieu de
la rivière. (*Code civil, art.* 561.)

Lorsque des attérissemens se sont formés dans le lit
d'une rivière navigable ou flottable, postérieurement au
contrat d'adjudication qui a été fait par l'état de terrains
situés sur cette rivière, les questions de possession et de
propriété relative à ces attérissemens, appartiennent aux
tribunaux ordinaires et sont régies par le droit commun.
(*Ord. du roi du 21 mars* 1821.)

ATTRIBUTIONS des préfets, des sous-préfets, des maires
et des adjoints, et des conseils placés près de ces fonctionnaires, sous le double rapport de l'administration et
de la police. Voy. *Les notions élémentaires en tête du
volume.*

ATTROUPEMENS *et émeutes populaires.* Les élémens per-
turbateurs de la tranquillité publique se trouvent principalement dans les foires et marchés, les fêtes baladoires,
les lieux publics de rassemblement : l'œil de la police
doit sans cesse être ouvert sur ces foyers de troubles et
d'agitation.

Une des causes désorganisatrices de l'ordre public, est
la rareté des subsistances : c'est alors que les préfets, les
sous-préfets et les maires doivent tempérer, autant qu'il
est en eux, la sévérité des mesures que la loi les autorise
à employer contre les attroupemens séditieux et les ré-
voltes que font naître les circonstances.

Il n'en est pas de même pour les attroupemens qui ont
pour objet de s'opposer à la levée des contributions ou à
l'exécution des actes de l'autorité publique, et des ordres
du gouvernement; qui portent indistinctement le ravage,
la destruction, le pillage dans les propriétés publiques et
particulières. Alors les fonctionnaires administratifs doivent se rappeler que la loi du 16—24 août 1790 les rend
responsables de leur négligence à prévenir, à réprimer
ces attentats; et ils trouvent dans l'exécution fidèle des
lois et des règlemens de police tous les moyens de salut
public dont l'emploi leur est confié et prescrit.

La principale de ces lois est celle du 27 juillet — 51
août 1791, dont l'art. 9 « répute *attroupement séditieux*,
et punit comme tel, tout rassemblement de plus de 15
personnes s'opposant à l'exécution d'une loi, d'une contrainte ou d'un jugement, » dont toutes les dispositions
investissent l'autorité municipale d'un grand pouvoir,
sous le rapport de l'action et de la réquisition de la force publique.

La loi du 23 — 26 février 1790, concernant la sûreté
des personnes et des propriétés; celle du 18—22 juillet
1791, sur la police municipale et correctionnelle; celle
du 28 septembre — 6 octobre 1791, sur la police rurale;
celle du 7 vendémiaire an IV—29 septembre 1795 (*Bull.*
186), sur la police ou commerce des grains et l'approvisionnement des marchés; celle du 10 vendémiaire an
IV—2 octobre 1785 (*Bull.* 188), sur la police intérieure
des communes; le *Code pénal*, livre III, section 2 du chapitre 1er, section 1re du chapitre II, section IV et V du
chapitre III, sur les différens caractères, sur les différens
objets de la rébellion; la loi du 19 mai 1819 (*Bull.* 278),
sur la provocation publique; enfin, l'ordonnance du 29 octobre 1820 (*Bull.* 419), sur l'organisation de la gendarmerie : toutes ces lois, tous ces règlemens de police, de
sûreté générale, tracent aux préfets, aux sous-préfets, et
aux maires et adjoints, les devoirs qu'ils ont à remplir
pour le maintien ou le rétablissement de la tranquillité
publique. Nous nous bornerons à mettre sous les yeux
les dispositions textuelles de l'ordonnance du 29 octobre
1820, relatives aux moyens de répression contre les é-
meutes, et un modèle du procès-verbal que les maires
et adjoints doivent dresser dans ces circonstances cala-
miteuses.

Texte de l'ordonnance du 29 octobre 1820.

Toutes les fois que la gendarmerie royale est insuffisante
pour dissiper les émeutes populaires ou attroupemens séditieux et faire cesser toute résistance à l'exécution des lois, elle
requiert l'assistance de la garde nationale et des troupes de
ligne, qui sont tenues de déférer à ses réquisitions et de lui
prêter main-forte. (*Art.* 3.)

A défaut, ou en cas d'insuffisance de la troupe de ligne, les commandans de la gendarmerie requièrent main-forte de la garde nationale : à cet effet, ils s'adressent aux autorités locales. (*Même ordonnance, art. 92.*)

Les détachemens de la garde nationale requis sont toujours aux ordres du commandant de gendarmerie qui fait la réquisition. (*Art. 93, ibidem.*)

Au fond du golfe de Gascogne, le long de cette aride et dangereuse côte des Landes, il est encore quelques misérables familles qui, non moins barbares que les sauvages de l'Afrique, font des vœux pour obtenir des tempêtes, et comptent les naufrages au nombre de leurs bonnes fortunes. Les malheureux jetés avec leurs navires sur ces sables inhospitaliers, y voient achever leur ruine par le pillage de ce que la mer leur a laissé.

Son Exc. le ministre de l'intérieur, voulant mettre un terme à cette lâche piraterie, a prescrit au préfet du département des Landes, à chaque fois où elle viendrait à se renouveler, d'appeler sur les communes elles-mêmes toute la sévérité de la loi du 2 octobre 1797 — 10 vendémiaire an IV, et notamment la disposition qui les rend responsables de toutes les spoliations commises sur leur territoire, à force ouverte ou par des attroupemens armés ou non armés.

Un arrêt de la cour de cassation, du 17 juin 1817, rejette la proposition de regarder simplement comme loi de circonstance et tombée avec la révolution qui l'avait fait naître, la loi du 10 vendémiaire an IV — 2 octobre 1795, qui rend les communes responsables des délits commis à force ouverte et par attroupement sur leur territoire, lorsqu'elles n'ont pas pris les mesures qui étaient en leur pouvoir, à l'effet de les prévenir et d'en faire connaître les auteurs : la Cour suprême déclare que cette loi n'a fait que reproduire des principes de droit public professés par les meilleurs publicistes; qu'elle est éminemment protectrice des personnes et des propriétés; qu'elle a été constamment exécutée depuis sa promulgation; et que même elle est implicitement maintenue par l'article 68 de la Charte constitutionnelle.

Modèle d'un procès-verbal pour attroupement.

L'an   etc., et le   heure d   Nous   etc., informé qu'il existe un attroupement à (*indiquer l'endroit et le motif s'il est connu*), nous y sommes transporté, accompagné d   et avons trouvé un rassemblement d'environ   personnes sans armes (ou avec armes), et formant plusieurs groupes, au milieu de chacun desquels était un individu qui parlait aux autres; d'après les renseignemens que nous avons recueillis, nous avons appris que cet attroupement avait pour motif   ; en avons de suite donné avis à M. le procureur du roi (*à Paris, à M. le préfet de police*); avons ensuite invité les citoyens à se séparer et à retourner paisiblement chacun chez eux, à leurs occupations, sauf à celui qui se croyait lésé, à se pourvoir par les moyens indiqués par la loi. Avons en même temps envoyé chercher la force armée, et l'attroupement ne se dissipant pas, nous avons, à haute et intelligible voix, sommé tous les citoyens de se séparer ou de se retirer, avec déclaration qu'en cas de désobéissance et de résistance, nous serions obligé d'employer les moyens de rigueur que la loi met en nos mains. Personne ne s'étant retiré et n'ayant obéi à notre sommation, nous avons envoyé chercher un détachement de la gendarmerie royale, lequel étant arrivé, nous avons, à trois fois différentes, réitéré notre sommation de se séparer et de se retirer, et nous avons donné l'ordre formel, au commandant de la force armée, d'employer tous les moyens que la loi met en ses mains pour dissiper ledit attroupement et arrêter ceux qui résisteraient ouvertement; ce qui a été exécuté.

Quelques individus qui avaient fait résistance ayant été arrêtés et conduits au corps-de-garde situé   , nous y sommes transporté, accompagné d'un détachement de gendarmerie. Les avons successivement et séparément interrogés sur leurs noms, prénoms, âge, pays de naissance, profession et domicile, sur leurs moyens d'existence, sur les papiers et autres objets dont ils sont porteurs, et sur les motifs de l'attroupement.

Le premier a dit se nommer   etc. Le second, *idem* et ainsi de suite. (*Désigner les objets suspects trouvés sur chacun d'eux et les séquestrer; leur faire signer à chacun leur déclaration.*)

Recevoir aussi la déclaration des chefs de la gendarmerie, sur les diverses circonstances de la résistance ou rébellion qu'ils ont éprouvée de la part de chacun des individus arrêtés ; faire signer lesdites déclarations. (Ces déclarations peuvent être reçues après l'envoi des prévenus à la préfecture de police.)

Sur quoi nous, attendu (*indiquer les circonstances excusables qui peuvent exister en faveur d'un ou plusieurs desdits individus arrêtés, et les mettre, s'il y a lieu, en liberté, avec réprimande, et avec injonction de se représenter à la justice*). Quant à ceux évidemment coupables.

À l'égard du nommé ou des nommés　　　　　, attendu qu'ils sont prévenus du fait de rébellion prévu par la loi du 27 germinal an IV (16 avril 1796), et par les articles 209 et suivans du Code pénal, avons séquestré les papiers et autres objets ci-dessus désignés dont ils se sont trouvés porteurs, les avons étiquetés séparément pour chacun d'eux et annexés au présent ; avons ensuite fait conduire les susnommés, sous bonne escorte, devant M. le procureur du roi (à Paris, à la préfecture de police), conformément à l'article 45 du Code d'instruction criminelle ; et sera notre présent procès-verbal, ensemble les papiers et objets y mentionnés, transmis sans délai à M. le procureur du roi, pour le tout être renvoyé à qui de droit.

De tout ce que dessus avons rédigé le présent procès-verbal, et avons signé ainsi que les sieurs, nous assistant....

(Si pendant que l'officier de police procède, l'autorité supérieure intervient, il ne fait plus qu'exécuter les ordres qu'il reçoit, et qu'il consigne, ainsi que les mesures d'exécution, dans son procès-verbal.)

Modèle d'un procès-verbal d'attroupement dissipé par la force.

« Cejourd'hui　　　　　, nous maire ou adjoint, faisant notre tournée　　　　, ou sur l'avis qui nous a été donné, nous nous sommes transportés à　　　　où nous avons trouvé un attroupement de plusieurs personnes. Nous étant approchés, nous avons reconnu que la cause de cet attroupement était　　　　(*la cause*). Nous avons invité, au nom de la loi, lesdites personnes ainsi attroupées à se retirer, leur déclarant qu'à faute de ce, nous allions nous saisir d'eux pour les conduire devant le juge-de-paix ou le procureur du roi ; sur quoi plusieurs d'entre elles se seraient retirées, et un plus grand nombre serait resté, et nous aurait invectivés et jeté des pierres ; dont le sieur　　　　, un de nous, aurait été grièvement blessé à la tête, ce qui nous aurait déterminés à déployer la force contre lesdites personnes, et à faire usage de

nos armes, à la suite de quoi   nous nous serions emparés
de   , individus blessés, et de   , autres que nous aurions poursuivis et rejoints ; tous lesquels individus nous a-
vons fait monter dans une charrette par nous requise du
sieur   , habitant de la commune de   , après avoir
pris envers lesdits individus toutes les précautions de sûreté,
et les avons conduits devant le juge-de-paix de   , où
de tout ce que dessus nous avons dressé le présent procès-
verbal, que nous avons signé les jour et an susdits. »

AUBERGISTES, *logeurs* et *maîtres de maisons garnies.*
Les maires et adjoints doivent exercer une surveillance
journalière sur ces lieux publics, en exécution de l'article 5 du titre 1er de la loi du 19—22 juillet 1791, sur la
police municipale, dont voici le texte :

Dans les villes et dans les campagnes, les aubergistes,
maîtres d'hôtels garnis et logeurs, seront tenus d'inscrire de
suite et sans aucun blanc, sur un registre en papier timbré
et paraphé par un officier municipal, ou un commissaire de
police, les noms, qualités, domicile habituel, dates d'entrée
et de sortie de tous ceux qui coucheront chez eux, même une
seule nuit ; de représenter ce registre tous les quinze jours, et
en outre toutes les fois qu'ils en seront requis, soit aux officiers municipaux, soit aux officiers de police, ou aux citoyens
commis par la municipalité.

Faute de se conformer aux dispositions ci-dessus, ils seront condamnés à une amende du quart de leur droit de patente, sans que cette amende puisse être au-dessous de 3
francs, et ils demeureront civilement responsables des désordres et des délits commis par ceux qui logeront dans leurs
maisons.

A Paris une ordonnance de police, du 10 juin 1820,
a appliqué les dispositions ci-dessus aux personnes qui
louent ou sous louent tout ou partie de leur appartement
en garni.

Les maires et officiers municipaux exécutent concurremment avec les commissaires-généraux de police, dans
les villes où il y en a, la surveillance sur les hôtels garnis et les logeurs, pour l'exécution des lois et règlemens
de police. (*Art. 9 du décret du 23 fructidor an XIII—10
septembre 1805. Bull. 65.*)

Modèle de procès-verbal à dresser lors de la visite chez un aubergiste.

Cejourd'hui, nous   , maire ou adjoint, nous sommes transporté accompagné de (désigner les noms des agens de la force publique), au domicile de   , aubergiste, où étant parvenu, nous lui avons fait la demande de la représentation de son registre, ce qu'il a refusé, ou nous a déclaré ne pas en avoir. Visitant ensuite dans les différens logemens, pour vérifier si en effet toutes les personnes les occupant étaient inscrites sur ledit registre, avons observé que le sieur   , logeant à *telle* pièce, n°   , à *tel* étage, n'y était point inscrit. (*S'il y en a plusieurs, l'énoncer de même*). Nous avons demandé audit sieur   , aubergiste, la raison pour laquelle cette personne *ou* ces personnes n'y étaient point portées, il nous a répondu   (*consigner sa réponse*). Nous lui avons déclaré qu'il était en contravention aux lois sur la police et la sûreté de la commune, et que nous allions de suite contre lui dresser procès-verbal : et à l'instant, chez lui, et en sa présence, avons rédigé le présent, qu'il a signé avec nous, à cause de sa réponse, *ou* qu'il a refusé de signer, les jour, mois et an susdits.

(*La* ou *les signatures.*)

Modèle de procès-verbal pour un individu trouvé sans passe-port.

« Cejourd'hui   , nous   , maire ou adjoint (comme ci-dessus ; et après les mots *étant arrivé*), nous avons demandé audit   la représentation de son registre, et, après en avoir pris communication, nous lui avons demandé de nous conduire dans ses chambres, pour y faire la visite et l'inspection des voyageurs logés chez lui, et l'examen de leurs passe-ports et papiers ; à quoi il a déféré de suite. Étant parvenu dans une chambre   , nous y avons trouvé un individu couché, qui nous a dit s'appeler   , âgé de   , natif de   , de la profession de   , lequel interpellé de nous représenter son passe-port, nous a déclaré n'en point avoir, *ou* nous en a représenté un ancien non conforme à la loi ; pourquoi nous lui avons déclaré que nous allions le faire conduire, comme personne vagabonde et suspecte, devant M. le procureur du roi du tribunal de   à l'effet de quoi nous avons requis les sieurs   , qui nous accompagnaient, de le conduire, et avons dressé le présent procès-verbal, que nous avons signé et remis auxdits   , pour être

représenté au procureur du roi à   , lesdits jour et
an. »

AUDIENCE PUBLIQUE donnée par les préfets, les sous-
préfets et les maires. Voy. *Respect dû aux autorités publiques*, et *Séances publiques*.

AUDIENCE du tribunal de police simple (jours d'), et
sa tenue. Voy. *Tribunal de police*.

AUMÔNE. Voy. *Mendicité* et *Quêtes*.

AUNE, ancienne mesure, remplacée aujourd'hui par le
mètre, dans le nouveau système métrique. Voyez *Mètre*
et *Poids et mesures*.

AUTEURS (propriétés des), placées sous la garde et protection des maires. Voyez *Propriétés littéraires*.

AUTHENTICITÉ DES ACTES. L'acte authentique est celui
reçu par un officier public, ayant droit d'instrumenter
dans le lieu où l'acte est rédigé, et avec les solennités requises. (*Code civil*, art. 1317.)

L'acte qui n'est point authentique par incompétence
ou incapacité de l'officier, ou par défaut de formes, vaut
comme écritures privées, s'il est signé des parties. (*Idem*,
art. 1318.)

L'acte sous seings-privés reconnu par celui à qui on
l'oppose, ou légalement tenu pour reconnu, a, entre
ceux qui l'ont souscrit et leurs héritiers ou ayant cause,
la même force que l'acte authentique. (*Idem*, art. 1322.)

En cas de désaveu de l'écriture ou de la signature, la
vérification est ordonnée en justice. (*Idem*, art. 1324.)

Dans le cas où il est prouvé qu'une pièce d'écriture est
écrite et signée de celui qui l'a déniée, ce dernier est condamné à 150 francs d'amende envers les domaines, outre
les dépens, dommages et intérêts de la partie; il peut ê-
tre condamné par corps, même pour le principal. (*Code
de procédure civile*, art. 213.)

Les actes sous seings-privés contenant des conventions
synallagmatiques, ne sont valables qu'autant qu'il y a autant d'originaux que de parties y ayant un intérêt distinct. (*Code civil*, art. 1325.)

Les actes sous seings-privés n'ont de date contre les

tiers que du jour de leur enregistrement, du jour de la mort de celui ou de l'un de ceux qui l'ont souscrit, ou du jour où leur substance est constatée dans des actes authentiques, tels que procès-verbaux de scellés ou d'inventaire. (*Idem, art.* 1328.)

Un billet ou promesse de payer une somme d'argent, ou une chose appréciable, doit être écrit en entier de la main de celui qui le souscrit; ou au moins il faut qu'outre sa signature, il écrive de sa main un *bon*, ou un *approuvé*, portant en toutes lettres, la somme, ou la quantité de la chose, excepté entre les marchands, artisans, laboureurs, vignerons, journaliers. (*Idem, art.* 1326.)

AUTORISATION dont les communes ont besoin pour acquérir, aliéner, échanger, emprunter et vendre. Voy. *Acquisitions, Échange, Emprunt et Vente.*

AUTORISATION *de plaider*, tant en demandant qu'en défendant, nécessaire aux communes. Voyez *Actions judiciaires des communes.*

AUTORITÉS *constituées.* Les préfets, les sous-préfets, les maires et adjoints institués par la loi, sont des autorités qui, dans l'exercice de leurs fonctions, ont droit au respect commandé par la loi du 19 — 22 juillet 1791, par le Code pénal et par la loi du 17 mai 1819. Voyez *Respect dû aux autorités.*

AUTORITÉS *publiques.* Une ordonnance du roi, du 10 juillet 1816 (*Bull.* 100), porte qu'aucun corps civil ou militaire ne pourra décerner, voter, ou offrir, comme témoignage de la reconnaissance publique, aucun don, hommage ou récompense, sans l'autorisation préalable de S. M.

AUVENS (les), ou saillies en forme de toit, sur la voie publique, pouvant, par le vice de leur construction, gêner la circulation, ou occasioner des accidens, les maires doivent, d'après différentes ordonnances anciennes toujours en usage, prévenir ou réprimer toute atteinte à la liberté ou à la sûreté de la voie publique.

L'ordonnance du 26 octobre 1666, fixe à 10 ou 12 pieds la hauteur des auvens, et leur largeur à 2 pieds et demi au plus; celles du mois de septembre 1677 et du 21 novembre 1752 défendent de les couvrir en plomb, tuiles ou ardoises.

Il faut de plus que les auvens en plâtre formant corniche, soient fixés à une saillie d'un pied et demi environ, à la charge de les sceller avec une quantité suffisante de fer pour en assurer la solidité.

AUXILIAIRES *des procureurs du roi* (officiers). Voy. *Police judiciaire.*

AVANT-CORPS *des maisons,* tels que balcons. Voy. *Balcons.*

AVARIES, dommage causé à une chose.

En cas d'avaries à des marchandises, qu'il y a intérêt de faire constater, pour conserver à celui qui les reçoit, son recours contre l'expéditeur, l'officier de police du lieu, sur la réquisition de la partie intéressée, et dans le cas d'urgence seulement, peut se transporter au lieu où sont les marchandises, constater les avaries, ainsi que l'état des tonnes, boucauts, caisses, barriques ou ballots; il fait estimer, s'il y a lieu, par experts, l'indemnité qui peut être due, et rédige du tout procès-verbal en présence des parties intéressées.

Ce procès-verbal est soumis au timbre et à l'enregistrement; expédition en est délivrée, si on la requiert.

Les avaries arrivées à des marchandises par échouement, naufrage, ou autres accidens de mer, sont constatées par des experts nommés par le directeur ou receveur des douanes, et dans les vingt-quatre heures de la déclaration d'avaries. Les experts établissent la valeur primitive des marchandises au cours, et la perte qui résulte de l'avarie: sur leur rapport, il est fait, s'il y a lieu, une réduction sur les droits de douane dus par la marchandise. (*Arrêté du gouvernement du 2 thermidor an* x — *21 juillet* 1802.)

Dans les cas urgens et de péril en la demeure, un maire, un adjoint, un commissaire de police, peuvent opérer, sur une réquisition formelle, attendu que l'article 126 du Code de commerce veut que l'état des marchandises soit constaté par des experts nommés par ordonnance, sur requête, du président du tribunal de commerce, ou à son défaut du juge-de-paix.

Modèles des divers procès-verbaux à dresser pour constater les avaries.

L'an   , etc., et le   , heure d'   devant nous   , etc., s'est présenté le sieur A (*noms, profession et demeure*), lequel nous a dit qu'il a le plus grand intérêt de faire constater, à l'instant même, des avaries qu'a éprouvées une partie de sucre en pains (*ou autres marchandises*) qui vient de lui arriver de   en   boucauts (*ou autres contenans*), suivant la lettre de voiture du sieur B   , en daté de   , le   , en marge de laquelle lettre de voiture à nous représentée, sont désignés lesdits boucauts, sous la marque   , numéros   , pesant ensemble   , laquelle partie de sucre devait, aux termes de ladite lettre de voiture, arriver dans les magasins du comparant, dès le   , ce qui fait   jours de retard; nous observant, le comparant, que le voiturier qui a amené lesdites marchandises étant forcé de repartir de suite, et voulant exiger le paiement de sa lettre de voiture, ce à quoi le déclarant se refuse formellement, pour les causes ci-dessus, il devient aussi indispensable qu'urgent, pour la conservation des droits et du recours du comparant contre qui il appartiendra, de faire constater les faits à l'instant, ce qui ne pourrait avoir lieu, si le comparant prenait la voie indiquée par le Code de commerce, de se pourvoir par-devant le tribunal de commerce ou par-devant le juge-de-paix, ce dernier se trouvant empêché pour le moment par des opérations de son ministère. Pourquoi le comparant nous requiert formellement de nous transporter à son domicile susdésigné *ou* dans ses magasins situés   , à l'effet de constater ledit retard d'arrivée et l'état des marchandises.

Desquelles déclarations et réquisitions le comparant a requis acte, et a signé après lecture faite   . Signé   .

Sur quoi nous avons donné acte audit sieur   de sa déclaration et réquisition ci-dessus, et y faisant droit, attendu l'urgence, nous sommes transporté, de lui accompagné et assisté du sieur   notre secrétaire, en son domicile *ou* dans ses magasins susindiqués, où étant, avons trouvé le sieur C roulier *ou* voiturier de   , à   , et demeurant à   , lequel nous a dit qu'il vient d'amener aujourd'hui de   chez le sieur A   , ici présent   , boucauts de sucre en pains, et qu'il est obligé de repartir de suite, ayant un chargement prêt pour conduire à   ; qu'ayant réclamé du sieur   , le paiement de sa lettre de voiture, montant à   , celui-ci le lui a refusé sous le prétexte qu'il y a un retard d'arrivée

de   jours, *ou qu'il y a un déficit sur le poids, ou que les*
marchandises sont avariées; ce qui ne peut provenir de son
fait, mais bien du fait de l'expéditeur ou du voiturier qui les a
transportées de   à   , où le déclarant les a prises en
chargement, attendu que   a affirmé la vérité de sa
déclaration, après lecture faite, et a signé

Lesdits boucauts de sucre nous ayant été représentés, nous
avons reconnu leurs marques et numéros conformes à ceux
portés sur la lettre de voiture.

Les ayant fait peser successivement en présence desdits
sieurs   , et   il s'est trouvé sur le poids du boucaut
n°   porté en la lettre de voiture, une différence en moins
de   kilogrammes; sur le poids du boucaut numéroté
une différence en moins de   kilogrammes, *et ainsi de suite*; ce qui donne un déficit total de   kilogrammes sur le
poids total de   kilogrammes, indiqué en la lettre de voiture.

Avons aussi trouvé dans lesdits magasins le sieur (*nom,
profession et demeure*), expert choisi par le sieur A   , et
le sieur   autre expert choisi par ledit sieur C   , chargés d'évaluer la perte des avaries qu'ont pu éprouver lesdites
marchandises, ce qu'ils ont promis de faire en leur honneur
et conscience, ainsi qu'ils en ont prêté en nos mains le serment prescrit par la loi.

Nota. Si le sieur C   se refuse à nommer un expert, l'officier de police peut en nommer un d'office.

Ouverture faite successivement desdits boucauts en présence desdits sieurs A   et C   et desdits experts, les
pains de sucre en ont été retirés; le boucaut numéroté
s'est trouvé contenir   pains, sur laquelle quantité les experts
en ont trouvé   , qu'ils nous ont déclarés être avariés par
etc. (*continuer ainsi pour chaque boucaut*), ce qui a donné
un total de   pains de sucre reconnus avariés, lesquels, mis
dans la balance, se sont trouvés peser ensemble   kilogrammes; et par lesdits experts nous a été dit que lesdites avaries
doivent opérer sur la quantité avariée une réfraction ou diminution de   pour cent sur le prix du kilogramme, ce qui
donne pour le poids total ci-dessus des pains avariés une diminution de prix, montant à   francs   centimes, qu'ils
estiment pouvoir être retenue sur le prix total de ladite partie
de sucre; qu'ils pensent au surplus, que lesdites avaries peuvent avoir eu lieu dans la route de   , à   par
l'effet de   .

Duquel rapport lesdits sieurs ?   ont affirmé la vérité, après lecture faite; ont requis salaire que nous avons fixé à la
somme de 10 francs pour chacun d'eux, pour leur vacation

et leur rapport, conformément à l'art. 22 du décret du 18 juin 1811, et ont signé

Si les deux experts sont d'un avis différent, l'officier de police nomme un troisième expert pour les partager, et qui, après s'être concerté avec les deux autres experts, et après avoir examiné les pains de sucre avariés, donne son avis définitif après avoir aussi prêté le même serment.

Le tout est consigné en détail dans le procès-verbal.

Et par le sieur A , nous a été dit qu'en conséquence desdites avaries constatées, comme il est dit ci-dessus, il déclare se refuser au paiement de la lettre de voiture jusqu'à ce que par justice il en soit autrement ordonné, et pour raison desquelles avaries, il fait, par le présent, toutes réserves de ses droits, actions et recours contre qui il appartiendra, et a signé

Pourquoi avons visé ladite lettre de voiture, au dos de laquelle nous avons inscrit sommairement les motifs du refus de paiement par le sieur A , et l'avons remise ès mains dudit sieur C , qui en était porteur, et qui a fait par le présent toutes réserves de droit et a signé

De tout ce que dessus avons rédigé le présent procès-verbal, auquel nous avons vaqué depuis ladite heure de , jusqu'à celle de , par (simple ou double) vacation, et en ayant fait lecture auxdits sieurs A et C , ils ont déclaré y reconnaître vérité, chacun en ce qui le concerne, et ont signé avec nous

Modèle d'un procès-verbal pour constater le dégât ou dommage dont la réparation est demandée.

L'an , etc., et le , heure de

Devant nous , etc., s'est présenté le sieur (*noms, profession et demeure*), tenant boutique dans notre quartier, rue , n°

Lequel nous a dit qu'il y a un instant, une partie de la devanture de sa boutique vient d'être brisée par une voiture (*détailler les circonstances de l'accident*); que le comparant a arrêté la voiture, mais que le propriétaire ou le conducteur se refuse à payer le dégât; pourquoi il requiert notre transport sur les lieux, à l'effet de constater les faits; a requis acte de sa déclaration et réquisition, et a signé

Sur quoi nous avons donné acte au sieur de sa déclaration et réquisition ci-dessus, et y faisant droit, nous sommes transporté avec lui en son domicile susindiqué, où nous avons remarqué et constaté (*préciser le dégât*), tous

lesquels ledit sieur   estimé à la somme de   , et nous
a dit avoir été faits par la voiture que nous voyons arrêtée devant sa porte.

Et à l'instant s'est présenté le sieur (*nom, profession et demeure*), lequel nous a dit qu'il est propriétaire de ladite voiture, ou qu'il conduit ladite voiture pour le compte du sieur
qui en est propriétaire, demeurant à   , qu'il se refuse de
payer le dégât, attendu (*recevoir son dire et ses offres s'il en fait*), et a signé après lecture faite.

Recevoir la déclaration de deux personnes qui auraient été témoins de l'accident, de la manière dont il est arrivé, et par la faute de qui.

De suite n'ayant pu concilier les parties, avons fait évaluer le montant des réparations dudit dommage par les sieurs (*noms, prénoms et demeure de deux personnes à ce connaissant*); le premier choisi pour expert par le sieur (*le plaignant*); le second choisi pour expert par le sieur (*auteur du dommage*), ou nommé par nous d'office sur le refus qu'a fait ledit sieur
de nommer un expert de son côté : lesquels experts ayant examiné l'état des choses, et après avoir prêté en nos mains le serment prescrit par la loi de procéder et nous faire leur rapport en leur honneur et conscience, nous ont unanimement dit et déclaré (*détail, s'il y a lieu, du rapport des experts*), et qu'ils estiment la réparation totale du dommage à la somme
de   francs   centimes, pour laquelle somme ils
se chargeraient de ladite réparation; ont affirmé la sincérité de leur rapport, (*s'ils requièrent salaire*) ont requis salaire, que nous avons fixé à la somme de 5 francs pour chacun d'eux, conformément à l'art. 22 du décret du 18 juin 1811, et ont signé.

Avons observé audit sieur (*l'auteur du dommage*), qu'aux termes des art. 1382, 1383 et 1384 du Code civil, tout dommage fait à autrui doit être réparé par celui qui en est l'auteur, même par seule imprudence ou négligence; qu'en conséquence et attendu (*indiquer comment le dégât aurait pu ne pas avoir lieu*), nous estimons qu'il est passible de la réparation dont il s'agit, sauf à lui à en déposer la valeur au dire ci-dessus des experts, jusqu'à ce que par justice il en ait été autrement ordonné.

Et par ledit sieur (*auteur du dégât*) nous a été réitéré son refus de payer lesdites réparations, pour les motifs par lui énoncés ci-dessus.

Sur quoi, et attendu que ledit sieur   est domicilié et connu, qu'il présente une solvabilité suffisante, l'avons autorisé, du consentement dudit sieur (*partie lésée,*) à emmener sa voiture, sous sa soumission de se représenter lorsqu'il en sera requis, et sous la réserve expresse de tous les droits et actions dudit sieur (*partie lesée*), et avous renvoyé les parties à se pourvoir ainsi qu'elles aviseront.

Ou bien, sur quoi et attendu que ledit sieur   ne présente point de solvabilité suffisante, avons, sur la réquisition dudit sieur (*partie lesée*), et pour la conservation de ses droits, fait conduire ladite voiture en fourrière en   , pour y rester déposée jusqu'à ce que par justice il en soit autrement ordonné; avons, au surplus, renvoyé les parties à se pourvoir par-devant qui et ainsi qu'elles aviseront.

De tout ce que dessus avons rédigé le présent procès-verbal, auquel nous avons vaqué depuis ladite heure de   , jusqu'à   heure   par (*simple ou double*) vacation ; et en ayant donné lecture auxdits sieurs, ils ont déclaré y reconnaître vérité, chacun en ce qui le concerne; en a été requis acte par ledit sieur (*partie lesée*), que nous lui avons octroyé, et ont signé avec nous.

Nota. Si le dégât frappe sur des marchandises ou objets formant étalage extérieur sur la voie publique, en contravention aux règlemens de police, auquel cas il y a de la faute du marchand;

Ou, si même, hors le cas ci-dessus, il est évident qu'il y a eu de la négligence ou de la faute du marchand.

Il y a lieu à compensation quelconque. L'officier de police fait mention de ces circonstances et concilie les parties, s'il est possible; sinon il rédige son procès-verbal et renvoie les parties à se pourvoir; si les parties s'arrangent, il n'y a pas lieu à procès-verbal.

Le modèle ci-dessus peut servir de guide dans tous les cas de réclamation en matière civile, pour préjudice, tort ou dommage causés à autrui.

AVERTISSEMENT. Il en est deux espèces particulières qui sont dans les attributions des maires : 1° en qualité de juges de police; 2° en qualité d'administrateurs.

L'avertissement en qualité de juges de police, est la citation au tribunal de police; il se fait en ces termes :

« Monsieur, vous êtes averti de vous rendre le (*jour et heure*), à la maison commune, pour répondre sur les faits énoncés du procès-verbal de contravention dressé contre vous, le   par   ; sous peine d'être condamné par défaut. »

S'il y a lieu à l'audition des témoins, le maire peut employer vis-à-vis d'eux la même voie d'avertissement.

« Monsieur, vous êtes averti de vous rendre au tribunal de police de la commune séant   , pour donner votre déclaration sur les faits énoncés au procès-verbal   , faute de quoi vous y serez contraint par les voies de droit. » Ces avertissemens seront portés par un agent de la force publique.

L'avertissement en qualité d'administrateurs, est celui qui regarde les contribuables en retard, dont les maires visent les listes dressées par les percepteurs. Voy. *Contributions directes, Percepteurs.* Voyez aussi *Avis.*

AVEU (gens sans). Les gens sans aveu sont ceux qui, en état de travailler, se livrent à l'oisiveté, sans avoir ni métier ni moyens de subsistance connus, ni répondans. Voy. *Gens sans aveu, Mendicité* et *Vagabondage.*

AVEUGLES-NÉS. Une loi du 10 thermidor an III—28 juillet 1795 (*Bull.* 169), organise un établissement spécial pour leur éducation; l'article 1er institue une place gratuite pour un élève de chaque département. L'article 2 de la loi sur l'organisation de l'instruction publique, du 3 brumaire an IV—25 octobre 1795 (*Bull.* 203), porte qu'il y aura des écoles spéciales pour les sourds-muets et les aveugles-nés. Voyez *Sourds-muets.*

Avis à *donner par les maires.* Il en est de plusieurs espèces qui constituent non-seulement l'attribution, mais le devoir des maires.

1°. Avis aux juges-de-paix, de la mort de toute personne qui laisse pour héritiers des mineurs ou des absens. Voyez *Absens* et *Mineurs*

2°. Avis aux autorités supérieures, de tous les événemens qui compromettent la tranquillité et la sûreté publique. Voyez *Attroupement, Police, Sûreté, Tranquillité.*

3°. Avis aux procureurs du roi, des crimes et délits commis dans le territoire de la commune. Voyez *Crimes et Délits, Procès-Verbaux, Procureurs du roi, Tribunaux de police correctionnelle.*

L'avis des maires est aussi requis comme instruction nécessaire aux sous-préfets et aux préfets pour statuer sur une grande partie des matières d'administration publique ou locale, telles que les bois, les contributions directes, l'instruction publique, les hôpitaux, les secours et les travaux publics, etc. Voyez *tous ces mots en particulier*.

Avis *imprimés*. La loi du 6 prairial an vii—25 mai 1797 (*Bull.* 282), ayant déclaré que les avis imprimés, quel qu'en soit l'objet, qui se crient et se distribuent dans les rues et les lieux publics, ou que l'on fait circuler de toute autre manière, doivent être assujettis au droit du timbre, les maires et adjoints doivent prendre toutes les mesures que la loi leur prescrit, pour constater la contravention à la loi sur le timbre, et en provoquer la punition.

●

Modèle du procès-verbal à dresser.

Cejourd'hui, nous   , maire ou adjoint de   , passant par   , avons remarqué un homme qui distribuait des annonces sans être timbrées; nous étant procuré une de ces annonces qui avait pour objet de   , et par conséquent était assujettie au timbre, nous nous sommes approché de cet homme, qui nous a dit se nommer   , et être domicilié   . Nous lui avons représenté qu'il était en contravention à la loi, et lui avons enjoint de nous remettre tous les exemplaires de ces annonces dont il était porteur; ce qu'il a refusé de faire : en conséquence nous avons dressé, tant contre ledit   distributeur desdites annonces, que contre le sieur   qui les faisait distribuer, notre présent procès-verbal, que nous avons signé lesdits jour et an que dessus.

Avocats. La profession d'avocat est incompatible avec 1° toutes les places de l'ordre judiciaire, excepté celles de suppléant; 2° les fonctions de préfet ou de sous-préfet ; 3° celles de greffier, notaire et avoué; 4° les emplois à gages, ceux d'agens-comptables, toute espèce de négoce. En sont exclues aussi toutes personnes faisant le métier d'agens d'affaires. (*Décret du* 14 *décembre* 1810, *art.* 18.)

Il est fait défenses expresses aux avocats de signer des consultations, mémoires ou écritures qu'ils n'auraient pas faits ou délibérés; comme aussi de faire des traités pour leurs honoraires, ou de forcer les parties à reconnaître leurs soins avant les plaidoiries, sous peine de réprimande pour la première fois, et d'exclusion ou de radiation en cas de récidive. (*Idem, art.* 36.)

Il leur est également défendu de se livrer à des injures et personnalités offensantes envers les parties ou leurs défenseurs; d'avancer aucuns faits graves contre l'honneur et la réputation des parties, à moins que la nécessité de cause l'exige, et qu'ils n'en aient charge expresse et par écrit de leurs cliens. (*Idem, art.* 37.)

Si un avocat dans ses plaidoiries ou ses écrits, se permet d'attaquer les principes du gouvernement et les lois et autorités établies, le tribunal saisi de l'affaire prononce sur-le-champ, sur les conclusions du ministère public, l'une des peines portées en l'article 2 ci-dessus, sans préjudice des poursuites extraordinaires s'il y a lieu. (*Idem, art.* 39.)

Avoines et *farines d'avoines.* Une ordonnance du roi du 10 juillet 1822, leur rend applicables les dispositions des lois des 16 juillet 1819, 7 juin 1820, et 4 juillet 1821, relatives aux grains. (*Bull.* 641.)

Avoués. Les avoués sont contraignables par corps, pour la restitution des titres et deniers qui leur sont confiés. (*Code civil, art.* 2060.)

Les fonctions d'avoué près les tribunaux sont incompatibles avec celles de conseiller de préfecture. (*Avis du conseil-d'état du* 5 *août* 1809.)

Les individus non reconnus légalement pour avoués, convaincus de se livrer à la postulation, sont condamnés par corps à une amende de 100 à 500 francs la première fois, et de 500 à 1000 francs la seconde fois; et déclarés, la seconde fois, incapables d'être nommés aux fonctions d'avoués.

Le produit de l'instruction faite en contravention, est confisqué au profit de la chambre des avoués, et applicable aux actes de bienfaisance exercés par cette chambre. (*Décret du* 19 *juillet* 1810, *art.* 1er.) Voy. *Postulation.*

Les avoués convaincus de complicité sont punis : la première fois, d'une amende de 500 à 1000 francs, applicable comme il est dit en l'article précédent.

La seconde fois, d'une amende de 1500 francs et de destitution. (*Idem, art.* 2.)

Les peines portées aux articles précédens, sont sans préjudice des dommages-intérêts et autres droits des parties lésées par l'effet de ces contraventions. (*Idem, art. 3.*)

Lorsque la chambre des avoués, voulant constater la contravention, croit devoir demander à être autorisée à faire les perquisitions convenables dans les domiciles qui seraient indiqués, elle présente aux premiers présidens des cours, ou aux présidens des tribunaux, suivant que la postulation a été exercée devant une cour ou un tribunal ; l'autorisation n'est accordée que sur les conclusions du ministère public, après l'examen des faits et circonstances. (*Idem, art.* 4.)

Lesdites perquisitions ne peuvent être faites qu'en présence d'un juge-de-paix ou d'un commissaire de police, lequel saisit les dossiers et autres pièces qui lui sont indiqués, comme devant prouver l'existence de la contravention. Les pièces de chaque dossier ainsi que les pièces détachées sont nombrées, cotées et paraphées par le juge-de-paix ou le commissaire de police, qui dresse du tout procès-verbal. (*Idem, art.* 6.)

La cour ou le tribunal qui a ordonné la perquisition, statue ensuite, parties ouïes ou dûment appelées, sur l'application des peines et sur les dommages-intérêts. (*Idem, art.* 7.)

Décisions relatives aux affaires administratives, pour la poursuite desquelles le ministère des avoués n'est pas nécessaire.

La régie des douanes est dispensée d'employer le ministère des avoués dans les procès où elle se trouve partie. (*Arrêt de la cour de cass. du 1ᵉʳ germinal an 10—22 mars 1802.*)

L'état plaidant par le ministère des préfets de départemens, n'est pas obligé de constituer avoué. En ce cas le ministère public, seul dépositaire de l'intérêt national, est autorisé à faire ce que les avoués font dans les affaires qui ne regardent pas l'état. (*Arr. de la cour de cassation, du 29 thermidor an 10—17 août 1802.*)

La dispense accordée à la régie de constituer avoué, dans les affaires où il s'agit des droits d'enregistrement, s'étend aux affaires où il s'agit de la perception des ro-

venus nationaux. (*Arr. de la cour de cassation du 20 nivôse an* XI—*10 janvier* 1803.)

La dispense accordée à la régie de constituer avoué,
dans les affaires où il s'agit des droits d'enregistrement,
s'étend aux affaires où il s'agit du recouvrement des frais
dus à l'état en matière criminelle. La règle est vraie, même depuis la publication du Code de procédure civile.
(*Arrêt de la cour de cassation du* 28 *juillet* 1812.)

L'article 17 de la loi du 27 ventôse an IX, qui dispense l'administration des domaines de recourir au ministère
d'un avoué, dans les instances qu'elle a à suivre, s'applique au cas d'une instance en validité d'une saisie-arrêt,
formée par l'administration accessoirement et par suite
d'une contrainte. (*Arrêt de la cour de cassation du* 7
janvier 1818.)

Dans les affaires qui intéressent le gouvernement, et
dans lesquelles le ministère des avoués n'est pas nécessaire, les parties ne peuvent, quand l'administration succombe, se faire allouer les frais tarifés au profit des a-
voués. (*Décision ministérielle du* 26 *novembre* 1808.)

B

BACS, *bateaux, passages et voitures d'eau.* Une loi du
6 frimaire an VII—26 novembre 1798 (*Bull.* 246), règle
tout ce qui concerne le régime, la police et l'administration des bacs et bateaux sur les fleuves, rivières et canaux navigables, et détermine les fonctions et attributions
des préfets, des sous-préfets, des maires et adjoints qui
concourent à l'exécution de cette loi, sous le rapport de
la sûreté personnelle des citoyens, du maintien du bon
ordre, et de l'intérêt du trésor public relativement aux
droits à percevoir.

§ Ier. *Des bacs existans.*

Art. 1er. Les dispositions des lois du 25 août 1792, sur les
bacs et bateaux établis pour la traverse des fleuves, rivières
ou canaux navigables, et du 25 thermidor an III, sur les droits
à percevoir auxdits passages, ainsi que toutes autres lois, tous

usages, concordats, engagemens, droits communs, franchises, qui pourraient y être relatifs ou en dépendre, sont abrogés.

2. Aussitôt la publication de la présente loi, les propriétaires, détenteurs, conducteurs de bacs, bateaux, passe-cheval, et autres passeurs sur les fleuves, rivières et canaux navigables, seront tenus de faire connaître leurs titres à l'administration de leur canton (*les sous-préfets*), qui recevra leur déclaration en présence du préposé de la régie de l'enregistrement : ils justifieront à quel titre ils jouissent desdits bacs, bateaux et agrès, ainsi que des logemens, magasins, bureaux et autres objets y relatifs; s'ils en ont acquitté la valeur, soit au trésor public, soit à des particuliers : et dans ce dernier cas, ceux qui auront reçu, justifieront de leurs pouvoirs et du compte qu'ils auront rendu. A défaut de preuves écrites, il y sera suppléé par une enquête.

3. Dans le cas où lesdits propriétaires, détenteurs et conducteurs ne feraient pas lesdites déclarations et justifications dans le mois qui suivra la publication de la loi, et ledit mois passé, ils seront considérés comme rétentionnaires d'objets appartenant à l'état, et dépossédés sans indemnité.

4. Aussitôt que les administrations (*les préfets*) se seront assurées du nombre des passages existans et du lieu de leur établissement, elles feront constater l'état des bacs, bateaux, agrès, logemens, bureaux, magasins et autres objets relatifs à leur service.

5. Il sera procédé de suite à leur estimation, par deux experts, dont l'un sera choisi par le détenteur ou propriétaire, l'autre par le préposé de la régie, et en cas de partage, par un tiers qui sera nommé par l'administration du département.

6. Cette estimation fixera la valeur des objets dont le remboursement sera dû au détenteur ou propriétaire; elle sera acquittée dans le mois de l'adjudication définitive.

7. Immédiatement après la clôture du procès-verbal d'estimation, les préposés de la régie prendront possession, au nom de la nation, des objets y désignés.

8. Ne sont point compris dans les dispositions des articles précédens, les bacs et bateaux non employés à un passage commun, mais établis pour le seul usage d'un particulier, ou pour l'exploitation d'une propriété circonscrite par les eaux.

Ils ne pourront toutefois être maintenus, il ne pourra même en être établi de nouveaux, qu'après avoir fait vérifier leur destination, et fait constater qu'ils ne peuvent nuire à la navigation; et à cet effet les propriétaires ou détenteurs desdits bacs et bateaux établis ou à établir, s'adresseront aux administrations centrales (*les préfets*), qui, sur l'avis de l'administration municipale, pourront en autoriser provisoirement la conservation ou l'établissement, qui toutefois devra être confirmé par le directoire-exécutif, sur la demande qui lui en sera faite par l'administration centrale.

9. Ne sont point non plus compris dans les précédens articles, les barques, batelets et bachots servant à l'usage de la pêche, et de la marine marchande montante et descendante; mais les propriétaires et conducteurs desdites barques, batelets et bachots, ne pourront point établir de passage à heure ni lieu fixes.

§ II. *De la régie provisoire.*

10. Les bacs, bateaux, agrès, logemens, bureaux, magasins, et autres objets, dont les préposés de la régie auront pris possession au nom de la nation, seront provisoirement, et jusqu'aux nouvelles adjudications, confiés, sous bonne et solvable caution, et à titre de séquestre, à des abonnataires qui seront acceptés par les administrations municipales (*les sous-préfets*).

Ils pourront toutefois être laissés au même titre, et sous les mêmes conditions, aux détenteurs actuels.

11. Le prix de l'abonnement sera fixé par les administrations centrales, sur l'avis des administrations municipales (*les sous-préfets*), et acquitté au bureau du receveur de l'enregistrement dans l'arrondissement duquel le passage est situé.

12. L'abonnataire sera chargé, autant qu'il sera possible, des entretiens usufruitiers, et des réparations locatives, ainsi que du balayage des ports et cales dans les crues d'eau ou marées périodiques.

Dans le cas où il ne serait pas possible d'en charger l'abonnataire, ces frais d'entretien, de réparations et de balayage, seront prélevés sur le prix de l'abonnement, jusqu'aux adjudications définitives.

13. Immédiatement après l'arrivée de la loi en chaque chef-lieu de département, et avant la fixation de l'abonnement, l'administration centrale (*le préfet*) se fera représenter les tarifs perçus avant la loi du 15 mars 1790, et ceux en usage au moment de la présente loi ; celui des deux dont les taxes seront les moins fortes, sera le seul maintenu jusqu'à la publication du tarif à fixer par le corps législatif; à cet effet, il sera affiché de l'un et de l'autre côté de la rivière, sur un poteau placé en lieu apparent.

14. Dans le cas d'infidélité, de perception arbitraire, de vexation ou d'insulte, quel que soit le séquestre, il pourra être destitué et remplacé par les administrations (*les préfets*),

sans préjudice des autres peines qu'il aurait encourues en raison du délit pour lequel il aurait été destitué.

15. Si les détenteurs actuels sont séquestres, les augmentations qui pourraient avoir lieu pendant leur abonnement, et
dont ils auront fait les avances, accroîtront d'autant la somme
qui leur sera due par suite de l'estimation ordonnée par l'art. 6;
de même, elle décroîtra en raison des dégradations qui seraient
survenues pendant ledit temps.

16. Si les détenteurs actuels ne sont pas séquestres, le
prix total de l'estimation ordonnée par l'article 6, leur sera
également remboursé par le nouvel adjudicataire, dans le
mois de l'adjudication : sauf à faire tenir compte par le séquestre intermédiaire, à ce nouvel adjudicataire, des dégradations; et au séquestre, par l'adjudicataire des augmentations qui pourraient avoir eu lieu pendant le temps de l'a-
bonnement.

17. Pour l'exécution des deux articles précédens, il sera
fait un récolement des objets mentionnés au procès-verbal :
s'il y a des différences, il sera procédé à une nouvelle estimation par experts, dont l'un sera choisi par le préposé de la
régie, les autres par chacune des parties intéressées, et, en
cas de partage, par un tiers choisi par l'administration centrale du département (*le préfet*).

§ III. *Opérations préliminaires à la mise en ferme.*

18. Sans préjudice des opérations précédemment et simultanément prescrites, les administrations centrales (*les préfets*),
sur l'avis des administrations municipales (*les sous-préfets*),
formeront le tableau des tarifs qu'elles croiront pouvoir être
perçus sur les bacs, bateaux, passe-cheval, établis pour la
traverse des fleuves, rivières et canaux navigables de leurs
arrondissemens.

19. Ils joindront à ces projets, les tarifs antérieurs à 1790 :
ceux faits, si aucuns l'ont été, en exécution de la loi du 25
août 1792; ceux enfin qui se trouveraient en usage au moment de la publication de la loi.

22. Ils joindront encore à ces projets, les motifs qui les auront déterminés : en conséquence,

1°. Ils indiqueront la largeur des fleuves et rivières, leur
niveau lors des hautes, moyennes et basses eaux ;

2°. Ils proposeront, s'il est nécessaire, un supplément de
taxe proportionnel aux travaux lors des débordemens ; à l'effet de quoi ils désigneront le niveau où le supplément pourrait
être exigible ;

5°. Ils comprendront dans la somme à percevoir, les frais d'entrée et de sortie des voitures et marchandises.

21. Ils ajouteront aussi à ces renseignemens, un aperçu divisé par natures de dépenses relatives aux bacs, bateaux, agrès, bureaux, magasins, etc.,

1°. De premier établissement,

2°. D'entretien,

3°. De dépenses imprévues.

22. Il sera aussi fait un aperçu séparé, et divisé dans le même ordre que le précédent, des dépenses relatives aux ports, abordages, chemins pour y arriver, quais, francs-bords et halages, ainsi que de celles qui seront nécessitées par le curage et le balisage des rivières, balayage des cales, l'extraction des roches, et les avaries occasionées par les inondations, glaces et gros temps.

23. Dans le cas où les terrains et bâtimens servant à l'exploitation des passages et au logement des passeurs, auraient été aliénés en vertu et conformément aux lois sur la vente des domaines nationaux, il sera pourvu à leur remplacement, soit par des marchés faits de gré à gré, soit par des constructions nouvelles; et si ces deux moyens ne peuvent être employés, il y sera pourvu conformément à l'article 358 de la constitution, après que la nécessité en aura été constatée : le remboursement s'en opérera comme celui des objets compris en l'article 6. A cet effet, les administrations centrales (*les préfets*), auront soin de joindre les devis, marchés, procès-verbaux relatifs à cette circonstance particulière.

24. Tous les projets, états et aperçus prescrits par les articles précédens, seront en conséquence, dans le plus bref délai, adressés au directoire-exécutif, qui les transmettra au corps-législatif.

§ IV. *Des adjudications et fermes.*

25. Aussitôt que les tarifs déterminés par le corps-législatif seront parvenus aux administrations centrales (*aux préfets*), il sera procédé, suivant les formes prescrites pour la location des domaines nationaux, à l'adjudication des droits de passage, bacs, bateaux, passe-cheval, établis sur les fleuves, rivières et canaux navigables, pour trois, six ou neuf années.

26. Le procès-verbal d'adjudication contiendra les clauses, charges et conditions qui, conformément à la présente loi, auront par le directoire été jugées les plus convenables à l'intérêt public, les plus utiles à la nation et aux localités; il fixera également le nombre des mariniers nécessaires à cha-

que bateau, celui des bateaux utiles au service de chaque
passage, leur forme, leur dimension, leur construction, ainsi
que la quantité et la nature des agrès dont ils devront être
pourvus.

27. Les dispositions des articles précédens n'auront cependant lieu, pour les baux existans et faits par les administrations dans les formes prescrites pour la location des domaines
nationaux, que dans le cas où les fermiers actuellement en
jouissance refuseraient de se soumettre, pour le temps qui
restera à expirer de leur bail, aux nouveaux tarifs et aux
conditions exprimées dans la loi, sans diminution de prix ;
mais s'ils souscrivent auxdites conditions, ils seront maintenus : dans le cas contraire, les baux demeurent résiliés,
sauf l'indemnité qui pourra être due, à dire d'experts.

28. Les remboursemens et indemnités résultant des dispositions des articles 6, 15, 16, 17, 23 et 27, seront acquittés par
l'adjudicataire dans le mois de son adjudication, soit entre les
mains des détenteurs qui auraient justifié de leurs droits, soit
au trésor public dans le cas de non-justification.

29. Au moyen de cet acquit, les nouveaux adjudicataires
seront propriétaires desdits objets, tenus de les entretenir et
transmettre en bon état, à l'expiration de leur bail, au nouveau fermier, qui leur en paiera le prix suivant l'estimation
qui en sera faite lors de ladite expiration.

30. Aussitôt l'entrée en jouissance des adjudicataires, les
tarifs provisoires établis conformément à l'article 13 cesseront, et le fermier sera tenu de faire placer les nouveaux sur
un poteau, en lieu apparent, de l'un et de l'autre côté de la
rivière, fleuve ou canal, sur lequel sera aussi tracé le niveau
d'eau au-delà duquel le supplément de taxe sera exigible.

§ V. De la police.

31. Les opérations relatives à l'administration, la police et
la perception des droits de passage sur les fleuves, rivières et
canaux navigables, appartiendront aux administrations centrales de département (aux préfets) dans l'étendue desquelles
se trouvera situé le passage, sans préjudice de la surveillance
de l'administration municipale de chaque lieu (des sous-
préfets) : la poursuite des délits criminels et de police continuera, conformément au Code des délits et des peines, à être
de la compétence des tribunaux.

32. Lorsque les passages seront communs à deux départemens limitrophes, l'administration et la police desdits passages appartiendront à l'administration centrale (au préfet)

dans l'arrondissement de laquelle se trouvera située la commune la plus prochaine du passage ; en cas d'égalité de distance, la population la plus forte déterminera : en conséquence, la gare, le logement et le domicile de droit du passager seront toujours établis de ce côté.

33. L'attribution donnée par l'article précédent aux administrations centrales (*aux préfets*) dans l'arrondissement desquelles se trouve située la commune la plus prochaine du passage, déterminera également celle des tribunaux civils, criminels, de police et de justice de paix, chacun suivant leur compétence.

34. Dans le cours de vendémiaire (septembre) et de germinal (avril) de chaque année, sans préjudice des autres visites qui pourraient être jugées nécessaires, les administrations centrales (*les préfets*) prescriront aux ingénieurs des ponts-et-chaussées, de faire, en présence des administrations municipales (*des sous-préfets*) ou d'un commissaire nommé par elles, la visite des bacs, bateaux et autres objets dépendans de leur service, afin de juger s'ils sont régulièrement entretenus.

35. S'il se trouve des réparations ou des reconstructions à faire auxquelles les adjudicataires soient assujettis, ils y seront contraints par les administrations centrales (*les préfets*), ainsi et par les mêmes voies que pour les autres entreprises nationales.

Dans le cas contraire, il y sera pourvu, et le paiement s'en fera ainsi qu'il sera ci-après expliqué.

36. Les ingénieurs constateront également la situation des travaux construits dans le lit des rivières, sur les cales, ports, abordages et chemins nécessaires pour y arriver. Ils observeront les changemens qui pourraient être survenus dans leur cours, soit à raison des débordemens, éboulis, glaces, ensablement, soit à raison de toute autre cause.

Ils indiqueront ensuite les travaux à faire ; et si, pour leur confection, il était utile de changer le cours de l'eau, le concours de l'agence des eaux et forêts sera nécessaire, et son avis annexé au procès-verbal.

37. Si aucun des événemens prévus par l'article précédent, ou tous autres, survenaient dans l'intervalle d'une visite à l'autre, et qu'il fût indispensable d'y pourvoir sans délai, l'administration municipale (*le sous-préfet*), sur l'avis que lui en donnera l'adjudicataire, fera faire provisoirement tout ce qui sera utile au service.

38. L'administration municipale (*le sous-préfet*) en informera de suite l'administration centrale (*le préfet*), qui ordon-

nera une visite extraordinaire, à laquelle il sera procédé ainsi qu'il est dit article 36.

39. Si, par l'effet des événemens prévus par les articles 36, 37, les changemens à faire aux cales, ports, abordages et chemins, il fallait en ouvrir de nouveaux sur des propriétés particulières, la nécessité en sera constatée par procès-verbal dressé en présence des parties intéressées, qui pourront y faire insérer leurs dires et réquisitions : l'indemnité sera fixée conformément à l'article 358 de l'acte constitutionnel.

40. Si cependant le changement de chemin, port et abordage, n'était qu'accidentel et momentané à cause du gonflement des rivières, fleuves et canaux, les administrations centrales (*les préfets*), sur l'avis des administrations municipales (*des sous-préfets*), et à dire d'experts, pourvoiront aux indemnités, qui seront acquittées sur les droits de bac, après l'approbation du directoire-exécutif.

41. Le directoire-exécutif se fera rendre compte de la situation des passages, et prononcera sur la nécessité d'établir des bacs et bateaux alternant sur les deux rives, lorsque la communication exigera cette mesure.

42. Il désignera aussi les passages dont la communication devra être suspendue depuis le coucher du soleil jusqu'à son lever ; et pendant cette suspension, les bacs, bateaux et agrès devront être fermés avec chaines et cadenas solides.

43. Aux passages où le service public, les intérêts du commerce, et les usages particuliers résultant de la nature du climat et de la hauteur des marées, exigeront une communication non interrompue, le directoire fera régler par les administrateurs (eu égard aux temps et aux lieux), le service des veilleurs ou quarts qui devront être établis pour ces passages.

44. Le directoire déterminera également les mesures de police et de sûreté relatives à chaque passage : en conséquence, il désignera les lieux, les circonstances dans lesquelles le bac ou bateau devra avoir attaché à sa suite un batelet ou canot, et celles dans lesquelles les batelets ou canots devront être disposés à la rive, à l'effet de porter secours à ceux des passagers auxquels un accident imprévu ferait courir quelques risques.

Il prescrira le mode le plus convenable d'amarrer les bacs et bateaux lors de l'embarquement et du débarquement, afin d'éviter les dangers que le recul du bateau pourrait occasioner.

Il fixera aussi le nombre des passagers et la quantité de

chargement que chaque bac ou bateau devra contenir en raison de sa grandeur.

45. Les adjudicataires et nautoniers maintiendront le bon ordre dans leurs bacs et bateaux pendant le passage, et seront tenus de désigner aux officiers de police ceux qui s'y comporteraient mal, ou qui, par leur imprudence, compromettraient la sûreté des passagers.

46. Dans les lieux où les passages de nuit sont autorisés, les veilleurs ou quarts exigeront des voyageurs autres que les domiciliés, la représentation de leurs passe-ports, qui devront être visés par l'administration municipale (*le sous-préfet*) ou l'officier de police des lieux.

Les conducteurs de voitures publiques, courriers des malles et porteurs d'ordres du gouvernement, seront dispensés de cette dernière formalité.

47. Les adjudicataires ne pourront se servir que de gens de rivière ou mariniers reconnus capables de conduire sur les fleuves, rivières et canaux : à cet effet, les employés devront, avant que d'entrer en exercice, être munis de certificats des commissaires civils de la marine, dans les lieux où ces sortes d'emplois sont établis, ou de l'attestation de quatre anciens mariniers conducteurs, donnée devant l'administration municipale (*le sous-préfet*) de leur résidence dans les autres lieux.

§ VI. De l'acquit des droits de bac, et des exceptions y relatives.

48. Tous individus voyageurs, conducteurs de voitures, chevaux, bœufs ou autres animaux et marchandises passant dans les bacs, bateaux, passe-cheval, seront tenus d'acquitter les sommes portées aux tarifs.

49. Ne sont point dispensés du paiement desdits droits, les entrepreneurs d'ouvrages et fournitures faits pour le compte de l'état, ni ceux des charrois à la suite des troupes.

50. Ne seront point toutefois assujettis au paiement des droits compris auxdits tarifs, les juges, les juges-de-paix, administrateurs, commissaires du directoire, ingénieurs des ponts-et-chaussées, lorsqu'ils se transporteront pour raison de leurs fonctions respectives : les cavaliers et officiers de gendarmerie, les militaires en marche, les officiers lors de la durée et dans l'étendue de leur commandement.

§ VII. *Dispositions pénales.*

51. Il est enjoint aux adjudicataires, mariniers et autres personnes employées au service des bacs, de se conformer aux dispositions de police administrative et de sûreté contenues dans la présente loi, ou qui pourraient leur être imposées par le directoire et les administrations (*les préfets et les sous-préfets*) pour son exécution, à peine d'être responsables, en leur propre et privé nom, des suites de leur négligence, et, en outre, être condamnés pour chaque contravention, en une amende de la valeur de trois journées de travail; le tout à la diligence des commissaires du directoire-exécutif près les administrations centrales et municipales (*les préfets et les sous-préfets*).

52. Il est expressément défendu aux adjudicataires, mariniers et autres personnes employées au service des bacs et bateaux, d'exiger, dans aucun temps, autres et plus fortes sommes que celles portées aux tarifs, à peine d'être condamnés par le juge-de-paix du canton, soit sur la réquisition des parties plaignantes, soit sur celle des commissaires du directoire, à la restitution des sommes indûment perçues, et en outre, par forme de simple police, à une amende qui ne pourra être moindre de la valeur d'une journée de travail et d'un jour d'emprisonnement, ni excéder la valeur de 3 journées de travail et 3 jours d'emprisonnement : le jugement de condamnation sera imprimé et affiché aux frais du contrevenant.

En cas de récidive, la condamnation sera prononcée par le tribunal de police correctionnelle, conformément à l'art. 607 du Code des délits et des peines.

53. Si l'exaction est accompagnée d'injures, menaces, violences ou voies de fait, les prévenus seront traduits devant le tribunal de police correctionnelle, et, en cas de conviction, condamnés, outre les réparations civiles et dommages et intérêts, à une amende qui pourra être de 100 francs, et un emprisonnement qui ne pourra excéder 3 mois.

54. Les adjudicataires seront, dans tous les cas, civilement responsables des restitutions, dommages et intérêts, amendes et condamnations pécuniaires, prononcés contre leurs préposés et mariniers.

55. Ils pourront même, dans le cas de récidive légalement prononcée par un jugement, être destitués par les administrations centrales (*les préfets*), sur l'avis des administrations municipales (*des sous-préfets*); et alors leurs baux demeureront résiliés sans indemnité.

56. Toute personne qui se soustrairait au paiement des sommes portées auxdits tarifs, sera condamnée par le juge-de-paix du canton, outre la restitution des droits, à une amende qui ne pourra être moindre de la valeur d'une journée de travail, ni excéder 5 jours.

En cas de récidive, le juge-de-paix prononcera, outre l'amende, un emprisonnement qui ne pourra être moindre d'un jour, ni être de plus de 5; et l'affiche du jugement sera aux frais du contrevenant.

57. Si le refus de payer était accompagné d'injures, menaces, violences ou voies de fait, les coupables seront traduits devant le tribunal de police correctionnelle, et condamnés, outre les réparations civiles et dommages et intérêts, en une amende qui pourra être de 100 francs, et un emprisonnement qui ne pourra excéder trois mois.

58. Toute personne qui aura aidé ou favorisé la fraude, ou concouru à des contraventions aux lois sur la police des bacs, sera condamnée aux mêmes peines que les auteurs des fraudes ou contraventions.

59. Toute personne qui aurait encouru quelques-unes des condamnations prononcées par les articles précédens, sera tenue d'en consigner le montant au greffe du juge-de-paix du canton, ou de donner caution solvable, laquelle sera reçue par le juge-de-paix ou l'un de ses assesseurs;

Sinon, seront ses voitures et chevaux mis en fourrière, et les marchandises déposées à ses frais jusqu'au paiement, jusqu'à la consignation, ou jusqu'à la réception de la caution.

60. Toute consignation ou dépôt sera restitué immédiatement après l'exécution du jugement qui aura prononcé sur le délit pour raison duquel les consignations ou dépôts auront été faits.

61. Les délits plus graves et non prévus par la présente, ou qui se compliqueraient avec ceux qui y sont énoncés, continueront d'être jugés suivant les dispositions des lois pénales existantes, auxquelles il n'est point dérogé.

§ VIII. Comptabilité et destination des produits.

62. Le produit des droits de bac est spécialement affecté à la confection et à l'entretien des bacs, bateaux, passe-cheval, agrès, bureaux, magasins, ports, cales, abordages, chemins pour y arriver, quais, francs-bords, halages et autres objets et travaux utiles à leur exploitation.

63. Seront aussi acquittés, sur ces produits, les frais d'expertise et de visite, et ceux relatifs à l'administration, régie,

surveillance et police des droits de bac, autres que ceux résultant des opérations, actes ou visites faits par les ingénieurs des ponts-et-chaussées, et autres agens salariés de l'état.

64. Ces produits seront encore affectés subsidiairement aux travaux nécessités par le curage et balisage des rivières, extraction de roches, réparation et confection des ponts et ponceaux établis sur les rivières affluentes et qui coupent les abordages, les chemins de navigation, et autres travaux d'art relatifs au libre cours des fleuves, rivières et canaux navigables.

65. Ces dépenses seront acquittées sur les mandats des administrations (*des préfets*), vérifiées et autorisées par le ministre de l'intérieur, dans l'attribution duquel demeurent fixées la régie et l'administration des droits de bac.

66. Les ordonnances du ministre de l'intérieur sur le produit des droits de bac, seront directement délivrées sur les receveurs-généraux des départemens, et par eux acquittées sans retard sur les fonds provenant de ladite ferme.

67. Les ordonnances ne pourront toutefois être acquittées par les receveurs-généraux, sous peine de responsabilité et de forfaiture, que le paiement n'en ait été préalablement ordonné par les commissaires de la trésorerie nationale (*le ministre des finances*), lesquels seront tenus de donner leur *visa* ou ordre de paiement, sans retard, sur toutes les ordonnances ayant pour objet les dépenses énoncées en la présente loi; mais ils le refuseront, sous les mêmes peines, à toutes les ordonnances qui n'auraient pas pour objet lesdites dépenses.

68. Chaque année, dans le courant du mois de brumaire au plus tard, les receveurs-généraux remettront respectivement à la trésorerie nationale, leur compte, appuyé de pièces justificatives, des recettes et des dépenses relatives à la perception du droit de bac.

Ces comptes seront vérifiés et arrêtés par les commissaires de la trésorerie nationale (*le ministre des finances*), en vertu de l'article 320 de la constitution.

69. Ces comptes ainsi arrêtés, et comparés avec les baux, constateront l'excédant du produit, qui sera versé au trésor public.

§ IX. *Dispositions générales.*

70. Le directoire-exécutif fera passer aux administrations centrales (*aux préfets*), toutes les instructions convenables pour le maintien du bon ordre et de la police à exercer envers les adjudicataires des bacs et bateaux, ainsi que pour tout ce qui sera relatif à l'exécution de la présente loi.

71. Les dispositions de la présente loi ne sont point applicables au département de la Seine, dans lequel la loi du 16 brumaire an V, sur les bacs, bateaux et batelets, continuera d'être exécutée.

Cependant sont abrogées les dispositions pénales prononcées par ladite loi : celles énoncées en la présente seront appliquées aux contrevenans dans l'étendue du département de la Seine comme dans toute l'étendue de la France.

Extrait de la loi du 14 floréal an x—4 mai 1802 (Bull. 187).

Art. 9. Le gouvernement, pendant la durée de dix années, déterminera, pour chaque département, le nombre et la situation des bacs ou bateaux de passage établis ou à établir sur les fleuves, rivières ou canaux.

Art. 10. Le tarif de chaque bac sera fixé, par le gouvernement, dans la forme arrêtée pour les réglemens d'administration publique.

Art. 11. Le gouvernement autorisera, dans la même forme, et pendant la même durée de dix années, l'établissement des ponts dont la construction sera entreprise par des particuliers ; il déterminera la durée de leur jouissance, à l'expiration de laquelle ces ponts seront réunis au domaine public, lorsqu'ils ne seront pas une propriété communale. Il fixera le tarif de la taxe à percevoir sur ces ponts.

Arrêté du 8 floréal an xii—28 avril 1804 (Bull. 161).

1. La perception des droits de bacs et passages d'eau, dont les tarifs ont été arrêtés ou le seront à l'avenir par le gouvernement, sera affermée à l'enchère publique, d'après les ordres et instructions du ministre des finances, et à la diligence des préfets de département.

2. Les baux ordinaires seront de trois, six et neuf années, et l'adjudicataire se chargera, par estimation, des effets mobiliers affectés au service des bacs.

3. Lorsque, pour l'intérêt et l'avantage de la perception, il sera jugé convenable de passer des baux d'une plus longue durée, les préfets pourront les consentir pour douze, quinze et dix-huit années, à la charge de les soumettre à l'approbation du ministre des finances.

4. Les produits de ces baux seront versés au trésor public avec la même distinction, et seront administrés par les mêmes règles que ceux de la taxe d'entretien des routes et autres taxes spéciales.

5. Ces produits seront, jusqu'à due concurrence, spécialement employés ; 1° au remboursement des anciens propriétaires des bacs dont le gouvernement a pris possession en exécution de la loi du 6 frimaire an VII ; 2° aux travaux, entretien et réparations des passages d'eau.

6. En conséquence, les anciens propriétaires, détenteurs
ou autres , qui ont justifié de leurs titres de propriété des
bacs, bateaux, agrès, bureaux, bâtimens, etc., seront rem-
boursés du prix de ces objets, sur la proposition des préfets,
approuvée par le ministre des finances, et en vertu d'ordonnances expédiées à cet effet par ce ministre, sur le produit
de l'affermage des bacs.

Extrait du décret du 21 décembre 1808.

Bien que la surveillance et l'administration des bacs sur les
rivières appartiennent à l'administration , c'est devant les tribunaux que doivent être portées les contestations élevées entre les fermiers de ces bacs et leurs sous-fermiers. L'acte de
sous-bail, en effet, n'est qu'un simple traité entre particuliers ;
et compétât-il au fermier principal des moyens de défense
tirés du fait du gouvernement relativement à son bail , il
pourrait aussi les faire valoir devant les tribunaux.

Extrait d'une circulaire de M. le comte Molé, directeur-général des ponts-et-chaussées et des mines, du 2 mars 1816.

M. le préfet, les dépenses du service des bacs n'étant pas
comprises dans les budgets de la navigation, et les crédits ouverts pour ce service, sur les exercices 1814 et 1815, devant
être réduits, d'après le nouveau projet de loi sur les finances,
aux dépenses faites au 31 décembre 1815, il devient nécessaire que vous me fassiez connaître positivement la portion
de ces crédits qui, n'ayant pu être employée en 1814 et 1815,
devra l'être en 1816, afin que je puisse en couvrir le montant
lors de la prochaine répartition des fonds de cet exercice.

Je vous invite donc, monsieur, à vous concerter de suite
avec M. l'ingénieur en chef de votre département, pour me
faire parvenir sans délai un état conforme au modèle ci-après,
présentant,

1°. La désignation des dépenses de bacs pour lesquelles il
a été ouvert des crédits non employés en tout ou en partie
pendant les années 1814 et 1815 ;

2°. Les dates des décisions portant ouverture des crédits ;

3°. Le montant des crédits avec distinction d'exercices ;

4°. Le montant des dépenses faites également avec distinction d'exercices ;

5°. La somme à créditer sur 1816, pour couvrir les dépenses restant à faire ;

6°. Enfin les observations dont chaque article sera susceptible.

Si ces dispositions ne sont pas applicables à votre département, il suffira de me l'annoncer en m'accusant réception de la présente, dont j'adresse une ampliation à M. l'ingénieur en chef.

Régime administratif des bacs, bateaux et bachots du département de la Seine.

Dans le département de la Seine, la visite des bacs et bateaux est faite par l'inspecteur-général de la navigation, l'ingénieur hydraulique et un charpentier en bateaux, assisté d'un commissaire de police, en présence des entrepreneurs ou adjudicataires, ou eux dûment appelés, lesquels peuvent faire des dires et observations au procès-verbal. (*Ord. du préfet de police du 11 brumaire an XI—2 novembre 1802, art. 1, 2, 3.*)

En cas de mauvais état qui fasse craindre péril, le commissaire de police, d'accord avec l'inspecteur-général de la navigation, interdit l'usage des bacs et bateaux, jusqu'à ce qu'ils aient été réparés, et il en est rendu compte de suite au préfet de police, qui statue. (*Idem, art. 4.*)

Il est fait en même temps examen des mariniers, sur leur expérience et leur bonne conduite. (*Idem, art. 5.*)

Les procès-verbaux de ces opérations sont transmis au préfet de police. (*Idem, art. 6.*)

Les bachots ou batelets doivent être de forme plate, avoir huit mètres de longueur, être bordés et avoir planchers et levées solides. (*Ord. du préfet de police du 18 prairial an XI—3 juin 1803, art. 1er.*)

L'usage des gondoles, pirogues, chaloupes, sabots et autres petits bateaux de cette espèce est défendu. (*Idem, même art.*)

On ne peut avoir aucun batelet sur la Seine et sur la Marne sans une permission du préfet de police. Le numéro indiqué par la permission, est peint à l'huile sur les côtés extérieurs du batelet. (*Idem, art.* 2 *et* 4.)

Pour être bachoteur, il faut une autorisation du préfet de police, être âgé de 18 ans, savoir nager, et justifier de sa capacité par un certificat de quatre anciens mariniers conducteurs. (*Idem, art.* 5.)

Conformément à l'ordonnance du bureau de la ville du 22 mars 1771, les bachots destinés au public sont visités fréquemment, par l'inspecteur-général; ceux hors d'état de service sont consignés pour être déchirés. (*Idem, art.* 6.)

Tout bachoteur conduit lui-même son bachot; il peut se faire remplacer par un autre bachoteur dont il devient alors responsable. (*Idem, art.* 7.)

Conformément à l'ordonnance précitée du 22 mars 1771, et à la loi du 16 brumaire an v—6 novembre 1796, un bachoteur ne peut recevoir dans son bachot plus de 16 personnes, lui compris, à peine de 50 francs d'amende; en cas de récidive, il est exclu du bacholage. (*Idem, art.* 8.)

Conformément à la même ordonnance, les bachoteurs sont tenus de conduire les voyageurs jusqu'au lieu de leur destination, sans pouvoir les forcer à descendre à d'autres endroits que ceux accoutumés sous les peines portées en l'art. 32 ci-dessus. (*Idem, art.* 10.)

Ils doivent être toujours porteurs de leur permission et la représenter à toute réquisition légale. (*Idem, article* 11.)

Le point du départ des bachoteurs pour la Basse-Seine est au pont des Tuileries, à la suite des galiotes, sans pouvoir embarquer personne ailleurs, même en route. (*Idem, art.* 12.)

Ils chargent par rang d'arrivée au port. (*Idem, art.* 13.)

Néanmoins les voyageurs peuvent se faire conduire par les bachoteurs qu'ils veulent choisir, et ceux-ci peuvent prévenir leur rang, lorsqu'au refus des autres ils partent avec moins de 16 personnes. (*Ord. précitée du préfet de police, art.* 14.)

Il ne peut être exigé de chaque voyageur plus de 50 centimes pour aller en bateau de Paris à Sèvres ou à Saint-Cloud. (*Idem, art.* 15.)

Il est défendu de passer le public sur la Seine et sur la Marne ailleurs qu'aux endroits accoutumés. Il ne peut y être employé que des bacs et bateaux solides, avec leurs agrès en bon état. (*Idem, art.* 16 *et* 17.)

Tarif des droits de passage d'eau dans le département de la Seine, suivant l'arrêté du gouvernement du 11 fructidor an xi—29 août 1803. (*Bull.* 309.)

Bacs de Choisy-sur-Seine, des carrières de Charenton, de Surenne, d'Anières, de Petit-Brie et de Creteil.

Pour le passage d'une personne chargée ou non chargée.	0f. 05

Le batelier ne pourra être contraint à passer que lorsque les passagers lui assureront une recette au moins égale à ce qui est dû, d'après le tarif, pour six personnes à pied ; et, dans ce cas, il emploiera le bac ou un batelet, à sa volonté.

Pour denrées ou marchandises, non chargées sur une voiture, sur un cheval ou mulet, mais embarquées à bras d'homme, et d'un poids excédant 5 myriagrammes.	0 05
Pour chaque myriagramme excédant.	0 02

Le chargeur déclarera le poids, qui pourra être vérifié par le passeur.

Pour le passage :

d'un cheval ou mulet et son cavalier, valise comprise.	0 10
d'un cheval ou mulet chargé.	0 10
d'un cheval ou mulet non chargé.	0 05
d'un âne chargé ou d'une ânesse chargée.	0 05
d'un âne non chargé ou d'une ânesse non chargée.	0 03
Par cheval, mulet, vache ou âne, employé *au labour*, en allant au pâturage.	0 04
Par bœuf ou vache appartenant à des marchands et destiné à la vente.	0 08
Par veau ou porc.	0 03
Par moutons, brebis, bouc, chèvre, cochon de lait, et par chaque paire d'oies ou dindons.	0 01

Lorsque les moutons, brebis, boucs, chèvres, cochons de lait, paire d'oies ou dindons, seront *au-dessus de cinquante*, le droit sera diminué d'un quart.

I. 18

Lorsque les moutons, brebis, boucs et chèvres iront au pâturage, on ne paiera que la moitié du droit.

Les conducteurs des chevaux, mulets, ânes, bœufs, etc., paieront trois centimes.

S'il n'existe point de passe-cheval, le batelier ne pourra être contraint à passer isolément dans le bac, les chevaux, mulets, bœufs ou autres animaux compris dans cette section, que lorsque les conducteurs lui assureront au moins une recette de 40 centimes.

Pour le passage — d'une voiture suspendue à deux roues, celui du cheval ou mulet, ou pour une litière à deux chevaux.	0	30
d'une voiture suspendue à quatre roues, du cheval ou mulet et du conducteur.	0	50
d'une voiture suspendue à quatre roues, attelée de deux chevaux ou mulets, y compris le conducteur.	0	60
Les voyageurs paieront séparément, par tête, le droit dû pour une personne à pied.		
d'une charrette chargée, attelée — d'un seul cheval ou mulet, y compris le conducteur.	0	40
de deux chevaux ou mulets, y compris le conducteur.	0	75
de trois chevaux ou mulets, y compris le conducteur.	1	00
d'une charrette à vide, le cheval et le conducteur.	0	30

Pour une charrette chargée, employée au transport des engrais, ou à la rentrée des récoltes, le cheval et le conducteur. 0 20

La même, à vide, le cheval et le conducteur. . . 0 10

Pour une charrette chargée ou non chargée, attelée seulement d'un âne ou d'une ânesse, et le conducteur. 0 10

Pour un chariot de ferme, etc., à quatre roues, chargé, les deux chevaux ou bœufs. 0 75

Le même, à vide. 0 30

Pour un chariot de roulage à 4 roues, — Chargé, un cheval et le conducteur.	0	60
Idem, deux chevaux. . . . idem.	1	00
Idem, trois chevaux. . . . idem.	1	50
à vide, attelé d'un seul cheval. . . . . idem.	0	35

Il sera payé par chaque cheval ou mulet excédant les nombres indiqués pour les attelages ci-dessus, comme pour un cheval ou mulet non chargé, et par âne ou ânesse, le droit fixé pour les ânes ou ânesses non chargés.

Le batelier ne pourra être contraint à passer une voiture, charrette ou chariot se présentant isolément, que lorsque le conducteur lui assurera une recette de 75 centimes.

Dans le temps des hautes eaux, le paiement du droit sera triple.

Le préfet déterminera le point où les eaux seront réputées hautes, et le *maximum* de la charge ou du nombre des personnes que les bacs ou bateaux pourront recevoir.

Passe-cheval du Port-à-l'Anglais.

Pour le passage d'une personne non chargée, ou chargée d'un poids au-dessous de 5 myriagrammes. . of. 05

Le batelier ne pourra être contraint à passer, que lorsque les passagers lui assureront une recette au moins égale à ce qui est dû, d'après le tarif, pour six personnes à pied.

Pour denrées ou marchandises embarquées à bras d'homme, et d'un poids de 5 myriagrammes. 0 05
Pour chaque myriagramme excédant. 0 02

Le chargeur déclarera le poids, qui pourra être vérifié par le passeur.

Pour le passage { d'un cheval ou mulet et son cavalier, valise comprise.	0	30
d'un cheval ou mulet chargé.	0	15
d'un *idem* non chargé.	0	10
d'un âne ou d'une ânesse chargé, ...	0	10
d'un *idem* ou *idem* non chargé.	0	06

Par bœuf ou vache. 0 12
Par veau ou porc. 0 05
Par mouton, brebis, bouc, chèvre, cochon de lait, et pour chaque paire d'oies ou dindons. 0 02

Le batelier ne pourra être contraint à passer isolément les chevaux, mulets, bœufs et autres animaux compris dans cette section, que lorsque les conducteurs lui assureront au moins une recette de 30 centimes.

Batelets de Bercy.

Pour le passage d'une personne. 0 05

Le batelier ne pourra être contraint à passer que lorsque les passagers lui assureront une recette au moins égale à ce qui est dû, d'après le tarif, pour six personnes à pied.

2. La gendarmerie en tournée, les militaires voyageant en corps de troupes ou avec une feuille de route, sont exempts du droit.

3. Il sera procédé, dans le plus bref délai, à la mise en ferme du droit résultant des tarifs ci-dessus, qui commenceront à être mis en activité, à dater du jour de la mise en jouissance du fermier.

Modèle d'un procès-verbal pour un bac, un bateau en mauvais état.

« Cejourd'hui   , nous   , maire ou adjoint, instruit que le bac, ou la galiote, ou le coche d'eau de   , était en mauvais état, et présentait des craintes pour la sûreté publique, nous nous sommes transporté à   , accompagné de N   , maître charpentier, à l'endroit de la rivière où était amarré ledit bateau, et inspection faite, nous avons reconnu que ledit bateau ne pouvait être employé sans danger qu'après une réparation faite à   , (*désigner la réparation*). Pourquoi nous avons fait défense au sieur   , propriétaire dudit bateau, que nous avons envoyé chercher, de n'en faire usage à partir de ce jour, qu'après avoir fait ladite réparation, et avons de ce que dessus dressé notre procès-verbal que nous avons signé, et qu'a pareillement signé avec nous le sieur N.   , A.   , ce   »

Modèle de procès-verbal pour un bac ou bateau surchargé de passagers.

« Cejourd'hui   , nous   , maire ou adjoint   , ayant aperçu le bac ou bateau de   , traversant la rivière, tellement surchargé de personnes qu'à chaque instant il présentait le danger d'être englouti, nous nous sommes approché de l'endroit où était abordé ledit bac, et ayant compté les personnes qui en sortaient, nous avons reconnu qu'elles étaient au nombre de   , tandis que par les règlemens il est enjoint au passager de ne recevoir que   personnes. Vu laquelle contravention, nous avons déclaré audit batelier-passager, que nous allions contre lui dresser notre procès-verbal, pour, sur icelui, être statué ce qu'il appartiendra. Ce que nous avons fait et signé lesdits jour et an que dessus. »

Nota. Les droits établis sur les bacs ont été maintenus par la loi du 21 décembre 1814 (*Bull.* 65), et par les différentes lois des finances de 1816, 1817, 1818, 1819, 1820 et 1821. Voy. *Budgets de l'état.*

BAGARRE, se dit d'une réunion tumultueuse de peuple, occasionée par une rixe, un accident. Les maires et adjoints doivent employer tous les moyens pour dissiper ces rassemblemens, et requérir au besoin la force armée pour arrêter les plus mutins, et les auteurs des accidens.

BAINS *publics* et *Ecoles de natation.* Ils doivent être l'objet de la surveillance des maires et adjoints, sous le double rapport de la sûreté et de la décence. Des ordonnances, tant anciennes que nouvelles, particulièrement celles des différens préfets de police de Paris, offrent des modèles en ce genre, pour les règlemens que l'autorité municipale a le droit de publier et de faire exécuter.

Une ordonnance du préfet de police de Paris du 7 mai 1819, fait défense de se baigner dans la rivière autrement que dans des bains couverts, et d'en sortir nu.

Pour l'exécution de cette ordonnance, il est placé des bachots vers les endroits ou les baigneurs en pleine eau ont coutume de se porter; ces bachots et leurs conducteurs sont, pour ce service, aux ordres des commissaires de police et des inspecteurs de la navigation. Les délinquans sont arrêtés et conduits à la préfecture de police.

On ne peut établir des bains dans la rivière, sans une permission du préfet de police, et dans les endroits seulement indiqués par la permission. (*Idem.*)

Les bains doivent être clos et couverts, entourés de planches, avec des chemins solides, bordés de perches, pour y arriver; un bachot avec ses agrès, pour porter secours au besoin; le bateau de bain en bon état, garni des ustensiles nécessaires; dans l'intérieur du bain des filets autour, des piquets avec des cordes.

Avant l'ouverture des bains, ils sont visités par l'inspecteur-général de la navigation, assisté d'un charpentier en bateaux. (*Idem.*)

Les bains des hommes sont séparés et éloignés de ceux des femmes; des chemins différens doivent y conduire.

Nota. Les dispositions du présent article sont applicables aux bains de ville, froids et chauds, et à ceux établis sur bateau avec baignoires.

Les bains sont fermés depuis 10 heures du soir jusqu'au jour.

On ne peut exiger plus de 20 centimes par personne, dans les bains communs, et plus de 60 centimes dans les bains particuliers. (*Idem.*)

Il est défendu de prêter ou louer des batelets à qui que ce soit pour se baigner hors des bains publics. Les permissions de tenir bachots et bains sont retirées et annulées.

Ceux qui, pour raison de santé, ou pour se perfectionner dans l'art de nager, désirent se baigner en pleine eau, ne peuvent y être conduits que par des mariniers munis de permissions du préfet de police, qui ne sont accordées qu'à ceux qui tiennent des bains sur la rivière. Les bains ne peuvent avoir lieu qu'en amont du pont du Jardin du roi et en aval du pont Louis XVI.

Défenses à toutes personnes en batelet ou bachot de s'approcher des bains, sous peine, par le propriétaire du bachot, de se voir retirer sa permission. (*Idem.*)

Défenses de tirer du sable à moins de 20 mètres de distance des bains de rivière. (*Idem.*)

Après la saison des bains, tous les pieux, perches et autres objets sont retirés. (*Idem.*)

Il est placé autour des écoles de natation, dans l'intérieur, un filet, pour empêcher les élèves de passer sous les bateaux.

Défenses d'y paraître sans caleçon.

Défenses d'y laisser des femmes.

Les entrepreneurs et directeurs de ces écoles doivent se pourvoir d'une permission du préfet de police. Ils sont tenus de se conformer aux dispositions ci-dessus, concernant les bains, qui leur sont applicables. (*Idem.*)

Les contraventions aux articles précédens sont constatées par des procès-verbaux, qui sont adressés au préfet de police.

BAÏONNETTES (fabrication, vente et usage des). Voyez *Armes.*

BALANCES. Celles dont on se sert dans les boutiques ou

magasins sont soumises à la vérification de l'autorité municipale. Voy. *Poids et mesures.*

BALANCIERS (fabrication, établissement et usage de) par les particuliers. Voy. *Laminoirs.*

BALANÇOIRES dans les jardins et autres lieux publics. Les balançoires destinées à l'amusement du public, doivent être entourées de forts filets, pour garantir de la chute ceux qui se balancent; les charpentes et les cordes doivent être assez solides pour ne laisser aucuns dangers. Les commissaires de police défendent provisoirement l'usage de celles qui ne leur paraissent pas en bon état. (*Décision du préfet de police du 8 floréal an x—28 avril 1802.*)

BALAYAGE *des rues* (le) contribue à la fois à la commodité, à la salubrité et à la sûreté de la voie publique, pour les hommes et les animaux. Sous ces rapports, il doit être l'objet de la surveillance journalière des maires et adjoints, qui ont le droit de l'ordonner, d'en régler la forme, et de traduire à leur tribunal de police les contrevenans. (*Loi du 19—22 juillet 1791, et Code pénal, art. 471.*)

Modèle de procès-verbal pour contravention au balayage et à l'enlèvement des immondices.

« Cejourd'hui   , nous   , maire *ou* adjoint, passant dans la rue   , avons remarqué que le devant de la maison de   n'était point balayé, *ou* était rempli de décombres *ou* de matériaux, *ou* de fumier ; en conséquence nous avons déclaré audit sieur   qu'il était en contravention aux règlemens de police, pour quoi nous allions dresser notre présent procès-verbal, ce que nous avons fait et signé lesdits jour et an que dessus.

» *Ou* nous avons observé audit sieur   , que depuis long-temps nous l'avions invité à retirer ou faire enlever les   placés devant sa porte *ou* le long de son habitation, qui nuisaient à la voie publique, *ou* portaient l'infection dans le voisinage, et que, n'ayant pas déféré à nos observations, nous allions dresser notre présent procès-verbal, etc. »

BALCONS, *avant-corps de bâtimens* qui sont soumis à l'inspection et surveillance des maires et adjoints, relativement à leur construction, et aux accidens qu'ils pou-

vent occasioner sur la voie publique par les pots de
fleurs, caisses et autres choses qu'on y met.

La saillie des balcons en général ne peut excéder 16
centimètres (6 pouces). Ceux qui ont une grande étendue
de longueur, peuvent avoir une plus grande saillie; mais
ils doivent être élevés au moins de 3 mètres 33 centimètres (10 pieds) du sol du pavé.

Il ne peut être établi de grands balcons ni d'auvens
cintrés formant avant-corps, sans une permission de la
grande voirie, et le consentement des deux propriétaires
voisins, à peine de démolition, confiscation et amende.
Il est fait visite préalable par les inspecteurs-voyers, en
présence des propriétaires voisins; sur leur rapport, la permission est accordée ou refusée.

Pour les petits balcons ou balustres aux fenêtres, sans
construction nouvelle, il faut une permission de la petite
voirie. Voy. *Voirie, Tarif des droits de la petite voirie.*

Pour les grands et petits balcons avec construction
nouvelle, l'avis du préfet de police est demandé.

Outre les lois et règlemens de police à ce sujet, le Code
civil, art. 678, porte : « qu'on ne peut avoir balcons ou
autres semblables saillies sur un héritage clos ou non
clos de son voisin, s'il n'y a 19 décimètres (6 pieds)
de distance entre le mur où on les pratique et ledit héritage. »

BALDAQUIN, espèce de dais en saillie porté sur pilastres
en bois ou autrement. Voy. aussi *Voirie* au tome IV.

On ne peut en établir sur la face d'une maison sans
une permission de la petite voirie. Voy. *Voirie, Tarif
des droits de petite voirie.*

BALEINE (primes pour la pêche de la) et du cachalot.
Voy. *Pêche maritime.*

BALISES, nom qu'on donne à certains signes destinés
à avertir les navigateurs d'éviter les endroits dont le passage est dangereux. L'article 7 de la loi du 15 septembre
1792 enjoint aux pilotes lamaneurs, sous peine de 3
jours de prison, de prévenir les officiers municipaux du
canton, ou ceux de l'endroit où ils aborderont, de la destruction des balises, amers, phares et tonnes, lorsqu'ils
en auront connaissance, afin qu'on puisse y pourvoir. »

Il en résulte que la surveillance des balises, phares et a-
mers appartient, sous le rapport des réparations, aux maires des lieux où il n'y a pas de sous-préfet.

BALIVEAUX. On appelle ainsi des arbres, ordinairement
des chênes, des châtaigniers ou des hêtres, que l'on réserve, dans les coupes des bois taillis, pour les laisser
croître en futaie. Leur conservation est très-importante
pour le repeuplement des bois et forêts, et les maires
doivent concourir à toutes les mesures prises pour leur
conservation, ou pour la poursuite de ceux qui les ont
mutilés ou détruits. (*Loi du* 15—29 *septembre* 1791.)

Nota. Les baliveaux doivent être choisis parmi les arbres de la meilleure essence.

Le propriétaire est tenu de laisser dans un taillis, à quelque âge qu'il soit abattu, 16 baliveaux par arpent, qui
doivent y demeurer jusqu'à l'âge de 40 ans, à laquelle é-
poque ils sont à sa disposition : mais il ne peut les vendre
qu'avec l'autorisation de l'administration forestière.

A l'égard des bois de haute futaie, le nombre de bali-
vaux à laisser est fixé à 10 par arpent, pour y rester jusqu'à l'âge de 120 ans. (*Ord. des eaux et forêts d'août*
1669, *titre* 26 *et* 32.)

BALS *publics*. Les maires et adjoints ont dans leurs
attributions la surveillance de ces bals, 1° pour y maintenir l'ordre, 2° pour assurer la perception du droit pour
les pauvres, auquel ils sont assujettis. Voy. *Police* et
Spectacles.

Aucun bal public ne tient sans une permission du préfet de police. Les bals publics doivent être fermés à 11
heures du soir, à moins d'une permission spéciale pour
durer plus avant dans la nuit. (*Arrêté de police du* 12
pluviôse an VI—31 *janvier* 1798.)

Nul ne doit s'y rendre travesti, déguisé ou masqué, excepté pendant le carnaval. (*Idem.*) Voy. *Masques.*

Ceux qui tiennent des bals ne doivent y laisser entrer
personne avec bâton, canne, ou armes, ni éperons. Ils
les font déposer au dehors, à la garde d'un individu préposé à cet effet et dont ils sont responsables. Les permissions sont retirées aux contrevenants. (*Idem.*)

Chaque teneur de bal doit se procurer une garde suffisanto pour maintenir le bon ordre dans l'intérieur et à l'extérieur. *(Idem.)*

Art. 5. Les permissions de bals sont renouvelées tous les ans. *(Décision du préfet de police du 11 brumaire an XIII—21 novembre 1804.)*

Nota. Les permissions contiennent les dispositions des articles précédens. En cas de contravention, il en est dressé procès-verbal par le commissaire de police qui en a connaissance; le procès-verbal est envoyé au préfet de police.

Impôt pour les indigens sur les billets d'entrée dans les bals, et redévance au profit de l'opéra. Voy. *Théâtres.*

Cet impôt, en ce qui concerne les bals, n'a lieu que pour ceux où il y a un bureau de recette, lors même qu'ils ont le titre de bal de société.

Aux termes d'une décision du ministre de l'intérieur du 25 fructidor an x—12 septembre 1802, l'impôt est également perçu, dans les bals où une partie du billet d'entrée est employée en consommation.

Les commissaires de police protégent les préposés au recouvrement de l'impôt, pour qu'ils soient placés près des bureaux de recette, et assistent aux comptes pour vérifier les billets payans, et constater les sommes reçues. *(Décision du préfet de police du 16 pluviôse an x—5 février 1802.)*

Les bals sont sous la surveillance immédiate des officiers de police. Ceux qui y troublent l'ordre public dans l'intérieur et à l'extérieur sont arrêtés et punis. *(Règlement du 30 décembre 1715.)*

BANALITÉS de *fours, de moulins, de pressoirs* etc. (les), qui existaient sous le régime féodal ont été supprimées par la loi du 15—28 mars 1790.

23. Tous droits de banalité des *fours, moulins, pressoirs, boucheries, taureaux, verrats, forges* et autres, ensemble les sujétions qui y sont accessoires ainsi que les droits de verte-moûte et de vent; le droit prohibitif de la quête-mouture ou chasse des meuniers, sont supprimés sans indemnité.

Sont rachetables les banalités établies par une convention souscrite par une communauté et un particulier non seigneur.

Celles faites dans la même forme avec un seigneur, si ce-

lui-ci a fait à la commune quelque avantage de plus que de
s'obliger à tenir perpétuellement en état, les moulins, fours
ou autres objets banaux.

24. Et celles qui seront prouvées avoir eu pour cause une
concession faite par le seigneur à la commune, de droit
d'usage dans ses bois ou prés, ou de communaux en propriété.

Extrait de la loi du 3 mai 1790.

18. Quant à celles des *banalités* exceptées de la suppression sans indemnité, par l'article 24 de la loi du 15—
28 mars 1790, lorsque les communautés d'habitans veulent
s'en libérer, il est fait, par des experts choisis par les parties,
ou nommés d'office par le juge, une estimation de la diminution que le four, moulin, pressoir et autre usine peut é-
prouver dans son produit annuel par l'effet de la suppression
du droit de banalité, et de la liberté rendue aux habitans.
N'entendant point au surplus déroger aux lois antérieures
qui, dans quelques ci-devant provinces, autorisaient les communautés d'habitans à racheter, sous des conditions particulières, les banalités auxquelles elles étaient assujetties.

19 et 20. Dans tous les cas où l'évaluation du produit annuel d'une redevance peut donner lieu à une estimation par
experts, l'administrateur qui n'a pas la liberté de traiter de
gré à gré, et conséquemment d'accepter une offre réelle,
qu'il croit insuffisante, peut employer en frais d'administration ceux de l'expertise, jugés devoir rester à sa charge.

21. Le rachat de la somme à laquelle a été liquidé le produit annuel des droits de redevances fixes et annuelles, se
fait, savoir : pour les redevances en argent et corvées, et
pour le produit des banalités, au denier 20 : et quant aux
redevances en grains, volailles, denrées et fruits de récoltes,
au denier 25.

22. Tout redevable qui rachète un droit, est tenu de payer
avec le capital du rachat, tous les arrérages dus, y compris
l'année courante.

Extrait de la loi du 25 août 1792.

5. Tous ceux des droits conservés par les articles 9, 10,
11, 12, 25 et 27 du titre II du décret du 15—28 mars 1790,
et connus sous la dénomination d'aunage, étalé, étalage, quin-
talage, poids et mesures, banalité et corvées, sont abolis sans indemnité, à moins qu'ils ne soient justifiés avoir pour cause une
concession primitive de fonds ; laquelle cause ne pourra être

établie qu'autant qu'elle se trouvera clairement énoncée dans l'acte primordial d'inféodation, d'accensement, ou de bail à cens qui devra être rapporté.

Extrait de la loi du 17 juillet 1793.

Art. 1er. Toutes redevances ci-devant seigneuriales, droits féodaux, censuels, fixes et casuels, même conservés par le décret du 25 août dernier, sont supprimés sans indemnité.

2. Sont exceptées des dispositions de l'article précédent, les rentes ou prestations purement foncières et non féodales.

Dans plusieurs départemens, beaucoup de communes avaient établi des fours, moulins, etc., pour le service commun, et elles avaient été autorisées à prélever sur les habitans, des droits de cuisson ou de mouture, et peut-être même à forcer tous les habitans à venir cuire au four ou moudre au moulin commun; cette dernière concession eût été conforme au régime féodal, qui était en vigueur alors; et sans rechercher quelle était la nature des titres des communes, on peut croire qu'elles étaient fondées à exiger cette servitude des habitans qui les composaient.

Depuis la suppression des banalités établies d'autorité féodale, des communes ont demandé à rétablir celles qu'elles exerçaient antérieurement, et elles y ont été autorisées, sans avoir examiné la nature et l'effet de ce droit exclusif, dans la vue de procurer aux municipalités des revenus suffisans pour faire face aux dépenses administratives et communes de chaque communauté.

Depuis, le ministre de l'intérieur a cru devoir examiner les droits des communes. Il a remarqué que la loi précitée ne parle pas des banalités établies par les communes, et il a pensé que le législateur n'avait pas dû supposer leur existence, d'après le principe, qu'*on ne peut servir à soi-même une servitude*.

Qu'au surplus, si la loi a entendu parler de ces banalités municipales, elle les a abolies, puisque la communauté n'a pu concéder à ses membres d'autres avantages que ceux de la construction et de l'entretien, et que cette circonstance lui est encore bien moins favorable qu'à un seigneur, puisque les frais de construction de l'objet banal, ainsi que ceux d'entretien, avaient nécessairement été

fournis, et le sont encore, par les membres de la communauté qu'on voudrait réassujettir au droit de banalité.

Le ministre a aussi remarqué que ces banalités municipales étaient contraires à la loi sur la liberté des professions et de l'industrie. Cette loi du 17 mars 1791, et
postérieure à celle qui a aboli les banalités, a déclaré
qu'il serait libre à toute personne *de faire tel négoce ou
d'exercer telle profession, art ou métier qu'elle trouverait bon,* en payant le droit de patente établi sur la profession qu'on veut exercer.

Que si les banalités existantes en faveur des particuliers, peuvent restreindre la liberté assurée par cette dernière, ce ne doit être qu'à raison de la faculté qu'ont les
communes de se racheter de la servitude qu'elles se sont
imposée, faculté qu'elles ne peuvent exercer envers
elles-mêmes.

Qu'encore il ne voyait nulle part qu'il fût décidé qu'un
droit privé pût nuire aux revenus publics, en prohibant
l'exercice de certaines professions soumises à une contribution publique.

Le ministre a en conséquence décidé, le 25 nivôse an
12, que les objets destinés aux banalités exercées par les
communes sur leurs propres habitans, ne peuvent être
considérés que comme des biens communaux, *sans privilège exclusif,* comme des moyens de produire des revenus municipaux, ainsi que toute autre propriété susceptible de rapporter des revenus, mais sans pouvoir exclure
aucun établissement de même nature.

On doit faire observer à cette occasion, que tous les règlemens qui tendent à obliger telle ou telle profession, les
bouchers, par exemple, à n'exercer son état que dans tel
emplacement municipal, moyennant une rétribution
quelconque, fixée par le corps municipal, est le rétablissement des priviléges exclusifs des banalités que la loi a
proscrits.

Que d'ailleurs, le système d'appauvrir les membres
pour enrichir le corps paraît faux et ne devoir pas remplir
les vues du gouvernement.

Règles et principes sur les banalités.

Ce n'est point au conseil de préfecture, mais au seul préfet qu'il appartient de donner son avis sur l'imposition à lever dans une commune pour frais de réparation d'un four banal. (*Arr. du 17 fructidor an 10—6 septembre 1802—Bull. 211.*)

II. Les banalités établies par convention au profit d'un particulier non seigneur, ne sont pas abolies par la loi du 25 août 1792. (*Arr. de la cour de cassation du 7 frimaire an 15—28 novembre 1804.*)

III. Par l'avis du conseil-d'état du 11 brumaire an XIV, approuvé le 5 juillet 1806, il n'a point été entendu que les banalités conventionnelles déclarées rachetables par la loi du 28 août 1792, ne pussent être rétablies par transaction ou par jugement de tribunaux, mais seulement que les communes ne peuvent à présent, par aucune stipulation, établir des banalités nouvelles, ni convertir en banalités conventionnelles des banalités supprimées comme féodales.

IV. La demande d'une indemnité pour la suppression d'un droit, tel par exemple que le privilège de banalité possédé en vertu d'un bail emphytéotique, n'est pas admissible; ceux qui ont acquis de ces droits ne peuvent demander que la résiliation de leur bail. (*Décrets des 6 juin et 2 juillet 1807.*)

V. Lorsque le propriétaire d'un moulin s'oppose à ce qu'un préfet accorde à un autre particulier la faculté de construire un moulin, sur le fondement que cette construction nuirait à un droit de banalité non féodale, le préfet ne peut apprécier ce droit de banalité et juger la question de féodalité; il doit renvoyer à l'autorité judiciaire. (*Décret du 11 août 1808.*)

La législation actuelle ne permet, sous aucun prétexte, de renouveler, en faveur *des communes*, les banalités de leurs usines, même de celles acquises par elles à titre onéreux. En conséquence, le bail qui serait passé à un particulier pour l'exercice de ce droit, et l'arrêté du préfet qui en aurait approuvé l'adjudication, sont nuls. (*Décret du 29 avril 1809.*)

VII. Lorsqu'une banalité a été établie par un acte dans

lequel un prince est devenu seigneur d'une commune, et que d'ailleurs il n'est pas prouvé que cette banalité ait été établie entre une communauté d'habitans et de particuliers non seigneurs, cette banalité peut être présumée féodale, et frappée d'abolition par les lois de 1790 et 1792. (*Arrêt de rejet de la cour de cassation du 31 mars 1813.*)

Ne sont pas abolies les *banalités* conventionnelles qui ont été consenties par une communauté d'habitans au profit d'un particulier non seigneur. (*Arrêt de rejet de la cour de cassation du 5 février 1816.*)

Bancs de bois à *l'entrée des boutiques.* Il est défendu aux marchands de placer à l'entrée de leurs boutiques, un banc ou siége excédant sur la voie publique, sous les peines de simple police comme embarrassant la voie publique. (*Arrêt du conseil du 19 novembre 1660.*)

Bancs de pierre contre les maisons. On ne peut en poser sans une permission de la petite voirie. Voy. *Voirie, Tarif des droits de petite voirie.* Leur saillie ne peut excéder 22 centimètres (8 pouces), et l'on ne les permet que dans les rues larges et peu fréquentées. (*Ord. du 26 octobre 1666.*)

Bancs et *chaises dans les églises.* Une loi du 29 décembre 1790 — 2 janvier 1791, avait attribué aux conseils municipaux le droit de régler le tarif de leurs différens prix. Depuis, cette attribution relative, tant à la location de la ferme de ces bancs et chaises, qu'aux tarifs de leurs différens prix, a passé aux évêques et aux préfets, et l'exécution fait partie des fonctions des maires et adjoints, comme membres des conseils des fabriques paroissiales. (*Décret du 13 thermidor an XIII—1er août 1805; 18 mai 1806 et 30 décembre 1809 Bull. 53, 93 et 303.*)

Bannes de toile ou de coutil au-devant des boutiques. Nul ne peut établir une banne au-devant de sa boutique, sans une permission de la petite voirie. Voy. *Voirie, Tarif des droits de petite voirie.*

La banne est en coutil; défense d'y ajouter sur les côtés et sur le devant, des joues et des rideaux pour la fermer et lui donner la forme d'une tente : dans ce cas elle est réputée *baldaquin*. Voy. *ce mot*. La pente qui borde la banne, sur le devant, ne doit avoir au plus, que 32 centimètres de haut (1 pied).

La banne ne peut excéder un mètre 32 centimètres de saillie (4 pieds), à partir du nu du mur; elle doit être élevée de 3 mètres 33 centimètres (10 pieds) au-dessus du sol du pavé.

Sur les boulevarts plantés d'arbres, elle doit être éloignée de 32 centimètres (1 pied), des arbres qui bordent les maisons; on ne peut la fixer aux arbres avec clous, cordages, etc.

La banne est soutenue par des tringles de bois ou de fer appuyées dans des douilles scellées dans le mur de face de la maison, et non par des poteaux en bois ou en fer, debout sur le devant. Dans aucun cas on ne doit la fixer par des poids, cordes, crochets, attachés sur le pavé.

La banne est supprimée chaque jour, aussitôt que la boutique cesse d'être exposée aux rayons du soleil. On ne doit point en faire usage depuis le 1er octobre jusqu'au 1er avril. (*Décisions du préfet de police de Paris des* 10 *avril* 1807 *et* 21 *juin* 1809.)

BANNISSEMENT (condamnés au), en exécution de l'article 32 du Code pénal. L'article 4 de l'ordonnance du roi du 2 avril 1817, porte que ces condamnés seront transférés à la maison de Pierre-Châtel (département de l'Ain), et y resteront pendant la durée de leur bannissement, à moins qu'ils n'obtiennent la faculté d'être reçus en pays étranger; dans ce cas ils seront transportés à la frontière. Ceux qui auront la faculté de s'embarquer, et qui le demanderont, seront conduits au port de l'embarquement, sur l'ordre du ministre de l'intérieur.

Une circulaire ministérielle du 11 juin 1817, annonce aux préfets que la mise en activité de cette maison aura lieu à compter du 1er juillet prochain. Son Exc. autorise, en conséquence, les préfets, à y faire diriger, pour cette époque, les bannis qui se trouvent actuellement dans les prisons de leur département, et les invite à prendre, à cet effet, toutes les mesures de sûreté convenables, et à prévenir M. le préfet du département de l'Ain des translations qu'ils ordonneront, en ayant soin de lui adresser un extrait régulier des jugemens rendus contre les bannis, qu'ils feront conduire par la gendarmerie.

Les préfets sont également invités à donner au ministre connaissance de ces contraventions, et à lui envoyer l'état des individus ainsi transférés, dressé de manière que Son Exc. puisse y voir leurs noms, prénoms, lieu de naissance, âge, profession, le délit qu'ils ont commis, le tribunal qui les a condamnés, et la durée de la peine qui leur a été infligée.

BANNISSEMENT (condamnés au) pour crimes et délits politiques, en vertu de l'ordonnance du roi du 24 juillet 1815, et de la loi du 12 janvier 1816. Une circulaire ministérielle du 29 mars 1816, avait fixé le mode d'exécution des jugemens et arrêts de bannissement : en vertu de cette circulaire, il ne fallait pas se borner à conduire les condamnés tout simplement jusqu'à la frontière; mais il était recommandé comme indispensable, une fois arrivés là, de les remettre à la disposition de la force armée des puissances; la gendarmerie était chargée en même temps de donner à cette force armée le signalement fort exact de chaque banni, et un extrait bien en règle du jugement rendu contre lui. Munies de ces renseignemens, les autorités locales des puissances limitrophes devaient prendre, à l'égard des bannis, toutes les mesures qu'elles jugeaient convenables.

L'exécution de ces mesures devait être l'objet d'un rapport spécial adressé au ministre de l'intérieur, et à celui des affaires étrangères.

Mais le refus fait par quelques puissances de recevoir les bannis français, obligea le ministre de prescrire une autre mesure par sa circulaire du 20 août 1816. (*Tome XVI du recueil des circulaires de l'intérieur, page* 499.)

BANS de *mariage* (la publication des) est dans les attributions des maires, comme officiers de l'état-civil. Voy. *État-civil* et *Mariage*.

BANS de *fenaison, moisson et vendanges*. On désigne par cette dénomination les proclamations faites par les maires pour indiquer le jour où les propriétaires de la commune peuvent faire la récolte de leurs foins, de leurs grains et de leur raisin.

Les bans de moisson et de fenaison ne sont plus d'un usage général; mais les bans de vendanges sont obligatoires.

« Dans les pays où le ban de vendanges est en usage, il pourra être fait à cet égard un règlement chaque année par le conseil municipal, mais seulement pour les vignes non closes. Les réclamations qui pourraient être faites contre le règlement sont portées au préfet, qui y statuera sur l'avis du sous-préfet. (*Art. 1er de la section V du titre 1er de la loi du 28 septembre—6 octobre 1791.*)

» Sont coupables de contravention de deuxième classe, et passibles d'une amende de 6 francs à 10 francs,

» 1°. Ceux qui auraient contrevenu aux bans de vendanges, ou autres bans autorisés par les règlemens. (*Code pénal, art. 475.*)

» La peine de l'emprisonnement pendant 5 ans au plus, sera toujours prononcée en cas de récidive. (*Ibid., art. 478.*) »

Le recueil des actes administratifs du Loiret offre un modèle de règlement en ce genre; en voici le texte :

BANS DE VENDANGES.

Orléans, le 24 août 1820.

« Nous, préfet du Loiret, considérant que le défaut d'établissement des bans de vendanges, dans quelques communes, a souvent occasioné des récoltes prématurées, qui ne peuvent que détériorer la qualité des vins et nuire aux propriétaires voisins par le fait du maraudage qui suit la vendange ; que quelques mauvais vins mis dans le commerce suffisent pour perdre la réputation de tout un vignoble ; que ce département étant en grande partie renommé par ses vignes, il convient de prendre une mesure qui assure leurs produits et conserve la meilleure qualité des vins :

» Art. 1er. Il sera établi dans toutes les communes vignobles un ban de vendanges auquel seront assujettis tous les propriétaires de vignes non closes de murs.

» 2. Pour établir ce ban, MM. les maires demeurent autorisés à réunir annuellement, à l'approche de l'époque de la maturité du raisin, le conseil municipal, et appeler à cette réunion les principaux vignerons, à l'effet de délibérer et de fixer le jour de l'ouverture de la vendange.

» 3. Le ban de vendanges sera lu, publié et affiché dans chaque commune ; il sera exécuté sans avoir besoin de notre approbation, ni de celle de MM. les sous-préfets.

» 4. Afin de mettre l'autorité supérieure à même de connaître l'époque précise de la vendange dans chaque localité, une copie du ban nous sera adressée par MM. les maires, pour l'arrondissement d'Orléans ; et à MM. les sous-préfets, pour les arrondissemens de Gien, Montargis et Pithiviers.

» 5. Les contraventions aux bans de vendanges devront être constatées par des procès-verbaux qui seront transmis à MM. les procureurs du roi près les tribunaux, chacun en ce qui concerne son ressort.

» 6. MM. les maires et adjoints, les gardes-champêtres et forestiers, et la gendarmerie, sont chargés d'assurer l'exécution des bans de vendanges.

» Fait en l'hôtel de la préfecture du Loiret, à Orléans, les jour, mois et an que dessus. »

Le préfet du département du Loiret,
LE VICOMTE DE RICCÉ.

BARRES. Défense d'en laisser dans les rues. Voy. *Voie publique.*

BARRIÈRES devant les fouilles, constructions ou réparations. Il faut une permission de la grande voirie pour en établir. Voy. *Voirie, Tarif des droits de grande voirie.*

BARRIÈRES devant les maisons. Il faut une permission de la petite voirie pour en établir. Voy. *Voirie, Tarif des droits de petite voirie.*

Ceux qui font poser des barrières doivent, lorsqu'elles sont ôtées, faire réparer le pavé à leurs frais par l'entrepreneur du pavé de la ville. Voy. *Pavé.*

Si lesdites barrières excèdent la saillie portée par la permission, l'autorité locale en ordonne le reculement aux frais du propriétaire : ce qui est exécuté d'office, sommation préalablement faite. Il en est dressé procès-verbal, pour le contrevenant être condamné par le tribunal de police municipale à l'amende de simple police, pour avoir embarrassé la voie publique, et aux frais de reculement.

BARRIÈRES *de dégel sur les routes.* La loi du 29 floréal an x — 19 mai 1802, art. 6, porte que le roulage peut

être suspendu momentanément, pendant les jours de dégel, sur les chaussées pavées.

En exécution de cette loi, une ordonnance du roi, en
date du 23 décembre 1816, contient les dispositions suivantes :

Il est établi des barrières de dégel, sous l'autorisation
du directeur-général des ponts et chaussées. Dès que le
dégel est déclaré, et qu'il y a nécessité d'interrompre la
circulation, les ingénieurs en préviennent les sous-préfets, qui font fermer les barrières, et adressent leurs arrêtés, pris à cet effet, aux maires des communes, pour
être publiés et affichés. (*Art.* 1 et 2.)

Dès ce moment, aucune voiture ne peut plus sortir de
la commune où elle se trouve ; celles en marche peuvent
aller jusqu'à la prochaine commune ; elles y restent jusqu'à l'ouverture des barrières. S'il ne se trouve point d'auberges propres à les recevoir avec leurs attelages, elles
peuvent aller jusqu'à la couchée ordinaire ou autre lieu
plus voisin, au moyen d'un laissez-passer délivré par le
maire. (*Idem, art.* 3.)

Toute voiture prise en contravention aux dispositions
ci-dessus, est arrêtée, et les chevaux mis en fourrière
dans l'auberge la plus voisine, sans préjudice de l'amende, à titre de dommage. (*Idem, art.* 4.) Voy. *Voitures
publiques.*

Peuvent circuler sur les routes pendant la fermeture
des barrières de dégel :

1°. Les courriers de la malle et toutes voitures qui en
font le service ;

2°. Les voitures de toute espèce non chargées ;

3°. Les voitures de voyage suspendues, étrangères à
toute entreprise de messageries ;

4°. Les voitures publiques destinées au transport des
voyageurs, pourvu que leur poids n'excède pas la quotité
fixée par l'article 6 ci-après ;

5°. Toute voiture attelée d'un ou plusieurs chevaux,
et dont le poids n'excède pas celui fixé ci-après. (*Idem,
art.* 5.)

Pendant tout le temps de la fermeture des barrières de
dégel, et dans la circonscription marquée par ces barrières, le poids des voitures publiques destinées au trans-

port des voyageurs, ne peut excéder, chargement compris, 800 kilogrammes pour les voitures à deux roues, et 1800 kilogrammes pour celles à quatre roues.

Le poids des voitures de roulage et autres non suspendues, allant au pas, peut être de 900 kilogrammes pour les charrettes, et 1500 kilogrammes pour les chariots et voitures à quatre roues.

Les seules voitures chargées sont assujetties à la vérification et au pesage. (*Idem*, *art.* 6.)

Les contraventions pour excès de chargement en temps de dégel, dans la circonscription marquée par les barrières, entraînant la dégradation des routes, donnent lieu à l'amende, à titre de dommage. (*Idem*, *art.* 7.) Voyez *Voitures publiques de roulage.*

Indépendamment de l'amende infligée à titre de dommage, le contrevenant est traduit au tribunal de simple police, pour y être puni, s'il y a lieu, de l'amende de 1 à 5 francs, et de l'emprisonnement de 3 jours, conformément à l'article 476 du Code pénal. (*Idem*, *art.* 8.)

Les violences exercées envers tout agent de la force publique ou autre, appelé à constater les contraventions à la police du roulage, sont poursuivies et punies comme il est dit aux articles 230, 231, 232 et 233 du Code pénal. (*Idem*, *art.* 9.)

L'ordre de rouvrir les barrières est délivré par le préfet, sur l'attestation de l'ingénieur en chef des ponts-et-chaussées, que les routes sont suffisamment raffermies pour ne plus souffrir de la pression des voitures lourdement chargées.

Les deux premiers jours de l'ouverture des barrières, les voitures ne peuvent partir du lieu où elles sont retenues, que deux à la fois, et à une heure d'intervalle, en suivant l'ordre de leur arrivée, que les conducteurs auront fait constater à la mairie. Le maire ou son adjoint préside au départ. (*Idem*, *art.* 10.)

Le service des barrières de dégel est fait par ceux des piqueurs des ponts-et-chaussées restés sans emploi pendant l'hiver, ou, à leur défaut, par des agens spéciaux désignés par l'ingénieur en chef. (*Idem*, *art.* 11). Voy. *Voitures publiques.*

BASSINS do la navigation intérieure de la France. Voy. *Navigation intérieure.*

BATARDEAUX. Bordures posées à travers les rues et chemins lorsqu'on travaille au pavé, pour empêcher les eaux de se répandre dans la plate-forme où le pavé doit être établi.

Défenses à toute personne d'endommager les batardeaux, d'entreprendre d'y passer avec des voitures, d'arracher les pieux et barrières, d'injurier ou maltraiter les ouvriers, à peine de 5oo francs d'amende. (*Ord. des trésoriers de France du 2 août 1774, art. 4.*)

BATELEURS, *chanteurs, faiseurs de tours sur la voie publique* (les) ne peuvent stationner que sur les places indiquées dans les permissions qu'ils sont tenus de prendre à la mairie (à Paris, à la préfecture de police), et qui ne sont délivrées que sur un certificat de moralité donné sur papier libre par le commissaire de police de leur domicile. Ils doivent se retirer de la voie publique au jour tombant.

Les contrevenans sont privés de leurs permissions; ils sont, ainsi que ceux trouvés sans permission, passibles des peines de simple police, comme embarrassant la voie publique.

Ils ne doivent tenir ni jeux, ni loteries, ni drogues, ni médicamens, ni plantes médicinales, ni rien qui soit contraire aux mœurs, à la religion, à la sûreté publique. Voy. *Jeux, Loteries, Remèdes secrets.*

BATEAUX, *batelets* et *bateliers* qui font le service du passage des rivières. Voy. *Bacs.*

BATIMENS *construits sur la voie publique.* Leur alignement, leur réparation ou démolition dans le cas où ils menacent ruine, les mesures de police que nécessite leur construction, sont de la compétence des maires et des adjoints. (*Lois des 16—24 août 1790, et 19—22 juillet 1791.*) Voy. *Alignement* et *Voie publique.*

BATIMENS *des communes, des hospices, et des divers établissemens publics.* L'ordonnance du roi du 8 août 1821 (*Bull. 471*), développée par la circulaire du ministre de l'intérieur, en date du 10 novembre suivant, fixe l'état de la législation sur la construction, la reconstruction, l'entretien et les réparations de ces bâtimens. Voici le texte des art. 1er et 4 de l'ordonnance.

Art. 1er. Les délibérations des conseils municipaux seront exécutées sur la seule approbation des préfets, toutes les fois qu'elles seront relatives à des constructions, réparations, travaux et autres objets d'intérêt communal, et que les dépenses pour ces objets devront être faites au moyen des revenus propres à la commune, ou au moyen des impositions affectées par la loi aux dépenses des communes.

Les réparations, reconstructions et constructions de bâtimens appartenans aux communes, hôpitaux et fabriques, soit qu'il ait été pourvu au moyen de nouveaux droits, d'emprunts, de contributions extraordinaires, d'aliénations, ou par toute autre voie que nous aurions autorisée, pourront désormais être adjugées et exécutées sur la simple approbation du préfet.

Cependant, lorsque la dépense des travaux de construction ou reconstruction à entreprendre s'élèvera au-dessus de 20,000 francs, les plans et devis devront être soumis à notre ministre secrétaire-d'état de l'intérieur.

L'article 5 confirme l'exécution des dispositions du décret du 10 brumaire an XIV—3 novembre 1805, de celui du 17 juillet 1808, et de l'ordonnance royale du 28 janvier 1815. En vertu de ces dispositions, toute espèce de construction, reconstruction et réparation, ne peut être autorisée que d'après le vœu manifesté du conseil municipal; et l'adjudication des travaux ne peut être valable que lorsqu'elle a été faite au rabais en présence du préfet, ou du sous-préfet, ou du maire, après deux publications par affiches.

BATIMENS *publics, civils et militaires.* I. Le décret du 9 avril 1811 (*Bull.* 363), portant concession gratuite aux départemens, arrondissemens et communes, de la pleine propriété des édifices et bâtimens nationaux occupés pour le service des cours et tribunaux et de l'instruction publique, ordonne que la remise en soit faite aux maires, en ce qui les concerne, par l'administration de l'enregistrement et des domaines. (*Art.* 1 et 2.)

Cette concession est faite à la charge par les communes d'acquitter la contribution foncière, et de supporter les réparations suivant les règles établies par la loi du 11 frimaire an vii—1er décembre 1798 (*Bull.* 146), sur les recettes et dépenses communales, et par l'arrêté du 27 floréal an viii—17 mai 1800 (*Bull.* 27), relatif aux dépenses judiciaires. (*Art.* 3.)

II. Le décret du 16 septembre 1811 (*Bull.* 389), qui règle le mode d'administration des bâtimens militaires appartenant aux communes dans les places de guerre, et celle des bâtimens qui leur appartiennent dans les villes non fortifiées, confère aux maires les attributions suivantes :

1°. De faire chaque année avec le commandant du génie, ou tout autre officier, la visite des bâtimens ou établissemens militaires, et des effets d'ameublement qui appartiennent à la commune, et de constater par un procès-verbal les réparations et remplacemens nécessaires. (*Art.* 3.)

2°. De proposer tous les travaux à faire, lesquels sont exécutés d'après l'approbation du préfet, et d'assister à toutes les adjudications générales ou spéciales de ces travaux. (*Art.* 5.)

3°. De délivrer les mandats de paiement, de recevoir les comptes généraux ou toisés des travaux, et de donner leurs avis aux préfets sur toutes les difficultés relatives à l'adjudication, au paiement et à l'administration des travaux. (*Art.* 6, 7 et 8.)

4°. De choisir les portiers, concierges des bâtimens et établissemens, dont la nomination doit être approuvée par le préfet. (*Art.* 13.)

5°. De poursuivre les vols et dégradations, dont le procès-verbal leur est remis par les portiers-concierges. (*Art.* 15.)

Nota. Le procès-verbal peut être affirmé devant l'adjoint, en l'absence du juge-de-paix et du maire. (*Art.* 19.)

6°. De se concerter avec les commandans d'armes ou du génie, suivant les cas, pour toutes les difficultés relatives à l'assiette du logement des troupes ou des employés militaires. (*Art.* 16.)

7°. De se faire seconder, au besoin, dans l'administration des bâtimens et du mobilier, par un conservateur, qu'ils nomment, avec l'approbation du préfet. (*Art.* 20.)

8°. L'article 23 ordonne que, dans le cas où la commune voudra employer à une autre destination les bâtimens ou établissemens militaires, à la charge de pourvoir au logement ou au service des troupes, le vœu du conseil municipal sera accompagné d'un procès-verbal de visite.

9°. Les articles 27 et suivans confèrent les mêmes attributions de surveillance pour les travaux, l'administration et la conservation des bâtimens ou établissemens militaires qui appartiennent aux communes dans les villes non fortifiées.

III. Le décret du 9 décembre 1811 (*Bull.* 408), qui détermine les limites dans lesquelles il ne peut être élevé aucune construction autour des places de guerre et postes militaires, porte :

Art. 5. Les maires et les adjoints remplissent pour la conservation des fortifications, bâtimens et terrains militaires, toutes les fonctions que les lois leur attribuent, à l'effet de réprimer, constater et poursuivre les délits contre la conservation des monumens publics et autres dépendances du domaine de l'état, soit qu'ils aient lieu d'agir à la réquisition de l'autorité militaire, ou d'office et en se concertant avec elle.

IV. Le décret du 24 décembre 1811, relatif à l'organisation et au service des états-majors des places, charge le maire de l'exécution des ordres du préfet, pour préparer au gouverneur, dans une maison particulière et meublée, un logement conforme aux instructions du ministre de la guerre. (*Art.* 12.)

L'article 65 leur attribue la connaissance et la poursuite de tous les délits de dégradation des ouvrages ou bâtimens militaires. Voy. *Logemens, Casernement* et *Lits militaires.*

Extraits de circulaires ministérielles.

Des difficultés s'étant élevées, en 18.5, dans quelques villes, au sujet des frais de bureau et de tournée de MM. les officiers du génie chargés de la direction des travaux des bâtimens militaires, M. le ministre de l'intérieur se concerta à ce sujet avec M. le ministre de la guerre.

Il fut reconnu entre eux que les frais de tournée devaient être payés sur les fonds de l'administration de la guerre, mais que les frais de bureau ne pouvoient être à la charge, ni de cette administration, ni des officiers du génie, puisqu'il ne s'agissait que de déboursés qui font nécessairement partie de la dépense des travaux mis à la charge des villes. Il a donc paru juste qu'elles remboursassent ces frais sur les certificats de M. le commandant du génie, à l'instar de ce qui est prescrit pour les dépenses des travaux proprement dits, par l'article 21 de l'instruction ministérielle du 10 août 1815, sauf à reprendre la dépense générale des frais de bureau de l'année, dans les comptes généraux ou toisés des travaux d'entretien dont l'article 22 fait mention.

Quant à la quotité de ces frais de bureau, il résulta des observations du ministre de la guerre, qu'en ce qui concerne l'administration des bâtimens militaires dont l'état fait la dépense, les frais de bureau ne sont jamais payés dans une proportion relative au montant des toisés, mais d'après la quotité de ces frais même, suivant l'état qui en est dressé par le chef du génie, et que certifie le sous-directeur ou le directeur des fortifications.

Le ministre pensa qu'il n'y avait aucun motif pour ne pas suivre, en ce qui concerne les frais de bureau que les villes doivent rembourser, le mode suivi pour le paiement des frais de même nature qu'acquitte l'administration de la guerre.

Il restait à statuer sur la question de savoir sur quelle base et dans quelle proportion la répartition de ces frais de bureau serait faite entre les communes qui se trouvent comprises dans une même direction du génie. Il parut à Son Exc. que la répartition la plus convenable et la plus facile était celle qui serait faite entre les communes de la direction, en proportion de la quotité du fonds annuellement affecté aux dépenses d'entretien des bâtimens militaires; et c'est d'après cette décision que les préfets furent invités à donner à MM. les maires des ordres dont ils étaient chargés de surveiller l'exécution, afin que cette partie accessoire de l'administration mixte du service du casernement n'éprouve désormais aucun obstacle.

Par une circulaire du 16 avril 1817, le ministre de

l'intérieur avait invité les préfets à faire connaître aux conseils municipaux des communes, que rien n'était changé relativement à l'obligation qui leur est imposée de pourvoir aux frais de casernement, à la mise en bon état des bâtimens militaires, et aux frais annuels d'entretien de ces bâtimens.

Une nouvelle circulaire du 11 août 1817, appelle l'attention des préfets sur les moyens les plus propres à garantir l'exécution de cette obligation, et de concilier les besoins du département de la guerre avec les intérêts financiers des communes grevées de cette obligation. Voici le texte de la circulaire :

Les inconvéniens de tout genre qui résultent du mode d'administration mixte suivi pour le service des travaux du casernement, et les contestations auxquelles il donne lieu journellement entre les agens civils et militaires, ont fait concevoir au ministre de la guerre le projet de simplifier, dans l'intérêt même des communes, les dispositions du décret réglementaire du 16 septembre 1811, et de l'instruction concertée du 10 août 1813.

Son Exc. a pensé qu'un des moyens les plus propres à mettre un terme aux inconvéniens et difficultés que l'expérience n'a que trop souvent signalés, serait de convertir les charges que les villes supportent actuellement, en une masse fixe de casernement, à l'instar de ce qui se pratiquait autrefois dans plusieurs provinces, notamment dans les pays d'états.

Il a paru, à Son Exc., que cette mesure pourrait être consacrée, lors de la discussion du budget de 1818, par une disposition législative qui serait conçue en ces termes :

Les charges indéterminées que les villes supportent, d'après les décrets, ordonnances et réglemens existans, pour le logement et le service des troupes, seront converties en des masses fixes de casernement, dont le montant, repris chaque année aux budgets des villes comme dépenses ordinaires, sera tenu à la disposition du ministre de la guerre, qui devra faire pourvoir, par l'emploi de ces masses, et subsidiairement sur les fonds du budget de son ministère, à toutes les dépenses du casernement dans chaque chef-lieu de garnison.

La fixation de ces masses, leur mode de paiement et d'emploi, seront déterminés par une ordonnance du roi. Il n'est rien changé d'ailleurs aux dispositions existantes pour le paiement du loyer d'occupation des lits militaires.

Sans rien préjuger sur le mérite de cette proposition, je désire, monsieur, que vous provoquiez à ce sujet une délibération des conseils municipaux de chacune des villes de votre département qui ont à pourvoir aux frais de casernement.

Ces conseils auront à émettre leur avis sur les avantages ou les inconvéniens qui pourraient résulter de l'adoption de ce projet de changement dans le mode d'administration des bâtimens militaires, et sur la quotité de la masse fixe et proportionnelle à laquelle chaque commune leur paraîtrait pouvoir être cotisée, eu égard aux ressources de la caisse municipale, à l'importance des travaux d'entretien et de mise en état desdits bâtimens, et aux fonds alloués chaque année pour satisfaire aux charges de cette nature.

Les délibérations que les conseils municipaux prendront à ce sujet, et que vous voudrez bien, monsieur, me transmettre avec votre avis motivé, et celui du sous-préfet de l'arrondissement, devront être appuyées d'un tableau indicatif des sommes affectées pour chaque ville, depuis l'époque où elle a obtenu la concession des bâtimens militaires, et exercice par exercice, au paiement des frais d'entretien et de réparations extraordinaires desdits bâtimens. Une colonne de ce tableau devra indiquer ce qui a été réellement dépensé sur les allocations, et approximativement la quotité de la dépense restant à faire pour achever la mise en état de ces bâtimens.

Signé BECQUEY.

BATIMENS *ruraux* (les) servant à l'exploitation d'une ferme ou d'une métairie, tels que granges, écuries, greniers, caves, celliers, pressoirs, et autres, ainsi que les cours, ne sont soumis à la contribution foncière qu'à raison du terrain qu'ils enlèvent à l'agriculture, évalué sur le pied des meilleures terres labourables de la commune. (*Art. 85 de la loi du 3 frimaire an* VII—23 *novembre* 1798. *Bull.* 243.)

BATIMENS *affectés à un service public.* Deux circulaires, des 28 et 3o mai 1814, ont établi, pour les dépenses départementales, deux divisions bien distinctes : l'une comprend les sommes dues pour les travaux exécutés avant le 1ᵉʳ avril 1814, sur les fonds des exercices 1813 et antérieurs ; l'autre, les dépenses faites ou à faire en 1814, et imputables sur les fonds de cet exercice.

La première catégorie, dit le ministre, forme l'arriéré à

l'acquittement duquel il sera pourvu par des dispositions particulières qui seront indiquées plus tard ; les objets dont se
compose l'autre, peuvent être reproduits dans le nouveau
projet du budget demandé par la circulaire du 30 mai, lorsqu'ils ont le degré d'utilité et d'urgence qu'elle exige.

Ce classement une fois déterminé par les paiemens, il devient indispensable de l'appliquer aux mesures administratives qui provoquent et régularisent les dépenses.

Les circonstances extraordinaires dans lesquelles la France
s'est trouvée placée pendant l'année qui a précédé la chute
de son dernier gouvernement, n'ont pas permis à l'administration de donner à ses projets pour l'amélioration des établissemens départementaux, la suite que l'intérêt public et
la sagesse des règlemens sur cette matière commandaient. On
a été obligé de laisser en souffrance beaucoup de propositions qui ne peuvent être reprises indistinctement, aujour-
d'hui que les événemens ont changé l'état des choses, que
les besoins ne sont peut-être plus les mêmes, et que les
moyens destinés à y faire face n'existent plus : mais il faut,
d'une part, revêtir la portion de ces projets que des motifs
impérieux ont forcé l'autorité locale de faire exécuter, avant
l'approbation préalable du gouvernement, du caractère de
légalité qui lui manque ; et, de l'autre, mettre le ministère à
même d'examiner et d'apprécier à temps les propositions qui
motiveront des demandes de fonds dans le budget de 1814. Il
est inutile de continuer la correspondance pour tous les autres
articles qui sont devenus sans objet.

En conséquence de ces principes, vous avez d'abord à
examiner si, parmi les dépenses appartenant aux exercices de
1813 et années antérieures, il ne s'en trouve point qui, relatives aux acquisitions, constructions, et entretien des bâtimens des préfectures, sous-préfectures et tribunaux, aux
fournitures et entretien de leur mobilier, et au casernement
de la gendarmerie, aient besoin de régularisation ; si vous en
reconnaissez qui soient dans ce cas, vous aurez soin de m'a-
dresser, sans délai, vos propositions, ou de rappeler celles
que vous auriez déjà faites, et sur lesquelles il n'aurait pas
encore été statué. Lorsqu'elles ont pour but d'obtenir l'approbation des travaux exécutés d'urgence sans autorisation préalable, elles doivent être appuyées de devis détaillés, et d'un
procès-verbal de réception dressé dans les formes établies. Il
ne vous échappera pas que toute dépense non régularisée serait rayée de votre état d'arriéré, ou rejetée par la cour des
comptes, si vous l'aviez déjà fait acquitter.

Vous vous occuperez ensuite des dépenses que réclament

ces mêmes établissemens pour l'année 1814, et vous me transmettrez également vos propositions pour celles qui sont de nature à être reproduites et à donner lieu à des demandes de fonds dans le nouveau projet de budget de cet exercice.

Pour compléter les renseignemens qui existent dans mes bureaux, sur les établissemens dont il est question dans cette circulaire, et faciliter les vues d'amélioration qui me sont soumises, veuillez bien m'adresser,

1° Une notice qui fasse connaître,

(A) L'origine des bâtimens qui servent à la préfecture, leur situation, leur étendue, leurs dépendances, etc.;

(B) L'époque à laquelle ils ont été affectés à leur destination actuelle, et par quels actes;

(C) Les constructions, reconstructions ou autres changemens notables qu'ils ont éprouvés;

(D) S'ils n'appartiennent pas au département, le nom du propriétaire, le prix annuel et les conditions de la location;

(E) Vos observations sur l'état dans lequel ces bâtimens se trouvent.

Il serait à désirer que ce mémoire fût accompagné du plan de l'hôtel de la préfecture, comprenant toutes ses attenances et dépendances; mais je ne l'exige pas, afin d'éviter les longueurs et les dépenses.

2°. Une notice qui indiquera,

(A) La valeur du mobilier existant à la préfecture, conformément à l'inventaire dressé en exécution du décret du 25 mars 1811;

(B) La date de la décision ministérielle qui a arrêté cette valeur, et fixé l'époque à compter de laquelle les frais d'entretien vous sont dus;

(C) Si le mobilier n'est pas au complet, les motifs pour lesquels il est resté au-dessous du *maximum* déterminé par le décret;

(D) Vos observations sur cet objet.

3°. Une notice qui donnera de semblables renseignemens sur les édifices affectés aux cours et tribunaux, et rappellera la composition de leur mobilier;

4°. Un état du casernement de la gendarmerie, au 1er août prochain, présentant, pour chaque résidence de brigade, l'origine des bâtimens qui y sont affectés, les actes en vertu desquels ils ont reçu cette destination, et, pour les brigades établies dans des maisons appartenant à des particuliers, les noms des propriétaires, et les prix des loyers, avec vos observations. Les changemens survenus dans cette partie rendent la formation de cet état nécessaire.

S'il existait dans votre ressort des hôtels de sous-préfecture appartenant au département, je vous prierais de donner, à leur égard, les mêmes notions que sur les préfectures.

Je vous recommande, M. le préfet, l'exécution des dispositions de cette circulaire. Quoiqu'elle comprenne plusieurs parties de service, vous devez cependant traiter chacune d'elles séparément dans votre correspondance.

Signé L'ABBÉ DE MONTESQUIOU.

BATIMENS *affectés à des services publics* (les) ne doivent pas être assurés par les compagnies d'assurances contre les incendies. (*Circulaire ministérielle du 14 juillet 1820.*) Voy. *Assurances.*

BATONS. Les maires doivent en interdire l'usage dans toutes les assemblées électorales. (*Art. 5 de la loi du 2 —3 juin 1790.*)

BATTUES *contre les animaux féroces* (exécution des). Voy. *Chasse.*

BAUDETS. Par une circulaire du 16 novembre 1819, le ministre de l'intérieur instruit les préfets que plusieurs membres correspondans du conseil d'agriculture mettaient des soins particuliers à n'employer dans leurs exploitations rurales que des animaux d'un beau choix et ayant toutes les qualités requises pour opérer une amélioration, chacun dans son espèce; et Son Exc. ne doutant pas que cet exemple n'ait parmi MM. leurs collègues, un grand nombre d'imitateurs, annonce qu'elle est disposée à seconder leurs efforts en ce genre.

Dans la vue de leur épargner les risques et les embarras attachés aux acquisitions lointaines, le ministre fait part des mesures qu'il a prises pour se procurer, soit à l'étranger, soit en France, des types améliorateurs pour l'espèce bovine, pour celle des baudets et même pour celle des chevaux.

Si vous désiriez, dit Son Exc., dans l'une de ces trois espèces, et spécialement dans les deux premières, quelques individus pour les faire servir au perfectionnement des races de votre pays, je vous invite à me le faire savoir directement. Vous voudriez bien m'indiquer le nombre d'individus de chaque espèce que vous auriez l'intention d'acquérir, et les races que vous préféreriez, soit indigènes, soit étrangères. Vous marqueriez en même temps le prix que vous comptez mettre à chaque acquisition. Je verrais alors ce qu'il serait possible de faire pour satisfaire à votre demande, que je vous invite toutefois à réduire le plus possible.

L'intention du gouvernement est que les animaux qui seraient ainsi fournis à MM. les membres correspondans du conseil, ne leur coûtent que le prix de première acquisition dans le pays d'où ils seront tirés. Il consent à prendre pour son compte les frais de recherche, de commission, de conduite, et tous autres accessoires.

Le prix d'acquisition, limité d'après votre demande, serait remboursable, moitié au moment de la livraison, et moitié six mois après.

La livraison s'opérerait après l'examen préalable, fait par un artiste vétérinaire qui serait appelé à cet effet par l'autorité locale que vous désigneriez, et après qu'il aurait été constaté que l'animal ou les animaux sont sains, en bon état et de bonne race.

Si ces conditions vous sont agréables, monsieur, je désire que vous vouliez bien me le faire savoir avant le 15 février prochain, et que vous m'adressiez votre demande conforme aux instructions contenues dans cette lettre.

Signé LE COMTE DECAZES.

BAUX ADMINISTRATIFS. Les baux des biens nationaux, de ceux des communes et des établissemens publics, sont soumis à des règlemens particuliers. (*Art.* 1712 *du Code civil.*)

Nous allons présenter les textes ou les notices analytiques de ces règlemens.

Extrait de la loi du 14 décembre 1789, organique des municipalités.

Les fonctions propres au pouvoir municipal (*aux maires*), sous la surveillance des assemblées administratives (*des préfets*), sont de régir les biens et revenus des communes. (*Article 50.*)

Extrait de la loi du 11—24 août 1790.

L'administration centrale (*le préfet*), se fait représenter, soit par les fermiers, soit par les preneurs à moitié ou à tiers-fruits, les baux et les actes de cheptel, pour vérifier :

1°. Si à leur entrée les terres étaient ensemencées, et si elles devaient l'être à leur sortie ;

2°. Si les bestiaux sont dans le même nombre et la même valeur, pour ensuite faire remplir aux preneurs leurs obligations sur ces deux objets. (*Art.* 31, *tit.* II.)

Si des vignes avaient été données à moitié ou à tiers-fruits, l'administration centrale (*le préfet*), peut, en les affermant, imposer au fermier la condition de continuer de les faire cultiver par des colons partiaires, suivant l'usage, en rendant le fermier et les colons responsables des dégradations qui pourraient être commises. (*Même loi, tit.* II, *art.* 30.)

Les fermiers qui refusent de faire leur déclaration des biens qu'ils tiennent à ferme, ou qui sont convaincus d'en avoir fait une fausse, ou d'avoir recélé la promesse de quelques pots-de-vin, sont, et demeurent de plein droit, déchus de toute jouissance, et sont condamnés à une amende d·· valeur des sommes qu'ils ont recélées. (*Même loi, art.* 38.)

Extrait de la loi du 23 octobre—5 novembre 1790.

Les baux subsistans sont renouvelés, dans les campagnes, un an, et dans les communes, 6 mois avant leur expiration. (*Loi du 23 octobre 1790, tit.* II, *art.* 10.)

Les baux sont annoncés un mois d'avance par des publications de 10 en 10 jours, à la porte des maisons communes et des temples de la situation, à celle de l'administration municipale du canton et des édifices publics des communes voisines, et par des affiches de quinzaine en quinzaine aux lieux accoutumés ; l'adjudication est indiquée un jour de marché, avec le lieu et l'heure où elle se fera. Il y est procédé publiquement, par-devant l'administration du département ou celle municipale, à la chaleur des enchères, sauf à la remettre à un autre jour, s'il y a lieu. (*Même loi, tit.* II, *art.* 13.)

Les baux des droits incorporels sont passés pour 9 années ; ceux des autres biens sont passés pour 3, 6 ou 9 années. Lors de la vente, l'acquéreur peut expulser le fermier ; mais il ne peut le faire, même en offrant de l'indemniser, qu'après l'expiration de la troisième année ; ou de la sixième, si la quatrième était commencée ; ou de la neuvième, si la septième avait commencé son cours ; sans que, dans ce cas, les fermiers puissent exiger d'indemnité. (*Même loi, tit.* II, *art.* 15.)

Les conditions de l'adjudication sont réglées par l'administration centrale (*le préfet*), et déposées au secrétariat, ainsi qu'à celui de l'administration du district (*la sous-préfecture*) de la situation des biens, dès le jour de la première publication, pour en être pris communication sans frais, par tous ceux qui le désirent. (*Même loi, tit. II, art. 16.*)

Outre les conditions légales et d'usage en chaque lieu, et outre celles que l'administration du département croit devoir imposer pour le bien de la chose, les suivantes seront toujours expressément rappelées. (*Même loi, tit. II, art. 17.*)

A l'entrée de la jouissance, il sera procédé par experts à la visite des objets affermés, ensemble à l'estimation du bétail, et l'inventaire du mobilier ; le tout sera fait contradictoirement avec le nouveau et l'ancien fermier, ou, s'il n'y en avait point d'ancien, avec un commissaire pris dans l'administration centrale ou par elle délégué. Les frais de ces opérations seront à la charge du nouveau fermier, sauf son recours contre l'ancien, si celui-ci y était assujetti. (*Même loi, titre II, art. 18.*)

L'adjudicataire ne peut prétendre aucune indemnité ou diminution du prix de son bail, en aucun cas, même pour stérilité, inondation, grêle, gelée ou tous autres cas fortuits. (*Même loi, tit. II, art. 19.*)

Le fermier ou locataire est tenu, outre le prix de son bail, d'acquitter toutes les charges annuelles, dont il sera joint un tableau à celui des conditions ; il est tenu encore de toutes les réparations locatives, et de payer les frais d'adjudication. (*Même loi, tit. II, art. 20.*)

L'adjudicataire fournit une caution solvable dans la huitaine après l'adjudication, à défaut de quoi il est procédé à un nouveau bail à sa folle-enchère. (*Même loi, tit. II, art. 21.*)

Les baux sont passés et signés par les administrateurs présens, et non par des notaires, ainsi que par les parties et le secrétaire de l'administration qui signe seul l'expédition : ils sont sujets au droit d'enregistrement, et ils emportent hypothèque et exécution parée. (*Même loi, tit. II, art. 14.*)

Les formes qui seules valident les actes des municipalités, sont prescrites par la loi du 14 décembre 1789, et celle du 28 pluviôse an VIII—17 février 1800. Les délibérations des conseils municipaux doivent être autorisées et ensuite approuvées par le préfet pour être exécutoires. Un bail, une adjudication doivent être également approuvés, si leurs résultats n'étaient pas prévus par les autorisations antérieures.

C'est le maire, seul agent d'exécution, ou l'adjoint à son défaut, qui consent les baux et adjudications, en vertu des délibérations du conseil municipal, dûment approuvées.

La loi du 16—23 février 1791, ordonna que les fermiers des biens nationaux, dont le prix du bail était en denrées et autres redevances, seraient ten s, conformément à l'article 30 de la loi du 11—25 août 1790, de le payer en argent.

Celle du 13—20 mars 1791, autorisa à traiter de gré à gré avec les preneurs de baux à vie, et à leur accorder une indemnité.

D'après la loi du 19 août 1791 (*art. 8*), les baux des biens nationaux furent faits devant les administrations du district (*les sous-préfets*).

Si quelques objets ne pouvaient être affermés, ils étaient régis de la manière jugée la plus avantageuse par l'administration du département (*le préfet*), sur l'avis de celle de district (*du sous-préfet*), et la proposition du préposé de la régie.

Le prix des baux payables en denrées dut être payé en argent.

La loi du 2 septembre 1792, révoqua les baux emphytéotiques de la maison appelée la *Badina*, et d'un jardin faisant partie de Bastia, département du Golo.

Celle du 14 septembre 1792, ordonna la résiliation de tous les baux des biens nationaux, vendus ou non, passés au profit des émigrés ou des prêtres condamnés à la déportation.

La loi du 11 janvier 1793, ordonna que les fermiers, rentiers et débiteurs des biens des émigrés, de l'ordre de Malte, des princes possessionnés, et généralement de tous les domaines invendus, qui devaient payer en froment, méteil, seigle, avoine, foin, paille et légumes secs, seraient tenus de s'acquitter de la même manière, dérogeant à cet effet à l'article 9 de la loi du 9 septembre 1791.

Les directoires de district établirent en conséquence des magasins, notamment dans les magasins militaires existans.

Ils nommèrent un préposé, garde-magasin.

Les états de livraison durent être envoyés tous les 15 jours aux administrations de département, pour que ces dernières les transmissent, avec leur avis, au ministre de la guerre.

Ces denrées, destinées aux armées de terre et de mer, pouvaient aussi être échangées pour les avances à faire aux administrations départementales par le ministre de l'intérieur.

La loi du 10 mai 1793, déclara les baux des biens de l'ordre de Malte, et autres de chevalerie, de corporations séculières et régulières, colléges et universités, faits par anticipation postérieurement au 2 novembre 1789, nuls et de nul effet.

Par la loi du 16 brumaire an II — 6 novembre 1793, tous les fermiers de biens produisant *du froment, du méteil, du seigle, de l'avoine, de la paille* ou des *légumes à gousses,* furent tenus de payer en nature.

Et les baux à renouveler ne doivent l'être qu'à cette condition.

Les magasins devaient être établis dans des maisons particulières prises à loyer.

Une commission des subsistances et approvisionnemens administrait ces produits.

Une loi du 4 prairial an II — 23 mai 1794, déclara qu'il n'y avait pas lieu à déchéance contre un fermier qui avait déposé son bail dans les délais prescrits par l'article 38 de la loi des 6 et 11 août 1790, rappelée dans les articles 9 et 12 de celle du 15 frimaire an II — 5 décembre 1793, et qui y était resté jusqu'alors, mais sans être paraphée par le secrétaire de l'administration de district.

Une loi du 2 prairial an II — 21 mai 1794, déclara que celle du 28 germinal n'ayant pas dérogé à l'article 8 de la loi du 19 septembre 1792, les fermiers des biens du ci-devant ordre de Malte devaient se conformer à cette loi, qui avait rendu les articles 37 et 38 de celle du 11 août 1790, applicables à cette espèce de biens.

Une loi du 10 germinal an II — 3o mars 1794, attribua à l'agence des domaines la recherche des biens appartenant à l'état et leur location.

Mais une autre du 28 messidor — 16 juillet 1794, rapporta la seconde disposition, et rétablit, à cet égard, le mode prescrit par les lois des 23 octobre 1790, et 19 août 1791.

Les préposés de l'agence étaient rendus responsables de leur négligence à provoquer près des directoires de districts la location des domaines.

La loi du 3 messidor an III — 21 juin 1795, autorisait les débiteurs de fermages arriérés non dus en denrées, à se libérer dans le mois en assignats au pair.

Ceux de domaines, aussi en retard, à payer dans quinzaine.

Et ceux de domaines dont les termes de paiement n'étaient pas échus, dans le courant de 40 jours.

Le tout à peine de payer selon l'échelle de proportio qui serait faite, à compter du jour de l'adjudication.

Extrait de l'arrêté du 7 germinal an IX — 28 mars 1801.
(Bull. 77.)

1. Aucun bien rural, appartenant aux communautés d'habitans, ne peut être concédé à bail à longues années, qu'en vertu d'arrêté spécial des consuls.

2. Pour obtenir des autorisations de ce genre, il sera nécessaire de produire les pièces suivantes : 1° la délibération de la commission des hospices, de l'administration immédiatement chargée des biens consacrés à l'instruction publique, ou du conseil municipal pour les biens communaux, portant que la concession à longues années est utile ou nécessaire; 2° une information *de commodo et incommodo*, faite dans les formes accoutumées, en vertu d'ordres du sous-préfet; 3° l'avis du conseil municipal du lieu où est situé l'établissement dont dépendent les biens d'hospices ou d'instruction publique; 4° l'avis du sous-préfet d'arrondissement; 5° l'avis du préfet du département.

3. Le ministre de l'intérieur fera ensuite son rapport au roi, qui, le conseil-d'état entendu, accordera l'autorisation, s'il y a lieu.

L'expression de cet arrêté que l'information *de commodo et incommodo* sera faite *dans les formes ordinaires*, annonce qu'elle doit être faite par un officier de l'ordre judiciaire. Cet officier peut être un juge de paix, ou même un notaire. Les frais sont réglés par les lois de l'ordre judiciaire relatives à cet objet.

Il résulte de cet arrêté qui parle exclusivement des baux à longues années, que la passation des baux ordinaires qui n'excèdent pas le terme de 9 années, est considérée comme un acte d'administration, et n'a besoin que de l'approbation du préfet. (*Arrêt de la cour de cassation du 2 janvier 1817.*)

Extrait de l'instruction du 12 floréal an IX—2 mai 1801.

Les délibérations des commissaires des hospices, doivent être en quelque sorte le mémoire expositif de leurs vues sur les clauses, charges et conditions des baux.

Les charges doivent comprendre les grosses et menues réparations, et les contributions de toute espèce.

Les constructions, marnages, plantations et améliorations, faites par les fermiers, doivent profiter exclusivement aux hospices.

Le prix des baux doit être stipulé *en nature*, rachetable en argent sur un pied déterminé : le versement d'avance, de tout ou partie du prix de la première année du prix du bail, doit être préféré à un cautionnement en immeuble, dont la cession exige trop de formalités.

On pourrait former de ces cautionnemens *un mont-de-piété*, dans chaque chef-lieu de préfecture.

L'information de *commodo et incommodo*, doit être faite conformément au titre xxii de l'ordonnance de 1667, mais elle est ordonnée par le sous-préfet. Elle doit faire connaître l'utilité ou le préjudice, la commodité ou l'incommodité du bail relativement à l'administration de l'hospice ; la situation des biens, l'état actuel tant des bâtimens que des terres, l'amélioration dont le tout est susceptible, et si cet effet peut résulter d'une location à long terme. On ne doit entendre que des personnes désintéressées à la location et même les opposans.

L'information est ensuite soumise à l'examen du conseil municipal, qui doit donner son avis tant sur sa régularité que sur ses dispositions.

Le sous-préfet révise toute l'opération, donne son avis motivé, et envoie le tout au préfet ; lequel l'envoie, avec son avis, au ministre.

Extrait de l'avis du conseil-d'état, du 8 brumaire an XI—30 octobre 1802.

Le conseil-d'état. . . . . . . vu la délibération du conseil municipal ;

Considérant que la durée du bail délibéré, n'est que de *neuf années consécutives;*

Que les baux bornés à cette durée ne sont pas dans la classe des baux à longues années ;

Est d'avis que la location proposée peut être faite avec la seule approbation du préfet, et n'a pas besoin de l'autorisation du gouvernement prescrite par l'arrêté des consuls du 7 germinal an IX—28 mars 1801.

Cet avis étant contraire à l'arrêté des consuls du 11 prairial an x, le ministre de l'intérieur a provoqué une explication du gouvernement sur cet objet. L'avis qui suit, établit le principe que, définitivement, les administrateurs doivent suivre.

Autre avis du 28 pluviôse an XI—17 *février* 1803.

Le conseil-d'état qui, d'après le renvoi du gouvernement, a entendu le rapport de la section de l'intérieur sur celui du ministre de l'intérieur, tendant à faire régler, par un arrêté du gouvernement, que les baux des biens des communes et des hospices, qui n'excéderont pas *neuf ans consécutifs*, ne sont pas des baux à longues années, que leur passation est un acte d'administration ordinaire, qui est dans les attributions des administrateurs légaux de ces biens ;

Considérant que la dernière décision du gouvernement, donnée, sur l'avis du conseil-d'état, le 8 brumaire dernier, consacre ce principe ;

Que les autorisations antérieures, accordées par le gouvernement pour des baux de 9 années, n'empêchent pas que ce même principe appliqué au dernier cas qui s'est présenté, ne le soit également à ceux qui se présenteront à l'avenir, parce que cette application n'est contrariée par aucune loi ou aucun règlement contraires ;

Est d'avis que le dernier arrêté du 8 brumaire an XI, quoique rendu sur un cas particulier, établit la règle générale, et suffit pour autoriser le ministre de l'intérieur à donner aux préfets des instructions en conséquence.

Extrait de l'arrêté du 14 ventôse an 11—5 mars 1803.
(*Bull.* 252.)

Art. 1er. La résiliation ou la modération du prix des baux des biens des pauvres et des hospices, consenties par les commissions administratives des hospices ou par les bureaux de bienfaisance, n'auront leur effet qu'en remplissant les formalités prescrites par l'arrêté du 7 germinal, sur les baux à longues années.

Une loi du 24 pluviôse an XII—14 février 1804, a autorisé l'aliénation des maisons appartenant aux hospices et aux pauvres de la ville de Paris.

Un décret du 18 mai 1806 (*Bull.* 93), porte que cette vente se fera dans la forme établie pour celle des domaines nationaux, et que le produit sera versé dans la caisse du Mont-de-Piété.

Les maisons à vendre sont estimées 404,675 francs.

Extrait d'un avis du grand-juge ministre de la justice, sur le caractère des actes administratifs, du   vendémiaire an XIII—septembre 1804.

Les actes des corps administratifs, dès qu'ils sont revêtus des formes légales, doivent, ainsi que les actes notariés et les jugemens des tribunaux, produire le même effet, quant aux obligations qui en dérivent. Ces actes et ces jugemens émanent de fonctionnaires auxquels, soit sous le rapport administratif, soit sous le rapport judiciaire, la loi attribue l'exercice d'une portion de la puissance publique. C'est d'après ce principe que la loi du 5 novembre 1790, tit. II, art. 14, a déclaré que le ministère des notaires n'est nullement nécessaire pour la passation des baux des biens nationaux, ni pour tous les autres actes d'administration; et que ces actes passés par les corps administratifs, confèrent le droit d'hypothèque et l'exécution parée. Il résulte du même principe, qu'une adjudication faite par une administration municipale, quel qu'en soit l'objet, doit emporter exécution parée contre l'adjudicataire, comme l'emporterait un jugement rendu au profit d'un créancier particulier contre son débiteur. Dans l'un et l'autre cas, l'on reconnaît l'autorité de la chose jugée. Le titre d'une adjudication légalement faite par une municipalité, peut donc autoriser à faire saisir les effets du débiteur en retard, ou à faire inscrire la créance au bureau des hypothèques; car on ne peut pas supposer que les actes des corps administratifs de la nature de celui qu'a passé une municipalité, doivent rester sans exécution, comme cela arriverait si l'on n'y reconnaissait pas les mêmes prérogatives qu'aux jugemens et aux actes notariés.

Extrait de l'avis du conseil-d'état, approuvé le 10 mars 1807. (Bull. 137.)

Sur la question de savoir si la loi du 18-27 avril 1791, portant maintenue : 1° des baux emphytéotiques, revêtus de lettres-patentes enregistrées ou homologuées; 2° de ceux faits à portion de fruits, passés par les corps depuis 20 ans, et par les simples bénéficiers depuis 40 ans ; 3° de ceux moins anciens faits à la suite d'un bail de 99 ans, ou de deux baux de plus de 27 ans chacun, si les redevances en fruits sont au moins égales, et supérieures de moitié, si elles étaient en argent ; 4° ceux dont la redevance n'excède pas 200 francs ; 5° de ceux dont les preneurs prouveront avoir amélioré les biens d'une valeur double par des constructions, plantations et autres améliorations; 6° de 10 années de jouissance de plus pour les preneurs qui ont payé la finance fixée par la déclaration du 22 juillet 1702 ; 7° des contrats appelés *appensionnemens ou locateries perpétuelles*, et des baux à rentes foncières ou perpétuelles dans les cas portés aux n°° 1, 2 et 4 ci-dessus; ainsi que les baux à cens ou rentes foncières de biens qui étaient rentrés dans les mains des possesseurs ecclésiastiques, et dont ils étaient tenus de les vider, si les nouvelles redevances n'étaient pas inférieures aux anciennes,

Enfin, que ces dispositions ne s'appliquant qu'aux biens ci-devant *ecclésiastiques*, et non aux biens domaniaux;

Est applicable à de pareils baux faits par les commissions administratives des hospices, et autres traités faits entre les administrateurs de ces établissemens et des particuliers.

Est d'avis que la loi du 27 avril 1791 n'est applicable qu'aux baux des biens ci-devant ecclésiastiques, et aux traités faits entre des chapitres, corps, communautés ou bénéficiers supprimés et des particuliers, et ne peut être opposée à des hospices qui n'ont jamais été classés parmi les établissemens ecclésiastiques, ni traités comme tels.

En conséquence, qu'il y a eu fausse application de cette loi par le tribunal de Château-Thierry, à la demande en nullité d'un bail emphytéotique, intentée par la commission administrative de l'hospice de Neuilly-Saint-Front, sur le fondement que le bail n'était revêtu d'aucune des solennités requises pour l'aliénation des biens des gens de main-morte,

Mais attendu, 1° que l'objet de ce bail était d'une valeur très-mince, puisque la redevance stipulée n'excède pas 10 francs; 2° que sa date remonte à 47 ans ; 3° qu'il paraît avoir été passé de bonne foi, 4° que les administrations qui se sont succédé jusqu'alors n'avaient pas réclamé, et que ces motifs ont toujours été regardés comme des exceptions aux règles générales sur les formalités prescrites pour les baux à longues années des biens des gens de main-morte,

Est d'avis que la commission administrative de l'hospice de Neuilly-Saint-Front doit souscrire au jugement du tribunal de Château-Thierry, en date du 9 nivôse an XIV, en ce qu'il a rejeté la demande en nullité du bail dont il s'agit, et que l'arrêté du conseil de préfecture du département de l'Aisne du 15 juillet dernier, qui a refusé à cette commission l'autorisation d'en interjeter appel, doit être exécuté.

Extrait du décret du 12 août 1807. (Bull. 155.)

Art. 1er. A compter de la publication du présent décret, les baux à ferme des hospices et autres établissemens publics, de bienfaisance ou d'instruction publique, pour la durée ordinaire, seront faits aux enchères, par-devant un notaire qui sera désigné par le préfet du département, et le droit d'hypothèque sur tous les biens du preneur y sera stipulé par la désignation, conformément au Code de procédure civile.

2. Le cahier des charges de l'adjudication et de la jouissance sera préalablement dressé par la commission administrative, le bureau de bienfaisance ou le bureau d'administration, selon la nature de l'établissement.

Le sous-préfet donnera son avis, et le préfet approuvera ou modifiera ledit cahier des charges.

3. Les affiches, pour l'adjudication, seront apposées dans les formes et aux termes déjà indiqués par les lois et règlemens; et, en outre, leur extrait sera inséré dans le journal du lieu de la situation de l'établissement, ou, à défaut, dans celui du département, selon qu'il est prescrit à l'article 683 du Code de procédure civile.

Suite de l'article 683 : Il sera justifié de cette insertion par la feuille contenant ledit extrait, avec la signature de l'imprimeur, légalisée par le maire.

Il sera fait mention du tout dans l'acte d'adjudication.

4. Un membre de la commission des hospices, du bureau de bienfaisance ou du bureau d'administration, assistera aux enchères et à l'adjudication.

5. Elle ne sera définitive qu'après l'approbation du préfet du département; et le délai pour l'enregistrement sera de 15 jours après celui où elle aura été donnée.

6. Il sera dressé un tarif des droits des notaires pour la passation des baux dont il est question au présent décret, lequel sera approuvé par nous, sur le rapport de notre ministre de l'intérieur.

Extrait de l'ordonnance du roi sur la mise en ferme des biens communaux qui ne sont pas nécessaires à la dépaissance des troupeaux, du 7 octobre 1818. (Bull. 239.)

Les biens des communautés d'habitans restés en jouissance commune depuis la loi du 10 juin 1793, et que les conseils municipaux ne jugent pas nécessaires à la dépaissance des troupeaux, peuvent être affermés, sans qu'il soit besoin de recourir à l'autorisation du roi, lorsque la durée des baux n'excède pas 9 années ; à l'effet de quoi il est spécialement dérogé aux dispositions du décret du 9 brumaire an XIII—31 octobre 1804. (*Art. 1er.*)

La mise en ferme de ces biens ne peut se faire qu'après avoir été délibérée par le conseil municipal, et que sous les clauses, charges et conditions insérées au cahier des charges, qui en doit être préalablement dressé par le maire et homologué par le préfet sur l'avis du sous-préfet. (*Ibid., art. 2.*)

Il est procédé par le maire à l'adjudication des baux desdits biens, en présence des adjoints et d'un membre du conseil municipal désigné par le préfet, à la chaleur des enchères, et d'après affiches et publications faites dans les formes prescrites, tant par l'article 13 du titre II de la loi du 28 octobre—5 novembre 1790, et par les dispositions de la loi du 11 février 1791, que par le décret du 12 août 1807. (*Art. 3.*)

Les baux des biens *communaux* et des biens *patrimoniaux* des communes pour une durée excédant 9 années, continuent d'être soumis aux règles prescrites par le décret du 7 germinal an IX—28 mars 1801. (*Art. 7.*)

Les autres dispositions soumettent l'adjudication à l'approbation du préfet, et ordonnent le sursis à l'approbation de l'adjudication, jusqu'à ce qu'il ait été statué par le roi, en cas d'opposition des habitans au changement de jouissance.

Modèle d'une délibération du conseil municipal pour bail d'un bâtiment nécessaire à la commune.

«Cejourd'hui, il nous a été exposé par M. le maire de la commune, que le bâtiment servant à l'usage de la maison commune, ou de salle d'audience du juge-de-paix, ou de presbytère, ou de maison d'école, ou de magasin de la commune, ou (servant à tout autre usage de la commune), étant à la veille d'être démoli, ou d'être repris et occupé par le propriétaire qui l'avait loué à la commune, il était urgent que la commune se pourvût d'un autre local; que le bâtiment appartenant à (*désigner ce bâtiment*), actuellement vacant, est à louer, et pouvant remplacer celui que la commune allait être obligée de quitter, il proposait ce bâtiment, dont le loyer est de la somme de.....

»Sur quoi, nous membres dudit conseil, après avoir délibéré, avons consenti que M. le maire prît à bail le local par lui indiqué, moyennant la somme de.

»*Ou* sur quoi nous membres dudit conseil, après avoir délibéré, reconnaissant la nécessité de prendre un nouveau local en remplacement de celui de   , avons consenti que M. le maire fît le choix d'un autre; mais considérant que celui qu'il propose est d'un loyer beaucoup plus cher que celui servant actuellement à l'usage de   , et qu'il est facile d'en trouver un dans la commune d'un prix inférieur, avons arrêté que M. le maire ne pourrait, pour le loyer de ce nouveau local, outrepasser le prix de.

» Et avons signé. »

Délibération pour propriétés de la commune à donner à bail.

«Cejourd'hui   , etc., il nous a été exposé par M. le maire de la commune que le bail de (*désigner la propriété*), loué ou affermé au sieur   pour le prix de   , expire le   de cette année; qu'il était de l'intérêt de la commune que la location de cette propriété fût maintenue; pourquoi il demandait l'avis du conseil pour être autorisé, par M. le préfet, à faire procéder, dans les formes prescrites par la loi, à la location de ladite propriété.

Sur quoi le conseil, après avoir entendu M. le maire, a, à l'unanimité, consenti à ce qu'il se fît autoriser, par M. le préfet, à procéder à cette location.

Et avons signé.

Règles de la jurisprudence du conseil-d'état et des cours sur les baux administratifs.

Les tribunaux sont compétens pour connaître des poursuites exercées par la régie de l'enregistrement et des domaines, à fin de paiement des fermages d'un domaine national. (*Arrêt de la cour de cassation du 9 pluviôse an XII—30 janvier* 1804, *d'après l'article* 4 *de la loi du*

19 août 1791, et l'article 17 de celle du 29 septembre—
9 octobre 1791.)

Lorsqu'un domaine national a été vendu avec la déclaration qu'un particulier en jouit en vertu d'un bail qui a
encore plusieurs années à courir, et que c'est à lui qu'appartiennent les bâtimens existant sur le lieu, les tribunaux ne sont point compétens pour décider si le bail
existe réellement, s'il doit avoir son exécution, et si le
fermier est véritablement propriétaire desdits bâtimens.
(*Arrêt de la cour de cassation du 3 mars 1807.*)

Lorsque la solution d'une question relative à un bail
dépend en grande partie d'une question de fait et de l'u-
sage des lieux, et qu'il ne s'agit pas même de fixer le sens
des clauses du bail approuvé par l'autorité administrative, c'est aux tribunaux qu'il appartient d'en connaître, et
il n'y a pas lieu à élever le conflit. (*Décret du 25 novembre 1808.*)

C'est devant les tribunaux que doivent être portées les
contestations élevées entre les fermiers des bacs et passages d'eau, et leurs sous-fermiers. (*Décret du 21 décembre
1808.*)

Les tribunaux ordinaires sont seuls compétens pour
prononcer sur la question de savoir si un droit de jouissance doit être considéré comme une servitude réservée
par l'acte d'adjudication d'un bail national. (*Décret du
17 décembre 1809.*)

Les tribunaux ordinaires sont seuls compétens pour
décider si des fermiers d'un domaine public, en vertu
d'un bail qui ne contient pas de stipulations contraires,
peuvent sous-affermer les objets qui leur sont loués. (*Décret du 6 juillet 1810.*)

C'est à l'administration qu'il appartient de procéder à
la liquidation des indemnités dues par l'état aux détenteurs des domaines nationaux par suite des baux à eux
consentis au nom de l'état. Les tribunaux excèdent leurs
pouvoirs lorsqu'ils procèdent à de semblables liquidations,
surtout dans le cas où il existe déjà des arrêtés administratifs qui ont réglé ces décomptes. (*Décret du 29 juin
1811.*)

A l'autorité judiciaire seule appartient la connaissance
d'une contestation relative à l'appréciation de la validité

des pièces dont un fermier de biens mis sous le séquestre national, prétend faire résulter sa libération. (*Décret du 12 mars 1811.*)

L'autorité administrative est compétente pour prononcer sur les contestations relatives à l'exécution, à l'interprétation ou à la résiliation des baux, si, par une clause expresse du cahier des charges ou du procès-verbal d'adjudication d'un bail, l'administration s'est réservé la faculté de prononcer sur ces contestations. (*Décrets des 13 août 1811 et 19 juin 1813, et Ordonnance du roi du 9 avril 1817.*)

Les tribunaux sont seuls compétens pour prononcer sur une contestation relative à l'exécution d'une concession à charge de rente ou autrement, faite à divers habitans d'une commune, de divers terrains communaux. (*Décret du 18 octobre 1811.*)

En matière de baux à ferme, les conseils de préfecture ne sont compétens, ni pour statuer au fond, ni pour interpréter les clauses de ces actes. (*Décrets des 28 mai et 15 septembre 1812, 3 janvier, 14 avril et 17 mai 1813.*)

Ainsi, il n'appartient qu'aux tribunaux de prononcer sur les questions relatives à la validité, à l'interprétation et à l'exécution des baux à ferme passés par l'administration. (*Ordonnances du roi des 20 novembre 1815, 6 et 18 mars 1816.*)

Les contestations qui s'élèvent tant sur l'interprétation que sur l'exécution d'un bail passé par l'administration, sont du ressort de l'autorité judiciaire.

Il n'appartient pas à l'autorité administrative de prononcer, soit d'après le texte du bail, soit d'après les faits relatifs à son exécution, sur la question de savoir s'il y a lieu de procéder à une nouvelle adjudication sur folle-enchère. (*Décret du 11 janvier 1813, Ordonnance du roi relative à la commune de Vaise, rapportée par M. Macarel dans son recueil des arrêts du conseil, tome I, page 581, et Ordonnance du 20 juin 1821, Ibidem, tome II, page 79.*)

Toute liquidation et tout règlement de comptes entre le domaine et les débiteurs des revenus nationaux, en exécution des baux à eux passés par l'administration, sont du ressort des tribunaux. (*Décret du 18 janvier 1813, et*

Ordonnances du roi des 15 janvier et 21 août 1816, et 26 février 1817.)

Les tribunaux ordinaires sont seuls compétens pour prononcer sur un règlement de compte dû par un fermier, en exécution d'un bail passé antérieurement à la saisine nationale. *(Décret du 17 mai 1813.)*

Il est également dans leurs attributions de prononcer lorsqu'il s'agit d'appliquer les principes qui règlent les baux non écrits. *(Décret du 22 février 1813.)*

Un préfet est compétent pour décider par un arrêté la question que présente une contestation entre le domaine et un particulier, au sujet des fermages des domaines d'une ancienne abbaye dont ce particulier se serait rendu adjudicataire avant 1789. *(Décret du 15 janvier 1813.)*

Ce principe est applicable aux baux passés entre une commune et un particulier. *(Décret du 18 mars 1813.)*

La demande d'une indemnité sur le prix d'un bail administratif, pour cause de non jouissance par force majeure, est du ressort de l'autorité judiciaire. *(Ordonn. du roi du 30 août 1814.)*

Les conseils de préfecture sont compétens pour décider à compter de quelle époque un fermier a dû percevoir le prix du bail d'un domaine national antérieur à la saisine nationale. Mais ils sont incompétens pour juger du mérite d'une prescription opposée par le domaine, aussi-bien que pour interpréter le bail. *(Décret du 14 août 1813.)*

Le chef d'une administration publique qui loue une maison pour y établir les bureaux de son administration, ne peut pas, à raison de cette clause, prétendre qu'il a loué uniquement pour le compte du gouvernement, et renvoyer le bailleur à se faire payer par l'état, si d'ailleurs les autres clauses du bail emportent obligation personnelle de sa part. *(Arrêt de la cour de Paris, du 20 décembre 1815.)*

BÉNÉDICTION *nuptiale* (la) ne peut être donnée par le ministre d'un culte que sur le vu de l'extrait de l'acte de mariage contracté devant l'officier de l'état-civil. *(Art. 54 de la loi du 18 germinal an x — 8 avril 1802, Bull. 171)*, pour les chrétiens; et *(Arrêté du 1ᵉʳ prairial an x — 21 mai 1802, Bull. 191)*, pour les juifs.

BERGERIES *du gouvernement*. Des dispositions administratives, prises en 1807, avaient autorisé les propriétaires ou les conseils-généraux à envoyer dans quelques-unes des bergeries du gouvernement des élèves bergers, moyennant une rétribution de 36 francs par mois ou 400 francs par an. Peu de personnes avaient profité de ces dispositions.

Une circulaire du 29 août 1819 les rappela à MM. les préfets, et pour donner une plus grande impulsion à cette branche de l'économie rurale, le ministre annonça que, dorénavant, 20 élèves bergers seraient reçus aux frais du gouvernement, soit à Rambouillet, soit dans les autres bergeries de l'état, et Son Exc. invita MM. les préfets à présenter des candidats. Cet appel n'a eu que de faibles résultats.

Le nombre des bergeries était alors de 8, dont 6 au moins pouvaient recevoir des élèves. Par suite de la suppression forcée de quelques-uns de ces établissemens, et par l'effet de modifications apportées dans la régie de quelques autres, les bergeries royales de Perpignan et de Nantes furent les seules où il fut possible d'admettre des élèves bergers. Celle de Saint-Genest, près Clermont-Ferrand, pouvait bien, à la rigueur, en recevoir un ou deux; mais ils ne devaient y être envoyés qu'autant qu'il n'y aurait plus de place dans les autres. Indépendamment de ces bergeries royales, une école pratique de bergers qui existait à Rambouillet, pouvait en recevoir trois ou quatre.

D'après ces circonstances, le ministre de l'intérieur, obligé de réduire le nombre des places d'élèves gratuits, les fixa provisoirement à 10.

Je verrais, dit le ministre, avec beaucoup de plaisir, que les dispositions du gouvernement, à cet égard, fussent mises à profit, et que les dix places dont il s'agit fussent remplies.

Je vous invite donc, M. le préfet, à appeler sur cet objet l'attention des principaux cultivateurs et propriétaires de votre département. Après leur avoir fait sentir les avantages particuliers et généraux qui résultent de l'éducation et de l'amélioration des bêtes à laine, et la nécessité d'avoir de bons bergers pour y réussir, vous leur ferez connaître les facilités que donne à cet égard l'administration. Vous leur rappellerez les dispositions qui permettent le placement d'élèves bergers dans les bergeries royales, ainsi qu'à l'établissement de Rambouillet, moyennant 36 francs par mois ou 400 francs par an ; et celles qui autorisent la réception dans les mêmes écoles d'un certain nombre d'élèves gratuits, pour y être entretenus aux frais du gouvernement. Vous voudrez bien vous occuper de la recherche et de la présentation d'un candidat de cette dernière classe, qui réunisse les qualités requises. Pour les détails et les conditions de leur admission et de leur réception, je vous invite à vous reporter à la circulaire qui vous a été adressée le 29 août 1812. L'acte de naissance devra être joint à la présentation. La durée de l'apprentissage sera d'au moins une année, à compter du jour de l'entrée du sujet à l'école. Pendant ce temps, il fera, à l'établissement, tout le service qui pourrait être exigé de lui comme berger. Il devra s'y rendre à ses frais.

Je ne crois point convenable de lui faire signer aucun engagement ; mais, comme il est à désirer que son instruction tourne principalement à l'avantage du département qui l'aura présenté, MM. les préfets devront me désigner préférablement des sujets dont les relations de famille ou d'intérêt soient un lien puissant qui les rattache à leur pays natal.

Signé LE COMTE DECAZES.

BERGERS. Les maires et adjoints chargés de la surveillance particulière relative à la conservation des propriétés rurales ne peuvent faire arrêter les bergers, sinon pour crime, avant d'avoir pourvu à la sûreté des bestiaux confiés à leur garde. (*Art. 1er de la section II du titre 1er de la loi du 28 septembre—octobre 1791.*)

Les bergers ne peuvent mener leurs troupeaux dans les champs moissonnés que deux jours après la récolte entière ; leurs contraventions à cet égard les rend justiciables du tribunal de police, et passibles d'une amende de la valeur d'une journée de travail ; l'amende est double si les champs sont enclos. (*Art. 22 du titre II de la même loi.*)

BESTIAUX. Sous ce nom on comprend les *bœufs, taureaux, vaches, veaux, moutons et chèvres.* Comme instrumens de l'agriculture, et comme essentiellement nécessaires à l'entretien, à l'habillement et à la nourriture des hommes, les moyens de leur conservation, confiés à l'autorité municipale, doivent être l'objet de la surveillance journalière des maires et des adjoints ; qui doivent les protéger contre les mauvais traitemens des hommes, contre les attaques des animaux féroces, et contre le fléau des maladies épidémiques auxquelles ils sont exposés.

I. Les blessures, la mort des bestiaux, causées par des hommes brutaux ou malintentionnés, donnent lieu à des poursuites et à des peines contre les délinquans. (*Code pénal*, art. 452 et 453.)

II. Des chasses et battues sont ordonnées par les préfets, et dirigées par les maires, contre les animaux féroces qui menacent à la fois les hommes et les bestiaux. Voyez *Chasse*.

III. Des lois, des réglemens de police anciens et nouveaux, des instructions ministérielles, prescrivent toutes les mesures à prendre pour prévenir ou guérir les maladies épizootiques : l'exécution de ces mesures est confiée aux maires et aux adjoints. Voy. *Épizootie*; voyez de plus, pour les dommages que les bestiaux occasionent dans les champs et dans les bois, les articles *Bois* et *Pâturages*; et pour les bestiaux trouvés morts sur les routes et dans les champs, l'article *Animaux morts*.

IV. Une loi du 28 août 1792 a rétabli les communes dans la propriété des terrains vains et vagues, destinés au pacage des bestiaux; mais l'article 9 ordonne que l'action ou réclamation contre les ci-devant seigneurs, doit être intentée, dans les 5 ans, à dater de la publication de la loi, passé lequel délai cette action n'est plus recevable.

V. Les dégâts que les bestiaux de toute espèce, laissés à l'abandon, font sur les propriétés d'autrui, sont appréciés par le maire ou l'adjoint. (*Loi du 28 septembre—6 octobre 1791*.)

Les dégâts faits par les animaux sur les propriétés d'autrui, soit dans un enclos, soit dans un champ ouvert, doivent être payés par les personnes qui ont la jouissance desdits animaux : si elles sont insolvables, ces dégâts doivent alors être payés par celles qui en ont la propriété.

Le propriétaire qui éprouve le dommage, a le droit de saisir les animaux, sous l'obligation de les faire conduire, dans les 24 heures, au lieu de dépôt que lui indique le maire ou l'adjoint.

Il doit être satisfait au dégât par la vente des animaux,

s'ils ne sont pas réclamés, ou si le dommage n'a point été payé dans la huitaine du délit.

Si ce sont des volailles, de quelque espèce que ce soit, qui causent du dégât, le propriétaire ou le fermier qui l'éprouve peut les tuer, mais seulement sur le lieu et au moment du dégât. (*Même loi.*)

VI. Des règlemens défendent aux bouchers et mercandiers d'acheter des bestiaux propres à la boucherie sur les routes qui aboutissent aux marchés de Sceaux et de Poissy, dans le rayon de 10 myriamètres de Paris. (*Décret du 6 février 1811. Bull. 350.*)

VII. Un décret du 16 frimaire an XIV—7 décembre 1805, annulle un arrêté du préfet de la Sarthe, qui défend aux propriétaires d'introduire des bestiaux dans leurs propres bois avant qu'ils soient défensables.

VIII. Dans une circulaire du 16 août 1819, le ministre de l'intérieur avait entretenu les préfets des avantages qui résulteraient, pour l'agriculture, de la multiplication du gros bétail et de l'amélioration des races indigènes de bêtes à cornes.

Par une seconde circulaire du 6 novembre de la même année, Son Exc. indiqua aux propriétaires ruraux et aux cultivateurs, des moyens d'amélioration qu'ils pouvaient se procurer avec le moins de déplacement et de dépense possible de leur part.

Lorsqu'il faut, dit le ministre, tirer de loin des animaux propres à l'amélioration; qu'il faut les envoyer chercher d'une extrémité du royaume à l'autre, et même jusque chez l'étranger; l'habitant des campagnes, tout persuadé qu'il peut être des avantages qui résulteraient pour lui de pareilles opérations, est détourné de les entreprendre par la considération des risques, des embarras et des frais qu'elles lui occasionneraient. Le commerce d'exportation des bestiaux d'un département à l'autre, a principalement chez nous pour objet la consommation : les achats des animaux qui composent le mobilier d'une ferme ou d'une exploitation rurale quelconque, se font dans les marchés les plus voisins : rarement un cultivateur a le temps et les ressources nécessaires pour aller chercher au loin des localités qui lui offrent plus de choix dans la composition ou le remplacement de son bétail. Cette sorte de recherche n'est pas encore assez répandue en France pour donner lieu aux spéculations qui pourraient l'entretenir.

J'ai pensé qu'il était du devoir de l'administration d'aider en ce genre le développement de l'industrie particulière, en faisant ce que celle-ci ne peut ou n'ose pas faire encore. Les voies d'amélioration une fois frayées, deviendront plus praticables et plus usuelles pour tous.

Ce que je dis ici des bêtes à grosses cornes peut s'appliquer également à tous les animaux attachés aux exploitations, nommément aux baudets et aux chevaux. Toutefois le commerce de ces derniers est plus étendu, et fournit en général plus de ressources pour de bons choix à faire.

L'espèce asine est plus négligée; à l'exception de quelques points de la France, sa reproduction est livrée au hasard, et on n'y attache pas, à ce qu'il me semble, un intérêt proportionné aux services que rend et que peut rendre cette espèce. La belle race des baudets du Poitou n'est pas assez multipliée, et elle est d'ailleurs d'un prix trop élevé pour une partie des cultivateurs. On peut trouver chez nos voisins des étalons moins beaux peut-être, mais néanmoins susceptibles d'améliorer nos races communes, et d'une valeur plus à portée du grand nombre des particuliers.

Pénétré de ces idées, je me suis occupé des mesures à prendre pour procurer des types améliorateurs des diverses espèces dont je viens de parler, aux agriculteurs qui en désireraient. Les renseignemens que j'ai recueillis à cet égard, et quelques essais qui ont eu lieu, me font espérer qu'il me sera possible de satisfaire, au moins en partie, aux demandes qui me seraient adressées par votre entremise.

A cet effet, je vous invite à faire connaître à ceux de vos administrés qui s'occupent d'agriculture, avec lesquels vous avez des rapports, soit par vous-même, soit par les sous-préfets, et aux sociétés d'agriculture de votre département, que les propriétaires ruraux faisant valoir leurs terres, ou les fermiers qui désireraient se procurer, pour améliorer leurs bestiaux, des taureaux ou des baudets de bonne race, ou même des chevaux, devront vous en faire parvenir la déclaration avant le 15 février prochain. Ils désigneront l'espèce d'animaux qu'ils souhaitent d'avoir, le nombre d'individus de chaque espèce, ainsi que les races, soit étrangères, soit indigènes qu'ils préféreraient.

Le gouvernement avisera au moyen de satisfaire à celles de ces demandes qui seront jugées admissibles, mais toujours en combinant les achats de manière que chaque département acquière ainsi des moyens d'amélioration.

Les particuliers qui recevront ces animaux ne seront tenus qu'au remboursement du prix d'achat; le gouvernement consentant à se charger des frais de recherche, de commission et de conduite jusqu'au chef-lieu du département.

La livraison de ces animaux se fera après qu'ils auront été examinés par un artiste vétérinaire, désigné *ad hoc*, et qu'ils auront été reconnus sains et en bon état. Cet examen aura lieu en présence des autorités locales et des parties intéressées; il en sera dressé procès-verbal.

Comme il est nécessaire que la rentrée des prix s'effectue régulièrement et avec exactitude, vous aurez soin de vous assurer de la solvabilité des demandeurs. Vous leur ferez souscrire un engagement conditionnel, en raison du prix qu'ils auront l'intention de mettre à leurs acquisitions, et qui devra être précisé par eux. Le paiement aura lieu, savoir, moitié au moment de la livraison, et moitié dans le délai de six mois.

Vous voudrez bien me transmettre, le 20 février au plus tard, le relevé des demandes qui vous auraient été adressées, avec vos observations et votre avis sur leur adoption.

Si vous jugiez que quelques particuliers eussent formé ces demandes dans d'autres vues que celles de l'amélioration, vous auriez soin de les écarter en me faisant connaître vos motifs.

« Je vous invite à me faire part des mesures que vous aurez prises à l'effet de remplir l'objet de cette lettre.

Signé LE COMTE DECAZES.

BÊTES à *laine* (amélioration de l'espèce des) Voyez *Troupeaux*.

BÊTES *fauves*. Celles qui se répandent dans les récoltes non closes, peuvent être repoussées avec des armes à feu. (*Art. 15 de la loi du 28—30 avril 1790.*)

BÊTES *féroces* et malfaisantes. Voy. *Chasse* et *Voie publique*.

BÊTES *de trait*, de monture, telles que chevaux, mulets, etc. Voy. *Chevaux*.

BEURRE, *lait et fromages*. Il est défendu aux marchands de beurre, de lait et de fromages d'en exposer en vente de mélangé: le lait, avec de l'eau ou des jaunes d'œufs; le beurre, avec du vieux mêlé ou corrompu, etc.

Les forains ne doivent vendre le beurre, les œufs et les fromages que dans les marchés qui y sont destinés.

Les regrattiers ne peuvent en acheter qu'après 11 heures du matin.

Les particuliers doivent être préférés aux regrattiers et épiciers, pour le prix convenu avec eux quand ils se rencontrent en concurrence à la vente. (*Arrêt du 22 février 1699, portant règlement pour le commerce des beurres, fromages et fruits.*)

Ceux qui vendent du poisson, de même que les chandeliers, apothicaires, épiciers, et autres qui manient des marchandises de mauvaise odeur, ne peuvent faire le commerce de beurre.

Ceux auxquels il est permis d'en vendre, convaincus d'en avoir mêlé du vieux avec du nouveau, ou d'en avoir mixtionné pour lui donner meilleure couleur, sont passibles d'amende et de confiscation des marchandises. (*Loi du 19—22 juillet 1791, et Code pénal.*)

BIBLIOTHÈQUES *publiques*. Les préfets, les sous-préfets et les maires doivent s'opposer à l'établissement d'ateliers d'armes, ou de magasins de matières combustibles, dans les bâtimens où sont placées ces bibliothèques. (*Loi du 9 frimaire an III—29 novembre 1794, Bull. 94.*)

II. Les manuscrits des archives du ministère des relations extérieures, et ceux des bibliothèques publiques, départementales et communales, ou des autres établissemens de la France, soit que ces manuscrits existent dans les dépôts auxquels ils appartiennent, soit qu'ils en aient été soustraits ou que leurs minutes n'y aient pas été déposées aux termes des anciens réglemens, sont la propriété de l'état, et ne peuvent être imprimés et publiés sans autorisation.

Cette autorisation sera donnée par le ministre des relations extérieures, pour la publication des ouvrages dans lesquels se trouveront des copies, extraits ou citations des manuscrits qui appartiennent aux archives de son ministère, et par le ministre de l'intérieur, pour celle des ouvrages dans lesquels se trouveront des copies, extraits ou citations des manuscrits qui appartiennent à l'un des autres établissemens publics mentionnés dans l'article précédent. (*Décret du 20 février 1809, Bull. 230.*)

III. Le nouveau formulaire pharmaceutique, intitulé : *Codex medicamentarius seu pharmacopœa gallica*, devient obligatoire dans toute la France dans le délai de 6 mois, à dater de la publication du nouveau *Codex*, et du dépôt qui sera fait à la bibliothèque du Roi du nombre d'exemplaires prescrit par la loi. (*Art. 1er de l'ordonnance du 8 août 1816. Bull. 106.*)

BIENFAISANCE (bureaux ou établissemens de). *Voy. Bureaux de charité, Hôpitaux et Secours publics.*

BIENS COMMUNAUX et *biens des communes.* Beaucoup de personnes confondent l'une et l'autre espèce de ces biens. Nous traiterons cette matière en établissant la distinction qui est le résultat naturel des lois qui régissent ces deux sortes de biens, et qui confèrent diverses attributions aux préfets, aux sous-préfets et aux maires, relativement à leur administration.

I. *Biens communaux.*

Extrait des lois du 14 et du 28 août 1792 qui ordonnent le partage des terrains et usages communaux.

Dès cette année, immédiatement après les récoltes, tous les terrains et usages communaux, autres que les bois, seront partagés entre les citoyens de chaque commune, pour en jouir en toute propriété.

Les biens connus sous les noms de *surcis* et *vacans*, seront également partagés. (*Voyez, pour l'exécution de la loi du 28 août 1792, ci-après les règles et maximes de jurisprudence sur les biens communaux.*)

Extrait de la loi du 10 juin 1793.

1. Les biens communaux, sont ceux sur la propriété ou le produit desquels tous les habitans d'une ou de plusieurs communes, ou d'une section de commune, ont un droit commun.

2. Les habitans d'une commune, ou d'une section de commune, qui jouissaient en particulier d'une portion de biens, sont les seuls qui ont droit au partage, de manière que les habitans d'une portion de commune qui n'a pas de biens communaux, n'ont droit à aucun partage.

Les biens des communes se distinguent en biens communaux, et en biens patrimoniaux.

Sect. 4, art. 1er. Les biens communaux sont ceux dont chaque habitant à le droit de jouir journellement des fruits, tels que les terres vaines et vagues, gastes, garrigues, landes, pacages, pâtis, ajoncs, bruyères, bois communs, hermes,

vacans, palus, marais, marécages, et tous autres de cette espèce, susceptibles de pâturage.

Nota. Les biens patrimoniaux sont les maisons, moulins, usines, fermes et autres biens qui ne peuvent être
divisés, et qui sont loués.

4 et 5. Sont exceptés du partage, les bois communaux,
quant au fonds (et non aux coupes annuelles); les places,
promenades, voies publiques, et édifices à l'usage des communes.

9. Et sont réservés les terrains qui renferment des mines,
minières, carrières, et autres productions minérales, dont la
valeur excéderait celle du sol qui les couvre, ou qui seraient
reconnues d'une utilité générale, soit pour la commune, soit
pour l'état.

Nota. Les bois d'un produit insuffisant et jugé tel par
l'administration forestière et les corps administratifs, ont
pu être partagés, s'il n'y avait pas lieu au repeuplement.

Les communes n'ont pas dû partager leurs biens *patrimoniaux* si elles n'avaient pas payé leurs dettes, conformément à la loi du 5 août 1791.

Cette dernière loi exceptait formellement les biens *communaux* de la vente pour acquittement de dettes.

Ainsi les communes ont donc pu partager leurs biens
communaux, quoiqu'elles eussent des dettes, si ces créances n'étaient pas hypothéquées sur le fonds communal
même qui était à partager, et que dans ce cas seulement,
l'article 32 veut qu'elles soient remboursées préalablement.

5° *Section*, art. 32. Elles devront aussi racheter préalablement les rentes foncières ou redevances non supprimées qui grevaient le bien communal à partager, ou vendre une portion desdits biens pour rembourser ces rentes
ou redevances foncières, et payer les frais de partage.

Le partage fut facultatif.

2° *Section*, art. 1 et 3. Le partage dut se faire par tête
d'habitant, domicilié dans la commune un an avant le
jour de la promulgation de la loi du 14 août 1792, ou qui
ne l'aurait pas quittée un an avant cette époque pour aller s'établir dans une autre, de tout âge et de tout sexe,
absent ou présent.

II. Les propriétaires non habitans n'y eurent aucun droit.

IV. Les fermiers, métayers, valets de labour, domestiques, et généralement tous les citoyens, y eurent droit, s'ils habitaient la commune depuis un an avant la promulgation de la loi du 14 août 1792, ou qui ayant rempli cette condition, ne l'avaient pas quittée un an avant cette époque pour aller s'établir ailleurs.

V. Tout citoyen fut censé domicilié dans le lieu où il avait son habitation, et il eut droit au partage.

VI. Ceux qui avaient accepté des fonctions publiques temporaires, furent exceptés de l'article précédent, et eurent la faculté de prendre leur partage dans la commune qu'ils avaient quittée pour l'exercice des mêmes fonctions.

Cette exception fut étendue aux domestiques et marchands voyageurs.

VII. Les pères et mères furent investis de la jouissance des portions à échoir à leurs enfans, jusqu'à ce qu'ils eussent atteint l'âge de 14 ans.

X. Les ci-devant seigneurs, quoique habitans, n'eurent point droit au partage, s'ils avaient usé du droit de triage en vertu de l'ordonnance de 1669.

Ceux mêmes qui s'étaient établis d'une manière stable dans une autre commune depuis moins d'un an, mais qui avaient une résidence de plus d'un an dans la première, eurent droit au partage dans cette première, quoiqu'ils l'eussent quittée.

Ce droit était commun aux métayers, valets de labour, domestiques, etc. (*Art. 3 et 4.*)

Mais l'article 6 de cette section de la loi, donne lieu de croire que les domestiques dont il est ici question, sont ceux nés dans la commune, parce que les autres sont assimilés aux fonctionnaires publics absens pour raison de leurs fonctions.

Les propriétaires non habitans n'y eurent conséquemment pas droit. (*Art. 2.*)

Les militaires absens depuis long-temps, mais pour cause d'activité de services continus, sans interruption; les enfans mineurs en pension, en apprentissage hors des communes de la résidence de leurs pères ou mères, tu-

teurs ou curateurs, et n'ayant formé ailleurs aucun établissement, ou n'y vivant pas de leur industrie personnelle, y eurent également droit, parce que jusque-là leur domicile de droit était, pour les militaires et ces enfans,
dans la commune qu'ils avaient précédemment habitée,
et chez leurs parens ou tuteurs.

Les fonctionnaires publics temporaires y eurent également droit, et l'on dut penser, d'après l'article 6, que les
domestiques, étrangers à une commune, devaient partager dans celle où ils étaient nés, ou avaient eu un domicile d'un an révolu.

Si les biens communaux étaient possédés par plusieurs
communes, elles durent en faire le partage comme si elles n'eussent formé qu'une commune. (*Loi du 19 brumaire an 11—9 novembre 1793.*)

VII. Nul n'eut droit au partage dans deux communes.

XIII. Les portions échues par suite de partage, ne purent être aliénées pendant les dix premières années du
partage, à peine de nullité de la vente.

3e *Section, art.* 55. Mais elles purent être échangées
entre les co-partageans.

La prohibition dura jusqu'au mois de messidor an xi,
pour les partages effectués en juillet 1793.

XVI. Elles ne peuvent non plus être saisies pour dettes, pendant le même espace de temps, excepté les contributions publiques.

5e *Section, art.* 1, 2 et 3. Pour parvenir au partage,
les habitans furent assemblés sur la convocation de la municipalité, un jour de dimanche.

IV. L'assemblée dut se former suivant les formes établies pour les assemblées communales.

Tout individu de tout sexe ayant droit au partage et
âgé de 21 ans, eut droit d'y voter.

VI. A l'ouverture de l'assemblée, un commissaire du
conseil municipal dut donner connaissance de l'objet de
la convocation; après quoi on dut procéder à la nomination d'un président et d'un secrétaire.

VII, VIII et IX. Le partage put y être décidé au *tiers*
des voix, recueilli par oui et par non, sans que cette dé-
termination pût être révoquée.

X. L'assemblée put délibérer la vente ou l'afferme d'un

bie's qui ne pouvait se partager, et dont la jouissance, en commun n'était pas utile; mais cette délibération devait être confirmée par l'administration du département, après la vérification des faits.

XI. Elle eut aussi la faculté de déterminer qu'un bien communal continuerait à être joui en commun, et de régler cette jouissance commune.

XII. Cette délibération ne put être révoquée qu'un an après.

XVI. L'assemblée dut nommer trois experts pris hors la commune, pour effectuer le partage, et deux indicateurs pris dans la commune, à la pluralité relative, et à haute voix.

XIX. Une expédition du procès-verbal dut être envoyée à l'administration du district.

XX. Le conseil municipal dut régler les frais d'expertise, immédiatement avant l'opération des experts.

XXV. Les procès-verbaux de fixation de lots durent être signés des experts et des indicateurs, et les doubles envoyés à l'administration du district.

XXVII. Huit jours avant le tirage au sort des lots, la municipalité dut proclamer le dimanche où il aurait lieu.

XXIX. L'appel des citoyens dut se faire par ordre alphabétique, et les officiers municipaux durent tirer pour les absents.

XXXI. Il dut être dressé procès-verbal de ce tirage, et un double envoyé à l'administration du district.

XXXVI. Les revenus provenant, soit du prix des fermes des biens patrimoniaux ou communaux, qui n'avaient pas été partagés, soit de la vente des biens aliénés, ne furent plus mis en moins imposés, ni employés à l'acquit des charges locales, mais ils furent partagés par tête.

La loi du 11 frimaire an VII — 11 décembre 1798, a abrogé cette disposition, en appliquant ces revenus communs au paiement des charges municipales.

4e Section, art. 1er. Plusieurs communes jouissant concurremment, depuis plus de 30 ans, d'un bien communal, sans titre de part ni d'autre, eurent également la faculté de faire ou de ne pas faire le partage ou la partition de ce bien.

III. Le partage ou partition, résolus, dut se faire par

experts, et tiers-expert si cela fut nécessaire, et expéditions des procès-verbaux envoyées à l'administration du
district.

Nota. Un avis du conseil d'état du 20 juillet 1807
(*Bull.* 154), porte :

« Que le partage des biens communaux indivis *entre
deux communes* doit être fait en raison du nombre de
feux par chaque commune, et sans avoir égard à l'étendue du territoire de chacune d'elles. »

VII. Les partages faits en vertu du titre 1er de la loi du
20 avril 1791, furent maintenus, ainsi que les possesseurs
des terrains desséchés et défrichés, aux termes et en exécution de l'édit et de la déclaration des 14 juin 1764, et
13 avril 1766.

VIII. La possession de 40 ans, exigée par la loi du 28
août 1792, pour justifier la propriété d'un ci-devant seigneur, sur les terres vaines et vagues, gastes, garrigues,
landes, marais, biens hermes, vacans, ne peut, en aucun
cas, suppléer le titre légitime d'acquisition desdits biens,
conformément à l'article 8 de la loi du 28 août 1792.

IX. Sont exceptées des dispositions précédentes, toutes concessions, ventes, collocations forcées, partages ou
autres possessions, depuis au-delà de 40 ans, jusqu'à l'é-
poque du 4 août 1789, en faveur des possesseurs actuels
ou leurs auteurs, mais non acquéreurs volontaires, ou
donataires héritiers ou légataires du fief, à titre universel.

X. Et à l'égard de ceux qui ne possédant lesdits biens
communaux, ou partie d'iceux que depuis 40 ans, jusqu'à ladite époque du 4 août 1789, il doit être fait cette
distinction entre eux :

Les citoyens qui possèdent avec un titre légitime et de
bonne foi, et qui ont défriché par leurs propres mains,
ou celles de leurs auteurs, les terrains par eux acquis, et
actuellement en valeur, ne sont tenus quoi de payer à la
commune, les redevances auxquelles ils s'étaient soumis
envers le seigneur, ou tout autre, s'ils ne s'en sont entièrement libérés par quittance publique.

Les possesseurs qui n'ont point de titre, ou dont le titre n'est pas légitime ou régulier, ou qui les constituent
en mauvaise foi, comme si les officiers municipaux avaient
passé ces titres, sans le consentement des habitans réu-

nis en assemblée de commune ; comme si encore le ci-
devant seigneur avait stipulé pour lui la non garantie, etc. ;
de même que les acquéreurs qui n'ont fait défricher lesdits terrains que par la main d'autrui, à leurs frais, ou
qui les ont mis en valeur sans défrichement, quel que soit
leur titre, seront dépossédés desdits terrains communaux,
en tel état qu'ils soient.

XII. Les parties de biens communaux possédés ci-devant, soit par des bénéficiers ecclésiastiques, soit par des
monastères, communautés séculières ou régulières, ordre
de Malte, et autres corps et communautés ; soit par les
émigrés, soit par le domaine, à quelque titre que ce soit,
appartiennent à la nation. (Sauf les droits des communes, en vertu des lois des 25 et 28 août 1792, sur les
droits féodaux et la puissance féodale.)

XIV. Par aucune des dispositions de la présente loi,
il n'est porté aucun préjudice aux communes, pour les
droits de rachat à elles accordés par les lois précédentes,
sur les biens communs et patrimoniaux, par elles aliénés
forcément en temps de détresse, lesquelles seront exécutées dans leurs vues bienfaisantes, selon leur forme et
teneur.

5e Section, art. 1. Les contestations qui se sont élevées
à raison du mode de partage entre les communes, ont été
terminées, sur simple mémoire, par l'administration du
département, sur l'avis de celle du district.

II. Elle fut aussi autorisée à prononcer dans la même
forme sur toutes les réclamations qui pourraient s'élever
à raison du mode de partage des biens communaux.

Extrait de la loi du 21 prairial an iv—9 juin 1796.
(Bull. 52.)

Il est sursis provisoirement à toutes actions et poursuites
résultantes de l'exécution de la loi du 10 juin 1793, sur le
partage des biens communaux.

2. Sont provisoirement maintenus dans leur jouissance tous
possesseurs actuels desdits terrains.

Nota. Le décret du 26 nivôse an ii—15 janvier 1794,
décida que les bois communaux coupés, qui étaient le
produit de l'année 1792, devaient être partagés par tête,
conformément à la loi du 10 juin 1793.

Le décret du 28 ventôse suivant — 18 mars 1794, confirma cette décision.

Extrait de l'arrêté du 19 frimaire an X — 10 décembre 1801. (Bull. 138.)

1. L'arrêté du représentant du peuple Saladin, en date du 22 prairial an III — 10 juin 1795, est annulé.

2. Le partage des bois communaux d'affouages, autres que les futaies, dans les départemens de la Haute-Shône, et dans tous ceux où l'affouage a lieu, se fera par tête d'habitant, conformément à la déclaration du 13 juin 1724, et à la loi du 28 nivôse an II — 15 janvier 1794.

Nota. Cette déclaration n'a pas été publiée dans le temps dans toute la France ; le ministre de la justice, consulté sur cette circonstance, à l'occasion du rappel de cette loi dans l'arrêté ci-dessus, a observé que les lois des 10 juin 1795 et 26 nivôse an II, ayant statué de nouveau sur l'objet, il était inutile de publier l'ancienne loi dans les pays où elle ne l'avait pas été, et que pour l'exécution de l'arrêté, les administrateurs ne devaient connaître que des lois nouvelles, devenues communes à tous les départemens de la France.

Extrait de l'avis du conseil-d'état, sur le mode de partage des bois possédés en indivis par plusieurs communes, du 26 avril 1808. (Bull. 194.)

Le conseil-d'état considérant que par le décret du 20 juin 1808, et par l'avis du 29 juillet 1807, on est revenu au seul mode équitable de partage en matière d'affouage, puisqu'il proportionne les distributions aux vrais besoins des familles, sans favoriser exclusivement, ou les plus gros propriétaires ou les prolétaires (ceux qui ont beaucoup d'enfans), et que d'ailleurs l'article 542 du Code civil ne laisse aucune distinction à faire entre les bois des communes, et les autres biens communaux, puisqu'il dit :

Les biens communaux sont ceux à la propriété ou au produit desquels les habitans d'une ou de plusieurs communes ont un droit acquis.

Est d'avis que les principes de l'arrêté du 19 frimaire an X — 10 décembre 1801 ont été modifiés par les décrets postérieurs, et que l'avis du 29 juillet 1807 est applicable au partage des bois, comme à celui de tous autres biens dont les communes veulent faire cesser l'indivis;

Qu'en conséquence les partages se feront par feux, c'est-à-dire, par chef de famille ayant domicile.

Nota. La loi du 10 juin 1793, porte (*art. 37 de la 3e section*): « Les *revenus* provenant, soit du prix des fermes, des biens *patrimoniaux* ou *communaux*, qui ne seraient pas partagés, seront partagés par tête dans la forme prescrite pour le partage des biens communaux. »

Et l'article 1er de la 2e section, porte : « Le partage des biens communaux sera fait par tête d'habitant domicilié, de tout âge et de tout sexe, absent ou présent. »

L'avis du conseil-d'état, approuvé le 20 juillet 1807 (ci-dessus, page 332), n'est absolument relatif qu'au partage des biens communaux indivis entre deux ou plusieurs communes.

Celui ci-dessus, du 26 avril 1808, n'est, non plus, dans l'expression de l'avis, relatif qu'au partage des bois indivis entre plusieurs communes, et le gouvernement a pu fixer les conditions du partage de ces biens indivis entre les communes, parce que la loi du 10 juin 1793 n'en a point établi.

Quoiqu'il semble résulter des considérations qui précèdent le dernier avis, une dérogation à l'article 37 ci-dessus rapporté de la loi du 10 juin, il n'est pas moins établi par le texte que l'avis n'est applicable qu'aux bois indivis entre les communes, et que la dérogation n'est applicable qu'à ces communes.

La loi du 11 frimaire an VII—1er décembre 1798, a appliqué aux dépenses communes les revenus des biens communaux, susceptibles de location, et qu'en cela elle a dérogé à une partie des dispositions de l'article 37 précité.

D'après l'ordonnance d'août 1669, le quart des bois de chaque commune est réservé pour croître en futaie. (*Article 2.*)

Les trois autres quarts sont réglés en coupes ordinaires de taillis, au moins de 10 ans, avec marque et retenue de 16 baliveaux de l'âge du bois, en chacun arpent, des plus beaux brins de chêne, hêtres ou autres de la meilleure essence, outre et par-dessus les anciens, modernes et fruitiers. (*Art. 3, tit. xxv.*)

On considère dans les bois, différens âges ; savoir :
1° ceux qui se coupent tous les 10 ans, qu'on appelle
bois taillis ; 2° ceux qui sont au-dessus jusqu'à 3o, appelés *hauts-taillis* ; 3° ceux qui sont depuis 4o à 45 ans, jusqu'à 6o, qu'on nomme *haut-revenu* ou *demi-futaie* ; 4°
ceux qui sont au-dessus de 100 ans, qu'on appelle *haute-
futaie*.

Parmi les arbres réservés dans les trois quarts destinés
à des coupes annuelles, et parmi ceux de la réserve, il se
trouve des *chablis*, c'est-à-dire des arbres abattus, arrachés ou rompus par l'impétuosité des vents ; il s'en trouve
encore de défectueux, qui dépérissent ou qui meurent.
Relativement à ces derniers, le gouvernement autorise
chaque commune en particulier, à les faire couper, pendant 25 ans, de 2 ans en 2 ans.

On a demandé au ministre de l'intérieur à qui appartenaient les arbres provenant des portions de bois en usan-
ce, en lui faisant observer qu'il avait été d'usage de les
délivrer aux habitans propriétaires de maisons, d'usines
ou de manufactures qui étaient dans le cas d'y faire des
réparations.

Le ministre a répondu que d'après l'article 11 du titre
25 de l'ordonnance de 1669, et la loi du 10 juin 1793,
ces baliveaux ou futaies appartenaient à tous les habitans
indistinctement, comme provenant d'une portion d'usan-
ce, et non à quelques habitans en particulier ; que la loi
du 10 juin 1793, qui veut que le bois soit partagé par tête
d'habitans, avait abrogé toute loi et tout usage antérieurs,
et qu'il ne devait y être fait aucune dérogation.

Qu'au surplus, lors des coupes, ceux des habitans qui
pouvaient avoir besoin de pièces de bois, pouvaient demander qu'on leur conservât en nature d'arbres la quantité de bois qui devaient leur revenir.

Que quant aux bois *chablis* ou autres, provenant du
quart de réserve, ils étaient attribués, par l'article 8 de
l'ordonnance, aux communes, et ne devaient être employés ou vendus qu'au seul profit de la communauté, et
non des habitans en particulier.

Extrait de la loi du 21 prairial an II—9 juin 1794. (Bull. 3.)

La convention nationale maintient provisoirement dans leur possession, tous les détenteurs des portions du *rivage de la mer* qu'ils avaient rencloses et cultivées avant le mois de juillet 1789, et annulle tout partage qui pourrait en avoir été fait par les communes riveraines.

Extrait de la loi du 9 ventôse an XII—29 février 1804.
(Bull. 348.)

Art. 1er. Les partages de biens communaux effectués en vertu de la loi du 10 juin 1793, et dont il a été dressé acte, seront exécutés.

2. En conséquence, les copartageans ou leurs ayant-cause sont définitivement maintenus dans la propriété et jouissance de la portion desdits biens qui leur est échue, et pourront la vendre, aliéner, et en disposer comme ils le jugeront convenable.

3. Dans les communes où des partages ont eu lieu sans qu'il en ait été dressé acte, les détenteurs de biens communaux qui ne pourront justifier d'aucun titre écrit, mais qui auront défriché ou planté le terrain dont ils ont joui, ou qui l'auront clos de murs, fossés ou haies vives, ou enfin qui y auront fait quelques constructions, sont maintenus en possession provisoire, et peuvent devenir propriétaires incommutables; à la charge par eux de remplir, dans les trois mois de la publication de la présente loi, les conditions suivantes :

1°. De faire, devant le sous-préfet de l'arrondissement, la déclaration du terrain qu'ils occupent, de l'état dans lequel ils l'ont trouvé, et de celui dans lequel ils l'ont mis;

2°. De se soumettre à payer à la commune une redevance annuelle, rachetable en tout temps pour vingt fois la rente, et qui sera fixée, d'après estimation, à la moitié du produit annuel du bien ou du revenu dont il aurait été susceptible au moment de l'occupation.

Cette estimation sera faite par experts, en la forme légale, dans le cours de l'an XII; et le paiement de la redevance courra à compter du 1er vendémiaire an XIII. Un des experts sera choisi par le détenteur du bien communal; le second, au nom de la commune, par le sous-préfet de l'arrondissement; et le troisième, par le préfet du département.

4. L'aliénation définitive de ces terrains sera faite comme toutes les autres aliénations de biens communaux, en vertu

d'une loi qui sera rendue d'après l'exécution des dispositions prescrites par les articles précédens, et qui autorisera les maires des communes à passer le contrat de concession aux frais des concessionnaires.

Néanmoins ces concessionnaires resteront en possession provisoire, jusqu'à l'époque où la loi aura été rendue; à la charge par eux de payer la redevance annuelle, ainsi qu'il est dit ci-dessus.

5. Tous les biens communaux possédés, à l'époque de la publication de la présente loi, sans acte de partage, et qui ne seront pas dans le cas précisé par l'article 3, ou pour lesquels les déclarations et soumissions de redevance n'auront pas été faites dans le délai et suivant les formes prescrites par le même article, rentreront entre les mains des communautés d'habitans.

En conséquence, les maires et adjoints, les conseils municipaux, les sous-préfets et préfets, feront et ordonneront toutes les diligences nécessaires pour faire rentrer les communes en possession.

6. Toutes les contestations relatives à l'occupation desdits biens, qui pourront s'élever entre les copartageans, détenteurs ou occupans depuis la loi du 10 juin 1793, et les communes, soit sur les actes et les preuves de partage de biens communaux, soit sur l'exécution des conditions prescrites par l'article 3 de la présente loi, seront jugées par le conseil de préfecture.

7. Quant aux actions que des tiers pourraient avoir à intenter sur ces mêmes biens, le sursis prononcé par la loi du 21 prairial an 4, à toutes poursuites et actions résultant de l'exécution de la loi du 10 juin 1793, est levé.

8. En conséquence, toutes personnes prétendant des droits de propriété sur les biens communaux partagés ou occupés par des particuliers comme biens communaux, pourront se pourvoir par-devant les tribunaux ordinaires pour raison de ces droits; à la charge cependant de justifier qu'elles, ou ceux aux droits de qui elles se trouvent, étaient en possession des biens dont elles répètent la propriété, avant le 4 août 1789, ou qu'à cette époque il y avait instance devant les tribunaux pour la réintégration.

La prescription, la péremption d'instance, et le délai du pourvoi en cassation, lorsqu'il n'aura pas été échu avant le 21 prairial an IV, ne courront contre elles qu'à dater du jour de la publication de la présente loi.

Il ne sera prononcé de restitution de fruits en jouissance, ni par les tribunaux, en faveur des tiers, dans le cas des répétitions prévues par l'article précédent, ni par les conseils de préfecture, en faveur des communes, dans celui mentionné en l'art. 5, qu'à compter du jour de la demande pour les particuliers, et à compter du 1er vendémiaire an XIII pour les communes.

Nota. La disposition de cet article 9 est applicable aux biens communaux qui n'ont pas été partagés. (*Avis du conseil d'état, approuvé le 7 juillet 1808. Bull. 198.*)

10. Ne pourront également les détenteurs actuels ou occupant même en vertu d'un partage dont l'acte aurait été dressé qui se trouveront évincés par suite des actions intentées dans l'un ou l'autre cas, répéter soit à l'égard des communes, soit à l'égard des copartageans, aucune indemnité pour raison de l'éviction qu'ils auront soufferte, à moins qu'ils n'aient fait des plantations et des constructions; auquel cas ils seront indemnisés par la partie, conformément à la dernière disposition de l'article 548 du Code civil.

Les dispositions de l'arrêté du préfet du département du Nord, du 9 ventôse an XI — 28 février 1803, portant annullation du partage fait des marais communaux renfermant une quantité plus ou moins considérable de tourbe, sont approuvées.

Extrait du décret du 4e jour complémentaire an XIII—21 septembre 1805. (Bull. 58.)

1. Les dispositions de la loi du 9 ventôse an XII—29 février 1804, s'appliquent à tous partages de biens communaux, effectués avant la loi du 10 juin 1793, en vertu d'arrêts du conseil, d'ordonnances des états et autres émanés des autorités compétentes, conformément aux usages établis.

2. Toutes les fois que les conseils de préfecture, par suite de l'attribution qui leur est faite dans l'article 6 de la loi, connaîtront de contestations en matière de partages de biens communaux, soit antérieurs, soit postérieurs à la date de cette loi, et auront à prononcer sur le maintien ou l'annullation desdits partages, les jugemens rendus par eux ne pourront être mis à exécution qu'après avoir été soumis à notre conseil d'état, pour être confirmés, s'il y a lieu, par un décret émané de nous, sur le rapport de notre ministre de l'intérieur.

Nota. On doit admettre la preuve testimoniale qu'un acte de partage a existé, et, en conséquence, le conseil de préfecture peut déléguer un de ses membres pour, sur l'autorisation du préfet (*comme seul administrateur ou agent d'exécution*), aller faire, sur les lieux, une enquête relative à l'époque où le partage a été fait, au système qu'on y a suivi, à la nature de l'acte qui en fut dressé, et à la manière dont il a été égaré, soustrait ou détruit.

Les conseils de préfecture ne doivent pas connaître des contestations, relatives aux partages, sur lesquelles les administrations centrales, les préfets ou les ministres avaient déjà prononcé. Ces nouvelles contestations doivent être renvoyées directement au gouvernement pour être jugées définitivement.

Les copartageans dont les partages sont annulés, peuvent faire, dans les trois mois qui suivent l'annullation, la déclaration de l'intention d'acquérir.

On ne doit pas confondre les usurpateurs des biens communaux avec les copartageans. La dépossession des premiers doit être poursuivie devant les tribunaux, s'ils ne reconnaissent pas leur usurpation. (*Instruction du 8 brumaire an* xiv—*30 octobre* 1805.)

Extrait du décret du 9 brumaire an xiii—*31 octobre* 1804. (*Bull.* 20.)

1. Les communautés d'habitans qui, n'ayant pas profité du bénéfice de la loi du 10 juin 1793 relative au partage des biens communaux, ont conservé, après la publication de cette loi, le mode de jouissance de leurs biens communaux, continueront de jouir de la même manière desdits biens.

2. Ce mode ne pourra être changé que par un décret rendu sur la demande des conseils municipaux, après que le sous-préfet de l'arrondissement et le préfet auront donné leur avis.

3. Si la loi du 10 juin 1793 a été exécutée dans ces communes, et qu'en vertu de l'article 12, section 3 de cette loi, il ait été établi un nouveau mode de jouissance, ce mode sera exécuté provisoirement.

4. Toutefois les communautés d'habitans pourront délibérer par l'organe des conseils municipaux, un nouveau mode de jouissance.

5. La délibération du conseil sera, avec l'avis du sous-préfet, transmise au préfet qui l'approuvera, rejettera ou modifiera, en conseil de préfecture, sauf, de la part du conseil muni-

cipal, et même d'un ou plusieurs habitans ou ayant droit à la jouissance, le recours au conseil-d'état.

Extrait de l'avis du conseil-d'état du 29 mai 1808.
(Bull. 194.)

Le conseil-d'état est d'avis que lorsqu'en vertu de la loi du 10 juin 1793, il s'est opéré un changement dans le mode de jouissance des biens communaux d'une commune, et que ce changement a été exécuté, les demandes d'un nouveau mode de jouissance doivent être présentées au conseil de préfecture, et soumises de droit, comme les affaires de biens communaux, au conseil-d'état.

Nota. La loi distingue deux sortes de biens communaux : les uns, dont la jouissance est commune à tous; les autres, dont on ne peut jouir en commun, et qui sont loués au profit de la commune. C'est seulement le produit de cette dernière espèce de biens que la loi du 11 frimaire an VII—1er décembre 1798, ordonne de verser dans la caisse municipale, celui des autres biens devant être consommé en nature par les habitans. *Nul habitant n'est propriétaire privativement, c'est la commune seule qui l'est : tous ne jouissent pas, mais tous ont droit de jouir des biens communaux.*

Extrait de l'avis du conseil-d'état du 18 juin 1809.
(Bull. 249.)

Toutes les usurpations de biens communaux depuis la loi du 10 juin 1793, jusqu'à celle du 9 ventôse an 12, soit qu'il y ait eu, ou non, de partage exécuté, doivent être jugées par les conseils de préfecture, lorsqu'il s'agit de l'intérêt de la commune contre les usurpateurs; mais à l'égard des usurpations d'un copartageant, vis-à-vis d'un autre, elles sont du ressort des tribunaux.

Extrait de la loi du 10 mai 1806 (Bull. 91), portant qu'il sera ouvert un canal de navigation entre l'Escaut et le Rhin.

Art. 6. Il sera procédé à la reconnaissance de tous les terrains en landes, bruyères ou marais non cultivés, ni plantés en bois, qui se trouveraient à la distance d'un myriamètre des francs-bords du canal et de la rigole navigable, tirée de la rivière du Jaars, pour en vérifier la propriété.

7. Ceux de ces terrains appartenant à des particuliers devront être mis par eux en culture ou plantés en bois dans les délais et aux conditions qui seront fixés par des réglemens d'administration publique; faute de quoi, leurs terrains seront acquis par le domaine, et payés à estimation sur le pied de la valeur qu'ils ont actuellement.

8. Sur les terrains appartenant aux communes, il sera fait distraction des portions qui seront jugées convenables pour le pacage commun des bestiaux de la commune; le surplus desdits terrains appartenant aux communes sera, par elles, mis en culture ou planté en bois dans les mêmes délais qui seront déterminés pour les terrains des particuliers; faute de quoi, ces portions seront acquises par le domaine, comme il est dit à l'article précédent pour les terrains des particuliers.

9. Les portions desdits terrains qui appartiennent au domaine, ou qui y sont réunies par acquisition, seront semées ou plantées en bois aux frais de l'administration publique: néanmoins les terrains qui offriraient plus d'avantage à être mis en culture, recevront cette destination; ils pourront être, en conséquence, aliénés ou donnés à bail emphytéotique, en vertu d'un décret pris par S. M. en conseil-d'état.

Ordonnance du roi relative à la réintégration des communes dans leurs droits sur les biens communaux usurpés, du 23 juin 1819. (Bull. 290.)

Louis, par la grâce de Dieu, roi de France et de Navarre, à tous ceux qui ces présentes verront, salut.

Sur ce qui nous a été représenté que l'intérêt des communes exigeait qu'il fût pris des mesures efficaces pour réprimer les usurpations et occupations irrégulières de leurs biens opérées sans titre ni autorisation quelconques; que les lois et décrets intervenus sur les partages de biens communaux ayant donné lieu à diverses interprétations et à des doutes sur la compétence des autorités judiciaires et administratives pour le jugement des difficultés relatives aux usurpations, l'avis du conseil-d'état, approuvé le 18 juin 1809, avait attribué le jugement des usurpations, toutes les fois qu'il s'agissait de l'intérêt d'une commune contre les usurpateurs, aux conseils de préfecture, déjà saisis de la connaissance de toutes les difficultés résultant des partages de biens communaux effectués en vertu ou par suite de la loi du 10 juin 1793; mais que les usurpateurs n'avaient été admis, ni par cet avis, ni par aucune disposition postérieure, au bénéfice de l'art. 3 de la loi du 9 ventôse an XII—29 février 1804, qui maintient en possession, à certaines conditions, les détenteurs de biens communaux en vertu d'un partage dont il n'aurait pas été dressé acte; que, dès-lors, les usurpateurs, craignant de se voir dépossédés ou d'être contraints à tenir compte des fruits des portions de terrain par eux occupées depuis nombre d'années, avaient redoublé d'efforts pour dérober à l'administration la connaissance de leurs envahissemens; que, d'un autre côté, les administrations locales avaient mis peu d'activité dans la recherche des biens communaux ainsi envahis, et que cette négligence pouvait être attribuée à la crainte de réduire à une ruine certaine les usurpateurs contre lesquels elles auraient dirigé leurs poursuites, et avec lesquels elles n'étaient point autorisées à transiger, lors même que des dépenses de défrichement, de plantation, de clôture ou de construction, faites sur le terrain usurpé, semblaient commander quelques ménagemens;

A quoi voulant pourvoir;

Considérant qu'il est du plus grand intérêt pour les communes de notre royaume de rentrer dans la jouissance de leurs biens communaux usurpés, ou d'en retirer une redevance annuelle qui, en ajoutant à leurs ressources actuelles, les indemnise des pertes qu'elles ont éprouvées depuis quelques années;

Que, si l'attribution donnée précédemment aux conseils de préfecture pour juger en matière d'usurpation de biens communaux comme en matière de partage, assure aux communes les moyens de poursuivre sans frais leur réintégration dans tous leurs droits, il nous appartient de faciliter cette réintégration, en usant, au profit des communes, de la faculté résultant de la tutelle qui nous est déférée par les lois, et en les autorisant à transiger avec les usurpateurs, à des conditions telles, que ceux-ci soient amenés à légitimer leur possession par un sacrifice modéré, et que les autorités municipales n'aient plus de motifs pour tolérer l'envahissement des biens communaux;

Notre conseil-d'état entendu,

Nous avons ordonné et ordonnons ce qui suit :

Art. Ier. Les administrations locales s'occuperont, sans délai, de la recherche et de la reconnaissance des terrains usurpés sur les communes depuis la publication de la loi du 10 juin 1793, et généralement de tous les biens d'origine communale, actuellement en jouissance privée, dont l'occupation ne résulte d'aucun acte de concession ou de partage, écrit ou verbal, qui ait dessaisi la communauté de ses droits en faveur des détenteurs.

II. Chaque détenteur est tenu de faire, dans le délai de 3 mois, à compter de la publication de la présente ordonnance, au chef-lieu de sa commune, la déclaration des biens communaux dont il jouit sans droit ni autorisation. Ladite déclaration, adressée au maire, indiquera l'origine de l'usurpation, la quotité, la situation et les limites des terrains usurpés, la nature de ces biens à l'époque de l'usurpation, et les améliorations, telles que défrichemens, plantations, clôtures et constructions, qu'ils auraient reçues depuis par le fait du déclarant.

III. Les détenteurs qui auront satisfait à cette obligation, pourront, sur la proposition du conseil municipal, et de l'avis du sous-préfet et du préfet, être maintenus en possession définitive des biens par eux déclarés, s'ils s'engagent, dans les mêmes délais, par soumissions écrites, et chacun pour soi, à payer à la commune propriétaire les quatre cinquièmes de la valeur actuelle desdits biens, déduction faite de la plus value résultant des améliorations ou une redevance annuelle égale au vingtième du prix du fonds, ainsi évalué et réduit, à dire d'experts.

Ils auront droit, en outre, à la remise des fruits qui pourraient être exigés à compter du 1er vendémiaire an XIII—23 septembre 1804, pour les usurpations antérieures à cette époque, conformément aux lois sur les biens communaux illégalement partagés.

IV. Tout détenteur qui n'aurait pas rempli, dans les délais déterminés, les obligations et conditions prescrites par les précédentes dispositions, sera poursuivi, à la diligence du maire, devant le conseil de préfecture, en restitution des terrains usurpés et des fruits exigibles.

Dans le cas où, par l'effet de ces poursuites, il demanderait à se rendre acquéreur desdits biens, l'aliénation ne pourra lui en être faite, le vœu et l'intérêt de la commune ne s'y opposant point, que moyennant le paiement de la valeur intégrale du fonds, sans aucune remise ni modération, et suivant toute la rigueur du droit commun.

V. Dans aucun cas, l'aliénation définitive des biens communaux usurpés ne pourra être consommée qu'en vertu de notre autorisation, et après que toutes les formalités applicables aux actes translatifs de la propriété communale auront été remplies.

VI. Conformément aux dispositions de la loi du 9 ventôse an XII—29 février 1804, et de l'avis interprétatif du 18 juin 1809, les conseils de préfecture demeureront juges des contestations sur le fait de l'étendue de l'usurpation, sauf le cas où, le détenteur niant l'usurpation et se prétendant propriétaire à tout autre titre qu'en vertu d'un partage, il s'élèverait des questions de propriété, pour lesquelles les parties auraient à se pourvoir devant les tribunaux, après s'y être fait autoriser, s'il y a lieu, par les conseils de préfecture.

Nota. Une ordonnance antérieure, du 10 février 1816 (*Bull.* 70), déclarait que l'avis du conseil-d'état du 18 juin 1809, qui attribuait aux conseils de préfecture le jugement des usurpations ▮▮▮▮ rains communaux, n'était applicable que lorsque ▮▮▮▮ité *communale* du terrain n'était pas contestée; et que, dans le cas contraire, les tribunaux ordinaires étaient juges de la question de propriété.

Cette ordonnance a annulé un arrêté du conseil de préfecture du département de l'Yonne, du 30 décembre 1814, pour cause d'incompétence, comme s'étant attribué la connaissance de l'affaire, quoiqu'il s'agît de question de propriété dont la communalité était contestée, et a renvoyé les parties devant les tribunaux ordinaires. Voyez *Baux*, l'ordonnance du 7 octobre 1818.

Circulaire ministérielle relative à l'exécution de l'ordonnance du 23 juin 1819.

M. le préfet, les communautés d'habitans n'ont pas toujours eu à s'applaudir des effets de la loi du 10 juin 1793, qui a autorisé le partage des biens communaux. Vous n'ignorez pas de combien d'abus son exécution a été suivie.

Non-seulement un grand nombre de partages ont été délibérés et opérés sans l'accomplissement des formalités prescrites, et souvent même sans qu'il en ait été dressé acte; mais des individus agissant isolément, et dont les entreprises n'étaient ni justifiées par les lois ni autorisées par les administrations locales, se sont emparés, de leur propre mouvement, d'une partie des terrains soustraits au partage; et ce système d'envahissement favorisé par la négligence des autorités, n'a fait que s'étendre et se fortifier jusqu'à la publication de la loi du 9 ventôse an XII.

Il y a, entre ces deux cas, une différence essentielle et qu'il ne faut pas perdre de vue.

Le premier ne présente qu'un vice de forme dans une entreprise légale; le second constitue une véritable usurpation.

La loi du 9 ventôse a validé la possession des détenteurs de communaux à titre de partage, et prescrit des obligations à ceux dont la jouissance n'était légitimée par aucun acte existant.

Mais spécialement destinée à réprimer les abus et à régulariser les effets des lois antérieures sur le partage, la loi du 9 ventôse ne pouvait convenablement s'appliquer aux occupations résultant d'une usurpation manifeste.

Outre qu'elle ne contient aucune disposition explicite sur les communaux usurpés, la raison et l'équité ne permettaient pas de l'interpréter en ce sens, où elle aurait compris dans une même catégorie et fait pa.... au même bénéfice le possesseur de bonne foi qui n'a.... que concourir à l'exercice d'un droit reconnu, et le détenteur dont la jouissance, fruit d'une spoliation réelle, ne pouvait lui constituer aucun droit.

Néanmoins les autorités locales ont pu ne pas apprécier exactement cette différence.

On conçoit aussi qu'admettant une distinction, le silence de la loi et le défaut de règle ont dû souvent les arrêter dans les mesures qu'elles auraient pu prendre ou proposer pour la conservation des droits des communes contre les usurpateurs.

Ce n'est pas que, parmi ces derniers, ceux dont l'occupation plus ou moins ancienne a été suivie d'une jouissance laborieuse et paisible, n'aient pu invoquer l'indulgence de l'autorité et le bénéfice d'une amiable composition.

On ne pourrait pas dire non plus que les moyens eussent manqué à l'administration pour réprimer les envahissemens notoires et faire rentrer les communes dans leurs droits. Les lois ont, depuis longtemps, investi les conseils de préfecture du pouvoir de juger les causes de cette espèce, et d'ordonner une juste restitution.

Mais il est souvent arrivé que l'autorité municipale, ayant bien moins en vue de provoquer une restitution rigoureuse que de s'ouvrir une voie de conciliation, s'est abstenue de toutes poursuites, soit par ménagement pour ses administrés, soit parce qu'elle ignorait jusqu'à quel point et à quelles conditions le détenteur d'un bien usurpé pourrait être maintenu dans sa jouissance.

L'ordonnance du 23 juin dernier, dont je joins ici un exemplaire, établit à ce sujet des règles qui, puisées dans les maximes d'une administration paternelle, semblent devoir lever toutes difficultés, ou du moins ôter tout prétexte à la négligence et à la mauvaise foi.

Ses dispositions ont principalement pour objet de modérer l'exercice du droit rigoureux des communes dans l'intérêt des détenteurs qui déclareront leur usurpation; elles détermineront les bases des transactions qui pourraient être admises; elles laissent à l'autorité municipale toute la latitude désirable pour encourager la soumission par l'assurance d'un bénéfice réel; elles donnent à l'usurpateur les moyens de conserver, à des conditions avantageuses, le fruit de son industrie et de ses dépenses; l'effet de leur exécution doit être, enfin, d'assurer le droit de chacun, sans froissement et sans contrainte pour celui qui n'aurait fait que s'abuser sur la légitimité de son titre.

Mais autant ces dispositions seraient favorables aux détenteurs qui s'empresseraient d'y satisfaire, autant l'administration devra s'armer de sévérité contre ceux qui, refusant de s'y soumettre, s'exposeraient à des poursuites qu'aucune considération ne pourrait plus empêcher.

Vous remarquerez, monsieur le préfet, qu'il s'agit ici d'une mesure qui intéresse personnellement chaque détenteur, et que l'ordonnance ne peut recevoir trop de publicité, surtout dans les communes où la dispersion des habitans donnerait toujours lieu de craindre qu'elle ne fût pas généralement connue, si l'on ne prenait toutes les précautions nécessaires en pareil cas.

Dans les instructions que vous adresserez aux maires, vous insisterez sur ce point essentiel, en leur rappelant les voies de publications accoutumées.

Il est des localités où vous aurez à combattre d'anciennes résistances de la part des détenteurs, et peut-être aussi les fausses interprétations que l'autorité municipale pourrait donner à l'article 5 de l'ordonnance dont nous nous occupons.

Vous représenterez aux maires, dans l'intérêt des communes, qu'il n'est point question de contraindre le vœu des conseils municipaux, mais seulement de leur laisser la faculté de transiger quand ils le jugeront convenable, sauf l'approbation par le roi, des concessions qu'ils auraient consenties.

Vous leur ferez remarquer, dans l'intérêt des détenteurs, que ceux-ci ne seraient fondés, ni en droit ni en raison, à refuser de se soumettre aux conditions de l'espèce d'amnistie qui leur est offerte; qu'exposés, par une insoumission qui deviendrait sans excuse, à des poursuites non moins onéreuses que désagréables, ils ne sauraient hésiter à acquérir, au prix d'un léger sacrifice, la possession d'un bien qu'ils ne peuvent plus espérer de retenir à titre purement gratuit; et que loin de leur être profitable, le refus de se déclarer dans les délais prescrits, leur ferait perdre l'avantage de conserver le fruit de leur usurpation moyennant l'indemnité fixée par l'article 3.

Vous ajouterez à ces observations celles que vous fournirait la connaissance particulière que vous avez de la situation des communes de votre département, et des circonstances locales qui pourraient entraver ou favoriser le succès des mesures dont il s'agit. Vous ne négligerez aucun des moyens de confiance et de persuasion qui sont en vous pour faire sentir aux maires la nécessité d'une coopération franche et assidue à l'exécution de ces mesures. Pour peu qu'ils considèrent les ressources précieuses et plus ou moins indispensables que les communes peuvent en retirer, ils apprécieront l'importance de leurs obligations, et le mérite des services que l'administration attend de leur vigilance et de leur fermeté.

Les communautés d'habitans et les établissemens publics étant, ainsi que les particuliers, soumis aux lois de la prescription, les maires s'attacheront à en prévenir l'effet; ils arrêteront la marche des détenteurs vers ce but où le droit légitime devient impuissant et la spoliation, légale; et plus la durée de l'usurpation approchera du terme de trente années, plus ils mettront d'empressement à ressaisir leurs communes d'un droit prêt à leur échapper.

Je ne veux pas supposer qu'il a existé parmi ces fonctionnaires et dans les conseils municipaux, des hommes personnellement intéressés au maintien des usurpations, qui n'auraient pas usé de toute leur influence pour les réprimer, qui se seraient même opposés à leur répression. Si, pourtant, on avait eu des exemples d'une telle conduite, j'aime à me persuader qu'ils ne se renouvelleraient plus, et que, désormais pénétré du sentiment de ses devoirs, un dépositaire infidèle de l'autorité, s'empresserait de saisir cette occasion de réparer des torts aussi graves.

D'ailleurs, les maires qui auraient à se reprocher d'ancien-

nes erreurs, comprendront combien il serait désagréable pour
vous et peu honorable pour eux de vous mettre dans la nécessité de déléguer des commissaires qui seraient chargés de
les suppléer dans l'accomplissement de leurs premiers devoirs, et de procéder à la reconnaissance des usurpations cé-
lées, protégées et toujours croissantes sous les yeux d'une autorité sans caractère et sans vigueur.

C'est, en effet, le dernier parti qui vous resterait à prendre
à l'égard des communes présumées victimes d'envahissemens,
où l'ordonnance du 3 juin serait demeurée sans résultat.

En pareille conjoncture, vous auriez à examiner s'il ne
conviendrait pas de proroger les délais prescrits par l'art. 2,
en faveur des détenteurs qui n'auraient pas été mis à même
de faire leurs déclarations, et vous me proposeriez, par un
projet d'arrêté spécial, les mesures d'exception qui vous pa-
raîtraient nécessaires.

L'article 3 porte que les terrains soumissionnés pourront
être acquis moyennant les quatre cinquièmes de leur valeur
intrinsèque au moment de l'occupation.

Rien n'empêcherait que les détenteurs ne fussent admis à
servir une redevance représentative de cette valeur, ou à
payer le principal, pour être employé par les maires au profit de leurs communes en acquisitions de rentes sur l'état.

Il n'est point, au surplus, dérogé par l'article 4 aux lois et
actes du gouvernement, notamment à l'art. 6 de la loi du 9
ventôse, et à l'avis du conseil-d'état du 18 juin 1809, qui attribuait aux conseils de préfecture la connaissance des contestations en matière d'usurpations communales.

Mais on ne doit point perdre de vue cette règle consacrée
par l'ordonnance du 10 février 1816, et précédemment rappelée dans l'avis du conseil du 30 juin 1813, d'où il résulte
que l'interprétation des titres de propriété et l'application des
maximes du droit civil, étant du ressort exclusif des tribunaux
ordinaires, le conseil de préfecture cesse d'être compétent dès
que la qualité de communal est constatée par le prévenu d'u-
surpation.

Néanmoins, soit qu'avant l'expiration des délais prescrits,
et dans le cours des déclarations, il s'élève des difficultés sur
l'origine d'un bien réputé usurpé ou signalé comme tel; soit
qu'il s'agisse de poursuivre, après l'expiration des mêmes délais, un prévenu d'usurpation qui ne se serait pas conformé
aux dispositions de l'art. 2, les parties devront être renvoyées
devant le conseil de préfecture, qui, suivant la nature de la
cause, statuera sur le fond, ou déclarera que le jugement en
appartient aux tribunaux.

Dans le premier cas, le conseil de préfecture décidera la question de l'envahissement, et ordonnera la restitution du terrain litigieux, s'il est retenu par un récalcitrant.

Dans le second cas, il autorisera, s'il y a lieu, la commune à soutenir ses prétentions en justice réglée.

Tels sont les moyens que les lois mettent à la disposition de l'autorité municipale pour faire juger les questions élevées de bonne foi, ou vaincre des résistances mal entendues.

Je me plais à penser que les récalcitrans ne formeront pas le plus grand nombre. Les dispositions conciliatrices de l'ordonnance du 23 juin, promettent des résultats plus satisfaisans : et je ne doute pas, Monsieur le préfet, que vous ne parveniez à en assurer le succès par tout ce qu'on peut attendre d'un zèle empressé et de sages directions.

Le conseiller-d'état, directeur-général de l'administration communale et départementale,

Signé GUIZOT.

Règles, maximes et principes de la jurisprudence du conseil-d'état et de la cour de cassation sur les effets du partage des biens communaux, en exécution des lois du 28 août 1792 et du 10 juin 1793.

Les possesseurs de communaux desséchés, en vertu de la déclaration du 5 juillet 1770, sont compris dans la disposition de l'article 7, section IV de la loi du 10 juin. (*Arrêt de la cour de cassation du 4 frimaire an VIII—25 novembre 1799.*)

De ce que la loi du 28 brumaire an VII—18 novembre 1798, n'a pas fixé le délai pour l'appel qu'elle permet d'interjeter des jugemens arbitraux, rendus au profit des communes contre l'état, relativement à des bois et forêts, il ne faut pas en conclure qu'on doive s'en référer à la loi générale du 24 août 1790, pour fixer dans ce cas les délais de l'appel. (Coussey.—*Arrêt de la cour de cassation du 4 messidor an IX—23 juin 1801.*)

La commune qui, en vertu de la loi du 28 août 1792, est réintégrée dans les biens dont elle avait été dépouillée par la puissance féodale, ne peut demander la restitution des fruits perçus par le ci-devant seigneur. (*Arrêt* de la cour de cassation du 22 vendémiaire an x—14 octobre 1801.)

Le droit de participer au partage des biens communaux d'une commune n'appartient pas à la commune voisine, par cela seul qu'elle a le droit de parcours sur ces biens. (*Arrêt de la cour de cassation du 22 brumaire an x—13 novembre* 1801.)

Ceux qui avaient la possession des communaux par défrichement ou culture, avant la loi du 21 prairial an iv, sont maintenus indéfiniment en jouissance. (*Arrêt de la cour de cassation du 20 messidor an x—9 juillet* 1801.)

L'article 8 de la loi du 28 août 1792, qui réintègre les communes dans la possession des biens dont elles ont été dépouillées par les ci-devant seigneurs, n'a d'effet que contre les seigneurs mêmes des communes réclamantes. (*Arrêt de la cour de cassation du 3 prairial an xi—23 mai* 1803.)

Pour qu'une commune soit réintégrée en vertu de l'article 8 de la loi du 28 août 1792, il ne suffit pas qu'elle justifie avoir eu jadis *des prétentions* sur les biens qu'elle réclame, il faut qu'elle prouve les avoir *possédés*. En conséquence, la transaction par laquelle une commune, pour mettre fin à un procès existant entre elle et son seigneur, lui a abandonné la propriété d'un bois que le seigneur prétendait avoir toujours possédé, n'est pas en soi une preuve que la commune ait possédé jadis, et ait été illégalement dépossédée. (*Arrêt de la cour de cassation du 8 messidor an xii—27 juin* 1804.)

La loi du 28 août 1792 n'a pas laissé aux tribunaux la faculté indéfinie de fixer l'époque à partir de laquelle les ci-devant seigneurs évincés seraient obligés à la restitution des fruits.

Les juges doivent, comme dans les cas ordinaires, prendre pour base de cette restitution la bonne ou la mauvaise foi du possesseur. (*Arrêt de la cour de cassation du 25 frimaire an xiv—16 décembre* 1805.)

La loi du 28 août 1792 qui donne (*art.* 8), aux communes le droit de se faire réintégrer dans les biens qu'elles justifieront avoir anciennement possédés, n'est pas applicable aux biens que les ci-devant seigneurs prouvent, par actes authentiques, avoir légitimement acquis. (*Arrêt de la cour de cassation du 17 février 1806.*)

C'est à l'autorité judiciaire, et non à l'autorité administrative, qu'il appartient de statuer en matière d'usurpations de biens communaux commises depuis la loi du 10 juin 1793 jusqu'à la loi du 9 ventôse an XII ; encore qu'il s'agisse de l'intérêt de la commune contre les usurpateurs, il n'y aurait exception qu'autant que le détenteur exciperait d'un partage. (*Arrêt de la cour de cassation du 15 mars 1806.*)

Les biens communaux étant susceptibles de prescription, cette espèce de biens peut être possédée comme tous autres, en nom individuel et à titre exclusif. En conséquence, même à l'égard des biens communaux, il peut y avoir action possessoire devant le juge-de-paix; et sur cette action, doit être suivie la règle qui fait maintenir ou réintégrer celui qui a la possession annale. (*Arrêt de la cour de cassation du 1er avril 1806.*)

On ne peut réputer terres vaines et vagues, à l'effet d'y appliquer l'article 8 de la section IV de la loi du 10 juin 1793, des biens qualifiés de vacans dans des titres très-anciens, lorsque depuis long-temps ils sont en nature de bois ou en nature de terres à labour et de vignes. (*Arrêt de la cour de cassation du 24 mars 1807.*)

Les lois qui ont réintégré les communes dans les biens jadis possédés par elles (à moins de preuves d'achats légitimes par le détenteur), ne sont pas applicables, lorsque ces biens se trouvent dans les mains d'un souverain qui n'est pas seigneur féodal. (*Arrêt de la cour de cassation du 5 avril 1808.*)

Pour fixer la dénomination des terres vaines et vagues, ou de terres cultivées et en état de production, il faut faire abstraction de leur nature ancienne, et considérer l'état où elles étaient lors de la publication des lois des 28 août 1792 et 10 juin 1793.

Les communes qui s'emparèrent, par voies de fait, des terres vaines et vagues, au lieu de se les faire adjuger dans les 5 ans fixés par la loi du 28 août 1792, encoururent déchéance. (*Arrêt de la cour de cassation du 27 avril 1808.*)

L'article 8 de la loi du 28 août 1792, relatif à la réintégration des communes dans les biens qu'elles ont anciennement possédés, ne reçoit pas son application, 1° au cas où il s'agit du domaine de la couronne; 2° lorsque les prétendus usurpateurs n'avaient pas la seigneurie.

Pour jouir du bénéfice de la loi, les communes ont dû justifier de leur ancienne propriété, autrement que par tradition populaire ou par des délibérations des communes. (*Arrêt de la cour de cassation du 20 juin 1808.*)

L'article 9 de la loi du 9 ventôse an XII, sur la restitution des fruits, en cas de réintégration d'un propriétaire dans des biens occupés par des particuliers, comme biens communaux, est également applicable, soit que les biens aient été partagés, soit qu'ils soient restés dans l'état d'indivis. (*Avis du conseil-d'état des 28 juin et 17 juillet 1808.*)

Les communes ont pu, après la publication de la loi du 10 juin 1793, exercer le rachat des biens communaux et patrimoniaux, qu'elles avaient aliénés forcément et en temps de détresse. Ces expressions, *forcément et en temps de détresse,* peuvent s'entendre, même d'une aliénation consentie librement par la commune, mais à l'effet de payer des dettes onéreuses. (*Arrêt de la cour de cassation du 3 août 1808.*)

Selon la loi du 10 juin 1793, relative au partage des biens communaux, les arbitres ne pouvaient prendre pour base de leur sentence, ni la reconnaissance des bornes, ni l'ancienneté des clôtures et des cultures, lorsqu'il n'avait pas été, au préalable, procédé par des experts à la vérification des objets. (*Arrêt de la cour de cassation du 12 février 1809.*)

Entre plusieurs communes, ou plusieurs sections d'une commune, le partage des biens communaux doit être fait *par feux,* sans aucun égard à l'étendue plus ou moins grande du territoire. (*Arrêt de la cour de cassation du 12 septembre 1809.*)

La longue possession des ci-devant seigneurs ne suffit pas pour qu'ils puissent se prétendre propriétaires des terres vaines et vagues.

La preuve testimoniale est nécessairement admissible lorsqu'il s'agit d'établir qu'une commune a possédé, de temps immémorial, des marais productifs situés dans l'étendue de son territoire. (*Arrêt de la cour de cassation du 26 décembre 1810.*)

L'action en revendication de la part des communes qui ont vendu sans formalités, est couverte par la possession de 40 ans, surtout de la part des tiers-acquéreurs, de la part même d'un seigneur, dont la mouvance ne s'étendait pas sur la commune. (*Arrêt de la cour de cassation du 14 janvier 1811.*)

Pour qu'une commune soit réintégrée, en vertu de l'article 8 de la loi du 28 août 1792, il est nécessaire qu'elle ait anciennement possédé à titre de propriétaire, et surtout d'une manière *exclusive*. Il ne suffirait pas de prouver une possession vacillante et croisée. (*Arrêt de la cour de cassation du 12 mai 1812.*)

Les dispositions qui ordonnent le partage, *par feux*, des biens communaux dont plusieurs communes sont copropriétaires, s'appliquent aux bois comme aux autres natures de biens. Elles s'entendent du partage de la *propriété* comme du partage des coupes. Peu importe à cet égard que, dès auparavant, les communes aient été dans l'usage de se partager entre elles le produit et les charges par égales parts. (*Arrêt de la cour de cassation du 1er février 1814.*)

Les communes ne peuvent se faire réintégrer dans de prétendus vacans, possédés par leur ci-devant seigneur, s'il n'est déclaré constant que dans le temps antérieur, les terrains réclamés étaient *incultes*, et ne produisaient pas de fruits. (*Arrêt de la cour de cassation du 12 juillet 1814.*)

L'avis du conseil-d'état du 18 juin 1809, sur la compétence administrative en matière d'usurpation de biens communaux, ne s'applique qu'à des usurpations de terrains dont la qualité communale n'est pas contestée; il ne s'applique pas au cas où il faut apprécier des titres et une possession d'après les règles du Code civil. (*Ord. du roi du 10 février 1816.*)

Les usurpations de terrains communaux ne sont de la compétence de l'autorité administrative, que lorsque la qualité communale du terrain n'est pas contestée. Dans le cas contraire, les tribunaux ordinaires sont juges de la question de propriété. (*Ord. du roi du 10 février 1816.*)

D'après l'art. 3 de la loi du 9 ventôse an XII (qui maintient en possession provisoire et admet à devenir propriétaires incommutables, moyennant le paiement d'une redevance, les détenteurs de communaux en vertu de partage *dont il n'a point été dressé acte*, et qui, *ne pouvant justifier d'aucun titre écrit*, auraient défriché, planté, clos, etc., le terrain dont ils ont joui), l'irrégularité de forme dans les actes de partage de biens communaux, exécuté en vertu de la loi du 10 juin 1793, ne fait nullement obstacle à la confirmation de ce partage, lorsqu'il résulte des titres que les détenteurs réunissent à une longue et paisible jouissance, la possession de bonne foi. (*Ord. du roi du 3 juin 1818.*)

Un acte de partage de biens communaux doit être maintenu, quoique irrégulier dans sa forme, si les copartageans ont défriché, clos et bâti, avec possession longue, paisible et de bonne foi. (*Ordonn. du roi du 21 octobre 1818.*)

Lorsque l'acte de partage d'un bien communal ne peut être produit, si les détenteurs prouvent que l'acte a été brûlé, que le partage avait d'ailleurs été provoqué par délibération du conseil municipal; qu'ils ont constamment possédé, défriché, et même aliéné depuis 1793, le partage doit être réputé existant, valable et efficace. (*Ord. du roi du 20 octobre 1819.*)

L'avis du conseil-d'état, du 18 juin 1809, portant que les usurpations de terrains communaux, depuis la loi du 18 juin 1793, jusqu'à celle du 9 ventôse an XII, doivent être jugées par les conseils de préfecture, n'est applicable, d'après l'ordonnance du 10 février 1816, qu'aux usurpations des terres dont la qualité communale ne serait pas contestée. (*Ord. du roi du 1er décembre 1819.*)

Une commune n'est pas fondée à réclamer le maintien et l'exécution d'un nouveau mode de jouissance, en vertu d'une délibération du conseil municipal, non soumise à l'examen et à l'approbation de l'autorité supérieure. (*Ord. du roi du 30 mai 1821.*)

BIENS DES COMMUNES. Sous la dénomination de *Biens des communes*, nous comprenons ceux qui forment le *patrimoine* d'une commune, qui constituent ses revenus, et dont la conservation, la régie et l'administration sont dans les attributions du maire et du conseil municipal. (*Art.* 50 *de la loi du* 14 *décembre* 1789.)

Ces biens sont les *bâtimens civils* et *militaires*, tels que les *chapelles*, *églises* et *presbytères;* les *écoles* et *maisons destinées à l'instruction publique;* les *hôpitaux;* les *hôtels de ville;* les *salles de spectacle;* les *fontaines publiques;* les *casernes* et les *corps-de-garde.*

Les biens ruraux, tels que *fermes, métairies, prairies, moulins* et *usines;* les *bois communaux;* les *cimetières;* les locations des places dans les *foires, halles* et *marchés;* les *fossés* et *remparts des villes;* les *places publiques, promenades* et *emplacemens* utiles pour la salubrité, ou à l'agrément; et en général les *voies publiques;* les *octrois;* les droits de *voirie;* et ceux sur le *pesage,* le *mesurage,* le *jaugeage,* et les *spectacles* et *jeux publics;* le produit des *amendes de police;* enfin, les *inscriptions* sur le grand-livre de la dette publique; les droits d'expédition des actes de l'*état-civil;* et les *centimes additionnels.* Voy. *tous ces mots en particulier.*

Nous rappellerons ici les principales dispositions législatives et réglémentaires sur l'acquisition, l'aliénation, l'échange, la vente, l'adjudication, la location et l'administration de ces biens.

I. Les maires et adjoints ne peuvent se rendre adjudicataires des biens des communes ou des établissemens confiés à leurs soins. (*Art.* 1596 *du Code civil.*)

II. Les communes ne peuvent faire acquisition, aliénation ou échange de leurs biens, sans y être autorisées par une loi. Voy. *Acquisitions.*

III. Les baux des biens des communes sont soumis à des règlemens particuliers. (*Art.* 1712 *du Code civil.*) Voy. *Baux.*

IV. Les communes propriétaires d'un bien par indivis, et qui veulent faire cesser cet indivis, doivent le partager entre elles en raison du nombre de feux par chaque commune, et sans avoir égard à l'étendue du territoire de chacune d'elles. (*Avis du conseil-d'état du* 20 *juillet* 1807. *Bull.* 154). Ce principe a été appliqué au partage des bois que possèdent en indivis plusieurs communes, par l'avis du conseil-d'état du 26 avril 1808. (*Bull.* 194.)

V. Les communes qui peuvent justifier d'avoir ancien-

nement possédé des biens ou droits d'usage quelconques
dont elles auraient été dépouillées, en tout ou en partie,
par des ci-devant seigneurs, peuvent se faire réintégrer
dans la propriété et possession desdits biens et droits d'u-
sage; nonobstant tous les édits, déclarations, arrêts du
conseil, lettres-patentes, jugemens, transactions et possessions contraires; à moins que les ci-devant seigneurs
ne représentent un *acte authentique* constatant qu'ils
ont *acheté légitimement* lesdits biens. (*Loi du 28 août*
1792.)

La même loi les autorise à revendiquer les portions de
biens dont elles avaient été spoliées à titre de *triage*, de
cantonnement et autres modes de partages usités autrefois entre les communes et les ci-devant seigneurs; à s'approprier tous les arbres existans sur les chemins, autres
que les grandes routes, sur les rues, les places publiques,
en justifiant en avoir acquis la propriété par titre ou possession.

VI. La loi du 2 prairial an v—21 mai 1797 (*Bull.* 124)
avait ôté aux communes la faculté de vendre leurs biens,
quels qu'ils fussent, ni en exécution de l'article 2 de la
loi du 10 juin 1793, et de l'article 92 de la loi du 24 août
suivant, ni en vertu d'aucune loi. Elle a néanmoins maintenu les ventes légalement faites de ces mêmes biens, auxquelles a été conservé leur plein et entier effet. Elle a
ordonné qu'à l'avenir les communes ne pourraient faire
aucune aliénation ni aucun échange de leurs biens sans
une loi particulière.

Des lois des 7, 23, 30 avril 1806, 7, 8, 10 et 16 septembre 1807, insérées aux Bulletins des lois 95 et 173, et
d'autres lois insérées dans d'autres bulletins, ont autorisé
des aliénations de biens des communes.

VII. La loi sur les finances, du 20 mars 1813, publiée
le 30 (*Bull.* 489), a ordonné l'aliénation de quelques parties des biens des communes, et leur cession à la caisse
d'amortissement dans les termes qui suivent :

Les biens ruraux, maisons et usines, possédés par les communes, sont cédés à la caisse d'amortissement, qui en perce-
vra les revenus à partir du 1er janvier 1813. (*Art.* 1er.)

Sont exceptés les bois, les biens communaux proprement
dits, tels que patis, pâturages, tourbières et autres dont les ha-

bitans jouissent en commun, ainsi que les halles, marchés, promenades et emplacemens utiles pour la salubrité ou l'agrément.

Sont également exceptés les églises, les casernes, les hôtels-de-ville, les salles de spectacle et autres édifices que possèdent ces communes, et qui sont affectés à un service public.

En cas de difficultés entre les municipalités et la régie des domaines, il sera sursis par elle à la prise de possession des articles réclamés, et statué par le préfet, sauf le pourvoi au conseil-d'état. (*Art.* 2.)

Les communes recevront en inscriptions cinq pour cent, une rente proportionnée au revenu net des biens cédés, d'après la fixation qui en sera déterminée par un arrêt du conseil. (*Art.* 3.)

La régie de l'enregistrement prendra possession, au nom de la caisse d'amortissement, des biens cédés par l'article 1er, et ils seront mis en vente devant les préfets, et à la diligence des préposés de la régie, en la forme ordinaire, sur une première mise à prix de vingt fois le revenu pour les biens ruraux, et de quinze fois pour les maisons et usines. Le prix des adjudications sera payable, un sixième comptant, un second sixième dans les trois mois de l'adjudication, et les deux autres tiers d'année en année, à compter de l'échéance du premier terme, avec un intérêt à 5 pour 100 par an, tant du second sixième que des deux autres tiers, à partir du jour de l'adjudication. (*Art.* 4.)

La régie versera les revenus jusqu'à la vente, et le prix des adjudications, ainsi que les intérêts, à la caisse d'amortissement, qui réservera 5 millions pour le fond d'amortissement créé par l'article 8, et fournira au trésor public jusqu'à concurrence de 232 millions 500,000 fr. pour le service des exercices de 1811, 1812 et 1813.

Sur le surplus elle emploiera en achat de 5 pour 100 la somme nécessaire pour être en mesure de remplir la disposition de l'article 3. (*Art.* 5.)

La caisse d'amortissement paiera à chaque commune l'équivalent du revenu net dont elle aurait joui en 1813, d'après la fixation déterminée par un arrêt du conseil.

Les créanciers qui auront des hypothèques sur des biens compris dans la cession, auront le droit de transférer leurs hypothèques sur les autres biens qui restent à la commune; et en prenant cette inscription, avant le 1er janvier 1814, ils conserveront leur rang d'hypothèque.

A défaut d'autres biens restant à la commune, la rente

assurée par l'article 3, et les autres revenus de la commune, sont spécialement affectés à ses créanciers. (*Art.* 6.)

VIII. Un décret du 6 novembre 1813 (*Bull.* 533), fixe le mode de paiement à faire aux communes de l'équivalent du revenu net des biens des communes cédés à la caisse d'amortissement, en exécution de la loi précédente.

Sur la redevance annuelle des biens, établie et constatée, les déductions suivantes seront faites, savoir :

Pour les biens ruraux, déduction, 1° du montant des contributions; 2° d'un dixième du revenu brut, pour réparations et entretiens divers; 5° du dixième pour le culte, sur la somme restant après la première déduction;

Pour les maisons, déduction, 1° du montant des contributions; 2° du quart sur le revenu brut, pour réparation et entretiens divers; 3° du dixième pour le culte, à prendre sur le revenu brut, déduction faite des contributions;

Pour les usines, déduction, 1° du montant des contributions; 2° du tiers sur le revenu brut, pour réparations et entretiens divers; 3° du dixième de ce revenu pour le culte, déduction faite des contributions. (*Art.* 1er.)

76. Les directeurs délivreront aux maires des relevés, certifiés véritables, des sommiers; ces relevés comprendront chaque bien dont la caisse d'amortissement aura été mise en possession, et en constateront le revenu annuel, tout compris, réduit en numéraire pour les parties payables en nature.

Si tout ou partie du revenu d'un bien pour 1813 avait été reçu par la commune, avant la prise de possession, il en sera fait mention dans le relevé, et les sommes touchées seront déduites de la somme nette à payer. (*Art.* 2.)

Sur la remise de ces certificats, les préfets après vérification faite et avoir reconnu qu'il n'existe point de sursis à la mise en possession, ni de demande en pourvoi au conseil-d'état, feront opérer, sur le montant des redevances annuelles énoncées auxdits certificats, les déductions prescrites comme ci-dessus. (*Art.* 3.)

Les préfets délivreront ensuite des mandats, au profit des communes, jusqu'à concurrence de l'équivalent du revenu net pour 1813, en raison des crédits qui seront ouverts à cet effet, à la caisse du receveur-général, sur les produits des biens des communes provenant tant des revenus que des ventes. (*Art.* 4.)

Les crédits seront ouverts par le ministre du trésor sur la caisse du receveur-général du département, en raison des besoins de chaque département, et de manière que l'équivalent du revenu net des biens cédés soit payé aux communes, savoir : la première moitié au 1er décembre 1813, et la seconde moitié au 1er mars 1814. (*Art.* 5.)

IX. Une ordonnance du roi du 6 juin 1814, concernant l'exécution de la loi du 20 mars 1813, qui avait ordonné la vente des biens des communes, porte : 1° que l'équivalent du revenu net pour 1813, des biens des communes cédés à la caisse d'amortissement, sera immédiatement réglé et payé ;

2°. Que les communes recevront, également sans retard, le remplacement du revenu net desdits biens, en inscriptions au grand livre des 5 pour 100 consolidés, avec jouissance du 1er janvier 1814, même pour les biens qui n'auraient pas encore été vendus ;

3°. Que le revenu net sera établi conformément aux dispositions du décret du 6 novembre 1813 ;

4°. Que les acquéreurs des biens des communes sont tenus de payer le prix de leurs adjudications dans les délais fixes ; ceux actuellement en retard pourront être relevés des déchéances et amendes encourues, en payant les sommes échues, avec les intérêts, dans les six semaines de la date de l'ordonnance.

Voici le texte de la circulaire ministérielle adressée aux préfets le 9 juillet 1814, pour l'exécution de l'ordonnance ci-dessus.

D'après les ordres nouvellement donnés par M. le ministre secrétaire-d'état des finances, vous avez sans doute pris les mesures qui doivent procurer aux communes de votre département le paiement immédiat de l'équivalent du revenu net pour 1813, des biens cédés.

Le décret du 6 novembre a déterminé les règles générales qui seront suivies pour constater ce revenu net. Vous devez à cet égard vous reporter à l'instruction émanée de la direction générale de la comptabilité des communes le 20 novembre dernier, circulaire n° 22. Les moyens d'exécution qui y sont indiqués ayant été concertés avec le ministre des finances, l'équivalent du revenu foncier de 1813, peut être mis, sans retard ni difficulté, à la disposition des communes : vos premiers soins sont réclamés par celles qui n'ont aucune autre ressource pour payer leurs dépenses urgentes.

L'article 2 de l'ordonnance royale du 6 juin veut que les communes reçoivent également sans retard, le remplacement du revenu net des biens cédés en inscriptions au grand-livre des 5 pour 100 consolidés avec jouissance du 1er janvier 1814.

Aux termes de l'article 3 de la loi du 20 mars 1813, la quotité de la rente en 5 pour 100 doit être déterminée par un arrêt du conseil, et le décret du 21 du même mois charge le ministre de l'intérieur de présenter les états nécessaires pour la fixation de cette rente.

Pour que les communes soient, en exécution de l'ordonnance du roi, et le plus promptement possible, mises en possession d'une rente égale au revenu net des biens cédés, vous avez, M. le préfet, à m'adresser, sans délai, les extraits certifiés par les directeurs des domaines, et indicatifs des résultats de décomptes établis pour chaque commune qui a fait l'abandon de tous ses biens cessibles.

Il est entendu que votre envoi comprendra seulement les communes dont vous n'auriez pas déjà transmis les extraits de décompte à la direction des communes.

Ces extraits continueront d'être fournis conformes au modèle joint à la circulaire précitée du 20 novembre dernier. On suivra pour la rédaction, la marche tracée dans la seconde partie de cette instruction.

Vous ne perdrez pas un instant pour m'envoyer le complément des décomptes livrés. La célérité que vous mettrez dans vos derniers envois concourra à faire obtenir une plus prochaine fixation de la rente en faveur des communes. Il leur importe d'ailleurs, d'en connaître la quotité et de pouvoir bientôt disposer de ce revenu.

Je désire, monsieur le préfet, qu'en m'accusant réception de la présente circulaire, vous résumiez, du moins par approximation, l'état actuel de l'opération relative à la vente des biens des communes, dans le département que vous administrez. La situation établie numériquement et par sous-préfecture m'indiquera : 1° le capital présumé de tous les biens qui sont dans le cas de l'aliénation; 2° le montant du prix des ventes consommées; 3° l'évaluation des autres biens cédés sans opposition, mais dont les circonstances ont entravé l'aliénation; 4° le montant des propriétés communales non vendues par suite des recours en pourvoi au conseil.

Enfin, je vous prie de me rendre compte des difficultés qui pourraient exister relativement à la délivrance des décomptes, ou à l'occasion du paiement ordonné par le roi, de l'équivalent du revenu net pour 1813, ou bien par suite des réclamations qu'auraient faites quelques communes, et sur lesquelles il n'aurait point été statué.

X. La loi des finances du 25 septembre 1814, confirma la loi du 20 mars 1813, et le décret du 6 novembre
1813, et l'ordonnance royale du 6 juin 1814. Mais l'article 15 de la loi du 28 avril 1816 (1re *partie*), a ordonné
que les biens des communes, non encore vendus, seraient
mis à leur disposition, comme ils l'étaient avant la loi du
20 mars 1813.

L'article 11 de l'ordonnance du roi du 7 octobre 1814
(*Bull.* 46), détermine le mode de vente des bois de l'état,
et déclare applicables aux ventes des biens des communes
les règles établies par les articles 2, 5 et suivans de ladite
ordonnance.

Nota. Voici le texte de la circulaire écrite aux préfets,
le 31 octobre 1818, par M. de Chabrol, sous-secrétaire
d'état au département de l'intérieur, pour l'exécution
de l'ordonnance précédente.

Monsieur le préfet, occupé des moyens d'améliorer la situation financière des communes, et de répondre aux vœux
émis par les conseils-généraux de département dans leur dernière session; le ministre de l'intérieur s'est concerté avec le
ministre des finances pour accélérer la liquidation et l'inscription définitive au grand-livre, des rentes qui reviennent
aux communes pour prix de la cession qu'elles ont faite à
l'ancienne caisse d'amortissement de leurs biens affermés en
exécution de la loi du 20 mars 1813.

Le ministre des finances, qui avait précédemment informé
Son Exc. des mesures extraordinaires qu'il avait adoptées
pour accélérer ces liquidations, vient de lui donner l'assurance que toutes les communes, dont les pièces sont parvenues à son ministère, seront inscrites au grand-livre pour
la rente à laquelle chacune a droit, dans le cours de ce
mois.

Quant aux liquidations dont les pièces ne sont point encore parvenues au ministère des finances, il importe, monsieur,
à l'intérêt des communes, d'en presser l'envoi; le ministre
des finances désire vivement que le travail des liquidations et
des inscriptions au grand-livre soit terminé pour la fin de
cette année. Un résultat aussi satisfaisant dépend de l'activité
que vous mettrez vous-même dans l'envoi des pièces qui vous
restent à produire.

Je joins, en conséquence, mes instances à celles du ministre des finances pour que les productions qui vous restent
à faire soient effectuées dans le plus bref délai.

Vous trouverez, monsieur, dans l'ordonnance du 7 de ce mois, que je vous transmets avec la présente, une nouvelle preuve de l'intérêt que le gouvernement porte à la situation des communes, et du désir qu'il a de simplifier, autant que le permet le bien du service, les règles auxquelles l'administration est soumise dans l'exercice de ses pouvoirs.

Aux termes d'un décret du 31 octobre 1804 (9 brumaire an XIII), les municipalités ne pouvaient changer, sans une autorisation spéciale du roi, le mode de jouissance des biens qu'elles avaient jugé convenable de laisser en jouissance commune. Des dispositions de ce décret, on a conclu qu'elles ne pouvaient affermer pour une durée ordinaire, aucune partie de ces biens avant d'avoir obtenu cette autorisation.

L'ordonnance du 7 octobre, monsieur, vous confère le pouvoir d'approuver les baux des biens de cette nature, lorsque leur durée n'excédera pas neuf années. Vous n'aurez désormais à référer au ministre de la mise en ferme de ces biens pour neuf années, qu'en cas d'opposition de quelques habitans au changement qu'elle doit introduire dans leur jouissance commune.

Je vous invite, monsieur, à donner à cette ordonnance toute la publicité dont elle est susceptible, et surtout à faire connaître aux administrations locales de votre département que la nécessité de mettre les revenus des communes au niveau des dépenses, et de pourvoir aux charges extraordinaires dont elles sont grevées, est une des considérations principales sur lesquelles repose l'ordonnance. J'aime à croire que, dans tous les lieux où des locations avantageuses des biens restés en jouissance commune pourront atteindre ce but important, et obvier à l'inconvénient des impositions locales, les conseils municipaux, éclairés par vos instructions particulières, se montreront disposés à profiter de la faculté que leur donnent les dispositions de l'ordonnance.

Vous veillerez à ce que les formalités qu'elle prescrit pour les adjudications soient régulièrement observées.

Vous remarquerez, à l'égard des baux des biens patrimoniaux, et des biens restés en jouissance commune dont la durée excéderait neuf années, qu'ils continuent d'être soumis aux règles et formalités prescrites par le décret du 28 mars 1801.

Les baux d'une longue durée pouvant être plus favorables aux progrès de l'agriculture, et concourir plus facilement à tirer de leur état de stérilité des terrains restés jusqu'à présent, incultes et sans produits, vous devrez diriger vers ce but l'attention des conseils municipaux, avec d'autant plus de raison, que des baux de cette nature assureraient indubitablement aux communes des ressources plus importantes. Vous aurez toutefois à leur rappeler les instructions ministérielles du 2 mai 1801 (12 floréal an IX).

Je désire au surplus, monsieur, que, tous les trois mois, vous m'adressiez l'état des adjudications de baux que vous aurez approuvées.

L'ordonnance du roi du 8 août 1821 (*Bull.* 471), contenant des modifications aux règles actuelles de l'administration des communes du royaume, porte que les délibérations des conseils municipaux seront exécutées sur la seule approbation des préfets, toutes les fois qu'elles seront relatives à l'administration des biens de toute nature appartenant à la commune, et que les dépenses pour ces objets devront être faites au moyen des revenus propres à la commune, et au moyen des impositions affectées par la loi aux dépenses ordinaires communales. Voy. *Bâtimens* et *Baux*.

Les communes, relativement à leurs biens, sont assignées dans la personne du maire. (*Code de procédure civile, art.* 69.)

BIENS DES ÉGLISES. Une ordonnance du roi du 28 mars 1820, autorise les fabriques des succursales à se faire remettre en possession des biens et rentes appartenant autrefois aux églises qu'elles administrent.

Texte de l'ordonnance.

Vu le décret du 30 septembre 1807, qui détermine les cas où les communes pourront faire ériger leurs églises en chapelles;

Vu notre ordonnance royale du 25 août 1819, qui augmente le nombre des succursales;

D'après les observations qui nous ont été soumises par plusieurs évêques de notre royaume;

Voulant concilier, autant que possible, l'intérêt que nous inspirent les efforts et les sacrifices des communes réunies pour obtenir l'exercice de la religion, et celui que méritent les églises reconnues comme paroisses par la circonscription ecclésiastique, ainsi que les droits concédés à ces églises par l'arrêté du 7 thermidor an XI —26 juillet 1803, et les décrets des 30 mai et 31 juillet 1806;

Notre conseil-d'état entendu, nous avons ordonné et ordonnons ce qui suit:

Art. Ier. Les fabriques des succursales érigées depuis la circonscription générale des paroisses du royaume, approuvée le 28 août 1808, ou qui le seraient à l'avenir, sont autorisées à se faire remettre en possession des biens ou rentes appartenant autrefois aux églises qu'elles administrent ou à celles qui y sont réunies, dont, au moment de la publication de la présente ordonnance, le transfert ou l'aliénation n'aurait pas définitivement et régulièrement été consommé, en exécution de l'article 2 de l'arrêté du 7 thermidor an XI, et des décrets des 30 mai et 31 juillet 1806.

II. La même faculté est accordée, sous les mêmes conditions, aux fabriques des chapelles établies conformément aux dispositions du titre II du décret du 30 septembre 1807, mais seulement quant à l'usufruit des biens ou rentes appartenant autrefois, soit à l'église érigée légalement en chapelle, soit à celles qui se trouveraient comprises dans la circonscription, et à la charge par la fabrique usufruitière de donner immédiatement avis à la fabrique de la cure ou succursale, des biens ou rentes dont elle se serait mise ou poursuivrait l'entrée en jouissance, pour, par cette dernière, être prises les mesures nécessaires afin de se faire envoyer régulièrement en possession de la nue propriété.

III. Les évêques pourront nous proposer de distraire des biens et rentes possédés par une fabrique paroissiale, pour, être rendus à leur destination originaire, soit en toute propriété, soit seulement en usufruit, suivant les distinctions établies ci-dessus, ceux ou partie de ceux provenant de l'église érigée postérieurement en succursale ou chapelle, lorsqu'il sera reconnu que cette distraction laissera à la fabrique, possesseur actuel, les ressources suffisantes pour l'acquittement de ses dépenses.

La délibération de cette dernière fabrique, une copie de son budget, la délibération du conseil municipal, et les avis du sous-préfet ou du préfet, devront accompagner la proposition de l'évêque.

BIENS *des établissemens d'instruction publique*, tels

que *colléges, écoles* et *séminaires.* Voy. *Colléges, Écoles, Séminaires.*

BIENS *des fabriques* de paroisse. Voy. *Fabriques.*

BIENS *des hôpitaux* et *des pauvres.* Voy. *Hôpitaux* et *Pauvres.*

BIENS *domaniaux.* Voy. *Domaines.*

BIENS *indivis*, entre l'état et des particuliers. Dans les départemens où il existe encore des biens indivis entre l'état et les citoyens résidans en France, les préfets en ordonnent le partage dans les formes établies par la loi. (*Art. 5 de la loi du 30 thermidor an IV—17 août 1796. Bull.* 68.)

Les comptes des jouissances de biens indivis avec la nation, sont présentés au sous-préfet de l'arrondissement où ces biens sont situés; il peut les débattre et contredire, et prendre toutes les informations nécessaires pour en fixer le véritable résultat. (*Art. 3 de la loi du 9 frimaire an VII—29 novembre 1798. Bull.* 245.) Voy. *Indivis.*

BIENS *des mineurs.* Les affiches relatives à la vente de leurs biens sont visées et certifiées par les maires (ou adjoints de maires, en l'absence ou en cas d'empêchement de ceux-ci) des communes où elles ont été apposées. (*Code civil, art.* 459.)

BIÈRE (droits de fabrication de la). Voy. *Boissons.*

BIJOUTERIE (ouvrages de). Voy. *Marque d'or et d'argent.*

BILLETS *de logement des troupes.* Voy. *Logemens militaires* et *Troupes en marche.*

BILLON (monnaie). Voy. *Monnaie.*

BLATIERS (les) ou débitans de grains et de farines en détail, sont tenus de faire, à la municipalité la déclaration de l'état qu'ils exercent. (*Art.* 14 *du décret, du* 11 *septembre* 1793.)

BLÉ. L'importance de cette denrée pour le corps social, l'a fait sortir de la classe ordinaire des productions, pour l'assujettir à des règles particulières, propres à maintenir

l'abondance, la distribution, la circulation, la qualité et
le prix. La législation ancienne et nouvelle, sous ces rapports, place sous la surveillance des maires l'exécution
des mesures qu'elle a prescrites.

1°. Pour qu'un propriétaire de terres à blé n'en délaisse
pas la culture, ou pour y pourvoir dans ce cas;

2°. Pour qu'on ne coupe et qu'on ne détruise aucune
partie de blé en vert;

3°. Pour qu'il ne se fasse aucun marché d'achat de blé
en vert;

4°. Pour que le propriétaire même d'un champ de blé
ne puisse pas trahir l'espoir d'une heureuse récolte par
des procédés qui pourraient avoir l'effet de la rendre illusoire, ou de la dégrader;

5°. Pour que personne n'entre à pied ou à cheval dans
les terres à blé, depuis le moment où les grains sont en
tuyaux jusqu'à celui de la moisson;

6°. Pour qu'il soit battu de suite des gerbes, pour le cas
où le propriétaire serait frappé de quelque réquisition
d'envoyer au marché son contingent de grains, déterminé par le maire;

7°. Pour que le blé porté au marché soit d'une qualité
loyale et marchande.

Nota. Un arrêté très-important du préfet du Loiret, en
date du 5 décembre 1821, défend d'exposer en vente du
blé ergoté, ainsi que les farines et le pain en provenant,
comme nuisibles à la santé.

A cet arrêté est jointe une instruction qui définit l'er-
got, une substance noirâtre, plus ou moins allongée, qu'on
voit dans le blé, mais plus communément dans le seigle,
et indique les procédés à employer pour séparer les grains
ergotés. (*Recueil des actes administratifs du Loiret*,
n°. 48.)

8°. Pour que le cultivateur, après avoir mis en réserve
la provision de l'année pour sa maison, la quantité nécessaire pour sa semence, ne dispose pas du contingent auquel il a été taxé pour l'approvisionnement du marché.
(*Lois rurales de la France*, par M. Fournel, livre III,
§ IV). Voy. l'article *Grains*.

Par une circulaire du 16 septembre 1819, le ministre
avait recommandé à MM. les préfets de faire procéder

tous les ans, dans chacune des villes ou communes de leur département, où l'autorité municipale est dans l'usage de taxer le prix du pain, au pesage du blé-froment de la récolte de l'année, pour en constater le poids légalement. Son Exc. leur avait indiqué la marche et les formalités à observer afin d'arriver au résultat définitif, qui devait donner un des élémens le plus important de la taxe.

L'application que l'on a dû faire de ce système depuis l'année, dit le ministre de l'intérieur, dans sa circulaire du 21 septembre 1820, vous a sans doute mis à portée d'en apprécier l'utilité, et je pourrais me dispenser de vous engager à rappeler à MM. les maires ce qu'ils auront à faire pour constater pareillement le poids du froment de la récolte de 1820.

Mais il est bon de remarquer qu'en exécutant trop tôt les expériences du pesage, on s'expose à des erreurs, en ce qu'immédiatement après la récolte des blés ne sont point encore ressuyés assez pour que leur poids ait acquis le degré de fixité dont il pourrait approcher bien davantage quelques mois plus tard. Ainsi, au lieu d'y procéder à la fin de septembre, ou au commencement d'octobre, comme mon prédécesseur l'avait demandé, je désirerais qu'elles n'eussent lieu que dans le courant de décembre; en sorte que le dernier pesage répondît à la fin de ce mois, et que le résultat moyen des trois expériences, pût servir de régulateur de la taxe, à partir du commencement de la nouvelle année.

Je vous serai obligé de donner à MM. les maires des instructions en conséquence de cette observation, et de m'envoyer aussitôt que vous aurez réuni les procès-verbaux du poids qu'elles auront constaté dans chaque ville ou commune.

Néanmoins, en attendant que vous soyez en état de la produire, je vous invite à ne pas omettre de consigner sur votre tableau général de la récolte, dans la colonne à ce destinée, le poids moyen du froment et du seigle de 1re et 2me qualité, tel que vous pourrez l'établir dans les données sommaires qui vous seront fournies par MM. les sous-préfets, et que vous voudrez bien discuter comme tous les autres élémens du tableau de récolte.

Signé SIMÉON.

BLÉS DE MARS. Par une circulaire du 21 février 1817, M. Becquey, sous secrétaire au département de l'intérieur, a adressé aux préfets une instruction très-importante, rédigée par la société royale d'agriculture, sur l'ensemencement des blés de mars.

BLESSURES *faites aux hommes et aux animaux.* Les maires en connaissent comme juges de police, lorsqu'elles sont fortuites et légères; comme officiers de police auxiliaire, quand elles sont graves, et l'effet de la préméditation. (*Lois du 19—22 juillet 1791, et 28 septembre—6 octobre 1791, et Code pénal, art. 228, 231, 233, 309 et suivans.*)

BŒURS. Voy. *Bestiaux.*

BOIS *et forêts.* Leur usage est réglé par des lois particulières, dit le Code civil, art. 636. Ce sont ces lois particulières dont nous allons présenter les dispositions dont l'exécution est confiée aux préfets, aux sous-préfets, aux maires et adjoints, avec le concours des différens conseils placés près d'eux.

Avis préliminaire.

L'ordonnance des eaux et forêts, d'août 1669, et les réglemens publiés en exécution de cette ordonnance, ont été maintenus et déclarés en vigueur par l'article 4 du titre xv de la loi du 15—29 septembre 1791, relative à l'administration forestière; et encore aujourd'hui les dispositions de cette ordonnance, et des réglemens qui en ont été le développement, sont la base des décisions administratives et judiciaires.

§ Iᵉʳ. *Dispositions communes aux bois et forêts en général.*

Extrait de la loi du 11 décembre 1789.

Art. 1ᵉʳ. Les forêts, bois et arbres, sont mis sous la sauvegarde de la nation, de la loi, des tribunaux, des assemblées administratives, des municipalités et communes, et des gardes nationales, qui sont expressément déclarés conservateurs desdits objets, sans préjudice des titres, droits et usages des communautés et particuliers, ainsi que des dispositions des ordonnances sur le fait des eaux et forêts.

2. Défenses sont faites à toutes communautés d'habitans,

1. 24

sous prétexte de droit de propriété, d'usurpation, et sous tout autre quelconque, de se mettre en possession, par voie de fait, d'aucun bois, pâturage, terres vagues et vaines, dont elles n'avaient pas la possession réelle au 4 août dernier (1789), sauf auxdites communautés à se pourvoir, par les voies de droit, contre les usurpations dont elles croiraient avoir à se plaindre.

3. Tous délits commis dans les bois, et sur les arbres des chemins et lieux publics, dans les plantations et pépinières, sont poursuivis contre les prévenus, et punis sur les coupables, des peines portées par l'ordonnance d'août 1669, et autres lois.

4. Défenses sont faites à toutes personnes de vendre ou acheter en fraude, des bois coupés en délits, sous peine contre les vendeurs et acheteurs frauduleux, d'être poursuivis selon la rigueur des ordonnances ; la saisie desdits bois coupés en délit sera faite par les gardes des bois, gendarmerie et huissiers sur ce requis ; mais la perquisition ne pourra en être faite, qu'en présence d'un officier municipal, qui ne pourra s'y refuser.

5. Les municipalités sont tenues de faire protéger par la garde nationale et autres troupes, l'exécution des jugemens et saisies, à peine d'en répondre en leur propre et privé nom.

6. Les municipalités sont autorisées à faire constituer prisonniers tous ceux qui sont trouvés en flagrant délit, tant de jour que de nuit.

Extraits des lois des 14 et 22 décembre 1789.

Les fonctions propres à l'administration générale qui, pouvant être déléguées aux corps municipaux (*aux maires*), pour les exercer sous l'autorité des assemblées administratives (*des sous-préfets et des préfets*), sont la surveillance et l'agence nécessaires à la conservation des propriétés publiques. (*Art. 51 de la loi du 14 décembre 1789.*)

Les administrations de département (*les préfets*), seront chargées, sous l'autorité et l'inspection du roi, comme chef suprême de la nation et de l'administration générale du royaume, de toutes les parties de cette administration, notamment de celles qui sont relatives à la conservation des propriétés publiques; à celle des forêts, rivières, chomins, etc. (*Art. 2 de la section* iii *de la loi du 22 décembre 1789, et chap.* iv *de la loi du 12—20 août 1790.*)

Extrait de la loi du 18—26 mars 1790.

Il est défendu aux apanagistes, engagistes donataires, concessionnaires et tout détenteur, à quelque titre que ce fût, des bois et forêts nationaux, et à tous échangistes dont les échanges n'étaient pas consommés, de faire aucune coupe de futaie et de taillis, qu'après en avoir reçu la permission de l'administration forestière, ainsi que pour abattre des arbres épars sur les biens domaniaux.

Il leur est défendu également d'arracher lesdits bois, de faire aucun défrichement, ni d'en changer la nature.

Toutes ces dispositions furent rendues communes aux départemens réunis de la Belgique (alors provinces).

Les municipalités furent chargées de veiller à l'exécution de cette loi.

Extrait de la loi du 15—19 janvier 1791.

Les bois qui étaient vendus par les officiers des eaux et forêts, continueront à l'être, et les autres le seront par les administrations de district (*les sous-préfets*), déléguées à cet effet par celles de département (*les préfets*).

Les préposés de la marine marqueront avant les adjudications, les bois reconnus propres à la construction des vaisseaux de guerre, et ce aux prix convenus ou à dires d'experts.

Nota. Le décret du 14 octobre 1793, autorise le ministre de la marine à faire faire des visites dans les bois de tous les citoyens, sans exception, à y faire marquer les bois jugés propres au service de la marine, et à les faire exploiter dans les temps convenables, à fur et à mesure des besoins de l'état.

Extrait de la loi du 15—29 septembre 1791.

TITRE 1ᵉʳ. Toutes les forêts et bois nationaux sont l'objet d'une administration particulière. (*Art.* 1ᵉʳ.)

Les bois tenus du domaine national, à titre de conces·

sion, engagement, usufruit ou autre titre révocable, sont soumis à la même administration. (*Art.* 2.)

Les bois possédés en gruerie, grairie, ségrairie, tiers et danger ou indivis entre la nation et des communes, y sont pareillement soumis. (*Art.* 3.)

Les bois appartenant aux communautés d'habitans, y sont également soumis. (*Art.* 4.)

Il en est de même des bois possédés par les maisons d'éducation et de charité, ainsi que par les établissemens de main morte étrangers. (*Art.* 5.)

Les bois appartenant aux particuliers ont cessé d'y être soumis, et il est libre à chaque propriétaire de les administrer et d'en disposer comme bon lui semble. (*Art.* 6.)

TITRE V. Les inspecteurs forestiers font les balivages et martelages des ventes assises; pour cet effet, ils ont chacun un marteau particulier qui leur est remis par l'administration, et dont ils déposent l'empreinte, tant au secrétariat de la préfecture de leur département, qu'à celui du sous-préfet de leur résidence, et au greffe des tribunaux de leurs arrondissemens respectifs. (*Art.* 9.)

Les inspecteurs forestiers ont trois registres différens : l'un, pour ce qui regarde les bois nationaux actuellement possédés par l'état; un second pour les bois indivis, et un troisième pour les autres bois soumis au régime forestier. Ces registres sont cotés et chiffrés par le sous-préfet de l'arrondissement. L'inspecteur local (*ou sous-inspecteur*) y porte les procès-verbaux de balivage, ceux de récolement, et enfin tous leurs procès-verbaux par ordre de date. (*Art.* 15 *et* 16.)

Les inspecteurs forestiers adressent leurs procès-verbaux de visite de chaque mois, au conservateur, dans la première quinzaine du mois suivant; ils en adressent en même temps une copie certifiée au sous-préfet de leur arrondissement. (*Art.* 17.)

Les inspecteurs forestiers et sous-inspecteurs sont tenus d'assister leurs supérieurs en fonctions, à toute réquisition, ainsi que les commissaires des préfets et sous-préfets, dans les descentes et vérifications de leurs arrondissemens respectifs. Ils sont tenus de leur exhiber leurs registres s'ils en sont requis, et de signer les procès-verbaux ou d'exprimer la cause de leur refus. (*Art.* 20.)

Les inspecteurs forestiers déposent les plans et procès-verbaux d'assiette, balivage et récolement, au secrétariat de la sous-préfecture, dans la quinzaine après la clôture des opérations, et en envoient préalablement copie certifiée aux conservateurs. Ils inscrivent en marge de leurs enregistremens la mention et la date des envois. (*Article* 18.)

TITRE VI. Les conservateurs forestiers ont un marteau particulier qui leur est remis par l'administration générale, dont une empreinte est déposée, tant au secrétariat-général de la préfecture, qu'au secrétariat des sous-préfets, et au greffe des tribunaux civils, dans l'étendue de leur arrondissement, pour s'en servir dans les opérations qui le requièrent. (*Art.* 11.)

* Les conservateurs forestiers indiquent le jour des adjudications; ils en préviennent le préfet et le sous-préfet des lieux où les coupes de bois sont assises; ils donnent les ordres nécessaires pour les affiches et adjudications. (*Art.* 13.)

Les conservateurs forestiers dressent les cahiers des charges et conditions des adjudications, et font remettre des copies aux secrétariats des sous-préfectures où elles doivent être passées, pour que les marchands et enchérisseurs puissent en prendre connaissance. Ces cahiers doivent être visés par le sous-préfet. (*Art.* 14.)

Les conservateurs forestiers ont, pour chaque département, des registres qui leur sont remis par l'administration générale; ces registres sont cotés et paraphés par le préfet, ou un délégué; ils y enregistrent leurs procès-verbaux par ordre de dates, et rapportent, en marge de chaque procès-verbal, le folio de son enregistrement. (*Art.* 23.)

Les conservateurs forestiers adressent tous les trois mois, à l'administration générale, les résultats des visites des inspecteurs de leurs arrondissemens, avec l'état des ventes de chablis et arbres de délit, du trimestre précédent. Ils font partiellement les mêmes expéditions pour le préfet de chaque département. (*Art.* 24.)

TITRE VII. Les commissaires de la conservation générale vérifient spécialement les sujets de plaintes qui auraient été adressées à la conservation, ou qui leur sont portées sur les lieux. Ils reçoivent les renseignemens des préfets, sous-préfets et maires, qui peuvent, quand ils le jugent à propos, nommer des commissaires pour être présens à leurs visites et opérations, et leur faire telles observations et réquisitions qu'ils jugent convenables. (*Art.* 5.)

TITRE VIII. Les préfets, sous-préfets et maires, chacun dans leur territoire, veillent à la conservation des bois, et prêtent main-forte au besoin, lorsqu'ils en sont requis par les préposés de la conservation. (*Art.* 1er.)

Les maires et adjoints assistent, sur les réquisitions qui leur en sont faites, aux perquisitions des bois de délit dans les ateliers, bâtimens et enclos adjacens, où ces bois auraient été transportés. (*Art.* 2.)

Les préfets et sous-préfets peuvent, quand bon leur semble, visiter les bois nationaux et autres, soumis au régime forestier, dans l'étendue de leur territoire, pour s'assurer de l'exactitude et de la fidélité des préposés, dresser des procès-verbaux, et les envoyer, avec leur avis et observation, soit à l'administration générale, soit au ministre des finances, pour prendre les mesures qui seront jugées convenables. (*Art.* 3.)

Les sous-préfets des arrondissemens, où les bois sont situés, procèdent aux adjudications des ventes, ainsi qu'à celles des travaux relatifs à l'entretien ou amélioration de ces bois; ils peuvent commettre les maires des lieux pour les mêmes marchés, dont le montant ne paraît pas devoir s'élever au-dessus de la somme de 200 francs. Si les travaux s'étendent dans plusieurs arrondissemens, il est procédé aux adjudications par-devant le préfet du département. (*Art.* 4.)

Les préfets, sous-préfets ou maires qui auront procédé aux adjudications des bois, reçoivent les cautions et les certificateurs de caution des adjudicataires, en présence et du consentement du préposé de la régie des droits d'enregistrement, chargé du recouvrement. (*Art.* 5.)

Les sous-préfets accordent les congés de cours ou décharges d'exploitation, d'après le consentement des conservateurs des bois et forêts; ils en dressent acte au bas des procès-verbaux du récolement déposés en leurs secrétariats. (*Art.* 6.)

TITRE X. Les bois nationaux aliénés à titre de concession, douaire, engagement, usufruit ou échange non consommé, sont soumis au régime forestier. Les possesseurs ont la nomination des gardes ; mais leur choix doit être confirmé par l'administration générale, et ils ne peuvent les destituer que de son consentement. Le nombre de ces gardes est réglé, par le préfet, sur la réquisition de l'administration; si les possesseurs ne les nomment pas dans la quinzaine de la vacance, cette nomination est déférée à l'administration générale. (*Art.* 1, 2, 3 et 4.)

TITRE XV. L'ordonnance de 1669 et les autres règlemens en vigueur continueront à être exécutés en tout ce à quoi il n'est point dérogé par les décrets de l'assemblée nationale; et néanmoins les formes prescrites pour l'adjudication des biens nationaux, seront substituées, dans les ventes de bois, à celles ci-devant usitées.

Nota. Les fonctions et attributions des maires et des adjoints, réglées et déterminées par la loi précédente, ont été confirmées par la loi du 28 septembre—6 octobre 1791, sur la police rurale; du 23 thermidor an IV—10 août 1796 (*Bull.* 66), relative à la répression des délits ruraux et forestiers, et à l'affirmation des procès-verbaux des gardes-champêtres; par l'arrêté du 4 nivôse an V— 24 décembre 1796 (*Bull.* 98), qui, en appliquant et développant les dispositions des lois précédentes relatives à la perquisition des bois coupés en délit, volés et vendus, achetés et débités en fraude, ordonne que tout garde-forestier qui jugera nécessaire de faire cette perquisition dans une maison d'habitation, un atelier, une cour adjacente, aura le droit de requérir le maire ou son adjoint, ou le commissaire de police du lieu, pour l'assister dans sa visite, et prononce en outre la suspension du maire ou de l'adjoint qui refusent d'obtempérer à la réquisition, et même leur mise en jugement d'après les ordres du ministre de la police.

Extrait de la loi du 16 nivôse an IX—6 janvier 1801 (Bull. 62), sur la nouvelle administration forestière.

La partie administrative des bois et forêts sera séparée de la régie de l'enregistrement, et confiée à cinq administrateurs qui résideront à Paris. (*Art.* 1er.)

Les administrateurs auront sous leurs ordres des conservateurs, des inspecteurs, des sous-inspecteurs, des gardes-généraux, des gardes particuliers et des arpenteurs. (*Art. 2.*)

Le nombre des conservateurs ne pourra excéder 30, celui des inspecteurs 200, celui des sous-inspecteurs 300, celui des gardes principaux 500, et celui des gardes particuliers 8000. (*Art. 3.*)

Leur traitement ne peut excéder, savoir :

Des administrateurs, 10,000 fr.	50,000 fr.
Des conservateurs, 6,000 fr.	180,000
Des inspecteurs, 3,500 fr.	700,000
Des sous-inspecteurs, 2,000 fr..	600,000
Des gardes principaux, 1,200 fr.	600,000
Des gardes particuliers, 500 fr..	4,000,000
(*Art. 4.*) TOTAL. . .	5,130,000 fr.

Les arpenteurs reçoivent, à titre de rétribution, et pour tous frais, 2 francs par hectare de bois dont ils ont fait le mesurage; et 1 franc 50 centimes aussi par hectare de bois dont ils ont fait le récolement. (*Art. 5.*)

Les dépenses totales de l'administration forestière ne peuvent excéder 5 millions, y compris la dépense des semis, plantations et améliorations, et celle de 50,000 francs pour encouragemens. (*Art. 6.*)

Les fonctions attribuées par les lois actuelles aux divers agens forestiers, sont remplies par les agens ci-dessus dénommés. (*Art. 7.*)

Il est fait un fonds pour les retraites par une retenue sur les traitemens, conformément à ce qui est prescrit pour la régie de l'enregistrement. (*Art. 9.*)

Toutes dispositions de lois et règlemens sur les bois et le régime forestier, auxquelles il n'est pas dérogé par la présente, continuent à être exécutées jusqu'à ce qu'il en ait été autrement ordonné. (*Art. 10.*)

Instruction pour les conservateurs, inspecteurs et sous-inspecteurs forestiers, du 7 prairial an IX — 27 mai 1801.

L'ordre et la célérité du service dans toute administration

dépendent essentiellement de l'uniformité des mesures d'exécution; et plus l'objet qu'elles concernent est étendu, plus il importe de le présenter sous des aperçus faciles à saisir.

Ce principe ne saurait mieux s'appliquer qu'aux forêts : elles sont répandues sur un territoire aussi varié qu'il est vaste; et tout ce qui intéresse leur conservation, donne lieu à un si grand nombre de détails, que si tous les agens forestiers n'opéraient pas d'une manière uniforme, on n'obtiendrait que des résultats erronés ou incertains.

C'est pour parer à cet inconvénient et avoir sans cesse des notions exactes sur la plus importante portion du domaine public, que les administrateurs généraux des forêts ont cru devoir tracer à leurs coopérateurs la marche qu'ils auront à suivre.

Dispositions générales.

Résidence. — 1. Les conservateurs, inspecteurs et sous-inspecteurs forestiers résideront dans les chefs-lieux de leurs conservation, inspection et sous-inspection, et ne pourront s'absenter de leurs arrondissemens respectifs sans congé de l'administration.

Congés. — 2. Les congés de plus d'une quinzaine entraîneront, pour le temps qui excédera, la perte du traitement.

Archives. — 3. Les titres, plans, papiers et documens relatifs à la propriété, aux aménagemens et usages des bois seront recueillis et rassemblés avec soin. Il sera fait un triage de ceux existans dans les dépôts des ci-devant maîtrises, et déjà inventoriés; le conservateur se réservera ceux qu'il jugera lui être utiles ou nécessaires, et chargera des autres, les préposés correspondant immédiatement à lui, et qui auront dans leur arrondissement les bois que ces papiers concernent. Il sera fait de leur triage et répartition un double, signé du conservateur pour ceux dont il aura fait choix, et pour les autres, de l'agent dépositaire; le double de ces divers états sera envoyé à l'administration. Il en sera usé de même relativement aux découvertes de papiers qui pourraient avoir lieu à l'avenir.

4. Ces titres, plans et papiers constitueront les archives de chaque conservation, inspection et sous-inspection; et lors de vacances de ces places, il sera fait, tant de ces papiers que de la minute du livre-journal mentionné dans l'article ci-après, et de la correspondance administrative, un bref inventaire, au moyen duquel les nouveaux pourvus seront chargés de ces archives, et en répondront à l'état.

Correspondance, registres, etc. — 5. Le sous-inspecteur
correspondra avec l'inspecteur ou avec le conservateur, lorsque celui-ci sera son supérieur immédiat; l'inspecteur, avec
le conservateur; et le conservateur, avec l'administration générale.

Ils seront tenus d'avoir à leurs frais un registre ou livre-
journal, un sommier de correspondance, et un marteau particulier pour la marque des bois de lit et des chablis abattus.

6. Ces divers marteaux porteront pour empreinte le numéro de la conservation, et, de plus, la lettre *C*, pour le conservateur, la lettre *I*, pour l'inspecteur, et les lettres *S. I.*
pour le sous-inspecteur.

Conformément aux réglemens, l'empreinte du marteau du
conservateur sera déposée au greffe du tribunal d'appel; et
celle des marteaux de l'inspecteur et sous-inspecteur, aux
greffes des tribunaux de première instance.

7. Indépendamment de ces marteaux, il y en aura un national uniforme, qui portera les lettres *G. F.* (*Gouvernement Français*), et le numéro de la conservation.

Cette empreinte sera déposée aux greffes des tribunaux d'appel et de première instance.

Ce marteau sera déposé, hors le temps des opérations, dans
un étui placé chez le premier agent de l'arrondissement forestier, et fermant à trois clefs, dont l'une restera entre les mains
de cet agent, une autre en celle de l'agent correspondant, et
la troisième en celles du garde-général.

Uniformes. — 8. Les conservateurs, inspecteurs et sous-
inspecteurs seront tenus d'avoir un cheval pour leur service,
et de se montrer vêtus de leur uniforme dans l'exercice de leurs
fonctions.

9. Il ne s'exécutera rien dans les bois, en ce qui concerne
le régime forestier, que par les ordres de l'administration et
sous la direction de ses agens.

Tous actes publics relatifs à ce régime, porteront en tête,
Administration générale des forêts.

Dispositions particulières.

DU CONSERVATEUR.

Sommier des bois. — 1. Le conservateur formera, tant des
bois nationaux de sa conservation et des titres y relatifs, que
des bois communaux, et de ceux des hospices et maisons d'é-
ducation nationale, un sommier conforme au modèle n° 1,
annexé à la présente instruction. Aussitôt qu'il sera formé, il

en transmettra un double, en forme d'état, à l'administration.

Il tiendra, de ses opérations journalières, un registre dont le modèle est pareillement ci-annexé sous le n° 2. Il enverra chaque mois à l'administration un bref extrait, en deux colonnes, de ce registre : l'une intitulée, *Opérations du mois*, l'autre *Observations*.

Tournées, assiette et cahier de charges. — 2. Il fera annuellement, dans le cours de pluviôse, ventôse et germinal, la visite générale des bois de son arrondissement, la vérification de l'état de leurs bornes, de celui des chemins intérieurs, et des fossés établis autour, et se fera remettre par les inspecteurs et sous-inspecteurs, les projets ou états des coupes de l'ordinaire subséquent : il examinera, et désignera dans un procès-verbal, conforme au modèle ci-joint sous le n° 3, l'arbre d'assiette indicatif de chaque coupe, et adressera successivement à l'administration un double signé de lui, de ces états, dont le modèle est ci-annexé sous le n° 4.

Arpentage. — 3. Il fera faire, après qu'ils auront été approuvés, les arpentages des coupes dans les bois où un aménagement ou mise en règle ne les a pas encore déterminées invariablement ; il prescrira à l'arpenteur de dresser le plan géométrique de la coupe sur une échelle d'un décimètre pour 432 mètres, de l'orienter de manière que le nord soit toujours en haut et le sud perpendiculairement au-dessous ; de rattacher, autant qu'il sera possible, ce plan à deux points fixes, tels que des clochers et établissemens publics qu'il y désignera, ainsi que les bornes, arbres de lisière, pieds corniers, chemins et fossés ; il en sera fait deux expéditions, l'une pour rester à la conservation, et l'autre être envoyée à l'administration. Il veillera à ce que les procès-verbaux d'arpentage soient doubles conformément au modèle ci-annexé, sous le n° 5. S'il survient quelque difficulté au sujet de l'arpentage et qu'il devienne nécessaire de réarpenter les coupes, il sera dressé de cette opération un procès-verbal conforme au modèle n° 5 *bis*.

Coupes extraordinaires. — 4. En cas qu'il y ait lieu à coupes extraordinaires, le conservateur, après en avoir vérifié la nécessité, fera dresser procès-verbal de l'état, âge, essence et nature des bois sur lesquels elles devront être assises, et du nombre des réserves qu'elles comporteront sans nuire au recru. Il enverra ce procès-verbal à l'administration, à l'effet d'obtenir l'autorisation du gouvernement. Il formera de ces coupes un état particulier.

Cahier des charges. — 5. Il arrêtera, d'après la loi et l'instruction de l'administration, les conditions du cahier des charges, et veillera à ce qu'il n'y soit rien inséré d'insolite, ou de préjudiciable au prix des ventes.

Empêchement pour cause d'absence ou autre motif. — 6. Si, pour absence ou autres motifs, le conservateur était empêché de faire sa tournée, il en préviendrait l'administration, et demanderait l'autorisation nécessaire, à l'effet d'être suppléé par un inspecteur de la conservation, à qui il tiendrait compte des frais de tournée.

Récolement. — 7. Le conservateur mettra au nombre de ses devoirs essentiels, le récolement des ventes usées de l'ordinaire précédent, ou la vérification du récolement, s'il se trouvait déjà fait. Il se fera représenter en conséquence les procès-verbaux d'arpentage et de balivage; s'assurera si les délimitations des ventes ont été respectées, si le nombre de baliveaux portés au procès-verbal existe, s'il n'en a pas été marqué un plus grand nombre qu'il n'y en est énoncé, s'il n'est survenu aucune substitution dans le choix qui en aura été fait, si ce choix est bon, si les adjudicataires n'ont pas outrepassé leurs droits, et n'ont porté aucun préjudice à l'état, soit dans l'intérieur de la vente, soit au-dehors, à la distance prescrite par la loi, et si, en cas de souchetage, les formalités nécessaires ont été remplies.

Il veillera à ce que les procès-verbaux de récolement soient rédigés conformément au modèle ci-annexé, sous le n° 6, et à ce qu'il soit procédé à cette opération par un arpenteur autre que celui qui aura fait l'assiette, mais en présence tant de ce dernier que de l'adjudicataire, ou eux dûment appelés.

Les surmesures ou moins de mesures qui pourront résulter de cette opération, seront mentionnées dans le procès-verbal de réarpentage; et le conservateur en dressera annuellement un état général conforme au modèle n° 6 *bis*, qu'il transmettra à l'administration.

Usines. — 8. Il visitera dans sa tournée les usines établies dans les bois, s'informera si le nombre de ces établissemens, notamment des scieries, excède ou non la possibilité des forêts; si les affectations accordées à quelques-unes sont nécessaires et doivent être maintenues; et si, en renvoyant leurs entrepreneurs à s'approvisionner par les voies ordinaires du commerce, on porterait quelque préjudice à l'industrie.

Repiquement. — 9. Il s'expliquera successivement sur les cantons vides qui peuvent être plantés ou ensemencés, et dressera, dans ce cas, un état conforme au modèle ci-annexé, sous le n° 7. Il indiquera les moyens les plus écononiques de repiquement des clairières de ventes, et les routes à faire dans les forêts pour les assainir, y rendre les incendies moins dangereux et donner à la sève plus d'activité.

Visa des livres, journaux.—10. Il s'assurera, tant par ce travail que par la représentation du registre ou livre-journal des inspecteurs et sous-inspecteurs, de leur exactitude, zèle et capacité ; il visera ce registre, et rendra compte à l'administration de l'examen qu'il en aura fait.

Revue des gardes.—11. Il fera, lors de sa tournée, et dans les bois même, la revue des gardes, dont la réunion au cantonnement du garde-général ne les déplacera que pour quelques heures de leurs triages respectifs.

Il s'informera de leur tenue ordinaire, de leur demeure, de leur nombre, de leur service ; il fera connaître au garde-général que sa responsabilité est intéressée à la mauvaise conduite des gardes particuliers, lorsqu'il néglige d'en rendre compte ; il s'assurera s'il fait constamment sa tournée à cheval, et s'il n'a pas, avec les gardes qui lui sont subordonnés, des habitudes nuisibles au bien du service.

Embrigadement des gardes.—12. Partout où trois ou cinq gardes particuliers pourront se rassembler facilement et sans s'éloigner de leurs triages, le conservateur fera d'eux une sorte d'embrigadement, et nommera pour chef celui d'entre eux qui aura constamment montré un caractère actif et ferme ; il lui recommandera d'informer le garde-général des apparitions dans les bois des gens suspects, et de tout ce qui s'y passera de contraire à la sûreté publique ; et au garde-général, de transmettre avec célérité cette information à l'officier de la gendarmerie.

La brigade forestière se joindra, si cet officier le requiert, à la force armée, mais dans l'étendue de la forêt seulement.

13. Dans les arrondissemens forestiers où la dispersion des bois serait un obstacle à cet embrigadement, le conservateur prescrira aux gardes particuliers, en cas de rencontre de vagabonds ou gens sans aveu rôdant dans les bois, d'en informer sur-le-champ le garde-général, qui fera passer cette information à la gendarmerie, et l'aidera ou la fera aider pour les fouilles des bois, quand elles seront reconnues nécessaires.

Amélioration et encouragemens. 14. L'exemple de quelques gardes qui, en insérant des glands, faînes ou jeunes plants dans les clairières, pendant le cours de leurs visites journalières, sont parvenus à repeupler sans frais leurs triages, méritant d'être cité et encouragé, le conservateur annoncera aux gardes dont ces semis ou plantations seraient remarquer le zèle, qu'il demandera pour eux, à l'administration, des encouragemens et leur avancement.

15. Conformément à la loi du 29 septembre 1791, le conservateur proposera de prendre ces encouragemens sur la moitié du produit des amendes, déduction faite de tous frais de poursuites et de recouvrement.

Il s'assurera, en conséquence, du montant du produit net, et en rendra compte à l'administration.

16. Le conservateur comprendra ces divers objets dans un procès-verbal de tournée dont il enverra un double à l'administration, au plus tard, dans le courant de messidor.

Balivage et martelage.—17. Il remplira les fonctions d'inspecteur dans l'arrondissemens du chef-lieu de sa résidence, y procédera en conséquence aux opérations du balivage et martelage, et s'adjoindra, à cet effet, le sous-inspecteur attaché à cet arrondissement, et le garde-général du canton, qu'il admettra à signer avec lui le procès-verbal de balivage et martelage, dont un modèle est joint à la présente instruction, sous le n° 8, ainsi que de l'état à former.

18. Dans le cas où, pour cause réelle d'empêchement, il ne pourrait procéder par lui-même à ces opérations, il commettra, pour le suppléer, un inspecteur ou sous-inspecteur des arrondissemens voisins, et en rendra compte à l'administration.

Il veillera à ce qu'il y ait toujours présens aux opérations de ce genre, trois agens, savoir, l'inspecteur, le sous-inspecteur, le garde-général, outre la garde du triage. Il n'y aura d'exception que pour les arrondissemens dont la grande étendue occasionée par la rareté des bois, rendrait ce concours, sinon impossible, du moins extrêmement difficile : l'agent supérieur opérera, dans ce cas, avec le garde-général ou particulier seulement.

Bois de marine, 19. Pour faciliter et assurer les opérations des agens de la marine, le conservateur fera parvenir, soit directement, soit par les inspecteurs ou sous-inspecteurs, à l'officier du génie maritime de l'arrondissement, l'état des ventes de futaie, et baliveaux sur taillis qui devront avoir lieu chaque année, afin que cet officier puisse faire marquer les arbres propres aux constructions navales ; il donnera les ordres nécessaires pour que les charpentiers de marine soient accompagnés, dans leurs visites, par un garde-général ou particulier, et conservera par-devers lui un double des procès-verbaux de martelage relatifs à la marine que lui adresseront les contre-maîtres avant l'époque des adjudications, et dont il enverra copie à l'administration, en fructidor.

Affiches, estimations et adjudications.—20. Les affiches des ventes seront rédigées, autant que faire se pourra, par le conservateur, mais au moins par le premier agent de l'arrondissement forestier : elles contiendront les clauses les plus essentielles à une bonne exploitation et au meilleur prix des ventes.

21. Le conservateur prendra les mesures nécessaires pour que les ventes qui doivent se faire en présence des préfets ou sous-préfets, commencent en vendémiaire, et finissent au plus tard le 12 nivôse suivant; qu'elles se succèdent de manière à y favoriser la plus grande concurrence; qu'il lui soit fourni successivement, par inspection ou sous-inspection, l'état de celles qui auront été faites dans chaque arrondissement, et qu'il puisse en transmettre à l'administration un état général, conforme au modèle n° 9.

Il assistera lui-même aux ventes; et s'il ne le peut, il se fera suppléer par l'inspecteur ou le sous-inspecteur de l'arrondissement forestier qui aurait fait l'estimation des coupes.

22. Ces estimations faites en commun, en même temps, par les mêmes agens qui auront procédé au balivage et martelage et à la suite de ces opérations, ne seront point mentionnées dans le cahier des charges, et ne seront connues que de ces agens; elles serviront de mise à prix des ventes, et les feux ne pourront être allumés que lorsque les offres égaleront le montant des estimations, ou s'en rapprocheront beaucoup, et qu'ils auront invité le fonctionnaire présent aux ventes à ouvrir les enchères : l'estimation des coupes sera signée des agens qui l'auront faite, et un double en sera envoyé au conservateur, en même temps que de celui du montant des ventes,

Dans les cas où les offres n'atteindraient pas l'estimation ou ne s'en rapprocheraient pas, les agens forestiers inviteront également ledit fonctionnaire à remettre la vente à un autre jour.

23. Rien n'étant plus contraire au succès des ventes que des taxes ou rétributions imposées aux adjudicataires, sous prétexte de salaire de sécrétariat, ou pour tout autre motif, le conservateur opposera toute sa vigilance à toute introduction d'abus à cet égard, et dénoncera à l'administration ceux qui pourraient venir à sa connaissance.

24. Il ne pourra être imposé aux adjudicataires aucune autre charge que le paiement des droits de timbre et d'enregistrement, d'impression d'affiches, criées et publication, du

décime pour franc, et de quatre expéditions de procès-verbal de vente ; une pour l'administration générale, une pour le conservateur, une pour l'inspecteur ou sous-inspecteur, et la quatrième pour le préposé de la régie du domaine national. Ces expéditions seront taxées modérément par le fonctionnaire qui aura procédé à la vente ; de laquelle taxe il sera fait mention au bas de chaque expédition.

Décharge d'exploitation. — 25. Il donnera son consentement à la délivrance des congés de cour ou décharges d'exploitation, lorsqu'il aura vérifié par lui-même, et s'il ne le peut, par l'inspecteur ou sous-inspecteur, que les adjudicataires auront rempli leurs obligations : ce dont il sera dressé procès-verbal conforme au modèle ci-annexé, n° 11; et les congés de cour ne pourront être délivrés que sur le vu de ce procès-verbal.

Chablis et bois de délits. — Il se fera remettre les résultats des visites de l'inspecteur ou sous-inspecteur dans leur arrondissement, l'état des ventes de chablis et arbres de délits, et autres menus marchés, et les transmettra à l'administration.

Panages et glandées. — 27. Le prix que la nation retire des pâturages, panages et glandées qui sont adjugés dans ses forêts, l'évaluation des coupes de bois affermées conjointement avec des usines ou affectées à leur alimentation, les droits d'usage que la nation exerce dans quelques forêts, le prix des feuilles dont profitent les adjudicataires en retard d'exploiter dans le délai porté au cahier des charges de leur adjudication, enfin le prix des surmesures qui ont lieu lorsque les coupes excèdent en étendue celles portées dans ce même cahier des charges entrant dans la composition du produit des bois, le conservateur en formera, par exercice, un état conforme au modèle ci-annexé, sous le n° 10. Il y portera en outre, comme cet état l'indique, le montant des moins de mesures que les adjudicataires trouvent quelquefois dans leurs coupes, et qui réduit d'autant le produit, il transmettra cet état à l'administration générale, en envoyant l'état général des ventes.

28. Il ne provoquera ni ne fera provoquer des ventes de glandées, qu'après s'être assuré si le repeuplement des bois n'en éprouvera aucun préjudice.

Poursuites des délits. — 29. Le prompt jugement des délits forestiers, et le recouvrement exact des amendes prononcées, seront regardées par le conservateur comme le moyen le plus propre à rétablir l'ordre dans les bois : en conséquence, il se fera fournir exactement l'état des procès-verbaux rapportés

contre les délinquans, des jugemens rendus, et des recouvremens des amendes; il établira, à cet effet, sa correspondance
non-seulement avec les agens qui lui sont subordonnés, mais
encore avec les commissaires du gouvernement près les tribunaux, et avec les directeurs de la régie du domaine national. Il fera dresser desdits délits et jugemens, un état conforme au modèle ci-annexé, sous le n° 12, et en enverra à la fin
de chaque mois un double à l'administration.

Droits d'usages. — 30. Il se fera rendre un compte exact
des usages exercés dans les bois nationaux par des communes ou des particuliers, se fera présenter les titres primordiaux
ou confirmatifs de ces usages; examinera si l'exercice en est
indispensable ou aux habitans des cantons pour la subsistance de leurs bestiaux, si la suppression de ce droit, moyennant
indemnité, dans le cas où il aurait été acquis à titre onéreux,
serait une disposition nécessaire, et quel mode d'indemnité,
soit en argent, soit par cantonnement, serait préférable; il
dressera du tout procès-verbal, qu'il transmettra avec son a-
vis, à l'administration.

31. Il vérifiera et indiquera les cantons défensables, et en
fera publier la déclaration dans les communes usagères.

Bois indivis et autres. — 32. Il exercera la même surveillance sur les bois indivis avec l'état, sur ceux des maisons
nationales d'éducation et des hospices, sur ceux tenus de
la nation par des particuliers à titre d'engagement ou d'usufruit, et généralement sur tous ceux soumis au régime forestier.

Bois communaux. — 33. Il visitera les bois communaux,
en surveillera la manutention, y fera procéder par l'inspecteur ou sous-inspecteur de l'arrondissement, aux opérations
de balivage et martelage, veillera à la poursuite des délits qui
s'y commettront, y empêchera toute délivrance extraordinaire qui n'aura pas été approuvée préalablement par le gouvernement; et faute par les communes d'établir des gardes, il
mettra l'administration à portée d'y pourvoir à leurs frais en
lui indiquant des candidats.

34. Il arrêtera, conformément à la loi du 15 août 1792, et
à celle du 29 floréal an III, les vacations dont les communes
seront tenues, pour les opérations de balivage et martelage de
leurs coupes ordinaires délivrées en nature, veillera à ce qu'elles en versent le montant entre les mains du préposé de la régie du domaine national pour être employé, sur les ordres
du ministre des finances, à la restauration des bois nationaux.
Il aura soin de former, de ces vacations, un état conforme au

modèle ci-annexé, sous le n° 15, et d'envoyer un double à l'administration.

Forêts situées sur plusieurs arrondissemens.—35. Les forêts qui se trouveront mi-parties entre deux inspections, sous-inspections ou départemens d'une même conservation, ou entre deux conservations, seront sous la surveillance du sous-inspecteur, inspecteur ou conservateur qui aura dans son arrondissement la plus forte portion de leur contenance. S'il survient des difficultés à cet égard, le conservateur en référera à l'administration.

Aménagement. — 36. La meilleure forme d'aménagement des bois dépendant de la nature et de l'exposition du terrain sur lequel ils sont assis, de l'étendue et du genre de consommation qui s'en fait, du temps que mettent les coupes à acquérir la plus haute valeur, du besoin d'arbres propres aux constructions navales, civiles et militaires, le conservateur examinera, dans chaque bois, la qualité et la profondeur du sol, quelles essences lui conviennent, et auxquelles les communes voisines donnent la préférence; à quel âge peut s'obtenir le plus haut degré d'accroissement, et le plus haut prix du bois; auquel de ces deux systèmes il sera utile de s'arrêter, ou des baliveaux sur taillis, et de la distinction du quart des bois à croître en futaie, ou de la répartition du sol du bois en taillis seulement, là où après quarante ans les arbres dépériraient; et en boqueteaux de futaie sur les portions de terrain où les arbres pourraient profiter jusqu'à quatre-vingts ou cent ans et plus; et en bordure autour des coupes du côté du nord et de l'ouest principalement : enfin quels nouveaux débouchés peuvent s'établir, soit par des routes ou canaux, soit par des établissemens d'industrie.

Le conservateur donnera successivement ses vues sur chacun de ces objets, à l'administration générale.

37. Dans les observations où il existe, soit des bois dont il n'est tiré aucun parti à cause de la difficulté de leur accès, soit des montagnes pelées qui étaient autrefois ombragées d'arbres, le conservateur proposera aussi ses vues pour donner aux premiers la valeur dont ils sont susceptibles, en leur ouvrant des débouchés, ou en y établissant des usines, et pour restituer les autres à quelque autre culture et empêcher les éboulis de ces sols escarpés.

38. Dans la quantité de terrains nationaux vagues à soumettre à la culture, le conservateur s'arrêtera d'abord à ceux qui sont les plus voisins des grandes communes, qui présenteraient plus de facilité pour le débit. Il examinera quelles essences conviennent au sol, et quel mode de repeuplement, de

l'ensemencement ou de la plantation, serait préférable ; à combien se monterait la dépense dans l'un et l'autre cas, et quels en seraient les résultats.

Malgré la préférence à accorder à ces sortes de terrains, à raison de la localité, le conservateur ne négligera pas néanmoins ceux qui ne deviendraient pour la nation de quelque intérêt que dans un temps reculé.

Plantation des routes. — Cet objet regarde les ponts-et-chaussées.

Plantation des chemins communaux. — Ces plantations ne sont point obligatoires, et elles ne regardent pas l'administration forestière.

Il invitera, dans le cours de ses tournées, les communes à s'occuper des moyens de planter les terrains communaux.

Pépinières. — 41. Il fera choix dans la forêt la plus centrale de son arrondissement, d'un terrain propre à l'établissement d'une pépinière d'arbres indigènes et exotiques, pour servir aux plantations des routes, des canaux, des vides et clairières des bois ; il adressera à cet égard à l'administration un mémoire contenant ses observations sur l'utilité dont pourrait être cet établissement, et les frais qu'il occasionerait.

Chasse. — 42. Le droit de chasse dans les bois nationaux faisant partie du domaine public, le conservateur chargera les divers agens de rapporter procès-verbal contre quiconque se livrerait à cet exercice dans ces bois sans aucune autorisation expresse, ou qui y serait rencontré armé d'un fusil hors les routes de passage ; il se fera au surplus représenter les permissions qui auraient été accordées, et en rendra compte à l'administration.

Quant à la chasse aux loups et animaux nuisibles, il veillera à ce que toutes les formalités prescrites à cet égard par l'arrêté du directoire-exécutif, du 19 pluviôse an 5, soient ponctuellement suivies, et recommandera de rapporter des procès-verbaux contre les individus appelés pour les battues et qui les abandonneraient pour la chasse du gibier ; il proposera la destitution des gardes qui auraient contrevenu aux dispositions des lois à ce sujet.

Pêche. — 43. Le conservateur empêchera également tout exercice de la pêche dans les portions de ruisseaux et rivières qui se trouvent dans les forêts, soit qu'ils y prennent naissance, soit qu'ils viennent d'ailleurs ; fera veiller, sur les rivières navigables, à ce que cet exercice n'ait lieu que conformément aux lois, et en conséquence rapporter des procès-verbaux contre tout individu qui emploierait pour pêcher des instrumens nuisibles à la conservation de la pêche.

Il aura soin que les ruisseaux qui servent à la vidange et au flottage des bois soient entretenus propres à cette destination.

Arbres renversés par les ouragans. — 44. Lorsque des vents impétueux ou des ouragans auront causé des renversemens d'arbres, il se portera ou prescrira aux agens qui lui sont subordonnés de se porter sur-le-champ dans les bois pour y constater les chablis et en dresser procès-verbal.

Incendies. — 45. Même célérité sera recommandée en cas d'incendie dans les bois; les riverains seront appelés pour l'éteindre; et s'ils s'y refusent, il en sera dressé contre eux procès-verbal; toutes perquisitions, informations ou diligences seront faites pour découvrir et faire poursuivre les auteurs de ces accidens, et il sera aussi dressé procès-verbal de ces mesures.

Instances relatives à la propriété des bois. — 46. Si des instances relatives à la propriété des bois sont portées au tribunal d'appel d'après le consentement et les instructions de l'administration, le conservateur fournira au commissaire du gouvernement les mémoires nécessaires au soutien des intérêts de l'état.

Propositions de candidats pour les places de gardes. — 47. Lors des vacances de places de gardes-généraux ou particuliers, le conservateur proposera trois candidats à l'administration.

Traitemens. — 48. Les traitemens des inspecteurs, sous-inspecteurs et de tous autres préposés des bois, ne seront acquittés que sur des états de service visés par le conservateur. Il en formera un tableau conforme au modèle n° 14, et l'enverra, signé de lui, à l'administration. Il sera payé lui-même sur un certificat de service que l'administration lui adressera à la fin de chaque trimestre. Ces paiemens n'auront lieu que sous la retenue prescrite par la loi du 16 nivôse an 9, et qui sera d'un pour cent.

Ports de lettres. — 49. Il formera jour par jour, des ports de lettres et paquets relatifs à l'administration des bois, un état conforme au modèle n° 15; il en transmettra à la fin de chaque trimestre un double certifié de lui à l'administration.

Il se fera fournir pareil état en double par les inspecteurs et sous-inspecteurs qui auraient des ports de lettres et paquets à réclamer, les vérifiera avec soin, et s'assurant du contenu aux lettres et paquets, et en s'en faisant représenter les adresses ou enveloppes.

Il enverra à l'administration un des doubles de ces états certifié des inspecteurs ou sous-inspecteurs, et visé de lui.

L'administration prendra les mesures nécessaires pour le remboursement du montant de cette dépense.

DE L'INSPECTEUR.

Livre-journal. — 1. Il fera coter et parapher son livre-journal par le conservateur; il y transcrira en substance tous les actes de ses fonctions sans exception; et il en remettra chaque mois au conservateur un extrait en deux colonnes: l'une intitulée *Opérations du mois*; et l'autre, *Observations*.

Tournées dans les bois. — 2. Il fera en frimaire et nivôse une tournée générale dans les bois de son inspection, et une autre en prairial et mois suivans, en même temps qu'il procédera aux balivages et martelages.

Il se fera représenter, lors de ses tournées, les registres des sous-inspecteurs, des gardes-généraux et particuliers, arrêtera ces registres, et fera mention dans l'arrêté du lieu où il se trouvera, de la présence de l'agent forestier que le registre concerne, du quantième du mois, et il enverra un double de son procès-verbal en tournée au conservateur.

3. Il accompagnera, dans son arrondissement seulement, le conservateur lors de sa tournée, sera présent aux ordres que celui-ci donnera aux arpenteurs pour les assiettes et au récolement des ventes usées, et signera après lui les actes relatifs à son inspection.

Balivage et martelage. — 4. Dès la réception des états des coupes ordinaires, l'inspecteur désignera le jour le plus prochain pour, conjointement avec le sous-inspecteur, commencer les opérations de balivage et martelage, à eux joint le garde-général, et les suivra sans interruption jusqu'à ce qu'elles soient consommées. S'il a dans son inspection plusieurs arrondissemens, il y fera successivement les mêmes opérations avec les sous-inspecteurs y existant, et en dressera des procès-verbaux et états conformes aux modèles déjà énoncés à cet égard sous le n° 8, signés de lui, du sous-inspecteur et du garde-général du cantonnement.

5. Il aura soin que la réserve soit bien espacée; il portera dans les procès-verbaux le nombre exact et les essences des arbres qu'il aura balivés et martelés, et ne se permettra sous aucun prétexte d'en marquer au-delà du nombre qu'il aura indiqué dans ce procès-verbal.

Il dressera, de concert avec le préposé de la régie du domaine, le cahier des charges des ventes, et se donnera les soins nécessaires pour que la fixation des jours de vente soit la plus favorable au commerce.

Assistance aux ventes. 6. L'inspecteur ou le sous-inspecteur sera toujours présent aux ventes, afin de concourir à prévenir toute association tendant à obtenir les bois à vil prix, et de réclamer contre l'ouverture des enchères tant que les offres n'égaleront pas ou ne se rapprocheront pas des mises à prix résultantes des estimations.

7. Il s'opposera à la réception d'enchères de la part de gens inconnus; à moins qu'elles ne se recommandent de cautions solvables présentes à la vente. Il dressera des ventes de son inspection un état conforme au n° 9.

Menus marchés. 8. Il provoquera devant les maire et adjoint des communes la vente des arbres de délit et des chablis abattus qu'il trouvera marqués dans les bois ou qu'il en aura lui-même marqués de son marteau, si l'estimation qu'il en aura faite n'excède pas deux cents francs. Il enverra au conservateur un état de ces menus marchés contenant le nombre des chablis, leur essence, le montant de l'estimation et celui de la vente. Cet état sera conforme au modèle n° 16.

Ouverture des ventes. 9. Il ne laissera commencer les exploitations que lorsque l'adjudicataire aura satisfait aux conditions préalables portées au cahier des charges; et pendant que dureront ces exploitations, il veillera à ce qu'elles soient faites dans les bois ordinaires à tire et aire à fleur de terre et nette de chicots et brouilles; et dans les bois résineux, en suivant l'usage des lieux, et sans dommage.

Il veillera aussi à ce que les chemins ouverts pour la vente soient le moins nuisibles possible; qu'ils restent libres pour la vidange du bois, et soient les seuls dont on puisse faire usage. Il s'assurera si les bois qui en sortent ont la marque du marteau de l'adjudicataire. Il enverra au conservateur, en messidor, un procès-verbal indicatif des cantons où il peut être fait, sans inconvénient, des adjudications de glandées, et de la quantité de porcs à admettre en paisson.

Adjudicataires en retard d'exploiter. 10. Si les coupes ne sont pas consommées au temps porté au cahier des charges, il en dressera procès-verbal. Il saisira le bois encore sur pied et celui qui, étant abattu, ne se trouverait pas encore enlevé; il en poursuivra la confiscation. Si les coupes sont entièrement usées, il en fera le récolement conjointement avec le sous-inspecteur dans le temps prescrit par la loi.

Citation des délinquans. 11. Il se fera remettre exactement les procès-verbaux de délits, citera au nom de l'administration, sans délai, les délinquans devant le tribunal d'arrondissement, fournira au commissaire du gouvernement les mémoires nécessaires pour obtenir de prompts jugemens, demandera à cet effet au président du tribunal d'assigner un jour par décade pour le jugement de ce genre d'affaires.

Assistance aux audiences. 12. Il assistera, autant que possible, au jour indiqué, à l'audience du tribunal ; et s'il croit utile d'éclaircir quelques doutes ou de rappeler quelques dispositions des lois forestières, il demandera d'être entendu.

Exécution des jugemens. 13. Il pressera l'expédition des jugemens après le quatrième jour de leur date, s'il n'en a pas été appelé ; et invitera, en cas de retard, le commissaire du gouvernement à le presser lui-même et à faire signifier le jugement. Il mettra ensuite tous ses soins pour que, sur l'acte de signification de ce jugement, le préposé de la régie en poursuive diligemment l'exécution ; et s'il est besoin d'user du ministère d'huissier, il s'entendra avec ce préposé pour employer l'huissier le plus voisin, et éviter ainsi des frais onéreux à l'état.

Frais de poursuites et recouvremens des condamnations. 14. Il s'assurera ensuite du montant de ces frais et du recouvrement des amendes ; il fournira chaque mois au conservateur un état déjà énoncé conforme au n° 12. Il se fera fournir un semblable état par le sous-inspecteur de son arrondissement, dont il transmettra aussi un double au conservateur ; il demandera aux sous-inspecteurs les mêmes comptes qu'il aura à rendre lui-même au conservateur en exécution de ces instructions, et comprendra dans l'état les procès-verbaux rapportés tant par lui et par eux que par les gardes-généraux et particuliers.

Revue des gardes. 15. Il fera, lors de ses tournées, même revue des gardes particuliers que le conservateur, et se fera rendre compte de l'utilité dont ils auront pu être à la gendarmerie pour l'arrestation des malfaiteurs.

Double du livre-journal. 16. Il se fera remettre chaque mois, par le sous-inspecteur ou le garde-général servant immédiatement sous lui, un double du registre-journal de cet agent.

17. Tous les moyens d'amélioration rapportés dans le paragraphe premier, doivent être vérifiés et médités par l'inspecteur, afin de se mettre à même de fournir au conservateur tous les éclaircissemens dont celui-ci aura besoin pour répondre aux demandes de l'administration.

DU SOUS-INSPECTEUR.

Livre-journal. 1. Il fera coter et parapher son livre-journal par le conservateur, s'il ressortit immédiatement à lui, ou par l'inspecteur qu'il aura pour supérieur immédiat. Il inscrira dans ce registre son travail de chaque jour et les rapports que lui auront faits les gardes-généraux et particuliers.

Tournées. 2. Il fera deux tournées générales, l'une en brumaire, l'autre en prairial, dans les arrondissemens qui comprendront la totalité d'une inspection ou d'un département; il en fera quatre dans les inspections divisées en plusieurs sous-inspections : elles auront lieu en brumaire, nivôse, germinal et fructidor. Il dressera procès-verbal de ces tournées, et le fera signer par les gardes-généraux à son passage dans leurs cantonnemens respectifs.

3. Il se fera représenter les registres des gardes-généraux et particuliers; il s'assurera par un examen fait avec soin, s'ils ont rempli leurs obligations tant pour la tenue des bois que contre les délinquans.

4. Il assistera le conservateur dans sa tournée, et lui fournira tous les renseignemens par lesquels il pourra concourir à la rendre utile; il assistera aussi à celles de l'inspecteur, qui auront pour but des opérations conjointes; il lui donnera d'ailleurs tous les renseignemens qu'il désirera de lui.

États à dresser. — 5. Il dressera par trimestre l'état des gardes-généraux et particuliers qui lui sont subordonnés; il certifiera de leur service et de leur assiduité à leur poste; il transmettra un double de cet état à l'inspecteur, qui le visera et le fera passer au conservateur.

6. Il dressera aussi, des rétributions dues aux arpenteurs, un état conforme au modèle ci-annexé n° 17. Il en enverra pareillement un double à l'inspecteur, pour être par lui transmis au conservateur, qui y apposera le visa nécessaire pour le paiement.

7. Les fonctions et obligations du sous-inspecteur étant de même nature que celles de l'inspecteur, les instructions concernant celui-ci sont communes à l'autre.

Vu par le ministre des finances, signé GAUDIN.

Extrait de l'arrêté du 29 *vendémiaire an* XI — 21 *octobre* 1802. (*Bull.* 224.)

I. Les agens forestiers et ceux de la marine feront concurremment la recherche et reconnaissance, dans les bois nationaux, communaux et d'établissemens publics, des arbres-chênes propres à fournir des courbes, sans préjudice des recherches des autres bois propres à la construction, conformément aux règlemens.

II. Il sera dressé un état double, qui contiendra le nom des bois et le lieu de leur situation, le nombre des arbres de courbes disponibles ou d'espérance qui se trouveront dans ces bois.

III. Cet état, signé par les agens forestiers et de la marine dans chaque arrondissement, sera adressé tant au ministre des finances qu'à celui de la marine.

IV. Lors des ventes des bois nationaux, les arbres susceptibles d'être abattus feront partie des adjudications, à la charge par les adjudicataires de les livrer aux fournisseurs de la marine : ceux d'espérance seront réservés.

V. Il sera accordé aux adjudicataires une prime d'encouragement pour chaque stère de courbes qu'ils livreront : cette prime sera payée dans les termes fixés pour les bois de marine, et en sus des prix déjà réglés.

SAVOIR :

	Pour les ports de l'Océan.	Pour le port de Toulon.
Pour le stère de 1re espèce.	52 fr.	14 fr.
de 2e espèce.	21	10
de 3e espèce.	10	7

VI. Tous les arbres qui seront marqués pour le service de la marine nationale sur les propriétés particulières, ne pourront être distraits de leur destination, sous les peines portées par les lois, et notamment par l'arrêt du conseil du 25 juillet 1748, contre les contrevenans.

VII. Les propriétaires traiteront de gré à gré du prix de leurs bois avec les fournisseurs : en cas de difficulté, le prix sera réglé par experts contradictoirement nommés par les parties intéressées, ou départis par un tiers expert, si les deux premiers ne s'accordent pas.

VIII. Les ministres des finances et de la marine sont chargés de l'exécution du présent arrêté, qui sera inséré au Bulletin des lois.

Extrait de l'arrêté du 28 pluviôse an xi—17 février 1803. (Bull. 249.)

L'administration générale des forêts est autorisée à traduire devant les tribunaux, sans avoir recours à la décision du conseil-d'état, les agens qui lui sont subordonnés.

Extrait de la loi du 28 ventôse an xi—19 mars 1803. (Bull. 262.)

Art. Ier. Les communes et particuliers qui se prétendent fondés par titres ou possession en droits de pâturage, pacage, chauffage, et autres usages de bois dans les forêts nationales, tant pour bâtiment que pour réparations, sont tenus, dans les six mois qui suivront la publication de la présente loi, de produire, sous récépissé, aux secrétariats des préfectures et sous-préfectures dans l'arrondissement desquelles les forêts prétendues grevées desdits droits se trouvent situées, les titres ou actes possessoires dont ils infèrent l'existence; sinon, et ce délai passé, défenses leur sont faites d'en continuer l'exercice, à peine d'être poursuivis et punis comme délinquans.

II. Les communes et particuliers dont les droits d'usage ont été reconnus et fixés par les états arrêtés au ci-devant conseil, sont dispensés de la formalité prescrite par l'article précédent.

Extrait de la loi du 9 floréal an xi—29 avril 1803. (Bull. 276.)

L'administration forestière peut charger le même individu de la garde d'un canton de bois appartenant à l'état, à des communes et à des établissemens publics. (*Art. 11.*)

Extrait de l'arrêté du 28 floréal an xi—18 mai 1803. (Bull. 281.)

I. L'état des assiettes des ventes sera dressé, chaque année, le plus tôt qu'il sera possible, par les conservateurs, aux officiers du génie maritime.

II. Les agens de la marine procéderont, sans délai, au martelage des arbres propres aux constructions, et toujours avant les adjudications : cette opération se fera simultanément, autant que possible, avec celle des agens forestiers.

III. Les agens de la marine qui, aux termes de l'article ci-dessus, n'auront pu terminer leurs opérations de martelage dans un département avant l'ouverture des ventes, en donneront avis, avant le 1er vendémiaire, au conservateur, et lui indiqueront l'époque à laquelle ils devront les terminer. Le conservateur fera régler, d'après cet avis, les jours de vente, sans néanmoins excéder les délais prescrits par la loi pour les adjudications.

IV. Le ministre de la marine distribuera des contre-maîtres, dans le nombre nécessaire pour faire ledit martelage.

V. Si dans le cours des exploitations, les agens de la marine reconnaissent des arbres propres aux constructions, et qui n'auraient pas été marqués, ils en opéreront le martelage.

VI. Il sera dressé procès-verbal détaillé de chaque martelage des bois de marine. Deux expéditions en seront remises de suite à l'inspecteur forestier local, l'une pour rester en ses mains, l'autre pour être adressée au conservateur.

VII. Les arbres marqués pour la marine dans les forêts nationales, sur les coupes ordinaires, feront partie des adjudications, aux charges, clauses et conditions portées aux articles 46, 47, 48, 49 et 50 du cahier général des charges de l'an xi ; et pour les courbes, d'après les dispositions prescrites par l'arrêté du 29 vendémiaire dernier.

VIII. La valeur estimative des bois de marine sera l'objet d'une ou plusieurs traites à l'échéance du 30 germinal, qui suivra celle de l'adjudication. Ces traites seront de sommes rondes, conformément à ce qui est prescrit par l'arrêté du 27 frimaire an xi.

IX. Si les traites délivrées aux marchands de bois adjudicataires par les fournisseurs, pour livraisons qui leur seront faites, ne sont pas acquittées à leur échéance, le montant en sera ordonnancé par le ministre de la marine, au profit des marchands, sur le certificat de recettes provisionnelles des officiers du génie maritime, et prélevé sur les sommes qui pourraient être dues auxdits fournisseurs : dans le cas où il ne leur serait rien dû, les bois ainsi payés resteront au compte de la marine, pour être conduits dans les ports à ses frais.

X. Les arbres marqués dans les coupes annuelles des bois communaux et d'établissemens publics, seront payés par le fournisseur, au prix dont il conviendra, de gré à gré, avec les parties intéressées, ou qui sera réglé par deux experts contradictoirement nommés. En cas de partage entre les experts, il en sera choisi un troisième par les deux premiers, pour fixer le prix des bois par stère.

XI. En exécution de la loi du 9 floréal présent mois, les agens de la marine se transporteront dans tous les bois particuliers en exploitation, pour y marquer les arbres propres à la marine : le prix de ces arbres sera réglé d'après les dispositions de l'article précédent.

XII. Si les ports manquent de pièces d'assortiment ou d'une partie d'approvisionnement indispensable au service, le ministre des finances, d'après la demande de celui de la marine, l'avis de l'administration des forêts et la possibilité des bois, autorisera, pour l'an XII, soit dans les quarts en réserve, soit dans le nombre des baliveaux sur taillis, la coupe extraordinaire, et par jardinage, de la quantité d'arbres de belles dimensions qui sera jugée absolument nécessaire.

XIII. Le martelage de ces arbres sera fait en présence d'un agent forestier; il en signera le procès-verbal, dont un double sera adressé à l'administration des forêts.

XIV. Les arbres marqués par extraordinaires seront adjugés dans les formes établies, et aux charges, clauses et conditions ci-dessus indiquées.

XV. Tous les arbres qui seront marqués pour le service de la marine dans les forêts nationales, communales et d'établissemens publics, et sur les propriétés particulières, ne pourront être distraits de leur destination, sous les peines portées par les lois, et notamment par l'arrêté du conseil du 23 juillet 1748, contre les contrevenans.

XVI. Il ne sera apporté aucun obstacle au passage des bois de marine dans les pertuis et écluses établis sur les

rivières navigables et flottables : lorsqu'ils se présenteront en concurrence avec des bois appartenant à des par
ticuliers, la préférence leur sera accordée.

Nota. Un marchand de bois fit couper des arbres 18
mois après qu'ils furent marqués pour le service de la
marine, et il fut condamné à une amende de 3,000 fr.

Il demanda la modération de cette amende, sur le motif que la loi du 9 floréal l'autorisait à disposer de ces arbres au bout d'un an, si les fournisseurs de la marine ne
les avaient pas fait enlever.

Par avis du conseil-d'état, approuvé le 18 septembre
1807 (*Bull.* 165), la demande fut rejetée, par la raison
que la loi ne parle que des arbres coupés et non enlevés
au bout d'un an, tandis que le marchand avait disposé
d'arbres restés sur pied.

Arrêté relatif à la réserve du bois de Bourdaine pour la
confection du charbon propre à la fabrication de la
poudre, du 25 fructidor an XI—12 septembre 1803.
(Bull. 312.)

Vu l'ordonnance du 1er avril 1686, les arrêts du conseil des
11 janvier 1689, 23 août 1701 et 7 mai 1701;

1. Le bois de bourdaine continuera d'être réservé pour la
confection du charbon propre à la fabrication de la poudre.

2. Il ne sera fait aucune adjudication ou vente des coupes
de bois dans les forêts nationales, dans celles des communautés d'habitans, des hospices et autres établissemens publics,
qu'à la charge par les adjudicataires ou acquéreurs, de faire
mettre à part tout le bois de bourdaine de trois, quatre et cinq
ans de crue qui se trouvera dans lesdites adjudications ou ventes, et d'en faire des bottes ou bourrées de deux mètres de
longueur sur un mètre cinquante centimètres de grosseur. »

3. L'administration générale des poudres, ses commissaires
et préposés, sont autorisés comme par le passé, à faire faire
dans tous les temps la recherche, coupe et enlèvement du bois
de bourdaine de l'âge de trois, quatre et cinq ans de crue,
dans tous les bois ci-dessus dits dans lesquels il n'y aurait pas
de coupes ouvertes vendues et adjugées.

4. Les dispositions des articles 2 et 3 ci-dessus sont applicables aux bois des particuliers, situés dans l'étendue de six
myriamètres des fabriques de poudre, à l'exception de ceux
qui sont clos et attenans aux habitations.

5. A cet effet, les préposés de l'administration des poudres feront prévenir de leurs recherches le conservateur, pour ce qui regarde les forêts nationales, communales et des établissemens publics, et les particuliers, pour leurs bois, ainsi que les maires et administrateurs, pour ceux qui appartiennent aux communes, hospices et établissemens publics.

6. Lesdits préposés ou leurs fondés de pouvoirs ne pourront procéder à cette recherche qu'après avoir justifié aux autorités administratives des lieux où les bois sont situés, de leurs pouvoirs délivrés par l'administration générale des poudres, et visés par le préfet du département et le conservateur des forêts.

7. Lors de la recherche, coupe et enlèvement du bois de bourdaine, lesdits préposés seront tenus d'appeler et de se faire assister des gardes desdits bois et forêts, qui, lors de l'enlèvement, dresseront procès-verbal de la quantité de bottes ou bourrées fabriquées, et auxquels ils paieront, pour raison de ladite assistance, vingt-cinq centimes par chaque cent de bottes.

8. Le prix des bois de bourdaine sera payé sur le vu de ces procès-verbaux, à raison de vingt-cinq centimes la botte ou bourrée. Le montant en sera versé entre les mains des receveurs des domaines, pour ce qui aura été coupé et enlevé dans les bois nationaux : ce même prix sera augmenté d'un cinquième pour les bottes que les adjudicataires ou acquéreurs de bois auront réservées et livrées aux préposés de l'administration des poudres.

9. L'administration des poudres remettra à l'administration des forêts un état exact du nombre et de la situation des fabriques de poudres de l'état. Les commissaires qui les dirigent, et les conservateurs des forêts, seront tenus de se concerter particulièrement, en ce qui pourra les concerner, avec les préfets des départemens, sur les mesures les plus convenables pour assurer l'exécution du présent arrêté.

Nota. Un décret du 16 floréal an XIII — 6 mai 1815, porte à 15 myriamètres le rayon de 6 myriamètres dans lequel l'administration des poudres et salpêtres est autorisée, par l'arrêté du 25 fructidor an XI, à faire rechercher, couper et enlever les bois de bourdaine.

*Décret qui divise la France en sept arrondissemens fo-
restiers de la marine, du 9 messidor an XIII—28 juin
1805. (Bull. 49.)*

1. Le territoire de la France est divisé en sept arrondissemens, au lieu de cinq, pour le martelage et l'exploitation des
bois de marine.

2. Le premier de ces arrondissemens comprendra les départemens de l'Isère, Ain, Rhône-et-Loire, Mont-Blanc, Lé-
man, Haute-Loire, Hautes-Alpes, Drôme, Ardèche, Lozère,
Aveyron, Alpes-Maritimes, Basses-Alpes, Gard, Bouches-
du-Rhône, Vaucluse, Hérault et Var;

3. Le deuxième, Charente, Charente-Inférieure, Dordo-
gne, Gironde, Lot-et-Garonne, Lot, Tarn, Tarn-et-Garonne,
Gers, Haute-Garonne, Landes, Aude, Pyrénées-Orientales,
Arriége, Hautes-Pyrénées et Basses-Pyrénées;

4. Le troisième, Loiret, Loir-et-Cher, Indre-et-Loire,
Yonne, Vienne, Indre, Cher, Nièvre, Haute-Vienne, Creuse,
Allier, Puy-de-Dôme, Cantal et Corrèze;

5. Le quatrième, Ille-et-Vilaine, Loire-Inférieure, Vendée,
Morbihan, Finistère, Côtes-du-Nord, Deux-Sèvres, Maine-
et-Loire, Mayenne, Sarthe et Orne;

6. Le cinquième, Seine, Seine-et-Marne, Seine-et-Oise,
Marne, Ardennes, Aisne, Oise, Eure, Calvados, Manche,
Seine-Inférieure, Somme, Pas-de-Calais, Nord, Eure-et-
Loir;

7. Le sixième, Dyle, Jemmape, Deux-Nèthes, Escaut, Lys,
Sambre-et-Meuse, Meuse-Inférieure, Ourthe, Forêts, Roër,
Sarre, Rhin-et-Moselle et Mont-Tonnerre;

8. Le septième, Meurthe, Meuse, Moselle, Bas-Rhin,
Haut-Rhin, Vosges, Haute-Marne, Aube, Haute-Saône, Côte-
d'Or, Doubs, Jura, Saône-et-Loire.

Extrait de l'ordonnance du 11 juillet 1814. (Bull. 26.)

Dans les cas d'amnistie, les maires et habitans coupables d'avoir fait ou vendu des coupes de bois sans les
formalités prescrites, ou par anticipation, sont exceptés
de l'amnistie, à moins qu'ils n'y aient été obligés par une
force majeure.

Extrait du règlement du 28 août 1816. (Bull. 115.)

Les préfets visent les demandes en main-levée des bois

de la marine qui n'ont pas été acquis et reçus dans les six mois de leur arrivée sur les ports flottables ou sur les dépôts. (*Art. 37 et 38.*)

En cas de contestation sur le prix des bois à livrer à la marine, le propriétaire peut recourir au préfet, qui fait une estimation d'office, après avoir reçu de l'ingénieur communication du compte d'après lequel il avait établi son appréciation. (*Art. 74.*)

Extrait de l'ordonnance du 10 décembre 1817 (Bull. 185.)

Les préfets nomment, sur la proposition du directeur des domaines et forêts, un expert chargé d'estimer en fonds et superficie, chacun des bois que la caisse d'amortissement est autorisée à aliéner. (*Art. 2.*)

Ils assistent aux ventes, ou délèguent un fonctionnaire qui les remplace. (*Art. 3, ibid.*)

Ils font poursuivre les individus qui troublent la liberté des enchères, et cherchent à écarter les enchérisseurs, soit par des menaces, soit par des dons ou des promesses d'argent. (*Art. 7, ibid.*)

Les employés des préfectures et sous-préfectures, qui concourent le plus efficacement aux opérations et aux résultats des ventes de bois que la caisse d'amortissement est autorisée à aliéner, sont susceptibles d'obtenir, du ministre des finances, une indemnité prise sur le produit d'un et demi pour cent du principal de chaque adjudication versé au trésor public. (*Art. 6, ibid.*)

§ 11. *Bois de l'état et de la couronne.*

I. Les agens forestiers chargés de vérifier les sujets de plaintes adressées au conservateur, doivent prendre des renseignemens des maires, qui peuvent, quand ils le jugent à propos, nommer des commissaires pris dans le corps municipal, pour être présens aux visites et opérations des agens, et leur faire telles observations et réquisitions qu'ils jugeront convenables. (*Art. 5 du titre 7 de la loi du 15—29 septembre 1791.*)

Les maires peuvent être commis par les sous-préfets

aux adjudications des ventes des bois de l'état, ainsi qu'à celles des travaux relatifs à l'entretien ou amélioration de ces bois, lorsque le montant de ces adjudications ne paraît pas devoir s'élever au-dessus de la somme de 200 francs. (*Art.* 4 *du titre* VIII *de la loi du* 15—29 *septembre* 1791.)

Les maires qui ont procédé aux adjudications des bois reçoivent les cautions et les certificateurs de cautions des adjudicataires, en présence et du consentement du préposé de la régie des droits d'enregistrement, chargé du recouvrement. (*Art.* 5, *ibid.*)

II. Un arrêté du 5 vendémiaire an VI—29 septembre 1797, rappelant l'exécution du titre XIX de l'ordonnance des eaux et forêts de 1669, et de l'art. 9 du titre VI de la loi du 15—29 septembre 1791, sur l'administration forestière, relatifs au pâturage des bestiaux dans les bois et forêts de l'état, interdit ce pâturage à tous les riverains qui ne justifient pas de leurs droits d'usage; et défend aux usagers, sous les peines portées par les deux lois ci-dessus, dans les parties des bois qui n'auront pas été déclarées défensables. (*Bull.* 149.)

III. Un arrêté du 19 pluviôse an VI—7 février 1798 (*Bull.* 181), remet en vigueur les art. 4 et 5 du titre XXVII de l'ordonnance de 1669, qui imposent aux propriétaires des bois riverains des forêts de l'état, sous l'inspection des agens forestiers, l'obligation de réparer les fossés séparatifs dans les dimensions prescrites par l'ordonnance, d'en creuser dans les endroits où il n'en existe pas, d'après les alignemens conformes aux anciens plans et bornages.

La connaissance des contestations, à cet égard, est attribuée aux préfets.

IV. Un arrêté du 25 pluviôse an VI—13 février 1798 (*Bull.* 183), contenant des mesures pour prévenir les incendies dans les forêts de l'état, déclare privés de l'exercice du droit de pâturage dans la forêt, ceux qui refusent les secours requis par les agens forestiers, et charge les maires des communes riveraines de prévenir les délits de cette espèce, d'en chercher et dénoncer les auteurs, et de les poursuivre suivant la rigueur des lois.—L'article 3 rappelle les dispositions de l'article 32 du titre XXVII de l'ordonnance de 1669, qui défend de porter ou d'allumer du feu dans les forêts.

V. L'ordonnance du roi, du 7 octobre 1814 (*Bull.* 46); qui détermine le mode de vente des bois de l'état, rappelle (*Art.* 10) aux maires et adjoints qu'ils doivent, en leur qualité d'officiers de police judiciaire, et en vertu de la loi du 3—10 juillet 1791 et du Code pénal, poursuivre tout individu qui troublerait la liberté des enchères, ou qui chercherait à écarter les enchérisseurs, soit par des menaces, soit par des dons ou des promesses d'argent.

VI. L'ordonnance du roi, du 28 août 1816, et le règlement du même jour (*Bull.* 115), relatifs à l'exécution du service des martelages et exploitation des bois destinés au service de la marine, y assujettissent les bois de l'état à quelque distance qu'ils soient des rivières et de la mer.

VII. Un arrêté du préfet du département du Bas-Rhin, en date du 14 mai 1816, approuvé par décision du ministre des finances, le 25 septembre même année, avait ordonné la démolition d'une maison et bâtimens dont jouissait le sieur Eberhard, dans la banlieue de Wolsbourg, comme étant situés près d'une forêt domaniale, à une distance prohibée par l'article 18 du titre xxvii de l'ordonnance des eaux et forêts de 1669.

L'article 3 de l'arrêté portait textuellement : «qu'à défaut, par le sieur Eberhard, de produire son titre de propriété, soit en original, soit en copie authentique, dans la huitaine, la maison serait démolie sauf son recours au vendeur.

Le 2 mai 1817, le sieur Eberhard se pourvut au conseil-d'état, et sur le rapport du comité contentieux, le roi, considérant : 1° qu'aux termes de l'article 18 du titre 27 de l'ordonnance de 1669, et de l'avis du conseil-d'état, approuvé le 22 brumaire an 14 (13 novembre 1805), le préfet était compétent pour s'opposer aux œuvres nouvelles faites par le sieur Eberhard, sans autorisation, et pour en ordonner la suppression ; 2° qu'en ce qui touche la propriété des bâtimens antérieurement possédés par ledit sieur Eberhard, c'est aux tribunaux qu'il appartient d'en connaître : confirme les articles 1er et 2 de l'arrêté

du préfet, annulle le troisième, et renvoie devant les tribunaux pour faire juger la question de propriété. (*Ordonnance du roi, du 11 juin 1817, Bull. 160, n° 2323.*)

Nota. Voici le texte de l'ordonnance d'août 1669, et
de l'avis du conseil-d'état, sur lesquels est basée l'ordonnance du roi. Leur importance, et les occasions fréquentes d'en faire l'application, nous a déterminés à les
rapporter en entier.

Ordonnance de 1669.

Défendons à toutes personnes de faire construire, à
l'avenir, aucuns châteaux, fermes et maisons, dans l'enclos, aux rives et à demi-lieue de nos forêts, sans espérance d'aucune remise ni modération des peines d'amende, et de confiscation du fonds et des bâtimens. (*Art.* 18
du titre XXVII.)

Avis du conseil-d'état.

Le conseil-d'état, qui a entendu le rapport de la section de législation, relatif à un arrêt par lequel la cour de
justice criminelle du département de la Loire, appliquant l'article 18 du titre XXVII de l'ordonnance de 1669,
à quarante-deux maisons construites dans la commune
de Mablys, à la proximité des forêts du ci-devant duché
d'Harcourt, devenues nationales, en a ordonné la démolition, est d'avis :

1°. Que l'article 27 de l'ordonnance de 1669, qui n'é-
tait pas rigoureusement observé à l'égard des forêts royales, ne peut être applicable, avant une décision qui n'a
pas encore été rendue, à des forêts particulières, qui
n'ont passé dans le domaine national que par confiscation, et postérieurement peut-être à la construction des
maisons que l'on veut démolir ;

Que lors même que leur construction serait postérieure au séquestre national, les propriétaires seraient toujours fondés à réclamer leur bonne foi et la juste ignorance que la loi de 1669 s'appliquât à des constructions
élevées auprès des forêts tenues tout récemment encore
en propriétés privées ;

Que l'arrêt de la cour de justice criminelle du département de la Loire peut être considéré sous deux rapports, comme acte judiciaire, et comme titre donnant droit à l'administration des forêts de faire procéder à la démolition ;

Que, sous le premier rapport, le conseil-d'état n'a aucune sorte de compétence ; le grand-juge ministre de la justice verra s'il doit charger le procureur-général près la cour de cassation, de requérir l'annullation de l'arrêt, pour fausse application ;

Mais que, sous le rapport de l'administration, le conseil-d'état peut et doit observer à Sa Majesté que cet arrêt, qu'il puisse ou non être cassé avec utilité pour les propriétaires, donne à l'administration des forêts un titre dont il est de l'humanité de Sa Majesté d'ordonner qu'il ne soit fait aucun usage ; elle ne permettra pas que l'on ruine quarante-deux familles pour lesquelles réclament les magistrats même qui ont rendu l'arrêt, qui s'accusent eux-mêmes de sévérité, et déclarent qu'ils n'ont ainsi prononcé que dans la crainte de sortir de leurs fonctions, en interprétant la loi ;

2°. Quant à la question générale proposée par le grand-juge, savoir, s'il ne conviendrait pas de laisser subsister toutes les maisons bâties dans le voisinage des forêts, sauf à empêcher qu'on en élève à l'avenir, en restreignant toutefois la distance à un kilomètre, l'avis est, relativement aux forêts récemment devenues nationales, qu'il était besoin que la prohibition de bâtir auprès de ces forêts fût déclarée applicable aux propriétaires voisins dont le sort sera changé et aggravé ;

Que la décision interprétative à donner, à cet égard, ne devra point s'appliquer aux bois des communes, quoique administrés comme les forêts nationales, non plus qu'aux bois nouvellement réunis au domaine national, à moins que les uns et les autres ne soient d'une étendue de plus de deux cent cinquante hectares ;

À l'égard des anciennes forêts, attendu l'espèce de désuétude où la prohibition dont il s'agit était tombée, l'avis est que les administrateurs des forêts et les procureurs du roi pourraient être avertis de s'abstenir de réclamer l'exécution de l'article 18 du titre xxvii de l'ordonnance

do 1669, contre tous propriétaires qui no mésusent pas
du voisinage, mais qu'ils devraient en réclamer toute la
rigueur contre ceux qui, ayant été déjà poursuivis pour
délits forestiers, commettraient des récidives, pourvu
toutefois que de la démolition il ne s'ensuivît pas un préjudice grave pour les maisons voisines;

3°. Que les administrateurs des forêts, ainsi que les
procureurs du roi, devront veiller à ce qu'à l'avenir il ne
soit construit dans le voisinage des forêts, tant du domaine ancien que du domaine nouveau, aucune maison à la
distance déterminée par l'article 18, sauf à Sa Majesté,
si elle le juge à propos, attendu le grand nombre des
forêts, de faire réduire cette distance dans les règlemens
ou lois à intervenir sur les bois et forêts, et de déterminer toutes autres exceptions qui lui paraîtront convenables;

4°. Mais que l'on doit poursuivre, sans retard, la démolition des maisons sur perches, mentionnées dans l'article 17 du même titre, et celle des ateliers, loges et ba-
-raques construits en bois dans toutes les forêts domania-
les et nationales, anciennes et nouvelles, ou à la distance
de deux kilomètres, ces constructions ne pouvant être
considérées comme des maisons et bâtimens élevés en
bonne foi, et étant une source d'abus et de délits. (*Bulletin des lois* 64, n° 1139.)

§ III. *Bois des communes, des hospices et des établissemens publics.*

I. Il est défendu aux maires, échevins, syndics et habitans des communes, sans distinction, de faire aucune
coupe au triage du quart de réserve pour la futaie, et aux
officiers de le permettre ou souffrir, à peine de 2,000
livres d'amende contre chacun en particulier, et en outre
contre les officiers, de destitution; sauf, en cas d'incendie
ou ruine notable des ponts, ports, murs et bâtimens publics, à se pourvoir pour en obtenir la permission. (*Art.* 8
du titre xxv *de l'ordonnance de* 1669.)

Extrait de la loi du 29 septembre 1791.

TITRE XII. *De l'administration des bois appartenant aux communautés d'habitans.*

Art. 1ᵉʳ. Les communautés d'habitans seront tenues de pourvoir à la conservation de leurs bois, et d'entretenir à cet effet le nombre de gardes nécessaire.

2. Si une commune négligeait d'établir un nombre suffisant de gardes, ou de leur fournir un traitement convenable, le nombre et le traitement seront réglés par le directoire du district (*le sous-préfet*), à la réquisition et sur l'avis de l'inspecteur.

3. Les communes auront le choix de leurs gardes parmi les personnes ayant les qualités requises; mais leur choix devra être approuvé par le conservateur, et elles ne pourront les destituer sans le consentement de l'administration forestière. Le choix sera fait par le conseil-général de la commune (*le conseil municipal*).

4. A défaut par les communes de faire la nomination de leurs gardes dans la quinzaine des vacances des places, la nomination sera déférée à l'administration.

5. Lesdits gardes fourniront un cautionnement, et prêteront serment ainsi que ceux des bois nationaux.

6. Après avoir affirmé leurs procès-verbaux concernant les délits ordinaire de pâturage, ou de maraudage, ou de vol de taillis, ils les déposeront au greffe du juge-de-paix, et en avertiront le procureur de la commune (*l'adjoint*), pour faire les poursuites requises, conformément aux lois de police; mais ils adresseront à l'inspecteur tous les procès-verbaux concernant les délits commis dans les quarts de réserve, et les vols de futaie.

7. La conservation et l'exploitation des bois des communautés d'habitans seront surveillées ainsi qu'il va être expliqué.

8. Les bois des communes sont visités par les préposés de l'administration forestière, savoir, par les sous-inspecteurs au moins deux fois chaque année, et une fois par les inspecteurs; ils sont pareillement visités au besoin par les commissaires de la conservation. Ces visites ont le même objet que dans les bois nationaux.

9. Les coupes ordinaires ne sont mises en exploitation que d'après le procès-verbal d'assiette. balivage et martelage du sous-inspecteur local, conformément aux divisions de coupes et aménagemens.

10. Les communes qui, pour leur plus grand avantage, jugent à propos de vendre leurs coupes ordinaires, au lieu de les partager en nature, ne peuvent le faire qu'en vertu de la permission du préfet, sur l'avis du sous-inspecteur et du sous-préfet.

11. Aucune coupe de futaie sur taillis ou de quart de réserve ne peut être faite qu'en vertu de la permission du gouvernement, qui n'est accordée que pour cause de nécessité, et sur l'avis du préfet et de l'administration forestière. Il est procédé aux assiettes, balivage et martelage desdites coupes, ainsi que dans les bois nationaux.

12. Aucune coupe ordinaire ou extraordinaire ne peut être vendue que par-devant l'administration de district (*le sous-préfet*), en la forme pour les ventes de bois nationaux. Il est procédé aux adjudications, à la diligence du maire et en sa présence, ou en celle de son adjoint.

13. Les deniers provenant des ventes extraordinaires, sont versés par l'adjudicataire, entre les mains du receveur de l'arrondissement, pour être employés, sur l'avis du sous-préfet ordonnancé par le préfet, conformément aux dispositions qui ont motivé la permission desdites coupes.

Nota. Le décret du 13 messidor an ii—1er juillet 1794, ordonna leur versement à la trésorerie nationale. Aujourd'hui ils sont versés dans la caisse d'amortissement.

14. Les coupes ordinaires et extraordinaires sont sujettes au récolement; et les adjudicataires ou entrepreneurs doivent obtenir leur congé de cour, ou décharge d'exploitation. Il suffit que le récolement des coupes ordinaires soit fait par le sous-inspecteur.

15. Les habitans ne peuvent enlever leur chablis, qu'en suite de la visite et reconnaissance du *sous-inspecteur*.

16. Ils ne peuvent mettre leurs bestiaux en pâturage que dans les cantons reconnus et déclarés défensables dans le procès-verbal de visite de l'*inspecteur*.

17. Les travaux de recepage, repeuplement et autres, sont ordonnés par le gouvernement, d'après les procès-verbaux des préposés à l'administration forestière, et sur l'avis de l'autorité administrative, qui entend préalablement les communes intéressées.

18. La poursuite des délits commis sur la futaie et dans les quarts de réserve, et celle des malversations dans les coupes et exploitations, sont faites par les préposés de l'administration forestière; sauf aux habitans à fournir les instructions conve-

nables, et à se prévaloir des restitutions et indemnités qui sont prononcées contre les délinquans.

19. Toutes les opérations des préposés forestiers dans les bois des communes, sont faites sans frais, sauf les vacations des arpenteurs; mais les adjudicataires des coupes, tant ordinaires qu'extraordinaires, sont tenus de payer à la régie de l'enregistrement, un décime pour franc du prix de leur adjudication, outre et par-dessus icelui; et moyennant ce, les 26 deniers pour livre ci-devant établis, sont supprimés.

Nota. Ce décime doit continuer à être payé, mais dans la caisse du receveur de la régie pour indemniser l'état des frais d'administration qu'il paie, d'après la loi du 16 nivôse an IX—6 janvier 1801. (*Lettre du ministre des finances du 28 vendémiaire an X—20 octobre 1801.*)

Nota. D'après les décrets des 7 brumaire, 25 ventôse et 10 floréal an III—28 octobre 1794, 15 mars et 29 avril 1795, les forêts nationales dans lesquelles les communes étaient rentrées en vertu des sentences arbitrales, ou celles dans la possession desquelles la nation avait ou devait avoir quelque intérêt, n'ont pu être vendues dans les formes usitées pour les bois nationaux, que par petits lots proportionnés à la population des communes, et le prix versé également à la trésorerie nationale.

Extrait de la loi du 15—28 août 1792.

Les officiers des ci-devant maîtrises des eaux-forêts ont pour leurs journées, vacations et frais de voyages, à raison de 4 francs 50 centimes par arpent, pour balivage et martelage des coupes ordinaires ou extraordinaires; et 1 franc 50 centimes par arpent de récolement de la coupe ou vente usée.

A l'égard des forêts de pins et sapins et des arbres épars, 25 centimes par pied d'arbre. (*Art. 1er.*)

Il n'est alloué aux arpenteurs que le droit de réarpentage à raison de 75 centimes par arpent, quand même ils auraient procédé à l'assiette des coupes. (*Art. 2.*)

La taxe est faite par l'administration centrale (*le préfet*), sur l'état et les procès-verbaux des opérations de ces officiers. (*Art. 3.*)

Les arpenteurs sont payés sur le certificat des officiers,

arrêté et ordonnancé par l'administration de département (*le préfet*). (*Art.* 4.)

Les gardes qui ont travaillé aux martelages et récolemens, ont 25 centimes par arpent à partager entre eux. (*Art.* 5.)

Les frais de poursuite de délits sont également visés et ordonnancés par les administrations de département (*les préfets*), pour être payés par les receveurs de l'enregistrement. (*Art.* 6.)

Il en est de même pour les frais des greffiers des ci-devant maîtrises et des collecteurs d'amendes, des huissiers et greffiers des tribunaux, pour raison de l'administration des forêts. (*Art.* 7.)

Extrait de la loi du 14 juillet 1793.

Cette loi a retiré des mains de la régie de l'enregistrement, la recette du prix des ventes des bois des communes, et ordonné qu'elle serait versée dans les caisses des receveurs de districts.

La régie dut rendre compte, à cette époque, à chaque commune intéressée, de ses recettes et dépenses, et ces comptes durent être débattus en conseil général, et ensuite arrêtés et déposés, l'un dans les bureaux de la régie, un double à l'administration du district (*à la sous-préfecture*), et un triple entre les mains du receveur.

Les dépenses à acquitter postérieurement furent ordonnancées par les administrations centrales (*les préfets*). L'ordonnance dut rappeler l'objet de la vente, la date de l'arrêté, et n'être dirigée que vers l'emploi qu'ils avaient prévu, à moins que cette destination n'eût cessé d'être utile.

Les administrations centrales (*les préfets*) devaient informer le ministre des finances de la délivrance de ces ordonnances, qui de son côté, ne pouvait différer de faire faire les fonds par la trésorerie, et ce dans le mois; à défaut de *visa* par lui, il était obligé d'en donner les motifs à l'administration centrale (*au préfet*), dans les 15 jours.

S'il restait dans la caisse des fonds de commune sans destination déterminée, les administrations centrales (*les préfets*) ne pouvaient les ordonnancer que pour des dépenses d'utilité publique et générale, à la charge de la commune, et qui devaient tourner au profit commun des habitans.

Le rappel dans les ordonnances de paiement, de l'espèce de dépense qui en aurait déterminé l'expédition, et de la date de l'arrêté qui l'aurait autorisée, fut rendue applicable aux dommages-intérêts prononcés au profit des communes contre les délinquans, aux produits des glandées, vains pâturages, et à tous autres deniers de communes versés dans des caisses publiques.

Nota. La loi du 13 messidor an II—1ᵉʳ juillet 1794, ordonne le versement à la trésorerie nationale des produits des ventes de bois communaux.

Celle du 13 brumaire an III—3 novembre 1794, défendit toute exploitation de bois dans lesquels des communes seraient entrées en possession en vertu de sentences arbitrales, jusqu'à ce qu'il en fût autrement ordonné.

La loi du 25 ventôse suivant—15 mars 1795, ordonna que les coupes ordinaires et annuelles des bois, dans lesquels les communes avaient été envoyées en possession en vertu de sentences arbitrales, dont l'effet était suspendu par la loi du 7 brumaire ci-dessus, seraient vendues dans les formes usitées pour la vente des bois nationaux, par petits lots, proportionnés à la population des communes; à la charge par les adjudicataires d'en verser le prix dans la caisse du receveur du district, où il resta déposé jusqu'à ce qu'il en fût autrement ordonné.

La loi du 10 floréal suivant—29 avril 1795, régla que les dispositions de ces deux derniers décrets n'auraient d'effet que relativement aux forêts nationales et à celles dans la possession desquelles la nation a ou aurait quelque intérêt.

La loi du 29 floréal an III—18 mai 1795, régla que la somme de 4 francs 50 centimes accordée par l'article 1ᵉʳ de la loi ci-dessus, sera perçue pour chacune des opérations qui se feront sur le taillis et la futaie sur taillis, lorsqu'elles auront lieu à des époques éloignées au moins d'un mois l'une de l'autre. (*Art.* 1ᵉʳ.)

Si elles sont faites simultanément, il ne sera perçu que le droit entier pour l'une d'elles, et la moitié pour l'autre. (*Art.* 2.)

Dans tous les cas, il ne sera perçu qu'un droit de récolement pour toutes. (*Art.* 3.)

Il ne sera dû qu'un seul droit si l'opération se fait sur le taillis seul ou sur des massifs de futaie, sauf l'application dans tous les cas, de la loi du 4 pluviôse an III. (*Article* 4.)

En exécution de l'arrêté du 8 thermidor an IV—26 juillet 1796, les affiches et le procès-verbal d'adjudication doivent faire mention de la permission du gouvernement.

La loi du 11 frimaire an VII—1er décembre 1798 (*Bull.* 247), sur les recettes et dépenses communales, met à la charge des communes la contribution foncière de leurs bois, et les frais de leur garde; mais y pourvoit par la vente annuelle d'une portion suffisante des bois d'usage, distraite de la coupe ordinaire avant toute distribution entre les habitans. La vente doit en être faite aux enchères, par-devant le maire. (*Art.* 7.)

La loi du 16 nivôse an IX—6 janvier 1801, règle, article 5, que les arpenteurs recevront, à titre de rétribution et pour tous frais, 2 francs par hectare de bois dont ils auront fait le mesurage, et 1 franc 50 centimes par hectare de récolement.

Arrêté du 19 ventôse an X—10 mars 1802.

Art. 1er. Les bois appartenant aux communes sont soumis au même régime que les bois nationaux; et l'administration, garde et surveillance en sont confiées aux mêmes agens.

Nota. Un arrêt de la cour de cassation, du 27 février 1807, a décidé qu'un habitant qui s'introduirait dans un bois communal pour en disposer à son profit, serait, malgré sa copropriété, passible des peines prononcées contre ceux qui volent et coupent du bois.

Un second arrêt de la cour de cassation, en date du 27 octobre 1815, qui a décidé une contestation entre l'administration forestière, et quelques habitans de la commune de Franqueville, a déclaré en principe qu'un maire n'a pas le droit d'autoriser les habitans de sa commune à couper du bois dans une forêt communale, s'il n'en a obtenu l'autorisation de l'administration forestière.

2. La régie de l'enregistrement est chargée du recouvrement du prix des adjudications de toutes les coupes extraordinaires desdits bois.

3. Il sera fait chaque année, et dans le délai de trois mois après l'adjudication, un état par département desdites coupes qui auront été vendues, avec distinction des qualités appartenant à chaque commune, et du prix qu'elles auront donné.

4. Dans les trois mois du recouvrement de chaque portion du prix desdites coupes extraordinaires, le montant en sera versé dans la caisse d'amortissement, pour y être tenu à la disposition des communes, avec intérêt à raison de trois pour cent par an.

5. Il sera tenu à ladite caisse, département par département, et commune par commune, un compte de recettes et de dépenses.

6. Ledit compte, tant en recettes et intérêts qu'en dépenses, sera balancé à la fin de chaque année, et le bordereau, dûment certifié, sera transmis triple au ministre de l'intérieur.

L'un de ces bordereaux sera déposé dans les bureaux du ministre de l'intérieur, l'autre au bureau de la préfecture du département auquel il appartient, et le troisième sera adressé à la commune qu'il regardera.

7. Seront pareillement versées dans la caisse d'amortissement, et y seront conservées dans les mêmes formes et aux mêmes conditions, les autres recettes extraordinaires provenant d'aliénations d'immeubles ou de remboursement de capitaux des communes, lesquels ne seraient pas affectés à leurs charges et dépenses ordinaires.

8. Les fonds qui seront dans la caisse d'amortissement, appartenant auxdites communes, seront mis à leur disposition, sur une décision motivée du ministre de l'intérieur.

9. Toutes les dispositions précédentes sont applicables aux bois des hospices et des autres établissemens publics.

Nota. En exécution de l'arrêté ci-dessus, les bois appartenant aux communes sont soumis au même régime que les bois nationaux, et l'administration, garde et surveillance en sont confiées aux mêmes agens.

Pour l'exécution de ces dispositions, le ministre des finances a approuvé, le 15 germinal an XI—5 avril 1803, une instruction qui porte, relativement aux fonctions des autorités administratives : « Les communes qui désirent obtenir la coupe ou la vente extraordinaire de leur quart

de réserve ou départie, doivent adresser leurs demandes
aux préfets pour que ces administrateurs donnent leur a-
vis; les communes communiquent ensuite cet avis à l'in-
pecteur forestier de leur arrondissement, qui visite les
bois et donne également son avis en transmettant les demandes au conservateur, qui, après avoir fourni ses observations, les adresse directement à l'administration forestière. »

Des préfets ont fait observer que par la marche tracée
par cette instruction, l'avis de l'autorité préfectorale se
trouvait soumis à la critique de l'autorité inférieure des
conservateurs forestiers; que la règle et l'usage avaient établi de faire donner les premiers avis par les autorités inférieures.

Le ministre de l'intérieur appuya ces observations près
du ministre des finances, et d'après la réponse de ce dernier, le premier lui écrivit le 24 vendémiaire an XII—17
octobre 1803.

« J'ai vu avec plaisir que vous reconnaissiez, comme
moi, que les agens forestiers ne devaient en aucune circonstance contrôler ou réformer les avis des préfets. Il
résulte de votre opinion, qui est parfaitement conforme
aux principes qui constituent l'autorité préfectorale, qu'elle doit exercer dans toute son intégrité le droit d'administrer les communes, que l'administration forestière semble confondre, relativement à leurs bois, dans le droit de
conserver, qui lui est attribué.

» *Conserver* et *disposer* ou *administrer*, sont deux facultés concordantes, mais distinctes (1). Cette distinction
du pouvoirs établie par la loi du 29 septembre 1791, et
par toutes celles qui constituent le gouvernement tuteur
des communes, est indispensable pour l'administration
des communes.

» En effet, d'après le texte de la loi forestière d'août
1669, titre XXV, art. 8, les communes peuvent demander
des coupes extraordinaires dans le cas d'*incendie*, ou ruine notable des *églises*, *ports*, *ponts*, *murs*, et autres *édifices publics*.

_____

(1) Celui qui jouit de la dernière est nécessairement supérieur à celui
qui ne jouit que de la première.

» Dans tous ces cas, il ne s'agit pas de savoir si les bois du quart de réserve ont l'âge requis, ou s'ils dépérissent, mais seulement d'indiquer ceux des arbres qui peuvent être propres à satisfaire aux besoins de la commune.

» Ici, ce sont les besoins qui commandent, et c'est le préfet qui doit juger si ces besoins sont fondés. Mais ce point éclairci, l'administrateur doit encore savoir si les bois de la commune qui éprouve le besoin sont en état de lui fournir les matériaux nécessaires, et c'est alors que cet administrateur, *et non la commune administrée et demanderesse*, doit s'adresser aux agens forestiers pour recevoir d'eux les renseignemens sur ce second objet, afin de pouvoir proposer au gouvernement d'autoriser les mesures jugées convenables pour réparer les dommages essuyés. Je dis que *c'est au préfet à faire ces propositions au gouvernement* par l'intermédiaire direct des ministres, parce qu'il est la seule autorité locale chargée d'administrer les intérêts des communes, que lui seul a qualité pour donner son avis à ce sujet, et qu'il s'agit beaucoup moins, dans l'hypothèse, de la conservation des bois, que de pourvoir aux besoins extraordinaires des communes.

» Cette marche doit être également suivie pour la coupe d'une réserve entière dans les cas ordinaires, comme dans ceux des besoins extraordinaires, parce que c'est à l'administrateur à juger *en dernier lieu*, et sur tous les renseignemens relatifs à la qualité des bois, s'il est de l'intérêt de la commune et de l'intérêt public de faire cette coupe.

» Cette marche n'est qu'une conséquence du principe que vous avez établi dans votre réponse, et elle est tracée par les lois sur la matière, auxquelles les arrêtés du gouvernement n'ont point dérogé. Je suis persuadé qu'elle est celle que vous entendez que les agens forestiers suivent; je réponds en conséquence aux préfets qui m'ont consulté, et je ferai connaître en même temps votre avis à ce sujet aux préfets qui me manifesteront des doutes sur cette matière. »

Arrêté du 6 floréal an x—26 avril 1802.

Art. 1. L'administration forestière adressera au ministre des finances, immédiatement après chaque adjudication de coupes extraordinaires de bois appartenant aux communes, hospices et autres établissemens publics, l'extrait du procès-verbal de ces adjudications, indicatif de leur montant, des noms et domiciles des adjudicataires, et de la caisse de l'enregistrement et des domaines à laquelle le prix des adjudications devra être versé. Cet extrait du procès-verbal sera communiqué au directeur de la caisse d'amortissement par le ministre des finances.

2. Les préfets se feront remettre les mêmes résultats par les sous-préfets et les maires des communes : ils les adresseront au ministre des finances.

3. Les receveurs de l'enregistrement et des domaines inscriront sur un registre particulier les recouvremens de cette nature, et ils les transmettront, comme le surplus de leurs recettes, et dans les mêmes délais, aux receveurs des contributions directes dans chaque arrondissement.

4. Les receveurs d'arrondissement tiendront des écritures séparées pour cette nature de recette, ainsi que pour les autres objets énoncés en l'article 7 de l'arrêté du 19 ventôse, et ils en verseront, chaque décade, le produit au receveur-général de département.

5. Les receveurs-généraux feront parvenir, aussi chaque décade, ce produit à la caisse d'amortissement, en traites sur Paris, à l'échéance de trente jours au plus; ils resteront garans de ces traites jusqu'après leur paiement.

6. Les receveurs-généraux adresseront, en outre, le 1er de chaque mois, au directeur de la caisse d'amortissement, un bordereau des versemens qui leur auront été faits dans le mois précédent sur le produit des bois et biens communaux, des hospices et autres établissemens, ainsi que des valeurs qu'ils auront fait parvenir à ladite caisse. Chacun de ces bordereaux rappellera en masse les sommes énoncées dans les précédens.

7. Les receveurs-généraux et particuliers jouiront, sur cette partie de leurs recettes, des mêmes remises qui leur sont attribuées sur les contributions indirectes.

8. Le directeur de la caisse d'amortissement, en cas de retard dans les versemens, fera connaître au ministre des finances les receveurs qui seront en faute, et leur destitution sera prononcée, s'il y a lieu.

Nota. Pour l'exécution de l'article 8 ci-dessus, le préfet doit envoyer au ministre de l'intérieur :

1°. Une expédition du procès-verbal d'adjudication de ces travaux ;

2°. La demande de l'adjudicataire ;

3°. Un certificat de l'architecte ou ingénieur chargé de l'inspection ;

4°. Une attestation du maire, qui, en légalisant les signatures, constate que l'apport des matériaux ou la confection des parties d'ouvrages d'après lesquels il y a lieu d'en faire payer successivement le prix, ont été effectués d'une manière conforme au cahier des charges et à l'époque fixée pour chaque objet ;

5°. Une expédition de l'arrêté du gouvernement qui a autorisé la coupe extraordinaire et la vente des bois ;

6°. Un avis du sous-préfet, si la commune n'est point dans l'arrondissement communal du chef-lieu de la préfecture ; enfin, l'avis du préfet établi par un arrêté, dans lequel, après avoir relaté la demande ainsi que les différentes pièces à l'appui, et certifié que les fonds qui doivent être employés au paiement, sont déposés dans la caisse d'amortissement, et suffisent pour y satisfaire, il proposera d'autoriser le paiement de la somme demandée. (*Instructions des 8 vendémiaire an* xi—30 *septembre* 1802, *et* 25 *pluviôse an* xiii—14 *février* 1805.)

Extrait de la loi du 9 floréal an xi—29 *avril* 1803, *contenant le régime des bois appartenant aux particuliers, aux communes ou à des établissemens publics.* (*Bull.* 276.)

Des défrichemens.

Art. 1er. Pendant 25 ans à compter de la promulgation de la présente loi, aucun bois ne pourra être arraché et défriché que 6 mois après la déclaration qui en aura été faite par le propriétaire devant le conservateur forestier de l'arrondissement où le bois sera situé.

II. L'administration forestière pourra, dans ce délai, faire mettre opposition au défrichement du bois, à la charge d'en référer, avant l'expiration de 6 mois, au ministre des finances, sur le rapport duquel le gouvernement statuera définitivement dans le même délai.

III. En cas de contravention aux dispositions de l'article précédent, le propriétaire sera condamné par le tribunal compétent, sur la réquisition du conservateur de l'arrondissement, et à la diligence du commissaire du gouvernement, 1° à remettre une égale quantité de terre en nature de bois; 2° à une amende qui ne pourra être au-dessous du cinquantième et au-dessus du vingtième de la valeur du bois arraché.

IV. Faute par le propriétaire d'effectuer la plantation ou le semis, dans le délai qui lui sera fixé après le jugement par le conservateur, il y sera pourvu à ses frais par l'administration forestière.

V. Sont exceptés des dispositions ci-dessus, les bois non clos, d'une étendue moindre de 2 hectares, lorsqu'ils ne seront pas situés sur le sommet ou la pente d'une montagne, et les parcs ou jardins clos de murs, de haies ou fossés, attenant à l'habitation principale.

VI. Les semis ou plantations des bois des particuliers ne seront soumis qu'après 20 ans aux dispositions portées à l'article 1er et suivans.

Nota. Par l'article 9 porté au chapitre des bois pour le service de la *marine*, il est également défendu à tout propriétaire de faire aucune coupe de bois sans en avoir fait, 6 mois d'avance, la déclaration au conservateur forestier.

Outre les dispositions des articles 1, 5 et 9, relatifs aux propriétaires privés, l'ordonnance de 1669, tit. XXVI, article 3, leur défend aussi d'exploiter leurs futaies sises à 5 myriamètres (10 lieues) de la mer, et à un myriamètre (2 lieues) des rivières navigables, sans en avoir fait préalablement leur déclaration, à peine de 3,000 francs d'amende.

Et un règlement du conseil-d'état, du 1er mars 1757, a étendu cette prohibition, sous la même peine, aux bois de toute nature, en quelques lieux et à quelque distance de la mer et des rivières navigables qu'ils fussent situés.

D'après une décision du grand-juge ministre de la justice, du 30 vendémiaire an XII, ce règlement doit recevoir son exécution : ainsi, la peine pour la coupe d'un seul arbre en contravention à l'article 9 de la loi du 9 floréal an XI, est la confiscation des bois coupés et une amende de 5,000 francs.

X. La nomination des gardes des bois des communes, hospices et autres établissemens publics, sera faite par les administrateurs légaux desdites communes et établissemens, mais elle sera soumise à l'approbation du conservateur de l'arrondissement, qui délivrera au garde une commission envoyée à l'administration forestière pour être visée et enregistrée.

XI. Lorsque l'administration forestière juge convenable de confier au même individu la garde d'un canton de bois appartenant à des communes, hospices ou autres établissemens publics, et d'un canton de bois de l'état, la nomination sera faite par elle seule.

Extrait de l'arrêté du 17 nivôse an XII—8 janvier 1804 (Bull. 354.)

Cet arrêté charge les préposés de l'administration de l'enregistrement et des domaines, du paiement des salaires des gardes des bois des communes et des établissemens publics, d'après des états arrêtés annuellement par le ministre des finances. Les fonds sont versés chaque année, et d'avance, dans les caisses des préposés, en vertu d'ordonnances sur les fermiers ou receveurs des revenus ordinaires des communes ou sur les adjudicataires des coupes. (*Art. 1er, 2 et 3.*)

L'avance est faite par la caisse de l'enregistrement lorsqu'une commune n'a point de revenus suffisans, ni coupe ou affouage annuels : elle en est remboursée sur le montant des coupes qui se font ultérieurement. (*Art. 4 et 5.*)

Extrait de la loi du 2 ventôse an XII—22 février 1804. (Bull. 347.)

A compter du 1er vendémiaire an XIII, le produit des amendes forestières, déduction faite de tous les frais de poursuite et du recouvrement, pourra être réparti annuellement entre les agens forestiers, à titre d'indemnité : il est dérogé, à cet égard, à l'article 15 du titre xv de la loi du 29 septembre 1791.

Nota. Par une lettre au préfet de la Haute-Loire, on a fait dire au ministre des finances, pour soustraire les mémoires de frais des agens forestiers à l'examen des préfets, qui doivent les ordonnancer sur les caisses publiques et municipales, que les conservateurs remplaçaient les ci-devant grands-maîtres des eaux et forêts. Mais il est évident que c'est par erreur qu'on a fait cette comparaison, puisque les grands maîtres étaient une autorité indépendante et même un tribunal, et que toute leur autorité a été détruite par la loi du 29 septembre 1791, qui est la seule qui constitue les pouvoirs respectifs des conservateurs et des préfets remplaçant les administrations de département.

Par une circulaire du 18 thermidor an xi—6 août 1803, le ministre des finances a écrit aux conservateurs des forêts que c'était à eux à régler les frais d'administration dus par les communes ou hospices aux agens forestiers, et que les préfets devaient se borner à expédier des ordonnances sur les receveurs de ces communes ou des hospices, d'après les états de ces frais arrêtés et fournis par les conservateurs.

Le ministre de l'intérieur a réclamé contre cette disposition, en observant à celui des finances que l'ordonnateur était le seul agent comptable et responsable, et qu'il ne devait pas se permettre de puiser dans les caisses des communes ou des hospices sans s'être assuré que ces débiteurs devaient réellement les sommes qui leur étaient demandées; qu'il convenait bien que les conservateurs pouvaient vérifier les sommes dues aux autres agens forestiers et en former un état certifié, mais que les préfets, ordonnateurs, ne devaient délivrer les ordonnances demandées que sur le vu de toutes les pièces, et que ces pièces devaient rester entre leurs mains pour couvrir leur responsabilité.

Cette réclamation, fondée sur des principes incontestables, a eu son effet vis-à-vis de quelques préfets; mais on s'est aperçu que le ministre des finances n'avait cependant pas réformé sa décision générale. C'est donc aux préfets à défendre leurs droits en refusant d'ordonnancer jusqu'à ce qu'on ait justifié des frais par la production des pièces des parties prenantes.

Il arrive presque partout que les inspecteurs exigent des communes le paiement des frais de garde et d'administration de leurs bois, avant de leur accorder la permission de les exploiter, quoique ces frais doivent être pris sur le produit des coupes et être payés par les préposés de l'enregistrement en vertu d'ordonnances des préfets, et malgré que les maires ne peuvent rien payer sans y être autorisés par le préfet. Le ministre de l'intérieur a fait défendre aux maires, sous leur responsabilité, de payer aucuns frais aux agens forestiers avant qu'ils eussent été ordonnancés légalement, et fait recommander de dénoncer au préfet et à l'administration générale ceux de ces agens qui se permettraient d'exiger des paiemens anticipés sans vérification, et susceptibles de former double emploi , ou de retarder les coupes par le refus des permis d'exploiter.

Extrait de l'instruction du 24 vendémiaire an XIV—16 octobre 1805, relative aux formalités préalables à l'emploi des fonds provenant de la vente du quart en réserve.

Pour prévenir l'emploi abusif de ces fonds, il convient de connaître la situation financière de la commune, de constater qu'elle n'a point de dettes, si ses revenus annuels suffisent largement à toutes ses dépenses ordinaires, celles du culte comprises, s'ils présentent même un excédant annuel susceptible de fournir, par la suite, à des dépenses imprévues; enfin, si la dépense projetée est la plus urgente et la plus nécessaire.

A cet effet, aussitôt que le produit de la coupe peut être connu, c'est-à-dire, après l'adjudication, une délibération du conseil municipal doit contenir l'exposé de tous les travaux et de toutes les acquisitions ou paiemens que la commune se propose de faire.

Le préfet l'envoie au ministre de l'intérieur, avec, 1° le procès-verbal de la vente du quart en réserve;

2°. Une expédition du décret qui a autorisé la coupe;

3°. Le budget de la commune, et l'état détaillé des dettes, s'il y en a;

4°. L'estimation approximative de la somme à laquelle s'élèveront les travaux projetés;

5°. Enfin, les avis du sous-préfet et du préfet en forme d'arrêté.

Modèle d'autorisation de vente.

Louis, par la grâce de Dieu, etc. Sur le rapport du ministre des finances;

Vu les observations et avis du préfet du département de et des administrateurs des forêts.

Le conseil-d'état entendu, décrète,

1. Il sera procédé, en temps utile, à la vente et adjudication de   , hectares les plus dépérissans, à prendre dans la forêt   , faisant partie du quart en réserve des bois de la commune de   , à la charge par l'adjudicataire de réserver les arbres anciens et modernes, sains et bien venans, et cinquante baliveaux de l'âge du taillis par hectare, d'après la marque qui en sera faite par les agens forestiers, et de payer le prix de son adjudication, tant en principal que décime pour franc, au préposé de la régie de l'enregistrement, qui en comptera, conformément à l'arrêté du 19 ventôse an X.

Extrait du décret du 21 mars 1806 (Bull. 81).

Ce décret ordonne qu'il sera fait sur le produit des coupes des quarts en réserve, que les communes obtiennent l'autorisation de vendre, un prélèvement de 25 pour 100 pour former un fonds commun des travaux publics pour toute la France, selon les besoins des communes, des arrondissemens et des départemens, et d'après le rapport du ministre de l'intérieur. (Art. 1er.)

Nota. Un décret du 11 mars 1808 (non imprimé au Bulletin), a ordonné une nouvelle retenue de 25 pour 100 sur le produit des coupes.

Extrait de l'avis du conseil-d'état, approuvé le 12 août 1807 (Bull. 155), portant que les créanciers des communes ne peuvent forcer ces communes à se libérer sans l'intervention de l'autorité administrative.

Le conseil-d'état est d'avis que la caisse d'amortissement ne doit point recevoir des oppositions de la part des particuliers sur les fonds appartenant aux communes; sauf aux créanciers à se pourvoir auprès de l'administration pour obtenir, s'il y a lieu, la décision exigée par l'arrêté du 19 ventôse an x, *qui a constitué la caisse d'amortissement dépositaire des fonds appartenant aux communes, et lui a défendu de les leur rendre autrement que sur une décision du ministre de l'intérieur.*

Extrait de l'avis du conseil-d'état du 26 avril 1808. (*Bull.* 194.)

Cet avis, basé sur l'article 542 du Code civil, qui n'admet aucune distinction entre les bois et les autres biens des communes, déclare que dans le cas où plusieurs communes obtiennent la faculté de partager les bois qu'elles possèdent en *indivis*, le partage doit se faire par feux, c'est-à-dire par chefs de famille ayant domicile.

Extrait du décret du 31 janvier 1813. (*Bull.* 476.)

Ce décret, relatif au mode d'acquittement des salaires des gardes des bois communaux qui sont à la charge des *communes,* ordonne (*art.* 1er) qu'ils le seront à l'échéance de chaque trimestre, par les receveurs de ces communes, sur les fonds à ce destinés par leurs budgets, et sur les ordonnances des *préfets.* L'article 2 charge les conservateurs des forêts d'adresser à l'avance, aux *préfets* de chaque département de leur conservation, l'état des gardes en activité, et du montant de leur traitement. Il en sera dressé autant d'états qu'il y a d'arrondissemens de sous-préfecture.

En exécution de l'article 3, le *préfet* fera parvenir à chaque sous-préfet l'état qui concernera les gardes de son arrondissement avec son ordonnance de paiement : *le sous-préfet* en donnera connaissance aux percepteurs et receveurs des communes, qui en acquitteront le montant, sur l'émargement des gardes.

Extrait de l'ordonnance du roi du 7 octobre 1814. (*Bull.* 46.)

Les préfets sont autorisés à augmenter le montant de

l'estimation des bois des communes, d'après l'avis motivé
du directeur des domaines ou du conservateur des forêts,
et sont assistés pour procéder à la vente, d'un préposé de
l'administration des domaines, et de l'un des agens de
l'administration forestière.

Extrait de l'ordonnance du roi du 28 août 1816.
(Bull. 115.)

Cette ordonnance, concernant le martelage et la conservation des bois propres aux constructions navales, y
assujettit les bois des communes et des établissemens publics, à quelque distance qu'ils soient des rivières ou de la
mer. (*Art. 2, 3 et 4.*)

L'article 9 du règlement du même jour, ordonne qu'une
expédition du procès-verbal de martelage sera délivrée aux
maires pour les bois des communes, et aux directeurs des
hospices, fabriques, etc., pour les bois des établissemens
publics.

Les articles suivans règlent le mode d'exploitation et de
paiement pour les agens de la marine.

Dans le cas où les formalités prescrites sous ce double
rapport au fournisseur-général de la marine n'auraient
pas été remplies par les adjudicataires, les certificats à cet
égard sont délivrés par les maires, et les demandes en
main-levée sont visées par eux. (*Art. 37.*)

Ordonnance du roi qui défend, sous les peines portées
par les lois, de faire, sans l'autorisation de Sa Ma-
jesté, aucune coupe dans les quarts de réserve des bois
des communes, des hôpitaux, des bureaux de charité,
des collèges, des fabriques, des séminaires, des évêchés,
archevêchés et autres établissemens publics, du 7 mars
1817 (Bull. 146.) (1).

Art. 1er. Conformément à l'ordonnance de 1669, et à la loi
du 29 septembre 1791, aucune coupe ne pourra se faire, sous
les peines portées par les lois, dans les quarts de réserve des
bois des communes, des hôpitaux, des bureaux de charité,

---

(1) Voyez ci-après l'ordonnance royale du 5 septembre 1821, qui a
modifié l'ordonnance du 7 mars 1817.

des colléges, des fabriques, des séminaires, des évéchés et ar-
chevéchés, et de tous autres établissemens publics, qu'en vertu
des ordonnances que nous jugerons convenable de rendre,
sur les rapports de notre ministre secrétaire-d'état au département des finances.

2. Hors les cas de dépérissement des quarts de réserve, les
coupes ne seront accordées que pour cause de nécessité constatée, et qu'en cas de guerre, incendies, grêle, inondations,
épidémies, épizooties, ruines, démolitions, pertes et accidens
extraordinaires ; à l'effet de quoi, les demandes appuyées de
l'avis des sous-préfets, seront préalablement communiquées
par notre ministre des finances à notre ministre secrétaire-d'é-
tat de l'intérieur, chargé de la surveillance des communes et
des établissemens propriétaires.

3. Les adjudications continueront d'être faites par-devant
les sous-préfets, au chef lieu d'arrondissement, en présence
des agens forestiers et d'un représentant des communes et des
établissemens propriétaires, le tout d'après un cahier de charges concerté entre les agens forestiers et l'administration que
l'adjudication intéressera.

Un état indicatif de la date des adjudications, de la contenance et du prix des coupes adjugées, et de l'époque des
échéances, des traites souscrites par les adjudicataires, sera
transmis à notre ministre secrétaire-d'état au département de
l'intérieur par l'intermédiaire des préfets.

4. Le prix des coupes sera stipulé payable en traites, aux
échéances fixées par le cahier des charges. Les traites seront
remises aux receveurs-généraux de département, qui demeurent exclusivement chargés d'en faire le recouvrement, sous
leur responsabilité.

5. Les remises et taxations des receveurs-généraux ne pourront excéder 2 et demi pour 100 du montant intégral des
traites dont le recouvrement leur sera confié, tant pour les
communes que pour les autres établissemens publics, et qui
ne pourra, en aucun cas, s'élever au-dessus de 20,000
francs pour la totalité des traites.

Si le montant intégral des traites à recevoir excède cette
somme, les remises et exactions ne seront prélevées qu'à raison d'un pour 100 du surplus de leur montant; le décompte
en sera arrêté à la fin de chaque année par le préfet.

6. Conformément au dernier paragraphe de l'article 153
de la loi du 28 avril 1816, les traites à souscrire pour le prix
des coupes extraordinaires seront intégralement souscrites au
profit des établissemens propriétaires, et recouvrées en totalité pour leur compte, et sans pouvoir être grevées d'aucun

prélèvement pour dépenses étrangères aux charges imposées aux établissemens propriétaires.

7. Au fur et à mesure de l'échéance des traites et du recouvrement de leur montant, les receveurs-généraux seront tenus d'en faire le versement à la caisse des dépôts volontaires, et d'en justifier au préfet dans la huitaine du jour de leur recouvrement, à défaut de quoi ils seront déclarés comptables des intérêts des sommes qu'ils auront touchées pour chaque jour de retard qu'ils auront mis dans leur versement.

8. Les fonds déposés à la caisse des dépôts y seront tenus à la disposition de notre ministre secrétaire-d'état au département de l'intérieur, et successivement reversés, sur son autorisation, par l'intermédiaire des agens de la caisse des dépôts dans la caisse des établissemens propriétaires, pour être employés, sous la surveillance des préfets, aux dépenses extraordinaires qui auront motivé les coupes accordées, et qui pourraient être ultérieurement approuvées.

9. Il n'est, au surplus, en rien dérogé au droit que les communes et les établissemens propriétaires ont de recevoir, par l'intermédiaire de leurs comptables, le prix des coupes ordinaires des bois qui leur appartiennent, pour être employé, avec les autres revenus de leurs biens, aux dépenses réglées et prévues par leurs budgets.

10. Les dispositions des articles 5, 9 et 7, sont déclarées communes aux recouvremens faits et à faire des traites souscrites pour le prix des coupes, des quarts de réserve adjugés pour l'ordinaire de 1817, ainsi qu'à tous les fonds libres et provenant d'aliénations, d'acceptations de legs et donations, d'impositions ou d'excédans de budgets, dont le versement à la caisse des dépôts pourrait, par nous, être ordonné, ou par notre ministre secrétaire-d'état au département de l'intérieur, ou par les préfets.

Circulaire du ministre de l'intérieur pour l'exécution de l'ordonnance ci-dessus, du 11 juin 1817.

Monsieur le préfet, je vous transmets copie de l'ordonnance que le roi a rendue, le 7 mars dernier, pour les coupes extraordinaires qui peuvent être accordées aux communes, aux hôpitaux et autres établissemens publics et religieux, dans les quarts de réserve des bois qui leur appartiennent.

Les règles en usage pour les concessions de cette nature sont maintenues par cette ordonnance.

Les communes et les établissemens publics devaient d'autant moins en être affranchis, qu'elles ont pour objet de prévenir les abus, et de leur ménager des secours importans pour les dépenses que des événemens imprévus peuvent rendre nécessaires, en même temps qu'elles conservent à la marine des ressources précieuses pour les constructions navales. Ainsi, monsieur, les demandes en concession de quart de réserve, continueront d'être par vous transmises au ministre des finances, en la manière accoutumée. Vous aurez soin, toutefois, de m'en instruire, et de me faire connaître les besoins impérieux qui pourront les justifier, pour que je puisse, conformément à l'ordonnance, les appuyer, s'il y a lieu.

La loi du 28 avril 1816, et l'ordonnance du 3 juillet de la même année, qui constituent la caisse des dépôts volontaires dans laquelle le prix des quarts de réserve doit être versé, laissaient des incertitudes sur le mode à suivre pour la perception, le dépôt, la réintégration et l'emploi des fonds de cette nature : ces incertitudes doivent cesser par l'effet des dispositions des articles 4, 5, 6, 7 et 8 de l'ordonnance du 7 mars.

Les receveurs-généraux sont seuls commis par l'article 4 de l'ordonnance, pour recevoir, sous leur responsabilité, les traites qu'il est d'usage de faire souscrire aux adjudicataires des coupes de bois : vous avez, en conséquence, à prescrire les mesures que vous croirez nécessaires pour constater la remise à faire des traites entre leurs mains, et déterminer la forme des récépissés à fournir aux établissemens propriétaires.

Par la même raison, vous veillerez à ce que les traites soient stipulées payables à la caisse de ces comptables, aux échéances réglées par les actes d'adjudication.

Elles ne pourront être négociées ni remises aux établissemens propriétaires, sous quelque prétexte que ce soit, à moins que, pour des circonstances impérieuses, il n'en soit autrement ordonné par moi, sur votre proposition.

Pour donner aux communes et aux établissemens propriétaires plus de garantie, il convient, monsieur, que les traites soient déposées dans une caisse à trois clefs, dont une restera dans vos mains, une autre dans celles du doyen des conseillers de préfecture, et la troisième dans les mains du receveur-général, sauf à en retirer successivement les traites à l'époque de leurs échéances respectives.

La caisse à trois clefs restera à la garde et sous la responsabilité du receveur-général.

Vous surveillerez le recouvrement exact des traites, et vous vous assurerez, par vous-même et par les inspecteurs du trésor, du versement de leur montant à la caisse des dépôts volontaires dans les délais prescrits par l'ordonnance.

Le receveur-général tiendra de ces fonds une comptabilité distincte et séparée des recettes diverses qui lui sont confiées.

Vous lui recommanderez d'indiquer exactement et nominativement à la caisse des dépôts volontaires, les communes et les établissemens pour le compte desquels il fera des versemens.

L'état que vous avez à m'envoyer en exécution de l'article 3, sera conforme au modèle ci-joint.

Vous aurez soin de faire l'envoi d'un semblable état à M. le directeur de la caisse des dépôts volontaires.

Sur les demandes que vous m'adresserez, et en justifiant les besoins allégués par les communes ou par les établissemens propriétaires, je ferai réintégrer dans leurs caisses, par voie pure et simple de correspondance, les fonds provenant du prix des quarts de réserve, dont le receveur-général aura fait le versement à la caisse des dépôts volontaires, avec les intérêts accumulés de ces fonds.

Les remises et taxations du receveur-général ne peuvent, aux termes de l'article 5 de l'ordonnance, excéder 2 et demi pour 100 des premiers 20,000 francs du montant intégral des traites, et 1 pour 100 du surplus; ce qui vous laisse la faculté de chercher à les régler au-dessous de ce taux, dans l'intérêt des établissemens propriétaires.

Vous remarquerez que ce n'est que sur les premiers 20,000 francs de l'intégralité des traites à recouvrer, que 2 et demi pour 100 peuvent être alloués.

Ce serait donc une opération fausse, et contraire au texte comme à l'esprit de l'article précité, que d'isoler, pour le prélèvement des remises et taxations, les communes et les établissemens auxquels appartiennent les traites à recouvrer. Il résulterait de cet isolement que cinq communes et cinq autres établissemens propriétaires ayant droit chacun à 10,000 francs, fourniraient au receveur-général une remise de 2,500 francs, tandis que, réunis, ils présentent une masse de 100,000 francs, qui donnent, à raison de 2 et demi pour 100 sur les premiers 20,000 francs, 500 francs, et . . . .   500 fr.

Et sur le surplus, à raison de 1 pour 100, 800 francs, ci.   800

TOTAL. . . . . 1,300 fr.

J'ai pensé, monsieur, que pour prévenir toute erreur, il pouvait être utile de donner ce calcul pour exemple.

C'est sur ces bases que vous aurez à régler, à la fin de chaque année, le décompte des remises et taxations dont il s'agit, si toutefois vous ne pouviez parvenir à les régler d'une manière plus avantageuse aux établissemens propriétaires.

Il n'échappera pas à votre attention que les articles 4, 5, 6 et 7 de l'ordonnance sont étrangers aux produits des coupes réglées; ces produits font essentiellement partie des ressources ordinaires affectées aux besoins ordinaires et journaliers des communes et des établissemens auxquels les bois appartiennent.

Le soin d'en poursuivre le recouvrement appartient à leurs comptables : c'est dans leurs mains que les adjudicataires doivent immédiatement en faire le versement.

Quoique cet ordre de choses soit observé dans plusieurs départemens, il en est d'autres où, par une marche contraire, on a remis aux receveurs des domaines les traites souscrites pour le prix des coupes ordinaires; et il en est résulté que des ressources destinées à des besoins journaliers, ne sont sorties des caisses de ces receveurs qu'après beaucoup de retards et de difficultés, et qu'après avoir subi des remises et taxations onéreuses à ces établissemens.

L'ordonnance du 7 mars a voulu prévenir le retour de ces inconvéniens, en statuant, par l'article 9, qu'il n'est rien dérogé au droit que les communes et les autres établissemens propriétaires de bois ont de faire recevoir, par leurs comptables, le prix des coupes ordinaires, pour être employé avec les autres revenus des biens dépendant de leur dotation, aux dépenses prévues et réglées par leurs budgets.

Il importe, monsieur, de ne point laisser ignorer cette disposition particulière de l'ordonnance, aux communes et aux établissemens intéressés à la connaître.

Quelques administrations ont demandé à jouir du droit de vendre elles-mêmes les coupes ordinaires des bois qui leur appartiennent, sans le concours des agens de l'administration forestière, et sans l'intervention d'aucune autorité. Il est vrai, monsieur, que l'ordonnance de 1669 autorisait les gens de mainmorte, à vendre eux-mêmes les coupes ordinaires de leurs bois, en se conformant aux aménagemens et en y réservant le nombre de baliveaux prescrit par les règlemens : mais la loi du 29 septembre 1791 a révoqué cette faculté; elle a placé la régie des bois des communes et des établissemens publics dans les attributions de l'administration chargée des forêts de l'état; elle a de plus ordonné qu'il ne pourrait y être fait de coupes, que d'après les procès-verbaux d'assiettes, balivages et martelages des agens de cette administration, et qu'aucune coupe de ces bois ne pourrait être vendue qu'en la forme prescrite pour les bois de l'état.

L'arrêté du 10 mars 1802 contient sur cette matière, des dispositions qui permettent encore moins de s'écarter des règles prescrites tant qu'il n'en sera pas autrement ordonné.

On a souvent renouvelé la question de savoir si la loi du 29 septembre 1791, était tellement impérative que les adjudications ne pussent être faites ailleurs qu'au chef-lieu de sous-préfecture de la situation des bois. Le ministre des finances a pensé que de graves inconvéniens pourraient résulter de toute espèce d'innovation dans l'ordre actuellement établi. Il a insisté pour qu'il fût maintenu; c'est par cette raison que l'article 3 de l'ordonnance du 7 mars porte que les coupes extraordinaires continueront d'être adjugées au chef-lieu de sous-préfecture.

Dans cet état de choses, vous penserez sans doute avec moi, monsieur, qu'il en doit être de même pour l'adjudication des coupes ordinaires. Vous pourrez, toutefois, en excepter les ventes que des communes seront par vous autorisées à faire d'une partie de leurs affouages, pour le paiement de leurs gardes-champêtres et forestiers, et pour l'acquit des charges et des impositions dont leurs bois et les autres propriétés restées en jouissance commune se trouvent grevées. Le ministre des finances estime que ces ventes, à raison de leur faible importance, peuvent être faites sous votre autorisation, dans le lieu qui vous paraîtra le plus convenable.

Les établissemens propriétaires doivent être représentés aux adjudications par un de leurs administrateurs ou de leurs agens. Ils doivent être également appelés à concourir à la rédaction du cahier des charges, ainsi qu'à la division des coupes en différens lots, lorsqu'elle peut leur paraître avantageuse : mais ce concours doit être restreint de manière à ne déroger en rien aux clauses générales et de police publique.

Quelques établissemens ayant exprimé le désir d'obtenir la délivrance en nature et la faculté d'exploiter par eux-mêmes les coupes ordinaires, je dois vous faire observer que les délivrances autres que celles qui se font aux communes affouagères, pour être partagées entre les habitans, sont souvent suivies de quelques abus, notamment lorsque les bois sont situés à des distances trop éloignées des établissemens propriétaires pour être bien surveillés : en ce cas on doit craindre des dilapidations qu'on ne peut empêcher.

On doit craindre aussi que les frais de transport et de voyage ne fassent revenir le bois à des prix trop élevés.

Il est dès-lors très-prudent d'être très-réservé sur les délivrances de cette nature.

Il paraît préférable aussi, lorsque la coupe doit excéder la consommation, de la mettre en adjudication, à la charge par l'adjudicataire de livrer la quantité de bois qu'il sera jugé nécessaire de mettre en charge pour la consommation de l'établissement propriétaire.

On comprend souvent dans les baux des biens que possèdent les établissemens publics, les coupes ordinaires des bois qui en dépendent. Les inconvéniens de cet usage, et ceux qui résultent des délivrances en nature et des exploitations abandonnées aux agens des établissemens propriétaires, ont été indiqués par une instruction du 31 décembre 1809, et à rappeler aux établissemens propriétaires de bois, les observations qu'elle contient sur cet objet.

Les frais d'administration et de surveillance des bois des communes, des hospices et des autres établissemens publics, et ceux qui résultent des opérations qu'exigent les adjudications des coupes ordinaires et extraordinaires, ont fait naître des réclamations qui m'ont paru susceptibles de quelques observations.

Les frais qui sont l'objet de ces réclamations consistent dans les articles suivans:

1°. Frais de timbre, d'impression et de distribution des affiches;

2°. Frais de timbre, d'impression, d'enregistrement et d'expédition des cahiers des charges et des procès-verbaux d'adjudication;

3°. Droits du décime pour franc que les adjudicataires doivent payer en sus du prix de leurs adjudications, remplacés, en cas de délivrance en nature, par des droits de vacations pour balivages, martelages et récolemens.

Quand même les établissemens propriétaires seraient autorisés à vendre par eux-mêmes, la nécessité de pourvoir aux frais de timbre, d'impression et de distribution des affiches n'en existerait pas moins, parce qu'on ne doit pas supposer qu'ils pourraient procéder aux ventes sans aucune publicité: on peut dire aussi que ces frais seraient beaucoup plus considérables, attendu qu'ils se trouveraient, par-là, privés de la faculté qu'ils ont aujourd'hui de comprendre les ventes qui les intéressent dans les affiches énonciatives des coupes à faire dans les bois de l'état; faculté qui doit nécessairement rendre moins onéreux les frais dont il s'agit, par l'effet de leur répartition au marc le franc, entre le domaine, les communes et les établissemens propriétaires.

Les frais de timbre et d'enregistrement des cahiers de charges et des procès-verbaux d'adjudications donnent lieu aux mêmes réflexions.

En ce qui concerne le décime pour franc, la perception en est ordonnée par l'article 19 de la loi du 29 septembre 1791 : elle a pour objet d'indemniser le trésor des frais d'administration et de surveillance des bois des communes, et des établissemens publics confiés aux agens de l'administration des forêts, dont il acquitte les traitemens. Quel que soit le mode de procéder aux ventes, ce droit sera toujours dans le cas d'être perçu, à moins que le gouvernement, en faisant rapporter les lois et règlemens qui placent leurs bois sous l'administration publique, ne trouve plus utile d'en attribuer la régie aux établissemens propriétaires; circonstance qui les forcerait à salarier des agens forestiers particuliers, qui les jetteraient probablement dans des dépenses au moins égales au montant du décime pour franc.

À l'égard des droits de vacations pour balivages et martelages, ces droits, fixés par les lois des 15 août 1792 et 18 mai 1795 (29 floréal an III), ne sont dus que pour les coupes qui se délivrent en nature, et à titre d'affouages : leur perception doit tenir lieu du décime pour franc à payer en sus du prix des coupes mises en ventes; elle ne peut, en aucun cas, être cumulée avec la perception du décime.

Il est bon, d'ailleurs, de remarquer que le produit de l'une et l'autre perception ne profite point aux agens forestiers : il se verse au trésor, où il va se confondre avec les autres revenus de l'état, pour subvenir à ses dépenses, dont celles de ses agens font partie.

Je n'ignore pas que, dans plusieurs lieux, les frais de vacations pour les opérations de balivages, martelages et de récolemens, absorbent la valeur des coupes : j'en ai entretenu le ministre des finances, qui, par une lettre du 10 juillet 1816, m'a fait connaître qu'il ne voyait aucun inconvénient à prescrire aux agens forestiers de ne pas comprendre dans l'état des vacations, les coupes de bois communaux dont la valeur ne s'élèverait pas à une somme double du montant de ces frais; il m'a invité à lui faire connaître les communes qui seront dans le cas de solliciter cette exception. Sur la désignation que vous ferez de ces communes, je réclamerai la décision promise par Son Exc. Quant aux autres communes, je me réserve de me concerter de nouveau, avec le ministre des finances, sur le moyen de leur rendre moins onéreux les frais et droits qui font l'objet de leurs réclamations.

Je terminerai ces instructions en vous faisant observer que, par l'article 10 de l'ordonnance du 7 mars, les dispositions des articles 5, 6 et 7 sont déclarées communes à tous les fonds libres des communes et des établissemens publics dont le versement à la caisse des dépôts volontaires pourrait être ordonné, et provenant d'aliénations de leurs immeubles, d'impositions extraordinaires, de legs et donations, ou d'excédans de budgets.

Les fonds de cette nature dont le versement sera fait à la caisse des dépôts volontaires, et qui ne seront pas destinés à être employés en acquisitions de rentes sur l'état au profit des communes et des établissemens propriétaires, seront rétablis dans leurs caisses, d'après les règles admises pour les fonds provenant du prix des coupes extraordinaires de bois au fur et à mesure des besoins extraordinaires qui pourront l'exiger.

Vous remarquerez, toutefois, que l'article 10 de l'ordonnance n'a point eu pour but de déroger aux règlemens qui prescrivent aux receveurs des communes de verser à *la caisse de service, les fonds de leurs recettes ordinaires qui excèdent le douzième des dépenses allouées par les budgets,* et que l'on ne doit entendre par excédans de budgets susceptibles d'être versés à la caisse des dépôts volontaires, que les fonds dont les receveurs, par l'effet de l'apurement de leurs comptes, sont constitués reliquataires.

Vous remarquerez aussi que si le taux actuel des remises et taxations dont le receveur-général jouit sur les capitaux qui sont l'objet de l'article 10, est inférieur à celui des remises et taxations qui peuvent lui être allouées pour le recouvrement des traites souscrites pour le prix des coupes extraordinaires de bois, vous devrez le maintenir. Le but de l'ordonnance n'est point d'accroître les avantages de ces comptables.

Le ministre secrétaire-d'état de l'intérieur,
Signé LAINÉ.

Nota. Les règles prescrites par l'ordonnance du 7 mars 1817, ont été modifiées par une ordonnance du 5 septembre 1821 (*Bull.* 47), dont voici le texte :

Art. 1er. Les fonds provenant des coupes extraordinaires des bois des communes, des hôpitaux et des établissemens publics, dont l'adjudication n'excédera pas la somme de 1,000 francs, ne seront plus versés à la caisse des dépôts et des consignations.

Les receveurs-généraux des finances en feront le recouvrement à titre de placement en compte courant au trésor royal, pour être tenus, avec les intérêts qui en proviendront, à la disposition des établissemens propriétaires, sur la simple autorisation des préfets.

II. Les receveurs-généraux des finances recevront, sous les mêmes conditions, et aux mêmes titres,

1°. La somme de 1,000 francs sur les coupes extraordinaires dont la vente n'excédera pas 5,000 francs ;

2°. Le cinquième du produit des coupes dont l'adjudication excédera 5,000 francs : le surplus continuera d'être versé à la caisse des dépôts et consignations.

§ IV. *Bois des particuliers.*

I. La loi du 9 floréal an XI—29 avril 1803 (*Bull.* 276), défend, pendant 25 ans, à compter de la promulgation de la loi, à tout propriétaire de bois, d'arracher et de défricher aucun bois, que 6 mois après la déclaration qu'il en aura faite au conservateur forestier de son arrondissement. (*Art.* 1er.)

Sont exceptés les bois non clos d'une étendue moindre de 2 hectares, lorsqu'ils ne seront pas situés sur le sommet ou la pente d'une montagne, et ceux enclos de murs, haies ou fossés attenant à l'habitation. (*Art.* 5.)

Si le propriétaire, malgré l'opposition de l'administration forestière, effectue le défrichement, il peut être condamné judiciairement à remettre une égale quantité de terrain en nature de bois, et à une amende du 20e ou 5e de la valeur des bois arrachés. (*Art.* 2, 3 et 4.)

Le martelage pour le service de la marine aura lieu dans les bois des particuliers, taillis, futaies, avenues, lisières, parcs et sur les arbres épars.

La coupe des arbres marqués sera soumise aux règles observées pour les bois nationaux. (*Art.* 7.)

Le premier paiement s'effectuera avant l'enlèvement, qui ne pourra être retardé plus d'un an après la coupe; faute de quoi, le propriétaire sera libre de disposer de ses bois. (*Art.* 8.)

En conséquence des dispositions des articles précédens, tout propriétaire de futaie sera tenu, hors le cas d'une urgente nécessité, de faire, 6 mois d'avance, devant le conservateur forestier de l'arrondissement, la déclaration

28

des coupes qu'il aura l'intention de faire et des lieux où sont situés les bois.

Le conservateur en préviendra le préfet maritime dans l'arrondissement duquel sa conservation sera située, pour qu'il fasse procéder à la marque, en la forme accoutumée. (*Art.* 9.)

Les gardes des bois des particuliers ne peuvent exercer leurs fonctions qu'après avoir été agréés par le conservateur, et après avoir prêté serment devant le tribunal de première instance. En cas de refus de la part du conservateur, il y a lieu à se pourvoir devant le préfet. (*Art.* 15 *et* 16.)

II. Le décret du 15 avril 1811, relatif aux formalités qui doivent précéder et suivre l'abattage d'arbres futaies, épars ou en plein bois, appartenant à des particuliers, ordonne (*art.* 8), que les propriétaires feront constater l'époque de l'abattage des arbres par un certificat du contre-maître de la marine, ou des agens forestiers, ou du maire de la commune de la situation des bois. (*Bull.* 364.)

II. L'ordonnance du roi, du 28 août 1816 (*Bull.* 115), concernant le martelage et la conservation des bois nécessaires aux constructions navales, y soumettait sans exception tous les propriétaires de bois futaies, de baliveaux sur taillis, d'arbres épars, d'avenues et de parcs hors des murs de clôture des habitations. (*Art.* 7 *et suiv.*) Mais une ordonnance du 22 septembre 1819 (*Bull.* 318) a révoqué celle du 28 août 1816, en ce qui regardait les propriétés des particuliers.

Une instruction du ministre de la marine, en date du 5 octobre 1819, adressée à tous les directeurs du service forestier pour la marine, a reçu la plus grande publicité par la lecture qui a dû en être faite par les maires, à la sortie de l'office divin, pendant trois dimanches consécutifs.

Les dispositions de cette instruction se bornent à remettre en vigueur l'exécution des art. 1, 2 et 3 de la loi du 9 floréal an XI—29 avril 1803 (*Bull.* 270); des articles 10 et 11 de l'arrêté du gouvernement du 28 floréal an XI—18 mai 1803 (*Bull.* 281); et de l'article 4 du décret du 15 avril 1811 (*Bull.* 364), qui ne soumettent les propriétaires à aucune formalité pour abattre des arbres futaies, des chênes, des ormes situés dans des lieux clos et fermés de murs ou de haies vives, ou plantés en avenue près les maisons d'habitations; mais leur imposent l'obligation, pour toute espèce de futaies aménagées en coupe réglées, de faire la déclaration de la coupe, 6 mois d'avance, avec indication des lieux où sont situés les bois.

Cette déclaration faite double, sur papier timbré, est remise, soit à l'inspecteur forestier, soit au sous-inspecteur, et même au receveur des domaines du domicile, qui la transmettent au directeur du service forestier, lequel procède à la reconnaissance et au martelage, en dresse procès-verbal, qu'il remet au propriétaire, lorsqu'il y a des bois propres au service de la marine; les fait enlever, et les paie. En cas de discussion sur le prix, il est procédé à l'estimation par des experts contradictoirement nommés. Dans le cas contraire, le directeur délivre au propriétaire un certificat constatant qu'il ne se trouve aucun arbre propre aux constructions navales.

Modèle d'un procès-verbal de contravention forestière.

Cejourd'hui   , heures de   je   , garde forestier de   , assermenté devant   , revêtu de la marque distinctive voulue par la loi, faisant ma tournée dans le bois *ou* la forêt de   , ai remarqué à   , qu'il avait été coupé à la hauteur de   un   , qui m'a paru être de l'âge de.

Ou qu'il avait été fait des ébranchemens pour fagots sur différens....

Et m'étant informé de   , que j'ai rencontré, s'il n'aurait aperçu aucun individu sortir du bois, chargé de   , il m'a répondu que...

Ou ayant entendu dans les bois le bruit d'une personne qui se sauvait, je me suis mis à sa poursuite, et l'ayant rejointe, j'ai reconnu que c'était   , habitant de   , qui était chargé de...

Ou ayant vu sortir du bois un particulier qui conduisai une voiture, *ou* un cheval chargé de   , *ou* portait sur son dos   , l'ayant rejoint, je l'ai reconnu pour être le nommé   demeurant à....

Et lui ayant demandé de quel droit il avait coupé le bois qu'il emportait ainsi, il m'a répondu   , et de suite je lui ai

ordonné de me suivre à   où étant arrivé, je lui ai enjoint,
de déposer le bois dont sa voiture *ou* son cheval était chargé,
ou qu'il portait, et j'ai, au nom de la loi, constitué gardien
dudit bois, ainsi que de la voiture et des chevaux *ou* du cheval, le sieur   , et lui ai fait défense de s'en dessaisir jusqu'à
ce que par justice il en soit autrement ordonné.

Ou j'ai conduit ledit   , par-devant le maire de la commune de   , *ou* par-devant le juge-de-paix du canton de   ,
et ai fait déposer le bois et la voiture dans une des cours de
     , et mis en séquestre chez le sieur   , aubergiste à   ,
les chevaux *ou* le cheval dudit   , avec défenses au nom de
la loi, de s'en dessaisir jusqu'à ce qu'il en ait été autrement
ordonné par justice.

De tout ce que dessus j'ai fait et rédigé le présent procès-
verbal, lesdits jour et an que dessus.

Bois de charpente et de chauffage. Un arrêté du 26 nivôse an v—15 janvier 1797 (*Bull.* 105), relatif à la perquisition des bois volés sur les rivières ou ruisseaux flottables et navigables, ordonne aux maires et adjoints, et
aux commissaires de police, sous les peines de suspension,
de destitution, même de mise en jugement, suivant la
gravité des circonstances, d'accompagner les gardes-forestiers dans les perquisitions qu'ils croient nécessaires de
faire dans les maisons d'habitation, les ateliers et les cours
adjacentes.

Bois de faix accordés aux ouvriers employés aux travaux du flottage. Un arrêté du ministre de l'intérieur, en
date du 28 mai 1816, contient règlement sur la fixation
de ces bois. En voici le texte :

Le ministre secrétaire-d'état au département de l'intérieur,
considérant que l'emport de faix par les ouvriers travaillant
à la construction des trains et autres travaux relatifs aux flottages des bois sur les différens ports des rivières d'Yonne,
Cure, Armançon et rivières affluentes, a cessé d'être uniforme par suite d'abus et de contraventions aux règlemens sur
le fait de la marchandise de l'eau ;

Que sur les ports de l'Yonne supérieure, le faix se compose de sept bûches dans tous les temps, et pour tous les
travaux, tandis que sur la Cure il est de huit, et que même le
compagnon de rivière, pendant les flottages en trains, em-
porte à son choix, et en échange de son faix, les deux plus

belles bûches qu'il peut trouver, ou seize bûches de menuise ;

Que sur l'Armançon, et les ports de l'Yonne inférieure,
le faix se compose de sept bûche, pendant le tirage et la mise
en état des flots, tandis que pendant le flottage en trains, les
flotteurs, approcheurs et compagnons de rivière, emportent
chacun onze bûches ; et les tordeurs et garnisseurs, chacun
neuf ; que cependant le travail étant partout le même, le faix
de l'ouvrier doit être aussi le même, puisqu'il a pris sa source
dans la même cause.

Considérant que, dans le principe, et en conformité des
réglemens, les ouvriers ne pouvaient, dans aucun cas, et sous
aucun prétexte, emporter leur faix qu'à la fin de la journée ;
que ce faix ne devait être composé que de bûches de six pouces de grosseur en bois blanc, menuise et rebut ; qu'il leur
était interdit d'emporter aucun bois de chêne, hêtre et charme ; de vendre et façonner en échalas lesdits faix ; que la
différence existante aujourd'hui dans l'emport des faix, tant
sous le rapport de la quantité des bûches, que de leur espèce
et de leur grosseur, ne provient que des abus qui se sont
successivement introduits sur les ports et de l'oubli des règlemens.

Considérant enfin que, s'il est juste de ne pas priver l'ouvrier des moyens de se chauffer et sécher en lui accordant
son faix, il ne l'est pas moins de ramener aux principes et
aux règles consacrés par les ordonnances, arrêtés, règlemens et sentences, concernant la marchandise de bois flottés,
notamment par la sentence du bureau de la ville de Paris, du
13 février 1753, et de rétablir le mode uniforme sur tous les
ports de flottage.

Vu la sentence du bureau de la ville de Paris, dudit jour
13 février 1753, arrête ce qui suit :

Art. 1er. Les anciennes ordonnances, arrêts et règlemens
sur le fait du flottage, seront exécutés ; en conséquence, le
faix accordé par tolérance à l'ouvrier travaillant aux flottages
sur les ports des rivières d'Yonne, Eure, Armançon, et y
affluentes, tant pendant le tirage, l'empilage et la mise en état
des bois, que pendant le flottage en trains, ne pourra être
composé que de six bûches en bois blanc, menuise, et d'une
bûche de surfaix d'une grosseur au-dessous de six pouces,
ce qui fera en totalité sept bûches, sans pouvoir, sur aucuns
ports, prétendre à une plus grande quantité sous quelque prétexte que ce soit.

2. Conformément à la sentence susdatée, il est défendu
aux ouvriers d'introduire, dans leurs faix, aucun bois de

chêne, hêtre et charme, et de composer le faix de bûches
dont la circonférence excéderait six pouces; de vendre à
qui que ce soit, et de façonner en échalas aucun bois provenant des faix.

3. Le faix ne sera accordé qu'aux ouvriers qui auront atteint l'âge de quinze ans; cependant il sera accordé quatre
bûches de la qualité et dimension ci-dessus prescrites aux
enfans de dix à quinze ans, lorsqu'ils auront travaillé la journée entière.

4. Le faix ne sera acquis à l'ouvrier qu'autant qu'il aura
travaillé depuis le matin jusqu'au soir; il sera tenu de l'enlever à l'épaule et par lui-même, à peine d'en être privé.

5. L'ouvrier qui emporterait dans son faix une ou plusieurs bûches qui excéderaient six pouces de tour, ou qui
seraient d'une essence autre que celle déterminée, sera, pour
la première fois, privé de la totalité de son faix; pour la
seconde, il en sera privé pendant trois jours; en cas de récidive, il sera exclu de tout travail sur les ports.

6. Sur les ports servant au dépôt des bois neufs, et dont
la gestion et la surveillance sont confiées à des gardes spéciaux, il ne pourra être prétendu aucun faix, ni emporté aucun bois par les ouvriers employés à leur empilage et à leur
chargement en bateaux. Il est défendu aux gardes-ports de
leur en accorder sous quelque prétexte que ce soit, à peine de
révocation, et des dommages-intérêts des marchands.

7. Il est expressément défendu aux marchands, leurs facteurs et entrepreneurs de flottages et autres, de composer
avec l'ouvrier, d'accorder l'échange de bois de faix contre
d'autres bois, ni de les remplacer par des bois d'un port où
l'ouvrier n'aurait pas travaillé, sous les peines portées par la
sentence susdatée du 13 février 1753.

8. Il est fait défense à tous particuliers, aubergistes, cabaretiers, logeurs et à tous autres de quelque qualité et condition qu'ils soient, de prendre, emporter, ni acheter aucuns
bois destinés à l'approvisionnement de Paris, d'en recevoir
chez eux, ni d'en prendre des ouvriers en paiement, sous
prétexte de nourriture, gîte ou autrement, sous les peines de
droit.

9. Le bois de faix du port ne pourra plus y être rapporté
sous aucun prétexte ou pour quelque cause que ce soit. Il ne
peut être employé qu'à l'usage pour lequel il est destiné.

10. Le présent arrêté sera imprimé; il sera affiché sur tous
les ports des rivières d'Yonne, Cure, Armançon et rivières y
affluentes; les préfets, le commissaire-général de la navigation
d'approvisionnement de Paris et les inspecteurs d'arrondisse-

ment pour le même, sont chargés d'en surveiller et assurer l'exécution.

Bois pour la restauration des ponts. Une circulaire du conseiller-d'état, directeur-général des ponts-et-chaussées et des mines, en date du 7 novembre 1817, contient, sur cette partie de l'administration, les dispositions suivantes :

Monsieur le préfet, les bois de belles dimensions devenant de plus en plus rares en France, Son Exc. le ministre secrétaire-d'état de la marine et des colonies m'a adressé des observations sur la nécessité de suppléer à l'avenir, par la solidité des assemblages dans la construction des ponts de bois, au défaut de longueur des pièces.

Son Exc. pense que dans l'état actuel des forêts de la France, il serait du plus haut intérêt qu'on parvînt à substituer au bois, autant que possible, le fer ou la pierre pour la construction des ponts et autres ouvrages d'utilité publique; et lorsque l'emploi des bois est absolument indispensable, qu'il conviendrait de s'arranger pour que les systèmes de charpente n'exigeassent pas de pièces de plus de 6 à 7 mètres de longueur sur 25 centimètres d'écarrissage au plus.

Je sais, monsieur, que pour la réparation des anciens ponts en bois, il ne sera pas toujours possible de se restreindre aux dimensions indiquées par Son Exc., parce que les pièces principales ont plus de 6 à 7 mètres de longueur et 25 centimètres d'écarrissage; que d'ailleurs les piles, palées et culées de ces ponts, et même les ouvertures qu'exigent la navigation et le flottage, permettraient rarement de changer leur système de construction sans grever le trésor royal de dépenses auxquelles il ne pourrait pourvoir; qu'il est dès-lors indispensable que les ingénieurs puissent se procurer des pièces de dimensions suffisantes pour remplacer celles qui manquent journellement à ces ponts et en prolonger la durée. Néanmoins, j'appelle toute votre attention, monsieur, sur les observations de Son Exc. le ministre de la marine, et je vous prie de disposer à l'avenir, autant que possible, les projets des charpentes que vous aurez à proposer pour tous travaux de votre service, de manière à ne pas dépasser les limites assignées par Son Exc. Dans le cas où il vous serait impossible de vous y restreindre, vous aurez à me faire connaître les ressources indépendantes de la marine que vous pourriez avoir pour vous procurer les bois nécessaires, ou à motiver enfin suffisamment l'extrême nécessité de puiser dans ses approvisionnemens.

Signé BECQUEY.

BOISSONS. Sous cette dénomination nous comprendrons les *vins, eaux-de-vie, bières, cidres, poirés* et *distilleries,* dont la fabrication, la vente et la circulation font une partie importante des fonctions et attributions de surveillance des préfets, des sous-préfets et des maires.

La législation sur cette matière, antérieure au gouvernement royal, ne peut entrer dans cet ouvrage, où nous nous sommes proposé de ne présenter que les dispositions législatives et réglementaires actuellement en vigueur; nous en excepterons toutefois la loi du 19—22 juillet 1791, sur la police municipale et le Code pénal.

Les maires doivent chercher dans les articles 9, 20 et 21 de la loi de 1791, et dans les articles 318, 475 et 476 du Code pénal, la règle du droit qu'ils ont de faire à leur volonté la visite des cabarets, auberges, cafés, et généralement de tous les lieux où l'on vend publiquement des boissons, pour en constater la qualité; de l'obligation qui leur est imposée de poursuivre tous ceux qui débitent des boissons gâtées, corrompues ou falsifiées par des mixtions nuisibles, et contre lesquels ils doivent dresser des procès-verbaux, dont nous offrons ici le modèle.

Cejourd'hui , nous , maire *ou* adjoint de , instruit que le nommé , marchand de , débitait au public une boisson falsifiée, nous nous sommes transporté au domicile dudit , accompagné de , et assisté de , nous étant fait conduire dans la cave dudit , et dégustation faite de différentes pièces de , nous nous sommes assuré, d'après l'avis de , que ladite boisson n'était pas naturelle, qu'elle était falsifiée et mélangée de . En conséquence nous avons fait saisir et conduire à , les pièces contenant de pareille boisson, après avoir apposé sur la bonde une plaque en fer, sur laquelle nous avons mis notre cachet, et avons, en présence dudit , dressé notre présent procès-verbal, qu'il a refusé de signer, et que nous avons signé avec ; lesdits jour et an que dessus.

Nota. Les maires doivent également surveiller, pour le prohiber, l'usage que l'on peut faire de vases de cuivre ou de plomb qui peuvent compromettre la santé. (*Anciens réglemens de police.*)

Quant à la législation depuis le mois d'avril 1814, elle présente tous les élémens des connaissances que les préfets, les sous-préfets, et les maires et adjoints doivent ac-

quérir sur les moyens d'exécution des mesures qui leur
sont prescrites sous le rapport de la fabrication, de la vente et de la circulation des vins, eaux-de-vie, bières et autres boissons, et sous celui de la perception des droits
auxquels toutes les boissons sont assujetties.

Deux lois principales ont réglé ces mesures, ces droits,
et l'intervention des autorités administratives et municipales pour en assurer l'exécution et la perception : 1° la
loi du 8 décembre 1814 (*Bull.* 60), et celle des finances
du 28 avril 1816 (*Bull.* 81); 2° diverses autres lois et ordonnances, dont nous présentons dans l'ordre chronologique une notice analytique.

Nous nous bornerons à offrir le texte de la loi du 28
avril 1816, dans laquelle se trouvent refondues les dispositions de la loi du 8 décembre 1814.

*Loi du 28 avril 1816, formant la seconde partie de
la loi des finances.*

TITRE Iᵉʳ.—*Droits sur les boissons* (1).

CHAPITRE Iᵉʳ.—*Droit de circulation.*

Art. 1ᵉʳ. A chaque enlèvement ou déplacement de vins,
cidres, poirés, eaux-de-vie, esprits et liqueurs composées
d'eau-de-vie ou d'esprit, sauf les exceptions qui seront énoncées par les art. 3, 4 et 5, il sera perçu un droit de circulation, conformément au tarif annexé à la présente loi, sous
le n° 1 (2).

2. Il ne sera dû qu'un seul droit pour le transport à la destination déclarée, quelles que soient la longueur et la durée
du trajet, et nonobstant toute interception ou changement de
voies et de moyens de transport.

3. Ne seront pas assujettis au droit imposé par l'article 1ᵉʳ,

1°. Les boissons qu'un propriétaire fera conduire de son
presssoir, ou d'un pressoir public, dans ses caves ou celliers;

2°. Celles qu'un colon partiaire, fermier ou preneur à

---

(1) Voyez la loi du 8 décembre 1814, surtout pour les peines.
(2) Voyez l'article 80, loi du 25 mars 1817, ci-après.

bail emphytéotique à rente, remettra au propriétaire ou recevra de lui, en vertu de baux authentiques ou d'usages notoires ;

3°. Les vins, cidres et poirés qui seront expédiés par un propriétaire, colon partiaire ou fermier des caves ou celliers où sa récolte aura été déposée, et pourvu qu'ils proviennent de ladite récolte, quels que soient le lieu de destination et la qualité du destinataire (1).

4. Même exemption sera accordée aux négocians, marchands en gros, courtiers, facteurs, commissionnaires, distillateurs et débitans, pour les boissons qu'ils feront transporter de l'une de leurs caves dans une autre située dans l'étendue du même département.

5. Le transport des boissons qui seront enlevées pour l'étranger ou pour les colonies françaises, sera également affranchi du droit de circulation.

6. Aucun enlèvement ni transport de boissons ne pourra être fait sans déclaration préalable de l'expéditeur ou de l'acheteur, et sans que le conducteur soit muni d'un congé, d'un acquit-à-caution, ou d'un passavant, pris au bureau de la régie. Il suffira d'une seule de ces expéditions pour plusieurs voitures ayant la même destination et marchant ensemble.

7. Les propriétaires, fermiers ou négocians qui feront transporter des vins, des cidres ou des poirés, dans un des cas prévus par les articles 3 et 4, ne seront tenus de se munir que d'un passavant dont le coût sera de 25 centimes, le droit de timbre compris.

8. Lorsque la déclaration aura pour objet des boissons expédiées à l'étranger ou aux colonies françaises, l'expéditeur, pour jouir de l'exemption prononcée par l'art. 4, sera obligé de se munir d'un acquit-à-caution sur lequel sera désigné le lieu de sortie. Ce lieu ne pourra être changé, sans qu'il y ait ouverture à la perception du droit, si ce n'est du consentement de la régie, qui ne pourra le refuser en cas de force majeure.

----

(1) Cette troisième exception est restreinte aux vins, cidres et poirés qui seront transportés par un propriétaire, colon partiaire ou fermier des caves ou celliers où sa récolte aura été déposée, dans un autre de ses caves ou celliers situés dans l'arrondissement du même département, et hors du département, dans l'arrondissement ou dans les arrondissemens limitrophes de celui où la récolte aura été faite. (*Loi du 17 juillet 1819, art. 3.*)

Le coût de l'acquit-à-caution sera également de 25 centimes y compris le timbre.

9. Dans tous les cas, autres que ceux déterminés par les deux articles précédens, l'expéditeur sera tenu de payer les droits portés en l'article 1ᵉʳ, et de se munir d'un congé, s'il s'agit de vins, de cidre ou de poirés, ou d'un acquit-à-caution, s'il s'agit d'eaux-de-vie, d'esprits ou de liqueurs, sauf l'exception qui sera prononcée par l'article 88 ci-après.

10. Il ne sera délivré de passavant, congé ou acquit-à-caution, que sur des déclarations énonçant les quantités, espèces et qualités de boissons, les lieux d'enlèvement et de destination; les noms, prénoms, demeures et professions des expéditeurs, voituriers et acheteurs ou destinataires. Dans les cas d'exception posés par l'article 3, les déclarations contiendront, en outre, la mention que l'expéditeur est réellement propriétaire, fermier ou colon partiaire récoltant, et non marchand en gros ni débitant, et que les boissons expédiées proviennent de sa récolte.

11. L'obligation de déclarer l'enlèvement et de prendre des expéditions n'est point applicable aux transports de vendanges, ou de fruits.

12. Dans tous les cas où un simple passavant sera nécessaire, et lorsque la régie n'aura pas de bureau dans le lieu de l'enlèvement, cette expédition pourra n'être délivrée qu'au passage des boissons, devant le premier bureau, moyennant que le conducteur ait été muni, au départ, d'un laissez-passer signé par l'expéditeur, et contenant toutes les indications voulues par la déclaration; ce laissez-passer sera échangé contre le passavant.

Les laissez-passer seront marqués du timbre de la régie; il en sera déposé en blanc dans les bureaux principaux, pour être délivrés aux personnes solvables qui seront autorisées à en faire usage. Les propriétaires qui les auront obtenus, seront obligés d'en faire connaître l'emploi; ils n'auront de valeur que durant le cours de l'année, pendant laquelle ils auront été délivrés.

Toutes boissons circulant avec un laissez-passer au-delà du bureau où il aurait dû être échangé, seront considérées comme n'étant accompagnées d'aucune expédition, et passibles de la saisie.

13. Les boissons devront être conduites à la destination déclarée, dans le délai porté sur l'expédition. Ce délai sera fixé en raison des distances à parcourir et des moyens de transport. Il sera prolongé, en cas de séjour en route, de tout le temps pendant lequel le transport aura été interrompu. Il n'y

aura lieu à la perception d'un nouveau droit de circulation, que dans le cas où l'interruption serait suivie d'un changement de destination.

14. Le conducteur d'un chargement dont le transport sera suspendu, sera tenu d'en faire la déclaration au bureau de la régie dans les vingt-quatre heures, et avant le déchargement des boissons. Les congés, acquits-à-caution ou passavans, seront conservés par les employés jusqu'à la reprise du transport. Ils seront visés et remis au départ, après vérification des boissons; lesquelles devront être représentées aux employés, à toute réquisition.

15. Toute opération nécessaire à la conservation des boissons, telles que transvasion, ouillage ou rabatage, sera permisse en cours de transport, mais seulement en présence des employés, qui en feront mention au dos des expéditions. Dans le cas où un accident de force majeure nécessiterait le prompt déchargement d'une voiture ou d'un bateau, ou la translation immédiate des boissons, ces opérations pourront avoir lieu sans déclaration préalable, à charge par le conducteur de faire constater l'accident par les employés, ou à leur défaut, par le maire ou l'adjoint de la commune plus voisine.

16. Les déductions réclamées pour coulage de route, seront réglées d'après les distances parcourues, l'espèce de boissons, les moyens employés pour le transport, sa durée, la saison dans laquelle il aura été effectué, et les accidens légalement constatés. La régie se conformera, à cet égard, aux usages du commerce.

17. Les voituriers, bateliers et tous autres qui transporteront ou conduiront des boissons, seront tenus d'exhiber, à toute réquisition des employés des contributions indirectes, des douanes et des octrois, les congés, passavans, ou acquits-à-caution, ou laissez-passer dont ils devront être porteurs : faute de représentation desdites expéditions, ou en cas de fraude ou de contravention, les employés saisiront le chargement; ils saisiront aussi les voitures, chevaux et autres objets servant au transport, mais seulement comme garantie de l'amende, à défaut de caution solvable. Les marchandises faisant partie du chargement, qui ne seront pas en fraude, seront rendues au propriétaire.

18. Les voyageurs ne seront pas tenus de se munir d'expéditions pour les vins destinés à leur usage pendant le voyage, pourvu qu'ils n'en transportent pas au-delà de trois bouteilles par personne.

19. Les contraventions du présent chapitre seront punies de

la confiscation des boissons saisies, et d'une amende de 100 francs à 600 francs, suivant la gravité des cas.

CHAPITRE II. — *Droit d'entrée sur les boissons.*

§ Ier. — *De la perception.*

20. Il sera perçu au profit du trésor, dans les villes ou communes ayant une population agglomérée de 2,000 âmes et au-dessus, conformément au tarif annexé à la présente loi, sous le n° 2, un droit d'entrée sur les boissons introduites ou fabriquées dans l'intérieur et destinées à la consommation du lieu.

Le classement des départemens, établi par le tableau n° 3, pourra, s'il s'élève des réclamations, être rectifié par le ministre secrétaire-d'état des finances, sur l'avis du directeur-général des contributions indirectes, lorsqu'il sera reconnu qu'il y a eu erreur dans les calculs ou les bases qui ont déterminé la classification.

21. Ce droit sera perçu dans les faubourgs des lieux sujets, et sur toutes les boissons reçues par les débitans établis sur le territoire de la commune; mais les habitations éparses et les dépendances rurales entièrement détachées du lieu principal, en seront affranchies.

22. Les communes assujetties aux droits d'entrée, seront rangées dans les différentes classes du tarif, en raison de leur population agglomérée. S'il s'élève des difficultés, relativement à l'assujettissement d'une commune ou à la classe dans laquelle elle devra être rangée par sa population, la réclamation de la commune sera soumise au préfet, qui, après avoir pris l'opinion du sous-préfet et celle du directeur, la transmettra, avec son avis, au directeur-général des contributions indirectes, sur le rapport duquel il sera statué par le ministre des finances, sauf le recours de droit; et la décision du préfet sera provisoirement exécutée.

23. Les vendanges et les fruits à cidre ou à poiré seront soumis au même droit, à raison des 3 hectolitres de vendanges pour 2 hectolitres de vin, et 5 hectolitres de pommes ou poires pour 2 hectolitres de cidre ou de poiré.

Les fruits secs destinés à la fabrication du cidre et du poiré, seront imposés à raison de 25 kilogrammes de fruits pour un hectolitre de cidre ou de poiré. Les eaux-de-vie ou esprits altérés par un mélange quelconque seront soumis au même droit que les eaux-de-vie ou esprits purs.

24. Tout conducteur de boissons sera tenu, avant de les

introduire dans un lieu sujet aux droits d'entrée, d'en faire la déclaration au bureau, de produire les congés, acquits-à-caution ou passavans dont il serait porteur, et d'acquitter les droits, si les boissons sont destinées à la consommation du lieu.

25. Dans les lieux où il n'existera qu'un bureau central de perception, les conducteurs ne pourront décharger les voitures, ni introduire les boissons au domicile du destinataire, avant d'avoir rempli les obligations qui leur sont imposées par l'article précédent.

26. Les boissons ne pourront être introduites dans un lieu sujet aux droits d'entrée que dans les intervalles de temps ci-après déterminés; savoir:

Pendant les mois de janvier, février, novembre et décembre, depuis sept heures du matin jusqu'à six heures du soir;

Pendant les mois de mars, avril, septembre et octobre, depuis six heures du matin jusqu'à sept heures du soir;

Pendant les mois de mai, juin, juillet et août, depuis cinq heures du matin jusqu'à huit heures du soir.

27. Toute boisson introduite sans déclaration dans un lieu sujet aux droits d'entrée, sera saisie par les employés; il en sera de même des voitures, chevaux et autres objets servant au transport, à défaut par le contrevenant de consigner le *maximum* de l'amende, ou de donner caution solvable.

§ II.—*Du passe-debout.*

28. Les boissons introduites dans un lieu sujet aux droits d'entrée, pour traverser seulement, ou y séjourner moins de vingt-quatre heures, ne seront pas soumises à ces droits; mais le conducteur sera tenu d'en consigner ou d'en faire cautionner le montant à l'entrée et de se munir d'un permis de passe-debout.

La somme consignée ne sera restituée, ou la caution libérée, qu'au départ des boissons, et après que la sortie du lieu en aura été justifiée.

Lorsqu'il sera possible de faire escorter les chargemens, le conducteur sera dispensé de consigner ou faire cautionner les droits.

29. Les boissons conduites à un marché dans un lieu sujet aux droits d'entrées, seront soumises aux formalités prescrites par l'article précédent.

§ III.—Du Transit.

30. En cas de séjour des boissons au-delà de vingt-quatre heures, le transit sera déclaré, conformément aux dispositions de l'article 14, et la consignation ou le cautionnement du droit d'entrée subsisteront pendant toute la durée du séjour.

§ IV.—De l'Entrepôt.

31. Tout négociant ou propriétaire qui fera conduire dans un lieu sujet aux droits d'entrée, au moins 9 hectolitres de vin, 18 hectolitres de cidre ou poiré, ou 4 hectolitres d'eau-de-vie ou esprit, pourra réclamer l'admission de ces boissons en entrepôt, et ne sera tenu d'acquitter les droits que sur les quantités non représentées et qu'il ne justifiera pas avoir fait sortir de la commune.

La durée de l'entrepôt sera illimitée.

Ne seront pas tenus de faire entrer la quantité des boissons ci-dessus fixées, les négocians ou les propriétaires jouissant déjà de l'entrepôt lors de l'introduction desdites boissons, en sorte qu'ils pourront n'en faire entrer qu'un hectolitre, s'ils le jugent à propos, sans qu'ils puissent être tenus d'en acquitter de suite les droits.

32. Tout bouilleur ou distillateur qui introduira dans un lieu sujet, des vins, cidres ou poirés pour être convertis en eau-de-vie ou esprit, pourra réclamer l'entrepôt. Le produit de la distillation, constaté par l'exercice des employés, ne sera soumis aux droits d'entrée que dans le cas déterminé par l'article précédent.

33. La faculté d'entrepôt sera aussi accordée aux personnes qui introduiront dans les lieux sujets aux droits d'entrée, des vendanges et fruits, et qui destineront les boissons en provenant à être transportées hors de la commune.

34. Cette même faculté pourra également être accordée à des particuliers qui recevraient des boissons pour être conduites, peu de temps après leur arrivée, soit à la campagne, soit dans une autre résidence. La déclaration devra en être faite au moment de l'arrivée des boissons.

35. Les déclarations d'entrepôt seront faites avant l'introduction des chargemens et signées par les entrepositaires ou leurs fondés de pouvoirs. Elles indiqueront les magasins, caves ou celliers où les boissons devront être déposées, et serviront de titre pour la prise en charge.

36. Tout bouilleur ou distillateur de grains, marcs, lies,

fruits et autres substances, établi dans un lieu sujet au droit d'entrée, sera tenu, s'il ne réclame la faculté de l'entrepôt, d'acquitter ce droit sur l'eau-de-vie provenant de sa distillation, et dont la quantité sera constatée par l'exercice des commis.

37. Les entrepositaires, négocians ou distillateurs, seront soumis à toutes les obligations imposées aux marchands en gros de boissons. Ils seront tenus, en outre, de produire aux commis, lors de leurs exercices, des certificats de sortie pour les boissons qu'ils auront expédiées pour l'extérieur, et des quittances du droit d'entrée pour celles qu'ils auront livrées à l'intérieur. A la fin de chaque trimestre, ils seront soumis au paiement de ce même droit sur les quantités manquantes à leurs charges, sauf les déductions pour coulage et ouillage autorisées par l'art. 103 de la présente loi.

38. Lorsque les boissons auront été emmagasinées dans un entrepôt public, sous la clef de la régie, il ne sera exigé aucun droit de l'entrepositaire pour les manquans à ses charges.

39. Les personnes qui auront droit à l'entrepôt, pourront l'obtenir à domicile, lors même qu'il existerait dans le lieu un entrepôt public (Paris excepté).

40. Dans celles des villes ouvertes où la perception des droits d'entrée sur les vendanges, pommes ou poires, ne peut être opérée au moment de l'introduction, la régie sera autorisée à faire faire, après la récolte, chez tous les propriétaires récoltans, l'inventaire des vins ou cidres fabriqués. Il en sera de même à l'égard des vendanges et fruits récoltés dans l'intérieur d'un lieu sujet aux droits d'entrée. Tout propriétaire qui ne réclamera pas l'entrepôt, ou qui n'aura pas récolté une quantité de boissons suffisante pour l'obtenir, sera tenu de payer immédiatement les droits d'entrée sur les vins ou cidres inventoriés.

41. Les propriétaires qui jouiront de l'entrepôt pour les produits de leur récolte seulement, en vertu de l'article précédent, ne seront soumis, outre l'inventaire, qu'à un recensement avant la récolte suivante : toutefois ils seront obligés de payer le droit d'entrée au fur et à mesure de leurs ventes à l'intérieur. Lors du recensement, ils acquitteront le même droit sur les manquans non justifiés, déduction faite de la quantité allouée pour coulage et ouillage.

42. Les boissons dites *piquettes*, faites par les propriétaires récoltans avec l'eau jetée sur de simples marcs, sans pression, ne seront pas inventoriées chez eux, et seront consé

quemment exemptes du droit, à moins qu'elles ne soient dé-placées pour être vendues en gros ou en détail (1).

43. Dans celles des villes sujettes aux droits d'entrée, où la perception du droit de détail sera remplacée par un abonne-ment avec la commune, conformément à l'art. 75, le compte d'entrée et de sortie des boissons reçues par les entrepositaires sera tenu au bureau de la régie. Les employés feront seule-ment, chaque trimestre, et en présence de l'entrepositaire, les vérifications nécessaires pour constater les quantités de boissons qui resteront en magasin, et établir le décompte des droits dus sur celles qui auront été livrées à la consommation du lieu.

§ V.—Dispositions particulières.

44. Les personnes voyageant à pied, à cheval ou en voi-tures particulières et suspendues, ne seront pas assujetties aux visites des commis à l'entrée des villes sujettes aux droits d'entrée.

45. Les courriers ne pourront être arrêtés à leur passage, sous prétexte de la perception, mais ils seront obligés d'ac-quitter les droits sur les objets qui y seront sujets. A cet effet, les employés pourront accompagner les malles et assister à leur déchargement.

Tout courrier, tout employé des postes, qui serait con-vaincu d'avoir fait ou favorisé la fraude, outre les peines ré-sultant de la contravention, serait destitué par l'autorité com-pétente.

46. Les contraventions aux dispositions du présent cha-pitre seront punies de la confiscation des boissons saisies, d'une amende de 100 à 200 francs, suivant la gravité des cas, et sauf celui de fraude en voitures suspendues, lequel entraînera toujours la condamnation à une amende de 1000 francs.

Dans le cas de fraude par escalade, par souterrain ou à main armée, il sera infligé aux contrevenans une peine cor-rectionnelle de 6 mois de prison, outre l'amende et la con-fiscation.

---

(1) La piquette est la boisson faite avec de l'eau jetée sur du marc de raisin, après l'action du pressoir; si la boisson est faite avec de l'eau jetée sur la vendange, c'est du demi-vin sujet au droit. (*Arrêt de cassation*, *du 4 juillet* 1819, *Sirey*, I, 437).—La vraie piquette est exempte dans tous les cas, qu'elle ait été fabriquée ou non dans un lieu sujet à l'inven-taire. (*Arrêt de cassation, du 20 juin* 1820, *Sirey*, I, 43.)

CHAPITRE III.—*Droit à la vente en détail des Boissons.*

§ Ier.—*De la Perception.*

47. Il sera perçu, lors de la vente en détail des vins, cidres, poirés, eaux-de-vie, esprits ou liqueurs composées d'eau-de-vie ou d'esprit, un droit de 15 pour cent du prix de ladite vente.

48. Les vendans en détail seront tenus de déclarer aux commis le prix de vente de leurs boissons, chaque fois qu'ils en seront requis; lesdits prix seront inscrits, tant sur les portatifs et registres que sur une affiche apposée par le débitant dans le lieu le plus apparent de son domicile.

49. En cas de contestation entre les employés et les débitans, relativement à l'exactitude de la déclaration des prix de vente, il en sera référé au maire de la commune, lequel prononcera sur le différent, sauf le recours, de part et d'autre, au préfet en conseil de préfecture, qui statuera définitivement dans la huitaine, après avoir pris l'avis du sous-préfet, et du directeur des contributions indirectes.

Le droit sera provisoirement perçu d'après la décision du maire, sauf rappel ou restitution. La décision ne pourra s'appliquer aux boissons débitées antérieurement à la contestation.

§ II.—*Des débitans.*

50. Les cabaretiers, aubergistes, traiteurs, restaurateurs, maîtres d'hôtels garnis, cafetiers, liquoristes, buvetiers, débitans d'eau-de-vie, concierges et autres donnant à manger au jour, au mois ou à l'année, ainsi que tous autres qui voudront se livrer à la vente en détail des boissons spécifiées en l'article 47, seront tenus de faire leur déclaration au bureau de la régie dans les trois jours de la mise à exécution de la présente loi, et, à l'avenir, avant de commencer leur débit et de désigner les espèces et quantités de boissons qu'ils auront en leur possession, dans les caves ou celliers de leur demeure, ou ailleurs, ainsi que le lieu de la vente; comme aussi d'indiquer par une enseigne ou bouchon leur qualité de débitant.

51. Les cantiniers de troupes seront tenus de se conformer aux dispositions de l'article précédent, à l'exception de ceux établis dans les camps, forts et citadelles, pourvu qu'ils ne ré-

çoivent que des militaires, et qu'ils aient une commission du ministre de la guerre.

52. Toute personne qui vend en détail des boissons de quelque espèce que ce soit, est sujette aux visites et exercices des employés de la régie.

53. Les boissons déclarées par les dénommés en l'art. 50, seront comptées et prises en charge aux registres portatifs des commis. À cet effet, les futailles seront jaugées et marquées par les employés, les boissons dégustées, et le degré des eaux-de-vie et esprits vérifiés : il en sera de même de toutes les boissons qui arriveront chez les vendans en détail pendant le cours du débit, et qui ne pourront être introduites dans leur domicile, leurs caves ou celliers, qu'en vertu de congés, acquits-à-caution ou passavans, lesquels seront produits lors des visites et exercices, et seront relatés dans les actes de charge.

Les débitans domiciliés dans les lieux sujets aux droits d'entrée seront tenus, en outre, de produire aux employés, lors de leurs exercices, les quittances de ces droits pour les boissons qu'ils auront reçues, ainsi que celles des droits d'octroi ou de banlieue, lorsqu'ils auront dû être acquittés.

54. Le débit de chaque pièce sera suivi séparément, et le vide marqué sur la futaille à chaque exercice des employés. Les manquans seront constatés, comme les charges, par des actes réguliers, lesquels devront être signés de deux commis, et inscrits à leurs registres portatifs.

55. Les débitans pourront avoir un registre sur papier libre, coté et paraphé par un juge-de-paix, et les commis seront tenus d'y consigner le résultat de leurs exercices et les paiemens qui auront été faits, ou de mentionner dans leurs actes, au portatif, le refus qu'aura fait le débitant de se munir dudit registre ou de le représenter.

56. Les débitans seront tenus d'ouvrir leurs caves, celliers et autres parties de leurs maisons, aux employés, pour y faire leurs visites, même les jours de fêtes et dimanches, hors les heures où, à raison du service divin, lesdits lieux seront fermés en exécution des lois et ordonnances.

57. Les débitans ne pourront vendre de boissons en gros qu'en futailles contenant au moins un hectolitre : et il ne pourra en être fait décharge à leur compte qu'autant que les vaisseaux auront été démarqués par les commis. En cas d'enlèvement sans démarque, le droit de détail sera constaté sur la contenance des futailles, sans préjudice des effets de la contravention.

Le compte des débitans sera également déchargé des quantités de boissons gâtées ou perdues, lorsque la perte sera dû-ment justifiée.

58. Les vendans en détail ne pourront recevoir ni avoir chez eux, à moins d'une autorisation spéciale, de boissons en vaisseaux d'une contenance moindre d'un hectolitre. Ils ne pourront établir le débit des vins et eaux-de-vie sur des vaisseaux d'une contenance supérieure à 5 hectolitres, ni mettre en vente ou en avoir en perce à la fois plus de trois pièces de chaque espèce de boissons. L'usage de mettre les vins en bouteilles sera néanmoins permis, pourvu que la transvasion ait lieu en présence des commis. Les bouteilles seront cachetées du cachet de la régie; le débitant fournira la cire et le feu.

59. Il est défendu aux débitans de faire aucun remplissage sur les tonneaux, soit marqués, soit démarqués, si ce n'est en présence des commis; d'enlever de leurs caves les pièces vides, sans qu'elles aient été préalablement démarquées, et de substituer de l'eau ou tout autre liquide aux boissons qui auront été reconnues dans les futailles lors de la prise en charge.

60. Les habitans ne pourront avoir qu'un seul râpé de raisin de 3 hectolitres au plus, et pourvu qu'ils aient en cave au moins 30 hectolitres de vin. Ils ne pourront verser de vin sur ce râpé hors la présence des commis.

61. Il est fait défense aux vendans en détail de recéler des boissons dans leurs maisons ou ailleurs, et à tous propriétaires ou principaux locataires, de laisser entrer chez eux des boissons appartenant aux débitans, sans qu'il y ait bail par acte authentique pour les caves, celliers, magasins et autres lieux, où seront placées lesdites boissons. Toute communication intérieure entre les maisons des débitans et les maisons voisines est interdite, et les commis sont autorisés à exiger qu'elle soit scellée.

62. Lorsqu'il y aura impossibilité d'interdire les communications, le voisin du débitant pourra être soumis aux exercices des commis, et au paiement du droit à la vente en détail, lorsque sa consommation apparente sera évidemment supérieure à ses facultés, et à la consommation réelle de sa famille, d'après les habitudes du pays.

63. Dans les cas prévus par l'article précédent, et avant de procéder à une opération, les employés feront par écrit un rapport à leur directeur. Le directeur le transmettra au préfet, qui prononcera définitivement sur l'avis du maire, et autorisera, s'il y a-lieu, l'exercice chez le voisin débitant. Les employés ne pourront procéder à cet exercice, sans exhiber l'arrêté du préfet qui l'aura autorisé.

64. Si le résultat de cet exercice fait reconnaître une consommation apparente évidemment supérieure à la consommation réelle de l'individu exercé, le directeur en référera au préfet, qui, sur son rapport et après avoir pris l'avis du sous-préfet et du maire, déterminera, chaque trimestre, la quantité qui lui sera allouée pour consommation et celle qui sera assujettie au paiement du droit.

65. Le décompte des droits à percevoir, en raison des boissons trouvées manquantes chez chaque débitant, sera arrêté tous les trois mois, et les quantités de boissons restantes seront portées à compte nouveau. Le paiement desdits droits sera exigé à la fin de chaque trimestre, ou à la cessation du commerce d'un débitant. Il pourra même l'être au fur et à mesure de la vente, pourvu qu'il y ait une pièce entière débitée, ou lorsque les boissons auront été mises en vente dans les foires, marchés ou assemblées.

66. Il sera accordé aux débitans, pour tous déchets et pour consommation de famille, 3 pour cent sur le montant des droits de détail qu'ils auront à payer.

67. Les débitans de boissons qui auront déclaré cesser leur débit, seront tenus de retirer leur enseigne ou bouchon, et resteront soumis, pendant les trois mois suivans, aux visites et exercices des commis. En cas de continuation de vente, il sera dressé procès-verbal de cette contravention, et en outre, ils seront contraints, pour tout le temps écoulé depuis la déclaration de cesser, au paiement des droits proportionnellement aux sommes constatées à leur charge pendant le trimestre précédent.

68. Les débitans qui auront refusé de souffrir les exercices des employés seront contraints, nonobstant les suites à donner aux procès-verbaux, au paiement du droit de détail sur toutes les boissons restant en charge lors du dernier exercice; ils seront tenus d'acquitter, en outre, le même droit, pour tout le temps que les exercices demeureront suspendus, au prorata de la somme la plus élevée qu'ils auront payée pour un trimestre pendant les deux années précédentes.

A l'égard des débitans qui n'auraient pas été soumis précédemment aux exercices, ils seront obligés d'acquitter une somme égale à celle payée par le débitant le plus imposé du même canton de justice de paix.

Les procès-verbaux rapportés pour refus d'exercice, seront présentés dans les vingt-quatre heures, au maire de la commune, qui sera tenu de viser l'original.

69. La vente en détail des boissons ne pourra être faite par les bouilleurs ou distillateurs pendant le temps que durera

leur fabrication. Cette vente pourra toutefois être autorisée, si le lieu du débit est totalement séparé de l'atelier de distillation.

§. III. — *Des Abonnemens pour le Droit de vente en détail.*

70. Toutes les fois qu'un débitant se soumettra à payer par abonnement l'équivalent du droit de détail dont il sera estimé passible, il devra y être admis par la régie. Lorsque la régie ne sera pas d'accord avec ledit débitant pour fixer l'équivalent du droit, le préfet en conseil de préfecture prononcera, sauf le recours au conseil d'état, en prenant en considération les consommations des années précédentes et les circonstances particulières qui peuvent influer sur le débit de l'année pour laquelle l'abonnement est requis. Les abonnemens seront faits par écrit, et ne seront définitifs qu'après l'approbation de la régie. Leur durée ne pourra excéder un an. Ils ne pourront avoir pour effet d'attribuer à l'abonné le privilége de vendre à l'exclusion de tous autres débitans qui voudraient s'établir dans la même commune.

71. Il pourra encore être consenti par la régie, de gré à gré avec les débitans, des abonnemens à l'hectolitre pour les différentes espèces de boissons qu'ils auront déclaré vouloir vendre. Ces abonnemens auront pour effet d'affranchir les débitans des obligations qui leur sont imposées, relativement aux déclarations du prix de vente. Ils seront faits par écrit et approuvés par les directeurs, et ne pourront avoir plus de durée que deux trimestres.

72. Les abonnemens consentis en vertu des deux articles précédens, seront révoqués de plein droit, en cas de fraude ou contravention dûment constatée.

73. La régie devra également consentir, dans les villes, avec les conseils municipaux, lorsqu'ils en feront la demande, un abonnement général pour le montant des droits de détail et de circulation dans l'intérieur, moyennant que la commune s'engage à verser dans les caisses de la régie, par vingt-quatrième, de quinzaine en quinzaine, la somme convenue pour l'abonnement, sauf à elle à s'imposer sur elle-même pour le recouvrement de cette somme, comme elle est autorisée à le faire pour les dépenses communales.

74. Ces abonnemens, discutés entre les directeurs de la régie ou leurs délégués et les conseils municipaux, n'auront d'exécution qu'après qu'ils auront été approuvés par le ministre des finances, sur l'avis du préfet et le rapport du directeur-général des contributions indirectes. Ils ne seront con-

clus que pour une année, et seront révocables de plein droit,
en cas de non paiement d'un des termes à l'époque fixée.

75. La régie poursuivra le recouvrement des sommes dues
au trésor en raison desdits abonnemens, par voie de contrainte sur le receveur municipal, et par la saisie des deniers et
revenus de la commune.

76. Dans les villes où ces abonnemens seront accordés,
tout exercice chez les débitans sera supprimé, et la circulation des boissons dans l'intérieur affranchie de toute formalité.

77. Sur la demande des deux tiers au moins des débitans
d'une commune, approuvée en conseil municipal, et notifiée
par le maire, la régie devra consentir pour une année ; et
sauf renouvellement, à remplacer la perception du droit de
détail par exercice, au moyen d'une répartition, sur la totalité
des redevables, de l'équivalent dudit droit.

78. Ce mode de remplacement ne pourra être admis
qu'autant qu'il offrira un produit égal à celui d'une année
moyenne, calculée d'après trois années consécutives d'exercices. Il sera discuté entre les débitans ou leurs délégués et
l'employé supérieur de la régie, en présence du maire ou d'un
membre du conseil municipal, et pourra être exécuté provisoirement en vertu de l'autorisation du préfet, donnée sur la
proposition du directeur de la régie. Il devra néanmoins être
approuvé par le ministre des finances, sur le rapport du directeur-général des contributions indirectes.

Lorsque la régie ne sera pas d'accord avec lesdits débitans
pour fixer l'équivalent du droit, le préfet, en conseil de préfecture, prononcera sauf le recours au conseil-d'état, en prenant en considération les consommations des années précédentes, et les circonstances particulières qui peuvent influer
sur le débit de l'année pour laquelle l'abonnement est requis.

79. Lorsque ce remplacement sera adopté, les syndics nommés par les débitans, sous la présidence du maire ou de son
délégué, procéderont, en présence de ce magistrat, à la répartition de la somme à imposer entre tous les débitans alors
existant dans la commune. Les rôles arrêtés par les syndics,
et rendus exécutoires par le maire, seront remis au receveur
de la régie, pour en poursuivre le recouvrement.

80. Les débitans, ainsi abonnés, seront solidaires pour le
paiement des sommes portées aux rôles. En conséquence,
aucun nouveau débitant ne pourra s'établir dans la commune
pendant la durée de l'abonnement, s'il ne remplace un autre
débitant compris dans la répartition.

81. Les sommes portées aux rôles seront exigibles par

douzième, de mois en mois, d'avance et par voie de contrain te. A défaut de paiement d'un terme échu, les redevables dûment mis en demeure, le directeur de la régie sera autorisé à faire prononcer, par le préfet, la révocation de l'abonnement, et à faire rétablir immédiatement la perception par exercices, sans préjudice des poursuites à exercer pour raison des sommes exigibles.

82. Les employés de la régie constateront par procès-verbal, à la requête des débitans ou de leurs syndics, toute vente en détail de boissons opérée dans la commune abonnée par des personnes non comprises dans la répartition. Les poursuites seront exercées par les syndics, et les condamnations prononcées au profit de la masse des débitans.

83. Les débitans ainsi abonnés, ou leurs syndics, pourront concéder à des personnes non comprises aux rôles de répartition, le droit de vendre en détail des boissons lors des foires et assemblées.

84. Les sommes à recouvrer, en exécution des deux articles précédens, seront perçues par le receveur de la régie, et imputées à tous les débitans de la commune, au marc le franc de leur cote.

§ IV. — Des propriétaires vendant en détail les boissons de leur cru.

85. Les propriétaires qui voudront vendre les boissons de leur cru en détail, jouiront d'une remise de 25 pour 100 sur les droits qu'ils auront à payer. Ils devront, dans la déclaration préalable à laquelle ils seront tenus comme tous les autres débitans, indiquer la quantité de boissons de leur cru qu'ils auront en leur possession, et celle dont ils entendront faire la vente en détail, et se soumettre, en outre, à ne vendre aucune boisson autre que celles de leur cru. Ils devront faire cette vente par eux-mêmes, ou par des domestiques à leurs gages ; dans les maisons à eux appartenant, ou qu'ils auront louées par bail authentique.

86. Ils ne pourront fournir aux buveurs que les boissons déclarées, avec des bancs et tables, et seront libres d'établir leur vente en détail sur des vaisseaux d'une contenance supérieure à 5 hectolitres. Ils seront, d'ailleurs, assujettis à toutes les obligations imposées aux débitans de profession : néanmoins, les visites et exercices des commis n'auront pas lieu dans l'intérieur de leur domicile, pourvu que le local où leurs boissons seront vendues en détail en soit séparé.

§ V. — *Du droit général de consommation sur l'eau-de-vie.*

87. Un droit général de consommation, égal à celui fixé pour la vente en détail par l'article 47, sera perçu sur toute quantité d'eau-de-vie, d'esprit, ou de liqueur composée d'eau-de-vie ou d'esprit, qui sera adressée à une personne autre que celles assujetties aux exercices des employés de la régie.

Ce droit ne sera point dû sur les eaux-de-vie, esprits et liqueurs qui seront exportés à l'étranger.

88. Le droit général de consommation sera perçu d'après le prix courant de la vente en détail au lieu de destination. Il sera payé à l'arrivée des boissons, et avant la décharge de l'acquit-à-caution ; il pourra néanmoins être acquitté au lieu de l'enlèvement par les expéditeurs, lesquels, dans ce cas, seront tenus seulement, pour opérer le transport, de se munir d'un congé au lieu d'un acquit-à-caution.

89. Tout marchand en gros d'eau-de-vie, esprit et liqueur, acquittera le droit de consommation sur les quantités de ces boissons qui manqueront à ses charges, après la déduction fixée par l'article 103. La même obligation est imposée à tout débitant qui cessera son commerce pour les quantités d'eaux-de-vie, esprits et liqueurs qu'il conservera.

90. Le droit de consommation ne sera point exigé des personnes non soumises aux exercices, en cas de transport d'eaux-de-vie, d'esprits ou de liqueurs de l'une de leurs maisons dans une autre, ou dans un nouveau domicile, en justifiant toutefois aux employés appelés à décharger les acquits-à-caution, de leur droit à cette exemption.

Les bouilleurs de cru qui feront transporter les produits de leur distillation dans des caves ou magasins séparés de la brûlerie, n'auront droit à la même exemption qu'en soumettant ces caves ou magasins aux exercices des préposés de la régie.

91. Les eaux-de-vie versées sur les vins seront également affranchies du droit de consommation, pourvu que la quantité employée n'excède pas un vingtième de la quantité de vin soumise à cette opération, qui ne pourra se faire qu'en présence des employés de la régie.

§ VI. — *Remplacement du droit de détail à Paris.*

92. Il n'y aura pas, dans l'intérieur de la ville de Paris, d'exercice sur les boissons autres que les bières ; le droit de

détail et celui d'entrée y seront remplacés au moyen d'une taxe unique aux entrées, fixée ainsi qu'il suit :

	fr.	c.
Par hectolitre de vin en cercles.	10	50
Par hectolitre de vin en bouteilles.	15	»
Par hectolitre de cidre ou de poiré.	5	»
Par hectolitre d'eau-de-vie simple au-dessous de 28 degrés.	18	»
Par hectolitre d'eau-de-vie de 22 degrés jusqu'à 28 exclusivement.	36	»
Par hectolitre d'esprit à 28 degrés et au-dessus, d'eau-de-vie de toute espèce en bouteilles et de liqueurs composées d'eau-de vie ou d'esprit, tant en cercles qu'en bouteilles.	60	»

93. Les dispositions du chapitre 2, et les peines y prononcées en cas de contravention, sont applicables à la taxe établie par l'article précédent (1).

§ VII. — *Dispositions générales applicables au présent chapitre.*

94. Les boissons trouvées en la possession de personnes vendant en détail sans déclaration, ainsi que celles à l'égard desquelles des contraventions seront constatées chez les débitans, seront saisies par les employés de la régie.

95. Les personnes convaincues de faire le commerce des boissons en détail, sans déclaration préalable ou après déclaration de cesser, seront punies d'une amende de 300 fr. à 1,000 fr.. et de la confiscation des boissons saisies. Les contrevenans pourront néanmoins obtenir la restitution desdites boissons, en payant une somme de 1,000 fr., indépendamment de l'amende prononcée par le tribunal.

96. Les autres contraventions aux dispositions du présent chapitre seront punies de la confiscation des objets saisis, et d'une amende qui, pour la première fois, ne pourra être moindre de 50 fr., ni supérieure à 500 fr., et qui sera toujours de 500 fr. en cas de récidive (2).

---

(1) Dans la banlieue de Paris, les entrepositaires et marchands en gros d'eaux-de-vie, esprits, liqueurs, seront soumis à l'exercice du détail : mais ils jouiront des déductions portées, art. 87, loi du 25 mars 1817; art. 2, loi du 23 juillet 1820.

(2) Les peines sont encourues, indépendamment de l'intention. Il suffit que les procès-verbaux ne soient pas argués de faux. (*Arrêt de cassation du 6 avril 1820, Sirey, I, 341.*)

Chapitre IV. — *Des marchands en gros.*

97. Les négocians, les marchands en gros, courtiers, facteurs, commissionnaires de roulage, dépositaires, distillateurs, bouilleurs de profession et autres, qui voudront faire le commerce des boissons en gros (qu'ils soient ou non entrepositaires, s'ils habitent un lieu sujet aux entrées), seront tenus de déclarer les quantités, espèces et qualités des boissons qu'ils possèdent, tant dans le lieu de leur domicile qu'ailleurs.

98. Sera considéré comme marchand en gros tout particulier qui recevra ou expédiera, soit pour son compte, soit pour le compte d'autrui, des boissons, soit en futailles d'un hectolitre au moins, ou en plusieurs futailles qui, réunies, contiendraient plus d'un hectolitre, soit en caisses et paniers de 25 bouteilles et au-dessus.

99. Ne seront pas considérés comme marchands en gros les particuliers recevant accidentellement une pièce, une caisse ou un panier de vin pour le partager avec d'autres personnes, pourvu que, dans sa déclaration, l'expéditeur ait énoncé, outre le nom et le domicile du destinataire, ceux des copartageans, et la quantité destinée à chacun d'eux.

La même exception sera applicable aux personnes qui, dans le cas de changement de domicile, vendront les boissons qu'elles auront reçues pour leur consommation.

Elle le sera également aux personnes qui vendraient, immédiatement après le décès de celle à qui elles auraient succédé, les boissons dépendant de sa succession et provenant de sa récolte ou de ses provisions, pourvu qu'elle ne fût ni marchand en gros, ni débitant, ni fabricant de boissons.

100. Les dénommés en l'article 97 pourront transvaser, mélanger et couper leurs boissons hors la présence des employés; les pièces ne seront pas marquées à l'arrivée : seulement il sera tenu, pour les boissons en leur possession, un compte d'entrée et de sortie dont les charges seront établies d'après les congés, acquits-à-caution ou passavans qu'ils seront tenus de représenter, sous peine de saisie, et les décharges d'après les quittances du droit de circulation.

Les eaux-de-vie et esprits seront suivis par degrés. Les charges seront accrues, lors du règlement de compte, en proportion de l'affaiblissement du degré des quantités expédiées ou restant en magasin.

101. Les employés pourront faire, à la fin de chaque trimestre, les vérifications nécessaires, à l'effet de constater les

quantités de boissons restant en magasin, et le degré des eaux-de-vie et esprits.

Indépendamment de ces vérifications, ils pourront également faire, dans le cours du trimestre, toutes celles qui seront nécessaires pour connaître si les boissons reçues ou expédiées ont été soumises au droit à la circulation ou aux autres droits dont elles pourraient être passibles.

Ces vérifications n'auront lieu que dans les magasins, caves et celliers, et seulement depuis le lever jusqu'au coucher du soleil.

102. Les dénommés en l'article 97 pourront faire accidentellement des ventes de boissons en quantités inférieures à celles fixées par l'article 98. Ils seront tenus de payer le droit de détail pour ces ventes, lorsque la quantité expédiée ne formera pas un hectolitre, si elle est en une ou plusieurs futailles, ou 25 litres, si elle est en bouteilles. Les vins, eaux-de-vie et liqueurs en bouteilles, expédiés en quantité de 25 litres et au-dessus, devront être contenus dans des caisses ou paniers fermés et emballés suivant les usages du commerce.

103. Il sera accordé aux marchands en gros, pour ouillage, coulage et affaiblissement de degrés (1), une déduction de 5 pour 100 par an sur les eaux-de-vie au-dessous de 28 degrés, et de 6 pour 100 sur les eaux-de-vie rectifiées et esprits de 28 degrés et au-dessus, et de 6 pour 100 sur les cidres et poirés.

Le décompte de cette déduction sera fait à la fin de chaque trimestre, en raison de la durée du séjour des eaux-de-vie, cidres et poirés en magasin.

La réduction sur les vins sera de 6 pour 100, divisés par portion égales sur les trimestres d'octobre et de janvier, pour les vins nouveaux entrés pendant ces deux trimestres; et d'un pour 100, pour chacun de ceux d'avril et de juillet, sur les vins existant lors de ces deux exercices.

La régie pourra accorder une plus forte déduction pour les vins qui éprouvent un déchet supérieur à la remise ci-dessus fixée.

104. Les marchands en gros seront tenus de payer un droit égal à celui de détail, d'après le prix courant du lieu de leur résidence, sur les quantités de boissons qui seront reconnues manquer à leurs charges, après la déduction accordée pour coulage et ouillage.

---

(1) Il doit, en outre, être tenu compte du déficit résultant des lies. (*Arrêt de cassation*, 30 décembre 1818, *Sirey*, 19, 1, 203.)

105. Nul ne pourra faire une déclaration de cesser le commerce en gros de boissons, tant qu'il conservera en sa possession des boissons qu'il aura reçues en raison de ce commerce, excepté toutefois lorsque la quantité n'excédera pas celle reconnue nécessaire pour sa propre consommation.

106. Toute personne qui fera le commerce des boissons en gros sans déclaration préalable, ou après une déclaration de cesser, ou qui, ayant fait une déclaration de marchand en gros, exercera réellement le commerce des boissons en détail, sera punie d'une amende de 500 fr. à 2,000 fr., sans préjudice de la saisie et de la confiscation des boissons en sa possession. Elle pourra en obtenir la main-levée en payant une somme de 2000 francs, indépendamment de l'amende prononcée par le tribunal.

Toute autre contravention aux dispositions du présent chapitre sera punie de la confiscation des objets saisis, et d'une amende qui ne pourra être moindre de 50 francs, ni supérieure à 500 francs. En cas de récidive, cette amende sera toujours de 500 francs.

Chapitre V.—*Des brasseries.*

107. Il sera perçu, à la fabrication des bières, un droit de 2 francs par hectolitre de bière forte, et de 50 centimes par hectolitre de petite bière.

Ce dernier droit sera de 75 centimes, lorsqu'il sera constaté par un arrêté du préfet pour chaque arrondissement, et sur l'avis du sous-préfet, qui prendra celui des maires, que l'hectolitre se vend 5 francs et au-dessus (1).

108. Il n'y aura lieu à faire l'application de la taxe sur la petite bière, que lorsqu'il aura été fabriqué plusieurs brassins avec la même drèche; et cette exception ne sera appliquée qu'au dernier brassin, pourvu d'ailleurs qu'il ne soit entré dans sa fabrication aucune portion des matières résultant des trempes données pour les premiers, qu'il n'ait été fait aucune addition ni remplacement de drèche, et que la chaudière où il aura été fabriqué n'excède, en contenance, aucune de celles qui auront servi pour ces brassins; faute de quoi, tous les brassins seront réputés de bière forte et imposés comme tels.

109. Le produit des trempes données par un brassin ne pourra excéder de plus du vingtième la contenance de la

_____

(1) Voyez art. 86, loi du 25 mars 1817.

chaudière déclarée pour sa fabrication; la régie des contributions indirectes est autorisée à régler, suivant les circonstances, l'emploi de cet excédant, de manière qu'il ne puisse en résulter aucun abus.

110. La quantité de bière passible du droit sera évaluée, quelles qu'en soient l'espèce et la qualité, en comptant pour chaque brassin la contenance de la chaudière, lors même qu'elle ne serait pas entièrement pleine. Il sera seulement déduit, sur cette contenance, 20 pour 100 pour tenir lieu de tous déchets de fabrication, d'ouillage, de coulage, et autres accidens.

111. Les employés de la régie sont autorisés à vérifier, dans les bacs et cuves ou à l'entonnement, le produit de la fabrication de chaque brassin.

Tout excédant à la contenance brute de la chaudière sera saisi. Un excédant de plus du dixième supposera, en outre, la fabrication d'un brassin non-déclaré, et le droit sera perçu en conséquence, indépendamment de l'amende encourue.

Tout excédant à la quantité déclarée imposable par l'article 110 sera soumis au droit, quand il sera de plus du dixième de cette quantité, soit qu'on le constate sur les bacs ou à l'entonnement.

112. L'entonnement de la bière ne pourra avoir lieu que de jour.

113. Il ne pourrra être fait d'un même brassin qu'une seule espèce de bière; elle sera retirée de la chaudière et mise aux bacs refroidissoirs sans interruption; les décharges partielles sont, par conséquent, défendues.

114. La petite bière fabriquée sans ébullition sur des marcs qui auront déjà servi à la fabrication de tous les brassins déclarés, sera exempte de tout droit, pourvu qu'elle ne soit que le produit d'eau froide versée dans la cuve-matière sur ces marcs, qu'elle ne soit fabriquée que de jour, qu'elle n'excède pas en quantité le huitième des bières assujetties au droit pour un des brassins précédens, et qu'en sortant de la cuve-matière elle soit livrée de suite à la consommation, sans être mélangée d'aucune autre espèce de bière.

A défaut d'une de ces conditions, toute la petite bière fabriquée sera soumise au droit, indépendamment des peines encourues pour fausse déclaration, s'il y a lieu.

115. Les bières destinées à être converties en vinaigre seront assujetties aux mêmes droits de fabrication que les autres bières.

Les quantités passibles du droit seront évaluées, lorsque ces bières auront été fabriquées par infusion, en comptant pour chaque brassin la contenance de la cuve dans laquelle le produit des trempes aura dû être réuni pour fermenter, lors même qu'elle ne serait pas entièrement pleine.

Il sera déduit sur la contenance de la chaudière ou de la cuve, qu'elles que soient les quantités fabriquées, pourvu qu'elles n'excèdent point la contenance des vaisseaux, 20 pour 100 pour tous déchets de fabrication, d'ouillage, coulage, d'évaporation, et autres accidens.

En cas d'excédant à la contenance de la chaudière ou de la cuve, il sera fait application des peines établies par l'art. 111 pour les autres bières.

116. Il ne pourra être fait usage, pour la fabrication de la bière, que de chaudières de 6 hectolitres et au-dessus.

Il est défendu de se servir de chaudières qui ne seraient pas fixées à demeure et maçonnées.

Les brasseries ambulantes sont interdites, et néanmoins la régie pourra les permettre suivant les localités.

117. Les brasseurs seront tenus de faire au bureau de la régie la déclaration de leur profession et du lieu où seront situés leurs établissemens; ils seront, en outre, obligés à déclarer par écrit la contenance de leurs chaudières, cuves et bacs, avant de s'en servir; ils fourni ont l'eau et les ouvriers nécessaires pour vérifier, par l'empotement de ces vaisseaux, les contenances déclarées : cette opération sera dirigée en leur présence par des employés de la régie, et il en sera dressé procès-verbal.

Chaque vaisseau portera un numéro et l'indication de sa contenance en hectolitres.

118. Il est défendu de changer, modifier ou altérer la contenance des chaudières, cuves et bacs, ou d'en établir de nouveaux sans en avoir fait la déclaration par écrit 24 heures d'avance. Cette déclaration contiendra la soumission du brasseur de ne faire usage desdits ustensiles qu'après que leur contenance aura été vérifiée conformément à l'article précédent.

119. Le feu ne pourra être allumé sous les chaudières, dans les brasseries, que pour la fabrication de la bière.

120. Tout brasseur sera tenu, chaque fois qu'il voudra mettre le feu sous ses chaudières, de déclarer, au moins 4 heures d'avance dans les villes, et 12 heures dans les campagnes,

1°. Le numéro et la contenance des chaudières qu'il voudra employer, et l'heure de la mise de feu sous chacune;

2°. Le nombre et la quantité des brassins qu'il devra fabriquer avec la même drèche ;

3°. L'heure de l'entonnement de chaque brassin ;

4°. Le moment où l'eau sera versée sur les marcs, pour fabriquer la petite bière sans ébullition, exempte du droit, et celui où elle devra sortir de la brasserie.

Les brasseurs qui voudront faire, pour la fabrication du vinaigre, un ou plusieurs brassins par infusion, déclareront, en outre, la contenance de la cuve dans laquelle toutes les trempes devront être réunies pour fermenter.

Le préposé qui aura reçu une déclaration, en remettra une ampliation signée de lui au brasseur, lequel sera tenu de la représenter à toute réquisition des employés, pendant la durée de la fabrication.

121. La mise de feu sous une chaudière supplémentaire pourra être autorisée, sans donner ouverture au paiement du droit de fabrication, pourvu qu'elle ne serve qu'à chauffer les eaux nécessaires à la confection de la bière et au lavage des ustensiles de la brasserie. Le feu sera éteint sous la chaudière supplémentaire, et elle sera vidée aussitôt que l'eau destinée à la dernière trempe en aura été retirée.

122. Les brasseurs sont autorisés à se servir de hausses mobiles, qui ne seront point comprises dans l'épalement, pourvu qu'elles n'aient pas plus d'un décimètre (environ 4 pouces) de hauteur, qu'elles ne soient placées sur les chaudières qu'au moment de l'ébullition de la bière, et qu'on ne se serve point de mastic ou autres matières pour les soutenir ou pour les élever.

123. Toutes constructions en charpente, maçonnerie ou autrement, qui seront fixées à demeure sur les chaudières, et qui s'étendront sur plus de moitié de leur contour, seront comprises dans l'épalement ; les brasseurs devront en conséquence les détruire, ou faire les dispositions convenables pour qu'elles puissent être épalées.

124. Toute brasserie en activité portera une enseigne sur laquelle sera inscrit le mot *Brasserie*.

Les brasseurs de profession apposeront sur leurs tonneaux une marque particulière, dont une empreinte sera par eux déposée au bureau de la régie, au moment où ils feront la déclaration prescrite par l'article 117.

125. Les brasseurs seront soumis aux visites et vérifications des employés, et tenus de leur ouvrir, à toute réquisition, leurs maisons, brasseries, ateliers, magasins, caves et celliers, ainsi que de leur représenter les bières qu'ils auront en leur possession. Ces visites ne pourront avoir lieu dans les

maisons non-contiguës aux brasseries, ou non-enclavées dans la même enceinte.

Ils seront également tenus de faire sceller toute communication des brasseries avec les maisons voisines, autres que leur maison d'habitation.

126. Les brasseurs pourront avoir un registre coté et paraphé par le juge-de-paix, sur lequel les employés consigneront le résultat des actes inscrits à leurs portatifs.

127. Les brasseurs auront, avec la régie des contributions indirectes, pour les droits constatés à leur charge, un compte ouvert qui sera réglé et soldé à la fin de chaque mois.

Les sommes dues pourront être payées en obligations dûment cautionnées, à trois, six ou neuf mois de terme, pourvu que chaque obligation soit au moins de 300 francs.

128. Les particuliers qui ne brassent que pour leur consommation, les colléges, maisons d'instruction et autres établissemens publics, sont assujettis aux mêmes taxes que les brasseurs de profession, et tenus aux mêmes obligations, excepté au paiement du prix de la licence.

Néanmoins les hôpitaux ne seront assujettis qu'à un droit proportionnel à la qualité de la bière qu'ils font fabriquer pour leur consommation intérieure : ce droit sera réglé par deux experts, dont l'un sera nommé par la régie, et l'autre par les administrateurs des hôpitaux; en cas de discorde, le tiers-arbitre sera nommé par le préfet.

129. Toute contravention aux dispositions du présent chapitre sera punie d'une amende de 200 à 600 francs.

Les bières trouvées en fraude, et les chaudières qui ne seraient pas fixées à demeure et maçonnées, seront, en outre, saisies et confisquées.

130. La régie pourra consentir, de gré à gré, avec les brasseurs de la ville de Paris et des villes au-dessus de 30.000 âmes, un abonnement général pour le montant du droit de fabrication dont ils seront présumés passibles; cet abonnement sera discuté entre le directeur de la régie et les syndics qui seront nommés par les brasseurs : il ne pourra être accordé pour 1816 qu'autant qu'il offrira un produit égal à celui d'une année moyenne, calculée d'après la quantité de bière fabriquée dans Paris durant dix années consécutives. Il ne sera définitif qu'après qu'il aura été approuvé par le ministre des finances, sur le rapport du directeur-général des contributions indirectes.

131. Dans le cas de l'abonnement autorisé par l'article précédent, les syndics des brasseurs procéderont chaque trimestre, en présence du préfet, ou d'un membre du conseil mu-

nicipal, délégué par lui, à la répartition entre les brasseurs, en proportion de l'importance du commerce de chacun, de la somme à imposer sur tous. Les rôles arrêtés par les syndics et rendus exécutoires par le préfet ou son délégué, seront remis au directeur de la régie, pour qu'il en fasse poursuivre le recouvrement.

132. Les brasseurs de Paris et des villes au-dessus de trente mille âmes seront solidaires pour le paiement des sommes portées aux rôles; en conséquence, aucun nouveau brasseur ne pourra s'établir, s'il ne remplace un autre brasseur compris dans la répartition.

133. Pendant toute la durée de l'abonnement, nul brasseur ne pourra accroître les moyens de fabrication, soit en augmentant le nombre et la capacité des chaudières, soit de toute autre manière.

134. Les sommes portées aux rôles de répartition, seront exigibles par douzième, de mois en mois, d'avance et par voie de contrainte. A défaut de paiement d'un terme échu, les redevables dûment mis en demeure, ou en cas de contravention à l'article précédent, le ministre des finances, sur le rapport du directeur-général des contributions indirectes, sera autorisé à prononcer la révocation de l'abonnement, et à faire remettre immédiatement en vigueur le mode de perception établi par la présente loi, sans préjudice des poursuites à exercer pour raison de sommes exigibles.

135. Au moyen de l'abonnement autorisé par l'article 130, les brasseurs seront dispensés de la déclaration qu'ils sont tenus, par l'article 120 de la présente loi, de faire au bureau de la régie, avant chaque mise de feu; mais, afin de fournir aux syndics les élémens de la répartition, et à la régie les moyens de discuter l'abonnement pour l'année suivante, les brasseurs inscriront, sur leur registre côté et paraphé, chaque mise de feu, au moment même où elle aura lieu. Les commis, lors de leurs visites, établiront sur leur registre portatif les produits de la fabrication, d'après la contenance des chaudières et sous la déduction réglée par l'article 115, et s'assureront seulement par la vérification des quantités de bière existant dans les brasseries, qu'il n'a point été fait de brassin qui n'ait été inscrit sur le registre des fabricans.

136. L'abonnement ne pourra être consenti que pour une année. En cas de renouvellement, les brasseurs procéderont, au préalable, à la nomination d'un tiers des membres du syndicat. Les syndics, qui devront être remplacés la première et la deuxième année, seront désignés par le sort. Ils ne pour-

ront, dans aucun cas, être réélus qu'après une année au moins d'intervalle.

137. Les bières fabriquées dans Paris qui seraient expédiées hors du département de la Seine, seront soumises, à la sortie du département, au droit de fabrication établi par l'article 107 de la présente loi, et auquel sont assujettis les brasseurs des départemens circonvoisins. Il en sera de même des bières fabriquées dans des villes, où l'abonnement avec les brasseurs aura été consenti, lorsqu'elles seront expédiées hors desdites villes.

Chapitre VI. — Des Distilleries.

138. Les distillateurs et bouilleurs de profession (1) seront tenus de faire, par écrit, avant de commencer à distiller, toutes les déclarations nécessaires pour que les employés puissent surveiller leur fabrication, en constater les résultats, et les prendre en charge sur leurs portatifs.

Il leur sera délivré des ampliations de leurs déclarations, qu'ils devront représenter, à toute réquisition des employés, pendant la durée de la fabrication.

§ Ier. — Des distilleries de grains, pommes de terre et autres substances farineuses.

139. La déclaration à faire par les distillateurs de profession, en conformité de l'article précédent, aura lieu au moins quatre heures d'avance dans les villes, et douze heures dans les campagnes : elle énoncera,

1°. Le numéro et la contenance des chaudières et cuves de macération qui devront être mises en activité;

2°. Le nombre des jours de travail;

3°. Le moment où le feu sera allumé et éteint, chaque jour, sous les chaudières;

4°. L'heure du chargement des cuves de macération;

5°. La quantité de farine qui sera employée;

6°. Enfin, et par approximation, la quantité et le degré de l'eau-de-vie qui devra être fabriquée.

140. Les dispositions des articles 117, 118 et 225, relatives à la déclaration des vaisseaux en usage dans les brasseries, et

(1) Cette obligation ne s'étend pas aux bouilleurs de cru. (*arrêt de cassation du* 20 *novembre* 1818, *Sirey*, 19, 1, 207.)

aux vérifications que les brasseurs sont obligés de souffrir dans leurs ateliers et dépendances, sont applicables aux distillateurs de profession.

§ II. — *Des Distilleries de vins, cidres, poirés, marcs, lies et fruits.*

141. La déclaration à faire par les bouilleurs de profession, en conformité de l'article 138, aura lieu au moins quatre heures d'avance dans les villes, et douze heures dans les campagnes; elle énoncera,

1°. Le nombre des jours de travail;

2°. La quantité des vins, cidres, poirés, marcs, lies, fruits, mélasses, qui seront mis en distillation;

3°. Par approximation, la quantité et le degré de l'eau-de-vie qui devra être fabriquée.

142. Les distillateurs de la régie sont autorisés à convenir de gré à gré, avec les bouilleurs de profession, d'une base d'évaluation pour la conversion des vins, cidres, poirés, lies, marcs ou fruits, en eaux-de-vie ou esprits.

143. Toute contravention aux dispositions du présent chapitre, sera punie conformément à ce qui est prescrit par l'article 129 ci-dessus.

CHAPITRE VII. — *Dispositions générales applicables au présent titre.*

144. Toute personne assujettie par le présent titre à une déclaration préalable, en raison d'un commerce quelconque de boissons, sera tenue, en faisant ladite déclaration, et sous les mêmes peines, de se munir d'une licence, dont le prix annuel est fixé par le tarif ci-annexé.

145. Dans toutes les opérations relatives aux taxes établies par le présent titre, les bouteilles seront comptées chacune pour un litre; les demi-bouteilles, chacune pour un demi-litre, et les droits perçus en raison de ces contenances,

146. Toute personne qui contestera le résultat d'un jaugeage fait par les employés de la régie, pourra requérir qu'il soit fait un nouveau jaugeage, en présence d'un officier public, par un expert que nommera le juge-de-paix, et dont il recevra le serment. La régie pourra faire vérifier l'opération par un contre-expert, qui sera nommé par le président du tribunal d'arrondissement. Les frais de l'une et de l'autre vérification seront à la charge de la personne qui aura élevé mal à propos la contestation.

Titre vi. — *Des acquits-à-caution* (1).

230. Tout ce qui concerne les acquits-à-caution délivrés par la régie, sera réglé suivant les dispositions de la loi du 22 août 1791.

Titre vii. — *Dispositions générales.*

231. Les dispositions des lois, décrets et règlemens, auxquelles il n'est pas dérogé par la présente, et qui autorisent et régissent actuellement la perception des droits sur la navigation, les bacs, bateaux, les péages, les passages de ponts et écluses, les canaux, la pêche, les francs-bords, les matières d'or et d'argent, les voitures publiques, la régie des poudres et salpêtres, sont et demeurent maintenues.

232. Le décime par franc pour contribution de guerre est maintenu sur ceux des droits désignés, établis ou conservés par la présente loi, qui en sont passibles ; il sera également perçu en sus des droits établis par les titres 1er, iii et iv de la présente loi (2).

233. La régie des contributions indirectes établira un bureau dans toutes les communes où il sera présenté un habitant solvable qui puisse remplir les fonctions de buraliste.

234. Les buralistes tiendront leur bureau ouvert au public depuis le lever jusqu'au coucher du soleil, les jours ouvrables seulement.

235. Les visites et exercices que les employés sont autorisés à faire chez les redevables, ne pourront avoir lieu que pendant le jour ; cependant ils pourront aussi être faits la nuit dans les brasseries, distilleries, lorsqu'il résultera des déclarations que ces établissemens sont en activité ; et chez les débitans de boissons, pendant tout le temps que les lieux de débit seront ouverts au public.

236. Les visites et vérifications que les employés sont autorisés à faire pendant le jour seulement, ne pourront avoir lieu que dans les intervalles de temps déterminés par l'article 26 de la présente loi.

237. En cas de soupçon de fraude à l'égard des particuliers non sujets à l'exercice, les employés pourront faire des visi-

---

(1) Voyez l'ordonnance du 5 juin 1816, sur la forme des acquits-à-caution.

(2) Voyez l'article 123 de la loi du 25 mars 1817.

tes dans l'intérieur de leurs habitations, en se faisant assister du juge-de-paix, du maire, de son adjoint, ou du commissaire de police, lesquels seront tenus de déférer à la réquisition qui leur en sera faite, et qui sera transcrite en tête du procès-verbal. Ces visites ne pourront avoir lieu que d'après l'ordre d'un employé supérieur, du grade de contrôleur au moins, qui rendra compte des motifs au directeur du département (1).

Les marchandises transportées en fraude qui, au moment d'être saisies, seraient introduites dans une habitation pour les soustraire aux employés, pourront y être suivies par eux, sans qu'ils soient tenus, dans ce cas, d'observer les formalités ci-dessus prescrites.

238. Les rébellions ou voies de fait contre les employés seront poursuivies devant les tribunaux, qui ordonneront l'application des peines prononcées par le Code pénal, indépendamment des amendes et confiscations qui pourraient être encourues par les contrevenans. Quand les rébellions ou voies de fait auront été commises par un débitant de boissons, le tribunal ordonnera, en outre, la clôture du débit pendant un délai de trois mois au moins et de six mois au plus.

239. A défaut de paiement des droits, il sera décerné, contre les redevables, des contraintes qui seront exécutoires nonobstant opposition, et sans y préjudicier.

240. Les employés n'auront aucun droit au partage du produit net des amendes et confiscations : un tiers de ce produit appartiendra à la caisse des retraites, les deux autres tiers feront partie des recettes ordinaires de la régie : le tout conformément aux dispositions de l'article 137 de la loi du 8 décembre 1814 sur les boissons.

Néanmoins les employés saisissans auront droit au partage du produit net des amendes et confiscations prononcées par suite des fraudes et contraventions relatives aux octrois, aux tabacs et cartes.

A Paris, et dans les villes où l'abonnement général autorisé par l'art. 72 sera consenti, les communes disposeront, relativement aux saisies faites aux entrées par les préposés de l'octroi, du tiers affecté ci-dessus à la caisse des retraites de la régie.

241. Les registres portatifs tenus par les employés de la

---

(1) Si cet ordre manque, il y a nullité, quand même il n'y aurait pas eu opposition. (*Arrêt de cassation du* 13 *février* 1819; *Sirey*, 1, 258.)

régie seront côtés et paraphés par les juges-de-paix : les registres de perception ou de déclaration, et de tous autres pouvant servir à établir les droits du trésor et ceux des redevables, seront cotés et paraphés dans chaque arrondissement de sous-préfecture, par un des fonctionnaires publics que les sous-préfets désigneront à cet effet.

242. Les actes inscrits par les employés, dans le cours de leurs exercices, sur les registres portatifs, auront foi en justice jusqu'à inscription de faux (1).

243. Les expéditions et quittances délivrées par les employés seront marquées d'un timbre spécial dont le prix est fixé à 10 centimes.

244. Les préposés ou employés de la régie prévenus de crimes ou délits commis dans l'exercice de leurs fonctions, seront poursuivis et traduits, dans les formes communes à tous les citoyens, devant les tribunaux compétens, sans autorisation préalable de la régie : seulement le juge instructeur, lorsqu'il aura décerné un mandat d'arrêt, sera tenu d'en informer le directeur des impositions indirectes du département de l'employé poursuivi ; le tout conformément aux dispositions de la loi du 8 décembre 1814, art. 144.

245. Les autorités civiles et militaires, et la force publique, prêteront aide et assistance aux employés pour l'exercice de leurs fonctions, toutes les fois qu'elles en seront requises.

246. Une loi spéciale déterminera le mode de procéder, relativement aux instances qui concernent la perception des contributions indirectes.

247. Aucunes instructions, soit du ministre, soit du directeur-général, ou de la régie des impositions indirectes, soit d'aucuns des préposés, ne pourront, sous quelque prétexte que ce soit, annuler, étendre, modifier ou forcer le vrai sens des dispositions de la présente loi.

Les tribunaux ne pourront prononcer de condamnations qui seraient fondées sur lesdites instructions, et qui ne résulteraient pas formellement de la présente loi.

Les contribuables de qui il aurait été exigé ou perçu quelques sommes au-delà du tarif, ou d'après les seules dispositions d'instructions ministérielles, pourront en réclamer la restitution.

(1) Ils ne sont reçus qu'en cas de nullité des procès-verbaux. (*Arrêt de cassation du 28 avril 1818; Sirey, 19, 1, 146.*) Ils font foi, nonobstant les interlignes. (*Arrêt de cassation du 9 décembre 1818; Sirey, 20, 1, 102.*)

Leur demande devra être formée dans les six mois; elle sera instruite et jugée dans les formes qui sont observées en matière de domaine.

248. La présente loi sera mise à exécution à dater du jour de sa promulgation, et n'aura d'effet que jusqu'au 1er février 1817, excepté en ce qui concerne les tabacs.

N°. 1er.—*Droit à percevoir, par hectolitre, à la circulation des Boissons (art. 1er)* (1).

N° 2. — *Droit d'entrée sur les boissons dans les villes et communes de deux mille âmes et au-dessus (art. 20), par hectolitre.*

Populat. des commun. de	VINS.					Cidres et poirés.	EAUX-DE-VIE.			rectifiés à 28 deg. et au dess.; eau-de-v. de toute espèce en b., liq. comp. d'eau-de-vie et d'esprit, tant en cais. qu'en b., et fruits à l'eau-de-vie.
	EN CERCLES, dans les départemens de				en bout. ou vin de liq. en cerc. et en bout.		EN CERCLES,		
	1re classe.	2e classe.	3e classe.	4e classe.			au-dessus de 22 degr.	de 22 jusq. 28 d. excl.	
âmes.	f. c.	f. c.	f. c.	f. c.	f. c.	f. c.	f. c.	f. c.	f. c.
2 à 4,000	» 55	» 70	» 85	1 »	1 15	» 35	1 40	2 10	2 80
4 à 6,000	» 85	1 »	1 15	1 30	1 70	» 45	2 10	3 15	4 20
6 à 10,000	1 15	1 35	1 55	1 75	2 25	» 65	2 50	3 80	5 10
10 à 15,000	1 40	1 70	2 »	2 25	2 80	» 85	3 40	5 10	6 80
15 à 20,000	2 »	2 25	2 45	2 80	4 »	1 15	4 90	7 35	9 80
20 à 30,000	2 80	3 10	3 40	3 80	5 60	1 55	7 »	10 50	14 »
30 à 50,000	3 70	4 10	4 60	5 10	7 30	2 10	9 30	13 90	18 60
50 et au-des.	4 80	5 10	5 50	6 30	9 30	2 80	11 80	17 60	23 60

N° 3.—*Départemens divisés en quatre classes, pour la perception des Droits de circulation et d'entrée sur les Boissons.*

1re *Classe.*—Var, Basses-Alpes, Vaucluse, Bouches-du-Rhône, Gard, Hérault, Aude, Pyrénées-Orientales, Tarn, Haute-Garonne, Arriége, Lot, Tarn-et-Garonne, Gers, Hautes-Pyrénées, Dordogne, Lot-et-Garonne, Charente-Inférieure, Charente, Gironde, Landes, Basses-Pyrénées, Aveyron.

(1) Voyez ci-après l'article 80 de la loi du 25 mars 1817.

2ᵉ *Classe.*—Drôme, Ardèche, Hautes-Alpes, Isère, Puy-de-Dôme, Allier, Nièvre, Cher, Indre, Vienne, Deux-Sèvres, Vendée, Loire-Inférieure, Maine-et-Loire, Indre-et-Loire, Loire-et-Cher, Loiret, Yonne, Côte-d'Or, Ain, Aube; Haute-Marne, Marne, Meuse, Moselle, Meurthe.

3ᵉ *Classe.*—Jura, Doubs, Haute-Saône, Saône-et-Loire, Rhône, Sarthe, Morbihan, Seine, Seine-et-Oise; Seine-et-Marne, Eure-et-Loir, Creuse, Haute-Vienne, Corrèze, Cantal, Haute-Loire, Lozère, Bas-Rhin, Haut-Rhin, Vosges, Eure, Oise, Aisne.

4ᵉ *Classe.*—Nord, Pas-de-Calais, Somme, Ardennes, Seine-Inférieure, Calvados, Orne, Manche, Mayenne, Ille-et-Vilaine, Côtes-du-Nord, Finistère.

Nº 4.—*Tarif des droits de licence (art. 171).*

Débitans de boissons dans les communes.
au-dessous de 4.000 âmes...	6 f.
de 4 à 6,000 âmes......	8
de 6 à 10.000 âmes......	10
de 10 à 15,000 âmes......	12
de 15 à 20,000 âmes......	14
de 20 à 30,000 âmes......	16
de 30 à 50,000 âmes......	18
de 50,000 âmes et au-dessus (Paris excepté)........	20

Brasseurs.

Dans les départemens de l'Aisne, des Ardennes, du Nord, du Pas-de-Calais, du Bas-Rhin, de la Seine et de la Somme................. 50

Dans les départemens du Calvados, de la Côte-d'Or, du Doubs, du Finistère, de la Gironde, d'Ille-et-Vilaine, de la Marne, de la Meurthe, de la Meuse, de la Moselle, du Haut-Rhin, du Rhône, de la Seine-Inférieure, de Seine-et-Marne, de Seine-et-Oise et des Vosges..................... 30

Dans les autres départemens............. 20

Bouilleurs et distillateurs, dans tous les lieux..... 10

Marchands en gros de boissons, dans tous les lieux... 50

Fabricans de cartes, dans tous les lieux.......... 50

Loi du 25 mars 1817.

Art. 80. Le droit de circulation sur les boissons sera perçu conformément au tarif ci-après.

Par hectolitre de vin en cercle, expédié pour les départemens de 1re classe, 1 franc 50 centimes; de 2e classe, 2 francs; de 3e classe, 2 francs 50 centimes; de 4e classe, 4 francs.

Par hectolitre de vins en bouteilles; 10 francs; *idem* de cidre, poiré et hydromel, 80 centimes; *idem* d'eau-de-vie en cercles au-dessous de 22 degrés, 3 francs 60 centimes; *idem* d'eau-de-vie en cercles de 22 degrés jusqu'à 28 exclusivement, 5 francs; *idem* d'eau-de-vie et d'esprits en cercles de 28 degrés et au-dessous, 6 francs 40 centimes; *idem* d'eau-de-vie et d'esprits de toute espèce en bouteilles, de liqueurs composées d'eau-de-vie ou d'esprits, tant en cercles qu'en bouteilles, et de fruits à l'eau-de-vie, 12 francs.

81. . . . . (1).

82. Seront également affranchis à l'avenir du droit de circulation, quels que soient le lieu d'enlèvement et l'expéditeur, et pourvu que, dans le lieu de destination, le commerce des boissons ne soit pas affranchi des exercices des employés de la régie,

1°. Les boissons qui seront enlevées à destination de négocians, marchands en gros, courtiers, facteurs, commissionnaires, distillateurs et tous autres, munis d'une licence de marchand en gros ou de distillateur;

2°. Les vins, cidres et poirés qui seront enlevés à destination de toute personne qui vend en détail lesdites boissons, pourvu qu'elle soit munie d'une licence de débitant. (2).

83. Pour jouir de l'exemption prononcée par l'article précédent, l'expéditeur sera tenu de se munir d'un acquit-à-caution, dont le coût demeure fixé à 25 centimes, timbre compris.

Les conducteurs des boissons qui se trouveront en cours de transport lors de la mise à exécution de la présente loi, auront quinze jours pour échanger les congés ou passavans, dont ils seront porteurs, contre des acquits-à-caution.

84. Les droits d'entrée seront perçus à l'avenir dans les

---

(1) L'article 3 de la loi du 17 juillet 1819 a abrogé l'article 81.

(2) Sont également exceptés les vins et cidres expédiés pour Paris. (*Loi du 15 mai 1818, art.* 85.)

villes et communes ayant une population agglomérée de 1500 âmes et au-dessus : à cet effet la première classe du tarif annexé à la loi du 28 avril 1816, comprendra les communes de 1500 à 5000 âmes de population agglomérée.

85. L'hydromel sera compris au nombre des boissons soumises aux droits de circulation, d'entrée, de détail et de licence. Il sera imposé dans tous les cas comme le cidre.

86. Le droit à la fabrication des bières, établi par l'article 107 de la loi du 28 avril 1816, est porté à 3 francs par hectolitre de bière forte, et à 50 centimes par hectolitre de petite bière.

Ce dernier droit sera de 75 centimes, dans le cas où la petite bière se vendrait 5 francs et au-dessus.

87. Il sera accordé aux marchands en gros, pour ouillage, coulage et affaiblissement de degré, une déduction de 6 pour 100 par an sur les eaux-de-vie au-dessous de 28 degrés, de 7 pour 100 sur les eaux-de-vie rectifiées et esprits de 28 degrés et au-dessus, et de 7 pour 100 sur les cidres et poirés.

Le décompte de cette déduction sera fait à la fin de chaque trimestre, en raison de la durée du séjour des eaux-de-vie, cidres et poirés en magasin.

La déduction sur les vins sera de 7 pour 100, divisés par portions égales sur les trimestres d'octobre et de janvier, pour les vins nouveaux entrés pendant ces deux trimestres ; et d'un demi pour 100, pour chacun de ceux d'avril et de juillet, sur les vins existans lors de ces deux trimestres.

§ II. *Lois et ordonnances diverses sur le régime des boissons.*

1°. Ordonnance du roi du 13 janvier 1815 (*Bull.* 72), qui accorde amnistie pleine et entière à tous individus poursuivis, détenus ou condamnés pour avoir pris part aux désordres qui ont eu pour objet de provoquer l'abolition des droits-réunis, ou de s'opposer à la continuation des exercices; sont exceptés les prévenus de meurtre et de blessures graves, et les préposés des droits-réunis qui ont coopéré à troubler la perception.

2°. Ordonnance du 17 février 1815, qui excepte des droits de circulation et de consommation les boissons destinées pour les colonies françaises, sous la condition, par l'expéditeur, de prendre un acquit-à-caution, lequel désignera le lieu de la sortie.

3°. Loi des finances du 25 mars 1817 (*Bull.* 145), dont les articles 80 et suivans modifient le tarif du droit de circulation à percevoir sur les boissons, et étendent la perception des droits d'entrée aux villes et communes ayant une population agglomérée de 1,500 âmes et au-dessus.

4°. Ordonnance du 18 juin 1817 (*Bull.* 161), qui prescrit les formalités à observer pour le remplissage des vins, cidres, poirés, vinaigres, eaux-de-vie, esprits et liqueurs arrivant à Paris.

5°. Loi des finances du 15 mai 1818 (*Bull.* 211), dont les articles 84 et 85 modifient quelques dispositions des lois des 28 avril 1816 et 25 mars 1817, sur le droit de circulation et les acquits-à-caution.

6°. Loi des finances du 17 juillet 1819 (*Bull.* 295), dont l'article 3 modifie l'article 5 de la loi du 28 avril 1816, relatif au transport, par un propriétaire, colon partiaire ou fermier, des vins, cidres et poirés de son cru, et abroge l'article 81 de la loi du 25 mars 1817 concernant ce transport.

7°. Ordonnance du roi du 27 octobre 1819, qui détermine les formalités à observer pour le remplissage des vins arrivant à Paris.

Cette ordonnance attribue au préfet de la Seine, le droit de déterminer les mesures d'exécution par des règlemens concertés avec le directeur-général des contributions indirectes. (*Bull.* 321.)

8°. Loi des finances du 23 juillet 1820 (*Bull.* 385), dont l'article 3 modifie l'article 152 de la loi du 28 avril 1816, sur les boissons admises en entrepôt, et l'article 87 de celle du 25 mars 1817 sur le même objet, et dont l'article 4 ordonne la restitution du droit sur les bières expédiées à l'étranger, ou pour les colonies françaises.

9°. La loi des finances du 31 juillet 1821 (*Bull.* 465), qui contient de nouvelles dispositions sur la déduction accordée pour ouillage et coulage des vins. (*Art.* 5.)

10°. Loi des finances du 1er mai 1822, pour l'exercice de 1822, dont l'article 8 porte : 1° qu'il continuera d'être perçu, à la fabrication des bières, un droit de 3 francs par hectolitre de bière forte, et qu'il n'y aura plus, pour la petite bière, qu'un droit unique fixé à 75 centimes;

2°. Qu'il ne pourra être fait application de la taxe sur la petite bière que lorsqu'il aura été préalablement fabriqué un brassin de bière forte avec la même drèche, et pourvu d'ailleurs que cette drèche ait subi pour le premier brassin au moins, deux trempes; qu'il ne soit entré dans le second brassin aucune portion des métiers résultant des trempes données pour le premier; qu'il n'ait été fait aucune addition ni aucun remplacement de drèche, et que le second brassin n'excède point en contenance le brassin de bière forte;

3°. Que s'il était fabriqué plus de deux brassins avec la même drèche, le dernier seulement sera considéré comme petite bière;

4°. Qu'indépendamment des obligations imposées par l'article 120 de la loi du 28 avril 1816, les brasseurs indiqueront dans leurs déclarations l'heure à laquelle les trempes de chaque brassin devront être données;

5°. Qu'à défaut d'accomplissement des conditions ci-dessus, tout brassin sera réputé bière forte et imposé comme tel.

Le même article abroge les articles 107 et 108 de la loi du 28 avril 1816, et 86 de la loi du 25 mars 1817.

Circulaire relative aux bouteilles dont on fait usage pour la vente en détail du vin et des autres boissons, du 7 juin 1816.

Monsieur le préfet, le vin et les autres liqueurs destinées à la boisson ne doivent être vendus en détail qu'à la mesure du litre, du demi-litre ou du quart: cependant l'usage s'est introduit parmi les cabaretiers, les aubergistes, marchands de vins et autres, de débiter ces liqueurs dans des bouteilles de verre dont la contenance diffère plus ou moins de celle des mesures prescrites par la loi; et cet abus très-préjudiciable aux intérêts des consommateurs, a donné lieu, dans beaucoup d'endroits, à des plaintes sur lesquelles s'est fixée l'attention du gouvernement. Je vous invite, monsieur le préfet, à vous faire rendre compte de ce qui se passe, à cet égard, dans le département que vous administrez, et à exiger, s'il ne serait pas convenable d'obliger les marchands de vin et autres qui débitent les boissons dans des bouteilles, à n'employer à cet usage que des bouteilles de la contenance du litre ou demi-litre.

Je désire que vous me fassiez parvenir vos observations et votre avis sur les avantages et les inconvéniens de cette disposition, et je vous prie d'observer que vous ne devez pas compter parmi les obstacles que pourraient trouver les marchands à se procurer des bouteilles de la contenance du litre ou demi-litre, puisqu'il en existe déjà beaucoup, et qu'il n'y a pas de verrerie où l'on ne puisse en fabriquer en proportion des besoins du commerce.

Le sous-secrétaire au département de l'intérieur.
Signé BECQUEY.

BOITES *de médicamens* (envoi officiel de). Voy. *Épidémies*.

BONNES *villes du royaume*. L'ordonnance du roi concernant les cérémonies du baptême de S. A. R. Mgr. le duc de Bordeaux, appelle à cette cérémonie les députations nommées par les bonnes villes du royaume pour représenter leurs corps municipaux (7 octobre 1820. *Bull.* 405). L'ordre suivant lequel les bonnes villes du royaume prennent rang dans les cérémonies, est déterminé par l'ordonnance du 23 avril 1821. (*Bull.* 448.)

1 Paris.	15 Caen.	28 Troyes.
2 Lyon.	16 Clermont-Ferrand.	29 Nîmes.
3 Marseille.		30 Antibes.
4 Bordeaux.	17 Besançon.	31 Cette.
5 Rouen.	18 Nancy.	32 Carcassonne.
6 Nantes.	19 Versailles.	33 Avignon.
7 Lille.	20 Rennes.	34 Aix.
8 Toulouse.	21 Tours.	35 Pau.
9 Strasbourg.	22 Bourges.	36 Vesoul.
10 Orléans.	23 Grenoble.	37 Toulon.
11 Amiens.	24 La Rochelle.	38 Colmar.
12 Angers.	25 Dijon.	39 Cambrai.
13 Montpellier.	26 Reims.	40 Abbeville.
14 Metz.	27 Montauban.	

* Voy. *Entrées* dans les palais du roi.

BON ORDRE (maintien du). Voy. *Police*.

BONS DE RÉQUISITION. Les conseils de préfecture procèdent à la vérification des mandats et bons de réquisition, employés en paiement des contributions; ils s'assurent si les bons n'ont été délivrés que pour des fournitures réellement faites; ils prennent tous les moyens propres à constater la validité ou invalidité des pièces soumises à leur examen; s'ils en reconnaissent la validité, ils en donnent leur certificat au pied de chaque bordereau. (*Art.* 4, 5 *et* 6 *de l'arrêté du* 18 *germinal an* XI — 8 avril 1803. (*Bull.* 268). Voy. *Réquisitions.*

BORDEAUX (duc de). La naissance de ce prince a été annoncée aux préfets par la circulaire dont la teneur suit.

Monsieur le préfet, les vœux de la France sont exaucés; le ciel vient de lui accorder le plus grand dédommagement qu'elle pût recevoir de la perte qu'elle déplore encore.

S. A. R. madame la DUCHESSE DE BERRI a donné naissance à un fils qui a reçu du roi le titre de DUC DE BORDEAUX.

Je m'empresse de vous annoncer cet événement si ardemment désiré, présage d'un heureux avenir. Vos administrés partageront le bonheur du roi et les espérances de la patrie.

De solennelles actions de grâces seront rendues à Dieu. S. M. a fait connaître ses intentions à MM. les évêques. Ils ordonneront de chanter un *Te Deum* dans les églises cathédrales et les paroisses de leurs diocèses; ils se concerteront, à cet égard, avec vous conformément aux usages, pour que les autorités qui ont coutume d'y assister, en soient averties.

Le ministre de l'intérieur,

Signé SIMÉON.

BORNES. Celles qui sont employés pour la séparation des héritages font partie des attributions des juges-de-paix; mais celles qui se placent le long des maisons sont dans les attributions de l'autorité municipale, qui a le droit de les faire enlever et remplacer quand elles excèdent la saillie de 22 centimètres, prescrite par l'ordonnance du 26 octobre 1666.

Les préfets, les sous-préfets et les maires, ont aussi des attributions spéciales pour le placement des bornes dans les parties du territoire cadastrées. Voy. *Cadastre.*

BORNES DÉPARTEMENTALES. Une circulaire ministérielle du 22 novembre 1814, contient les dispositions suivantes, sur les changemens à y faire pour effacer les traces des différens gouvernemens depuis 1792.

La sculpture des aigles en demi-bosse, sur les bornes départementales, n'offrant pas assez de relief pour les transformer en fleurs de lis d'une dimension proportionnée à la grandeur des bornes, j'ai l'honneur de vous informer que j'ai décidé que ce changement aurait lieu de la manière suivante :

La fleur de lys sans couronne sera sculptée en relief; mais au lieu d'être, comme l'aigle, en saillie sur le corps de la borne, elle sera placée dans une calotte circulaire, dont le diamètre aura 24 centimètres et la plus grande profondeur 24 millimètres.

La fleur de lys sculptée dans ce renfoncement aura 22 centimètres et demi dans sa plus grande hauteur, et 18 centimètres et demi dans sa plus grande largeur; son plus grand relief sera de 24 millimètres, quantité égale à la plus grande profondeur de la cavité.

Le cercle qui termine extérieurement la calotte, et dont le centre se trouvera placé dans l'axe vertical de la borne, laissera entre sa circonférence et le pied des jambages des lettres, un bandeau lisse concentriquement circulaire de 24 millimètres de largeur mesurée sur le diamètre vertical.

La modification que je viens de prescrire n'ayant pour but que la substitution d'un emblème à un autre, il ne sera rien changé aux dimensions générales déterminées pour ces bornes par la circulaire n° 1 du 11 février 1813.

Je vous prie, monsieur le préfet, de donner connaissance de ces dispositions à M. l'ingénieur en chef de votre département, et de faire opérer, sans délai, les changemens ci-dessus prescrits, sur toutes les bornes départementales qui ont été mises en place.

Quant aux bornes miliaires, il suffira de faire disparaître les bonnets de liberté et les aigles qui pourraient exister et d'y établir les anciennes fleurs de lys, autant que l'état des bornes pourra le permettre.

On profitera de cette circonstance pour rafraîchir et rendre apparens les anciens numéros.

Toutes les faibles dépenses auxquelles peuvent donner lieu ces modifications, devront être imputées sur les fonds de la route, et soldées d'après les mémoires réglés par M. l'ingénieur en chef de votre département et joint à ses certificats.

BOUCHERIES et *bouchers*. La profession de boucher considérée sous le rapport de la sûreté et de la salubrité publique et sous celui du commerce, entre essentiellement dans les attributions de la surveillance administrative et municipale.

Sous le rapport de la sûreté et de la salubrité publique, les animaux peuvent s'échapper et compromettre la vie des citoyens; le sang des animaux, les débris des abattages peuvent corrompre et vicier l'air. C'est dans l'exécution des anciens et des nouveaux règlemens de police que les maires, les adjoints, les commissaires de police trouveront les moyens de prévenir les dangers et les maux que peuvent occasioner la négligence, l'impéritie ou l'insouciance des bouchers dans l'emploi des mesures nécessaires pour fermer tout passage aux animaux dont ils ont marqué l'abattage; pour empêcher que l'écoulement du sang des animaux ne puisse influer sur la salubrité de l'air; pour laver avec soin les tueries; pour établir les fonderies, les échaudoirs, d'après l'autorisation de l'autorité municipale, dans des lieux où ils ne puissent nuire aux habitans par leur odeur insalubre et incommode.

Les anciens règlemens de police à cet égard ont été renouvelés par les divers arrêtés et ordonnances qui suivent, et dont les autorités locales peuvent légalement faire l'application suivant les circonstances.

1°. L'arrêté du bureau central de Paris, du 7 fructidor an IV — 24 août 1796, défend aux bouchers d'établir des fonderies de suif sans sa permission, et ailleurs qu'aux endroits pour lesquels il en aurait donné l'autorisation. Cette disposition prohibitive a été confirmée par le décret du 15 octobre 1810, et par l'ordonnance du roi du 14 janvier 1815, sur les manufactures, fabriques et ateliers à odeur insalubre et incommode. Voyez *Ateliers.*

2°. L'arrêté du même bureau central, en date du 13 vendémiaire an V — 4 octobre 1796, défend aux bouchers de tuer les bestiaux ailleurs que dans des lieux non ouverts sur la rue; leur enjoint de retenir le sang dans des puisards pour les transporter hors des murs, et de laver le pavé avec de l'eau, dans le cas où il y aurait eu un écoulement dans la rue.

3°. L'ordonnance du préfet de police de Paris, publiée

le 5 nivôse an XI — 26 décembre 1803, contient sur les étaux, les échaudoirs et fonderies, les dispositions les plus propres à assurer la salubrité.

Art. 1er. Un étal doit avoir au moins 2 mètres et demi de hauteur sur 3 et demi de largeur, et 4 de profondeur ; être tenu avec propreté, et disposé de manière à ce que l'air y circule librement et même transversalement. Il ne doit y avoir ni âtre, ni cheminée, ni fourneau ; et toute chambre à coucher doit en être éloignée ou séparée par des murs sans communication directe.

2. Tout échaudoir doit être placé dans une cour pavée, très-aérée, et où il existe un puits de bonne eau ; le local aura au moins 6 mètres et demi de long sur 4 de large et 5 de haut. Il importe surtout que l'échaudoir soit dallé en pierres, jointes au ciment ; qu'il y soit établi un puisard assez grand, ou une auge, pour recevoir le sang des animaux ; l'abreuvoir, l'étable à veaux et la bergerie, peuvent être réunis dans la même cour, mais sur un sol plus élevé.

3. Les bouchers seront tenus de faire enlever tous les jours la voirie, et de vider les eaux sales, passé 9 heures du soir.

4. Les fondoirs, pour la fonte des suifs, doivent être construits à portée des échaudoirs, mais placés dans des bâtimens isolés, et dans des cours où l'air puisse circuler librement, et dont l'accès soit facile.

5. Les fourneaux, construits suivant les règles de l'art, doivent être surmontés d'une hotte avec un conduit de cheminée en briques, plus ou moins élevé, suivant la localité.

4°. La préparation, la cuisson et la vente des tripes ont été l'objet d'une autre ordonnance en date du 25 brumaire an XII — 17 novembre 1803; en voici les dispositions :

Les issues des bœufs, vaches et moutons, doivent être composées, savoir : celles de bœuf ou vache, des 4 pieds, de la panse, de la franche mule, de la mamelle, des feuillets, mufle et palais.

Celles de mouton, de la tête avec la langue, des 4 pieds, de la panse et de la caillette.

Les bouchers ne peuvent vendre en détail aucune partie des issues.

Il est expressément défendu aux tripiers chargés d'enlever chaque jour les issues, de les préparer et faire cuire dans d'autres établissemens que ceux autorisés à cet effet.

La profession de boucher, considérée sous le rapport du commerce, exige de la part des maires, des adjoints, des commissaires de police, une surveillance journalière pour que les étaux soient toujours suffisamment garnis, afin d'assurer l'approvisionnement des habitans; pour que les viandes exposées en vente soient saines, que l'apprêt en soit proprement fait; pour qu'enfin les poids et les balances soient justes et conformes au nouveau système décimal.

1°. La loi du 19 — 22 juillet 1791, sur la police municipale, attribue aux maires le droit de taxer la viande de boucherie, et de poursuivre les bouchers en contravention au règlement de la taxe, comme passibles des peines de simple police portées à l'article 6 du titre XI de la loi du 16 — 24 août 1790.

2°. L'arrêté du 27 messidor an V — 15 juillet 1797 (*Bull.* 133), qui rappelle l'exécution des mesures prescrites par les anciens règlemens contre les maladies épizootiques, en indique une bien importante pour le commerce de la boucherie.

Les propriétaires des bêtes saines en pays infecté pourront en faire tuer chez eux, ou en vendre aux bouchers de leur commune, mais aux conditions suivantes :

1°. Il faudra que l'export ait constaté que ces bêtes ne sont pas malades.

2°. Le boucher n'entrera point dans l'étable.

3°. Le boucher tuera les bêtes dans les 24 heures.

4°. Le propriétaire ne pourra s'en dessaisir, et les bouchers les tuer, qu'ils n'en aient la permission du maire, qui en fera mention dans son état. Toute contravention à cet égard sera punie d'une amende de 200 fr., le propriétaire et le boucher demeurant solidaires. (*Art. 8 de l'arrêt du conseil du* 19 *juillet* 1746.)

5°. L'organisation des bouchers d'une ville, en corporation régulière, est un moyen d'assurer l'exécution des mesures prescrites par les lois pour le service public.

L'arrêté du gouvernement rendu le 8 vendémiaire an XI — 30 septembre 1802 (*Bull.* 220), portant règlement pour l'exercice de la profession de boucher à Paris, peut servir de modèle pour cette institution; cet arrêté ordonne que tous les individus exerçant la profession de boucher se feront inscrire à la préfecture de police; que le préfet de police nommera parmi eux trente individus, dont dix seront pris parmi ceux qui paient le droit proportionnel de patentes le moins considérable; que ces trente individus nommeront, parmi tous les bouchers, un syndic et six adjoints; qu'à l'avenir nul ne pourra exercer la profession sans la permission du préfet de police, d'après l'avis du syndic et des adjoints; que les bouchers seront tenus de fournir un cautionnement, sans intérêt, fixé à 3,000 fr. pour la première classe, à 2,000 fr. pour la deuxième, à 1,000 fr. pour la troisième; que la caisse sera destinée à donner des secours aux bouchers qui éprouveront des accidens, au moyen d'un prêt fait sur engagement personnel de commerce; qu'aucun boucher ne pourra quitter son commerce que six mois après en avoir fait sa déclaration au préfet de police; que tout étal qui cessera d'être garni de viande pendant trois jours consécutifs sera fermé pendant six mois; qu'enfin le commerce de la viande de boucherie ne pourra avoir lieu dans les marchés publics que deux jours de la semaine seulement.

La sagesse de ces dispositions a été rappelée, confirmée, et modifiée, selon les localités, par différentes ordonnances du roi portant règlement sur l'exercice de la profession de boucher.

La première, du 28 décembre 1815, pour la ville de Versailles; la deuxième, du 25 septembre 1816, pour la ville du Mans; la troisième, du 29 juillet 1818, pour la ville de Toul; la quatrième, du 10 novembre 1819, pour la ville d'Arras, etc., etc.

Il résulte de ces diverses ordonnances, 1° que les maires nomment, parmi les bouchers, neuf individus pris parmi ceux qui paient le droit de patente le moins considérable, à l'effet de nommer parmi tous leurs confrères, un syndic et six adjoints; accordent, sur l'avis du syndic et des adjoints, les permissions d'exercer la profession de boucher; donnent leur décision sur les prêts à faire par la caisse des bouchers; 2° que les maires arrêtent, et remettent au préfet le compte de la caisse des bouchers; qu'ils reçoivent la déclaration des bouchers qui veulent quitter leur profession, et les y autorisent; que les syndics et adjoints des bouchers leur présentent un

projet de règlement sur le régime et la discipline intérieure du commerce de la boucherie.

Boues (l'enlèvement des) est un moyen de salubrité
confié à la surveillance des maires. Voy. *Voie publique.*

Bouillon d'os. Cette utile invention est due à M. Ca-
det Devaux. Une circulaire ministérielle, en date du 4
mai 1818, l'annonce en ces termes.

Monsieur le préfet, j'ai l'honneur de vous adresser plusieurs
exemplaires d'un mémoire de M. Cadet-Devaux, sur la gé-
latine des os et sur son bouillon, que je viens de faire imprimer.

Les essais qui ont été faits du bouillon d'os dans divers
pays étrangers et dans plusieurs villes de France, notamment
à Paris, à Moulins, à Lunéville, ont été suivis du plus heureux succès : partout on a reconnu la bonne qualité de ce
bouillon, et l'économie que sa confection présente sur les autres alimens ordinairement consacrés au soulagement de la
classe indigente.

C'est surtout dans les établissemens publics, et dans les lieux
où le pain et la viande sont à un prix élevé, que l'on peut trouver de grands avantages à établir l'usage du bouillon d'os.

Le mémoire que j'ai l'honneur de vous transmettre, offre,
sur le meilleur moyen de le confectionner, tous les renseignemens que vous pouvez désirer. Je vous prie, monsieur le préfet, de répandre ces renseignemens dans votre département,
et de prendre toutes les mesures qui vous paraîtront propres
à les mettre à profit.

Vous voudrez bien me rendre compte des dispositions qui
seront faites à cet égard, et des résultats qui en seront obtenus.

Le sous-secrétaire au département de l'intérieur,

Signé le comte CHABROL.

Boulangerie (commerce de la) ; l'exercice de la profession de boulanger, si importante sous le rapport de
l'approvisionnement le plus nécessaire au corps social, a
été, sous l'ancien régime et sous le nouveau, jusqu'en
1812, l'objet d'un grand nombre de dispositions législatives et réglementaires, qui ont attribué aux autorités locales de police la surveillance sur la vente du pain, son
poids, la qualité des farines, et les fours de boulangers.
Nous citerons particulièrement l'article 30 de la loi du
19 — 22 juillet 1791, qui a établi en principe que les

maires ont le droit de faire la taxe du pain; et l'article 5 du titre XI de celle du 16 — 24 août 1790, qui les autorise à prononcer les peines de simple police contre les boulangers qui vendent le pain au-delà du prix fixé par la taxe légalement faite et publiée.

Mais, sans nous arrêter à l'arrêté du 19 vendémiaire an X — 11 octobre 1801, qui a constitué les boulangers de Paris en corporation régulière, nous nous porterons aux décrets du 22 décembre 1812 (*Bull.* 457), contenant règlement sur l'exercice de la profession de boulanger, à Marseille et à Bordeaux.

Ces décrets sont les premiers actes émanés du gouvernement, qui aient établi les bases fondamentales du commerce de la boulangerie, qui en aient régularisé l'exercice, et fixé la compétence des autorités administratives à cet égard. Les décrets subséquens, ainsi que les ordonnances du roi rendues, depuis 1814, pour l'exercice de la profession de boulanger dans les principales villes du royaume, ne sont qu'une application des règles établies dans les décrets du 22 décembre 1812, dont voici l'exposé:

1°. Nul ne peut exercer dans une ville la profession de boulanger, sans une permission spéciale du maire, qui ne l'accorde qu'à ceux qui sont de bonne vie et mœurs, et qui justifient avoir fait leur apprentissage, et connaître les bons procédés de l'art.

2°. La permission n'est accordée que sous la condition de se soumettre à avoir constamment dans son magasin un approvisionnement de farines de première qualité, composé du nombre de sacs fixé par le maire, pour chaque boulanger de 1re. 2e ou 3e classe.

3°. La permission délivrée par le maire constate la soumission souscrite par le boulanger, pour la quotité de son approvisionnement de réserve, et énonce le quartier dans lequel le boulanger doit exercer sa profession.

4°. Le maire s'assure si chaque boulanger a constamment en magasin l'approvisionnement pour lequel il a fait sa soumission.

5°. Le maire réunit auprès de lui un certain nombre de boulangers pris parmi ceux qui exercent depuis longtemps leur profession. Ces boulangers nomment un syndic et des adjoints qui sont renouvelés tous les ans au mois de janvier, avec faculté d'être réélus; mois qui sont nécessairement renouvelés après un exercice de trois années.

6°. Le syndic et les adjoints procèdent, en présence du maire, au classement des boulangers.

7°. Ils sont chargés de la surveillance de l'approvisionnement de réserve de chaque boulanger, de constater la nature et la qualité des farines, sans préjudice des autres mesures de surveillance qui doivent être prises par le maire.

8°. Aucun boulanger ne peut quitter sa profession que six mois après la déclaration qu'il doit en faire au maire.

9°. Nul boulanger ne peut restreindre le nombre de ses fournées sans l'autorisation du maire.

10°. Tout boulanger est tenu de peser le pain s'il en est requis par l'acheteur : il doit avoir à cet effet des balances et un assortiment de poids métriques dûment poinçonnés.

11°. Tout boulanger qui quitte sa profession sans l'autorisation du maire, ou qui est définitivement interdit, perd son approvisionnement de réserve qui est vendu à la halle, à la diligence du maire, et au profit des hospices. Dans le cas où le boulanger aurait détourné son approvisionnement de réserve, et où l'interdiction absolue aurait été prononcée par le maire, il garde prison jusqu'à ce qu'il l'ait représenté, ou qu'il en ait versé la valeur dans la caisse des hospices.

12°. Il est défendu, sous peine de confiscation, d'établir des régrats de pain en quelque lieu public que ce soit. En conséquence les traiteurs, aubergistes, cabaretiers, et tous autres qui font métier de donner à manger, ne peuvent, à peine de confiscation, tenir d'autre pain chez eux que celui nécessaire à leur propre consommation et à celle de leurs hôtes.

13°. Le fonds d'approvisionnement devient libre, sur une autorisation du maire, pour tout boulanger qui aura déclaré six mois d'avance vouloir quitter sa profession. Sa veuve et ses héritiers peuvent être autorisés à retirer l'approvisionnement.

14°. Les boulangers et débitans forains sont admis à

vendre ou faire vendre du pain sur les marchés et lieux publics qui sont désignés par le maire, en se conformant aux règlemens.

15°. Le préfet, sur la proposition du maire, et l'avis du sous-préfet et du commissaire-général de police, s'il y en a un, peut, avec l'autorisation du ministère de l'intérieur, faire les règlemens locaux nécessaires pour l'exercice de la profession de boulanger, sur la nature, la qualité, la marque et le poids du pain en usage dans la ville; sur les boulangers et débitans forains, les boulangers de la ville qui sont dans l'usage d'approvisionner les marchés, et sur la taxation du prix des différentes espèces de pain.

16°. En cas de contravention à la condition de l'approvisionnement auquel un boulanger s'est soumis, il est procédé contre lui par le maire, qui, suivant les circonstances, peut prononcer par voie administrative une interdiction momentanée ou absolue de sa profession, sauf le recours au préfet et au ministre de l'intérieur. Les autres contraventions au règlement d'administration publique, et aux règlemens locaux faits par le préfet, sont poursuivies et réprimées par le tribunal de police municipale, qui peut prononcer l'impression et l'affiche du jugement aux frais du contrevenant.

Modèle de procès-verbal constatant que le pain n'a pas le poids prescrit par le règlement.

Cejourd'hui   , nous   , maire *ou* adjoint de   , voulant nous convaincre si les boulangers de la commune vendaient le pain à juste poids, nous nous sommes transporté chez le sieur   , boulanger, demeurant à *tel* endroit. Entré en sa boutique, et voyant en étalage *tant* de pains , les avons fait peser devant nous. En ayant trouvé *tant* énoncés de *tel* poids, auxquels il manquait *tant* d'onces, nous avons déclaré audit boulanger que nous les saisissions , et que nous allions dresser procès-verbal de sa contravention. Entré dans son arrière-boutique, et y ayant vu *tant* d'autres pains énoncés de *tel* poids, nous les avons également tous fait peser; en ayant trouvé *tant* auxquels il manquait aussi *tant* d'onces, nous les avons également saisis, en lui réitérant la déclaration que nous allions dresser procès-verbal de sa contravention. Nous lui avons demandé à visiter ses poids et mesures ; nous les avons tous trouvés de bon aloi, *ou* tels que la loi les prescrit : nous avons reconnu que le défaut de poids provenait de la soustraction d'une partie de la pâte. — Ce fait, n'ayant plus trouvé de pain à faire peser, nous avons dressé le présent, les heure, jour, mois et an susdits.

(La signature.)

Si, chez d'autres boulangers, il y avait la même contravention à constater, le procès-verbal qui en serait dressé pourrait être mis à la suite du précédent. Les mêmes termes, ou d'autres équivalens, pourraient être employés; seulement, sans répéter le commencement, il serait dit:

Ledit jour, à *telle* heure, *continuant notre tournée*, étant entré chez le sieur   , boulanger, nous nous sommes fait représenter les pains qu'il destinait à être vendus; de suite nous avons fait procéder à leur pesée. En ayant trouvé tant   , etc. (*Comme au procès-verbal précédent.*)

BOURSES *des colléges.* Un des premiers bienfaits de la restauration a été de maintenir les jeunes élèves des lycées et des colléges dans la jouissance des bourses qu'ils avaient obtenues, soit du gouvernement, soit des communes, en vertu des décrets du 10 mai 1808, et du 2 mai 1811. (*Arrété du 9 avril 1814. Bull. 2.*)

Nota. Le décret du 10 mai 1808 a mis à la charge des 290 communes environ, qui avaient plus de 20,000 francs de revenus, une somme de 992,250 francs, pour la création, dans les lycées, de 2,150 bourses à la disposition de ces communes, en faveur des jeunes gens de leurs arrondissemens respectifs.

Le contingent de chaque ville devait être payé par douzième dans la caisse du lycée qui lui était affecté, sur l'ordonnance des préfets.

Le décret du 2 mai 1811 répartit les élèves des lycées en élèves royaux et en élèves communaux. En voici le texte :

TITRE Iᵉʳ. *De la répartition des élèves des lycées en élèves royaux et élèves communaux.*

Art. 1ᵉʳ. Avant le premier juillet 1811, notre grand-maître de l'université royale fera établir une revue exacte de tous les élèves tant royaux que communaux de nos lycées.

Les états de revue seront divisés en trois chapitres : le premier pour les bourses entières; le second pour les trois-quarts de bourses; le troisième pour les demi-bourses.

2. Une colonne des états indiquera la ville ou commune du domicile de chaque élève.

TITRE II.—*Des villes qui ont dans les lycées un nombre d'élèves supérieur au nombre des bourses qu'elles y paient.*

3. Lorsque le nombre des élèves actuellement royaux ou communaux qui se trouvera dans un lycée, d'après les états de revue dont il a été parlé ci-dessus, excédera pour une ville le nombre des bourses, trois-quarts de bourses ou demi-bourses qu'elle y paie, notre grand-maître désignera parmi ces élèves et pour chaque classe de bourses, ceux destinés à remplir celles appartenant à la ville.

4. Le surplus des élèves de ladite ville sera compris, par classe de bourse, et pour tout le reste de ses études, parmi les élèves du gouvernement.

TITRE III. — *Des villes qui n'ont pas le nombre complet d'élèves pour les bourses qu'elles paient.*

5. Lorsqu'il résultera des états de revue qu'il n'y a pas d'une ville un nombre d'élèves égal au nombre des bourses entières, des trois-quarts de bourses ou des demi-bourses que cette ville y paie, le grand-maître nommera des sujets pour les bourses, trois-quarts de bourses ou demi-bourses vacantes.

6. A cet effet, le grand-maître se fera représenter le résultat des concours qui ont eu lieu dans les colléges, institutions ou pensionnats existans dans lesdites villes, et désignera des sujets pour les places vacantes, en préférant ceux qui sont originaires de la ville qui paie des bourses.

7. S'il n'y a dans lesdites villes aucun des établissemens ci-dessus désignés, ou s'il y a des établissemens, mais sans qu'ils aient fourni au concours un nombre suffisant de sujets dignes d'être nommés, le grand-maître nommera parmi les élèves des établissemens des autres villes de l'arrondissement et subsidiairement enfin des villes du département, qui seront le mieux notés, au concours, en préférant les sujets nés dans l'arrondissement dont la ville qui paie les bourses est le chef-lieu, à ceux du reste du département, et ensuite ceux du département à ceux du reste de la France.

TITRE IV.—*Des villes qui paient des bourses dans les lycées et qui n'y ont en ce moment aucun élève.*

8. S'il y a des villes payant des bourses, trois-quarts de bourses, demi-bourses dans nos lycées, qui, d'après les états de revue, n'y aient en ce moment aucun élève, ces bourses, trois-quarts de bourses et demi-bourses seront remplies les premières et sans délai.

9. Notre grand-maître suivra, pour cette nomination, les règles établies aux articles 6 et 7.

TITRE V.—*Du remplacement des élèves jouissant de bourses payées par les communes.*

10. Seront définitivement communales les bourses entières, trois-quarts de bourses et demi-bourses auxquelles il aura été pourvu en exécution des articles ci-dessus. Les élèves qui en jouiront, auront un numéro d'ordre distinct, et ce ne sera qu'au fur et à mesure des vacances desdites bourses qu'il sera pourvu au remplacement en faveur des communes.

11. Le remplacement des élèves jouissant de bourses entières, trois-quarts de bourses et demi-bourses payées par les villes, n'aura lieu qu'une fois par an, et au commencement de l'année scolaire.

12. Le grand-maître procédera à ce remplacement en suivant les règles portées aux articles 6 et 7 : toutefois, il fera passer les élèves déjà existans au lycée au compte d'une ville, de demi-pension à trois-quarts de pension, et de trois-quarts de pension à pension entière, selon leur mérite ; de manière que l'élève entrant soit à demi-pension, à moins qu'il ne se trouve des sujets qui se soient distingués au concours, et dont les parens ne puissent fournir au paiement de la moitié ou des trois-quarts de la pension.

TITRE VI.—*Dispositions générales.*

13. Le grand-maître fera connaître à notre ministre de l'intérieur les états de revue prescrits au titre 1er du présent, ainsi que la classification des élèves communaux ou royaux.

Le grand-maître fera connaître de même à notre ministre de l'intérieur, avant le 1er septembre prochain, les nominations qu'il aura faites pour compléter le nombre des élèves communaux.

14. Notre ministre de l'intérieur soumettra à notre appro-

bation, le 1er octobre prochain, le tableau nominatif des élèves communaux : chaque nom aura son numéro d'ordre, qui sera commun à tous les élèves qui pourront se succéder dans la jouissance de la même bourse communale.

15. Le grand-maître fera les désignations ou nominations dont il est parlé au titre précédent, par un acte séparé pour chaque élève, contre-signé par le secrétaire de l'université.

16. Lors des remplacemens, il fera connaître ces nominations à notre ministre de l'intérieur, dans la huitaine du jour où il les aura faites.

17. L'avis sera, en outre, envoyé par le grand-maître au préfet du département, et par le préfet au maire de la commune à qui la bourse appartiendra.

18. Le maire fera transcrire la nomination aux registres des délibérations du conseil municipal.

19. Si une bourse vacante, appartenant à une ville, n'est pas remplie au commencement de l'année scolaire qui suivra la vacance, la ville retiendra une somme proportionnée au temps que durera cette vacance, après le commencement de ladite année scolaire.

I. L'ordonnance du roi du 12 mars 1817 (*Bull.* 148), sur les colléges royaux, autorise les villes à continuer l'acquittement des bourses dont elles ont été chargées, et maintient la distribution de ces bourses entre les divers colléges royaux. (*Art.* 7.)

L'article 8 ordonne qu'à l'expiration de l'année scolaire, les conseils municipaux auront la nomination de la moitié de leurs bourses qui viendront à vaquer, et qu'à cet effet, il sera présenté par les maires trois candidats pour chaque bourse vacante : l'autre moitié des bourses communales continuera à être donnée au concours.

Les sommes dues par les communes pour l'acquit des bourses communales, doivent être à la demande des proviseurs, et, dans les dix jours de l'invitation qui en est faite par les préfets, ordonnancées par les maires, et payées par les receveurs municipaux. (*Art.* 12.)

II. Une ordonnance du roi du 25 décembre 1819 (*Bull.* 340), contenant règlement sur la répartition des bourses, ou portions de bourses attribuées aux communes dans les colléges royaux, contient les dispositions suivantes :

« Les communes portent chaque année, dans leurs

budgets, les sommes affectées aux bourses qu'elles ont fondées. (*Art. 2.*)

Les proviseurs des colléges royaux donnent avis de la vacance des bourses aux maires des villes fondatrices, pour ouvrir le concours aux mois de mai et de septembre de chaque année : en cas de concours extraordinaire, les conseils municipaux des communes intéressées se concerteront avec les recteurs des académies. (*Art. 3, 4 et 5.*)

Chaque conseil municipal formera une liste triple au moins des candidats; cette liste sera signée par le maire, et remise à l'inspecteur chargé du concours, lequel aura lieu en présence du maire, ou de l'adjoint à ce commis. (*Art. 6 et 7.*)

Le procès-verbal du concours signé par le maire, sera transmis au recteur de l'académie, pour être adressé au conseil royal d'instruction publique, chargé de la nomination, dont le maire a connaissance par l'intermédiaire du préfet, et qu'il transcrit sur le registre des délibérations du conseil municipal, pour en donner de suite avis aux élèves nommés. (*Art. 8 et 9.*)

On ne peut nommer aux bourses communales vacantes que les élèves présentés par les conseils municipaux des villes fondatrices. (*Art. 11.*)

Les élèves doivent se rendre à leur destination, dans les trois mois de leur nomination, à moins d'empêchement légitime, constaté par le maire. (*Art. 12.*)

Texte de la circulaire ministérielle, du 19 juin 1820, relative à l'exécution de l'ordonnance ci-dessus.

Monsieur le préfet, les difficultés élevées par plusieurs conseils municipaux, relativement à l'exécution de l'article 103 de l'ordonnance du 25 décembre 1819, sur les bourses communales des colléges royaux, me fait craindre que dans d'autres conseils, cet article ne reçoive une fausse application.

Pour éviter toute discussion à ce sujet, entre la commission d'instruction publique et les communes, je crois utile de vous communiquer quelques observations; que vous mettrez sous les yeux des conseils municipaux de votre département.

D'après l'ordonnance du 25 décembre, les communes qui ont fondé les bourses, peuvent seules former les listes de candidats aux demi-bourses qui deviennent vacantes.

Dans des cas particuliers, et nécessairement très-rares, des sujets présentés par les villes peuvent, en considération de leur capacité et de la malheureuse position de leurs parens, être admis à des bourses de trois quarts entières, sans passer par la bourse inférieure.

Dans aucune circonstance et sous aucun prétexte, les conseils municipaux ne peuvent participer à ces promotions, qui, aux termes de l'ordonnance, doivent être la récompense de succès obtenus dans l'intérieur des collèges royaux.

Il est facile de se convaincre que cette interprétation est la seule qui satisfasse à la fois aux articles 10 et 11 de l'ordonnance.

En effet, les communes désignent seules les candidats qui concourent pour obtenir les bourses inférieures.

Les candidats, une fois admis, ont droit par leur bonne conduite, au complément de leurs bourses, qui ne sont d'abord que de demi, ou trois quarts de pension.

Cette récompense est un prix proposé à leur émulation; les juges de ce prix ne peuvent être que les maîtres auxquels ils sont confiés.

La commune qui a présenté les candidats, et qui, par sa présentation, leur a donné droit à une demi-bourse ou à trois quarts de bourse, leur a donné aussi le droit à une bourse entière, s'ils se conduisent de manière à l'obtenir.

Elle ne peut leur ôter ce droit, elle ne peut en être juge, comme elle ne l'est pas du mérite des candidats qu'elle a autorisés à concourir.

Lorsque l'article 2 de l'ordonnance a dit qu'il ne sera jamais nommé aux bourses communales vacantes que les élèves présentés par les conseils municipaux, il s'est référé à cette règle, que les fondateurs doivent avoir la présentation. On a voulu empêcher que des étrangers à la commune ne profitassent de ses bienfaits; mais il ne peut être question, dans cet article, que de la première vacance de chaque bourse, et non de son complément. On ne peut admettre que les conseils municipaux, qui ne connaissent pas les progrès et la conduite de leurs boursiers, puissent indiquer ceux à qui la pension entière doit être accordée.

Ces explications, puisées dans l'esprit et la lettre de l'ordonnance, ne me paraissent laisser aucune incertitude sur la marche que doivent suivre les conseils municipaux dans la présentation des candidats aux bourses communales des collèges royaux.

Le ministre secrétaire d'état de l'intérieur,
Signé SIMÉON.

III. L'ordonnance du roi concernant l'Instruction publique, du 27 février 1821 (*Bull.* 442), porte, article 19, que les bourses communales ne seront désormais accordées qu'à des élèves âgés de moins de 10 ans accomplis. Cet article paraissant exiger quelque développement, Son Exc. le ministre secrétaire-d'état, président du conseil royal de l'instruction publique, a soumis un rapport sur lequel Sa Majesté a décidé, le 13 juin 1821,

1°. Que l'âge auquel les enfans seront aptes à recevoir des bourses royales et communales, demeure fixé de 8 à 10 ans accomplis.

2°. Que ceux qui auront été placés comme pensionnaires, dans un collège, avant l'âge de 10 ans, pourront en obtenir à un âge plus avancé, dans ce collège, ou dans un autre, en se conformant au mode prescrit pour les translations.

3°. Qu'à l'égard des boursiers communaux, l'âge fixé par l'ordonnance sera seulement exigé à l'époque de la présentation des villes, pourvu que la nomination ait lieu dans les six mois.

IV. Une nouvelle ordonnance du roi, du 16 novembre 1821 (*Bull.* 491), confirme celle du 25 décembre 1819, avec les modifications suivantes :

Art. 1er. Les bourses royales et communales pourront être données désormais à des élèves qui ne sont pas âgés de plus de douze ans; mais à la charge, pour ceux qui auront atteint cet âge, de justifier qu'ils ont l'instruction nécessaire pour être admis à l'ouverture de l'année scolaire qui suivra dans la classe de sixième.

2. Ces bourses pourront aussi être confiées à des élèves plus âgés qui seraient pensionnaires depuis l'âge de 12 ans dans un collège de l'université, et qui auraient une instruction proportionnée à leur âge.

3. La nomination aux bourses communales sera faite par le conseil municipal de la ville qui paie lesdites bourses; cependant les élèves nommés ne seront admis que d'après un examen qui constatera qu'ils ont le degré d'instruction nécessaire pour entrer dans la classe qui correspond à leur âge. Notre conseil royal de l'instruction publique déterminera les formes et les conditions de cet examen.

4. Dans le cas où un sujet nommé ne serait pas jugé avoir le degré d'instruction convenable, le conseil municipal, sur

l'avis qui lui en aura été donné par le recteur de l'académie, devra nommer, dans le délai d'un mois, un autre sujet qui remplisse les conditions exigées.

Bourses *de commerce.* On désigne par cette dénomination les lieux où se rassemblent les négocians et les marchands munis de patentes, pour leurs opérations de banque ou de commerce.

I. La police de ces lieux n'est soumise qu'à la surveillance de la police administrative, chargée de prendre toutes les mesures pour rendre facile et accessible l'entrée de la bourse, et dissiper tout attroupement. (*Art.* 2 *et* 3 *de la loi du* 28 *vendémiaire an* IV — 20 *octobre* 1795. *Bull.* 198.)

L'article 20 charge la même police administrative de prendre tous les moyens qui sont à sa disposition pour rechercher et découvrir les transactions secrètes prohibées par la loi.

II. Une loi du 28 ventôse an IX — 19 mars 1801 (*Bull.* 76), règle le mode d'établissement des bourses de commerce, et d'agens de change et de courtiers, dans tous les lieux où il n'en existe pas, et où le gouvernement le jugera convenable.

Des édifices et emplacemens particuliers sont affectés à ces bourses. Les dépenses relatives à l'entretien et à la réparation de ces bourses sont faites au moyen d'une contribution personnelle sur les négocians. Sous ces deux rapports, l'action et la surveillance de l'autorité administrative et municipale concourent à l'exécution des mesures prescrites par la loi.

III. Un arrêté du 29 germinal an IX — 19 avril 1801 (*Bull.* 79), désigne les villes où doivent être établies des bourses de commerce, et règle l'organisation et la police de ces bourses.

L'article 14 porte que la police de la bourse de Paris appartient au préfet de police; celle de Marseille, Lyon et Bordeaux aux commissaire-généraux de police; et dans les autres villes aux maires, qui désigneront un des commissaires de police, ou un des adjoints, pour être présent à la bourse, et en exercer la police pendant sa tenue.

L'article 7 autorise le préfet de police à Paris, les

commissaires-généraux de police à Marseille, Lyon et Bordeaux, et les maires dans les autres places de commerce, à proposer la suspension des agens de change qui ne se conformeront pas aux lois et règlemens, ou qui prévariqueront dans leurs fonctions.

Le préfet de police s'adresse, à cet effet, au ministre de l'intérieur, les commissaires-généraux de police aux préfets, et les maires aux sous-préfets qui en rendent compte au préfet.

En vertu de l'article 19, le préfet de police de Paris avec l'approbation du ministre de l'intérieur, les commissaires-généraux de police et les maires avec celle du préfet de département, peuvent faire les règlemens locaux qu'ils jugeront nécessaires pour la police intérieure de la bourse.

IV. Un arrêté du 27 prairial an x—16 juin 1802 (*Bull.* 197), règle en ces termes l'ouverture de la tenue des bourses de commerce.

A Paris, quatre banquiers, quatre négocians, quatre agens de change, quatre courtiers de commerce désignés par le tribunal de commerce, concourent, avec le préfet de police, à régler les jours et heures d'ouverture, de tenue et de fermeture de la bourse.

Dans les autres villes, le tribunal de commerce fait cette fixation concurremment avec le commissaire-général de police, s'il y en a un, ou avec le maire. (*Art.* 2.)

Le préfet de police de Paris, les commissaires-généraux de police et les maires sont chargés de prendre les mesures nécessaires pour s'opposer à la tenue des assemblées ailleurs qu'à la bourse, et à d'autres heures qu'à celles fixées par le règlement de police, et pour réprimer toutes négociations illicites, dénoncer et poursuivre les contrevenans. (*Art.* 3 *et suivans.*)

Nota. Un avis du conseil-d'état, du 17 mai 1809 (*Bull.* 236), attribue spécialement aux procureurs du roi et aux procureurs-généraux la poursuite des individus non commissionnés qui exercent les fonctions d'agens de change et de courtiers sur les places de commerce.

V. Un arrêté du 12 brumaire an xi — 3 novembre 1802 (*Bull.* 228), concernant la perception des contributions destinées à l'entretien des bâtimens affectés aux

1.

bourses de commerce, porte; 1° que ces contributions seront reçues par les percepteurs des communes de la même manière et aux mêmes termes que le droit total des patentes, sur des rôles rendus exécutoires par le préfet, qui désigne le négociant, le banquier, ou l'agent de change entre les mains duquel sera versé le montant de la contribution; 2° que l'emploi se fait sur des mandats du préfet; 3° que le compte des fonds est examiné à la fin de chaque année par le tribunal de commerce et arrêté par le préfet.

Nota. Les préfets sont chargés de l'exécution des lois qui règlent la perception des contributions spéciales destinées, soit aux frais des bourses de commerce, soit à ceux des chambres de commerce assimilés aux frais desdites bourses, ainsi que les revenus qui seraient attribués auxdites chambres de commerce; lesquelles lois sont maintenues et confirmées par l'article 10 de la loi des finances du 17 juillet 1819 (*Bull.* 295); et par les lois de finances des années 1820, 1821, 1822 et 1823. Voyez *Budget de l'état.*

Le receveur-général de chaque département transmet au préfet un état certifié des agens de change et courtiers qui ont soldé leur cautionnement. Sur le vu de cet état, le préfet raye de la liste des agens de change et courtiers, ceux qui n'y sont pas portés; fait procéder de suite dans les formes prescrites par l'arrêté du 29 germinal an ix—19 avril 1801, à la présentation des candidats, pour les remplacer, et adresse la liste de présentation au ministre de l'intérieur. (*Ord. du 1er mars 1820. Bull.* 349.)

BOUTEILLES *et verres cassés* (les) jetés sur la voie publique, constituent la contravention désignée au n° 4 de l'art. 471 du Code pénal, et entraînent pour le contrevenant, l'amende d'un franc à 5 francs.

BOUTIQUES. Les maires, adjoints et commissaires de police sont autorisés à y entrer, à leur volonté, pour prendre connaissance des désordres ou contraventions aux règlemens, soit pour vérifier les poids et mesures, le titre des matières d'or et d'argent, et la salubrité des comestibles et médicamens. (*Art. 9 du titre 1er de la loi du 19—22 juillet 1791.*) Voy. *Abat-jour, Auvent et Visites.*

Voyez aussi *Dimanches*, pour obligation de fermer les boutiques, les fêtes et dimanches.

BRACONNIERS (les) doivent être l'objet de la surveillance active des maires et des adjoints. Voy. *Chasse et Délits forestiers et ruraux*.

BRASSEURS, ou fabricans de bière. Voy. *Boissons*.

BREBIS. Voy. *Troupeaux*.

BREVETS *d'inventions*. On appelle ainsi des patentes délivrées par le gouvernement, sur le rapport du ministre de l'intérieur, à toutes les personnes qui veulent exécuter ou faire exécuter des objets d'industrie jusqu'alors inconnus en France, pour leur en garantir la propriété, et la pleine et entière jouissance, suivant le mode et pour le temps déterminés.

Deux lois principales ont réglé et déterminé le mode de demande et les conditions d'obtention de ces brevets, celle du 31 décembre 1790—7 janvier 1791, et celle du 14—26 mai 1791.

Extrait de la loi du 31 décembre 1790—7 janvier 1791.

Art. IV. Celui qui veut conserver ou s'assurer une propriété industrielle est tenu,

1°. De s'adresser au secrétariat de l'administration de son département (*de la préfecture*), et d'y déclarer, par écrit, si l'objet qu'il présente est d'invention, de perfection, ou seulement d'importation ;

2°. De déposer sous cachet une description exacte des principes, moyens et procédés qui constituent la découverte, ainsi que les plans, coupes, dessins et modèles qui peuvent y être relatifs, pour ledit paquet être ouvert au moment où l'inventeur reçoit son titre de propriété.

V. Lorsque l'inventeur aime mieux traiter directement avec le gouvernement, il lui est libre de s'adresser, soit *au gouvernement*, soit à l'administration de son département (*au préfet*) pour confier sa découverte, en démontrer les avantages, et solliciter une récompense.

X. Les brevets d'invention sont enregistrés dans les secrétariats de toutes les administrations centrales (*des préfectures*), et il suffit, pour les obtenir, de s'adresser à ces administrations, qui se chargent de les procurer à l'inventeur.

XI. Il est libre à tous citoyens d'aller consulter au secrétariat de son département, le catalogue des inventions nouvelles.

Extrait de la loi du 14—25 mai 1791.

Art. Ier. Le directoire des brevets d'invention (1) (*aujourd'hui le ministre de l'intérieur*), expédie lesdits brevets sur les demandes qui lui parviennent des secrétariats des départemens. Ces demandes contiennent le nom du demandeur, sa proposition et sa pétition au pouvoir exécutif. Il y est joint un paquet renfermant la description exacte de tous les moyens qu'on se propose d'employer, et à ce paquet sont ajoutés les dessins, modèles et autres pièces nécessaires pour l'explication de la demande; le tout avec la signature et sous le cachet du demandeur. Au dos de l'enveloppe de ce paquet, est inscrit un procès-verbal signé par le secrétaire en chef du département et le demandeur, auquel il est délivré un double dudit procès-verbal, afin de constater l'objet de la demande, la remise des pièces, la date du dépôt, l'acquit de la taxe, ou la soumission de la payer dans le délai fixé.

II. Le demandeur a le droit, avant de signer le procès-verbal, de se faire donner communication du catalogue de tous les objets pour lesquels il doit, ou non, persister dans sa demande.

III. Il est libre de ne payer que la moitié de la taxe en présentant sa pétition, et déposer sa soumission d'acquitter le reste de la somme dans le délai de six mois.

IV. Si cette soumission n'est pas remplie au terme prescrit, le brevet délivré est de nul effet; l'exercice de son droit devient libre, et il en est donné avis à toutes les administrations centrales (*aux préfets*) par le directoire (*par le ministre de l'intérieur.*)

---

(1) Ce titre a été remplacé par celui de *Conservatoire des arts et métiers*, composé de trois démonstrateurs et d'un dessinateur, ayant un traitement de 4,500 francs chacun. (*Décret du 9 vendémiaire an III.*)

Et les paquets sont adressés au ministre de l'intérieur, sous la direction duquel le conservatoire a été mis.

V. Les administrations centrales (*les préfets*), non plus que le conservatoire des arts et métiers, ne reçoivent aucune demande qui contienne plus d'un objet principal avec les objets de détail qui peuvent y être relatifs.

VI. Les administrations centrales (*les préfets*) sont te- nues d'adresser au conservatoire (*au ministre*) les pâ- quets des demandeurs, revêtus des formes ci-dessus prescrites, dans les 10 jours même où la demande a été présentée.

VII. Le brevet expédié est envoyé à l'administration du département (*au préfet*), sous le cachet du ministre de l'intérieur.

Il est annoncé à toutes les autres administrations cen- trales (*aux préfets*) par un arrêté du pouvoir exécutif, et elles l'affichent dans leur secrétariat après l'avoir fait enre- gistrer à sa date.

VIII. Tout propriétaire de brevet qui veut faire des changemens à l'objet de sa première demande, en fait sa déclaration dans les mêmes formes, et les administrations centrales (*les préfets*) observent à cet égard les mêmes formalités que pour la demande principale.

Nota. La disposition de l'article 14, qui défend d'ex- ploiter les brevets d'invention par *actions*, est abrogée par le décret du 25 novembre 1806. (*Bull.* 126.)

Mais ceux qui voudront exploiter leur titre de cette manière, seront tenus de s'y faire autoriser par le gou- vernement.

XV. Lorsque le propriétaire d'un brevet a cédé son droit, en tout ou en partie, les deux parties contractantes sont tenues de faire enregistrer ce transport au secrétariat de leurs départemens respectifs, lesquels en informent aussitôt le ministre de l'intérieur.

Modèle d'un verbal de dépôt.

Aujourd'hui   jour du mois de   au   du royaume de France, à   heures du   le S. N*** a déposé entre nos mains le présent paquet scellé de son cachet, qu'il nous a dit renfermer toutes les pièces descriptives (*ici l'énoncé fi- dèle de l'objet*), pour lequel objet il se propose d'obtenir un brevet d'invention de   années, ainsi qu'il est porté dans la pétition aussi contenue dans ledit paquet. Nous a déclaré

ledit S. , qu'il est l'inventeur (ou perfectionneur ou importa-
teur) dudit objet. Il nous a remis le montant (de la moitié et
sa soumission pour payer dans six mois l'autre moitié) du
droit de brevet d'invention fixé dans le règlement, en nous
priant de faire parvenir, dans le plus court délai, ce paquet
au gouvernement par la voie du ministre de l'intérieur, ce
que nous avons promis. Desquels dépôt et réquisition, ledit
S. N*** nous a demandé acte, que nous lui avons accordé,
et après l'apposition du sceau de l'administration dudit département, l'avons invité de signer avec nous, et à signé.
Fait au secrétariat-général de la préfecture du département
de   le...

Modèle d'enregistrement d'un transport de brevet d'invention.

Aujourd'hui   jour du mois de   année du royaume
de France, le citoyen N*** s'est présenté au secrétariat de
ladite administration centrale (*de la préfecture*) du département de   pour requérir l'enregistrement de la cession
qu'il a (ou qui lui a été) faite au citoyen N. N*** (ou par le
citoyen NN.), par acte du   devant   notaire à   de
la totalité (ou partie) du brevet d'invention accordé le   pour
l'espace de   ans, à raison (*énoncer ici l'objet du brevet*),
lequel enregistrement nous lui avons accordé, et il nous a été
payé la somme de   pour les droits fixés dans le tarif; et a ledit citoyen N*** signé avec nous.
Fait à   le....

Tarif des droits à payer entre les mains du secrétaire en chef.

Pour le directoire d'invention.

Pour un brevet de 5 ans. . . . . 300 fr.
Pour   10 ans. 800
Pour   15 ans. 1,500
Droit d'expédition des brevets. 50
Certificat de perfectionnement, changement et ad-
dition 24
Droit de prolongation d'un brevet 600
Enregistrement du titre de prolongation 12
Enregistrement d'une cession de brevet en totalité
ou en partie. 18
Pour la recherche et la communication d'une des-
cription 12

Pour le secrétaire du département.

Pour le procès-verbal de remise d'une description
ou de quelque perfectionnement, changement et addition des pièces relatives, tous frais compris,......... 12

Pour l'enregistrement d'une cession de brevet ou
partie, tous frais compris. 12

Pour la communication du catalogue des inventions et droits de recherche. 3

Extrait de l'arrêté du 5 vendémiaire an IX—27 septembre
1800. (Bull. 46.)

Art. 1er. A compter de ce jour, le certificat de demande
d'un brevet d'invention sera délivré par le ministre de l'intérieur; et les brevets seront ensuite délivrés, tous les trois
mois, par le premier consul, et promulgués dans le Bulletin
des lois.

2. Pour prévenir l'abus que les brevetés peuvent faire de
leurs titres, il sera inséré, par annotation, au bas de chaque
expédition, la déclaration suivante :

Le gouvernement, en accordant un brevet d'invention,
sans examen préalable, n'entend garantir en aucune ma-
nière, ni la priorité, ni le mérite, ni le succès d'une invention.

Extrait du décret du 25 janvier 1807. (Bull 136.)

Art. 1er. *Les années de jouissance* d'un brevet d'invention,
de perfectionnement ou d'importation, commencent à courir
de la date du certificat de demande, délivré par notre ministre
de l'intérieur : ce certificat établit en faveur du demandeur une
jouissance provisoire, qui devient définitive par l'expédition
du décret qui doit suivre ce certificat.

2. *La priorité d'invention*, dans le cas de contestation entre deux brevets pour le même objet, est acquise à celui qui
le premier a fait, au secrétariat de la préfecture du département de son domicile, le dépôt de pièces exigé par l'article
4 de la loi du 7 janvier 1791.

Observations sur l'objet et la nature des brevets d'inven-
tion, faites par M. Costaz, chef du bureau des arts.

Ce titre de propriété momentanée, a été déterminé par
la loi du 7 janvier 1791; il a deux objets : le premier, de

remplir, à l'égard des inventeurs, l'obligation contractée par la société, d'assurer à chacun la jouissance de sa propriété; le deuxième, d'empêcher le découragement et l'émigration des artistes qui pourraient chercher ailleurs une protection qu'ils ne trouveraient pas dans leur patrie, et la priver ainsi du fruit de leurs découvertes. On pourrait ajouter un troisième motif, celui d'assurer au public, à l'exception du brevet, la jouissance de plusieurs découvertes industrielles qu'il ne connaîtrait qu'imparfaitement sans ce moyen, et dont les auteurs, intéressés à faire mystère de leurs opérations, mourraient souvent avec leur secret.

Les obligations de la société envers tous ses membres étant exactement les mêmes, il semble que pour remplir le premier objet, chaque citoyen devrait jouir d'une égale facilité d'obtenir le brevet d'invention, et c'est à quoi la taxe imposée pour l'expédition du brevet paraît mettre obstacle.

Cette taxe, dont l'objet principal est de faire face aux frais d'expédition, s'élève à 300 francs pour un brevet de 5 ans, à 800 francs pour un de 10, et à 1,500 francs pour un brevet de 15 ans, le plus long qui puisse être accordé. Sans doute il est plus d'un artiste pour qui la moindre de ces sommes serait encore considérable; mais la loi y a pourvu en n'exigeant sur-le-champ que la moitié de la taxe, et en admettant, pour le surplus, une soumission de payer dans six mois.

On a quelquefois proposé la suppression de cette taxe; mais outre qu'il paraît juste de faire payer aux brevetés, au moins les frais d'expédition, qui autrement pèseraient sur la société, cette mesure aurait le grand inconvénient de faire éclore une foule de demandes sans utilité et sans mérite; ce qui est arrivé pendant l'avilissement du papier-monnaie, où la taxe des brevets acquittée en valeur nominale était devenue presque nulle.

Mais s'il convient d'écarter dans les auteurs la tentation de faire breveter des inventions futiles et ridicules, il faut, par toutes les voies possibles, appeler au bénéfice de la loi les auteurs des découvertes utiles. C'est le moyen de contribuer au progrès des arts par la publicité des succès et par l'aiguillon de l'exemple. Sous ce rapport, il seroit à désirer que la loi des brevets fût de temps à autre rappelée à l'attention publique, surtout dans les départemens où jusqu'à ce jour elle est restée à peu près inconnue.

Après avoir assuré la propriété de l'inventeur, la loi a dû s'occuper de ce qu'exige l'intérêt des arts. C'est ce qu'elle a fait en obligeant, sous peine de déchéance, l'obtenteur à communiquer tous ses moyens d'exécution, afin qu'à l'expiration du brevet la société puisse en jouir sans réserve comme sans entrave. Il importe de maintenir ces dispositions, non-seulement pour l'intérêt des arts, mais pour celui même du propriétaire, à qui la loi ne peut garantir que le dépôt qu'il lui a confié, et pour éviter entre les artistes des contestations interminables.

La loi du 25 mai 1791, a déterminé la forme dans laquelle les brevets d'invention doivent être expédiés. Une première disposition de cette loi, et celle peut-être dont le maintien importe le plus à la sûreté des inventeurs, et par suite au développement de l'industrie, est la disposition qui veut que les brevets d'invention soient délivrés *sur simple requête et sans examen préalable.*

Les motifs de cette disposition, exposés dans les rapports du comité d'agriculture et de commerce de l'assemblée constituante, qui provoquèrent et préparèrent la législation des brevets, sont de deux sortes : les uns tendent à épargner aux inventeurs la nécessité d'une communication dont ils peuvent craindre l'abus, du moins l'inutilité; les autres, à sauver au gouvernement l'embarras d'un examen toujours difficile, et la responsabilité d'un jugement toujours suspect.

En effet, dans le cas d'un examen préalable à la délivrance des brevets, quels seraient les commissaires chargés de cet examen? Ou le jury serait composé d'artistes courant la même carrière que l'inventeur, et alors comment assurer que la rivalité, la prévention, l'intérêt particulier, n'auront, même à l'insu des juges, aucune influence dans leur décision? Comment du moins le persuader à l'auteur qui éprouvera un refus, et au public qu'il rendra confident de ses plaintes? Ou l'examen serait confié à des savans dont la théorie, quelque éclairée qu'elle fût, pourrait se trouver en défaut, lorsqu'il s'agirait d'apprécier les résultats de l'expérience, ou les inspirations fortuites du génie, et qui sont en général prévenus d'une disposition peu favorable aux nouveautés. Dans les deux cas, le gouvernement s'exposerait à voir écarter comme absurde, impraticable, telle idée neuve dont l'exécution féconde en résultats eût accéléré les progrès de notre industrie et affranchi notre commerce de la servitude étrangère. Comment d'ailleurs déterminer l'inventeur à courir les risques d'un examen, où, par la communication de ses procédés, il hasarde, sans aucun gage de réussite, ce qu'il a de plus précieux? Et quel serait, dans les cas les plus favorables, le but de cette mesure? d'écarter quelques projets absurdes, quelques inventions futiles; mais le public, si on les eût laissés paraître, en eût bientôt fait justice; et si l'invention eût dû être sans utilité, l'inventeur en eût été pour les frais de son brevet. Croit-on que ce motif ne soit pas suffisant pour balancer dans l'esprit des artistes, ordinairement peu fortunés, la prévention qu'on peut leur supposer en faveur de leurs découvertes?

Qu'est-ce enfin que le brevet d'invention? L'acte donné à un citoyen de la déclaration qu'il fait d'avoir inventé telle machine ou tels procédés. S'il est réellement inventeur, comment lui refuser la faculté de mettre sa propriété industrielle sous la sauvegarde de la loi, même sans examiner de quelle utilité elle peut être? Toutes les propriétés ne sont-elles pas également respectables, et le gouvernement doit-il s'immiscer dans l'usage que chacun fait de la sienne, toutes les fois que cet usage n'a rien de contraire à l'ordre public? C'est au propriétaire à consulter ses intérêts à cet égard, et l'expérience prouve que la direction qu'il en reçoit, est rarement fausse. La plupart des brevets auront donc pour objet une invention utile sous quelque rapport; et la société qui, à leur expiration, doit profiter de la découverte, fait avec l'inventeur un marché avantageux. Si, au contraire, la découverte est illusoire, quel risque peut courir la société qui ne fait aucun sacrifice pour son acquisition? Reste le cas où l'inventeur ferait de son brevet un usage dangereux ou contraire à la sûreté publique. La loi, dans ce cas, a pourvu aux moyens de le priver d'un droit dont il abuse, même de le faire punir suivant l'exigence des cas. Elle a pareil-

lement pourvu au moyen de le dépouiller d'un droit qu'il
aurait usurpé sur une chose déjà publique.

En Angleterre, les brevets s'accordent sans nulle distinction ni examen préalables; il n'y a pas de choses absurdes pour lesquelles on n'en obtienne. On en a même
délivré pour le mouvement perpétuel. Tel homme perd
son temps à poursuivre une chimère évidente, qui rencontre sur ses pas des inventions utiles qui manquaient à
la société. La recherche insensée du mouvement perpétuel a pu servir à la physique, comme autrefois l'astro-
logie et le grand œuvre ont stimulé l'étude de l'astronomie et de la chimie. Les vérités ne se trouvent pas tout à
coup; c'est se rapprocher d'elles que de signaler toutes
les routes qui conduisent aux erreurs. Mettre un frein à
la liberté des recherches, c'est en imposer un à la liberté
de penser, et quand celle-ci n'existe pas, il n'y a plus
parmi les hommes qu'ignorance et servitude.

Il existe plusieurs manières de prononcer la déchéance
des brevets d'invention.

D'abord par le ministre même de l'intérieur, 1° lorsqu'il y a défaut de paiement de la taxe dans les délais
prescrits; 2° lorsque l'inventeur n'a pas décrit ses véritables moyens d'exécution, ou qu'il en emploie de nouveaux qu'il n'a pas fait ajouter à sa description; 3° lorsqu'il n'a point mis sa découverte en activité aux époques
fixées par la loi, ou qu'il n'a point justifié des causes de
son retard.

La déchéance est aussi prononcée par les tribunaux,
lorsqu'il s'élève des contestations entre un propriétaire
de brevet qui veut faire valoir son privilège, et des particuliers qui, exerçant la même industrie, prétendent
prouver qu'elle était connue antérieurement à son titre,
soit par l'usage, soit par sa description dans des ouvrages
imprimés et publiés. Alors ce sont les parties intéressées
qui font juger la déchéance.

Rien n'est plus sage que cette dernière disposition, et
la distinction essentielle des pouvoir administratif et judiciaire en exige le maintien. Tout ce qui intéresse le droit
de propriété, sa nature, son exercice, est essentiellement
du ressort des tribunaux, et on ne peut considérer autrement que comme des questions de propriété, toutes celles

relatives à l'exercice des brevets d'invention. Peut-être même conviendrait-il de faire prononcer, par les tribunaux, la déchéance du breveté dans les cas prévus par l'article 16 de la loi du 7 janvier 1791. En effet, cette déchéance est une peine, et toute peine exige, pour son application, la reconnaissance préalable du fait qui la motive; connaissance qui ne peut être légalement acquise que par les tribunaux. Indépendamment de cette considération, un autre motif interdirait encore au gouvernement la faculté de prononcer dans une cause où il peut être envisagé comme partie, puisque au nom de la société, il a stipulé pour elle dans le contrat fait avec le brevetaire. La force de ces raisons est la même, soit qu'il s'agisse, en cas d'abus ou de négligence, de priver l'inventeur d'un droit qui lui appartient réellement, soit qu'il y ait lieu de le dépouiller d'un droit usurpé, puisque dans le premier cas, il faut prouver la négligence ou l'abus; dans le second cas, l'usurpation.

Il résulte de ces observations,

1°. Que le gouvernement accorde des brevets d'invention, à tous ceux qui en demandent, *sans aucun examen préalable*, et conséquemment, sans aucune intention de certifier la bonté des procédés, ou la réalité, ou la primauté de la découverte;

2°. Que ces brevets peuvent être annulés par le ministre de l'intérieur, dans le cas où il y a défaut de paiement de la taxe dans les délais prescrits, ou dans celui où la découverte n'a pas été mise en activité aux époques fixées par la loi;

Et par les tribunaux, lorsqu'on conteste au breveté la découverte, soit par l'usage, soit par la description antérieure dans des ouvrages imprimés et publiés;

3°. Enfin, que le brevet ne prouvant ni le mérite, ni la priorité, ni la propriété de l'invention, ne peut servir de base aux spéculations des capitalistes.

Texte de deux circulaires ministérielles sur la collection de l'ouvrage publié par le gouvernement sur les brevets d'invention.

Ire—*Du 26 août 1820.*

Monsieur le préfet, il y a deux ans, à cette même époque,

le ministère de l'intérieur crut devoir faire à chacun des départemens l'envoi d'un exemplaire du deuxième volume qui
venait de paraître, de l'ouvrage publié en exécution de l'article 15 de la loi du 17 janvier 1791, sous le titre de *Description des machines et procédés spécifiés dans les brevets d'invention, de perfectionnement ou d'importation dont la durée
est expirée*. Le premier volume de ce recueil avait été imprimé et distribué en 1811 : d'après les réclamations de quelques-
uns de messieurs les préfets, qui ne retrouveront pas ce volume dans les archives de leurs départemens, on eut soin de le
leur adresser de nouveau, en sorte qu'aujourd'hui toutes ces
préfectures du royaume doivent posséder également les deux
premières parties de l'ouvrage.

Afin de compléter, partout où elle existe, une collection si
intéressante pour le progrès des arts et de l'industrie, je m'empresse, monsieur, de vous en adresser ci-joint le troisième volume, publié récemment par les soins du ministère. Je ne puis
que vous réitérer, au surplus, les observations qui vous ont
été faites lors du dernier envoi, relativement à la nécessité de
propager, autant qu'il est possible, la connaissance de procédés devenus désormais une propriété publique. Je me réfère,
à cet égard, aux détails que contenait la circulaire ministérielle du 23 août 1818, et je vous invite, monsieur, en m'accusant réception de cette lettre, ainsi que du volume qui l'ac-
compagne, à m'informer, au moins succinctement, des mesures que vous vous proposez d'adopter pour faire connaître
à vos administrés tout ce qui peut les intéresser dans ce recueil.

Le ministre secrétaire-d'état de l'intérieur,

Signé SIMÉON.

II° — Du 28 mai 1822.

Monsieur le préfet, j'ai eu l'honneur de vous adresser, avec
ma circulaire du 26 août de l'année dernière, un exemplaire
du troisième volume de la *Description des machines et procédés spécifiés dans les brevets d'invention, en perfectionnement ou d'importation dont la durée est expirée*. Le mérite
incontestable de cet ouvrage, dont l'importance augmente à
mesure de la publication successive de ses diverses parties,
m'avait fait espérer que messieurs les préfets mettraient tous
une égale ponctualité à m'accuser réception d'un tel envoi.
J'ai remarqué avec peine qu'un assez grand nombre d'entre
eux avait négligé de remplir ce devoir. Cependant, d'après
le soin apporté à l'expédition des dépêches, je ne puis douter

que l'exemplaire dudit volume destiné à chaque chef-lieu de préfecture, n'y soit exactement parvenu.

Il est arrivé depuis que plusieurs préfets ont réclamé tout ou partie des deux premières livraisons, dont les exemplaires ne se trouvaient point dans les archives de leur département. Je me suis empressé de satisfaire à leur demande; maintenant donc tout me porte à croire qu'il n'en est aucun qui ne possède la collection complète, c'est-à-dire les trois premiers volumes du recueil.

C'est ce dont je vous prie instamment, monsieur, de vouloir bien m'assurer, en même temps que vous m'accuserez réception du quatrième volume qui vient de paraître, et dont je vous transmets ci-joint un exemplaire. Je vous renouvelle à ce sujet les invitations qui vous ont été faites lors de chacun des envois précédens: elles tendaient à provoquer de votre part l'adoption des mesures nécessaires pour répandre dans toute l'étendue de votre ressort la connaissance de procédés devenus désormais une propriété publique. Je me flatte, monsieur, que, sous ce rapport, vous ne négligerez aucun des moyens dont il vous est permis de disposer, et qu'ainsi vous seconderez, autant qu'il dépendra de vous, les efforts et le vœu du gouvernement pour les progrès et le perfectionnement des arts utiles.

Le ministre secrétaire-d'état de l'intérieur,
Signé SIMÉON.

BRIGANDAGE *et brigands.* La répression du brigandage, la poursuite et l'arrestation des brigands par voie de la réquisition de la force publique, entrent dans les attributions des autorités administratives et municipales, Voy. *Attroupement, Gendarmerie* et *Police.*

BRIS *de navire, de prison et de scellé.* Voy. *Naufrage, Prisons* et *Scellés.*

BROCANTEURS, *fripiers, revendeuses,* etc. Les maires, adjoints et commissaires de police doivent veiller à ce que les brocanteurs, fripiers, ferrailleurs, revendeurs et autres qui courent les ventes, vendent et achètent toutes espèces de marchandises, linges, hardes et effets dans les rues et dans les maisons, fassent leur déclaration à la police, à l'effet d'obtenir la permission d'exercer cette profession.

A ce que ceux reçus aient un livre en papier timbré, coté et paraphé par le maire ou l'adjoint, ou un commis-

saire de police, sur lequel ils sont tenus d'inscrire jour
par jour leurs achats et leurs ventes, le nom, le domicile, la qualité ou profession des personnes de qui ils ont
acheté.

A ce qu'ils n'achètent aucuns effets, hardes, linges
d'enfans mineurs sans l'autorisation de leurs parens ou
tuteurs, d'aucuns domestiques sans le consentement de
leurs maîtres, d'aucuns inconnus sans l'attestation de
deux personnes domiciliées qui en répondent.

En cas de contravention, il doit être dressé procès-
verbal pour être envoyé au procureur du roi, afin de faire punir le contrevenant conformément à la loi. (*Déclaration du roi, du 29 mars* 1770.)

BRUITS NOCTURNES ou *charivaris.* L'art. 479 du Code
pénal déclare coupables d'une contravention de 3ᵉ classe,
et passibles d'une amende de 11 à 15 francs, les auteurs
ou complices de bruits ou tapages injurieux ou nocturnes, troublant la tranquillité des habitans.

L'art. 480 porte que la peine d'emprisonnement pourra être aussi prononcée selon les circonstances.

Nota. Un arrêt de la cour de cassation du 29 décembre 1815, a décidé qu'il ne faut pas conclure de l'article
480, que les tribunaux de police ont la faculté de ne prononcer que l'une ou l'autre peine; mais au contraire, que
la conséquence de cet article est d'autoriser les tribunaux
à les cumuler suivant la gravité de la contravention : en
sorte que ce n'est qu'accessoirement à la peine de l'amende que celle de l'emprisonnement peut avoir lieu; mais
dans aucun cas cette dernière peine ne peut être prononcée seule.

Les maires, adjoints et commissaires de police doivent
veiller à ce qu'il ne se forme, pendant la nuit, aucun attroupement; qu'il ne soit jeté aucune alarme parmi les
habitans, soit par des cris, soit par le bruit du tambour
ou le son des cloches. Ils doivent s'opposer pareillement
à ce que les gens de marteau ou d'un état bruyant finissent leur travail et ne le recommencent qu'à une certaine
heure, de manière à ne pas interrompre le repos des habitans. (*Lois des* 16—24 *août* 1790, 19—22 *juillet* 1791.)

Procès-verbal pour bruit nocturne.

Cejourd'hui   nous   attiré par le bruit que nous en-
tendions dans la rue sur les   heures de nuit, avons aperçu
dans la rue de   plusieurs jeunes gens pris de vin qui chan-
taient, frappaient aux portes et troublaient la tranquillité publique ; nous étant approché d'eux, nous avons reconnu que
c'étaient les sieurs   auxquels nous avons observé qu'ils é-
taient en contravention aux règlemens de police ; sur quoi,
ils nous ont répondu par des grossièretés et des invectives : en
conséquence, nous avons contre eux rédigé le présent procès-verbal que nous avons signé.

BUDGET, mot emprunté des Anglais depuis le gouvernement consulaire, pour exprimer l'état-général annuel
des revenus et dépenses.

Nous connaissons en France trois espèces de budget :
le budget de l'état, le budget départemental et le budget
communal.

L'objet spécial de cet ouvrage lui rend étrangère la
première espèce. Cependant, nous croyons utile aux
fonctionnaires administratifs et municipaux, de leur présenter un simple état chronologique des lois de finances
ou budgets depuis 1814, qu'ils ont souvent besoin de consulter, comme la base essentielle du système général des
finances, des contributions et de la comptabilité, non-
seulement de l'état, mais des départemens et des communes.

§ Ier. *Budget de l'état.*

Aucun impôt ne peut être établi et perçu s'il n'a été
consenti par les deux chambres et sanctionné par le roi.
(*Art. 48 de la Charte.*)

L'impôt foncier n'est consenti que pour un an. Les impositions indirectes peuvent l'être pour plusieurs années.
(*Art. 49, ibid.*)

Toute contribution directe, autre que celles énoncées
dans la loi annuelle des finances, à quelque titre et sous
quelque dénomination que ce soit, est formellement pro-
scrite, à peine, contre les autorités locales qui les établi-
raient, contre les employés qui confectionneraient les

rôles, et les receveurs et percepteurs qui en feraient le recouvrement, d'être poursuivis comme concussionnaires. (*Art.* 19 *de la loi du* 23 *septembre* 1814, *et* 32 *de la loi du* 28 *avril* 1816, *etc.*)

BUDGET *de l'état.*—1814 et 1815.—Loi du 23 septembre 1814. (*Bull.* 39.)

1816.—Loi du 28 avril 1816 (*Bull.* 81.) Cette loi est la véritable code général des finances du royaume, embrassant dans les trois parties dont elle se compose, l'ensemble de toutes les parties qui forment les revenus et dépenses de la France; l'arriéré, les contributions directes, foncière, mobilière et personnelle, patentes, et portes et fenêtres; les contributions indirectes, l'enregistrement, le timbre, les hypothèques, etc.; les traitemens publics; les cautionnemens des comptables et officiers publics; la caisse d'amortissement et la caisse des dépôts; les boissons, les cartes, les tabacs, les octrois; enfin le tarif le plus complet des douanes.

1817.—Loi du 25 mars 1817. (*Bull.* 145, 146 et 147.)

1818.—Loi du 15 mai 1818. (*Bull.* 211.)

1819.—Loi du 14 juillet 1819 (*Bull.* 292); relative à la fixation du budget des dépenses. — Loi du 17 juillet (*Bull.* 295), relative à la fixation du budget des recettes.

1820. — Loi du 19 juillet 1820 (*Bull.* 384), relative à la fixation du budget des dépenses. — Loi du 23 juillet (*Bull.* 385), relative à la fixation du budget des recettes.

1821.—Loi du 31 juillet 1821 (*Bull.* 465), relative à la fixation du budget des dépenses et des recettes.

1822. Loi du 1er mai 1822. (*Bull.* 524.)

1823. Loi du 17 août 1822. (*Bull.* 549.)

Nota. Pour donner une idée juste de la forme dans laquelle est rédigé le budget de l'état, nous offrirons le tableau des parties dont se compose le dernier budget, celui de 1823, présenté par M. de Villèle, ministre des finances, imprimé à l'imprimerie royale, et distribué aux chambres.

1°. Discours à la chambre des députés;

2°. Rapport au roi;

3°. Compte de 1821;

4°. Arriéré, 1re et 2e série;

I. 33

5°. Budget de 1823, contenant la dette publique, les intérêts des reconnaissances de liquidation, les rentes 5 pour 100;

6°. Caisse d'amortissement;

7°. Ministères de la justice, des affaires étrangères, de l'intérieur, de la guerre, de la marine et des finances;

8°. Dette viagère;

9°. Pensions civiles, militaires, ecclésiastiques et des donataires;

10°. Supplément aux fonds de retenue;

11°. Veuves des militaires pensionnés;

12°. Officiers suisses;

13°. Cautionnemens;

14°. Frais de service et de négociations;

15°. Remises sur les anticipations de paiemens;

16°. Intérêts de la dette flottante;

17°. Chambres des pairs et des députés;

18°. Légion-d'honneur;

19°. Cour des comptes;

20°. Administration des monnaies;

21°. Comité de révision;

22°. Cadastre;

23°. Inventaire de la couronne;

24°. Service administratif du ministère;

25°. Évaluation des produits de l'enregistrement et domaines, des forêts, des douanes, des contributions indirectes, des postes, de la loterie, des contributions directes;

26°. Remises et taxations aux receveurs de l'impôt indirect;

27°. Remboursemens et restitutions;

28°. Projet de loi;

29°. États A et B. Budget général des dépenses et services pour 1823;

30°. État C. Tableau des contributions directes à imposer en principal et centimes additionnels pour l'exercice 1823;

31°. État D, n° 1. Répartement de la contribution foncière;

32°. État D, n° 2. Répartement de la contribution personnelle et mobilière;

33°. État D, n° 3. Répartement de la contribution des portes et fenêtres;

34°. État E. Budget général des revenus de l'état pour l'exercice 1823;

35°. Tableau comparatif des crédits alloués pour 1822, avec ceux demandés au budget de 1823;

36°. États. Dette arriérée antérieure au 1er janvier 1816;

37°. Comptes des ordonnances et des liquidations, et résumé des comptes définitifs présentés par les ministres à la date du 1er juin 1822. États n° 1, 1re série; n° 2, 2e série;

38°. Compte des paiemens. État n° 3, 1re série; état n° 4, 2e série;

39°. Comptes définitifs des ministres. États n° 5, justice; n° 6, affaires étrangères; n° 7, intérieur; n° 8, guerre; n° 9, marine; n° 10, finances;

40°. Aperçu du règlement en recette et en dépense du budget de l'exercice 1821;

41°. Comptes sommaires de situation présentés par les ministres, et états à l'appui de l'aperçu du budget de 1821;

42°. États de développement à l'appui des budgets généraux de dépenses et de recettes pour l'exercice 1823. Budgets des dépenses des ministères de la justice, des affaires étrangères, de l'intérieur, de la guerre, de la marine et des finances;

43°. Budgets des dépenses des administrations financières; enregistrement et domaines, forêts, douanes, contributions indirectes, postes, loterie royale;

44°. États des recettes présumées des administrations financières;

45°. Recettes diverses, telles que salines, produits de l'Inde, produits des mines, monnaies, etc.

§ II. *Budgets des communes.*

BUDGETS *des communes.* C'est du gouvernement consulaire que date l'obligation imposée aux maires de dresser et de soumettre annuellement à la délibération des conseils municipaux, du 1er au 15 mai, l'état des revenus et des dépenses des communes, avant de le présenter aux préfets qui l'arrêtent. (*Art. 15 de la loi du 28 pluviôse an VIII—17 février 1800. Bull. 17.*)

1. L'arrêté du 4 thermidor an X—23 juillet 1802 (*Bull. 205*), a régularisé le mode de rédaction, de présentation et d'approbation des budgets municipaux par les dispositions suivantes :

« L'aperçu des recettes et dépenses des communes sera adressé par le maire, en double expédition, au sous-préfet. (*Art.* 10.)

» Il est divisé par chapitres, suivant la nature des unes et des autres. (*Art.* 11.)

» Les frais d'administration de la commune seront toujours portés dans un chapitre séparé des autres dépenses. (*Art.* 12.)

» Le sous-préfet examinera l'aperçu, et le fera passer dans quinzaine au plus tard, au préfet, avec son avis. (*Art.* 13.)

» Le préfet réglera et arrêtera définitivement l'état des dépenses par chapitres, et l'adressera à chaque maire dans la quinzaine suivante.

» Le receveur municipal ne pourra payer une somme plus forte que celle portée au chapitre, à peine de responsabilité personnelle; à l'effet de quoi il lui sera remis une expédition en forme de l'état, tel qu'il aura été arrêté définitivement. (*Art.* 14.)

» Le préfet prendra, dans la quinzaine, toutes les mesures nécessaires, suivant les lois, pour procurer aux communes les augmentations de revenus dont les moyens auront été approuvés par lui, sur la proposition du conseil municipal, et l'avis du sous-préfet. (*Art.* 15.)

» Dans les communes qui ont plus de 20,000 fr. de revenu, le budget sera présenté par le maire au conseil municipal. (*Art.* 24.)

» Cet état sera divisé par chapitres, et le conseil municipal délibérera sur tous les articles de recette et de dépense qui y seront portés. (*Art.* 25.)

» Dans les communes où il y a plusieurs municipalités, et un commissaire-général de police, chacun des maires présentera au conseil municipal l'aperçu des dépenses

de l'année suivante, qui concerneront sa municipalité.
(*Art.* 26.)

» Le commissaire-général de police présentera, dans la
même session, au conseil municipal, le tableau des dépenses qui concernent ses attributions. (*Art.* 27.)

» Le commissaire-général de police et les maires se réu-
niront pour rédiger la partie de l'état relative aux revenus
de la commune. (*Art.* 28.)

La délibération du conseil municipal sera transcrite
à la suite des tableaux de dépenses et recettes présumées, et envoyée au sous-préfet, qui donnera son avis,
et transmettra le tout au préfet, qui l'adressera également, avec son avis, au ministre de l'intérieur. (*Art.*
29.)

Le roi, sur la proposition du ministre de l'intérieur,
statuera définitivement sur l'état-général des dépenses
et recettes de chaque commune, après avoir entendu le
conseil-d'état.

II. L'arrêté du 29 germinal an xII — 19 avril 1804
(*Bull.* 360), concernant la révision annuelle des tarifs
d'octrois municipaux et des comptes des villes dont le revenu excède un million, ordonne que les préfets adresseront, au mois de mars de chaque année, au ministre de
l'intérieur, pour toutes les villes dont les budgets sont arrêtés par le gouvernement, un état conforme au modèle
qui leur sera transmis, et contenant les sommes allouées
l'année précédente par le gouvernement pour chaque nature de dépenses, et les sommes effectivement payées.
(*Art.* 4.)

III. Un décret du 21 brumaire an xIII — 12 novembre
1804 (*Bull.* 22), porte qu'à compter de l'an xIV — 1806,
le montant des frais de régie des octrois, et l'état a-
brégé de leur emploi, ou les conditions des baux à ferme
ou régie intéressée, seront joints aux budgets des communes, lorsqu'ils seront proposés par le ministre de l'intérieur à l'approbation de Sa Majesté.

IV. Un décret du 14 février 1806 (*Bull.* 74), fixe la
session des conseils municipaux, du 1ᵉʳ au 15 mai de chaque année.

Les budgets des villes ayant plus de 20,000 francs de
revenu, devront être envoyés au ministre de l'intérieur

dans les deux mois qui suivront la session du conseil municipal. (*Art. 2.*)

Nota. La disposition de l'article 1er du décret qui suit, du 12 août 1806, ne déroge point à cette dernière; elle n'offre un plus long délai que pour les circonstances extraordinaires qui pourraient empêcher la confection du budget dans le délai fixé ci-dessus.

Teneur du décret du 12 août 1806. (*Bull.* 114.)

Art. 1er. Les budgets des communes ayant plus de 20,000 francs de revenu, seront envoyés avant le premier (*août*) de chaque année, pour l'année suivante, à notre ministre de l'intérieur, et nous seront soumis par lui, pour être approuvés en notre conseil avant le 31 décembre.

2. A défaut d'observation des dispositions de l'article précédent, il est défendu aux receveurs des communes, sous les peines portées en nos précédens décrets, et en outre de destitution de leurs fonctions, de payer aucune somme, pour quelques dépenses que ce soit, pour l'année dont le budget ne leur aura pas été remis.

Lesdites peines seront encourues nonobstant toute délivrance d'ordonnance, autorisation ou injonction donnée par les maires, sous-préfets et préfets.

Nota. Cette disposition n'est pas applicable au dixième du produit de l'octroi pour le pain de soupe, au vingtième des revenus communaux destiné à l'entretien de la compagnie de réserve; au dixième du droit de pesage, mesurage et jaugeage, affecté aux frais de vérification générale des poids et mesures, dont le paiement est ordonné par des lois. (*Lettre du 16 janvier 1807.*)

3. Il pourra seulement être payé par lesdits receveurs, pour les dépenses des hospices, à la fin de chaque mois, jusqu'à l'arrivée du budget, un quinzième de la somme allouée par nous pour secours auxdits hospices l'année précédente.

4. Toutes les dépenses et tous les traitemens dont le paiement aura été suspendu d'après les dispositions de l'article 2 du présent décret, seront mis à l'arrière, à compter du premier jour de l'année jusqu'à celui où le budget de ladite ville sera par nous approuvé, et ne pourront plus être acquittés qu'en vertu d'une autorisation spéciale donnée par nous.

5. Lesdites recettes et dépenses, tant des villes que des hos-

pices, seront présentées dans la forme du tableau joint au présent décret : et les dépenses seront toujours séparées en deux titres, dont l'un contiendra les dépenses ordinaires ou annuelles, l'autre les dépenses extraordinaires ou imprévues.

Chaque titre sera en outre divisé par chapitres, selon le nombre et la nature des dépenses.

MODÈLES DES TABLEAUX

Pour servir à la rédaction des budgets des communes (1).

DÉPARTEMENT
d   ANNÉE 182

ARRONDISSEMENT d

État des recettes et dépenses de la ville
Population. . . . . .   *de*

TITRE Ier. Des hospices.

CHAPITRE Ier. *De la dette des hospices.*

Arriéré exigible antérieur à l'an VIII.
     Actif. . . . . . .
     Passif . . . . . .

Différence { en actif.. . . . .
          { en passif. . . . .

Arriéré exigible postérieur à l'an VIII.
     Actif. . . . . . .
     Passif. . . . . . .

Différence { en actif.. . . . ..
          { en passif. . . . .

Dette constituée en rentes { foncières. . . . .
   annuelles   { viagères. . . . .

(1) Ces tableaux ont éprouvé des changemens en 1816. Voyez ci-après la circulaire ministérielle du 10 mai 1816. (*Art. 6.*)

CHAPITRE II, *Des dépenses annuelles des hospices.*

Hospice de malades { Nombre de malades   à   par jour »   » } Total par an »   »
           { Nombre de préposés   à   par jour »   »

Hospice d'insensés { Nombre de malades   à   par jour »   » } Total par an »   »
ou de vieillards. { Nombre de préposés   à   par jour »   »

          Nombre d'enfans   à   par jour »   »
          Nomb. de nourrices   à   par jour »   » } Total par an »   »
          Nombre de préposés   à   par jour »   »

Dépenses totales des hospices. . . . .   »   »
Revenus totaux des hospices . . . .   »   »

Différence. { Excédant. . . . .   »   »
           { Déficit. . . . .   »   »

TITRE II.

CHAPITRE UNIQUE. *De la dette municipale.*

Arriéré exigible antérieur à l'an VIII.
     Actif. . . . .
     Passif.. . . . .

Différence { en actif. . . . .
          { en passif. . . . . . .

Arriéré exigible postérieur à l'an VIII.
     Actif. . . . .
     Passif. . . . .

Différence { en actif.. . . . .
          { en passif. . . . . . .

Dette constituée en rentes annuelles { foncières,
                               { viagères..

Pensions. . . . .

TITRE III. *Recettes municipales.*

CHAPITRE 1er, *Recettes extraordinaires.*

Art. 1er. Reste par aperçu des recettes de l'année précédente.   »   »

Nota. On mettra à l'article 2 les recettes extraordinaires, comme coupes de bois, produits de ventes de domaines, etc. Puis on totalisera.

                  TOTAL. . . . .   »   »

Nota. Il doit y avoir une colonne réservée pour les observations.

CHAPITRE II. *Recettes ordinaires.*

Centimes additionnels aux contributions foncière, somptuaire et
  mobilière. . . . . `» »`

Patentes. . . . . `» »`

Amendes de police. . . . . `» »`

Maisons et usines communales, prix de ferme.. . . . . `» »`

Biens ruraux, communaux, prix de ferme. . . . . `» »`

Pensions et rentes foncières non éteintes. . . . . `» »`

Droit de poids, mesure, jauge, en produit net. . . . . `» »`

Droit d'octroi, produit brut. . . . . `» »`

Frais de perception ou de régie, produit net restant. . . . . . . `» »`

Les 5 pour 100 réservés, de même que la portion attribuée aux
  hospices, devant toujours être portés à l'article des dépenses. . `» »`

Location des halles. . . . . `» »`

Location des places aux foires et marchés, échoppes, produit
  net, ferme des boues, etc., produit net.. . . . . `» »`

Extraits d'actes de l'état civil, produit présumé. . . . . `» »`

Produit des expéditions d'actes qui sont déposés dans les archives
  de la mairie, et de seconde expédition de ces actes de l'année
  courante. . . . . `» »`

                       Total . . . . `» »`

RÉCAPITULATION.

Recettes extraordinaires.. . . . . `» »`

Recettes ordinaires. . . . . `» »`

    Total général des recettes.. . . . . `» »`

Nota. Les rétributions des élèves des écoles secondaires ne
doivent point être portées sur ces budgets; elles doivent faire
partie des recettes et du compte de l'école. (*Lettre du 21 avril*
1807.)

  À ce tableau sont jointes trois colonnes : la 1ʳᵉ ayant pour
titre, *Montant de la recette de l'année précédente;* la 2ᵉ,
Montant présumé de la recette pour l'année courante; la 3ᵉ,
Observations.

TITRE IV. *Dépenses municipales ordinaires.*

CHAPITRE Iᵉʳ. *Frais d'administration, loyers, contributions
et entretien des maisons ou biens communaux, prélèvemens divers.*

Frais d'administration fixés à 50 centimes par habitant; lesquels
frais consistent en abonnement aux journaux, registres de l'é-

tat-civil, greffier, commis, agens, expéditionnaires, gardes-
champêtres et tous autres employés quelconques, bois, lumière,
papier, encre, frais de bureau, impression, ports de lettres, etc. . .
Contribution des biens communaux. . . . .
Dix pour cent du produit net de l'octroi. . . . .
Idem, droit de pesage. . . . .
Loyer ou entretien de la maison commune. . . . .
Horloges. . . . .
Cinq pour cent des revenus pour la compagnie de réserve. . . . .
Traitement du receveur municipal. . . . .

CHAPITRE II. *Dépense de police, salubrité, sûreté, et grande et petite voirie.*

Traitement de commissaire de police. . . . .
Idem d'agens de police. . . . .
Idem de l'architecte. . . . .
Pavés. . . . .
Réverbères. . . . .
Pompes à incendie. . . . .

CHAPITRE III. *Dépenses de la garde nationale, des portiers de ville et des corps-de-garde.*

Solde. . . . .
Habillement. . . . .
Entretien des corps de-garde. . . . .
Bois, lumière. . . . .
Gages des portiers. . . . .

CHAPITRE IV. *Travaux publics.*

Entretien des halles et marchés. . . . .
Idem des murs et clôture de ville. . . . .
Idem des promenades. . . . .
Idem des aqueducs, ponts, fontaines. . . . .
Curement des rivières pour la partie qui regarde la ville. . . . . .

CHAPITRE V. *Secours publics.*

Fonds accordés sur l'octroi aux hospices. . . . .
Bureaux de charité. . . . .
Ateliers pour les mendians. . . . .

CHAPITRE VI. *Instruction publique.*

Lycée. . . . .

Collège.. . . . . ▸ ▸

. . . . . . ▸ ▸

. . . . . . ▸ ▸

. . . . . . ▸ ▸

Bibliothécaire. . . . . ▸ ▸

. . . . . . ▸ ▸

Indemnité de logement aux instituteurs primaires. . . . . ▸ ▸

. . . . . . ▸ ▸

CHAPITRE VII. *Culte.*

Logement, ameublement de M. l'évêque. . . . . ▸ ▸

Logement des curés. . . . . ▸ ▸

Indemnités aux vicaires, desservans, etc. . . . . ▸ ▸

Nota. Les communes ne doivent plus payer du moment où les desservans reçoivent leur traitement du trésor public. Voy. *page* 262.

Grosses réparations, loyers des églises. . . . . ▸ ▸

CHAPITRE VIII. *Fêtes publiques et dépenses imprévues.*

Fêtes publiques. . . . . ▸ ▸

Dépenses imprévues. . . . . ▸ ▸

Totaux. . . . . ▸ ▸

RÉCAPITULATION.

Revenus et recettes extraordinaires. . . . . ▸ ▸

Dépenses ordinaires. . . . . ▸ ▸

Reste disponible. . . . . ▸ ▸

Nota. A ce tableau, et au suivant, sont jointes sept colonnes.

1ʳᵉ. Somme allouée l'année précédente.

2ᵉ. Sommes proposées par le conseil municipal.

3ᵉ.   par le sous-préfet.

4ᵉ.   par le préfet.

5ᵉ.   par le ministre de l'intérieur.

6ᵉ. Sommes accordées par le roi.

7ᵉ. Observations.

TITRE V. *Dépenses extraordinaires.*

CHAPITRE Iᵉʳ. *Frais d'administration, contributions et ameublement des maisons communales, prélèvemens divers.*

CHAPITRE II. *Police, salubrité, sûreté, grande et petite voirie.*

CHAPITRE III. *Garde nationale, portiers de ville, corps-de-garde.*

CHAPITRE IV. *Travaux publics.*

CHAPITRE V. *Secours publics.*

CHAPITRE VI. *Instruction publique.*

CHAPITRE VII. *Culte.*

CHAPITRE VIII ET DERNIER. *De l'arriéré.*

Nota. On portera à ce chapitre tout ce qui est relatif à l'acquittement de l'arriéré, s'il y en a.

               Totaux. . . . .

RÉCAPITULATION GÉNÉRALE.

Restant disponible après les dépenses ordinaires. . . . .
Dépenses extraordinaires. . . . .

Différence. {en déficit. . . . .
{en excédant. . . . .

Nota. Le déficit ne peut exister que quand la ville propose un moyen de le remplir par des emprunts ou avances, ou tout autre moyen de paiement sur ses fonds libres des années suivantes, après le paiement des dépenses ordinaires. Dans la colonne d'*Observations* du titre V, doivent être comprises toutes les dépenses qui ne sont pas annuelles de leur nature.

Un décret du 28 mars 1807 (*Bull.* 141), porte, que les budgets des villes dont les revenus auront été pendant trois années consécutives au-dessous de 20,000 francs, par un article spécial au budget de la troisième année que le ministre de l'intérieur proposera au roi, seront désormais compris dans la classe inférieure, et renvoyés au règlement définitif du préfet.

VI. En exécution du décret du 7 octobre 1807, le mont. des frais de toute nature pour la perception ou régie de l'octroi des communes dont le budget est arrêté en notre conseil-d'état, sera joint à chaque budget, au chapitre des recettes ordinaires; en conséquence, l'article du produit de l'octroi sera désormais conçu comme il suit :,

Produit brut de l'octroi. . . . . .
Frais de perception ou régie. . . .

Produit net restant, ci. . . . . .

Changemens introduits par la législation royale.

I. Une ordonnance du 16 juin 1814 (*Bull.* 21), autorise le ministre de l'intérieur à régler, pour 1814, les budgets des communes dont le revenu s'élève à 10,000 francs et au-dessus, et à modifier ceux qui ont été réglés.

La même ordonnance autorise la chambre des comptes à réviser, d'après les budgets ainsi réglés ou modifiés, les comptes des receveurs municipaux soumis à sa juridiction.

Nota. Une circulaire ministérielle, portant transmission de l'ordonnance ci-dessus, annonce aux préfets que Son Exc. se propose de s'occuper sans relâche du règlement des budgets sur lesquels il n'a point été statué, et qu'elle transmettra dans le plus bref délai les décisions qu'elle aura prises à ce sujet.

Cependant, ajoute la circulaire, comme il serait possible que les circonstances eussent donné lieu à des dépenses qui n'auraient pas été prévues dans le projet de budgets que vous avez adressés à l'administration supérieure, Son Exc. désire que vous lui transmettiez, le plus tôt possible, votre avis motivé sur les modifications dont ces travaux seraient susceptibles, et qui auraient pour objet, soit de régulariser des dépenses déjà effectuées, soit de faire allouer des dépenses de nature à obtenir la préférence sur celles qui auraient été votées précédemment. Mais ces modifications ne peuvent être proposées que pour des objets vraiment urgens, afin de ne pas multiplier sans utilité les travaux du ministre, et qu'il conviendra d'ajourner à 1815 tout ce qui pourra être différé sans inconvénient.

Cette observation concerne aussi les modifications qu'il serait nécessaire d'apporter aux budgets qui ont déjà été réglés.

II. L'ordonnance du roi, du 28 janvier 1815 (*Bull.* 82), sur la comptabilité des communes, contient, sur les budgets des communes, les dispositions suivantes :

Art. 1er. La session ordinaire des conseils municipaux aura lieu, comme par le passé, du 1er au 15 mai de chaque
année.

2. Pour la formation ou révision du projet de budget de
l'année courante, chaque conseil se réunira incessamment à
l'époque qui sera fixée par le préfet.

8. Les budgets des années 1815 et suivantes des villes et
communes ayant au moins 10,000 francs de revenus ordinaires, seront réglés par Sa Majesté, sur le rapport du ministre de l'intérieur. Ceux des communes d'un revenu inférieur
continueront à être réglés par les préfets. Voyez *Comptabilité* pour les art. suivans de cette ordonnance.

Nota. La circulaire ministérielle du 6 février 1815,
contenant envoi aux préfets de l'ordonnance ci-dessus,
leur développe, dans les termes suivans, le mode d'exécution des dispositions de cette ordonnance.

Je vous prie, monsieur, de recommander à MM. les maires de rappeler avec soin dans les budgets de 1815 toutes les
sommes dont l'insuffisance des revenus de plusieurs communes a forcé d'ajourner, l'an dernier, le paiement, et notamment
les dépenses pour dépôt de mendicité, enfans trouvés, lits
militaires, casernes, collèges, frais de fêtes, arriérés et solde
en capital et intérêts des emprunts faits à la caisse d'amortissement pour les soupes économiques. Il n'est pas possible,
sous aucun prétexte, de différer le paiement de ce qui est dû
pour ces objets, à raison du dernier exercice et des exercices
antérieurs.

Quelque désir que j'aie d'avoir promptement ces budgets
pour que les communes puissent les recevoir bientôt réglés
par Sa Majesté, je vous prie de veiller à ce qu'il ne m'en parvienne aucun qu'avec les pièces, les cahiers d'observations, et
tous les renseignemens nécessaires : je vous serai obligé de
vous faire repasser, pour les compléter, tous ceux qui ne seraient pas régulièrement établis.

Je regarderai particulièrement comme tels ceux qui ne présenteraient pas au moins des recettes et des dépenses balan-
cées ; car aucun budget ne doit être établi avec un déficit. Je
vous engage donc, monsieur, à vérifier avec la plus grande
attention les calculs d'après lesquels seront établies les recettes extraordinaires, à examiner la probabilité des recettes
ordinaires et la nécessité des dépenses proposées, à expliquer
tout ce qui ne sera pas suffisamment éclairci, à donner un a-
vis motivé sur chaque augmentation ou diminution, afin de
ne rien laisser incertain, notamment en ce qui concerne les

rentes représentatives des biens communaux vendus, les produits des immeubles qui ont dû rester aux communes, ceux
de l'octroi et des affouages. Veuillez vous reporter pour ces
différens objets aux circulaires de mon prédécesseur. Quant
aux comptes de 1813, que vous n'auriez pas envoyés jusqu'à
présent, et qui auraient été examinés par les conseils municipaux, soit à la session du mois de mai dernier, soit postérieurement ensuite d'une convocation spéciale, je pense que
vous pouvez me les adresser, dès à présent, avec l'avis du
sous-préfet et le vôtre, afin que l'examen de chaque budget
soit moins retardé.

Ce qui a été dit dans ces circulaires, relativement à l'emploi
des crédits pour frais d'administration, pour fêtes publiques
et dépenses imprévues, n'échappera point à votre attention,
et vous veillerez soigneusement à ce qu'il soit joint aux comptes un état détaillé pour chaque nature de crédit.

Vous ne perdrez pas de vue non plus, dans le cours de la
présente année, qu'aucune dépense proposée et non créditée
dans le budget, ou excédant le crédit de plus d'un sixième,
comme dépenses annuelles, pensions, gratifications, traitemens ou supplément de traitemens, aucunes dépenses pour
travaux publics excédant 1000 francs, et non urgens, ne
pourront être faites ni payées sur les fonds pour dépenses imprévues, sans l'autorisation préalable du ministre, et que nulle dépense imprévue ne sera payée en compte qu'autant
qu'elle aura été approuvée par Son Exc. ou par vous. Le
fonds pour frais d'administration ne pourra être dépassé
qu'autant que le ministre aurait accordé antérieurement un
supplément. Les dépenses pour fêtes publiques annuelles
n'excéderont jamais le crédit accordé pour ces fêtes. La dépense pour fêtes extraordinaires sera seule imputable avec
votre autorisation sur le fonds pour dépenses imprévues.

III. Une lettre ministérielle du 8 mars 1815, a décidé
que les seules dépenses ordinaires de la garde nationale
qui sont à la charge des communes, sont :

1°. La solde des tambours ;
2°. Les frais d'impression ;
3°. Les menus frais de bureau.

IV. Une première ordonnance du 6 septembre 1815
(*Bull.* 23), contient les dispositions suivantes :

Art. 1er. Les dépenses ordinaires des communes dont les
budgets sont réglés par le roi, seront payées en 1816, d'après
les allocations des budgets de 1815.

2. Le ministre de l'intérieur est autorisé à accorder les augmentations de crédit réclamées par délibérations des conseils municipaux.

3. Toutes dépenses extraordinaires en 1816, seront autorisées par décisions spéciales du ministre de l'intérieur, sur les demandes des maires, en vertu des délibérations des conseils municipaux, et de l'avis des préfets.

V. Une seconde ordonnance du même jour (*Bull.* 23), provoque pour 1816, les divers prélèvemens prescrits pour les années 1814 et 1815.

Art. 1er. Le prélèvement de 50 pour 100 au profit du trésor, qui a été prescrit par l'ordonnance du 27 décembre 1814, sur les fonds provenant des coupes de quart en réserve, ou autres coupes extraordinaires des bois communaux, versés ou à verser dans la caisse d'amortissement pendant les années 1814 et 1815, continuera d'avoir lieu sur les fonds de même nature qui seront versés dans ladite caisse en numéraire ou traites à échoir pendant l'année 1816.

2. L'emploi fixé par l'article 3 de l'ordonnance citée, des 50 pour 100 restans, est maintenu.

3. Les dispositions des articles 4 et 5 de l'ordonnance du 28 janvier 1815, portant que la moitié du traitement des préfets sera répartie entre les communes, sont prorogées pour 1816.

4. Le prélèvement du centième sur les revenus communaux, pour la dotation de l'hôtel des Invalides, ordonné par le décret du 25 mars 1811, et maintenu implicitement par l'article 4 de l'ordonnance du 12 décembre 1814, continuera d'avoir lieu jusqu'à ce qu'il en soit autrement ordonné.

Nota. Ces deux ordonnances ont été adressées aux préfets par une circulaire du 19 septembre même année, et dont les principales dispositions sont : 1° Que les deux derniers prélèvemens énoncés en la deuxième ordonnance ci-dessus, soient alloués en dépense dans les budgets de 1816; 2° que Son Exc. n'accordera aucune augmentation de crédit, pour les dépenses ordinaires, que lorsque ces augmentations seront montrées indispensables, et lorsqu'on justifiera des recettes réellement disponibles de l'exercice; 3° que les demandes d'autorisation pour dépenses extraordinaires doivent être fondées sur des besoins indispensables; 4° qu'on peut comprendre dans les demandes d'augmentation de crédit les sommes dont l'insuffisance des revenus pendant les exercices antérieurs, a forcé d'ajourner le paiement, et notamment les dépenses pour dépôt de mendicité, enfans-trouvés, lits militaires, casernes, collèges, et autres parties importantes du service public qui forment un arriéré; 4° que les préfets doivent avoir le soin de réunir autant que possible, en un seul tableau, les propositions, soit d'augmentation aux dépenses ordinaires, soit de dépenses extraordinaires, ou de régularisation de dépenses faites, qu'ensuite des délibérations des conseils municipaux, et de l'avis du sous-préfet. Chacune des propositions doit être accompagnée des mêmes renseignemens, et appuyée des mêmes pièces justificatives qu'il a été prescrit de produire pour les budgets réglés par le roi.

VI. En vertu de l'ordonnance du 16 mars 1816 (*Bull.* 75), à compter de 1817, les budgets des villes ayant au moins 30,000 francs de recettes ordinaires sont réglés par le roi, sur la proposition du ministre de l'intérieur.

Les budgets des villes ayant moins de 30,000 francs de revenus sont réglés par les préfets.

Nota. Cette ordonnance adressée aux préfets par une circulaire du 22 du même mois, contient les dispositions suivantes d'exécution.

M. le préfet, vous reconnaîtrez, dans les dispositions de cette ordonnance, l'intention du roi de simplifier les rouages de l'administration publique, et d'assurer à l'action administrative toute l'activité dont elle peut être susceptible.

En formant la liste des communes dont Sa Majesté n'entend plus régler les dépenses, vous remarquerez que vous ne devez y comprendre que celles qui, pendant trois années consécutives, ont eu moins de 30,000 francs de recettes ordinaires. Je désire que vous en fassiez la recherche avec soin, et que vous m'en fassiez connaître les noms.

Une ordonnance postérieure, en date du 10 mai, contient des dispositions importantes sur la formation des budgets des communes, d'après la loi des finances du 28 avril 1816. En voici le texte.

L'objet le plus important des délibérations des conseils municipaux est la formation des budgets communaux pour 1817, qui doit être précédée par le règlement des comptes de l'exercice écoulé, et par l'examen de la situation financière de la commune.

Afin que ce travail, qui exige la plus sérieuse attention, soit fait avec méthode, et qu'il produise le résultat que j'en attends, les conseils municipaux s'occuperont d'abord de la liquidation de l'arriéré; ils aviseront ensuite aux moyens d'en assurer le paiement. Ils feront ainsi renaître la confiance, et disparaître cette foule de réclamations qui embarrasse la marche des administrations communales.

L'arriéré peut se diviser en deux parties distinctes; savoir: les dettes anciennes, ou l'arriéré proprement dit, et les dépenses non soldées, résultant des circonstances extraordinaires dans lesquelles les villes se sont trouvées placées en 1814 et 1815.

Pour un grand nombre de communes, les dettes anciennes ont été liquidées ou soldées. Je verrais avec satisfaction que cette opération eût lieu dans toutes les autres. Afin d'y parvenir, les conseils municipaux devront se faire représenter les états détaillés de ces dettes, les vérifier avec soin, ainsi que les pièces à l'appui, et en arrêter le montant après les avoir discutées, article par article, en rejetant toutes celles qui ne résulteraient pas de dépenses légalement autorisées à l'époque où elles ont été faites. Pour faciliter cette discussion, l'état qui sera mis sous les yeux du conseil municipal sera formé de manière à indiquer, en plusieurs colonnes, et dans l'ordre suivant,

1°. La date de chaque créance;
2°. Le nom du créancier;
3°. L'objet de la dépense;
4°. L'autorisation de la dépense;
5°. Le montant primitif de la créance;
6°. Les à-comptes payés;
7°. La désignation des fonds qui ont servi à payer ces à-comptes;
8°. Enfin, le restant dû.

Le montant des dettes municipales étant connu, le conseil municipal examinera par quels moyens on en opérera l'extinction: sa délibération vous sera soumise; et, après avoir pris, s'il y a lieu, l'avis du sous-préfet, vous me proposerez, par un arrêté motivé, de régler définitivement ce qui concerne cet arriéré. Je mettrai votre arrêté sous les yeux du roi, qui statuera.

Vous n'aurez à me faire cet envoi qu'en ce qui concerne les villes dont Sa Majesté s'est réservé d'arrêter les budgets. Vous liquiderez définitivement les dettes des autres communes, en m'en référant, néanmoins, celles qui excèdent 5000 francs, ou qui présenteraient quelques difficultés, et celles dont l'extinction ne pourrait avoir lieu que par un moyen extraordinaire qui exige l'intervention du gouvernement.

Les dépenses non soldées de 1814 et de 1815, provenant de l'occupation des villes par les armées alliées ou de circonstances extraordinaires, exigeront un travail analogue au précédent; mais, après que les conseils municipaux auront arrêté l'état de ces dettes, et qu'ils y auront joint un aperçu de la situation des villes et de leurs ressources, il sera convenable de mettre le tout sous les yeux de la commission départementale, qui vérifiera le travail, et prononcera sur les dépenses qui ne doivent pas rester à la charge des communes.

Les conseils municipaux établiront ensuite les ressources communales, afin de déterminer la portion disponible qui sera affectée aux dépenses municipales ordinaires et extraordinaires, après avoir pourvu au paiement de l'arriéré.

Les communes obérées jugeront sans doute convenable d'ajourner toute dépense qui ne serait pas urgente, afin d'accélérer l'extinction de leurs dettes.

Les ressources communales se composent des revenus annuels et des recettes extraordinaires. Ces dernières, outre les produits extraordinaires que le conseil municipal aurait votés, tels que les ventes d'arbres ou de matériaux, les centimes additionnels aux droits d'octroi et les impositions extraordinaires, comprennent les fonds qui sont restés libres sur les exercices précédens. La connaissance exacte de ces fonds libres est indispensable pour établir la situation financière d'une commune : c'était le principal objet des comptes d'administration que vous êtes maintenant dispensé de me transmettre. Ainsi que je vous l'ai annoncé, ces comptes seront remplacés par de simples états de situation dont je joins ici le modèle. Je désire que ces états soient rédigés avec beaucoup d'exactitude; mais je vous préviens que je ne les considère que comme des pièces justificatives, des renseignemens joints aux budgets; que, n'ayant d'autre objet que d'établir la réalité, soit des augmentations de recettes, soit des économies sur les dépenses, ils ne seront susceptibles d'aucune liquidation ou apurement, et ne donneront lieu, en général, à aucune correspondance de ma part. Il n'y aura désormais d'autre révision des dépenses communales que celle dont la cour des comptes est chargée. Cette révision est suffisante, puisque la cour rejette toutes les dépenses illégales, toutes les pièces irrégulières, et qu'elle me communique ses arrêts.

Vous aurez soin de joindre à chaque budget l'état de situation de l'exercice pénultième, à moins que vous ne m'ayez déjà adressé le compte de cet exercice.

Quand les recettes extraordinaires auront été établies, les conseils municipaux s'occuperont de la fixation des diverses branches des revenus annuels, et des améliorations dont elles sont susceptibles. Conformément à mon instruction du 6 février dernier, vous appellerez leur attention sur celles que l'on peut opérer dans les produits des droits de pesage et mesurage publics. La législation sur les halles, les ports, les foires et les marchés, peut également leur offrir des moyens d'augmenter les ressources communales. Les octrois, qui forment la principale ressource des communes, doivent être aussi l'objet de leurs délibérations. Ils examineront si les tarifs exigent des rectifications réclamées par l'expérience; ils s'assureront que les produits pourront suffire aux besoins des villes, des hospices, et des établissemens de bienfaisance et d'instruction auxquels elles doivent des subsides. Ils se pénétreront que, dégagées de l'obligation de pourvoir à l'entretien du dépôt de mendicité et des enfans-trouvés, elles doivent, par la même raison, fournir aux administrateurs des hospices et des bureaux de charité, des moyens plus étendus de secourir les pauvres, et de prévenir la mendicité, l'exposition et l'abandon des enfans. Ils voteront sur le mode de perception qui leur paraîtra le plus avantageux.

D'après l'avis du conseil-d'état approuvé par Sa Majesté le 9 novembre 1814, le produit des amendes de police ne formant plus un fonds commun, doit être inscrit dans chaque budget. Les difficultés relatives à la liquidation de ce produit ne sont pas entièrement levées; mais il faut toujours en faire mention dans les recettes.

La vente des biens communaux a dû être suspendue d'après les instructions de Son Exc. le ministre des finances. Vous voudrez bien veiller à ce que le produit des biens non vendus soit inscrit exactement dans les budgets; à l'égard de ceux qui sont aliénés, il ne faudra pas omettre de porter en recette la rente qui a dû être liquidée. J'ai remarqué que cette omission avait encore eu lieu dans plusieurs budgets de 1815.

Les dépenses ordinaires ne sont l'objet d'aucune difficulté qui n'ait été résolue par les instructions précédemment données. L'expérience de plusieurs années a fait connaître, pour la majeure partie de ces dépenses, le montant des crédits qu'il était nécessaire d'y affecter. Les conseils municipaux doivent éviter d'y faire des changemens sans nécessité, en sorte que chaque article pouvant, dans la suite, être considéré comme constant, on parvienne à déterminer, à peu de chose près, la somme totale que coûtent les besoins de cette nature. En s'attachant à évaluer avec précision les dépenses ordinaires, on atteindra le double résultat de diminuer beaucoup le travail de l'examen des budgets, et de pouvoir apprécier avec la plus grande facilité la situation financière de chaque commune, puisque cette situation est plus ou moins avantageuse, suivant qu'elle offre un excédant annuel plus ou moins considérable à appliquer aux dépenses extraordinaires.

Les conseils municipaux n'auront aucune proposition à faire en ce qui concerne les prélèvemens qui étaient à la charge des communes, et que la loi sur les finances vient de supprimer ; savoir : le traitement des préfets, le centième des revenus pour l'hôtel royal des Invalides, le supplément à la dépense des enfans-trouvés, et les dépôts de mendicité.

Ces diverses dépenses cesseront à compter du 1er juillet prochain : ainsi les crédits ouverts dans les budgets de 1815 pour ces mêmes dépenses, n'auront d'effet que jusqu'à cette époque, et seront acquittés, savoir : ceux qui résultent d'une répartition sur les communes, pour moitié des sommes allouées ; et ceux qui doivent être calculés à tant pour 100 des revenus, sur le montant des revenus effectifs des six premiers mois de 1816. Les communes devront, en outre, payer exactement tout l'arriéré qui peut encore exister sur ces mêmes dépenses.

L'ordonnance royale du 6 septembre 1815, qui prescrit un prélèvement de 50 pour 100 sur les fonds provenant des coupes de quart en réserve ou autres coupes extraordinaires des bois communaux, cessera aussi d'avoir son effet à compter du 1er juillet prochain.

Il ne me reste plus qu'à vous entretenir des changemens que j'ai cru devoir faire au modèle des budgets. Vous remarquerez, à l'inspection de celui que je joins ici, que ces changemens ont eu pour objet d'en simplifier la rédaction. C'est par ce motif que j'en ai supprimé les deux premiers titres.

L'expérience a démontré l'insuffisance et la confusion des détails relatifs aux hospices qui formaient le titre 1er. Il sera mieux de joindre le budget particulier de ces établissemens, ainsi qu'on l'a fait précédemment dans un grand nombre de communes ; cette production est surtout indispensable lorsqu'il s'agit de prouver qu'ils ont besoin d'un secours plus considérable : il sera bon même de l'appuyer de l'état de mouvement.

Le travail que je vous ai demandé relativement à l'arriéré, rend superflu le titre II de l'ancien modèle, relatif aux dettes municipales. Le conseil municipal pourra d'ailleurs y suppléer, dans son cahier d'observations, par l'exposé succinct de la situation de la ville sous le rapport de l'arriéré.

Au moyen de ces retranchemens, le budget ne contiendra plus que les objets sur lesquels Sa Majesté doit prononcer, savoir, l'évaluation des recettes et la fixation des dépenses.

L'addition de trois colonnes au titre des recettes, permettra d'apprécier d'un coup d'œil les diverses évaluations qu'en auront faites les autorités locales.

Les chapitres I, II et IV de l'ancien modèle ont été fondus ensemble, et forment les deux premiers du nouveau budget, ce qui rend le classement des dépenses plus simple et plus régulier. Le premier comprend le *personnel*, et le second le *matériel* de l'administration municipale. Les chapitres suivans ont pour objet les dépenses spéciales, et n'offrent que de légers changemens.

Je serais très-satisfait, monsieur le préfet, de recevoir les budgets que vous aurez à me transmettre, rédigés d'une manière conforme au modèle. Cette uniformité abrége et facilite le travail de l'administration.

Je n'ai inscrit dans le modèle de budget que les dépenses qui ont lieu le plus communément et dans la plupart des villes. Il sera facile de classer celles qui n'auront pas été prévues. Par exemple, on inscrira dans le premier chapitre :

Le remplacement de la contribution mobilière ;

Les dépenses des justices de paix ;

Celles des conseils de prud'hommes ;

Celles des chambres consultatives de manufactures ;

Celles des dépôts de sûreté ;

L'indemnité accordée à un artiste vétérinaire dans les villes qui ne sont pas chef-lieu d'arrondissement.

Dans le second chapitre on inscrira :

L'entretien et le curage des égouts ;

Celui des puits ;

L'entretien des salles de spectacles ;

L'enlèvement des boues, lorsqu'au lieu de donner un produit, il occasionera une dépense.

Dans le quatrième :

Les pensions accordées à d'anciens employés, en vertu des ordonnances de Sa Majesté ; chaque pensionnaire doit être inscrit nominativement et séparément dans le budget ;

L'indemnité accordée à des sages-femmes ;

Les secours pour les noyés et asphyxiés.

Dans le cinquième :

Les dépenses relatives aux Musées ;

Aux académies ;

Aux écoles de peinture et de dessin ;

Aux écoles d'équitation.

Les dépenses des colléges communaux présentent plus de détails que dans l'ancien modèle ; au moyen de ces détails et de ce que les revenus des colléges seront inscrits parmi les recettes municipales, il sera inutile de produire le budget particulier de ces établissemens.

Je terminerai par une observation générale. Lorsque les conseils municipaux s'occuperont de la formation des budgets de 1817, il est vraisemblable que très-peu auront fait connaître leur vœu sur les dépenses extraordinaires de 1816. Cette circonstance ne doit nullement retarder le travail relatif à 1817; on peut même retirer quelque avantage de ce que les besoins des deux exercices seront considérés ensemble. Après avoir déterminé les dépenses extraordinaires, parmi lesquelles il ne faut pas omettre le paiement de l'arriéré, les conseils municipaux pourront, d'après l'évaluation des ressources, distribuer les dépenses sur les deux exercices, en accordant la priorité à celles qui paraîtront les plus urgentes ; en sorte que les états de 1816 et de 1817 se compléteront mutuellement ; et si vous avez le soin de me les transmettre en même temps, il en résultera aussi que le nombre de pièces à produire à l'appui sera considérablement réduit.

Au surplus, vous ne laisserez point ignorer aux maires et aux conseils municipaux que les lettres portant renouvellement d'anciennes armoiries, et celles qui accordent des armoiries aux villes qui n'en ont pas encore, sont soumises par la loi du 28 avril à un droit d'enregistrement de 20 pour 100 du montant du droit du sceau, et que ce droit d'enregistrement doit être ajouté aux frais mentionnés dans la circulaire du 1er du même mois.

Toutes les recettes et les dépenses communales devant être inscrites dans les budgets, je vous engage à ne pas omettre dans ceux que vous aurez à m'adresser, ainsi que dans ceux que vous êtes chargé de régler défini...ment, le produit des impositions extraordinaires, soit qu'elles aient été autorisées régulièrement, soit qu'elles résultent des circonstances extraordinaires de la guerre. Son Exc. le ministre des finances vous a déjà entretenu de ce dernier objet par sa circulaire du 25 novembre 1815. Les dépenses qui ont donné lieu à ces impositions doivent aussi être portées dans les budgets ; et je désire que vous me mettiez à portée d'en vérifier et d'en arrêter le montant par des états détaillés, convenablement rédigés.

En ce qui concerne les autres impositions, qui font l'objet

de ma circulaire du 1er février dernier, je pense qu'il serait avantageux, à compter de 1817, de réunir dans un seul rôle les centimes additionnels reconnus nécessaires pour différens services et pour la même commune.

Le ministre de l'intérieur,   Signé LAINÉ.

VII. L'article 44 de la loi des finances du 15 mai 1818 (*Bull.* 212), ordonne que les budgets des villes dont les revenus excèdent 100,000 fr., et les comptes de leurs recettes et dépenses, tant ordinaires qu'extraordinaires, seront annuellement rendus publics en chacune desdites villes par la voie de l'impression.

Nota. Pour l'exécution de cet article, une circulaire ministérielle du 20 juillet, même année, prescrit le mode de réduction et de publicité des budgets, tels qu'ils doivent être présentés à la vérification du conseil municipal à l'époque de la session du mois de mai.

Le 1er compte à rendre public par la voie de l'impression, est celui qui a dû être soumis au conseil municipal, dans sa session de 1818 pour l'exercice de 1817.

La même circulaire prescrit de faire imprimer à la suite du compte, la délibération que le conseil municipal aura jugé convenable de prendre, tant sur le moral que sur la régularité du compte, avec toutes les observations dont il aura paru susceptible, et de rendre public le tout par la voie de l'insertion au journal du département. Voy. *la circulaire suivante.*

Dix exemplaires des budgets et des comptes imprimés doivent être envoyés au ministre de l'intérieur, avant la session annuelle des chambres.

Une seconde circulaire du 28 septembre 1818, rappelant les dispositions législatives et réglementaires qui ordonnent l'impression du budget, et du compte des villes qui ont plus de 100,000 francs de revenu, fait remarquer que le compte dont l'impression est ordonnée, est celui que le maire doit rendre au conseil municipal, et non celui du receveur municipal, dont le jugement appartient à la cour des comptes.

Son Exc. demande que le budget municipal et le compte du maire soient imprimés dans le même format, et invite les préfets à prendre pour modèle celui qui est adopté pour la confection du budget départemental, en observant toutefois que les détails des allocations en recettes et dépenses, l'ordre et la classification établis par le budget, se retrouvent dans le compte à livrer à l'impression.

Quant à l'insertion du compte dans le journal du département prescrite par la circulaire du 20 juillet, Son Exc. est d'avis que l'insertion doit être restreinte aux résultats que présente chacun des chapitres de recettes et dépenses des comptes et des budgets, et aux dispositions importantes de la délibération du conseil municipal.

VIII. Une circulaire du 31 juillet 1819, rappelant aux préfets la loi du 17 du même mois, relative aux recettes destinées à pourvoir aux dépenses, prescrit le mode d'exécution de l'article 5 de cette loi, concernant l'établissement des droits de péages; de l'article 25, relatif à la dépense des enfans-trouvés et des enfans abandonnés; du dernier paragraphe de l'article 34, qui maintient les articles 39, 40, 41, 42 et 43 de la loi des finances du 15 mai 1818, concernant les impressions extraordinaires des communes.

La même circulaire détermine un mode pour l'adjonction des plus forts contribuables aux conseils municipaux en matière d'impositions communales, et particulièrement pour celles destinées au paiement des salaires des gardes-champêtres, et des supplémens de traitement accordés aux curés et desservans.

Elle indique les règles et formalités pour le mode de répartition entre les habitans du montant de la contribution dont peuvent être grevés les biens qu'ils ont en jouissance commune, et pour les perceptions établies, sous le titre de droits, de pâturages des bestiaux dans les biens restés en jouissance commune.

Elle rappelle que les comptes administratifs présentés par les maires des communes ayant plus de 100,000 francs de revenus, doivent être rendus publics par la voie de l'impression, et imprimés dans le format conforme au modèle annexé au rapport que le ministre de l'intérieur a fait au roi, sur les impositions communales en 1816 et 1817.

IX. Par une circulaire, en date du 25 septembre 1820, le ministère de l'intérieur demande aux préfets, l'état des impositions qui ont été autorisées et perçues par addition au principal des contributions de 1819, pour être mis sous les yeux des chambres, et d'y joindre l'état des emprunts autorisés et réalisés dans le cours du même exercice, ainsi que l'état des rentes inscrites aux livres auxiliaires du grand-livre, au nom des communes et des établissemens publics.

Son Exc. recommande aussi aux préfets de prendre des mesures pour que les budgets des hospices et des établissemens qui reçoivent des secours sur les fonds des communes, soient communiqués aux conseils municipaux dans leur session ordinaire de chaque année, et qu'un double de ces budgets soit joint à ceux des villes qui doivent être transmis au ministre.

X. Une circulaire du 14 avril 1821, ayant pour objet la convocation des conseils municipaux, rappelle aux préfets l'obligation de les réunir du 1er au 15 mai, et que l'on ne doit pas se permettre d'ajourner leur convocation sur le motif que le budget de l'état n'est point encore adopté : 1° Parce que le budget de l'état n'intéresse le plus souvent les communes, que sous le rapport des règles qu'elles ont à observer pour les impositions destinées à leurs dépenses; 2° parce que l'ajournement de la réunion des conseils municipaux retarde la production des comptes des receveurs justiciables de la cour des comptes. La même circulaire invite les préfets à prendre des mesures telles, que les budgets des communes puissent être envoyés au ministre, avant le 1er octobre de chaque année.

Elle contient des dispositions d'ordre pour la rédaction et la présentation des comptes des villes ayant plus de 100,000 francs de revenus, et de ceux des autres villes ayant des revenus au-dessous de 100,000 francs; pour l'exécution de l'article 46 de la loi des finances du 15 mai 1818, qui a restreint les obligations des villes de garnison, et où il existe des octrois en perception, à celle de concourir aux frais de casernement jusqu'à concurrence de 7 francs par homme et de 5 francs par cheval; pour le mode de remplir le vœu que les conseils municipaux ont émis de concourir au rachat du domaine de Chambord, pour S. A. R. le duc de Bordeaux, et aux frais des monumens à élever au duc de Berri et à M. de Malesherbes; pour les dépenses relatives aux fêtes qui doivent avoir lieu pour le baptême du duc de Bordeaux; enfin pour la répartition des amendes de police municipale et correctionnelle entre les communes qui éprouvent le plus de besoins.

XI. L'ordonnance du roi du 8 août 1821 (*Bull.* 471), contenant des modifications aux règles actuelles de l'administration des communes, confirme et applique les dispositions de la loi du 15 mai 1818, relatives aux budgets des villes ayant plus de 100,000 francs de revenus, et déclare que ces budgets continueront à être soumis à l'approbation royale. (*Art.* 2.)

Voyez pour le complément de cet article, les mots *Bâtimens, Biens, Comptabilité, Dépenses, Dettes* et *recettes des communes* et *Lits militaires.*

§ III. *Budgets départementaux.*

Nous diviserons en deux chapitres cet article. Le 1er chapitre présentera l'état de la législation, depuis la loi du 28 messidor an IV—16 juillet 1796 jusqu'à la restauration. Dans le 2e chapitre, nous analyserons les lois et circulaires depuis 1814, qui établissent aujourd'hui les bases de la rédaction, de la publication, et de l'exécution des budgets départementaux.

CHAPITRE Ier.—*Législation antérieure à 1814.*

I. *Extrait de la loi du 28 messidor an IV—16 juillet 1796.* (*Bull.* 31.) Les dépenses des administrations centrales, des corps judiciaires, de la police intérieure et locale, de l'instruction publique et des prisons, sont, à compter du 1er vendémiaire an V, à la charge des départemens, sous le nom de *dépenses d'administration.*

Il y est pourvu par un prélèvement en centimes additionnels, qui, dans aucun département, ne peut excéder le cinquième des contributions. (*Art.* 2.)

Les frais de bureaux des administrations municipales (*des sous-préfectures*), ainsi que les traitemens des secrétaires en chef et des employés, continuent à être à la charge des communes. (*Art.* 3.)

Nota. Les ministres de l'intérieur et de la justice furent, dès-lors, chargés d'ordonnancer ces dépenses en masse, par la loi du 4 pluviôse an v, qui régla les sommes à imposer à cet effet, en sus des contributions publiques.

II. *Extraits de la loi du 11 frimaire an VII — 1er novembre 1798. (Bull. 247.)*

1°. Toutes les dépenses de la France sont divisées en quatre classes :

2°. Dépenses générales, qui sont supportées par tous les Français;

3°. Dépenses municipales, qui sont supportées par les seuls contribuables de la commune;

4°. Dépenses communales, qui sont supportées par les seuls contribuables de chaque arrondissement communal (*de chaque sous-préfecture*);

5°. Enfin, dépenses départementales, qui sont supportées par tous les contribuables de chaque département.

Dépenses départementales.

Les dépenses départementales sont celles :

1°. Des tribunaux d'appel, criminels, spéciaux, correctionnels et de commerce;

2°. Des préfectures;

3°. Des écoles centrales et bibliothèques, muséum, cabinets de physique et d'histoire naturelle, et jardins de botanique en dépendans;

4°. De l'entretien et réparation des édifices publics servant à ces établissemens, et des prisons;

5°. Des taxations et remises du receveur-général;

6°. Enfin des autres dépenses autorisées par les lois et nécessaires à l'administration du département (*le préfet*).

Chaque administration départementale, pourra ajouter à l'état de ces dépenses une somme destinée à pourvoir aux dépenses imprévues.

Cette somme ne pourra excéder le dixième du montant des dépenses ordinaires, telles qu'elles sont désignées en l'article précédent.

L'emploi n'en pourra être fait qu'avec l'autorisation

spéciale du ministre de l'intérieur, pour chaque dépense non portée en l'état, ou, en cas d'urgence, qu'en en référant immédiatement au même ministre. (*Art.* 14.)

Recettes départementales.

Les recettes départementales se composent des centimes additionnels aux contributions foncière et personnelle, qu'il sera jugé nécessaire d'établir pour pourvoir à l'acquit des dépenses départementales.

Ces centimes additionnels ne pourront, dans aucun cas, excéder le *maximum* qui sera déterminé chaque année après la fixation du principal de l'une et l'autre contribution. (*Art.* 15.)

Chaque département imposera, en sus des centimes additionnels destinés à couvrir ses dépenses ordinaires, un nombre déterminé de centimes par franc de l'une et de l'autre contribution foncière et personnelle, destinés à pourvoir, dans chaque département en particulier:

1°. Aux remises ou modérations accordées pour pertes de revenus;

2°. Aux secours effectifs à accorder pour cause de grêle, gelée, incendies, inondations, et autres événemens imprévus. (*Art.* 16.)

17. Le produit des centimes additionnels formant le *fonds de non valeur*, mentionné dans le précédent article, sera employé dans l'ordre, et de la manière qui seront réglés ci-après.

Le receveur-général du département et ses préposés, jouiront, sur le produit des centimes additionnels destinés aux dépenses départementales, d'une remise égale à celle qui leur est attribuée par la loi sur leurs autres recettes.

Le montant de cette remise, ainsi que leur traitement fixe, et le montant de la remise qui leur est attribuée sur le principal des contributions foncière et personnelle, seront acquittés sur le produit des centimes additionnels, et feront partie des dépenses départementales. (*Art.* 2.)

Dépenses d'arrondissemens communaux.

Les dépenses d'arrondissemens communaux (*des préfectures*), sont celles :

1°. Du traitement des juges-de-paix et de leurs greffiers;

2°. De celui des sous-préfets;

3°. De celui des commis employés par eux;

5°. Des frais de bureau en papier, encre, plumes, chauffage, lumières, impressions et affiches;

6°. Du port des lettres et paquets par la poste, ou des frais de messager employé à la communication entre les sous-préfets et les maires des communes;

Des tribunaux de première instance;

Des maisons d'arrêt et prisons;

Des traitemens et remises des receveurs particuliers.

9. Les recettes communales se composent :

8°. De la quantité de centimes additionnels aux contributions foncière et personnelle qu'il sera jugé nécessaire d'établir pour compléter le fonds des dépenses communales, lesquels ne pourront, dans aucun cas, excéder le *maximum* qui sera déterminé chaque année, après la fixation du principal de l'une et l'autre contribution. (*Art.* 8.)

Comptabilité.

Le sous-préfet rend compte chaque année des dépenses de son administration, au conseil de l'arrondissement. (*Art.* 61).

Le préfet rend compte des dépenses départementales et communales, au conseil-général du département. (*Art.* 62.)

Le projet des dépenses d'arrondissement et de département pour l'année suivante, est envoyé par le préfet au ministre de l'intérieur; il est fixé et arrêté définitivement par le gouvernement. (*Art.* 63.)

Tous administrateurs et receveurs de département qui ne rendront pas compte dans le délai fixé par l'article 62 ci-dessus, seront, avec l'autorisation du gouvernement, dénoncés par le ministre de la justice au même commissaire, et condamnés à consigner le dixième du montant présumé des recettes départementales, telles que l'état en aura été arrêté par les ministres de la justice et de l'intérieur. (*Art.* 66.)

Dans les poursuites dirigées contre les administrations centrales ou municipales (*les préfets ou sous-préfets*), les condamnés ne seront pas solidaires, et chacun d'eux ne sera tenu à fournir que sa quote part à la consignation.

La consignation aura lieu, sans préjudice des autres poursuites qui seraient nécessaires pour contraindre les administrateurs ou receveurs en retard.

Le montant n'en sera remboursé qu'à la remise de l'apurement du compte. (*Art.* 67.)

De l'emploi du fonds de supplément, *et du* fonds commun des départemens.

Le produit des centimes additionnels destinés à former le *fonds de non valeur,* établi par l'article 16, sera employé, savoir :

Pour faire face aux cotes irrécouvrables pour cause d'insolvabilité, ou de non jouissance, et aux remises et modérations accordées pour perte de revenu.

Et le surplus pour secours effectifs à accorder à raison de grêle, gelée, incendie, inondation et autres événemens imprévus, jusqu'à concurrence des crédits qui seront ouverts par le ministre, et conformément aux règles qui seront établies. (*Art.* 46.)

III. — *Extrait de l'arrêté du 25 vendémiaire an x* — 17 *octobre* 1801. (*Bull.* 116.) Les traitemens des préfets, secrétaires-généraux, conseillers de préfecture et sous-préfets; ceux des professeurs des diverses écoles des départemens, seront ordonnancés par le ministre de l'intérieur, et acquittés par le trésor public. (*Art.* 1er.)

Les traitemens des juges et greffiers des tribunaux d'appel (*des cours royales*), des juges et greffiers des tribunaux criminels (*des cours d'assises*), des juges et greffiers des tribunaux de première instance, et des greffiers des tribunaux de commerce, seront ordonnancés par le ministre de la justice, et acquittés également par le trésor public. (*Art.* 2.)

Les dépenses relatives aux enfans abandonnés, aux pri-

sons, dépôts de mendicité, telles que traitemens de concierges, guichetiers, officiers de santé, et autres employés,
nourriture des détenus; ameublement, grosses réparations
des prisons et prétoires, service des chaînes, et toutes autres dépenses se rapportant à celles ci-dessus énoncées;
aux frais de justice de tout genre,

Seront payées, comme les autre.   .penses variables,
sur les mandats des préfets. (*Art.* 3.)

Le ministre des finances prendra sur le produit des onze centimes additionnels imposés en conformité de l'article 6 de la loi du 21 ventôse an IX, en sus du principal
des contributions directes, les sommes nécessaires pour
le paiement des dépenses énoncées dans l'article précédent.

Il ordonnancera par ordonnances d'à compte, au profit des préfets par douzième chaque mois, conformément
à l'état annexé. (*Art.* 4.)

Les fonds restant libres chaque année, sur ceux destinés aux dépenses dont il est parlé à l'art. 3, et aux dépenses variables en général, seront laissés aux préfets,
pour être employés en améliorations des établissemens
confiés à leur service. (*Art.* 5.)

En cas d'insuffisance des sommes mises à la disposition des préfets; pour quelqu'un des articles de dépense
portés au tableau joint au présent arrêté, ils pourront y
suppléer avec les fonds excédant pour les autres articles.
(*Art.* 6.)

Le compte des dépenses désignées dans l'article 3, sera soumis aux conseils-généraux de département, qui feront connaître leurs vues tant sur la suppression des abus
qu'ils auraient remarqués dans le service, que sur les a-
méliorations qu'ils croiraient convenables, et arrêteront
ledit compte. (*Art.* 7.)

IV. *Extrait de l'arrêté du 3 germinal an x*—24 *mars*
1802. (*Bull.* 171.) Les fonds provenant des centimes
additionnels de l'an VII et années antérieures, versés au
trésor public en bons à vue, conformément à l'arrêté du
17 pluviôse dernier, ne pourront être employés qu'en
vertu des décisions spéciales du gouvernement. (*Art.* 1er.)

Au conseil des finances de chaque mois, à compter
de germinal, le ministre du trésor public fera connaître

au roi le montant desdits bons versés au trésor public, pendant le mois précédent, par chaque département, et la portion de ces mêmes bons provenant des recettes antérieures dont il n'aura pas été disposé. (*Art.* 2.)

Les préfets qui auraient encore à faire acquitter des dépenses imputables, d'après les lois, sur lesdits centimes, feront parvenir au ministre de l'intérieur, les demandes de fonds nécessaires pour leurs départemens respectifs, avec les renseignemens justificatifs.

Le ministre de l'intérieur, après avoir examiné lesdites demandes de fonds, les comprendra, s'il y a lieu, dans l'aperçu des besoins qu'il adresse chaque mois au ministre du trésor public. (*Art.* 3.)

Le ministre du trésor public s'assurera que les demandes des préfets n'excèdent pas les fonds disponibles de chaque département, sur les centimes additionnels versés en bons à vue, et que le trésor public a recouvré la portion des fonds communs que ces mêmes départemens pouvaient être tenus d'y verser pour couvrir l'insuffisance des autres départemens. Il proposera ensuite aux consuls, au conseil des finances du 15 de chaque mois, d'ouvrir au ministre de l'intérieur, un crédit de pareille somme imputable sur lesdits centimes.

Les ordonnances que le ministre de l'intérieur délivrera en conséquence, au nom des préfets, seront acquittées par le payeur-général des dépenses diverses, ou ses préposés. (*Art.* 4.)

Dans les départemens où les dépenses restant à acquitter sur les centimes additionnels des années 8 et antérieures, n'absorberaient pas le montant des bons à vue versés au trésor public sur les mêmes centimes, l'excédant pourra, sur la demande des préfets, sauf l'approbation des consuls, être employé en améliorations et objets d'utilité publique dans lesdits départemens. (*Art.* 5.)

V. *Extrait de l'arrêté du 27 germinal an* XII — 17 *avril* 1804. Les préfets enverront chaque année au ministre de l'intérieur, avant le 1er octobre, l'état des dépenses variables ou extraordinaires à faire pour l'année suivante sur les centimes additionnels affectés à ces dépenses, avec leur avis et celui du conseil-général de département. (*Art.* 1er.)

I.   35

Ces états seront présentés par le ministre de l'intérieur, avec son avis, au gouvernement, qui réglera ces dépenses pour chaque département, par un arrêté d'administration publique. (*Art. 2.*)

Le préfet ne pourra dépenser, *sous peine de responsabilité personnelle*, ni le ministre de l'intérieur ordonnancer des sommes plus fortes que celles autorisées par l'arrêté. (*Art. 3.*)

S'il y a de l'économie sur les sommes dont la dépense aura été autorisée, les sommes en résultant pourront être mises à la disposition du préfet l'année suivante, par le ministre de l'intérieur, pour travaux ou embellissemens utiles au département.

Indépendamment du compte à rendre des centimes départementaux au conseil-général du département, selon le paragraphe 6 de l'article 6 de la loi du 28 pluviôse an VIII, le préfet enverra au ministre de l'intérieur, dans le premier trimestre de chaque année, le compte de l'emploi desdits centimes alloués pour dépenses variables. (*Art. 5.*)

Il en sera fait rapport au gouvernement, pour chaque département séparément, qui, s'il y a lieu, fera examiner lesdits comptes *par une commission du conseil-d'état*, à laquelle, en ce cas, les pièces justificatives seront envoyées par les préfets. (*Art. 6.*)

VI. *Extrait de la loi du 2 ventôse an XIII — 21 février* 1805. (*Bull.* 34.) Les dépenses fixes des départemens sont les traitemens des préfets, des secrétaires-généraux, des membres des conseils de préfecture, des sous-préfets, des professeurs et bibliothécaires de l'instruction publique, des receveurs-généraux et particuliers, y compris leurs remises, des cours d'appel, des juges et greffiers des cours criminelles, des juges et greffiers des tribunaux de première instance, des juges et greffiers de paix, des greffiers des tribunaux de commerce, des juges des tribunaux spéciaux.

Dépenses variables.

Sous ce titre on comprend les dépenses : 1° Des préfectures et sous-préfectures, consistant en traitemens d'employés, frais de bureau de toute espèce, frais d'impression, frais de tournées, loyers, entretien des bâtimens et dépenses imprévues.;

2°. D'instruction publique, consistant en salaires de jardiniers-botanistes, employés, achat et entretien d'instrumens d'études, dépenses des écoles, loyers, entretien des bâtimens, etc.

3°. De l'ordre judiciaire, consistant en menues dépenses des tribunaux, gages des concierges, loyers, menues et grosses réparations des prétoires et prisons; gages des concierges, guichetiers, etc.; nourriture et entretien des détenus, service de la chaîne; dépenses imprévues.

4°. Enfans-trouvés et secours à payer aux citoyens qui sont chargés d'enfans abandonnés.

Les dépenses fixes sont payées par le trésor public, sur les ordonnances du ministre de l'intérieur, au moyen du produit des centimes additionnels, dont la quotité est fixée pour chaque département en particulier.

Antérieurement à l'an XIV, cette quotité de centimes additionnels était la même pour tous les départemens; il en résultait qu'elle était trop forte ou trop faible pour un grand nombre de ces départemens, et que ceux qui étaient imposés au-delà de leurs besoins, contribuaient à l'acquit des dépenses de ceux qui ne produisaient pas une somme égale à celle de leurs frais d'administration.

Répartition pour l'acquit des dépenses.

Il sera réparti sur le principal des contributions foncière et mobilière, pour l'an 1809, pour être versé au trésor public et pour servir à l'acquit des dépenses fixes, le nombre des centimes porté au tableau n° 5. (Art. 33.)

Il sera également réparti,

1°. Sur le principal des deux contributions le nombre de centimes nécessaires à l'acquit des dépenses variables, énoncés au tableau n° 6, après que le conseil-général du département en aura réglé le montant, sans pouvoir excéder le maximum porté au même tableau.

2°. Sur le principal de la contribution foncière seulement, un centime et demi, qui formera un fonds commun, pour subvenir aux frais de l'arpentage et de l'expertisse dans les divers départemens.

Les conseils-généraux pourront, en outre, proposer d'imposer jusqu'à concurrence de quatre centimes au plus, soit pour réparation, entretien de bâtimens et supplément de frais de culte, soit pour constructions de canaux, chemins ou établissemens publics. S. M., en son conseil-d'état, autorisera, s'il y a lieu, ladite imposition. (*Art.* 34.)

VII. *Extrait du décret du* 9 *ventôse an* XIII — 28 *février* 1805. (*Bull.* .) Les centimes que les conseils-généraux sont autorisés à voter, en exécution de l'art. 34, titre VIII de la loi du 2 ventôse présent mois, soit pour réparations, entretien de bâtimens et supplément de frais de culte, soit pour construction de canaux, chemins ou établissemens publics, seront compris de suite dans les mandemens et dans les rôles des contributions foncière, personnelle, somptuaire et mobilière de l'an XIV. (*Art.* 1er.)

Les délibérations prises à ce sujet par les conseils-généraux, seront envoyées par les préfets au ministre de l'intérieur, pour être statué définitivement par Sa Majesté, en son conseil-d'état, sur les propositions contenues dans ces délibérations. (*Art.* 2.)

VIII. *Lettre du ministre de l'intérieur, du* 9 *juillet* 1807, *relative aux dépenses à la charge de plusieurs départemens.* —Pour toutes les dépenses qui doivent être acquittées par plusieurs départemens, le préfet de celui où elles auront lieu, formera, à la fin de chaque trimestre, l'état de chaque dépense réellement faite, en indiquant le contingent partiel des départemens qui doivent y concourir, calculé sur les sommes accordées à cet effet dans les budgets respectifs, et dont j'aurai eu soin de lui donner connaissance. Une expédition de cet état me sera adressée, dans les huit jours qui suivront l'expiration du trimestre, et l'extrait conforme, certifié du préfet, en sera expédié par lui, dans le même délai, aux préfets intéressés ; et ceux-ci, pour acquitter leurs contingens, lui enverront des mandats au nom du payeur de son département.

Le même préfet remettra à ce payeur, pour en poursuivre le paiement auprès des payeurs des départemens débiteurs, lesdits mandats, appuyés des extraits certifiés de l'état susdésigné.

Le payeur du département qui renferme l'établissement

commun, sera commis officieusement, par Son Exc. le ministre du trésor public, pour l'emploi de la portion contributive de chacun des autres départemens. Il fera des sommes qui lui seront remises, comme il est dit ci-dessus, l'objet d'un compte particulier; il sera chargé, seul, d'acquitter en détail les dépenses, sur les mandats du préfet du même département; et pour apporter dans cette comptabilité tout l'ordre et toute la clarté désirables, ces mandats rappelleront les fonds sur lesquels ils porteront, en distinguant ceux qu'aura adressés directement le trésor, sur mes ordonnances, au profit du département où s'effectuera la dépense, de ceux qu'auront fournis les autres départemens qui y concourent.

Le préfet du département où est l'établissement commun, portera dans le compte annuel de ses dépenses variables, le contingent de ce département, qui aura lieu pendant l'exercice pour lequel ce compte sera formé. Il y portera également, pour mémoire, le contingent de chacun des départemens qui doivent contribuer à la dépense de l'établissement commun dont il s'agit, et fera connaître si ces départemens ont satisfait, comme il est expliqué plus haut, au paiement de leurs contingens respectifs.

Le préfet de chacun des autres départemens qui concourent à l'établissement commun, comprendra dans le compte annuel des dépenses variables, la portion contributive de son département dans les dépenses relatives à l'établissement, qui auront été effectuées pendant l'exercice pour lequel ce compte sera dressé.

Les dispositions ci-dessus énoncées seront mises à exécution, à compter du 1er janvier 1807. Cependant, les états de trimestre à dresser par le préfet du département qui renferme l'établissement commun, ne pourront être formés qu'après que les budgets de cet exercice, qui sont encore sous les yeux de Sa Majesté, auront été réglés par Sa Majesté et adressés à MM. les préfets.

Je vous prie, monsieur, de vous conformer exactement, en ce qui vous concerne, aux dispositions de cette circulaire, qui doivent être également suivies,

Pour les dépenses relatives au culte diocésain,

Pour celles des cours d'appel,

Pour celles des maisons de détention, ou les dépôts de mendicité,

Pour le traitement des inspecteurs des poids et mesures,

Pour celui de l'ingénieur des mines,

Enfin, pour toutes les dépenses qui sont supportées par plusieurs départemens.

Nota. Les payeurs des départemens doivent s'entendre avec les receveurs-généraux pour faire acquitter ces dépenses communes, au moyen de réscriptions payables à 24 jours de date. (*Décisions des 15 septembre 1806 et 30 janvier 1809.*)

CHAPITRE II. *Législation depuis 1814, sur la rédaction, la publication, et l'exécution des budgets départementaux.*

Le rétablissement du gouvernement royal nécessitait l'établissement d'une ligne de démarcation, entre ce qui avait été fait jusqu'à cette époque, et ce qui allait se faire. Cette règle générale d'administration s'appliqua aux budgets départementaux.

I. Une circulaire ministérielle du 28 mai 1814, proscrivit d'arrêter, au 1er avril, toutes les dépenses extraordinaires entreprises sur les fonds des exercices 1813 et années antérieures. Ainsi le budget de 1814 dut présenter la situation exacte du département pour les dépenses à faire pendant l'année. Tout ce qui appartenait aux exercices 1813 et années antérieures, formait l'arriéré. Les bases anciennes de la rédaction furent maintenues.

II. Une circulaire du mois d'octobre 1814, adresse aux préfets un modèle pour la formation du budget des dépenses variables, ordinaires et extraordinaires de l'exercice 1815, classées dans cet ordre : enfans trouvés; dépenses du culte catholique diocésain; constructions et grosses réparations à faire aux bâtimens des préfectures, sous-préfectures, tribunaux, prisons, maisons centrales de détention, dépôts de mendicité, casernes de la gendarmerie, et autres édifices départementaux; chemins départementaux, non classés dans le budget des ponts et chaussées.

III. Le titre III de la loi du 23 septembre 1814, sur les finances du royaume, proscrivait le mode d'après lequel serait liquidé et payé l'arriéré des dépenses faites, au 1er avril 1814, sur les fonds des exercices antérieurs à 1814.

Le mode d'exécution des dispositions de cette loi, relativement aux dépenses départementales, est l'objet d'une circulaire du ministre de l'intérieur, du 10 décembre 1814.

IV. Une circulaire du ministre de l'intérieur, en date du 17 décembre 1814, contient ces deux décisions :

1°. A compter du 1er juillet 1814, jusqu'au 31 décembre 1815, les dépenses relatives aux corps-de-garde des préfectures seront imputées sur les fonds réservés, dans les budgets de ces deux exercices, pour les dépenses imprévues départementales.

2°. Pendant le même temps, les dépenses concernant les corps-de-garde établis près les prisons des chefs-lieux de département et d'arrondissement, seront payées sur les fonds accordés par les mêmes budgets pour l'entretien de ces prisons.

V. La loi des finances du 28 avril 1816, ayant apporté des modifications importantes dans le mode de proposition et de paiement des dépenses variables départementales, le ministre de l'intérieur, par une circulaire, sans autre date que celle d'avril 1816, rappela aux préfets les principes qui doivent servir de base au règlement de certaines dépenses, et les développa ainsi qu'il suit :

CHAPITRE Ier.—*Frais d'administration de la préfecture par abonnement.* Cet abonnement a été fixé par ma circulaire du 19 janvier dernier, en vertu de l'ordonnance royale du même jour : le conseil-général ne peut refuser d'en allouer le montant.

Il devra aussi allouer la somme due pour l'indemnité du mobilier de la préfecture, lorsque les formalités exigées par le décret du 21 mars 1815 auront été remplies.

CHAPITRE II.—*Frais d'administration par abonnement des sous-préfectures.* Le conseil-général jugera s'il y a lieu à augmenter les sommes qui ont été allouées jusqu'ici pour ces frais; vous lui remettrez tous les renseignemens propres à faire connaître les besoins réels de chaque sous-préfecture.

CHAPITRE III, § Ier.—*Dépenses ordinaires et d'entretien des prisons.* Je me borne à vous rappeler ma circulaire du 22 mars dernier, n° 42, contenant des principes généraux sur le régime intérieur des prisons, et sur l'amélioration dont ces établissemens sont susceptibles.

§ II.—*Dépenses ordinaires et d'entretien de la maison centrale de détention.* En 1814 et 1815, la totalité nécessaire aux dépenses a été comprise dans le budget du département chef-lieu ; parce que les fonds qui devaient y faire face étaient

centralisés au trésor ; mais aujourd'hui que, par la spécialité
des centimes rétablie par la loi sur les finances, chaque département peut disposer de l'emploi du nombre de centimes
que lui accorde cette loi, il est juste qu'il contribue aux dépenses ordinaires de la maison centrale en raison du nombre
des détenus qu'il y a envoyés.

§ III.—*Dépôt de mendicité.* Vous indiquerez la somme
formant la portion contributive du département dans les dépenses ordinaires et d'entretien annuel du dépôt, s'il en existe
un dans votre département.

CHAPITRE IV.—*Casernement de la gendarmerie.* Je n'ai
rien à ajouter au modèle.

CHAPITRE V.—*Dépenses variables ordinaires des cours
et tribunaux.* Vous remarquerez (article 4) qu'on a ajouté à
ce chapitre les menues dépenses des cours et tribunaux, lesquelles ont été comprises, en 1814 et 1815, au budget de M.
le garde-des-sceaux, à cause de la centralisation au trésor,
des centimes additionnels ; mais la spécialité de ces centimes
étant établie, chaque département doit payer ses dépenses.

Vous ne devrez faire figurer à ce chapitre que les réparations purement locatives ; les réparations extraordinaires seront portées au chapitre VII.

Le département où siège la cour royale profitant des a-
vantages d'être chef-lieu à cet égard, il est juste qu'il supporte seul les dépenses ordinaires composant les quatre arti-
ticles du présent chapitre V ; mais quant aux travaux et dépenses extraordinaires concernant cette cour, ils doivent être
payés par tous les départemens qui y ressortissent, ainsi qu'il
est dit aux chapitres VII et VIII.

CHAPITRE VI.—*Dépenses de la compagnie départementale.* Art. 1er. Il est relatif à la somme à allouer, en 1816,
pour complément des frais de premier établissement de la
compagnie de votre département, frais qui ont été déterminés par mon instruction du 15 janvier dernier, et à compte
desquels j'ai ordonnancé, le 1er février suivant, sous le
n° 2497, sur les fonds de 1815, une somme de.....

2. Il doit faire connaître la somme nécessaire aux dépenses d'entretien annuel de la même compagnie, d'après la
fixation établie par l'instruction ci-dessus rappelée. Les réparations extraordinaires, autres que les locatives, à faire à
la caserne de la compagnie, seront portées, s'il y a lieu, au
chapitre suivant.

CHAPITRE VII.—*Réparations et entretien.* Ce chapitre

comprend les réparations à faire aux bâtimens de la préfecture, des sous-préfectures, des tribunaux, des prisons, à la
maison centrale de détention, au dépôt de mendicité, aux
casernes de la gendarmerie et autres édifices départementaux, ainsi qu'aux routes de 3e et 4e classes, dites départementales ; aux ponts placés sur ces routes, à la navigation et
autres réparations d'un intérêt local....

...Aujourd'hui que par le rétablissement des spécialités,
une portion de ces centimes est rendue aux départemens pour
être employée suivant les besoins des localités, les quatre
millions que j'avais demandés pour être appliqués aux routes
départementales de 3e et 4e classe ont été retirés de mon crédit, et sont représentés par deux centimes additionnels faisant
partie des dix centimes spéciaux. En conséquence, il ne sera
rien alloué dans le budget des ponts-et-chaussées pour les
routes départementales, et il est de toute nécessité que le conseil-général de votre département pourvoie, sur le budget
départemental de 1816, aux réparations de ces routes.

Il résulte de cette nouvelle disposition que les routes départementales ou autres travaux d'utilité locale, sortiront entièrement du budget des ponts-et-chaussées à partir de 1816,
et que l'emploi des sommes qui seront allouées à cet égard
dans votre budget de 1816, ne sera assujetti qu'aux formalités
ordinaires qui seront prescrites pour les autres dépenses des
départemens. L'approbation du budget suffira pour mettre les
travaux en exécution, et vous n'aurez besoin de l'autorisation
de M. le directeur-général des ponts-et-chaussées que pour
des travaux d'art qui exigeraient l'examen et l'assentiment du
conseil composé des inspecteurs-généraux de ce corps, à
l'instar de ce qui se pratique pour les grandes constructions
civiles, soumises à la sanction du conseil des bâtimens civils :
mes décisions sur le budget indiqueront les cas où ces précautions seront nécessaires ; hors ces cas, vous pourrez procéder aux réparations ou autres travaux, sauf à les faire rédiger et surveiller par l'ingénieur en chef des ponts-et-chaussées du département.

CHAPITRE VIII.—*Constructions neuves*. Le détail qui suit
le titre de ce chapitre, désigne suffisamment la nature des
travaux qui doivent y figurer.

Ce que j'ai dit au chapitre VII, relativement au contingent
à payer par chacun des départemens formant la circonscription d'une maison centrale de détention, s'applique sans
restriction aux frais de premier établissement de cette maison,
ainsi qu'aux travaux de construction à la cour royale ; toutes

ces dépenses, par leur nature, étant communes aux départemens de la circonscription.

Il en est de même de ce que j'ai dit à ce chapitre VII pour
la réparation des routes départementales.

Les travaux neufs de ces routes, la construction des ponts
placés dans leur direction, et tous autres travaux d'un intérêt
local, ne seront plus compris au budget des ponts-et-chaussées. C'est donc à vous et au conseil-général à y pourvoir par
des allocations dans le budget départemental.

Pour tous ces travaux, comme je l'ai expliqué au chapitre
VII, vous n'aurez à correspondre avec M. le directeur-général des ponts-et-chaussées, que dans les cas qui seront déterminés lors du renvoi du budget.

Il ne peut être ainsi des supplémens que le conseil-général croirait devoir voter pour des travaux de routes royales,
ponts, etc., compris au budget des ponts-et-chaussées, et
dans les vues de jouir plus promptement des avantages qui
doivent en résulter pour le département.

Vous sentez qu'il est dans l'ordre que M. le directeur-général de cette administration dirige l'application de ces supplémens, et que vous provoquiez alors son autorisation pour
l'emploi des sommes allouées.

A cet effet, je lui ferai connaître les sommes que le conseil-
général votera par forme de supplément, et que j'allouerai
pour les routes ou autres travaux qui, par leur classification,
sont à la charge des ponts-et-chaussées. Je ne saurais trop
recommander à votre attention et à celle du conseil-général
de désigner, avec précision et les détails nécessaires, les travaux qui donneraient lieu à ces supplémens, afin que je ne
puisse pas les confondre avec les travaux purement départementaux.

Je vous prie de remarquer, monsieur le préfet, que, d'a-
près le tableau que j'ai remis à la commission du budget, les
dépenses comprises aux huit chapitre précédens sont imputables sur le produit des dix centimes additionnels laissés à la
disposition du département, et secondairement sur le secours
(s'il y a droit) qui lui revient dans la répartition du fonds
commun des deux centimes additionnels que la loi a mis à
ma disposition.

D'après le même tableau, les dépenses à comprendre aux
chapitres IX et suivans, sont imputables sur les centimes facultatifs dont l'imposition peut être votée par le conseil-général, lorsqu'il connaît l'insuffisance des centimes additionnels ordinaires, ainsi qu'il est expliqué par le nota mis en marge de chacun de ces chapitres.

CHAPITRE IX.—*Dépenses relatives au culte catholique.*
Le premier paragraphe a rapport au supplément à accorder
pour les frais du culte diocésain.

Le diocèse se composant en général de plusieurs départemens, il est convenable que tous paient leur contingent dans
ce supplément.

Le nota qui se trouve à la fin du paragraphe, et auquel je
vous prie de vous conformer, en ce qui peut vous concerner,
indique comment doit se déterminer le contingent de chaque
département, soit qu'il se trouve être le chef-lieu du diocèse,
soit qu'il y ressortisse ; s'il est le chef-lieu, vous aurez à vous
concerter avec M. l'évêque sur les sommes qu'il croira nécessaires d'allouer à titre de supplément pour les frais du culte
diocésain.

Le second paragraphe est relatif aux dépenses du culte catholique, qui, par leur nature, ne peuvent intéresser que le
département ; raison pour laquelle il est juste qu'il en supporte
seul les frais.

Dans plusieurs communes, les églises ou les presbytères
ne pourraient de long-temps être réparés à cause de l'insuffisance des revenus communaux : dans ce cas, il est à désirer
que les départemens, lorsqu'ils le pourront, pourvoient à ces
réparations, en ajoutant quelque secours aux efforts des communes ; mais tout en vous recommandant cet objet intéressant, je dois vous faire observer que la priorité devra toujours être donnée aux dépenses départementales, auxquelles
sont spécialement affectés les centimes additionnels.

CHAPITRE X.—*Supplément aux frais du culte protestant.*
On se bornera à ce qui est absolument à la charge du département.

CHAPITRE XI.—*Dépenses des enfans-trouvés et abandonnés.* Par la loi du 5 mai 1802, la dépense des enfans-trouvés
et des enfans abandonnés a été déclarée charge départementale.

Depuis 1810, le gouvernement avait cru devoir faire supporter par les communes une partie de la dépense des mois
de nourrice et pensions de ces enfans.

Mais, d'après l'article de la loi qui vient d'être rendue, il ne
peut plus être fait, sur les revenus des communes, aucun autre prélèvement que ceux qui se trouvent déterminés par cette
loi même.

Il n'est plus dès-lors possible, à compter de la promulgation de la loi, de mettre à la charge des communes une partie de la dépense des mois de nourrices et pensions des en-

faus-trouvés et des enfans abandonnés; et vous devez inviter le conseil-général de votre département à voter les fonds nécessaires pour pourvoir à la totalité de cette dépense.

CHAPITRE XII.—*Etablissemens thermaux, chemins départementaux.* Le modèle de budget me dispense d'entrer dans aucun détail.

CHAPITRE XIII.—*Encouragemens et secours.* L'énumération de ce chapitre ne contient que des dépenses d'un intérêt local et incontestable pour le département.

Les sommes qui seront votées ou allouées pour les pépinières départementales, sociétés d'agriculture, artistes vétérinaires, élèves sages-femmes, cours d'accouchement légalement autorisés, et secours à d'anciens employés, pourront être employées conformément à leur destination, sans mon autorisation préalable; mais cette autorisation devra être provoquée à l'égard des sommes qui seront destinées aux autres articles compris au présent chapitre.

J'ai pensé que le conseil-général consentirait à accorder quelques secours aux habitans de votre département victimes d'incendies, inondations et autre fléaux : le modèle du budget a prévu ce cas, et un article y a été placé pour recevoir ses propositions.

CHAPITRE XIV.—*Dettes de* 1814 *et* 1815. Ce chapitre est destiné à recevoir les sommes que les conseils-généraux croiraient devoir voter, à valoir sur la dette départementale des exercices 1814 et 1815. Les dépenses réellement faites, et qui resteront à payer après l'épuisement des fonds ordonnancés en numéraire sur ces deux exercices, sont mises à l'arriéré, par la loi sur les finances, pour être payées suivant un mode particulier. Les départemens ont droit aux valeurs créées par cette loi pour ce nouvel arriéré; mais il serait possible que les créanciers, ou quelques créanciers de ces deux exercices, inspirassent assez d'intérêt, par leur position, ou la nature de leurs créances, pour que le conseil-général du département, sur votre demande, désirât de venir à leur secours en votant, en leur faveur, des sommes à valoir sur leurs créances et payables sur les centimes de 1816.

Les particuliers qui ont cédé au département des maisons, des terrains ou autres propriétés, sont surtout dans une position qui mérite exception.

J'abandonne à la prudence du conseil-général, et à l'intérêt que vous prenez à vos administrés, le soin de me proposer à cette occasion ce que vous croirez convenable. Vous me trouverez disposé à adopter vos propositions, surtout lorsqu'elles n'excéderont pas les ressources de votre département, lesquelles doivent avant tout être affectées aux dépenses de 1816.

Dans ce cas, vous aurez la plus grande attention à indiquer, d'une manière non équivoque, les créances auxquelles on voudra appliquer les sommes proposées, les noms des créanciers, et si leurs créances appartiennent à 1814 ou à 1815.

Il se présentera sans doute, dans quelques départemens, le cas où des allocations faites aux budgets départementaux de 1814 et 1815, pour des dépenses reconnues nécessaires, n'auront pu être réalisées, ni les dépenses avoir lieu.

Dans ce cas, il conviendra de reproduire ces mêmes dépenses au budget de 1816, en faisant connaître qu'elles ont figuré dans celui de 1814 ou de 1815, et les motifs qui ont empêché d'effectuer tout ou partie de ces dépenses.

Quant à ce qui est dû sur les années antérieures, la liquidation continuera à en être faite conformément à la loi du 23 septembre 1814, et le paiement en sera effectué d'après le mode établi par la loi du budget de l'état pour 1816.

CHAPITRE XV.—*Dépenses imprévues.* Ce dernier chapitre est destiné au fonds que vous et le conseil-général croirez devoir mettre en réserve pour les dépenses imprévues, dont l'énumération se trouve au modèle.

On y voit figurer les dépenses extraordinaires à l'état-major de la garde nationale, lesquelles, dans aucun cas, ne pourront jamais excéder 5000 francs.

Mes circulaires du 5 décembre 1815, 6 février et 16 mars suivans, vous donnent l'autorisation de faire payer sur ce fonds, au fur et à mesure qu'elles auront lieu, les dépenses relatives aux frais de voyage du préfet, seulement lorsqu'il se rend à son poste par suite de sa nomination; aux primes pour destruction de loups; aux 15 centimes par lieue accordés aux voyageurs indigens, et aux frais de translation des mendians et vagabonds.

Le paiement des autres articles de dépenses imputables sur le même fonds de réserve, ne pourra s'effectuer que sur mes autorisations spéciales et préalables.

Récapitulation. Elle présentera, 1° par chapitre, le total général des dépenses; 2° la comparaison de ce total, avec le produit des dix centimes additionnels laissés par la loi à la disposition du département, et celui des centimes facultatifs dont le conseil-général croira devoir voter l'imposition. Cette dernière imposition ne pourra être mise en perception qu'après approbation, et le conseil-général ne devra la proposer qu'en cas d'insuffisance bien reconnue des centimes ordinaires.

Si votre département est compris dans le tableau que j'ai fourni à la commission du budget (chambre des députés), comme pouvant participer à la distribution du fonds commun de 2 centimes laissé à ma disposition, la fin de la récapitulation devra indiquer la somme à prendre sur ce fonds.

Je ne crois pas inutile de rappeler ici que, par les motifs déduits au commencement de la présente circulaire, cette somme ne peut, dans aucun cas, être la même que celle que j'ai fait figurer sur le tableau donné à la commission du budget. Cette dernière somme n'est qu'une donnée provisoire, un point de départ pour déterminer à peu près ce qui doit vous revenir sur le fonds commun.

Je vous préviens qu'à mon grand regret je serai forcé de rejeter ce que vous demanderiez sur ce fonds au-delà des justes proportions que la loi a mises à ma disposition.

Je vais me concerter avec M. le ministre des finances sur le mode à adopter pour le remboursement au trésor des sommes que j'ai ordonnancées, et que je pourrai encore ordonnancer à compte des dépenses départementales de 1816, et pour la réalisation des sommes à accorder sur le fonds commun. Vous recevrez, à ce sujet, des instructions particulières. Enfin, le budget se termine par un tableau qui fera connaître le produit, 1° des dix centimes additionnels laissés à la disposition des départemens ; 2° des deux centimes affectés au fonds commun dont la répartition m'est réservée ; 3° des centimes facultatifs dont l'imposition peut être votée par le conseil-général. Je vous recommande de remplir ce tableau avec la plus grande exactitude, et d'indiquer le nombre de centimes facultatifs dont le conseil demandera l'imposition.

Le système établi par la loi sur les finances étant, en quelque sorte, nouveau en ce qui concerne la classification et le mode de paiement des dépenses variables départementales, j'ai cru devoir donner de l'extension à ma circulaire, afin de vous rendre plus facile la composition du budget dont vous avez à vous occuper.

VI. L'article 24 de la loi des finances du 28 avril 1816, ayant laissé à la disposition des départemens 10 centimes additionnels pour leurs dépenses variables, une circulaire ministérielle du 25 juin 1816 détermina le mode d'après lequel ces 10 centimes devaient être employés ainsi que le produit des centimes facultatifs, votés par les conseils-généraux, et le fonds commun de 2 centimes additionnels mis à la disposition du ministre de l'intérieur, pour venir au secours des départemens dont les dépenses variables excéderaient le produit des centimes ordinaires facultatifs.

Par la même circulaire, le ministre trace les règles à observer par les préfets, pour la régularisation des sommes qu'ils ordonnancent sur les 10 centimes additionnels, de l'emploi mensuel de ces 10 centimes, de la surveillance de la caisse départementale, des retenues à faire sur les traitemens, de l'emploi des sommes accordées sur le fonds commun, des dépenses communes à plusieurs départemens, enfin des comptes de trimestre.

Nota. Une circulaire du 23 juillet suivant, donne de nouveaux développemens sur l'emploi des sommes qui doivent être ordonnancées sur les 2 centimes additionnels laissés, à titre de fonds commun, au ministre de l'intérieur, pour les dépenses variables de 1816, et offre le modèle du mandat à délivrer par le préfet.

Le préposé des dépenses diverses du département d paiera à M. le receveur-général du même département la somme de   montant de l'ordonnance expédiée par M. le ministre-d'état secrétaire de l'intérieur le   sous le n°   sur le fonds commun des deux centimes additionnels laissés à la disposition de ce ministre par l'article 24 de la loi du 28 avril 1816.

Cette somme sera employée par le receveur-général, à payer des dépenses variables allouées au budget départemental de cet exercice, d'après les mandats particuliers, que je délivrerai au profit des parties prenantes.

Le mode de paiement des dépenses communes à plusieurs départemens, a été l'objet d'une circulaire du 30 août 1816, qui indique les mesures prises par le ministre des finances, pour déterminer avec le soin et la diligence nécessaires, le mode de versement des contingens des départemens des circonscriptions, et celui des paiemens au département chef-lieu, au moyen de traites délivrées par les receveurs généraux circonscriptionnaires sur le receveur-général du département chef-lieu, et acquittées sur des mandats des préfets.

VII. L'article 12 de la loi du 28 avril 1816, avait réuni sous le titre *d'arriéré antérieur au 1er janvier* 1816, les années antérieures au 1er avril 1814, et les dépenses restant à acquitter sur le service des neuf derniers mois de 1814 et sur l'exercice de 1815, en excédant des recettes de ces deux exercices.

Les articles 13 et 14 déterminent le mode de liquidation et d'acquittement de cet arriéré.

Pour l'exécution de ces dispositions législatives, une circulaire ministérielle du 17 novembre 1816 divise cet arriéré en trois parties distinctes : 1° l'arriéré antérieur au 1er avril 1814, sur les exercices de 1801 à 1813; 2° l'arriéré des neuf derniers mois de 1814; 3° l'arriéré de 1815; et Son Exc., d'après cette distinction, indique aux préfets le mode de liquidation des dettes de leur département, en ce qui concerne les dépenses variables ordinaires et extraordinaires portées au budget.

VIII. L'article 14 du projet de loi sur les finances de 1817, ayant pour objet de séparer en deux classes bien distinctes, et à partir de l'exercice de 1817, les diverses dépenses départementales acquittées sur des centimes additionnels spéciaux, une circulaire du 18 janvier 1817 en développe les moyens d'exécution, ainsi qu'il suit :

Les dépenses fixes et celles qui sont communes à plusieurs départemens, forment la première classe. En voici le détail :

Traitemens des préfets, sous-préfets, secrétaires-généraux, et conseillers de préfecture.

Abonnement des préfectures et des sous-préfectures.

Constructions, frais de premier établissement, réparations ou autres dépenses extraordinaires des maisons centrales de détention.

Entretien annuel et ordinaire de ces maisons.

Réparations aux bâtimens des cours royales.

Supplément aux dépenses ordinaires et extraordinaires du clergé dans les chefs-lieux des diocèses.

Établissemens thermaux ou sanitaires

Secours pour cause d'incendie, d'inondation, de grêle et autres fléaux.

Dépenses imprévues et communes à plusieurs départemens.

Ces diverses dépenses seront imputables sur le produit de 6 centimes additionnels à centraliser au trésor royal, pour être tenus à ma disposition et être employés sur mes ordonnances.

Vous ne pouvez donc, monsieur le préfet, à partir de l'exercice 1817, expédier de mandats, pour le paiement des dépenses de la 1re classe, qu'en vertu d'ordonnances sur le payeur du département, dans la forme ordinaire.

Pour assurer les services les plus urgens, et en attendant la loi, j'avais adressé au trésor royal une première ordonnance dans laquelle votre département est compris pour une somme de...

Vous ne pourrez en appliquer le montant qu'aux articles ci-après détaillés, et en prenant pour base provisoire les allocations de 1816.

Traitement du préfet, des sous-préfets, du secrétaire-général et des conseillers de préfecture.

Frais d'administration, pour abonnement de la préfecture et des sous-préfectures.

Dépenses annuelles ordinaires de la maison centrale de détention, seulement dans le département chef-lieu, attendu que, suivant le projet de loi, toutes les dépenses de cet établissement seront comprises dans le budget du département chef-lieu. Les départemens des circonscriptions n'auront donc aucun fonds à envoyer au chef-lieu, pour l'exercice 1817.

Les ordonnances qui suivront celle de janvier ne pourront être employées qu'à ces trois natures de dépenses. Il convient, pour toutes les autres dépenses de la 1re classe, d'attendre la promulgation de la loi, et ma décision sur le budget qui vous sera demandé.

Il résulte de ce qui précède, que le receveur-général de votre département devient, à partir de l'exercice de 1817, étranger aux dépenses fixes et de celles qui sont communes à plusieurs départemens; et que, pour y faire face, en attendant la loi, il ne sera pas nécessaire de recourir à des avances sur le restant des centimes ordinaires et facultatifs de 1816, ou sur les centimes de 1817.

Les dépenses variables formant la 2e classe sont celles qui suivent :

Loyers des hôtels de préfecture, contributions, acquisition, entretien et renouvellement du mobilier;

Dépenses ordinaires des prisons départementales;

Dépôts, secours et ateliers pour remédier à la mendicité;

Frais ordinaires du casernement de la gendarmerie;

Loyers, réparations, mobilier et menues dépenses des cours et tribunaux.

Les dépenses de cette nature, en ce qui concerne la cour royale, restent toujours en totalité à la charge du département chef-lieu. Les autres départemens ressortissant à cette cour, n'ont donc pas à s'occuper de ces dépenses.

Dépenses départementales.

Constructions et réparations aux bâtimens des préfectures, sous-préfectures, tribunaux, prisons, dépôts de mendicité, casernes et autres édifices départementaux ;

Travaux des routes départementales, et autres d'intérêt local, non compris au budget des ponts-et-chaussées;

Dépenses relatives aux enfans trouvés et abandonnés, déduction de ce qui est à la charge des hospices, et de ce qui pourra être imputé sur les revenus communaux ;

Encouragemens et secours pour les pépinières, sociétés d'agriculture, artistes vétérinaires, cours d'accouchemens, etc. ;

Dettes départementales à payer en numéraire, indemnités de terrains, acquisitions et déficit de 1816.

Dépenses imprévues.

Toutes ces dépenses variables sont, d'après le projet de loi, imputables, 1° sur les 6 centimes additionnels qui seront tenus par le receveur-général à votre disposition, pour être employés, sur vos mandats, conformément au budget voté par le conseil-général, et approuvé par le ministre de l'intérieur; 2° sur les 2 centimes additionnels à verser au trésor royal pour, à titre de fonds commun, être distribués et ordonnancés par le ministre, au profit des départemens dont les dépenses variables excéderont le produit des 6 centimes additionnels et des centimes facultatifs ; 3° sur les centimes facultatifs, dont ce conseil pourra voter l'imposition jusqu'à concurrence de 5.

Pour le moment, on ne peut disposer que des 6 centimes additionnels ordinaires, et seulement jusqu'à concurrence des 4 douzièmes, dont la perception a été autorisée par la loi du 20 décembre dernier.

A cet effet, je vous autorise, monsieur le préfet, à délivrer les mandats sur le receveur-général de votre département, avec imputation sur ces 4 douzièmes, et à mesure de leur recouvrement. Vous aurez soin de ne délivrer ces mandats que pour les dépenses ordinaires et urgentes de l'exercice de 1817, en prenant pour régulateur provisoire, les allocations relatives de l'exercice 1816. Ces mandats seront régularisés

plus tard, conformément aux instructions qui seront adressées aux préfets, aux receveurs-généraux et aux payeurs des
départemens, pour l'exécution de la loi qui interviendra.

Vous assurerez de préférence le service ordinaire des prisons, celui du dépôt de mendicité, s'il en existe un dans votre
département, ainsi que les menues dépenses des cours et tribunaux; l'entretien ordinaire de la compagnie départementale, et enfin la nourriture des enfans trouvés ou abandonnés.

Les autres dépenses variables n'étant pas de la même urgence, il n'y a pas d'inconvénient d'attendre que le budget
de votre département ait été voté par le conseil-général, et
approuvé.

Dans le courant du mois de février, la répartition du fonds
commun de 2 centimes aura lieu, et je vous ferai connaître
la somme qui vous sera attribuée, si votre département est du
nombre de ceux qui y ont droit; j'expédierai ensuite, sur ce
fonds, des ordonnances d'à-compte.

IX. Les changemens apportés, par la loi sur les finances du 25 mars 1817, dans la classification et le mode de
paiement des dépenses variables départementales, ont
été l'objet de la circulaire suivante, en date du 29 mars
1817.

A partir de 1817, les frais d'administration des préfectures et des sous-préfectures, ainsi que les dépenses communes à plusieurs départemens, ne font plus partie du budget
spécial à chaque département.

Les dépenses variables, ainsi qu'elles sont déterminées par
la loi, sont imputables, 1° sur les 6 centimes additionnels qui
seront mis à votre disposition pour être employés, conformément au budget dressé par vous, voté par le conseil-général
et définitivement approuvé; 2° sur les 2 centimes additionnels à verser au trésor royal pour, à titre de fonds commun,
être répartis en faveur des départemens dont les dépenses variables excèdent le produit des 6 centimes ordinaires et des
6 centimes facultatifs ci-après; 3° sur les centimes facultatifs
supplémentaires, dont le conseil-général pourra voter l'imposition jusqu'à concurrence de 5.

Cette imposition ne pouvant, aux termes de la loi, se réa-
liser qu'avec mon approbation, je vous donne ici l'autorisation qui vous est nécessaire pour faire mettre en recouvrement les centimes supplémentaires, que le conseil-général
devra voter pour assurer le paiement des dépenses variables
extraordinaires facultatives.

Je me suis occupé, avec la plus grande sollicitude, de la répartition du fonds commun de 2 centimes laissés à ma disposition.

La séparation que la loi a prescrite entre les dépenses fixes ou communes à plusieurs départemens, et les dépenses variables spéciales à chaque département, a nécessairement introduit d'autres bases et nécessité de nouveaux calculs pour l'évaluation de la somme qui doit être attribuée, sur le fonds commun, aux départemens qui ne sont pas suffisamment dotés avec leurs centimes ordinaires ou supplémentaires. Ainsi remarque-t-on des différences en plus ou en moins, dans la comparaison de la somme accordée en 1816, avec le contingent de 1817, suivant la disposition particulière du département, quant au produit des 6 centimes centralisés au trésor, comparé au montant des dépenses fixes ou communes.

J'ai évalué les dépenses variables ordinaires de votre département à la somme de....

Les dépenses extraordinaires et facultatives sont moins faciles à évaluer; mais je pense qu'on peut, avec quelque exactitude, les porter pour environ. . . . .

Total. .

Vos ressources sont. . . . .
    6 centimes ordinaires.. . . . .
    5 centimes supplémentaires. . . . .
    Facultatifs. . . . .
    Votre département. . . . .

Excédant qui permet au conseil-général de voter plus de dépenses extraordinaires, ou d'imposer moins que les centimes facultatifs.

Le conseil-général de votre département doit se pénétrer de la nécessité d'assurer convenablement les dépenses ordinaires et extraordinaires avec les ressources ci-dessus, après toutefois avoir indiqué toutes les économies praticables. S'il ne votait pas les centimes facultatifs nécessaires au complément des dépenses, il me faudrait réduire ses votes aux seules ressources qu'il aurait conservées, et ce serait avec bien du regret que je me trouverais forcé d'ajourner des objets qu'il aurait cependant jugés utiles.

Je vous adresse quatre exemplaires du modèle de budget des dépenses variables de 1817. Un premier exemplaire servira à établir vos propositions, et sera mis ensuite sous les

yeux du conseil-général de votre département, appelé par la
loi à délibérer sur ces propositions ; un second exemplaire
recevra les votes et les observations de ce conseil, et sera
signé de vous et des membres présens.

Deux copies également signées, me seront transmises pour
recevoir mon approbation définitive, et j'aurai soin de vous
en renvoyer une dans le plus court délai possible.

Le budget est divisé en douze chapitres ainsi qu'il suit :

CHAPITRE Iᵉʳ.—Préfecture ;
II.—Prisons ;
III.—Mendicité ;
IV.—Casernement de la gendarmerie ;
V.—Dépenses variables ordinaires des cours e
tribunaux ;
VI.—Compagnies départementales ;
VII.—Travaux des bâtimens civils ;
VIII.—Routes départementales et autres travaux ;
IX.—Enfans trouvés et abandonnés ;
X.—Encouragemens et secours ;
XI.—Dette départementale, indemnité de terrains ;
XII.—Dépenses imprévues.

X. Une circulaire du mois d'avril 1817, détermine le
mode de formation du budget des dépenses fixes ou communes à plusieurs départémens, pour 1817, et le divise en
7 chapitres.

Iᵉʳ, traitemens administratifs ; IIᵉ, frais d'administration par abonnement ; IIIᵉ, maison centrale de détention ;
IVᵉ, bâtimens de la cour royale ; Vᵉ, supplémens aux dépenses du clergé dans le chef lieu du diocèse ; VIᵉ, établissemens thermaux et sanitaires ; VIIᵉ, secours et dépenses imprévues.

XI. L'article 4 de la loi des finances du 25 mars 1817,
relatif à l'arriéré de l'état, ayant rétabli la distinction
qui avait été précédemment faite entre les créances de
1809 et années antérieures jusques et compris l'an IX, et
celles du 1ᵉʳ janvier 1810 au 1ᵉʳ avril 1814, le ministre de l'intérieur, par une circulaire du 24 avril 1817,
proscrit le mode d'exécution des dispositions de la loi, relativement à l'arriéré de toutes les créances départementales, variables, ordinaires, extraordinaires et autres,
dont les relevés généraux et comptes définitifs doivent
être arrêtés et envoyés au ministre avant le 1ᵉʳ octobre.

XII. Par une circulaire du mois de mai 1817, le ministre de l'intérieur accuse aux préfets la réception du budget départemental des dépenses fixes ou communes de 1817, et leur indique le mode de pourvoir, en attendant sa décision sur le budget, aux dépenses suivantes : 1° traitemens administratifs; 2° frais d'administration; 3° maison centrale de détention; 4° bâtimens de la cour royale; 5° supplément aux dépenses du clergé dans le chef-lieu du diocèse; quant au paiement des dépenses les plus urgentes, Son Exc. les autorise à se régler sur les ordonnances mises à leur disposition.

Nota. Une 2° circulaire, accusant la réception du budget des dépenses variables, ordinaires et extraordinaires du département, autorise les préfets à pourvoir au paiement de ces dépenses, en prenant pour base les sommes votées par le conseil-général de département.

Dans ces dépenses sont compris le loyer, les contributions et les frais du corps-de-garde de l'hôtel de la préfecture; les dépenses ordinaires des prisons, et du dépôt de mendicité; les frais ordinaires du casernement de la gendarmerie; les menues dépenses et frais du parquet des cours et des tribunaux; les frais de la compagnie départementale; les réparations des routes départementales; et autres travaux d'entretien et d'utilité locale qui ne peuvent souffrir de retard, et ce, seulement jusqu'à concurrence de moitié des sommes votées; enfin les dépenses relatives aux enfans-trouvés, en prenant pour base provisoire la somme résultant de la répartition de 4 millions.

XIII. Le ministre de l'intérieur, par une circulaire du 18 janvier 1817, avait autorisé les préfets à délivrer, sur le receveur-général du département, des mandats provisoires, imputables sur les six centimes additionnels laissés à leur disposition, pour être employés au paiement des dépenses variables départementales. Mais par une circulaire du 6 juin de la même année, Son Exc. annonce aux préfets, que les instructions du ministre des finances, en date du 30 avril, avaient régularisé les paiemens, pour en rendre l'exécution facile, et les invite à s'y conformer. Elle leur recommande en même temps de lui adresser, par trimestre, un compte sommaire des paiemens autorisés, et d'en former deux états distincts : le 1er pour les dépenses fixes ou communes à plusieurs départemens, et payables sur la portion ordonnancée par le ministre de l'intérieur, des six centimes centralisés au trésor; le 2° pour les dépenses variables spéciales à chaque département, et imputables sur les six centimes laissés à la disposition des préfets; sur les deux centimes de fonds commun, lorsqu'il y a lieu; et enfin sur les centimes facultatifs supplémentaires imposés d'après les votes des conseils-généraux.

XIV. Une circulaire du 11 octobre 1817, rappelle aux préfets, qu'en exécution d'une circulaire du 5 août 1815, au 1ᵉʳ juillet de chaque année, le compte de l'exercice précédent doit être irrévocablement fermé en ce qui concerne les dépenses variables ordinaires départementales; et que passé ce délai, aucune dépense, aucun mémoire ne peuvent plus être admis.

Son Exc. joint à la circulaire un modèle du compte à rendre, afin que les sommes allouées au budget de l'exercice soient consommées.

XV. Une circulaire ministérielle du 20 janvier 1818, autorise les préfets à pourvoir provisoirement, en attendant la loi des finances de 1818, au paiement des dépenses départementales, tant variables que fixes ou communes de cet exercice, mais avec l'attention de s'attacher aux dépenses les plus urgentes, et de prendre pour base les allocations de 1817. Sont considérés comme dépenses urgentes les traitemens administratifs, les frais d'administration par abonnement, de la préfecture et des sous-préfectures.

XVI. La loi sur les finances du 15 mai 1818, conservant la division des dépenses départementales, en fixes ou communes à plusieurs départemens, et en variables ordinaires spéciales à chaque département, une circulaire du ministre en date du 16 du même mois, transmet aux préfets un modèle de la formation des budgets des dépenses départementales, divisé comme en 1817, sauf les modifications résultant de la loi des finances, pour les maisons centrales de détention; les supplémens de traitement accordés aux évêques, aux vicaires-généraux, aux chanoines et aux provicaires-généraux; les prisons. La même circulaire développe les moyens d'employer les ressources offertes aux préfets, pour faire face aux dépenses variables dans l'exercice de 1818 : 1° les six centimes laissés à leur disposition pour être employés sur leurs mandats; 2° le fonds commun de 5 centimes.

Enfin Son Exc. désigne les diverses natures de dépenses qui doivent composer le budget des centimes facultatifs, telles que l'entretien des bâtimens départementaux et des routes, les travaux de charité, les constructions neuves, les travaux d'art et les enfans-trouvés.

XVI. La division des dépenses départementales établie par les lois des finances de 1817 et 1818, devant être maintenue par celle de 1819, une circulaire ministérielle du 24 janvier 1819, décide que les dépenses fixes et celles qui sont communes à plusieurs départemens continueront d'être payées, au moyen d'ordonnances spéciales, sur les 6 centimes additionnels à centraliser au trésor royal, comme en 1818; et en attendant la loi, le ministre autorise les préfets à pourvoir provisoirement au paiement des dépenses portées au budget départemental, par des mandats d'à-comptes, imputables sur les 6 centimes additionnels laissés à leur disposition.

A l'égard des centimes facultatifs de 1819, toute disposition sur cette nature de fonds doit être suspendue jusqu'à la publication de la loi des finances.

XVII. La loi des finances pour l'exercice 1819, a maintenu la division des dépenses départementales en fixes ou communes à plusieurs départemens, et en variables ordinaires spéciales à chaque département. Elle a pourvu au paiement des dépenses fixes ou communes, au moyen de 6 un quart centimes additionnels centralisés au trésor royal, pour être distribués et ordonnancés suivant les besoins; et à celui des dépenses variables, par 6 un quart centimes additionnels ordinaires, versés dans les caisses des receveurs-généraux, et employés sur les mandats des préfets comme en 1818; de plus, par une somme accordée sur le fonds commun de 5 centimes, dont le produit versé au trésor royal, était mis à la disposition du ministre de l'intérieur, pour remédier, dans la proportion des besoins, à l'insuffisance des 6 un quart ci-dessus.

Les conseils-généraux avaient été, en outre, autorisés,

par la même loi, à établir, sauf l'approbation du gouvernement, des impositions pour des dépenses d'utilité départementale, dont le montant ne pouvait excéder 5 centimes du principal des contributions foncière, personnelle et mobilière, et dont l'allocation devait toujours être conforme au vote du conseil-général.

Le mode de la formation des budgets de ces différentes dépenses, est réglé par une circulaire du 19 juillet 1819.

Nota. Les mêmes dispositions ci-dessus se retrouvent dans les circulaires du 15 janvier et du 16 juillet 1820, pour la formation des budgets départementaux, en exécution de la loi des finances de la même année.

XVIII. Une circulaire du 23 juillet 1820, spéciale pour les frais du culte diocésain, et adressée aux évêques, contient les dispositions suivantes :

Monseigneur, au moment où les préfets vont s'occuper de la formation des budgets des dépenses départementales pour 1820, je crois utile de vous rappeler l'ensemble du nouveau système établi, par les dernières lois de finances, pour l'acquittement de ces dépenses, notamment en ce qui concerne celles relatives aux établissemens diocésains.

Les dépenses départementales sont divisées en quatre classes, savoir : dépenses fixes ou communes à plusieurs départemens, variables; facultatives, et travaux d'intérêt général.

Dépenses fixes ou communes.

Dans cette 1re classe sont comprises les dépenses diocésaines dont le détail suit :

Frais de tournées et de secrétariat aux évêques.

Dépenses des maîtrises et bas chœurs.

Entretien des bâtimens des cathédrales, évêchés et séminaires diocésains.

Entretien, achat du mobilier des évêchés.

Achats d'ornemens pontificaux, de cloches et autres objets pour la cathédrale.

Supplément aux revenus de la fabrique.

Loyer des maisons servant au logement des évêques ou des séminaristes, dans les diocèses qui n'ont pas encore de palais épiscopal ou de séminaire.

Aux termes exprès de la loi, on ne doit comprendre dans ces dépenses aucun article pour le personnel des ministres du la religion. Cette exclusion s'étend naturellement aux supérieurs, directeurs et professeurs des séminaires.

Il est pourvu aux dépenses fixes ou communes sur un fonds de 6 centimes un quart, centralisés au trésor royal, et réparti par le ministre entre tous les diocèses, dans la proportion des besoins généraux établis par les propositions des préfets.

Vous concevrez facilement, monseigneur, d'après cet exposé, qu'il était impossible que les conseils-généraux, ignorant ce que les ressources permettaient d'accorder pour chaque objet de dépense, continuassent de voter les allocations. Cependant les budgets leur sont toujours présentés, mais comme simple communication; et les vœux qu'ils expriment quelquefois ne peuvent plus être considérés que comme un nouveau renseignement, servant à corroborer la proposition du préfet, mais dont le succès est entièrement subordonné à ce que les ressources permettent de faire.

Dépenses variables.

Les dépenses dites *variables* s'imputent sur un autre fonds de 6 centimes un quart, qui reste à la disposition du département, et dont le conseil-général vote réellement l'emploi. Ce budget ne contient aucun article relatif aux dépenses diocésaines.

Dépenses facultatives.

Les dépenses facultatives, imputées sur le produit d'une imposition extraordinaire, qui ne peut s'élever à plus de 5 centimes, se composent de tous les objets de dépenses extraordinaires d'utilité départementale que les conseils-généraux consentent à voter. Ils sont libres d'y comprendre des secours, soit même pour le personnel du clergé. Ces votes sont nécessairement approuvés par le ministre.

C'est ainsi que les années dernières, et principalement en 1819, il a été accordé, dans plusieurs diocèses, des indemnités aux évêques, vicaires-généraux, provicaires-généraux et chanoines; aux supérieurs et directeurs des séminaires, et des secours en faveur des écoles ecclésiastiques, et pour la restauration d'anciennes églises monumentales dont les communes sont hors d'état de faire la dépense dans quelques endroits; il a même été voté des allocations pour supplémens de traitemens aux desservans, et pour réparations d'églises et de presbytères dans les communes rurales.

Travaux d'intérêt général.

Les travaux d'intérêt général dans les départemens, comprenant les réparations extraordinaires des cathédrales, évêchés et séminaires, et les acquisitions des bâtimens, pour ces deux derniers usages, dans les diocèses où il n'a pas encore été pourvu au logement de l'évêque ou à celui des séminaristes, sont imputés sur un crédit spécial, ouvert au budget du ministère de l'intérieur. Les allocations sont réglées par le ministre, sur les propositions des préfets, justifiées par la production des plans et devis des travaux à exécuter. Ces propositions sont mises sous les yeux du conseil-général, comme celles relatives aux dépenses fixes ou communes, à titre de simple renseignement.

D'après ces diverses explications, il vous sera facile, monseigneur, de distinguer maintenant celles de vos demandes, pour dépenses diocésaines, qu'il suffira d'adresser à MM. les préfets des départemens composant votre diocèse, et celles qui devront être soumises aux conseils-généraux. Vous sentirez combien il est important d'en accélérer l'envoi, si vous ne l'avez déjà fait.

Je vous prie d'observer d'ailleurs, qu'il ne pourra être accordé aucune allocation, soit pour supplément aux revenus de la fabrique cathédrale (1) ou du séminaire, soit pour entretien ou complément du mobilier de l'évêché, que sur la production, ou du budget de la fabrique, rédigé dans la forme accoutumée et non autrement, ou du compte des recettes et des dépenses du séminaire, pour l'exercice précédent, si vous ne me l'avez déjà transmis, ou enfin de l'inventaire du mobilier de l'évêché, dressé comme il est prescrit par l'ordonnance royale du 7 avril 1819.

Le peu de latitude que présentent les ressources affectées cette année aux dépenses fixes et communes, fait une loi, monseigneur, non-seulement de ne point dépasser les allocations de 1819, mais même de rechercher avec soin tous les moyens possibles d'opérer des réductions.

J'ai besoin, monseigneur, de votre concours pour obtenir ce résultat, et agir avec discernement; et vous apprécierez l'avantage de m'indiquer vous-même les économies dont les diverses parties des dépenses diocésaines peuvent être rigoureusement susceptibles.

---

(1) Y compris achat de cloches et d'ornemens pontificaux.

Il est nécessaire également, et par un semblable motif, en ce qui concerne les travaux extraordinaires des édifices diocésains, de se borner, pour cette année, à l'achèvement ou à la continuation des entreprises commencées, sauf les cas très-rares, d'une urgence absolue, et évidemment constatée.

Nota. Le duplicata de la circulaire ci dessus a été adressé aux préfets, pour leur recommander particulièrement d'être, auprès des conseils-généraux, les organes fidèles du gouvernement, qui désire l'augmentation du traitement des membres du clergé diocésain, notamment des chanoines, des directeurs et professeurs des séminaires; qui désire également venir au secours des écoles secondaires ecclésiastiques, et pourvoir à la conservation des églises monumentales. (*Circulaire du 23 juillet 1820.*)

Dans une circulaire ministérielle du 1er août 1821 (n° 26), le ministre insiste, avec de nouveaux détails, sur les besoins relatifs aux dépenses diocésaines non comprises au budget départemental, et particulièrement celles relatives aux supplémens de traitement accordés aux archevêques, aux évêques, aux vicaires-généraux et chanoines, et aux traitemens des provicaires-généraux, des supérieurs, directeurs et professeur des séminaires.

XIX. La loi des finances de 1821 — 31 juillet (*Bull.* 465). porte que, sur ces centimes additionnels aux contributions foncière, personnelle et mobilière, il sera prélevé 18 centimes un dixième pour les dépenses départementales, fixes, communes et variables.

Ces centimes sont divisés de la manière suivante :

1°. Six centimes cinq dixièmes seront centralisés au trésor royal, pour être tenus à la disposition du ministre de l'intérieur, et être employés au paiement des dépenses fixes ou communes à plusieurs départemens.

2°. Six centimes six dixièmes seront versés dans les caisses des receveurs-généraux de département, pour être tenus à la disposition des préfets, et être employés, sur leurs mandats, aux dépenses variables, établies dans le budget dressé par le préfet, voté par le conseil-général, et approuvé par le ministre;

3°. Les cinq centimes restans seront versés au trésor royal, pour, à titre de secours commun, être tenus à la disposition du ministre de l'intérieur, et venir au secours des départemens, dont les dépenses variables excéderont le produit des six centimes six dixièmes ci-dessus. (*Art.* 28.)

XX. La loi des finances de 1822—1er mai (*Bull.* 524) porte à 19 centimes le prélèvement pour les dépenses départementales; savoir : 6 centimes 141/160es centralisés au trésor royal, et 7 centimes 19/160es versés dans les caisses des receveurs-généraux de département; les 5 centimes restans versés au trésor royal, à titre de fonds commun. (*Art.* 17.)

Nota. Idem pour le prélèvement ordonné par l'article 20 de la loi des finances de 1823—17 août 1822 (*Bull.* 549.) Voy. pour le complément de cet article, *Centimes, Comptabilité,* et *Dépenses départementales.*

BULLETIN *des Lois.* Ce recueil officiel des lois et des actes du gouvernement, publié par numéros détachés, depuis le mois de prairial an II — juin 1794, se divise par séries. Chaque série indique le gouvernement sous lequel elle a été publiée,

1re *Série,* la convention; 2e *série,* le directoire-exécutif; 3e *série,* le consulat; 4e *série,* le gouvernement impérial; 5e *série,* le gouvernement royal, depuis le 1er avril 1814 jusqu'au 20 mars 1815; 6e *série,* le gouvernement des cent-jours; 7e *série,* le gouvernement royal, depuis le 7 juillet 1815 jusqu'à ce jour. L'ordre numérique des bulletins, 1, 2 et suiv., recommence à chaque série. L'abonnement pour l'année est de 9 fr.; et le prix de la feuille, composée de 16 pages in-8o, est de 20 centimes, franc de port pour toute la France.

Un arrêté du 29 prairial an VIII — 18 juin 1800 (*Bull.* 30), a ordonné que ce *Bulletin* serait envoyé aux maires de toutes les communes, au moyen d'un abonnement de 6 francs par an. (*Art.* 1er.)

L'article 2 porte que cet abonnement fait partie des dépenses communales, et que le paiement en sera effectué par les percepteurs entre les mains du receveur particulier de l'arrondissement.

Nota. Le prix de l'abonnement annuel a été porté à 9 fr. par le décret du 25 mai 1811.

La collection du *Bulletin* est un dépôt qui ne peut, sous aucun prétexte, être tiré du secrétariat des administrations; et lorsqu'un fonctionnaire, auquel elle aura été adressée, est remplacé, il est tenu de la transmettre complète à son successeur. (*Art.* 14 *de la loi du* 8 *pluviôse an* III — 27 *janvier* 1795 (*Bull* 117).

Les préfets et les sous-préfets sont compris dans les envois du *Bulletin des Lois* faits gratuitement par le gouvernement, en vertu de l'ordonnance du 28 décembre 1814. (*Bull.* 68.) Voy. *Lois.*

Bureau des nourrices. — L'administration du bureau des nourrices à Paris, continue de faire partie des attributions de l'administration générale des secours et hôpitaux de cette ville, sous l'autorité du préfet du département, pour la partie administrative; et pour la police, sous celle du préfet de police. (*Art.* 1er *du décret du* 30 *juin* 1806. *Bull.* 103.)

BUREAUX *de bienfaisance et de charité.* Les bureaux de bienfaisance établis dans les communes, par la loi du 7 frimaire an V — 27 novembre 1796 (*Bull.* 94), sont composés de cinq membres, et nommés au scrutin. (*Art.* 3.)

Leurs fonctions, purement gratuites, sont de diriger les travaux prescrits par les sous-préfets, de faire la répartition des secours à domicile, donnés en nature autant qu'il est possible, et de recevoir à cet effet les dons qui leur sont offerts, et le produit des droits mis sur les billets d'entrée dans les spectacles, bals et jeux publics.

Tous les fonds qui en proviennent sont versés dans la caisse d'un receveur, qui est à la nomination du bureau. (*Art.* 4, 5, 6, 9 *et* 10.)

Ils rendent compte tous les mois du produit de leurs recettes aux sous-préfets, par lesquels ils sont nommés, en vertu d'une décision du ministre de l'intérieur, en date du 17 prairial an VIII — 6 juin 1800.

Une des prérogatives de ces bureaux est l'acceptation des dons et legs faits aux pauvres. (*Décret du* 30 *juin* 1806, *confirmé par les ordonnances du roi, du* 10 *juin* 1814 *et du* 2 *avril* 1817.) Voy. *Dons et legs.*

Un décret du 14 juillet 1812 (*Bull.* 441), reconnaît les membres des bureaux de bienfaisance comme *agens du gouvernement*, et défend de les poursuivre à raison de leurs fonctions, sans l'autorisation du conseil-d'état.

Le nom de *Bureau de bienfaisance* a été changé en celui de *Bureau de charité*, depuis l'ordonnance du 2 juillet 1816 (*Bull.* 97), portant création de 12 bureaux de charité pour la distribution des secours à domicile dans Paris, et les plaçant sous la direction du préfet de la Seine et du conseil-général d'administration des hospices.

D'après cette nouvelle organisation, le maire est président né du bureau, qui est composé des adjoints, du curé de la paroisse ou du desservant de la succursale, de douze administrateurs, et d'un nombre indéterminé de visiteurs des pauvres, et de dames de charité qui assistent aux séances, avec voix consultative, et lorsqu'ils y sont spécialement invités par le bureau. Voy. *Hôpitaux, Secours.*

Aucune coupe ne peut être faite, sous les peines portées par les lois, dans les quarts de réserve des bois des bureaux de charité, qu'en vertu d'ordonnance du roi, rendue sur le rapport du ministre des finances. (*Ord. du roi du 7 mars 1817. Bull.* 146.)

BUREAU *de garantie* des matières d'or et d'argent. Voy. *Marque d'or et d'argent.*

BUREAUX *de pesage, mesurage et jaugeage.* Voy. *Poids et mesures.*

FIN DU PREMIER VOLUME.

. Le second volume est sous presse : il paraîtra dans le courant de mars prochain ; et la publication des volumes 3 et 4 suivra immédiatement de mois en mois. La mise en vente de chaque volume sera annoncée par un avis adressé franc de port à chacun des souscripteurs.

La souscription sera définitivement fermée à l'époque de la publication du second volume.

Les lettres contenant envoi de souscriptions, ou de rescriptions sur la poste, pour *paiement de volumes* à adresser, doivent être adressées, franc de port, à M. TOURNEUX, libraire, quai des Augustins, n° 17.

www.ingramcontent.com/pod-product-compliance
Lightning Source LLC
Chambersburg PA
CBHW031722210326
41599CB00018B/2476